기독교 유아 · 아동교육

양금희 지음

대한기독교서회

기독교 유아·아동교육

2011년 7월 30일 초판 1쇄
2021년 2월 20일 초판 5쇄

지은이/양금희
펴낸이/서진한
펴낸곳/대한기독교서회
책임편집/하미자

등록/1967년 8월 26일 제1967-000002호
주소/서울시 강남구 테헤란로 103길 14(삼성동)
전화/편집 553-0873~4 영업 553-3343
팩스/편집 3453-1639 영업 555-7721
e-mail/cls1890@chol.com
　　　　edit1890@chol.com
http://www.clsk.org

책번호/1756
ISBN 978-89-511-1414-4 93230

The Christian Literature Society of Korea, Seoul
Printed in Korea

*책값은 뒤표지에 있습니다.

기독교 유아·아동교육

책머리에

　　이 책은 기독교 유아·아동교육에 관한 책이다. 저자는 기독교교육학도와 신학도 그리고 교회의 아동 사역자들을 대상으로 오랫동안 기독교 유아·아동교육을 가르쳐 오면서, 수업 현장에서 실제적인 도움을 주는 기독교 유아·아동교육 교과서의 필요성을 늘 느껴오던 중 지난 15여 년간 가르쳐 온 내용을 중심으로 직접 기독교 유아·아동교육의 교재를 출판하게 되었다.

　　이 책은 기독교 유아·아동교육의 이론과 실제에 참여하는 사람들이 꼭 알아야 할 기초적이면서도, 필수적인 내용들을 중심적으로 다루었다. 무엇보다 먼저 이 책은 기독교 유아·아동교육에서 없어서는 안 될 어린이에 대한 이해, 즉 성서적, 신학적, 심리학적, 영성적 어린이 이해들을 각 영역의 가장 대표적이고 최신의 이론들을 중심으로 살펴보았다. 또한 이 책은 기독교 유아·아동교육의 핵심이라고 할 수 있는 어린이의 신앙과 신앙교육을 여러 핵심적 이론을 중심으로 살펴보았고, 영아와 유아 그리고 아동의 신앙교육의 목적과 내용, 방법들에 관한 종합적이고 균형 잡힌 방향제시를 시도하였다. 더 나아가 이 책은 유아와 아동교육의 실제 현장에서 꼭 필요한 주제들, 즉 교회학교, 어린이 사역유형, 어린이 예배, 부모교육, 놀이와 여가와 같은 주제들에 관한 이론적 원칙과 실제적 지침을 제시하여 줌으로써 사역현장에 구체적인 도움을 제공하려고 노력하였다.

　　이 책은 5장으로 이루어진 책이지만, 크게 세 부분으로 나누어 볼 수 있다. 제1장과 2장은 어린이 이해에 관한 장이고, 제3장은 어린이의 신앙과 신앙교육에 관한 장이며, 제4장과 5장은 기독교 유아·아동교육의 실제와 관련된 장이라고 할 수 있다. 이를 좀 더 상세히 살펴보면, 1장은 성서와 기독교 전통에 나타난 어린이 이해에 관한 장이다. 이 장에서는 무엇보다 먼저 기독교 유아·아동교육의 근간이 되는 성서적 어린이 이해를 살펴보았고, 또한 기독교 유아·아동교육의 역사에 나타난 핵심 이슈 중 하나였던 유아세례의 문제를 살펴봄으로써 성서적이고 신학적 어린이 이해를 정리하였다. 이를 바탕으로 이 장에서는 루터, 에라스무스, 코메니우스, 프랑케, 루소, 슐라이어마허, 부쉬넬, 몬테소리 등의 기독교교육 전통에서 중요한 역할을 하였던 사상가들에게 나타나는 어린이 이해와 어린이 교육개념을 고찰함으로써 기독교 전통에 나타난 어린이 개념의 이해를 모색하였다.

제2장은 발달적 어린이 이해와 기독교교육을 살펴보았다. 이 장에서는 에릭슨과 피아제 그리고 콜버그 3인의 발달심리학이론에 근거한 어린이의 발달적 특성을 살펴보았을 뿐만 아니라, 각각의 발달이론과 관련한 유아와 아동의 기독교교육의 방향에 관하여서도 살펴보았다.

제3장은 어린이의 신앙과 신앙교육에 관한 내용들을 살펴보았다. 이 장에서는 특별히 골드만이나 파울러와 같은 대표적 신앙발달의 이론을 근거로 하여 유아와 아동의 신앙적 특성을 살펴보았고, 이를 바탕으로 한 신앙교육의 방향을 모색하였다. 발달이론뿐만 아니라, 웨스터호프와 최신의 이론인 어린이 영성연구가 제시하는 어린이의 신앙과 신앙교육의 방향에 대해서도 살펴보았으며, 이들을 바탕으로 어린이의 신앙과 신앙교육에 관한 체계적이고 종합적인 조망을 재구성하였다. 더 나아가 이 장에서는 실제로 어린이를 위한 신앙교육을 제안하였는바, 영아기의 신앙교육, 유아기의 신앙교육 그리고 아동기 신앙교육의 목적과 방향, 내용, 방법까지를 상세하게 제시하였다.

제4장은 현재까지 기독교 유아·아동교육의 가장 중심적인 장이라고 할 수 있는 교회학교에 관한 장이다. 이 장에서는 교회학교의 어제와 오늘 그리고 내일을 살펴보았는데, 먼저 현재의 교회학교의 근간이 되는 주일학교의 역사와 의미, 그리고 한국의 아동 교회학교의 역사를 구체적으로 다섯 시기로 구분하여 살펴보았다. 또한 교회학교의 '오늘'에서는 현재 교회학교의 침체적 현상들과 침체의 요인들을 살펴보았고, 교회학교의 '내일'에서는 침체를 극복할 수 있는 다양한 방법들을 모색해 보았다. 그뿐만 아니라 이 장에서는 교회학교의 근본적인 방향과 철학을 '교회성'과 '학교성'을 바탕으로 제시하였다.

제5장은 교회의 어린이 사역에 관한 구체적이고 실천적인 주제들을 살펴보았다. 먼저 교회의 어린이 사역 유형에 관한 연구를 살펴봄으로써 현재 아동교육 현장에서 이루어지는 다양한 사역의 형태를 살펴보았다. 또한 부모교육, 어린이 예배, 어린이를

위한 교수학습 활동과 놀이, 여가 등의 개념들을 중심으로 어린이 사역의 실제와 관련된 기본적 지침과 방법들을 제안하여 보았다.

이 책을 출판하며 누구보다 먼저 하나님께 감사한다. 생각하면 부족하고 자격 없는 나를 포기하기 않으시고 기다려 주시고, 기회를 주시는 참 좋으신 우리 하나님께 그저 감사한 마음뿐이다. 또한 지난 15여 년간 나의 기독교 유아·아동교육 수업을 함께 해주고, 생각을 나누어 주었던 나의 학생들에게도 감사한다. 그들과의 진지한 대화와 토론은 이 책의 근간을 이루는 생각들이 되었다. 나에게 유아와 아동 됨을 그 누구보다 구체적으로 경험하게 해준 아들 경인에게도 특별한 감사의 마음을 전한다. 경인은 내가 가르쳤던 수많은 유아와 아동교육 이론의 실제적이고 임상적인 예였다.

이 책이 세상의 빛을 보기까지 수고한 많은 분에게도 감사한다. 이 책을 출판해 주신 대한기독교서회의 서진한 상무님께 심심한 감사의 말씀을 드리며, 꼼꼼하게 책을 만들어 주신 하미자 과장님, 그리고 교정을 도와준 우지연, 김요한 조교에게도 감사의 마음을 전한다. 이 책이 아동을 바르게 양육하고 침체에 빠진 한국의 아동 교회학교를 살리는 데 귀하게 쓰임받는 책이 되기를 간절히 소망한다.

2011년 6월
아차산 기슭에서 양금희

차례

■ 책머리에 / 5

제1장 성서와 기독교 전통에 나타난 어린이

    I. 성서에 나타난 어린이 이해 / 13
        1. 하나님으로부터 오는 복 / 14
        2. 미성숙한 존재 / 16
        3. 주님의 훈계로 교육되어야 할 존재 / 17
        4. 신앙의 모범 / 18
        5. 죄성을 가진 피조물 / 20
        6. 성서의 어린이 이해에 대한 다원적 시각 / 21
    II. 유아세례와 어린이 / 22
        1. 유아세례와 유아세례 논쟁의 역사 / 23
        2. 유아세례의 성서적 근거 / 25
        3. 칼빈의 유아세례 이해 / 27
        4. 칼 바르트의 유아세례 이해 / 29
        5. 유아세례의 기독교교육적 의미 / 31
    III. 기독교 전통에 나타난 어린이와 어린이 교육 / 33
        1. 루터의 어린이 이해와 어린이 교육 / 33
        2. 에라스무스의 어린이 이해와 어린이 교육 / 38
        3. 코메니우스의 어린이 이해와 어린이 교육 / 42
        4. 프랑케의 어린이 이해와 어린이 교육 / 49
        5. 루소의 어린이 이해와 어린이 교육 / 52
        5. 슐라이어마허의 어린이 이해와 어린이 교육 / 60
        7. 부쉬넬의 어린이 이해와 어린이 교육 / 65
        8. 몬테소리의 어린이 이해와 어린이 교육 / 72

제2장 발달적 어린이 이해와 기독교교육

I. 에릭슨의 사회적 발달이론과 기독교교육 / 83
   1. 에릭슨의 이론에 나타난 어린이 / 84
   2. 단계별 어린이 특성 / 86
   3. 에릭슨의 발달이론에 관한 아동의 기독교교육 / 92
   4. 맺는말 / 98
II. 피아제의 인지발달이론과 기독교교육 / 98
   1. 피아제의 인지발달이론에 나타난 어린이의 특성 / 99
   2. 피아제의 인지발달이론과 기독교교육 / 109
III. 콜버그의 도덕성 발달이론과 기독교교육 / 114
   1. 콜버그의 도덕발달 단계 / 115
   2. 어린이의 도덕성과 기독교교육 / 119

제3장 어린이의 신앙과 신앙교육

I. 종교적 사고의 발달 – 골드만 / 123
   1. 들어가는 말 / 123
   2. 아동의 종교적 사고발달 단계 / 124
   3. 아동의 종교적 사고발달의 특징 / 134
   4. 어린이의 종교교육 / 136
   5. 맺는말 / 139
II. 발달하는 신앙 – 파울러 / 140
   1. 어린이의 신앙발달 단계 / 141
   2. 어린이의 신앙의 구조 / 145
   3. 어린이의 신앙교육 / 146
III. 신앙공동체로부터 형성되는 신앙 – 웨스터호프 / 149
   1. 나무의 은유 / 150
   2. 신앙의 유형들 / 151
   3. 웨스터호프의 어린이 신앙교육 / 154
   4. 맺는말 / 155
IV. 어린이의 영성과 신앙 – 어린이 영성연구 / 156
   1. 어린이 영성연구 / 156
   2. 어린이 영성연구의 어린이 영성이해 / 157

    3. 어린이 영성연구가들에게 나타나는 어린이 영성의 공통점 / 164
    4. 어린이 영성이 시사하는 신앙교육의 방향 / 167
V. 영·유아의 하나님 이해와 기독교 유아교육 / 168
    1. 영·유아의 하나님 이해에 대한 부정적 입장 / 169
    2. 영·유아의 하나님 이해에 대한 긍정적 입장 / 179
    3. 영·유아의 하나님 이해와 기독교교육의 방향 / 188
VI. 어린이의 신앙과 신앙교육 - 종합적 조망 / 193
    1. 성서적 신앙개념과 어린이의 신앙 / 193
    2. 어린이의 신앙과 신앙교육의 방향 / 198
VII. 연령별 어린이를 위한 신앙교육의 방향 / 207
    1. 영아기의 신앙교육 / 208
    2. 유아기의 신앙교육 / 215
    3. 아동기의 신앙교육 / 228

제4장 한국의 아동 교회학교의 역사와 방향

I. 최초의 주일학교운동 / 245
    1. 주일학교운동의 기원 / 246
    2. 주일학교운동의 확산 / 247
    3. 주일학교운동의 역사적 의의 / 248
II. 한국 아동 교회학교의 어제 / 250
    1. 한국 교회학교 역사의 시대구분 / 250
    2. 제 1기 교회학교: 태동기 / 253
    3. 제 2기 교회학교(1922-1930): 성장기 / 257
    4. 제 3기 교회학교(1930-1945): 위축기 / 258
    5. 제 4기 교회학교(1945-1960): 복구기 / 259
    6. 제 5기 교회학교(1960-1995): 도약기 / 259
III. 한국 아동 교회학교의 오늘 / 262
    1. 수적 정체 / 262
    2. 한국 아동 교회학교 침체 요인 / 266
IV. 한국 아동 교회학교의 내일 / 271
    1. 침체극복을 위한 전문가들의 제언 / 272
    2. '재도전기'의 위기극복과 발전을 위한 제언 / 274

제5장 어린이 사역

I. 어린이 사역의 유형 / 291
    1. 어린이 사역의 유형화 문제 / 292
    2. 학교 모델 / 297
    3. 축제 모델 / 299
    4. 영성형성 모델 / 304
    5. 신앙공동체 모델 / 307
    6. 대안학교 모델 / 311
    7. 맺는말 - 통전적 접근을 지향하며 / 314

II. 부모교육 / 315
    1. 어린이의 발달적 특성과 부모의 역할 / 316
    2. 부모교육의 이론적 기초 / 323
    3. 교회에서의 부모교육 / 336
    4. 맺는말 / 348

III. 어린이 예배 / 349
    1. 성서적 예배에 비추어 본 어린이 예배 / 349
    2. 예배의 교육적 의미 / 353
    3. 어린이 예배의 방향 / 357
    3. 예수님 따르기의 예배 순서 / 366

IV. 어린이를 위한 교수학습 활동 / 372
    1. 교수와 학습 / 373
    2. 어린이는 어떻게 배우는가? - 뇌이론을 중심으로 / 374
    3. 신앙은 어떻게 가르치고 배울 수 있는가? / 389
    4. 어린이의 신앙형성을 위한 교수 - 학습 방법 / 392
    5. 맺는말 / 398

V. 놀이와 여가 / 399
    1. 놀이의 기독교교육적 의미 / 399
    2. 여름성경학교 / 405
    3. 주말교회학교 / 411

■ 주 / 419
■ 색인 / 447

제1장

성서와 기독교 전통에 나타난 어린이

"기독교 유아·아동교육"의 정체성은 그것이 성서와 기독교 전통에 뿌리내리고 있다는 데서 시작된다. 따라서 이 책을 시작하면서 우리는 먼저 성서에 나타난 어린이 이해를 살펴보고, 기독교와 기독교교육의 역사에 어린이가 어떻게 이해되었는지를 살펴보고자 한다. 우리는 기독교 유아·아동교육의 가장 오래되고 중요한 이슈인 유아세례를 살펴볼 것이고, 개혁자 루터를 비롯하여 기독교교육사에 중요한 족적을 남겼던 여러 사람들에게서 나타나고 있는 어린이 이해의 발자취를 따라가 봄으로써, 기독교 유아·아동교육의 기초를 다져보도록 한다.

I. 성서에 나타난 어린이 이해

오늘날과 같이 다양한 현대 학문들로부터 어린이에 대한 이해들이 쏟아져 내리는 시대에 성서의 어린이 이해로부터 배우자고 하는 것이 시의적절한 생각일까? 이 같은 생각은 오늘날의 기독교 아동교육 책들과 강의들이 수많은 현대의 심리학과 교육학 이론으로 메워지고 있는 것을 볼 때 더 강하게 밀려온다. 그러나 성서적 인간이해 없이 기독교적 인간이해를 시작할 수 없는 것처럼, 성서적 아동이해 없이 기독교적 아동이해와 아동교육을 시작할 수 없다. 우리는 다양한 현대의 학문들이 제시하는 아동에 관한 이해들을 수용할 수 있지만, 이들을 수렴하고 또 취사선택할 수 있는 하나의 관점이 필요한데 이것을 바로 성서로부터 찾아야 한다. 왜? 기독교 아동교육이니까.

그러나 어린이에 대한 성서적 이해를 찾는 일은 사실 그다지 간단한 일이 아니다. 왜냐하면 성서는 어린이에 대하여 정의내리는 것을 주목적으로 쓴 아동교육 책이 아니기 때문이다. 성서는 다양한 상황에서 파편적으로 어린이에 관한 언급을 하고 있다. 그렇기 때문에 이들 언급들이 모두 하나의 입장만을 대변하고 있는 것도 아니다. 그래서 우리는 성서에 나타난 통일적인 어린이 이해의 입장을 정리하기에 앞서, 먼저 성서와 기독교 전통에 폭넓게 나타나고 있는 어린이에 관한 이해들을 종합적으로 정리해 볼 필요가 있다.

1. 하나님으로부터 오는 복

성서와 기독교 전통에 나타나는 어린이 이해에서 무엇보다 먼저 눈에 띄는 것은 어린이는 철저히 **하나님으로부터 오고, 또 하나님께 속해 있는 존재**라고 하는 것이다. 그렇기 때문에 아이를 갖는 것은 하나님으로부터 오는 복이요, 선물이다. 창세기 30:20에는 레아가 그녀의 여섯째 아들을 낳은 후 "하나님이 내게 후한 선물을 주시도다"라고 고백하고 있는 것을 볼 수 있다. 라헬이 아이를 낳게 되었을 때에도 성서는 하나님이 라헬을 "생각"하셨고, 그녀의 "태를 여셨다"고 하였다.(창 30:22) 한나의 경우에도 "여호와가 그를 생각하사" 그녀가 임신을 하게 되었다고 기록하고 있다.(삼상 1:11, 19) 하나님의 뜻(생각)이 있어서 이들이 아이를 갖게 되었다는 것이다. 요셉이 그의 아버지 야곱에게 자신의 두 아들들을 소개할 때에도 "이는 하나님이 여기서 내게 주신 아들들이니이다"라고 하였다.(창 48:9) 이러한 표현들 속에는 아이는 인간의 생명을 주관하시는 하나님으로부터만 오는 것이라고 하는 이들의 생각이 배어 있다. 그렇기 때문에 당연히 아이가 없는 것은 하나님이 주시지 않는 것으로 이해되었다. 한나가 아이가 없었을 때를 기록하며 성서기자는 "여호와께서 그에게 임신하지 못하게 하시니"라고 하였다.(삼상 1:5)

아이는 이처럼 하나님께로부터 오는 것이기에 아이를 얻는 것은 **하나님으로부터 오는 복**이다. 따라서 시편 127편에는 "자식은 여호와의 기업이요 태의 열매는 그의 상급이로다"라고 하였다. 자식은 여호와로부터 받는 유산(heritage)이요, 상이라는 말이다. 아브라함에게 하나님이 약속하신 복의 핵심은 그로 큰 민족을 이루게 하겠다는 것이었다. 그런 의미에서 아이를 갖는 것은 하나님의 복 주심이 구체화되는 통로였다.

아이가 하나님으로부터 오는 '복'이라고 이해했다는 것은 어린이가 어떠한 상태에 있든지 어린이에 대한 처분권은 하나님께만 달려 있다는 생각과 연결된다. 이와 같은 생각은 고대의 다른 문화권에서 나타나는 어린이 유기의 관습과 비교해 볼 때 그 의미가 더욱 두드러진다. 고대 그리스와 로마의 세계에서는 아이가 태어나면 국가가 아이를 살리거나 죽일 권리를 가지고 있었다.[1] 잘 아는 대로 고대 그리스의 스파르타의 경우 아이가 태어나면 마을의 장로들이 건강한지 허약한지를 살펴서 건강한 아이는 살리고, 허약한 아이는 내다 버리는 풍습이 있었다. 타이게토스의 돌골짜기에 한번 버려진 아이가 기어나와서 살게 되면 이 아이는 가정으로 오는 것이 아니라 노예나 창녀가 되도록 하였다는 기록이 있다. 로마의 문화에서는 가장에게도 자신의 아이에 대한 처분권이 있었다. 가장은 태어나는 아이들 중 하나나 둘 만을 선택해 살려서 그들에게 전 재산을 물려주어 한 가문의 재산이 나눠지 않게 했다는 기록이 있다. 이와 같은 악습에 대해 로마인들 스스로도 신생아를 죽이는 풍습이 얼마나 나쁜 것인지를 정죄하고 있는 문헌을 찾아볼 수 있다.[2] 그러나 이스라엘 사람들은 어린이를 하나님의 선물로 이해했기에 아이를 버린다는 것은 이들에게 상상도 할 수 없는 일이었다. 유대의 어떠한 문서에도 어린이를 버리거나 죽이는 풍습이 있었다는 기록이 없다.

성서는 인간을 "하나님의 형상"대로 지어진 하나님의 피조물이라고 이해한다.(창 1:27) 그런 의미에서 어린이들도 **하나님의 형상대로 지어진 온전한 인간**이라고 하는 점에는 의심의 여지가 없다. 하나님의 형상으로 지어졌기에 온전한 인간인 어린이들을 어리다고 하여 인간이 마음대로 처분해서는 안 된다는 것은 당연한 귀결이다.

'어린이는 하나님으로부터 오는 복이요 선물'이며, '하나님의 형상에 의해 지어진 온전한 인간'이라는 성서의 이해는 오늘날의 부모들에게 매우 중요한 시사점을 준다. 아이가 하나님이 주시는 복이요 선물이라는 것은 부모는 아이를 주신 그대로 감사하며 받아야 한다는 것을 의미한다. 자신의 지위, 희망, 욕심에 따라 아이를 만들고, 바꿀 수 있는 선택권이나 처분권이 부모에게는 없다는 것이다. 또한 가정이나 사회, 교회 등 어떠한 공동체도 아이의 운명을 결정하거나 아이의 삶을 주관하시는 하나님의 주권을 짓밟아서는 안 된다는 것을 의미하는 것이기도 하다. 오늘날 우리는 '교육'이라는 이름으로 백지와 같은 어린아이의 마음에 마음대로 그림을 그리려고 하지만, 이와 같은 것은 어린이는 어린이 안의 '하나님의 형상'을 인정하지 않는 행위라고 할 수 있다.

2. 미성숙한 존재

하나님으로부터 온 복, 하나님의 형상대로 지어진 온전한 인간으로서의 아이들을 우리는 그대로 받아야 하지만, 이것이 곧 이들이 완벽한 존재라는 것을 의미하는 것은 아니다. 성서는 어린이가 아직 **미성숙한 존재**로서 성장과 발달의 도상에 있는 존재라고 하는 것을 여러 측면에서 말하고 있다.

고린도전서 13:11에서 바울은 "내가 어렸을 때에는 말하는 것이 어린아이와 같고 깨닫는 것이 어린아이와 같고 생각하는 것이 어린아이와 같다가 장성한 사람이 되어서는 어린아이의 일을 버렸노라"라고 하였다. 이 말씀에는 어린아이는 아직 미성숙한 존재이고, 장성하면서 어린아이의 미성숙함이 극복된다는 것을 전제하고 있다. 어린이는 성숙의 도상에 있는 존재라는 뜻이다.

그렇기 때문에 성서에서는 어린아이가 아직 지혜도 모자라고 선악을 분별치 못하며, 불안정한 상태라고 하는 점을 곳곳에서 표현하고 있다. 고린도전서 14:20은 "형제들아 지혜에는 아이가 되지 말고 악에는 어린아이가 되라 지혜에는 장성한 사람이 되라"고 하였다. 또 신명기 1:39는 "너희의 아이들과 당시 선악을 분별하지 못하던 너희의 자녀들도 그리로 들어갈 것이라"고 하는 말씀이 나타난다. 이 말씀들에도 어린아이는 아직 미성숙하여 지혜에 도달하지 아니하고, 선악을 분별하지 못하는 존재라고 하는 의미가 내포되어 있음을 알 수 있다. 또한 에베소서 4:14에서는 "이는 우리가 이제부터 어린아이가 되지 아니하여 사람의 속임수와 간사한 유혹에 빠져 온갖 교훈의 풍조에 밀려 요동하지 않게 하려 함이라"고 하였다. 잠언 22:15는 "아이의 마음에는 미련한 것이 얽혔으나 징계하는 채찍이 이를 멀리 쫓아내리라"고 하였다. 어린이는 아직 어려서 속임수와 유혹에 쉽게 빠지며 미련하고, 쉽게 요동하는 존재라고 하는 이해가 내포되어 있다. 그뿐만 아니라 성서는 어린이는 아직 어떤 일을 책임적으로 감당하며 실천할 수 있는 능력이 없는 존재임을 말해주기도 하는데, 예레미야의 말, "여호와께서 내게 이르시되 너는 아이라 말하지 말고 내가 너를 누구에게 보내든지 너는 가며 내가 네게 무엇을 명령하든지 너는 말할지니라"(렘 1:7)와 같은 말씀이 그 대표적인 예라고 할 수 있다.

3. 주님의 훈계로 교육되어야 할 존재

　　어린이는 성장의 도상에 있는 미성숙한 존재이기 때문에 성서는 어린이들이 **교육을 받아야 하는 존재**라고 하는 점을 강조하고 있다. 잠언 22:6은 "마땅히 행할 길을 아이에게 가르치라 그리하면 늙어도 그것을 떠나지 아니하리라"고 하였다. 또 잠언 23:13은 "아이를 훈계하지 아니하려고 하지 말라 채찍으로 그를 때릴지라도 그가 죽지 아니하리라"고 하였다. 이 같은 말씀 뒤에는 어린이는 아직 모든 것이 완성되지 않아서 '가소성'을 가지고 있고, 그들이 어떠한 성인으로 형성되는가 하는 것은 어렸을 때에 어떠한 교육을 받느냐에 달려 있다는 생각이 들어 있다. 따라서 어린이는 반드시 바른 가르침과 훈계로 교육되어야 하는 존재라는 것이다.

　　사실 어린이 시기에 받는 교육의 중요성은 모든 문화권에서 공유되는 생각일 것이다. 우리나라에도 "세살 버릇 여든까지 간다"는 속담이 있지 않은가. 그런데 우리가 여기서 주목해야 할 것은 성서가 어린이 교육의 중요성만을 강조하는 것만이 아니라 '무엇을 가르쳐야 하는가'의 문제, 즉 '교육의 방향'까지도 분명히 제시하고 있다는 것이다. 성서는 어린이가 다른 무엇보다 "주의 교훈과 훈계"로 교육되어야 한다고 명시하고 있다.(엡 6:4) 앞의 잠언에 나타나는 "마땅히 행할 길을 아이에게 가르치라"는 말씀의 "마땅히 행할 길"이란, 바로 잠언 3:11의 "아이들아 주님의 훈계를 거부하지 말고 그의 책망을 싫어하지 말라"의 말씀에 나타나는 "주님의 훈계"이다. 어린이 시기는 교육이 중요한 때인 만큼 이들에게 무엇보다 중요한 것은 "주님의 훈계"로 교육하는 일이다.

　　신명기 6:4-9는 이스라엘의 모든 부모에게 자녀들에게 "여호와 하나님이 유일하신 하나님이라는 것"과 그 하나님을 "마음을 다하고 뜻을 다하고, 힘을 다하여 사랑할 것"을 가르치라고 명하고 있다. 이스라엘의 모든 부모는 그들의 자녀에게 "집에 앉았을 때에든지 길을 갈 때에든지 누워 있을 때에든지 일어날 때에든지 이 말씀을 강론"해야 한다고 하였다. 이사야 38:19는 "오직 산 자 곧 산 자는 오늘 내가 하는 것과 같이 주께 감사하며 주의 신실을 아버지가 그의 자녀에게 알게 하리이다"라고 하였다. 아버지가 자녀에게 "주의 신실"을 가르치는 일은 살아 있는 모든 사람이 하나님께 감사해야 하는 것과 같이 반드시 해야 하는 일이라는 것이다. 또한 신명기 율법은 매 7년마다 함께 모여 "남자들과 여자들 그리고 어린이들"에게 토라를 낭독하라고 명하고 있다. "그들에게 듣고 배우고 네 하나님 여호와를 경외하며 이 율법의 모든 말씀을 지켜 행하게 하고 또

너희가 요단을 건너가서 차지할 땅에 거주할 동안에 이 말씀을 알지 못하는 그들의 자녀에게 듣고 네 하나님 여호와 경외하기를 배우게 할지니라."(신 31:12-13) 어린이들도 여호와를 경외하고, 율법의 말씀을 지키고 행하는 것을 배워야 한다는 것이다.

성서는 이처럼 어린이에게 하나님의 말씀을 가르치고 지켜 행하도록 하며, 유일하신 하나님을 알고 그분을 사랑하는 관계를 맺도록 하는 것이 어린이 교육의 핵심적 내용임을 밝히고 있다. 오늘날 많은 현대 발달심리학의 연구결과들은 어린이는 하나님을 이해할 수 있는 인지적 틀이 갖추어져 있지 않기 때문에 청소년기 이전의 어린이들이 하나님을 인격적으로 경험하는 것은 불가능하다고 말한다.[3] 이 같은 생각은 유아와 아동의 기독교교육에도 영향을 미쳐, 이 시기에는 하나님을 만나고 경험하는 것에 초점을 맞추기보다는, 후에 있을 제대로 된(?) 신앙을 준비하는 정도에서 그치면 된다는 생각이 공감을 얻고 있다.

그러나 성서는 어린이를 주님의 훈계와 교훈으로 가르칠 뿐만 아니라, 그들도 하나님 사랑하기를 배워야 한다고 하였다. 하나님을 사랑한다는 것은 단순히 하나님을 객관적으로 배우는 것이 아니라, 그와 인격적으로 관계를 맺는 것을 의미한다. 실제로 성서에는 어린이가 하나님의 음성을 들을 수 있음을 보여주고 있고(삼상 3:1-14의 어린 사무엘), 또한 하나님의 종으로 이미 어릴 때부터 구별되고, 선택되는 예를 삼손, 이사야, 예레미야, 세례 요한을 통하여 보여주며(삿 13:5, 사 49:1, 렘 1:5, 눅 1:15), 어린이도 치유의 대상이 됨을 보여주고 있다.(막 9:14-29, 마 17:8-14)[4]

어린이들은 눈에 보이지 않지만 이 세상을 창조하고 이끄시는 초월적인 존재인 하나님의 실체가 있다는 것을 인정하고, 그분께 기도하고, 예배하며, 사랑하고 관계 맺기를 배워야 함을, 아니 배울 수 있는 존재임을 성서는 말하고 있다.

4. 신앙의 모범

예수님은 어린이가 하나님 사랑하기를 배울 수 있다는 것에서 한 술 더 떠서 어린이를 **신앙의 모범**으로까지 표현하셨다. 서로 누가 큰지 싸우고 있는 제자들에게 예수님은 한 어린아이를 그들 가운데 세우시고 "너희가 돌이켜 어린아이들과 같이 되지 아니하면 결단코 천국에 들어가지 못하리라, 그러므로 누구든지 이 어린아이와 같이 자기를 낮추는 사람이 천국에서 큰 자니라"(마 18:3-4)고 하셨다. 예수님은 여기에서 스스로 높다 하는 사람들을 꾸짖으시며, 한 어린아이를 그들 가운데에 세우시고, 가르치시기를 천국은 어린아이와 같이 자기를 낮추는 사람의 것이라고 하신 것이다.

여기서 어린이같이 되어야 천국에 들어간다는 것은 무슨 뜻일까? 어린이가 천국을 소유할 수 있는 조건을 갖추었다는 뜻일까? 본문을 잘 살펴보면 여기에서 어린이같이 됨이란 어린이가 특별히 어떤 조건을 가졌기 때문이기보다는, 어린이라는 존재 그 자체로 "높은 자"와 대비되는 "낮은 자"의 대명사가 된다는 의미로 쓰였음을 알 수 있다.[5] 어린이는 당시 사회적으로 인간다운 대접을 받지 못하는 사회적 약자, 즉 낮은 자였다. 그래서 예수님의 제자들조차도 사람들이 어린아이를 데리고 왔을 때 꾸짖었다고 하였다.(막 10:13-16) 다시 말하면 어린이는 당시 일반적 사람들이 누릴 수 있는 공적 종교활동으로부터도 제외되어 있었던 것이다. 오병이어의 기적에 참여한 5,000명의 숫자에도 어린이는(여자와 함께) 낄 수 없었다.(마 14:21) 있어도 없는 것과 마찬가지로 주목받지 못하는 사회적 작은 자의 대명사가 어린이였기에 예수님은 어린이처럼 되지 않으면, 즉 작은 자가 되지 않으면 천국에 가지 못한다고 한 것이다. 따라서 예수님은 어린이가 어떤 존재적 탁월성을 가져서가 아니라 낮은 자이기 때문에 그들과 같이 되어야 한다고 한 것을 알 수 있다.

그런데 예수님은 본문에서 어린아이와 같이 자기를 낮추어야 한다는 표현을 쓰셨다. 그러면 어린이가 자신을 낮춘다는 것은 무슨 뜻인가? 어린이들이 정말 성인적 개념에서 자신을 낮추는 겸손의 덕을 보인다는 뜻일까? 한스 베버(Hans Weber)는 어린이의 겸손함이란 성인적 관점의 겸손이기보다는 어린이가 다른 사람의 도움에 의존할 수밖에 없는 상태, 즉 "객관적 겸손"의 상태를 뜻하는 것이라고 하였다.[6] 어머니의 보살핌을 받는 어린아이를 생각해 보자. 이들은 어머니가 주는 대로 먹고, 입히는 대로 입고, 어머니가 가는 곳으로 따라간다. 어머니의 판단을 옳고 그름을 따지지 않고 따라하며, 어머니가 없으면 불안해 한다. 어린이는 이처럼 부모에게 총체적으로 의존되어 있는 객관적 겸손의 상태에 있다.

예수님이 마가복음 10:15에서 "누구든지 하나님의 나라를 어린아이와 같이 받들지 않는 자는 결단코 그 곳에 들어가지 못하리라"고 하신 것도 이 같은 맥락에서 이해할 수 있다. 강보에 싸인 갓난아이가 빈손으로 어머니의 도움을 받아들이는 것을 생각해 보라. 이들은 어머니가 주는 것을 추호의 의심 없이 받아먹고, 어머니에게 총체적으로 의존한다. 하나님의 나라를 어린아이와 같이 영접한다는 것은 어린아이가 빈손으로 음식과 사랑을 요청하는 것처럼 하나님 나라를 간구하고 요청한다는 것이다.[7]

위에서 언급한 대로 어린이는 미성숙하여 교육을 받아야 하는 '교육의 대상'이다. 그러나 예수님에게는 어린이의 존재적 특성, 즉 '작은 자됨', '총체적 의존성'이 오히려 성인을 가르치는 주체가 된다. 어린이가 거기에 있는 것 자체로 성인에게는 가르침이 되는 것이다. 어린이는 성인을 가르치는 신앙의 모범이 될 뿐 아니라, 하나님 나라를 드러내는 통로가 되기도 한다. 작고 사회적으로 주목을 받지 못하고, 숫자에도 끼지 못하는 사람들, 제대로 인간대접을 받지 못하는 사람들, 그렇기 때문에 철저히 하나님께 의지하고, 하나님만 바라볼 수밖에 없는 사람들, 하나님의 나라는 바로 그러한 사람의 것이라는 것이다. 어린이는 바로 나중 된 자로서 먼저 된다는 하나님 나라의 법칙을 여실히 드러내는 좋은 예가 되는 것이다.

5. 죄성을 가진 피조물

예수님은 어린이의 '작은 자'됨과 '총체적 의존성'에서 신앙의 모범을 보았지만, 어린이의 현실을 미화하거나 이상화하지는 않았다는 사실을 기억할 필요가 있다. 예수님은 세례 요한이 와서 먹지도 마시지도 않았을 때는 귀신이 들렸다 하고, 이제 예수님이 오셔서 먹고 마시니, 먹기를 탐하고 포도주를 즐기는 사람이라고 칭하는 그 세대 사람들의 악함을 "장터에서 노는 아이"에 비유하신다.(마 11:16-19, 눅 7:31-35) 예수님은 아마 장터에서 노는 아이들을 관찰하셨던 것 같다. 이들은 결혼식 놀이를 하기로 하고, 한 편은 피리를 불고, 다른 한 편은 춤을 추기로 정하였으나, 실제로 한 편이 피리를 불었어도, 다른 한 편은 춤을 추지 않았다. 결혼식 놀이는 망쳐져서 이제 이들 중 누군가 장례식 놀이를 하자고 제안한다. 편을 갈라 한 편은 애곡을 하고, 다른 한 편은 가슴을 치기로 하였으나 또다시 약속은 틀어졌다. 이와 같은 아이들의 몰이해와 놀이를 망쳐버리는 속성에서 예수님은 그 시대 사람들이 메시아를 조롱하고 세례 요한을 미친 사람 취급하였던 몰이해와 악함을 보았던 것이다.

예수님이 그랬던 것과 같이 성서는 인간이 타락 이후 누구도 죄와 무관하게 태어나는 사람은 없다는 것을 증거한다. 창세기 8:21은 "사람의 마음이 계획하는 바가 어려서부터 악함이라"고 하였다. 그래서 사도 바울의 "의인은 없나니 하나도 없다"(롬 3:10)는 말은 어린이들에게도 예외는 아닌 것이다. 시편기자도 "내가 죄악 중에서 출생하였음이여 어머니가 죄 중에서 나를 잉태하였나이다"(시 51:5)라고 하였다.

그래서 기독교는 죄 씻음을 의미하는 '세례'를 갓 태어난 유아들에게도 실시하는 "유아세례"의 전통을 이어왔다. 어린이도 죄 가운데 태어나 죄 씻음을 받아야 한다는 것은 성인과 동일하다는 뜻이다. 번즈(M. J. Bunge)는 어린이가 죄인이라고 하는 것은 단순히 모든 인간이 원죄를 물려받아 죄 가운데 태어난다는 개념에서만이 아니라, 실제로 죄성을 가지고 이를 행하는 주체라고 하는 의미이기도 하다고 하였다.[8] 고집을 피우는 아이들, 다른 아이의 장난감을 빼앗거나, 무엇을 사달라고 떼쓰는 자기중심적 아이들을 관찰해 보면, 이 같은 사실을 확인할 수 있다. 루터가 어렸을 때 교육이 없이 방치되면 결국 짐승처럼 서로 물고 뜯는 사회가 될 것이라고 한 것도, 프랑케(A. H. Francke)가 교육은 아동의 자기의지(Eigenwille)를 꺾는 것을 목표로 해야 한다고 한 것도 결국 아동의 죄성을 지적하고 있는 것이라고 할 수 있다.

이와 같은 점을 바탕으로 해서 볼 때 우리는 성서가 어린이를 무조건적으로 이상적 인간상으로 표현하고 있지 않다는 것을 확인할 수 있다. 성서는 어린이를 하나님으로부터 오는 복이요, 신앙의 모범으로 보면서도 동시에 어린이는 미성숙성과 부족함, 죄성을 가진 인간임을 그대로 표현하고 있고, 그래서 어린이도 구속되어야 할 존재라고 하는 것을 나타내 주고 있다.

6. 성서의 어린이 이해에 대한 다원적 시각

앞에서 고찰한 대로 성서에는 어린이에 대한 다양한 이해들이 공존하고 있다. 가만히 살펴보면 그 이해들 간에는 개념적으로 서로 상충되는 면이 없지 않다. 성서는 어린이를 '하나님의 복'이요, '하나님의 형상대로 지어진 온전한 인간'으로 이해하면서도, 동시에 미성숙하여 교육이 필요한 '교육 필연적 존재'로도 표현한다. 그러나 또 다른 한편으로는 그 자체로 성인을 교육할 수 있는 '신앙의 모범'으로도 표현하고 있다. 그러면서도 어린이를 성인과 마찬가지로 '죄성을 가진 인간'으로 표현하기도 한다.

그러면 이와 같이 서로 간에 상충되기도 하는 성서적 어린이 이해를 우리는 어떻게 종합할 것인가? 번즈는 성서와 기독교 전통에 나타나는 다양하고 풍성한 어린이 이해로부터 굳이 하나의 입장을 선택하거나 이들을 종합하는 시도가 오히려 위험한 시도라고 하였다.[9] 그녀의 말처럼 우리가 어느 한 편으로만 어린이를 이해하게 될 때 다른 편에서 제시할 수 있는 어린이 이해를 놓치는 편협한 어린이 이해로 가게 될 위험이 도사리고 있다.

한 예로 어린이는 하나님의 복이요, 하나님의 형상으로 창조된 온전한 인간이라고 하는 성서의 이해로부터 우리는 모든 형태의 어린이에 대한 폭력과 유기, 수단화가 잘못된 것이라고 하는 분명한 기준을 얻는다. 그러나 이 입장에서만 어린이를 보면, 어린이도 죄성을 가진 피조물이며 구속되어야 하는 존재로서 좀 더 적극적으로 교육적 동반이 필요하다는 사실을 간과할 수 있다. 오늘날 소위 "아동중심교육"의 입장에 서는 사람들은 아동을 절대적으로 선한 존재로 인정하고 외부의 영향을 최소화해야 한다는 생각을 교육에 반영하고 있다. 그러나 어린이도 죄성을 가진 존재이고, 그들도 구속되어야 하는 존재라고 하는 성서의 이해는 기독교 아동교육이 그와 같은 입장을 무비판적으로 수용해서는 안 될 것이라고 하는 안목을 제시해 주는 것이다.

어린이가 미성숙하여 '교육이 필요한 존재'라고 하는 성서의 이해는 우리에게 어린이 교육의 중요성을 제시해 준다. 무엇보다 그들이 "주님의 훈계"로 가르쳐져야 하는 존재라고 하는 점은 기독교 아동교육의 내용과 목적에 분명한 방향을 제시해 준다. 그러나 우리가 이 입장에만 머물러 있으면 어린이는 언제나 교육의 대상으로만 머물러 있게 된다. 어린이는 '교육관'에 머물러 있어야 하고, 교회학교의 학생으로만 이해된다. 그렇지만 어린이를 '신앙의 모범'으로 볼 때 우리는 어린이를 우리의 진정한 공동체 일원으로 인정할 수 있게 된다. 예수님이 그들을 무리 한가운데에 세워서 제자들을 가르치신 것처럼, 그들을 우리의 공동체의 삶과 예전과 친교와 봉사의 일원으로 인정하고 그들로부터도 배울 수 있게 된다. 소자 한 사람을 영접한 것이 곧 예수님을 영접하는 것이라고 하는 예수님의 가르침을 실현하게 되는 것이다.

이렇게 보았을 때 성서가 다양한 어린이 이해를 나타내고 있는 것은 결코 우연이 아니라고 생각된다. 성서의 풍성한 어린이 이해들 중 어느 하나를 선택하려고 하거나 혹은 이를 종합하여 하나의 통일된 입장으로 만들려고 하는 것은 그 순간 다른 이해를 배제하게 되는 위험을 안고 가는 것이다. 따라서 성서의 다양한 어린이 이해 사이의 긴장과 균형을 잃지 않으면서 이들을 기독교 아동교육에 시의적절하게 해석하고 반영하는 것이 우리의 과제로 남는다.

II. 유아세례와 어린이

'유아세례'는 기독교에서 오랜 전통을 가진 예식임에도 불구하고, 기독교의 역사에서 자주 논쟁의 대상이 되어왔던 테마이다. 특별히 그것의 존립근거와 성서적 전거, 성인세례(신자세례)와의 차이점에 관한 논쟁이 중심이 되어 유아세례는 교회사나 조직신학, 혹은 실천신학의 영역에서 주로 연구되어 왔다. 유아세례라는 독립된 개념 그 자체로서 그것은 신학적 영역의 관심일 수 있으나, 그것이 교육적 동반을 전후해서 이루어지지 않으면 안 된다는 점, 그리고 유아세례 자체가 갖는 교육적 영향의 측면에서 볼 때, 그것은 분명 기독교교육의 테마이기도 하다.

이 장에서는 개혁교회의 유아세례 입장에 직·간접적으로 영향을 미친 종교개혁자 칼빈의 유아세례론과, 20세기 들어서 유아세례에 가장 심각한 도전을 하였던 칼 바르트의 유아세례론에 관한 찬반론을 고찰하고, 그를 바탕으로 유아세례에 대한 기독교교육적 의미와 과제들을 가늠해 보려고 한다.

1. 유아세례와 유아세례 논쟁의 역사

유아세례가 서구 기독교의 역사에서 본격적으로 일반화되기 시작한 것은 4세기 말에 기독교가 로마제국의 국교가 된 이후부터라고 할 수 있다.[10] 기독교가 국교가 되고 세례가 의무화되면서 로마제국의 대부분의 성인들은 세례를 받았고, 새로 태어나는 유아도 세례의 대상이 되었다. 그와 같은 상황적 배경과 나란히 어거스틴의 원죄설은 유아세례를 정착하게 하는 결정적 계기가 되었다. 어거스틴은 "인간은 태어나면서부터 원죄를 유전으로 물려받고 태어난다"고 하였고, 인간의 원죄를 씻는 세례예식이 없이는 구원이나 영생을 희망할 수 없는 것이라고 하였다. 그것은 유아의 경우에도 마찬가지로, 만일 유아가 세례 없이 사망하게 된다면 원죄로 인하여 심판을 받게 될 것이므로 유아세례 의식은 필요하다는 것이다.[11] 그와 같은 어거스틴의 입장은 국교화 이후의 서방교회 상황과 맞물려 유아세례를 확산하는 결정적 계기가 되었다.[12]

물론 어거스틴 이전에도 유아세례에 관하여 언급된 문헌들이 있었다. 터툴리안 (AD. 160-220), 키프리안, 나지안주스의 그레고리(AD. 330-390)의 저술들 속에서 우리는 유아세례가 대략 2세기 말경에 시작되었다는 흔적들을 찾을 수 있다. 이들의 유아세례에 관한 언급들은 크게 두 가지 입장으로 갈라지는 것을 볼 수 있다. 키프리안은 어거스틴과 마찬가지로 유아도 원죄를 갖고 태어나므로 세례로 인한 죄 사함이 필요함을 강조하였으나, 터툴리안[13]과 나지안주스의 그레고리는 유아세례에 대한 부정적인 견해를 피력하였다. 그들은 유아가 세례 후 죽음으로 세례의 약속을 지키지 못할 가능성도 있을뿐더러, 그들이 그리스도를 바로 알 수 없는 상태에서 세례를 받게 되면 바른 그리스도인이 될 수도 없고, 더 나아가 자신의 삶에 대한 책임도 질 수 없음을 지적

하면서, 세례를 어느 정도 성숙한 후로 연기할 것을 권하고 있다.

고대교회의 문서들 속에서 이미 우리는 유아세례에 관한 두 가지 입장, 즉 원죄를 씻기는 하나님의 은혜의 예식으로 보는 입장과, 수세자의 인지적인 바탕을 통한 고백과 삶에서의 윤리적 책임을 강조하는 입장으로 나타나고 있는 것을 볼 수 있다.

개신교회의 역사에서 유아세례의 존립에 관하여 근본적으로 물음을 제기한 대표적인 도전 가운데 하나는 재세례파라고 할 수 있다. 재세례파 운동은 종교개혁의 한 분파로서 부패한 기독교를 개혁하고 진정한 기독교를 건설하고자 하는 운동이었다. 종교개혁 당시에 서구의 교회는 이미 유아세례가 정착하여 태어나는 모든 유아들이 거의 예외 없이 유아세례를 받고 교인이 되는 것이 일반화되어 있었다. 재세례파들은 이처럼 교회가 단순히 예전적인 유아세례를 통한 명목상의 기독교인으로 구성되는 것을 반대하고, 개인적 결단과 성령의 역사에 의한 내적 경험을 바탕으로 진정한 기독교 공동체를 형성해야 한다고 보았다.[14] 그들은 유아세례라는 외적인 성례전은 이차적인 의미를 가질 뿐이고, 좀 더 본질적인 것은 성령에 의한 내적이고 직접적인 경험이라고 하면서, 유아세례의 철폐를 주장하고, 유아세례 받은 자들에게 재세례를 시행하여야 한다고 하였다.

그러한 재세례파의 의견은 루터나 칼빈, 츠빙글리와 같은 종교개혁자들에게는 단순히 유아세례에 국한된 문제로만 비쳐진 것이 아니었다. 재세례파의 그것은 당시 세례 위에 기초된 국가교회의 근본을 흔들 수 있는 문제였고, 따라서 모든 개혁가는 거의 한 목소리로 유아세례 옹호의 입장을 취하였다.[15] 그들은 한편으로는 재세례파에 대하여 단호하게 대처하면서, 동시에 가톨릭의 예전적인 유아세례와도 거리를 두는 입장을 취하였다. 그들은 세례란 단순히 외적인 의식을 넘어서서 외적 행위에 동반되는 내적인 성령의 역사이며, 세례는 신적인 권위로서 제정되었으므로, 수세자가 비록 유아일지라도 하나님은 수세자의 조건을 뛰어넘어 사역하신다고 보았다. 따라서 유아세례는 반복될 필요가 없고, 반복되어서도 안 된다고 하면서 그들은 재세례파나 성인세례를 주장하는 모든 분파를 정죄하였다. 그들의 이와 같은 노력은 유아세례의 위기를 극복하고 교회에서 유아세례 관습을 대세로 유지하는 데 결정적 역할을 하였다.

20세기 들어 나타난 유아세례에 대한 가장 큰 도전의 하나는 칼 바르트의 주장이었다. 그는 세례 자체의 본질을 성령세례와의 관계에서 재정의하면서 이를 바탕으로 유아세례에 대한 반대 입장을 제시하였다. 그와 같은 바르트의 입장은 40년대 독일의 신학계에서 커다란 토론을 불러일으켜, 에밀 브루너와 쿠르트 알란트, 요아킴 예레미아스, 오스카 쿨만, 린하르트 등이 논쟁에 참여하였다.[16] 바르트가 유아세례 반대 진영의 대표주자로서 신약에는 오직 하나의 세례만 있을 뿐 유아세례는 없으므로 유아는 세례의 대상이 아니라고 하는 입장이었다면, 요아킴 예레미아스는 신약이 "온 집안"의 세례를 언급하고 있고, 신·구약 전체는 가장이 세례를 받으면 온 가족이 세례를 받는 "가족공식"(oikos-formula)을 나타내고 있다는 점에서 볼 때, 유아도 당연히 세례의 대상에 포함된다고 하는 것을 주장하였다.[17]

유아세례에 관한 논쟁이 이처럼 지속되어 온 것은 무엇보다 그의 신약성서상의 전거가 분명치 않다는 점과, 유아세례가 과연 '세례' 자체가 갖는 본질을 온전히 충족시키고 있느냐 하는 물음과 관련이 있다고 할 수 있다.

2. 유아세례의 성서적 근거

앞에 언급한 대로 신약성서상에 유아세례에 대한 직접적인 증거는 하나도 없다. 단지 유아세례와 관련되었을 것이라고 추정되는 구절이 있을 뿐인데, 찾는 이에 따라 성서는 유아세례에 대하여 긍정적인 구절과 부정적 구절 모두를 내포하고 있다고 할 수 있다.

신약성서에서 유아세례를 긍정적으로 뒷받침하는 대표적 구절은 가족세례와 관련된 구절이다. 신약성서는 여러 번에 거처 온 가족이 함께 세례 받았다는 것을 기록하고 있는데, 자주장사 루디아와 그의 '집'(행 16:14-15), 빌립보 감옥의 간수와 그의 온 '권속'(행 16:25-34), 회당장 그리스보와 그의 온 '집'(행 18:8), 스데바나 '집 사람'(고전 1:16)이 세례를 받았다고 기록하고 있다.

요아킴 예레미아스는 이와 같은 구절에서 온 집과 권속이 세례를 받았다 함은 그 집에 속하는 모든 가족이 세례 받았음을 의미한다고 하였다.[18] 그에 의하면 이미 구약성서에서 가족의 연대성과 공동적 인격이 나타나는데, 거기에는 어린아이와 젖먹이까지도 모두 포괄하는 가족 전체가 하나의 공동운명체임을 전제하는 일종의 '가족공식'(oikos-formula)이 나타나고, 이것이 신약성서에도 연계된다고 하였다.[19] 그와 같은 관점에서 볼 때, 온 집이 함께 세례를 받았다는 기록은 당시의 시대적 배경 안에서 볼 때, 당연히 유아에게도 세례를 베풀었다는 의미로 해석되어야 한다는 것이다.

세례에 대하여 긍정적으로 해석될 수 있는 신약성서의 또 다른 구절은 할례와 세례의 관계에 관한 구절이다. 골로새서 2:11-12에는 세례를 "손으로 하지 아니한 할례"라고 함으로써 할례와 세례를 관련시키고 있다. 세례를 이처럼 할례와 연결되는 것으로 볼 때, 할례로 인하여 이스라엘 자손이 하나님의 백성이 된다는 언약(창 17:1-14)과 아브라함의 모든 자손(남자)은 할례를 받아야 한다고 한 명령(창 17:10)은 세례에도 적용된다고 할 수 있다. 아브라함의 자손들이 난 지 8일밖에 되지 않았으나 할례를 받고 계약백성이 되는 것처럼, 유아세례도 유아로 하여금 하나님 백성으로 받아들여지는 예식으로 해석되는 것은 무리가 없다는 것이다.[20]

세례에 대하여 긍정적으로 해석될 수 있는 또 다른 구절은 예수님 자신이 어린이에 대하여 취하신 태도와 관련된 구절이다. 예수님은 어린아이들이 자신에게 오는 것을 용납하였고, 어린이들을 품에 안으시고, 안수하시고 축복하셨으며, 하늘나라가 어린이와 같은 자들의 것이라고까지 하셨다.(눅 18:15-17, 마 19:13-15, 막 10:13-16) 물론 예수께서 어린이를 안수한 것이 곧 그가 어린이에게 세례를 주신 것으로 동일시해서는 안 되겠지만, 어린이에게 하늘나라를 약속하신 예수님의 입장은 오히려 어린이야말로 명백하게 세례의 대상이 됨을 반증해주는 예라고 할 수 있다는 것이다.

그에 반해 신약성서에서 우리는 유아세례 반대자의 입장을 뒷받침할 만한 구절도 찾을 수 있다. 결정적 증거 중의 하나는 신약성서에 나타나는 대부분의 세례장면에서 수세자가 시간적으로 먼저 믿고 영접하는 사건이 있은 후 세례 받기로 결단하고 있는 것을 묘사하고 있다는 것이다. 에디오피아 여왕의 내시가 세례를 받을 때에도 먼저 그의 의식적 결단이 있은 후, 그에 대한 세례가 뒤따랐고(행 8:36), 사도 바울도 회심 후 세례를 받았으며(행 9:18), 시몬도 "믿고 세례를 받은 후" 빌립을 따라 다녔다고 하였다.(행 8:13) 그래서 성서는 "믿고 세례를 받다"는 표현을 마치 하나의 관용구처럼 반복해서 쓰고 있는 것을 볼 수 있다.(막 16:16, 행 8:12, 행 8:13)[21] 성서에 나타나는 세례 장면은 대부분 수세자가 먼저 예수 그리스도에 대하여 알고, 그에 대한 믿음과 고백이 있은 후, 세례로 연결되고 있는 것을 보여주고 있다. 이 같은 맥락에서 볼 때, 그와 같은 과정을 밟을 수 없는 유아의 경우 세례의 조건이 형성되지 못했다고 할 수 있다.

위에서 살펴본 바와 같이 성서는 유아세례에 관하여 긍정적, 부정적 양 측면을 포괄하고 있다. 그러나 그와 같은 관련성들은 단지 간접적 관련성일 뿐, "유아세례"에 관한 직접적 전거들은 아니라고 하는 점은 짚고 넘어가야 할 것이다.

3. 칼빈의 유아세례 이해

개혁자 칼빈은 그의 『기독교강요』 IV권 16장 전체를 특별히 유아세례에 할애하여 재세례파들의 이론들을 반박하면서 유아세례의 정당성을 설명하고 있다. 그는 먼저 유아세례를 할례와의 관련성에서 설명하고 있다. 그는 할례와 유아세례는 단지 외형적 차원에서만 상이할 뿐이지, 내용상으로는 둘 다 하나님의 은혜와 사죄의 약속(Verheißung)이라는 점과, 중생의 표징이라는 점, 그리고 성례가 가지고 있는 힘과 내적 신비의 차원에서는 서로 동일하다고 하였다.[22] 따라서 유아세례는 할례가 하던 일을 대신하는 것이고, 그런 의미에서 아브라함과의 언약에서 이미 인정되었다고 하였다.

칼빈은 또한 그리스도께서 어린이들이 오는 것을 용납하라고 명령하셨고, 천국이 그와 같은 자의 것이라고 하였음을 상기시키면서, 이것이야말로 예수께서 유아들을 세례의 대상에 포함할 것을 승인하는 결정적인 증거라고 하였다.[23] 계속해서 칼빈은 성서에서 "유아세례"라는 구체적인 언급이 없다고 해서 유아들이 세례에서 제외되었던 것은 아니라고 하면서, 가족세례의 예들을 들고 있다.[24] 그리고 성서에 직접적 언급이 없다는 이유로 유아를 세례에서 제외시킨다면, 이것은 주의 성찬에 여자들이 참여했다는 기사가 없으므로 여자들을 성찬에서 제외시키는 것과 같은 이치라고 하였다.

이와 같은 성서적 관련성과 나란히 칼빈은 유아들도 성인과 같이 아담의 후손이고, 그들도 그리스도 안에 있지 않으면 죽음 가운데 버려지게 됨을 지적하면서, 세례를 통하여 예수 그리스도에게 접붙임을 받고 중생을 얻어야 한다고 강조하였다.(*Institutio*, IV, 16, 17)

칼빈은 어린이들이 선악에 대한 지식이 없고, 더 나아가 회개하거나 믿을 능력이 없으므로 유아세례를 유보해야 한다는 재세례파의 의견에 대하여서 몇 가지의 반대이론을 제기하였다. 먼저 그는 그러한 유아들에게도 하나님이 할례를 하라는 명령을 내리셨다는 것을 상기시키면서, 인간인 우리가 유아세례를 막아서는 안 된다고 하였다.(IV, 16, 20) 다시 말하면 그는 유아의 인지능력이 세례를 베풀거나 베풀지 않는 전제조건은 될 수 없다고 보는 것이다. 오히려 그와 같은 사고 자체가 이미 그에게는 하나님의 능력을 제한하는 것으로 비쳐졌다. 그는 설령 인간의 눈에 납득이 가지 않을지라도 "하나님은 어떠한 방법으로든지 유아들에게 자신을 알리는 권능을 갖고 계신 분"이시라는 것이다. 따라서 그는 유아들에게 세례를 뺏는 것은 하나님으로부터 그러한 권능을 뺏는 것이라고 하였다.(IV, 16, 18) 이러한 점에서 볼 때 칼빈은 유아세례나 성인세례가 모두 원죄를 씻고 중생을 얻는 표라고 하는 점에서 동일하다고 보았다.

그러나 이와 동시에 칼빈은 유아세례에서 나타나는 성인세례와의 차이점을 인정하고 있기도 하다. 그도 유아들이 세례의 의미를 이해하지 못하고, 의식적으로 죄를 회개하고 믿음을 고백할 수 없다는 점을 인정하면서, 유아세례는 '장래'에 있을 회개와 믿음을 위해서 행하는 것이고, 세례와 더불어 유아 안에는 성령의 은밀한 역사에 의해서 회개와 믿음의 씨앗이 심겨지게 된다고 하였다.

> 유아들은 비록 할례를 받는 순간에는 그 표징의 뜻을 그들의 지적 능력으로 인하여 이해하지 못하지만 그들은 부패하고 오염된 본성을 죽이는 할례를 참으로 받았으며, 이 죽이는 일은 장성한 후에 실행할 것이다. … 즉 유아들은 장래의 회개와 믿음을 위해서 세례를 받으며, 아직은 회개와 믿음이 그들 안에 생기지 않았지만 성령의 은밀한 역사에 의해서 그 씨가 그들 안에 숨어 있다고 할 수 있다.[25]

칼빈은 재세례파들이 믿고 세례를 받거나 회개하고 세례를 받는다는 성서의 구절을 들어서 회개하고 믿는 행위가 선행될 수 없는 유아들의 세례를 반대하고 있지만, 유아의 경우는 다르다고 하였다. 성인의 경우 믿고 회개하는 행위 없이 세례를 주어서는 안 된다는 것은 당연하나,[26] 유아는 다르다는 것이다. 아브라함의 경우 성례가 믿은 다음에 있었으나, 그의 아들 이삭의 경우에는 성례(할례)가 먼저 있었다는 것이다.

> 아들은 약속의 내용에 따라 상속권에 의해서 이미 모태에서부터 언약에 포함되어 있었다. … 그 후손의 아버지가 되어 주시겠다고 약속하신(창 17:7 참조) 하나님께서 사람들의 어린이들을 자기의 자녀로 인정하신다는 것은 의심할 여지가 없다.[27]

칼빈은 성인세례를 받는 사람들은 언약 밖으로부터 언약 사회에 들어오는 것이므로 믿음과 회개가 선행되어야 하지만, 그리스도인에게서 난 유아들은 이미 직접 "언약의 상속자"로서 태어났고 하나님께 받아들여졌으므로 회개와 믿음이 선행되지 않아도 된다고 하였다.

이상과 같은 칼빈의 유아세례 이해에는 우선 유아도 중생되어야 하고 죄씻음을 받아야 하는 존재로 성인과 똑같이 세례의 대상이 되어야 한다고 보는 칼빈의 입장이 나타난다. 그러나 이와 나란히 그가 가졌던 유아와 성인의 차별성도 발견된다. 그는 유아들의 약한 인지능력, 회개와 믿음 없음이 유아를 세례 대상에서 제외하는 조건이 아니라고 보았다. 그러나 그러한 유아의 특성은 세례에서 고려되어야 하고, 그에 맞게 먼저 언약백성으로 인치고, 추후에 믿음과 회개의 은혜를 누리는 것으로 인도되어야 한다는 것이다.

그렇게 볼 때 칼빈의 유아세례 이해는 '기독교 가정'의 '언약 공동체성'에 바탕을 두고 있다고 볼 수 있다. 기독교 가정에 태어나는 유아는 이미 언약의 공동체 안으로 태어났고 따라서 그들은 새롭게 언약공동체로 들어오는 성인과는 다르게 취급되어야 한다는 것이 그가 유아세례를 성인세례와 구별하는 결정적인 기준이다.

4. 칼 바르트의 유아세례 이해

칼 바르트는 1943년에 발표한 유명한 "교회의 세례론"(Die Kirchliche Lehre von der Taufe)[28]에서 그의 세례와 유아세례에 대한 입장을 밝히게 되는데, 이것이 독일과 다른 국가들에서 유아세례에 대한 본격적인 토론을 일으키는 계기가 되었다.

사실 1943년 이전의 바르트의 세례에 대한 입장은 43년의 그것과는 조금 다르게 나타나는 것을 볼 수 있다.[29] 그 이전에 그는 세례를 "하나님으로부터 오는 은혜의 표시이다."[30] 혹은 "인간의 모든 경험과 결정 이전에 그리스도의 주권 안에 서 있다는 표시이다." "인간이 하나님에 대해 어떤 입장을 갖기 이전에 하나님이 먼저 인간에게 대하여 입장을 취하신 표시이다"[31]라고 정의하는 등 세례의 성례전적 차원과 은혜의 차원을 강조하였다.

그러나 43년에 발표된 "교회의 세례론"에서 바르트는 세례를 "성령의 힘 안에서 그리스도의 죽음과 부활에 참여함으로써 새로운 인간이 된 것을 표현하는 행위이다"라고 하였다. 이와 같은 정의 안에는 세례가 성령의 힘 안에서 하나님이 이룩하신 "예수 그리스도 사건(de iure)"이라는 측면과, "인간의 신앙적 응답(de fecto)"이라는 두 측면이 부각된다. 동시에 세례는 예수 그리스도의 죽음과 부활에 참여하는 것을 인지적(kognitiv)으로 수용할 뿐만 아니라 새로운 인간이 되는 윤리적(ethisch) 차원의 삶의 결단을 포괄하게 된다.

그와 같은 맥락에서 바르트는 그의 『교회교의학』 IV권에서 세례란 하나님의 행위와 인간의 행위가 동시에 일어나는 것임을 강조하고 있다. 바르트는 여기에서 "우리 밖에서"(extra nos) 일어난 예수 그리스도와 그분의 사역이 어떻게 "우리 안에서"(in nobis) 일어날 수 있는가라고 물으면서 이 둘을 "성령의 역사"로 연결시키고 있다.[32] 예수 그리스도의 사건과 그분의 역사는 우리 밖에서 일어난 일이지만, 그 사건은 성령의 역사로 말미암아 지금 여기의 우리 안에서 구속사로 나타나고 주어진다는 것이다. 예수 그리스도를 통해서 나타난 하나님의 모든 인류를 위한 변혁의 행위가 성령의 역사로 한 특정 인간에게 효력을 발생한다는 것이다. 이와 같이 그 예수 그리스도 안에 이미 일어난 신적 변혁과 행동이 이 특정 인간에게 일어나는 것이 바르트에게 있어서는 "성령의 세례"이다.

따라서 바르트는 세례를 "성령세례"와 떼어서 생각해서는 안 된다고 하였다.[33] 성령세례가 물세례에 앞서서 인간을 예수 그리스도의 신적 변형에 참여하게 하면, 물세례는 그에 대한 인간의 응답으로서 순종과 윤리적 삶을 살기로 하는 결단을 표현하는 것이라고 하였다.[34] 그래서 바르트는 물세례는 성령세례와 함께할 때에만 본질적인 것이 되고, 또한 성령세례는 물세례를 배재하거나 무용한 것으로 만드는 것이 결코 아니라고 하였다. 이것은 이미 예수님이 요단강에서 세례를 받을 때, 신적인 변혁과 물세례가 서로 교차했다는 것에서 나타난다.

따라서 바르트는 물세례 시 인간의 결단을 강조했다. 성령세례로 신앙을 갖게 된 사람은 그의 의지로 이 은혜에 대하여 "예"라고 응답할 수 있고 또 이 응답의 통로로 선택하는 것이 물세례이어야 한다고 하였다. 물세례는 수세자가 지원하고 교회가 주는 것이다. 바르트는 그와 같은 점을 바탕으로 물세례는 예수 그리스도에 대한 자발적 순종의 표현과 예수에 대한 희망이 포함되어야 하며, 회개가 동반되어야 한다고 하였다.

이와 같은 바르트의 세례이해는 그가 유아세례에 대하여 부정적 입장을 취할 수밖에 없게 한 결정적 계기가 되고 있다. 물세례가 성령세례에 반응하는 인간의 응답으로서, 예수 그리스도에 대한 자발적 순종과 희망이 선행되어야 하고, 더 나아가 회개가 동반되어야 한다고 보았을 때, 유아세례는 그와 같은 조건들을 충족시키지 못하기 때문이다.

바르트는 교회의 역사에서 유아세례에 관한 논쟁은 모두 교회 내·외의 정치적 상황과 맞물려 유아세례를 지켜내야 한다는 목적에서 이루어졌을 뿐, 단 한 번도 유아세례 그 자체의 본질에 관한 논쟁은 되지 못했다는 점을 지적하면서 유아세례에 관한 논쟁이야말로 세례의 원래적 의미와의 관련성 속에서 숙고되어야 한다고 하였다. 그는 유아세례도 세례로서 인정을 받으려면 물세례 자체가 갖는 본질적 성질, 즉 성령세례에 대한 인간적 측면의 응답과 삶의 변화 윤리적 차원의 결단과 같은 요건들을 충족시켜야 하며, 그러한 세례의 원래적 본질을 포기하거나 유보하면서까지 유아세례라는 것을 지속시키는 시도는 잘못된 것이라고 하였다.

그는 우선 유아세례는 실제로 교회사에서 기독교 초기 2세기까지 생긴 예식이 아니라 후기 교부시대에 생긴 것이며, 종교개혁자들에 의하여 신학적으로 정당화된 것일 뿐 정확하게 성서적 근거를 갖고 있지는 않다고 하였다.[35] 유아세례 옹호자들이 제시하는 모든 성서적 근거들은 희미하게 그 끈을 연결시켜 보려는 시도일 뿐 유아세례에 대한 분명한 성서적 전거들을 증명한 것은 아니라고 하였다.

바르트는 유아세례의 신학적 근거를 제시하는 대표적 개혁자인 칼빈의 유아세례 개념을 비판하였다. 앞에서 언급한 대로 칼빈은 유아들은 성인과 달리 세례 시에 신앙과 회개를 전제할 수는 없으나, 유아세례로 인하여 유아 안에 신앙의 씨앗이 뿌려지게 되며, 이것은 후에 열매를 맺는다고 하였다. 바르트는 "미래의 신앙"이란 성서적 근거도 없을 뿐 아니라, 신앙 없는 유아세례는 "반쪽짜리 세례"라고 비판하였다. 칼빈은 가톨릭교의 7성례를 거부하고 성찬과 세례만을 성례전으로 인정하고 구교의 "견진성사"를 반대하고 있지만, 그의 유아세례는 미래에 이루어질 신앙의 씨앗을 놓는다는 점에서 '입교'(firmung)예식을 통하여서만 온전한 세례가 되는 반쪽짜리 신앙이라는 것이다.[36]

그는 또한 유아세례가 부모나 후견인(Pate, Patin) 등의 신앙에 근거하여 이루어진다는 대리적 신앙이론이 세례의 본질에 어긋난다고 하였다. 누군가에 의해 대리되는 신앙은 물세례가 성령세례에 대한 응답으로 인간이 자유롭게 결단하는 외적 행위라고 하는 세례의 본질에 근본적으로 어긋난다고 하였다.

이와 같은 바르트의 유아세례 반대 입장은 그의 "성령세례"를 바탕으로 하는 세례론에 근거한 것이며, 그러한 성령론적 세례론의 기본적 입장에 근본적으로 일치하지 못하는 유아세례는 그에게서 온전한 세례로 인정될 수 없었다.

5. 유아세례의 기독교교육적 의미

칼빈과 바르트의 유아세례에 관한 입장의 차이에서 보는 바와 같이 유아세례에 관한 찬성과 반대의 입장은 유아세례의 특수성을 인정하느냐 안 하느냐에 달려 있는 것 같다. 유아세례가 유아의 신앙고백과 의지의 결단 없이 부모나 보호자의 신앙에 의하여 먼저 세례를 받고, 자신의 신앙고백은 세례 이후에 오도록 하는 것을 인정하는가 하지 않는가에 그 찬반의 기준이 있다. 칼빈의 경우 이것을 인정하고 있고, 바르트의 경우 이를 인정하지 않는다.

신학자들뿐만 아니라 교회와 교단들 간에도 이와 같은 입장의 차이로 유아세례 시행 여부가 갈라져 왔다. 세계교회협의회(WCC)에서 1982년에 통과시킨 신앙과 직제 문서(Baptism, Eucharist and Ministry, 요약하여 BEM Text)에서도 유아세례에 관한 이러한 교회와 교단 간의 차이를 인정하고 있는 것을 볼 수 있다.

일부 교회들은 교회 안에서 그리고 교회와 더불어 기독교적 신앙으로 유아들을 양육할 준비가 되어 있는 부모들이나 보호자들이 데리고 오는 유아들에게 세례를 베푼다. 다른 교회들은 개인적으로 신앙을 고백할 수 있는 신자에게만 세례를 베푼다.[37]

BEM이 인정하고 있는 것처럼 교회마다 유아세례와 그의 시행여부에 관한 상이한 전통과 입장이 있다. 침례교를 비롯한 몇몇의 교회가 신자세례(성인세례)를 시행하고, 대한예수교장로회 통합측을 비롯한 더 많은 교회가 유아세례 전통을 지켜가고 있다. 여기서 중요한 것은 유아세례를 전통으로 유지하느냐 안 하느냐에 있다기보다는 교회가 유아세례를 베풀 경우 이를 얼마나 교육적으로 동반하는가에 있다. 유아세례는 기독교적으로 양육할 준비가 되어 있는 부모(혹은 보호자)에 의해 이끌려온 유아에게, 그들이 후에 스스로 신앙고백을 할 것을 기대하며 베푸는 예식이다. 따라서 세례 받은 유아가 후일 스스로 신앙고백을 할 수 있도록 교육적으로 동반하는 것은 유아세례의 절대적인 전제조건이라고 할 수 있다. BEM 문서에서도 유아세례의 이와 같은 교육적 동반이 강조되고 있다.[38]

따라서 교회가 유아세례를 베푼다는 것은 교회와 부모, 그리고 전 회중이 유아를 기독교적으로 양육할 책임을 받아들이는 것이며 그에 대한 공동체적 서약이라고 할 수 있다. 이러한 의미에서 볼 때 우리는 현재 우리의 교회들이 유아세례의 이와 같은 교육적 의미를 얼마나 진지하게 받아들이며 그들의 교육적 책임들을 수행하고 있는지 반성해 보아야 한다. 유아세례는 어린이 주일이나 특별한 절기에 베푸는 일회적 행사가 아니라, 한 사람의 유아를 교회공동체의 일원으로 받아들이는 예식이고, 그가 그 공동체 안에서 바르게 성장하여 미래에 그가 예수 그리스도를 주로 고백할 수 있도록 교육할 것을 공동체 전체가 엄숙하게 약속하는 예식이어야 하기 때문이다.

따라서 유아세례를 위한 교회의 교육적 동반은 무엇보다 유아세례를 전후로 한 '부모교육'을 통해서 시작되어야 할 것이다. 교회는 부모교육을 통해서 세례를 앞 둔 유아의 부모들로 하여금 유아세례의 의미와 부모의 책임과 과제, 기독교 가정의 역할 등을 분명히 깨닫고 그를 수행할 수 있도록 도와야 한다. 이와 같은 부모교육은 세례를 전후로 시행될 뿐만 아니라, 유아가 성장하여 청소년이 되기까지 연속적으로 이루어질 수 있도록 각 연령층을 연계하는 단계별 부모교육으로 이어져야 할 것이고, 이를 위한 교회의 장기적 계획 수립이 요청된다.

그뿐만 아니라 교회는 유아와 부모로 하여금 유아세례의 의미를 기억하고 기념할 수 있는 프로그램을 기획할 수 있어야 할 것이다. 같은 해에 유아 세례반에서 함께 교육받고 세례 받은 유아와 부모들이 세례 받은 날에 함께 모여 세례를 기념하고, 세례의 의미를 상기하며, 부모들 상호 간에 교육적 문제도 서로 나눌 수 있는 모임은 유아세례가 한 아동에게 지속적으로 영향을 미치게 하는 데 기여할 것이다.

유아세례를 교육적으로 동반하는 교회의 가장 중요한 책임 중 하나는 "입교교육"이라고 할 수 있다. 입교는 세례 받은 유아가 성장하여 자신의 의지로 신앙을 고백하고 교회공동체 안의 독자적인 일원으로 받아들여지는 예식이다. 따라서 입교교육은 추후적으로 실시되는 세례교육으로서의 성격을 띤다. 교회는 입교교육을 통하여 그들에게 한 사람의 독립된 교인으로서 반드시 알아야 할 기독교의 기본적 가르침과, 교회에 관한 이해, 성서에 관한 이해 등을 매개할 뿐만 아니라 그들을 신앙적 결단과 고백으로 이끌어 가야 한다.

이와 같이 다양하게 동반되는 교회의 교육적 노력이 함께할 때에만 유아세례는 미래에 있을 유아의 신앙의 고백을 오늘 언약공동체 안에서 '선취'하는 은혜의 세례가 될 수 있는 것이다.

III. 기독교 전통에 나타난 어린이와 어린이 교육

1. 루터의 어린이 이해와 어린이 교육

마틴 루터(Martin Luther, 1483-1546)는 우리가 잘 알고 있는 대로 대표적인 종교개혁자이다. 그는 종교개혁자로서 당시 독일을 비롯하여 전 유럽에 개신교회의 탄생을 가져온 것뿐만 아니라, 문화, 정치, 경제, 교육 등 사회 전반에 걸친 개혁을 함께 수행하였다. 무엇보다 그는 독일의 교육제도에 크나큰 기여를 한 '공교육의 아버지'로서 평가되고 있다. 그는 당시 소수의 귀족과 성직자 지망생을 위하여 존재하였던 '학교'의 대상

영역을 확대하여 모든 국민을 대상으로 하는 공교육 제도를 실시하였고, 모국어 성서의 번역과, 어린이와 청소년을 대상으로 하는 가장 기본적 기독교교육 교과서인 요리문답을 집필하여 보급하는 등 개신교 기독교교육의 발전에 결정적 기여를 하였다. 이러한 과정에서 루터는 여러 저술들을 통해 '어린이' 이해에 대한 그의 입장을 피력하였다.

그의 "어린이 이해"에서 무엇보다 먼저 눈에 띄는 것은 그가 성인과는 다른 어린이 이해를 가지고 있었다는 점이다. 루터의 신학에 나타난 인간은 '의인'이면서 동시에 '죄인'으로서 끊임없이 시험(Anfechtung)과 싸우면서 신앙과 불신앙 사이에서, 그리고 하나님께의 순종과 불순종 사이에서 방황하고 늘 새롭게 결단해야 하는 긴장이 가득 찬 존재이다.[39] 그러한 루터의 인간이해는 그의 어린이 이해 앞에서 갑자기 달라지는 것 같은 느낌이 든다. 그의 어린이에 관한 서술에는 싸움 대신에 고요함이, 시험 대신에 안정이 감돌고 있기 때문이다. 먼저 루터가 어린이에 관해서 서술한 부분들을 추적하면서 그가 어떤 어린이 이해를 갖고 있었는지 살펴보자.

1) 세례로 인해 죄 사함을 받은 존재

루터가 어린이에 관해 서술한 내용 중 가장 자주 눈에 띄는 내용이, 어린이의 천진스럽고 근심 없는 마음이다.[40] "어린이는 누구도 두려워하지 않는다. 교황이나 영주나 죽음이나 사탄까지도 어린이의 두려움의 대상이 되지 않는다."[41] "어린이는 교회와 사회에서 어떤 책임을 져야 할지에 대한 걱정이 없다."[42] "어린이는 마치 술 취한 사람처럼 겁이 없고, 근심이 없다."[43] 등이 루터가 어린이에 대해 주로 서술한 내용들이다.

어린이가 이렇게 천진난만하고 근심이 없는 이유를 루터는 신앙적 측면에서 찾고 있다. 그들은 하나님과 바른 관계에 있으며, 죄가 없고, 의심 없이 순전히 믿는 믿음이 있기 때문이라는 것이다. 어린이는 아주 단순하게 말씀 위에 굳게 서 있으며, 순수하게 하나님을 생각하기 때문에, "그들의 하나님에 대한 생각은 어느 누구보다 아름답다." 어린이는 "믿음에 있어서 성인들보다 훨씬 뛰어나다."[44] 이와 같은 인용에서 보듯이 루터는 어린이가 근심 없고 천진난만한 것이, 죄가 없고 믿음이 확고하기 때문이라고 보았다.

루터의 성인에 대한 인간이해를 다시 상기해 볼 때, 루터는 인간이 타락으로 인해서, 어떤 인간이든 죄인이고 악한존재로 태어난다고 보았다. 그러면 여기에서 이러한 그의 신학적 인간이해와 그의 어린이에 관한 이해가 서로 상치되는 것이 아닌가 하는 의문이 제기되지 않을 수 없다. 모든 인간이 악한 죄인으로 태어난다면, 어린이도 악한 존재로 보아야 하는 것이 당연한 것이 아니겠는가.

교육적으로 루터연구의 전문가인 I. 아스하임이나 Fr. 슈바이처와 같은 이도 이와 똑같은 질문을 던지고 있다.[45] 그리고 이들은 해석하기를 인간이 '원죄'와 더불어 태어난다고 하는 사실이 루터에게서는 어린이나 어른 모두에게 똑같이 적용되고 있다는 것이다. 실제로 루터는 "악이라는 것은 이미 요람에 있는 아이 때부터 인간에게 들어가 있다"고 말하기도 하였다.[46] 그렇다면 어린이가 죄가 없고, 믿음이 굳건하다는 루터의 말은 어떻게 해석될 수 있는가. 아스하임이나 슈바이처는 똑같이 '세례'에서 그 해석의 실마리를 찾고 있다. 신학적으로 세례는 죄의 용서를 의미한다. 악한 죄인으로 태어난 인간은 세례와 더불어 죄가 씻겨지고, 하나님의 은혜 안으로 다시 태어난다는 것이다. 루터의 어린이 이해에서 제일 먼저 분명히 해야 할 것은 루터가 어린이를 지칭할 때 언제나 '세례 받은 어린이'를 생각했다는 점이다. 루터가 살았던 당시에는 대부분의 어린이들이 생후 며칠 만에 유아세례를 받는 것이 관례였고, 세례를 받지 않는 어린이는 거의 상상할 수 없었다. 따라서 루터는 어린이들이 성인에 비해 비교적 덜 타락하고 죄가 없는 것은 이들이 세례를 받은 지 얼마 되지 않아서 상대적으로 덜 타락하였다고 보았다. 이러한 어린이가 성인이 되어가면서 시험이 늘어나고 죄가 늘어나게 되며, '죄인임'과 '의인임'의 사이에서 싸우고 결단하는 존재가 되어간다.

2) 어른의 신앙적 모범

그렇기 때문에 루터는 어린이가 어른의 "신앙적 모범"(Vorbild des Glaubens)이 된다고 하였다. 어린이는 죄가 없고, 의심 없이 순전히 믿는 믿음이 있기에, "믿음에 있어서 성인들보다 훨씬 뛰어나다"는 것이다.[47]

그러면 루터는 어린이가 아직 지적인 능력이 부족하다는 사실은 어떻게 보고 있는가? 루터는 어린이가 '말씀'(성서) 위에 굳게 서 있다거나, 어린이의 하나님 이해가 누구보다 아름답다고 언급함으로써, 그가 어린이의 인지능력조차 높게 평가한 것이 아닌가 하는 생각을 갖게 한다. 그러나 루터의 여러 저술 속에 나타나는 어린이에 대한 언급들에서 이것이 사실이 아니라는 것은 곧 입증된다. 루터는 어린이의 약한 지적 능력을 감지하면서 어린이가 어른과는 지적 능력에서 차이가 있기 때문에 어른과는 달리 어린이에게 맞는 방법으로 어린이를 교육할 것을 누차 강조하고 있다.[48] 심지어 어린이 중에서도 서로 간의 능력의 차이와 연령에 대한 차이를 고려하여 교육방법을 다르게 설정할 것을 강조하고 있기도 하다.

그러나 루터는 어린이의 약한 인지능력, 즉 어린이에게 아직 이성이 눈 뜨지 않았다는 것이 신앙의 장애물이 된다고 보지 않았다. 다시 말해 인지능력의 부족이 루터에게서 곧 신앙의 부족과 직결되는 것이 아니라는 사실이다. 오히려 반대로 약한 인지능력은 신앙을 위해 유리한 전제조건이 된다. 루터신학에서 중심이 되는 개념인 이신칭의, 즉 믿음으로 의롭게 된다는 개념에 의하면 인간은 인간의 노력과 능력으로 의롭게 되는 것이 아니라, 믿음으로 의롭게 되는데, 이 믿음은 하나님으로부터 선물로 주어지는 조건 없는 무상의 선물이다. 오히려 인간의 지적인 능력은 인간을 교만하게 하고, 하나님의 선물인 믿음을 감사히 받아들이는 데 방해요소가 될 수도 있다는 것이다. 따라서 루터는 어린이의 약한 지적 능력이 그들이 믿음을 받아들이는 데 오히려 유리하게 작용할 수 있다고 보았다.[49] 하나님의 말씀을 받아들이는 것이나, 하나님과 바른 관계를 맺는 것도, 어린이의 언어능력에 달려 있는 것이 아니라, 그들의 의심 없이 받아들이고, 순종하는 마음에 달려 있는 것이다. 그리고 그는 말씀이 외부적으로는 어린이의 귀를 통해 들어가는지 몰라도, 그것을 깨닫게 하는 것은 그들의 마음 안으로 역사하는 성령이기 때문에 세례를 통해 깨끗해진 어린이들이 누구보다도 말씀을 온전히 받아들일 준비가 되었다고 할 수 있는 것이라고 생각하였다. 이러한 그의 어린이 이해는 루터의 신학 중 가장 핵심이 되는 구원과 관련된, 인간이 행위로가 아니라 하나님의 선물로 의롭게 된다는 칭의론과 서로 맥을 같이하는 입장이라고 할 수 있다.

루터의 관점에서 인생을 본다면 인간은 세례를 막 받은 어린이가 가장 흠 없고, 죄 없고, 신앙에서 모범이 되는 이상적인 상태이고, 이후로는 계속해서 점점 나빠져 가는 길에(Verschlechterung) 서게 되는 것이라고 할 수 있다. 인간은 나이를 먹어가면서 지적인 능력은 늘어날지 모르나 그와 나란히 시험도 늘어나고 믿음과 불신 사이에서 갈등하며 싸워야 하는 죄인이면서 동시에 의인으로서의 삶을 살게 되는 것이다.

3) 죄가 잠자고 있는 상태

그러나 우리는 여기에서 또 하나의 의문에 직면하게 된다. 의롭다함을 받은 자는 루터에 의하면 예수 그리스도의 의로움을 덧입었기 때문에 의롭지만 동시에 그의 안에 원죄는 여전히 살아 있는 죄인이다. 어린이가 세례를 통해 죄 사함을 받았지만 그도 여전히 원죄를 지닌 존재여야 하는 것 아닌가. 그런데 루터는 어린이가 죄가 없다고 말하고 있다.

이 물음에 대해 우리는 루터의 『창세기 강의』와 그의 여러 『탁상담화』 속에 나오는 인생의 분류들에서 그 해답을 찾을 수 있을 것 같다. 루터는 인생을 몇 단계로 나누어 구별하고 있다. 중세부터 전해져 내려오던 "7년 단위로 나눈 인생도표"(Siebenjahresschema)에 따라 그도 인생을 7년마다 한 단계로 나누었다. 처음 7년을 유아기(infans), 다음 7년이 소년기(pure), 그리고 그 다음이 청소년기(iuvenis), 다음 7년이 성인기(adultus), 그리고 그 다음이 노년기(senex)이다.[50] 루터는 원죄가 인생의 각 단계마다 다르게 표출된다고 보았다. 유아기 때는 인간에게 아직 이성과 의지가 눈 뜨지 않았을 때이고, 순간순간의 욕구에 따라서 자연적인 삶의 기능을 하는 때이다. 이때 원죄는 아직 인간의 의식 안으로 표출되지 않고, 잠재되어 있다는 것이다. 루터는 이때의 원죄가 "어린이 안에서 잠자고(schlafend) 있는 상태"라고 말하였다. 두 번째 단계인 소년기에 오면 인간 안의 이성(Vernunft)이 눈뜨게 되고, 이와 더불어 그 안의 '죄'도 깊은 잠에서 깨어난다. 이때 소년은 자아의지가 강해져서 고집을 부리고 점차로 악한 것을 선호하려 한다는 것이다. 그러다가 인간이 셋째 단계인 청소년기에 오면 이제 원죄가 인간 안에 완전히 깨어서 본격적으로 죄를 짓기 시작한다. 이에 따라 시험이 강해지고, 인간의 죄와의 치열한 싸움이 본격화된다.

이 도식에 따르면 루터는 어린이 안에 의식과 이성이 아직 잠자고 있는 것처럼 죄도 잠자고 있다고 보았다. 따라서 그가 어린이가 죄가 없다고 했을 때 이것은 죄가 그 안에 잠자고 있어 아직 활동하지 않기 때문이라고 할 수 있다. 죄가 잠자고 있기 때문에 그들에게는 갈등이 없고, 시험도 없고 두려움도 없으며, 하나님과 바른 관계에서 그를 철저히 신뢰하며 살 수 있고, 이 점으로 인해 어린이는 어른들의 믿음의 모범이 될 수 있다.

그러나 여기서 짚고 넘어가야 할 것은 어린이가 어른의 신앙의 모범이라고 해서, 루터가 어린이를 교육이 필요하지 않은 존재로 결코 생각하지는 않았다는 것이다. 루터는 어린이를 어린 시기에 바르게 교육하고 양육하지 않으면, 쉽게 잘못될 것이라고 하였다.[51] 어린이는 쉽게 각인되는 특성이 있어서, 어렸을 때의 경험은 어린이의 평생을 좌우한다. 따라서 어린이는 특별히 교육에 의존되어 있는 존재라는 것이다. 어린이는 깨끗하고 흠이 없어서 마치 "하얀 모시수건"과 같다. 이 위에 더러운 흠이 묻으면 쉽게 지워지지 않는 것과 같이, 어린이에게 한번 들여진 잘못된 습관은 쉽게 교정될 수 없다. 따라서 그는 어릴 때일수록, 그리고 될 수 있는 대로 빨리 어린이를 바르게 가르치고,

기독교적으로 양육해야 한다고 보았다. 루터에게 있어서 어린이는 교육 가능한 존재요, 동시에 교육 필연적인 존재이다.

　루터의 어린이 이해 속에서 우리는 물론 그의 경험적 어린이 이해를 발견할 수 있다. 어린이들이 순진하고 천진난만하며, 겁이 없고, 두려움이 없는 것은 그가 실제적 어린이 이해로부터 얻는 경험적 이해였던 것으로 보인다. 그러나 전체적으로 볼 때 루터의 어린이 이해는 그의 신학적 기초 위에서 이루어졌음을 알 수 있다. 어린이가 천진하고, 죄가 없는 것을 그는 세례이해와 연결하여 생각하고 있으며, 또한 어린이가 성인의 신앙의 모범이 된다고 보았던 것은 그의 칭의론에 근거한 것이었다는 것을 볼 수 있다. 이와 같은 루터의 어린이 이해에서 우리는 교육학자이기 이전에 신학자요, 종교개혁학자로서의 인간이해뿐만 아니라 어린이 이해에 있어서도 신학적 관점에서 접근하고 있는 루터를 발견할 수 있다.[52]

2. 에라스무스의 어린이 이해와 어린이 교육

　에라스무스(Desiderius Erasmus von Rotterdam, 1469-1536)는 중세 말과 근대 초 유럽 전반에 걸쳐 널리 퍼졌던 문화운동이면서 교육운동인 인문주의를 꽃피우고 완성시킨 인문주의자이다. 루터가 대표적 종교개혁자로 평가된다면, 그는 대표적 인문주의자로 평가되면서 루터와는 대조적인 인간이해를 가지고 있었던 것으로 비교되는 인물이다. 그는 어떠한 어린이 이해를 가지고 있었는지 살펴보기로 하자.

1) 가소성과 도야 가능성을 가진 존재

　에라스무스는 그의 대표적인 교육적 저술 『어린이의 교육을 위한 수업』(*Declamatio de pueris*)에서 어린이에 대해 다음과 같이 언급했다.

> 어린이는 왁스와 같다. 그것이 아직 물렁물렁할 때 어서 속히 형태를 만들어라. 어린이는 새 잔과 같다. 그것이 아직 새것일 때 얼른 가장 좋은 음료를 담으라. 어린이는

양털과 같다. 그것이 아직 눈처럼 희고 더럽이 타지 않았을 때 속히 물을 들이라.[53]

그의 글 *Pueris*에는 이와 비슷한 표현들이 수없이 많이 나타나고 있다. 그는 어린이를 휘기 쉬운 어린 나무에 비유하고, 정원사가 아직 휠 수 있는 어린 나무의 모양을 다듬어 나무의 모양을 만들어 내는 것처럼, 어린이가 커서 더는 휘어지지 않고 부러지기 전에 속히 교육을 시작하라고 하였다.[54] 그리고 더 나아가 그는 어린이를 아무것도 심지 않은 "빈 밭"에 비유하고, 그 밭에 가시덤불과 잡초가 무성해지기 전에, 좋은 씨를 뿌려 잘 가꿀 것을 호소하기도 하였다.[55]

이러한 예들의 바탕에 깔려 있는 것은 어린이의 '가소성'과 '도야가능성'(Bildsamkeit)에 대한 믿음이다. 에라스무스는 어린이를 무엇보다 '무엇인가로 되어갈 가능성을 가진 존재'라고 보았다. 그래서 그는 어린이를 하나의 '자료'(rohes Material)라고 표현하였다.

너의 과제는, 무엇이든지 그리고 어떤 것이든지 될 수 있는 이 자료를 최고의 형태로 만드는 것이다. 네가 이 과제를 소홀히 하면 너는 짐승을 갖게 되고, 네가 사려 깊게 노력하면 너는 하나님 같은 존재를 갖게 될 수 있다.[56]

어린이는 자료인데, 이 자료는 무엇으로든지 또 어떤 것으로든지 될 수 있는 자료이다. 무한한 가능성을 가진 자료로서의 어린이는 환경과 교육의 영향에 따라 짐승도 신적인 존재도 될 수 있는, 환경에 열려 있는 존재라는 것이다.

따라서 에라스무스는 어린이의 초기경험을 매우 중요하게 생각하였다. 초기의 경험은 아무 경험도 없는 상태에서 처음으로 하게 되는 것으로 그만큼 강하게 어린이의 심성에 각인하는 힘이 있다는 것이다. 이때 각인된 것은 어린이의 평생 동안 그들의 삶을 동반하는 것이 되기 때문이다. 초기 경험의 각인하는 힘 때문에 그는 어린이 시기를 인생의 가장 중요한 시기라고 하였고, 따라서 어린이는 될 수 있는 대로 조기에 바르게 교육되어야 한다는 입장을 고수하였다.

그뿐만 아니라 에라스무스는 어린이 시기를 인생의 어느 시기보다 모방능력이 뛰어나고, 학습능력이 높은 시기라고 하였다. "인간은 탄생 직후부터 예절과 삶의 형태를 배울 수 있는 능력이 있다"[57]며 비록 그들이 말을 잘 못하고 지적인 수준에서 뒤떨어져서 학습의 능력도 뒤떨어지는 것 같지만 이때의 어린이는 누구보다 모방을 쉽게 할 수 있기 때문에 이때의 학습능력은 다른 어떤 삶의 시기보다 뛰어나다는 것이다. 그래서 어린이에게 좋은 교육과 삶의 모범을 보이는 것이 필수적인 것이다.

2) 선한 존재

에라스무스는 성인으로서의 인간을 선한 존재로 보고 있는 것과 마찬가지로,[58] 어린이도 선한 존재로 보았다. 물론 에라스무스는 어린이도 원죄를 가지고 있는 존재라고 하였다. 어린이는 '선'과 '악'을 모두 어릴 때 배우는데, 선보다는 악을 배우기 쉽다고 하면서 이는 원죄로 인한 악으로 기울어지는 경향성 때문이라고 하였다. 그러나 그는 성인이해에서와 마찬가지로 어린이도 근본적으로 선한 존재라고 믿었다. 그래서 그는 어린이를 밭에 비유하면서 "좋은 밭"이라고 하였다. 이 좋은 밭에서 좋은 나무와 좋은 열매가 나야 하는 것이 자연적인 현상인데, 농부의 소홀함으로 밭이 가시밭과 잡초밭이 되는 것처럼, 어린이도 교육의 소홀함으로 나쁜 열매를 맺게 될 수 있다고 하였다.[59] 다시 말해서 에라스무스는 어린이의 원 바탕은 선한 것인데, 악하게 되는 것은 환경의 영향에 의해서 생긴 "이차적인 본성"이고, 이것은 극복될 수 있는 어떤 것이라고 생각하였다.

그는 어린이를 종교적이나 도덕적인 눈으로 보기보다는 어린이를 어린이 자체로 평가하려고 하는 것을 볼 수 있다. 예를 들어 그의 동시대인인 루터나 칼빈, 그리고 그 이후의 프랑케와 같은 이들에게서는 원죄와 유아세례와 같은 신학적 주제들이 어린이를 이해하는 데 중요한 변수가 되고 있다. 그들은 전반적으로 어린이의 본성을 원죄로부터 보아 선천적으로 악한 존재로 이해하고, 또한 어린이가 세례를 받은 지 얼마 되지 않았기 때문에 세례와 더불어 생긴 죄 사함으로 인해 비교적 덜 타락한 존재로 이해하고, 이를 바탕으로 어린이의 교육론을 전개하고 있다. 그러나 에라스무스의 어린이 이해에서는 그러한 신학적 주제들이 그다지 본질적인 역할을 하고 있지 않다. 그보다 그의 어린이에 대한 이해에는 실생활 속에서의 경험들이 중요한 근거들을 제시해 주고 있다.

3) 성인과는 다른 존재

에라스무스는 어린이를 성인과는 질적으로 상이한 존재라고 보았는데, 이것은 무엇보다 어린이는 '계속 성장하는 존재'라고 하는 점에서 그러하다고 보았다. 그는 어린이가 성장하면서 연령에 따라 단계적으로 성장하며, 따라서 어린이의 교육은 이 단계에 맞게 이루어져야 한다고 주장하였다.[60] 어린이가 연령에 따라 단계적으로 성장하기 때문에 이 단계에 맞게 점차적으로 어린이를 끌어 올려야지, 어린이가 따라올 수 없는 속도와 내용을 교육이라는 이름으로 강요해서는 안 된다고 하였다. 이 원칙은 어린이의 신체적인 훈련이나, 언어교육 그리고 다른 지적인 차원의 학습에도 모두 적용되는 원칙이라고 하였다.

그의 어린이에 대한 입장은 특히 교사-학생의 관계에 대한 그의 입장에서도 두드러지게 나타난다. 그는 *Pueris*에서 어떻게 교육자가 어린이를 대해야 하는지를 자세히 제시하고 있다. 여기에서 그는 체벌과 지나친 엄격함이나 모든 비인간적인 취급을 단호히 비판하면서 온화함과 사랑으로 존중과 칭찬으로 할 것을 강조하고, 더 나아가 학습이 강요와 강제로는 이루어질 수 없고, 어린이 스스로 배울 수 있도록 격려할 것을 역설하였다.[61] 또한 그는 어린이의 '놀이'도 어릴 때 나타나는 단계적인 특성으로 긍정하였고, 이런 어린이적인 특성을 살려 학습도 놀이와 흥미가 동반될 때 효과적임을 지적하였다.[62] 특히 모든 어린이는 각자 타고난 천성과 개인차가 있는데 이를 무시하고 외부에서 무엇인가를 강요해서는 안 된다고 말함으로써, 그가 어린이의 천성을 중시하고, 이를 긍정적으로 인정하고 존중함을 나타내 주고 있다.

> 이미 어릴 때 어린이는 자연적인 성향을 나타낸다. … 그러한 성향을 가능하면 일찍 발견하는 것이 효과적이다. 왜냐하면 우리는 어린이가 무엇에 적합하도록 자연으로부터 만들어졌는지를 가장 빨리 알아챌 수 있기 때문이다.[63]

위의 인용구에서 나타나고 있는 바와 같이 에라스무스는 어린이 각각의 개인차를 인정할 뿐만 아니라, 어린이의 타고난 소질을 인정하였고, 그를 발견하고 그에 적합하도록 교육하는 것이 최적의 교육이라고 하는 점을 강조하였다.

위에서 살펴본 바와 같이 에라스무스의 어린이 이해에서 우리는 18세기 계몽주의자와 자연주의자들에게서 볼 수 있는 어린이 이해와의 유사성을 발견하게 된다. 필립 아리에스(Ph. Aries)라는 프랑스의 문화 인류학자에 의하면 역사적으로 어린이의 특수성이 발견되고, 이것이 사회 전반에 걸쳐 널리 인정된 것은 18세기 계몽주의와 더불어 시작되었다고 한다.[64] 에라스무스는 이미 그의 시대인 16세기에, 즉 어린이의 특수성이 널리 인정되지 못했던 시대에, 어린이가 성인과는 질적으로 다른 특별한 존재라는 사실을 간파했고, 어린이를 긍정적으로 인정하였으며, 종교적이나 도덕적인 이데올로기를 통해서가 아니라, 어린이를 어린이 자체로 이해하려는 시도를 하였다.[65]

3. 코메니우스의 어린이 이해와 어린이 교육

코메니우스(Johann Amos Comenius, 1592-1670)는 17세기 유럽에서 활동한 기독교교육 이론가이다. 앞에서 살펴본 바 있는 루터와 칼빈, 에라스무스도 물론 교육과 어린이에 관한 언급과 저술들을 남겼지만, 이들의 일차적 관심은 어디까지나 '신학'이었다. 반면 코메니우스는 교사요, 목사로서 그의 사고는 신학적 사고보다는 교육적 사고가 우선적 관심으로 전개되는 것을 볼 수 있다. 그는 교육적 사고를 근간으로 하는 수많은 저술을 남겼고, 이와 같은 점으로 인해 코메니우스는 유럽 최초의 기독교교육 이론가로 평가되고 있다.[66]

코메니우스는 특별히 아동교육에 족적을 남기는 저술들을 남겼다. 물론 그의 대표적 교육학적 저술인 『대교수학』(*Didactica magna*)과 『범교육학』(*Pampaedia*)[67]에서도 어린이와 어린이 교육에 관한 체계적 이론을 제시하고 있지만, 특별히 『유아학교』(*schola infantie*)에서는 유아와 유아의 양육자인 어머니의 역할에 관한 지침을 체계적으로 주고 있는 것을 볼 수 있고, 『어머니학교의 정보』(*Informatioium der Mutterschule*)에서는 어머니가 어린이와 청소년을 어떻게 양육하는 것이 좋은지에 대한 구체적 지침을 주고 있다. 이제 이와 같은 그의 저술들에 나타난 어린이 이해를 살펴보도록 하자.

1) 하나님 나라의 후예로서의 어린이

체코의 보헤미아 형제교단의 마지막 비숍이었던 코메니우스는 루터나 칼빈과 같은 개혁자들과 기본적으로는 같은 인간이해를 가지고 있으면서도, 인간을 좀 더 긍정적으로 본다는 점에서 차별성을 가진다. 코메니우스는 인간의 타락성보다 예수 그리스도를 통해 이미 회복된 인간과 그 인간을 통해 개선되는 세계에 좀 더 관심을 가지고 있었다.[68] 이와 같은 긍정적 기조는, 어린이를 어른과 비교해 볼 때 훨씬 이상적인 상태에 있다고 보았던 그의 어린이 이해에서 훨씬 두드러지는 것을 볼 수 있다.

세상이 아직 제압하지 못한 성장세대는 세상의 무거운 짐 때문에 상하고 타락한 상태에 있는 기성세대보다 예수 그리스도에 복종하게 하는 데 있어 훨씬 좋은 상태에 있다.[69]

위의 인용구는 그가 어린이를 얼마나 선한 존재로 보고 있는지 잘 나타내 주는 것이라고 할 수 있다. 그는 어린이는 태어나 아직 세상의 무거운 짐으로 인해 상하고 타락하지 않는 상태라고 보았다. 그는 예수님의 말씀을 인용하여, 어린이를 "하나님 나라의 상속자"(Erbe des Gottesreiches)이며, "하나님 나라의 시민"[70]이라고 하였는데, 그 같은 이유를 어린이의 단순성, 온유함, 겸손과 수줍음, 순종과 같은 품성에서 찾았다.[71] 이 세상의 잘못된 생각과 습관에 때 묻지 않은 단순한 정신을 소유한 어린이가 하나님의 뜻에 가장 적합하다고 하였고,[72] 그런 의미에서 어린이들이 어른들의 교사요, 모범이라고 하였다.[73]

2) 교육적 존재(animal disziplinabile)

코메니우스는 어린이를 선한 존재요, 하나님 나라의 상속자라고 보았지만, 이것이 곧 교육의 필요성을 부정하는 것을 의미하는 것은 아니라고 보았다. 그는 어린이는 선하지만, 이들을 조기에 바로 교육하지 않으면 이 세상의 죄악에 쉽게 물들 수 있는 예민한 존재라고 하였다. 이들이 세상의 죄악에 물들게 되면, 이들에게 죄 된 삶이 습관화되게 되고, 습관은 제 2의 천성(die zweite Natur)이 되기 때문에 후에 이를 바꾸는 것은 불가능하게 된다는 것이다.[74] 그는 "잘못 교육받은 사람을 바른 길로 인도하는 것만큼 어려운 일은 없다"[75]고 하였다. 왜냐하면 뿌리를 깊이 내린 나무를 이식하여 좋은 결실을 거둘 가능성은 그리 많지 않기 때문이라는 것이다. 그렇게 되지 않기 위하여 어린이들은 될 수 있는 대로 일찍 교육을 받아야 하고, 그들의 선한 품성이 좋은 교육을 통해 바르게 성장하게 되면, 이들은 하나님의 동역자로서 하나님의 창조사역에 협력할 수 있게 된다고 하였다. 그는 어른들은 이미 세상의 죄악에 물들어 그와 같은 역할을 할 수 없게 되었다고 보면서, 어린이와 어린이의 교육에서 그 희망을 찾았다.

위에서 살펴본 대로 코메니우스는 어린이를 죄와 관련시켜서도 반드시 교육받아야 하는 존재라고 보았지만, 이와 동시에 인간학적 차원에서도 반드시 교육받아야 할 존재라고 보았다. 어린이는 태어날 때 생물학적인 무(無)의 상태(Nichts),[76] 혹은 미결정의 상태(ungeformt)[77]에서 태어났기 때문에, 이들을 인간다운 존재로 만들기 위해서는 반드시 교육이 필요하다고 보았다. 심지어 그는 인간이 인간의 모습을 갖고 태어났 다고 모두 인간이라고 할 수는 없고, 인간으로 교육되어야 인간다운 인간이 된다고 하였다. "인간이 인간으로서의 삶의 태도를 배우지 않았다면, 즉 인간이 인간으로 되게 하는 요건이 형성되지 않는다면, 아무도 그를 인간이라고 생각하지 않는다."[78] "자연은 인간이 인간으로 성장할 능력을 창조했지만, 인간이 인간으로 되는 것은 교육을 통해서이다."[79]

그는 자연적 상태의 어린이를 인간다운 인간으로 만드는 것은 교육의 손에 달려 있다고 보았고, 그런 의미에서 어린이는 반드시 교육을 받아야 하는 존재라고 하였다. 어린이가 교육에 의존하고 있다는 점을 반증하기 위해 코메니우스는 경험적인 관찰결과를 제시하고 있다. 16세기 독일과 프랑스에서 각각 발견된 "늑대소년"의 예를 들면서, 그는 어린이는 인간에 의한 교육 없이는 늑대도 될 수 있는 '가소성'(Bildsamkeit)을 가진 존재이기에, 어린이에게는 인간답게 만드는 교육이 반드시 동반되어야 함을 강조하였다.[80]

3) 하나님의 형상을 가진 존재

코메니우스는 어린이가 교육받은 대로 변할 수 있는 가소성이 있다는 것은, 곧 어린이야말로 '무한한 가능성'의 소유자라는 사실을 의미하는 것이라고 하였다.[81] 어린이가 무한한 가능성을 가졌다는 것은 다른 무엇보다 이들 안에 아직 완성되지 않았지만 '하나님의 형상'이 씨앗처럼 심어져 있기 때문이라고 하였다. 그는 '하나님의 형상'을 인간이 가지고 있는 일종의 능력이라고 보았는데, 특별히 다음의 세 가지 능력, 즉 개별적 능력(ingenium), 의지(voluntas), 그리고 행위능력(exsequutiva facultas)이 그것이라고 하였다.[82]

코메니우스는 어린이들이 이 능력들을 바탕으로, 세 가지의 존재방식을 과제로 받게 된다고 하였는데, 그것은 '자기 자신', '사물과 이웃', 그리고 '하나님'과의 관계라고 하였다. 자기 자신과의 관계에서 어린이는 자신의 참모습을 깨닫고 하나님을 떠난 타락의 상태에서 원래의 상태로 되돌아오게 하는 지혜(eruditio)가 필요하고, 다른 사물이나 이웃과의 관계에서는 책임적인 존재의 특징인 도덕성(mores)이 형성되어야 하며, 하나님과의 관계에 있어서는 하나님에 대한 복종과 경건하고 겸손한 삶의 자세인 경건성(pietas)이 요청된다고 하였다.[83] 코메니우스는 이 세 가지 가운데서 특별히 '지혜'를 바탕으로 어린이는 도덕성과 경건성으로 이를 수 있으며, 인간에게 부여된 과제를 성취할

수 있다고 보았다.[84]

그에 의하면 어린이를 지혜로 이끄는 능력은 다시 세 부분으로 나뉘는데, 정신(mens), 손(manus), 언어(lingua)[85]가 그것이다. '정신'은 사물세계의 거울로서[86] 그것을 통해 어린이는 사물세계 전체를 파악하는 것이 가능하다. 정신을 통해 어린이는 참을 파악하고 거짓에 속지 않으며, 선을 행하고 악을 버리게 된다.[87] '손'은 코메니우스에게 있어서 마치 하나님의 창조사역의 도구와 같이 어린이가 소유하고 있는 도구 중의 도구로서 행위를 주도하는 기관이다.[88] 손이 지혜의 통로인 것은, 지혜가 사고에만 의존하는 것이 아니라 행위에도 의존하고 있기 때문이다. 지혜에 이르는 세 번째 통로인 '언어'는 사물을 파악하기 위한 통로이다.[89] 어린이는 언어를 통해 사물의 이름과 속성을 알게 되고, 사물과 이름을 연결시키는 능력을 형성하게 된다. 따라서 언어는 어린이가 세상을 접하게 되는 통로이다. 언어는 또한 하나님의 창조섭리를 깨닫는 통로이기도 하다. 하나님이 지으신 세상을 언어로 배우기도 하지만, 하나님의 말씀인 성서도 언어의 통로로 접근할 수 있기 때문이다. 또한 언어는 하나님을 찬양할 수 있는 통로요,[90] 인간과 인간 사이의 관계를 형성하는 통로이기도 하다.[91] 이렇게 볼 때, 정신과 손과 언어는 인간세계의 전체를 파악하고, 어린이와 사물, 어린이와 하나님, 어린이와 다른 사람과의 바른 관계를 형성하는 데 있어서 중요한 도구이다.

따라서 하나님의 형상이라는 잠재능력을 충분히 발휘하는 길은 정신, 손, 언어의 훈련을 바탕으로 한 지혜와 도덕성, 경건성의 함양을 요청하는 것이고, 또한 이를 통하여 어린이의 개별적 능력, 의지, 행위능력을 발현하게 해주는 것이라고 할 수 있다.

4) 유아와 아동을 위한 신앙교육

(1) 유아기(Schola infantiae)

코메니우스는 유아를 특별히 높이 평가하였다. 그는 유아는 갓 태어난 하나님의 씨앗이요, 하나님의 자녀[92]이며, 그 누구보다 하나님의 복을 받는 존재임을 강조하였다. 가나안 땅이 노인들이 아닌 아이들에게 주어진 것, 이새의 일곱 아들 중 가장 어리고 작은 아들이 기름 부음을 받은 것, 그리스도께서 한 아이로 태어난 것은 모두 성서가 어린아이를 축복의 존재로 보고 있다는 뜻이라는 것이다.[93] 무엇보다 유아가 특별한 존재인 것은 이들이 "원죄 외에는 어떠한 죄도 짓지 않은 깨끗한 존재라는 점에 있다"고 하였다.[94]

코메니우스는 범교육학에서 유아란, 0세에서 5세까지의 어린이로, "금방 세상에 나와 아직 성장하지 않은 존재이며, 모든 면에서 형성이 필요한 존재"라고 정의하였다.[95] 그는 식물의 씨앗 속에 식물의 전 생애가 들어 있듯, 유아 안에도 인생의 맹아가 숨어 있다고 하였다. 따라서 유아기에 놓아지는 첫 번째의 토대는 매우 중요하다는 것이다. "모든 것이 씨와 마찬가지로 아이들 속에 숨겨져 있는 한, 그들 인생의 다른 어떤 부분보다 유아시절에 많은 관심을 기울여야 할 것이다. 그렇기 때문에 정신의 보화를 잘 준비할 수 있는 기회를 놓쳐서는 안 된다."[96] 씨를 뿌리기에 적합한 시기는 인생의 첫 시기이다. 그 다음에 계속되는 연령기는 바로 그 열매에 달려 있는 것이다. 그러므로 처음부터 교육이 이루어져야 하며, 이를 위하여 어떤 기회도 놓쳐서는 안 된다. "영원한 축복은 훌륭한 죽음에 달려 있고, 훌륭한 죽음은 훌륭한 인생에 달려 있고, 훌륭한 인생은 훌륭한 교육에 달려 있다."[97] 그런 의미에서 유아기는 인생의 가장 중요한 시기이며, 특별히 '경건'을 위해서도 결정적 시기라고 하였다.

경건을 심어주려는 노력은 유아기 때부터 시작해야 한다. 중요한 것부터 시작하는 것은 당연한 일이기 때문에 경건교육을 지연시키지 않는 것이 유익하다. … 이것을 연기하는 일이 위험하다고 하는 이유는 어렸을 때 마음이 하나님 사랑으로 채워지지 않는다면 하나님을 말없이 멸시하는 마음이 들어오기가 매우 쉬우며, 일단 그런 마음이 생긴 후에는 그것을 뽑아버리기가 매우 힘들다. 그래서 선지자는 그의 백성의 무서운 배신의 상태를 한탄하여 말하기를 하나님께서 가르칠 수 있는 사람은 젖 떨어져 품을 떠난 자들, 즉 어린이들밖에 없다고 하였다.(사 28:9) 또 다른 선지자는 말하기를 악에 익숙한 자들이 선을 행하도록 변화시킬 수 없다고 하였다.(렘 13:23)[98]

코메니우스는 유아기의 경건교육을 담당할 장소는 가정이라고 보면서, 아이들이 사는 집이 곧 "작은 교회"(Ecclesiola)가 되어야 한다고 하였다.[99] 여기에서 아침과 저녁으로 기도하고 하나님을 찬양하며 하나님의 말씀을 읽어야 하는데, 그러한 가정의 분위기 속에서 유아들에게는 경건의 토대가 놓일 수 있다는 것이다. 어린이는 환경으로부터 절대적인 영향을 받고, 부모를 모방하면서 배운다. 그들은 가정에서 부모의 일상생활 속에서 표현되는 종교적 행위를 모방하고 그를 습관화한다. 따라서 그들의 가정이 "작은 교회"가 되어 기도하고 하나님을 찬양하며 종교적인 거룩한 분위기가 형성될 때, 어린이는 그를 모방하고 그와 친숙해지면서 그 안의 경건의 씨앗이 발아하는 것이다.

코메니우스는 유아가 금방 태어나 아무것도 할 수 없을 때에도 부모는 그들 안에 하나님이 넣으신 하나님 경외의 마음이 싹틀 수 있도록 기도할 책임이 있다고 하였다.

직접 무엇을 가르칠 수는 없는 시기이지만 부모들은 이 시기에 하나님께서 직접 그들 안에 역사하시도록 기도하여야 한다고 하였다. 특히 이 시기에 그리스도의 이름으로 받는 세례는 유아를 성례전인 세례로 이끌어 경건의 토대를 쌓을 수 있도록 하여야 한다고 하였다.

세례를 통해서 경건의 토대가 쌓여진 유아들은 그들이 아직 어머니 품에 있을 때부터 그들에게 맞는 경건교육을 받아야 한다고 하였다.[100] 코메니우스는 그들에게 맞는 방법이란 감각을 사용하는 방법이라고 하였다. "그들이 눈과 혀와 손과 발을 사용할 수 있게 되자마자, 하늘을 우러러보며, 손을 위로 향해 펴고, 하나님과 그리스도의 이름을 부르며, 보이지 않는 그의 위엄 앞에 무릎을 꿇고 경외하는 일을 학습하여야 한다.[101]

초기에는 감각만을 사용하다가, 어린이가 말을 하기 시작하면 직접 식사기도와 가족예배에 참석시켜야 한다고 하였다.[102] 그곳에서 어린이들은 조용히 앉아서 들어야 하고, 예배가 갖는 특별한 분위기에 익숙해져야 한다는 것이다. 만 다섯 살이 되면 주기도문과 신앙고백, 십계명과 같은 기독교의 전통적인 가르침에 익숙해지도록 하고 그것들을 암기할 수 있게 하여야 한다.

코메니우스에게서 유아의 경건교육은 가정을 중심으로 이루어진다. 가정 전체가 하나의 교회가 되어서 경건의 환경을 조성해야 하며, 경건교육은 주로 감각기관을 통로로 이루어져야 하며, 특별히 작은 교회로서의 가정에서 일상생활을 통해 경험하는 경건의 분위기가 중요하다.

(2) 아동기(Schola pueritiae)

코메니우스는 아동을 6세에서 12세까지의 어린이라고 칭하였다. 그는 이 시기의 어린이를 "어린이지만 성인이 될 사람"이라고 정의하였다.[103] 이 정의에는 어린이는 어리기 때문에 그들 나이에 맞게 대해야 하며, 복된 성인기를 맞을 수 있도록 바르게 준비시켜 주어야 한다는 의미가 들어 있다.

그는 이 시기 교육의 목표는 "신체와 감각과 선천적인 정신 능력을 가동시켜 주는 일"이라고 하였다.[104] 이 시기부터 어린이는 학교에 보내져서 신체적 감각을 발달시키고, 동시에 이성적인 정신능력의 싹을 틔워야 한다. 학교에서 그들은 읽기와 쓰기, 셈하기를 배우고, 세상에 대한 감각기관을 이용한 학습이 시작되어야 한다.

코메니우스는 또한 이 시기 아동에게 경건의 뿌리를 내리는 것에 관심을 기울여야 한다고 하였다. 유아기에 경건의 토대가 쌓여진다면, 아동기에는 경건의 뿌리가 내려져야 한다는 것이다. 이 시기에 경건의 뿌리가 바로 놓이지 않으면 어느새 불경건의 싹이 나서 "요나의 넝쿨처럼" 피어오른다.[105] 그렇게 되지 않기 위해서는 아동에게 하나님의 형상이 바르게 자리 잡혀서 그들의 양심이 하나님의 파수꾼이며 증인의 역할을 할 수 있도록 이끌어야 한다고 하였다. 따라서 경건교육은 육체와 감각교육과 나란히 아동기 교육의 중요한 요소가 된다.

　유아기의 경건교육은 주로 가정의 종교적 분위기를 중심으로 이루어졌지만, 아동기에는 경건교육의 장이 가정과 학교, 그리고 교회로 확대된다. 코메니우스는 이 시기에 특별히 학교가 경건교육의 중요한 장이 된다고 보았다. 이 시기에 아동은 학교에 다니면서 읽기와 쓰기와 셈하기를 배운다. 따라서 학교는 아동에게 경건의 성장을 위해서 성서와 교리를 체계적으로 가르치는 장이 됨으로써 가정보다 체계적으로 경건교육을 시킬 수 있는 장이 된다고 보았다. 또한 아동은 성인처럼 독자적인 교인으로서 교회의 예식에 제대로 참여할 수 없기 때문에 학교가 아동들에게 교회생활을 준비시키고, 그들의 이해력에 맞추어 선별된 하나님의 말씀을 가르치며, 교회의 예식에 참가하는 훈련을 담당하는 것이 필요하다고 하였다.[106]

　코메니우스는 아동기의 핵심적인 경건교육의 내용은 '성서'라고 보았다. 아동기는 글을 읽을 수 있는 시기이므로 하나님의 말씀인 성서를 바르게 이해하고 성서의 기초적인 것을 배울 수 있다. "성서는 기독교학교 교육의 알파와 오메가가 되지 않으면 안 된다. … 그리하여 디모데와 같이 모든 기독교 어린이들이 어려서부터 성서를 알아서 구원에 이르는 지혜를 얻게 하여야 하며(딤후 3:15), 믿음의 말씀으로 양육을 받게 하여야 할 것이다."[107]

　아동기에 성서를 가르치는 방법으로 코메니우스는 먼저 성서 자체를 언어 학습 하듯 가르쳐야 한다고 하였다. "ABC를 학습하는 것 같은 방법으로 성서를 학습하여 그들이 성서와 점점 친숙하게 되도록 하는 방법을 사용하는 것이 좋을 것이다. 언어가 글씨의 소리와 상징으로 되어 있는 것과 같이 신앙의 구조는 성서의 요소들로 구성되어 있기 때문이다."[108] 코메니우스는 먼저 성서의 내용과 그 안에 나타나는 단어들을 그 음과 뜻을 새기면서 깨우쳐서 성서의 내용에 익숙해지고, 성서의 언어가 갖는 문자적인 의미를 바로 알도록 해야 한다고 하였다.

　코메니우스는 학교가 어린이와 교회 사이의 가교역할을 해야 한다고 하였다. 어린이를 성전 안에 데리고 가서 그곳에서 기도하고 성만찬이 베풀어지는 것을 보고 배우게 하여야 하며, 교회의 절기와 전통, 삶의 표현들과 공동체의 분위기에 익숙하도록 도와야 한다고 하였다.[109] 가정도 계속해서 아동을 위한 경건교육의 중요한 장이 된다. 일상적인 삶 속에서 기도와 예배, 말씀을 가르치고, 시편찬양들은 아동의 일상생활에 언제나 동반되는 경건교육이 되어야 한다고 하였다.

4. 프랑케의 어린이 이해와 어린이 교육

아우구스트 헤르만 프랑케(August Hermann Francke, 1663-1727)는 17세기 말과 18세기 초에 일어났던 독일 경건주의 운동의 대표 주자이며 이 운동을 완성시키고 꽃피운 한 사람의 경건주의자(Pietist)였다. 그러나 그는 이와 나란히 아동교육과 기독교교육 영역에서도 의미 있는 기여를 한 경건주의적 기독교교육가이기도 하다. 그는 경건주의적 개혁이념을 교육을 통해 실현하고자 시도하는 과정에서 일련의 교육적 사고를 발전시켰고, 또한 그가 활동하던 독일 동북부 지역 할레(Halle)에 대규모의 학교를 설립 운영하면서 교육실천에 헌신하기도 하였기 때문이다. 그는 자신이 운영하는 학교와, 당시 귀족 사회에 널리 퍼져 있던 "가정교사"가 어떻게 어린이를 지도해야 하는지에 관한 지침을 주는 저술들을 통해서 어린이와 어린이 교육에 관한 그의 생각을 전개하였는데, 이것은 18세기 독일의 아동교육에 큰 영향을 끼쳤다. 이에 나타난 어린이 이해를 살펴보기로 하자.

1) 경험적 어린이 이해

프랑케의 교육 관련적 저술에 나타난 어린이에 대한 묘사에서 가장 많이 등장하는 단어는 '부드럽고'(zart), '미숙'(unerfahren)하다는 단어이다. 이 단어들은 그가 어린이를 특별한 인생의 시기로 보고 어린이 시기에 특별한 교육이 제공되어야 한다는 점이 강조되면서 주로 사용되었다. '부드럽다'는 단어로서 그는 어린이가 부드럽기 때문에 모든 외부의 자극에 큰 영향을 받을 수 있으며, 미숙하고 경험이 없는 것 때문에, 어린이 시기의 경험이 평생을 각인하는 성격을 띤다는 점을 강조하였다. 바로 이러한 어린이의 속성상 그는 어린이 시기는 필연적으로 좋은 교육이 필요로 되는 시기라고 보았다.

이처럼 그는 어린이를 특별한 인생의 시기로 보고 이를 그의 교육개념에 반영하려 하였는데, 이것은 그가 '학습'의 과정에서 어린이의 지적 능력을 반영하고 있는 것에서도 분명히 드러난다. 프랑케는 교리문답(Katechese) 교육에 있어서, 어린이의 성장단계에 맞는 내용을 선정해야 한다고 하였는데, 여기에서 그는 어린이를 세 단계로 나누어 설명하기까지 하였다. 첫째 단계는 "모유를 먹는 아이", 둘째 단계는 "말을 할 줄 아는 단계", 그리고 셋째 단계는 "어느 정도 성장한 단계"라고 하였다.[110] 이 단계들을 기준으로 해서 그는 교리문답 교육의 내용과 방법이 선정되어야 한다고 하였다. 물론 그의 단계구별이 현대적인 발달심리학의 개념에서처럼 분화되어 있지는 않다. 그러나 우리는 여기에서 어린이를 발달 단계대로 이해하려 하는 그의 기초적인 발달적 이해와, 학습을 어린이의 능력과 수준에 맞추어 수행하려는 근대적 학습이론의 관점을 발견할 수 있다.

이것은 어린이 개인에 대한 그의 이해에서도 드러난다. 그는 어린이 안에 내재해 있는 "개인적 소질"(ingenia)을 존중하여 그에 맞게 교육해야 한다고 하였다.

> 교사들은 어린이의 소질과 성향을 바로 알고, 이를 구별할 줄 아는 지혜를 하나님께 구해야 할 것이다. 이러한 지혜가 있을 때에만 그들은 어린이를 바로 이해할 수 있고 그들에게 바른 교육을 할 수 있다. 무엇보다 개개 어린이의 능력과 성향(ingenia)을 알아야 하는데, 이것은 하나님께서 그들 안에 놓으신 것으로 이것을 바로 개발하고 일깨우는 것이 하나님이 그들을 지으신 뜻대로 그들을 이끌 수 있는 길이다.[111]

프랑케는 이처럼 어린이에 관한 일반적인 이해와 나란히 어린이를 한 사람의 개개인으로 이해할 수 있는 안목을 가지고 있었고, 어린이 개인의 특성에서 하나님의 창조의 섭리를 읽을 수 있을 정도로 어린이 개인을 존중하였다.

2) 신학적 어린이 이해

이러한 그의 일련의 근대성이 엿보이는 어린이 이해와 나란히 우리는 또한 다른 한 편으로 그의 신학적 어린이 이해를 찾아볼 수 있다. 프랑케는 무엇보다 어린이의 본성을 악한 것으로 보았다. 프랑케는 인간이 타락과 이로 인해 생긴 원죄로 인해서 악하다면, 이것은 어린이에게도 똑같이 적용된다고 생각하였다.

인간은 원죄로 인해서 창조 시에 받은 그의 모든 선한 힘들이 파괴되었다. 이것은 이미 아주 부드러운 어린아이(zarte Kinder)에서부터 어른에 이르기까지 모든 인간에게 똑같이 적용되는 사실이다.

이처럼 프랑케는 그의 신학적인 인간이해를 어린이에게도 적용시키고 있다. 성인들에게 있어서 자연적인 악함의 상태에서 벗어나 은혜 안의 상태로 옮겨지는 것이 관건이 되듯이 어린이도 악한 상태에서 벗어나 하나님과의 바른 관계 안에 세워져야 하는 것이 중요하다. 이를 위하여 프랑케는 어린이의 "자연적인 자기의지"(natürliche Eigenwille)가 꺾여야 한다고 보았다. 그가 어린이의 본성을 악하다고 보았다는 사실이 여기에서 단적으로 증명된다고 할 수 있다.

프랑케의 어린이 이해에 변수로 작용하는 또 하나의 것은 '세례'이다. 프랑케는 어린이도 성인과 같이 본성적으로 악하지만 성인에 비해서는 비교적 덜 악하고 덜 타락하였다고 하였다. 그것의 근거를 그는 '유아세례'에 두고 있다. 신학적으로 말해서 '세례'란 죄에서 씻음을 받고, 깨끗하여지는 것을 의미한다. 그런데 어린이들은 세례를 받고 죄에서 깨끗해짐을 받은 지 얼마 되지 않았기 때문에 성인에 비해 비교적 덜 타락했다는 것이다. 우리는 여기에서 프랑케 당시의 유럽적인 배경을 알아야 할 필요가 있는데, 독일을 비롯한 유럽의 기독교권 국가들에서는 '유아세례'는 당연한 사회적이고 종교적인 관습으로 되어 있어서, 세례를 받지 않은 어린이는 상상할 수 없었던 시대였다. 프랑케는 유아세례의 신학적인 의미를 어린이의 본성을 이해하는 하나의 통로로 삼았다. 따라서 어린이는 그에게 세례와 더불어 죄 사함을 받아서 성인에 비해 비교적 덜 타락한 존재로 간주되었다.

그러나 그는 어린이가 비교적 덜 타락한 것은 사실이지만, 성인에게서와 마찬가지로 어린이 안에 '원죄'가 남아 있어서 언제든지 다시 살아날 가능성을 가지고 있다고 보았다. 다시 말하면 어린이 안에는 "잠재적인 악"(latente Bosheit)이 내포되어 있는 것이나 마찬가지다. 따라서 그는 어린이가 나이가 들어가면서 그들 안의 이 잠재적인 악이 실제적인 힘으로 드러난다고 하였다.

나이가 들면 들수록 어린이는 점점 더 하나님의 나라에 적합하지 못하게 된다. 죄가 습관화되어 어린이는 죄에 지배당하게 되는데, 이것은 그들 안의 죄가 점점 더 강하여지게 되기 때문이다. 어린이의 양심은 점점 더 냉혹해지고, 하나님의 말씀에 무뎌지게 된다. 그리하여 그들의 정신은 악과 하나님을 무시하는 것으로 가득 차게 된다.

따라서 그는 어린이 교육의 목적을 어린이가 세례의 계약을 파기하지 않도록, 어린이 안의 악에 고삐를 채우는 일이라고 보았다. 이 잠재적인 악이 살아나지 못하도록 좋은 습관을 들이고, 좋은 경험과 경건교육, 그리고 도덕교육을 통하여 그들이 지속적으로 선하게 머물러서 세례를 통하여 얻은 깨끗함이 계속 유지되어야 한다고 보았다. 그래서 어린이의 자연적 의지는 언제나 다시금 꺾여야 하고, 하나님께 순종으로 이끌려져야 한다는 것이다.

그의 신학을 바탕으로 한 이와 같은 어린이 이해는 앞에서 고찰한 그의 어린이에 대한 경험적이고 근대적인 이해와 나란히 우리가 그의 교육적 저서 속에서 찾게 되는 그의 어린이에 대한 이해이다. 우리는 이 둘 사이에 서로 일치할 수 없는 차이를 발견하게 된다. 앞에 고찰한 그의 어린이에 관한 경험적 이해는 어린이를 어린이적인 특성 그 자체로 보려는 입장이고, 뒤의 신학적 이해는 경험에 의한 확인이기보다는 그의 신학적 인간이해를 바탕으로 하는 이해이다. 그의 교육 관련 저술들을 읽는 사람이라면 누구나 그가 그 둘 사이에서 그의 신학적인 인간이해를 바탕으로 한 어린이 이해에 비중을 두고 있다는 사실을 곧 알아채게 된다. 프랑케는 그의 신학적인 어린이 이해를 바탕으로 하면서 이것과 상치되지 않는 한도 내에서 경험적인 어린이 이해를 수용하고 있다.112)

5. 루소의 어린이 이해와 어린이 교육

루소(Jean-Jacques Rousseau, 1712-1778)는 기독교 아동교육학자가 아니었고, 오히려 기독교교육에는 부정적인 입장을 가지고 있었던 사상가였다. 그러나 그는 그의 교육소설 『에밀』로 서구의 현대 교육학의 탄생에 결정적인 영향을 미쳤고, 특별히 에밀에 나타나는 그의 '어린이' 이해는 서구의 현대 교육학의 근간을 이루는 것이 되었다. 그는 "**어린이의 발견자**"라고 평가될 정도로 어린이를 어린이 그 자체로부터 이해하려는 새로운 시각을 열었는데, 이것은 그 이후의 기독교교육 학자들에게도 적잖이 영향을 미쳤다. 따라서 루소의 아동관에 대한 이해 없이 근대와 현대의 기독교 아동교육을 이해하는 것은 한계가 있다고 할 수 있다. 그런 의미에서 이 장에서는 루소의 아동이해, 아동교육의 기본 방향, 그리고 아동의 종교교육에 관한 입장들을 간략히 살펴보고자 한다.

1) 루소의 아동이해

(1) 자연 상태에서 선한 존재

루소는 그의 책 『에밀』에서 "창조자의 손에서 인간은 선했으나, 사람의 손에서 모든 것이 타락했다"[113]라고 하였다. 이 인용구에 나타난 대로 루소는 인간을 자연 상태에서 선한 존재라고 보았다. 그는 인간이 선천적으로 가지고 있는 것, 인간 내적인 것은 선하고 좋은 모습이며, 이것은 인간 외적인 것에 방해를 받지만 않는다면, 선하게 성장하게 될 것이고, 그런 선한 인간은 필연적으로 좋은 사회를 이루며 살게 되어 있다고 믿었다. 그러나 루소는 그러한 인간을 변질되게 하는 것이 있는데, 그것이 바로 문명이고, 사회라고 보았다. 선한 인간이 문명 상태로 나아가는 과정에서 변질되고 타락하게 된다는 것이다. 따라서 그는 문명에 의해 변질되지 않은 인간을 '자연인'으로 보았고, 이 자연인이 곧 선이라고 하였다.

이러한 인간 이해를 바탕으로 보았을 때, 루소는 '어린이'는 그 어떤 다른 연령층에 비해서 인간사회의 나쁜 영향에 덜 노출되었고, 자연 상태의 선함을 간직한 존재라고 보았다. 그의 염원은 어린이가 이러한 자연 상태의 선함을 외부의 악한 영향에 노출되지 않고 자연스럽게 성장하게 하는 것이었다. 그가 『에밀』에서 추구하는 교육도 에밀을 사회와 문명에 노출하지 않고, 최대한으로 자신의 내면에 가지고 있는 선한 잠재력을 자연스러운 발달의 과정을 거쳐 만개하도록 돕는 것이었다.

(2) 스스로 목적인 존재

『에밀』의 서문에서 루소는 다음과 같이 말하였다.

> 사람들은 어린이를 전혀 알지 못한다. 어린이에 대한 생각이 잘못되었기 때문에 나아가면 갈수록 점점 더 정도를 벗어나게 된다. 가장 현명하다는 사람들까지도 어린이가 무엇을 배울 수 있을까에 대해 생각하지 않고 어른들이 알아야 할 것에 대해서만 열중하고 있다.[114]

위의 인용구에 나타나는 것처럼, 루소는 사람들이 어린이 속에서 어른을 찾고, 어른이 되기 전의 어린이의 모습에는 관심이 없다고 보았다. 사람들에게 어린이는 작은 어른, 혹은 성인으로 되어가야 할 과도기적 존재, 혹은 준비되는 기간이라고만 이해되고 있다는 것이다. 그러나 루소는 어린이는 성인을 위한 준비기간이 아니라, 그 자체로 목적이 있는 존재라고 보았다.

그래서 그는 어린이를 성인의 잣대로 보려고 하거나, 혹은 신학적으로 보려고 하거나 어떤 목적을 가지고 접근하는 모든 시도를 거부하고, 어린이를 어린이 자체로 이해해야 한다고 보았다. 어린이를 다른 어떤 가치 실현의 수단으로서가 아니라 **"그 자체로 목적인 존재"**로 보아야 한다는 것이다. "자체로 목적인 존재"라고 하는 것은 물론 어린이가 다른 어떤 목적의 수단이어서는 안 된다는 의미이기도 하지만, 그렇기 때문에 동시에 어린이 자신이 가지고 있는 내적 성장 법칙에 따라 성장하게 되는 것을 의미하는 것이라고 하였다.

따라서 루소는 아동에게 중요한 것은 하루 빨리 어른이 되는 것이 아니라, 아동의 자연적 발달단계에 합당한 교육을 받는 것이라고 보았다. 서두르지 않는 교육, 어른의 세계를 위해 어린 시절을 희생시키지 않는 교육이 필요하다는 것이다. 아동은 성인이 되기 전에는 아동으로 남아 있게 해야 하고, 아동에게 마치 성인처럼 사고하고 행동하도록 요구하면, 결국 아동 내부에 잠재되어 있는 인간의 선한 본성이 그대로 자연스럽게 발달하지 못하고 왜곡되거나 저지될 수밖에 없다고 하였다.

(3) 발달적 존재로서의 어린이

앞서 설명한 것처럼 루소는 어린이를 어떤 다른 잣대를 가지고 보기보다는 어린이 그 자체로 보려고 하였다. 이를 위해 그는 어린이의 성장 과정을 관찰하였고, 어린이의 성장 과정에서 몇 단계의 시기적 특징과 각 단계마다의 고유한 특성을 발견하였다. 그는 에밀이 다섯 단계의 순서를 밟아 성장하게 되는 것을 유아기, 아동기, 소년기, 청년기, 그리고 마지막으로 결혼할 때까지의 시기로 열거하였는바, 아래에서 간단히 살펴보도록 한다.

■ 유아기

제1기 유아기는 출생 후 말을 하기 시작할 때까지의 기간이다. 이 시기 아이는 동물의 상태와 흡사하여, 오직 감각작용만이 관찰될 뿐이며, 반사적 감각작용에 의하여 평안한 것과 고통스러운 것을 구분하며, 고통스러울 때는 우는 것으로 의사표현을 한다. 그러나 루소는 아이가 배우는 능력을 타고나기 때문에, 아이가 태어난 후 그 본래의 특성을 잘 보유하고 사회악에 물들지 않게 하기 위해서는 이 시기부터 적절한 환경을 조성할 필요가 있다고 하였다.

유아의 최초의 교육은 '감각'을 통해 가능하다.[115] 감각은 지식의 자료이기 때문에 적당한 순서로 아이에게 주는 것이 필요하다. 보기, 듣기, 만지기 등의 감각들이 잘 발달되도록 적절한 환경 자극을 줄 필요가 있다. 어린아이의 신체의 단련의 시작은 태어난 직후부터 시작되므로 부모는 그가 자유로이 움직일 수 있게 함으로써 신체적인 발달의 기초를 마련해야 한다. 또한 루소는 부모가 직접 아이를 양육하도록 하여 세심하게 자연적 질서에 따르게 배려해야 한다고 권장하였다.

■ 아동기

아동기는 말을 하기 시작하면서 시작된다. 루소는 이 시기에 감각훈련에 주력해야 하고, 끊임없이 신체를 단련시키도록 세심한 배려를 해야 한다고 했다. 감각능력은 다른 능력에 앞서 최초로 개발되어야 할 기본적인 능력임으로 어린이 시기의 완성은 이 능력의 여부에 달려 있다고 하였다. 이때 감각이 잘 발달되어야, 그 다음 단계에서 "이성의 능력"을 배양할 수 있는 기초가 된다는 것이다.

루소는 아동이 '경험'을 통해 기본적인 개념을 전달받도록 해야 하며, 어린이들이 잘 이해할 수 없는 모든 책을 되도록 멀리하도록 해야 한다고 하였다. 만약 필요하다면 교사(부모)는 사실에 의해서 가르칠 뿐이며, 배움이 일어날 환경을 조성하는 데 노력해야 한다고 하였다.

■ 소년기

소년기는 대략 12세에서 15세까지의 시기를 말하며, 이 시기의 특징은 체력이 욕망보다 앞서기 때문에 기운이 왕성한 시기다. 이 시기는 삶에 있어서 근본을 이루는 체력의 최대의 증진기로서 일생 중 가장 귀중한 시기이고, 아주 짧은 시기이다. 이 시기에는 또한 이성의 눈이 뜨게 되고 호기심을 갖게 되며 사물에 대한 판단과 비판력이 생기게 되므로 지적 가르침이 가능하다. 그러나 지식의 도야는 소년 스스로 사물에 접해서 발견해야 하고, 스스로의 판단력을 배양해야 한다고 하였다. 루소는 아동이 12세가 되기 전까지는 책을 통한 학습을 금지하였는데, 12세 때 비로소 최초로 '로빈슨 쿠루소'를 접해야 한다고 하였다.

출생부터 15세까지가 루소가 보는 "어린이 완성기"이고, 이 기간은 사회적 존재로 들어서기 이전의 개인의 완성을 목표로 하는 시기이다. 루소는 이 시기의 교육은 '가정교육'과 '개인교사'의 교육의 영역으로, 공적인 교육과 일반적 교육을 구별하고 있다.

■ 청년기와 결혼기

청년기는 소위 '두 번째 탄생'의 시기이다. 루소는 인간은 두 번 태어나는데, 처음에는 생존하기 위해 인간으로 태어나고, 두 번째는 살기 위해 '성'으로 태어난다고 하였다. 이 시기는 성에 눈이 뜨는 시기이고, 종교적, 도덕적 감성의 성숙의 시기이며 감정에 따라 이성을 완성하는 시기이다. 우정과 동정 등의 인간적 감정이 생기며, 종교에 의하여 영혼의 교육이 완성된다. 이 시기에는 유아기 때부터 쌓아 온 신체와 감성·오감을 토대로 잘 다듬어진 이성을 창출해 내는 시기로 그 중요성이 가장 강조된다.

제5편에서는 청춘 시대의 막을 고하는 결혼 시기를 보여주는데, 이 시기에는 생활을 수립하여 감정을 안정시키고 내적인 자유를 얻는다. 루소는 이 5편에서 에밀의 배우자로 소피라는 여자를 등장시켜 "여성 교육론"을 전개한다.

위에서 살펴본 바와 같이 루소는 현대 발달심리학처럼, 인간이 여러 단계를 거쳐 발달되는 존재로 보았고, 각 단계마다 그 독자적인 세계에 존재하는 성장과 성숙을 마칠 때 비로소 다음 단계로 진행되는 것으로 보았다. 그는 어린이는 어른의 세계를 축소한 세계에서 사는 것이 아니며, 또한 장차 어른이 되기 위해 오늘을 희생하는 생활이 되어서도 안 된다고 보았다. 어린이에게는 성장과정의 각 시기마다 완성해야 할 독자적 세계가 따로 있는 것이다.

2) 루소의 아동교육

(1) 자연에 따르는 교육

루소의 아동교육 개념을 한마디로 단축하여 말하라고 한다면 그것은 '**자연에 따르는 교육**'이라고 할 수 있다. 그에게서 자연은 도덕적으로 선한 힘이며, 모든 존재의 발달원리이며, 작용을 주고받는 내적 근거이다. 따라서 루소의 **교육의 목적**은 선한 존재이자, 내적 근거로서의 '**자연인**'이 되는 것이라고 할 수 있다. 물론 여기서 자연인이란 정글에서 사는 야만인을 의미하는 것은 아니다. 사회 속에 살면서도, 사회 상태에 의하여 인간의 정념이나 편견에 말려들지 않는 사람을 의미한다. 다시 말하여 자연인은 사회 속에서 시민으로서의 권리와 의무를 행하면서 살되, 인간의 본성을 지킬 수 있는 인간을 의미하는 것이다. 따라서 그에게서 자연인은 '자연인'과 '시민의식'을 통합한 이상형의 인간이라고 할 수 있다. 사회는 인간의 자유를 구속하고, 인간 본성을 타락시키는 부도덕함을 가지고 있지만, 자연인은 "절대적 선"과 "자기완성의 능력"을 겸비한 존재로, 오히려 이들은 부도덕한 사회를 개혁할 수 있는 존재가 될 수 있다는 것이다.

루소는 그러한 이해를 바탕으로 아동교육은 아동의 외부에서 어떤 것을 주입하거나 강요하는 교육이 되어서는 안 되고, 어린이 안의 자연을 드러내어 만개하게 해주는 교육이 되어야 한다고 보았다. 이를 위해서는 일체의 강제나 통제, 권위에 의한 교육을 포기하고, 아동의 본성에 따라 자유롭고, 자발적인 활동과 학습을 이끌어 내어야 한다는 것이다. 그는 아동의 자연보다 더 훌륭한 교사는 없다고 보았다. 교육은 어린이가 태어날 때부터 가지고 태어난 자연스러움, 즉 '고유성'과 어린이에게 주어진 본성으로 돌아가야 하는데, 그럴 때에만 어린이 존재에 내재해 있는 건축 설계도, 즉 생명체의 작용과 활동을 결정짓는 "자연의 법칙으로 돌아가는 교육"이 일어난다는 것이다. 그런 의미에서 루소의 '자연에 따르는 교육'은 '**아동으로부터의 교육**'이라고 할 수 있다.

(2) 소극적 교육

루소의 아동교육 개념이 "아동으로부터의 교육"이라면 이것은 필연적으로 "소극적 교육"(negative education)이 되어야 한다. 여기서 '소극적'이란 영어로 'negative'인데, 이것은 적극적이지 않은 교육, 즉 소극적 교육이라는 뜻이기도 하지만, 동시에 교육을 부정하는 교육이라는 의미도 된다. 자연으로부터의 교육이 어린이 외부로부터 덕이나 진리를 가르치는 것이 아니라, 오히려 아동의 마음을 악덕으로부터 보호하는 것이라면, 이 교육은 역설적이게도 "교육을 안 하는 교육"이어야 한다는 것이다. 그래서 그의 교육개념은 부정적 교육이요, 소극적 교육이라고 할 수 있다.

> 최초의 교육은 순전히 소극적 혹은 부정적으로 되어야 한다. 그 교육은 덕이나 진리를 가르치는 것이 아니라 마음을 악덕으로부터 보호해야 한다. 극단으로 말해 12세까지 아무것도 배우지 않고 건강하게 자라기만 한다면 그 후의 교육은 훨씬 수월하고 빠른 속도로 이루어진다. 왜냐하면 조기교육에서 얻은 편견이나 습성을 제거할 헛수고가 덜어지기 때문이다.[116]

소극적 교육은 어린이의 외부에서 무엇을 가르쳐 들어가기보다는 인간 본성의 선을 믿고, 그 선이 스스로 발현하도록 돕는 것에 목적이 있는 교육이다. 그러나 루소는 그렇다고 해서 소극적 교육이 아무것도 하지 않는 교육이라고 생각한 것은 아니다. 그것은 첫째, 덕을 가르치기 위해 그에 앞서 먼저 어린이 스스로 감각기관을 완성하고, 이성을 준비하는 교육이다. 둘째, 어린이의 자발성을 존중하고 적게 간섭하는 교육이다. 셋째, 동시에 성인이 아무것도 안 하는 것은 아니라 어린이를 성실하게 관찰하고, 동시에 어린이의 본성이 악하고 나쁜 습관에 물들지 않게 자연에 따르는 좋은 습관을 기르는 것이어야 한다고 하였다.

(3) 노작교육

루소가 생각하는 자연에 따르는 교육이 외부에서 강요하는 교육이 아니라고 해서 그것이 어린이를 과보호하거나 어린이를 허약하게 하는 교육은 결코 아니다. 자연 안에는 시련이 들어 있다. 태풍과 홍수와 추위와 더위, 죽음을 위협하는 위험은 자연 안에도 있다. 자연에 따르는 교육은 따라서 고통을 이겨내는 교육이다.[117]

루소는 자연적인 사람이 된다는 것은 그가 장차 무슨 일을 해도 어렵지 않게 해낼 수 있는 고통을 감내할 수 있는 사람이 되는 것이라고 하였다. 따라서 그는 '노동'이 필요하다고 보았다. 인간을 가장 자연 상태에 접근시키는 일은 농사일, 목수일과 같은 손을 쓰는 노동이기 때문에, 루소는 아동에게 노작교육을 통해 어떤 환경에서도 살아갈 수 있도록 해야 한다고 하였다.

루소가 계획했던 "자연에 따르는 교육"으로서의 아동교육은 세 가지의 조건을 필요로 하는데, 그것은 자연스러운 환경, 교사 그리고 학생이다. 첫째, 자연스런 환경은 아동이 부도덕한 인위적 사회로부터 격리되어 아동의 선한 본성만을 나타내며 성장할 수 있는 상황을 의미한다. 가장 적합한 곳은 자연이다. 둘째, 자연스런 교사이다. 그는 돈을 받고 가르치는 교사는 자연스러운 교사가 될 수 없다고 보았다. 따라서 가장 자연스러운 교사는 아버지이지만 교사일 경우 우수한 자질과 고귀한 인품을 갖춘 사람이 가르치는 자여야 한다. 셋째, 자연스런 학생이다. 학생은 천재적일 필요가 있는 것이 아니라, 건강하고 온화한 보통의 아이이면 된다. 그의 소설에서 나오는 에밀이 바로 이러한 아이이고, 그는 이 세 가지의 조건을 갖춘 최적의 환경에서 성장한다. 따라서 그의 『에밀』은 단순소설이 아니라 루소가 철저히 계획한 인간교육의 책이요, 이를 바탕으로 사회를 개혁하기 위한 책이었다고 할 수 있다.

3) 루소의 어린이 종교교육

역설적이게도 루소는 어린이에게 종교교육을 하는 것을 반대하였다. 『에밀』에서도 루소는 에밀에게 청년이 되는 15세까지 전혀 종교에 대한 가르침을 주지 않고 키우도록 하였다. 그는 어린이는 아직 종교라는 신비한 현상을 이해할 수 있는 성숙이 이루어지지 않았기 때문에, 어린이에게 종교를 가르치거나 교리문답을 가르치는 것은 "일찍부터 거짓말을 가르치는 것"이라고 하였다.[118] 자기가 이해하지도 못하는 것을 이해하는 것처럼 말하게 하는 것은 거짓말이라는 것이다. 그는 신비를 이해하기 위해서는 적어도 그것이 이해하기 어려운 것에 속하기 때문에 신비라고 하는 것을 알아야 하는데, 이것조차 알아들을 수 없는 어린이에게 무슨 수로 신비를 가르칠 수 있다는 것인가라고 반문한다.

그는 또한 어린이들이 신을 믿는다고 하는 것은, 그들이 정말 "신을 믿는 것이 아니라, 그에게 신이 있다는 것을 말해주는 사람을 믿는 것"이라고 하였다. 이것이 의미하는 것은 어린이는 종교적 판단력이 있어서 신을 믿는 것이 아니라, 자신이 태어나고 자란 환경 속에서 부모가 믿는 종교를 따라가게 될 뿐이라는 것이다. 이들은 아직 신이나 종교가 가지고 있는 신비한 면을 이해할 능력이 없는데, 그런 상태에서 종교를 가르치는 것은 오히려 이들을 우상 숭배자나 혹은 이상한 하나님 이미지를 형성하게 하는 것이라고 하였다.

> 이해할 능력이 없는 자에게 진리를 말하면 엉뚱한 오해를 하게 된다. 신에 대한 저속한 공상적 관념이나 유해하고 부당한 관념을 갖는 것보다 차라리 아무것도 모르는 편이 낫다. 즉 모독하는 것보다 무시하는 편이 죄가 가볍다는 말이다. 아이들이 마음 속에 괴상한 신의 이미지를 그린다면 그는 평생 동안 그 이미지에 시달리게 된다.[119]

이 같은 루소의 주장은 사실 그의 어린이 이해와 어린이 교육에 관한 입장과는 조금 상반되는 측면이 없지 않다. 물론 그가 어린이에게 너무 일찍 이해할 수 없는 교리문답이나 성인의 종교를 가르치는 것은 옳지 않다고 보았다는 것은 이해할 수 있다. 그러나 그는 어린이도 그들 나름대로 '신비'에 대한 감각과 '신'에 대한 감각이 있다는 점은 간과하였다. 그것이 성인의 수준이 아니기 때문에, 신성모독이나 거짓말로 치부할 것이 아니라 그들이 나름대로 가지는 종교적 감정이나 느낌을 존중해 주고, 그들의 호기심을 긍정적으로 수용해 주면서, 어린이가 자연적으로 성장하도록 하는 것이 어쩌면 루소의 자연교육 개념과도 어울리는 입장이었을 것이라는 생각이 든다.

바로 그러한 입장에 서서 어린이의 종교성을 긍정적으로 본 사람이 우리가 다음에 살펴볼 인물은 슐라이어마허이다.

5. 슐라이어마허의 어린이 이해와 어린이 교육

슐라이어마허는 독일 자유주의신학의 아버지이면서, 기독교교육과 일반교육학의 학문적 기초를 놓은 사람으로 평가되는 사상가이다. 따라서 그가 어린이를 어떻게 이해했는지 살펴보는 일은 신학적으로, 그리고 기독교교육학적으로 매우 의미가 있는 일이라고 할 수 있다.

1) 그 자체로 목적을 가지고 있는 인생의 특별한 시기

프리드리히 슈바이처(Fr. Schweitzer)는 어린이에 대한 그의 역사적 연구에서 근대라는 시대적 특징은 어린이 이해에서 두드러지게 나타난다고 하였다.[120] 그는 근대적 어린이 이해의 가장 큰 특징 중의 하나는 '어린이' 시기를 성인과는 본질적으로 구별되는 특별한 인생의 시기로 보는 것이라고 하였다. 이 같은 슈바이처의 말이 옳다면 슐라이어마허는 그 누구보다 어린이 시기를 특별한 인생의 시기로 보고 있고, 성인과는 본질적으로 구별되는 시기라는 점을 강조하고 있는 근대의 사상가라고 할 수 있다. 슐라이어마허는 이미 루소의 『에밀』을 알고 있었고, 그 책으로 말미암아 유럽 전체에 넓게 반향을 일으킨 어린이에 대한 새로운 이해와 입장에 공감하던 사람이었다.

슐라이어마허는 그의 『교육학 강의』에서 어린이 시기를 단순히 성인의 축소판이 아닌 나름대로의 목적을 가지고 있는 특별한 인생의 시기라고 하였다. 그뿐만 아니라 그도 교육의 대상인 성장세대를 그 발달의 단계에 따라 유아기, 아동기, 그리고 청소년기로 단계별로 나누어 서술하고 있는 것을 볼 수 있다.

그 중에서 그의 어린이 이해가 나타나는 유아기와 아동기를 살펴보면, 그는 '유아기'를 정신적인 활동이 아직 시작하지 않는 시기로 규정짓고 있다.

> 어린이는 태어나면서 삶이 시작된다. 그러나 이 삶은 아직 인간으로서의 완성된 삶이라고 할 수 없다. 왜냐하면 그들에게서 아직 정신적인 활동이 시작되지 않았고, 따라서 정신적인 영향을 미칠 수 없기 때문이다.[121]

그래서 그는 유아기는 정신적 활동을 기반으로 하는 교육의 내용이 맞지 않는 시기라고 하였다. 그보다는 오히려 이 시기는 '직관'과 '감정'이 주축이 되는 시기라고 하였다. 현대의 심리학자인 피아제가 유아기적 사고를 직관적 사고라고 부르고 있는 것을 보면 슐라이어마허의 이와 같은 통찰은 놀랍게 현대적이다. 슐라이어마허는 유아기의 사고에서는 직관과 감정이 서로 분화되지 않은 상태로 함께 얽혀 있다고 하였다.

그러한 유아기의 시기가 지나면 비로소 정신적이고 지적인 활동이 가능해지는 아동기가 시작되는데, 이 시기에는 감정과 직관이 분화되고, 감각적인 삶이 시작된다고 하였다. 그는 아동기를 다시 언어 이전 단계와 언어 이후의 단계, 그리고 학동기로 나누고 있다. 이러한 아동기가 지나면 청소년기가 시작되는데, 이 청소년기가 끝나면서 아동은 비로소 '성숙'에 도달하고, '자립'을 이루게 된다.

이와 같이 나눠지는 어린이 시기를 표현해주는 단어를 슐라이어마허에게서 찾는다면, 그것은 역시 '미성숙'이다. 이 미성숙의 시기는 성숙으로 넘어가는 과도기로서의 특징을 갖는데, 이 시기 어린이의 특징을 그는 특별히 '가소성'(Bildsamkeit)이라고 하고 있다. 가소성이란 아직 완전히 형성되지 않았기 때문에 형성의 가능성을 가지고 있고, 따라서 영향에 열려 있는 상태라고 하는 것이다. 슐라이어마허가 그의 『교육학 강의』에서 교육을 개인의 '고유성'과 사회의 '일반성'이라고 규정하고 있는 것도 어린이의 가소성에 바탕을 두고 있다고 할 수 있다. 슐라이어마허는 어린이 자체의 존재적 특성이 성인과는 본질적으로 다르다고 보았으며, 그 특성으로부터 그의 '교육' 이해를 전개해 나가고 있는 것을 볼 수 있다.

그가 어린이 시기를 미성숙, 혹은 과도기라고 칭했다고 해서 그에게서 이 시기가 성인과 비교해 볼 때 열등한 시기라는 것을 의미하는 것은 아니다. 슐라이어마허는 어린이 시기가 단지 성인으로 되어 가기 위한 목적 때문에 존재하는 것은 결코 아니라고 하였다. 어린이 시기는 나름대로 목적을 가지고 있고, 따라서 다른 시기를 위한 수단으로 희생되어서는 안 된다고 하면서,[122] 이와 관련하여 다음과 같은 결론을 내리고 있다.

> 미래를 지향하는 삶의 행위는 동시에 현재의 만족을 주는 것이어야 한다. 모든 교육적 노력은 그 자체로 미래와 관련되어야 하면서, 동시에 현재의 인간을 만족시키는 것이어야 한다.[123]

위의 인용구에 나타나는 바와 같이 슐라이어마허는 어린이 시기는 단순히 미래를 준비하기 위해서만 존재하는 시기가 아니라, 현재를 만족시켜야 하는 시기라고 보았다.

이 말은 어린이 시기가 추구하는 놀이, 걱정 없이 현재를 즐기는 것 등과 같은 어린이 시기의 특성이 미래의 준비라는 이름으로 희생되어서는 안 된다는 것이다. 어린이 시기는 그 자체로 행복할 수 있는 권리를 가지고 있다는 것이다. 슐라이어마허는 이처럼 어린이의 어린이 됨 그 자체를 인정하고 존중해 주는 입장에 서 있었다.

2) 종교적 배아를 가진 존재

어린이의 '어린이됨'에 대한 존중은 특별히 그의 종교교육 사상에서 좀 더 분명히 드러난다. 그는 인간은 "종교적 배아"를 가지고 태어나는 존재이고, 이 종교적 배아는 처음부터 완성된 형태로 주어진 것이 아니라 성숙해 가는 것으로 봄으로써 종교를 발달 가능성과 연결시키는 사고의 지평을 열었다. 이와 같은 개념으로 그는 성숙도상에 있는 어린이적 종교성이 갖는 특수성을 발견하였고, 성인적인 종교성과 어린이적 종교성 간의 차이를 분명히 하였다.

『교육학 강의』에서 슐라이어마허는 어린이의 종교성에 관하여 다음과 같이 서술하고 있다.

> 어린이의 종교적인 이해와 판단은 성인과 다르다. 그들은 종교와 동화이야기를 제대로 구분하지 못한다. 그들은 동화이야기에 나오는 허구적인 인물들과 하나님 혹은 성서에 나타나는 위대한 인물들을 그들의 상상으로 서로 연결시킨다. 그리하여 그들은 요술쟁이, 요정, 천사와 같은 인물들과 하나님, 예수님을 구별하지 못할 뿐만 아니라, 그렇게 그들은 하나님과 인간의 차이에 대하여서도 바르게 감지하지 못한다.[124]

그는 이처럼 어린이의 약한 인지능력과 그를 바탕으로 한 하나님 이해가 성인의 그것과 같지 않음을 강조하였다. 그러나 그렇다고 해서 그는 당시 계몽주의자들, 특별히 루소와 같이 어린이의 종교적 능력을 열등한 것으로 평가하지는 않았다. 오히려 그는 그와 같은 현상은 지극히 자연스러운 현상이라고 하였다.[125] 그렇기 때문에 그는 당시의 성인적인 신 이해를 어린이에게 주입시키자는 시도나, 루소를 비롯한 계몽주의자들이 강조하는 것처럼 종교적인 성숙이 이루어지는 청소년기까지 종교적인 경험을 차단해 버리자는 입장들을 극히 비자연적인 교육으로 비판하였다.

우리가 잘 아는 대로 루소는 성인과 비교할 때 확인되는 어린이의 질적인 상이성을 발견하였고, 어린이적인 특성을 어린이 그 자체로부터 이해하려고 함으로써 "어린이의 발견자"로 평가된다. 그러나 루소는 어린이적인 종교에 관하여서는 그다지 낙관적인 입장을 취하지 않았다. 어린이는 아직 미숙하기 때문에 종교에 대하여 바르게 이해할 수 없다는 것이다. 따라서 그는 청소년이 되기 전에는 어린이를 종교로부터 격리시켜야 한다고 하였다.[126]

그러나 슐라이어마허는 어린이의 종교성이 성인과 다르다는 점을 보면서 동시에 어린이적인 종교성이 갖는 특성을 인정하였다. 그리고 어린이의 종교성이 인간의 다른 능력과 마찬가지로 자연스럽게 성숙하기 위하여서는 어린이로 하여금 종교와 격리시킬 것이 아니라 종교적인 표현과 양식들에 접하게 함으로써, 자연스러운 종교적 성장을 꾀하여야 한다고 하였다. 그는 어린이 시기에는 종교적 감성이 형성되는 때인데, 그것은 자연스러운 삶의 상황에서 어머니나 주변의 가까운 인물로부터 영향을 받으면서 형성된다는 것이다. 그것은 종교적 배아와 더불어 자연스럽게 성숙해야 하는 것인데, 잘못된 환경이나 혹은 종교적 경험의 차단으로 인해서 왜곡되고 마비되기 쉽다고 하였다.

어린이의 종교성에 대한 계몽주의적 입장과 슐라이어마허의 입장을 잘 이해할 수 있는 작은 책자가 있다. 그것은 슐라이어마허가 비교적 초기인 1806년에 쓴 『크리스마스 이브』(*Weihnachtsfeier*)[127]라고 하는 책인데, 이 책에서 그는 어느 평범한 중산층 가정의 크리스마스 파티에 초청된 여러 손님들의 대화 내용을 희곡 형식으로 써내려갔다. 특별히 그 글에서는 어린이의 종교성에 대한 계몽주의적 이해와 자신의 입장을 여러 손님들의 입을 통해 표현하면서 그 차이를 분명하게 그려가고 있다.

크리스마스 파티의 분위기가 무르익고 대화의 꽃을 피우게 되자, 손님들은 아기 예수에 대하여 말하다가 극중 소피라는 소녀의 경건한 발언이 화두가 되어 "어린이의 경건성"에 관하여 말하기 시작하였다. 극 중의 레온하르트(Leonhardt)라고 하는 사람은 어린이의 종교성에 관하여 계몽주의적 입장에 서 있는 사람인데, 그는 어린이의 종교적 감정을 자극하여 그에 너무 많은 영양을 공급해서는 안 된다고 경고하였다. 어린이의 경건성은 예민하여 쉽게 미신에 빠져들 수 있는 "위험한 시기"라고 하면서 그들 안에는 미신의 싹이 있기 때문에 초자연적이고 신비한 요소들을 오히려 어린이로부터 차단하는 것이 낫다고 하였다.[128] 그는 심지어 성서도 어린이 안의 '상상력'을 자극하여 오히려 건전치 못한 미신으로 나아가도록 하기 쉽다고 하였다.

이에 대하여 소피의 어머니 어네스티네(Ernestine)는 자신의 딸 소피의 생각은 그의 가장 깊숙한 곳에서 자연스럽게 나오는 말이므로 그것은 자연의 현상이고, 그가 어떻게 될지는 자연에 맡기는 것이 좋다고 말한다.

우리는 그것을 극히 자연스러운 것이라고 봐요, 실제로 아이의 종교적 감성은 자연스러운 것이 아니겠어요. 따라서 우리는 그러한 자연적 현상을 방해하지 말고 자연에 맡기는 것이 좋다고 생각합니다.[129]

그에 이어서 소피의 아버지 에두아드(Eduard)가 덧붙여서, 소피의 경건성은 성인을 흉내 내는 것이 아니라 그의 속으로부터 나오는 것이므로 그것은 철저히 어린이스러운 것이라고 말한다. 그는 어린이스럽다는 것은 자연적인 것이기 때문에 부정적으로 볼 수 없다고 하면서, 어린이의 다른 능력들이 모두 자연적인 발달과정을 통해서 완성되는 것처럼, 종교성도 자연적으로 발달과정을 통해 완성되는 것이라고 하였다. 그는 어린이의 다른 능력, 즉 인지적, 사회적, 도덕적 능력이 성숙의 정도에 따라 매 시기마다 다르게 발전하는 것처럼 종교성도 그렇게 될 수 있도록 인도되어야 한다는 것이다.[130]

슐라이어마허는 이처럼 소피의 부모의 입을 빌려서 자신의 입장을 대변하고, 그것과 계몽주의적 입장의 차이를 분명히 하고 있다. 슐라이어마허는 이처럼 당시의 계몽주의가 취하였던 "어린이적 종교"에 대한 회의적 입장과 어린이 종교교육에 대한 적대적 입장과는 분명한 차이를 두면서 어린이 시기의 자연스러운 종교적 경험과 종교교육을 강조하는 입장에 있다고 할 수 있다.

그러면서 슐라이어마허는 동시에 기존의 신학적 어린이 이해로부터도 자신을 분명히 구별하고 있다. 예를 들어 "어린이 세례"는 우리가 앞 장에서 살펴본 루터나 프랑케의 경우에는 어린이의 본성을 이해하는 중요한 변수로 작용하고 있는 것을 볼 수 있다. 루터나 프랑케는 어린이의 비교적 덜 타락한 속성이 세례를 받고 시간적으로 얼마 되지 않았지만, 그럼에도 불구하고 어린이도 어른과 마찬가지로 원죄를 안에 가지고 있어서 언제 그 원죄가 다시 나타날지 알 수 없는 존재가 어린이라고 생각하였다. 그러한 계몽주의 이전의 신학적 어린이 이해에 반하여 슐라이어마허의 어린이에 관한 서술에서는 어린이 세례나 원죄가 어린이의 본성을 결정짓는 변수로서의 역할을 하고 있지 않다. 그는 어린이 세례를 교회의 예식의 하나로 이해하고 있고, 원죄를 어린이의 속성을 결정하는 단어로 사용하지 않았다.

이상과 같은 슐라이어마허의 어린이 이해는 계몽주의 이전의 신학적 이해로부터도 분리되지만, 계몽주의적 어린이 종교성의 이해와도 구별되는 입장이라고 할 수 있다. 특별히 슈바이처는 슐라이어마허가 어린이의 종교적 특성을 발견하고 이를 인정하면서 어린이적 종교성을 교육적으로 고려하고 있는 점을 지적하면서 그를 가리켜 "어

린이 종교의 발견자"라고 평하였다.[131]

7. 부쉬넬의 어린이 이해와 어린이 교육

호레이스 부쉬넬(Horace Bushnell, 1802-1876)은 미국의 현대 기독교교육이 출발하게 된 시점으로 평가되는 대표적 미국의 기독교교육 학자이다.[132] 그는 소위 "대각성운동"의 영향으로 회심일변도로 흐르면서 어린이를 기독교교육의 관심으로부터 소외시켰던 때에, 기독교 가정에서의 올바른 양육과 성장을 주장함으로써, 새로운 어린이 이해와 이를 바탕으로 한 어린이 교육의 개념을 제시하였다. 그의 저서『기독교적 양육』(*Christian Nurture*, 1861)[133]은 그의 이 같은 생각을 반영해 주는 대표적 책이다. 이 책에 나타나 있는 그의 어린이 이해와 어린이 교육 개념을 정리해 보도록 하자.

1) 부쉬넬의 어린이 이해

부쉬넬의 어린이 이해는 그가 특별히 당시의 "부흥주의"(Revivalism)의 영향 하에 일반화되었던 어린이와 어린이 교육에 대한 입장과 뗄 수 없이 연결되어 있다. 그가 살았던 시대는 18세기 미국 전역에 불길처럼 번진 "대각성운동"의 영향 아래 형성된 "부흥주의" 신앙이 여전히 강하게 영향을 미쳤던 시대였다.[134] 이 부흥주의는 조나단 에드워드나 조지 휘필드의 영향 아래, "직접적인 종교 경험"과 "즉각적 회심"을 강조하였는데, 그 같은 움직임은 당시 무기력해진 교회 속에 새로운 신앙의 열정을 불어넣으면서, 19세기 중엽까지 미국 전역에 깊이 파고들었다. 부쉬넬은 바로 이 종교적 열광주의 상황 속에서 출생했고, 교육을 받았고 목회를 했다.

부쉬넬은 이 같은 부흥주의는 성인들의 의식적 회심만을 구원에 이르는 획일적인 길이라고 보는 일방주의일 뿐만 아니라, 그것은 결국 어린이들을 신의 약속으로부터 배제시키고 기독교교육으로부터도 소외시키는 결과를 가져오게 하는 것이라고 비판하였다. 의식적이고 급진적 회심만을 구원에 이르는 유일한 길이라고 볼 때, 그와 같은 회심의 체험이 없는 어린이의 경우는 상대적으로 구원에서도 배제되고, 또한 결국 성인이 되어서 회심을 하여야만 구원에 이르는 것이라면 굳이 어린이를 기독교적으로 양육할 필요성이 감소되는 결과를 낳게 된다는 것이다. 부쉬넬의 어린이 이해와 어린이 교육에 대한 입장은 이와 같은 그의 부흥주의에 대한 입장과 직접적으로 연결되어 있다.

(1) 거룩한 진리의 씨앗을 내포한 존재

부쉬넬은 그의 책 『기독교적 양육』의 모두에서 이제는 유명해진 어린이에 관한 명제를 제시하였다. "**어린이는 기독교인으로서 성장하여야 하며, 다른 존재로 자신을 생각해서는 안 된다.**"[135] 이 인용구에서 부쉬넬이 어린이는 그리스도인으로서 성장하여야 한다고 하는 것은, 성인이 되어서 경험하게 되는 급진적 회심만이 진정한 기독교인이 되는 유일한 조건으로 생각하였던 당시의 부흥주의적 사고방식이 잘못된 사고라고 하는 것에 대한 강력한 주장이 담겨 있는 말이다. 그래서 그는 위의 인용구 바로 다음에 "종교교육의 목적은 흔히 생각하는 것처럼, 어린이가 죄 가운데서 자라나다가 성숙한 연령에 이르러서야 비로소 회심하게 된다고 생각해서는 안 된다"고 하였다. 이 말은 어린이를 회심에 이를 수 없다고 그냥 방치하지 말고, 어릴 때부터 기독교인으로 바로 양육하여 기독교인으로 성장하도록 해야 한다는 말이다. 또한 인용구의 뒷부분에 어린이로 하여금 다른 존재로 자신을 생각하게 해서는 안 된다는 것도, 어린이가 자신을 아직은 회심하지 않은 죄인, 혹은 악에 내버려진 존재와 같은 개념으로 생각하지 않고, '기독교인'으로 이해하도록 해야 한다는 것이다.

이와 같은 부쉬넬의 언급은 물론 어린이 때부터 기독교인으로 성장하도록 해야 한다는 그의 기독교교육적 입장을 분명히 나타내주는 것이지만, 동시에 그의 어린이 이해가 담겨져 있는 말이기도 하다. 그는 어린이가 환경, 특별히 가정이라는 환경의 영향으로 기독교인이 될 수 있는 존재로 보았다. 이것은 물론 어린이가 태어나면서부터 자동적으로 기독교인이 된다는 개념은 아니다. 어릴 때부터 기독교적 양육으로 기독교인으로 성장할 수 있다는 것이다. 왜냐하면 어린이는 "**거룩한 원칙의 씨앗**"(seeds of holy principle)을 가지고 태어나기 때문이라는 것이다.[136] 아무리 좋은 씨앗이라도 그것이 좋은 토양에 심기어져 잘 자라야 좋은 나무가 되는 것처럼, 부쉬넬은 어린이 안에 있는 거룩한 원칙의 씨앗도, 기독교 가정에서 바른 기독교적 양육을 받을 때에는 잘 성장할 수 있지만, 적절한 양육 없이 방치되면, 잘 자랄 수 없다고 보았다.

부쉬넬은 어린이도 그 안에 생명의 성령이 실제로 역사하는 존재라고 보았다. 비록 그들이 지적으로 혹은 교리적 형태로 그것을 이해하고 있는 것은 아닐지라도, 그들 안에 성령이 실제로 역사한다고 하였다.[137] 생명의 성령이 역사하여, 이들의 마음에 각성을 일으키고, 또한 회심을 일으킬 수도 있다고 보았다. 그는 "성령이 성숙 도상에 있고, 힘없고, 의식이 없어 위험한 시기에 있는 어린이의 미숙한 영혼 속에 작용할 수 없다고 생각하는 것과 같이 기괴한 생각은 없다"고 하였다.[138] 이 말에도 나타나고 있는 것처럼, 부쉬넬은 어린이를 특별히 능력 있는 존재로 보았기 때문이 아니라, 오히려 그들이 힘없고, 미숙하고, 의식이 없기 때문에 더욱더 성령이 역사하고 또한 역사해야 한다고 보았다.

부쉬넬 당시에나 오늘날에도 부쉬넬은 어린이에 대한 '낙관주의'로 많은 사람에게 비판을 받았다.[139] 인간의 죄성을 강조하면서 회심을 중시했던 당시에, 어린이가 회심이 없이도 어렸을 때부터 기독교인으로 성장한다는 생각, 혹은 어린이 안에도 성령이 역사한다는 생각이 사람들의 비판의 대상이 되었을 것이라는 것을 추측해 보는 것은 어려운 일이 아니다. 그러나 부쉬넬은 어린이를 특별히 부정적으로나 긍정적으로만 보지도 않았다. 그는 어린이는 "거룩한 원칙의 씨앗"이 내재해 있지만, 이것은 가정이라는 환경 안에서 기독교적 양육에 의하여 잘 자라게 되면 선한 방향으로 성장할 수 있지만, 반면 악한 환경에 의하여 방치되거나 왜곡되면 잘못된 방향으로도 발전할 수 있다고 보았다. 따라서 그의 어린이 개념은 '낙관적'이라고 하기보다는, 오히려 환경에 의해 선하게도, 악하게도 될 수 있는 존재라고 보았다는 것이 옳을 것 같다.

(2) 환경에 영향을 받는 존재

부쉬넬은 『기독교적 양육』에서 양육의 시기와 유형을 유아, 아동, 그리고 청소년 시기로 구분하였다.[140] 유아에서 아동을 거쳐 청소년으로 가는 과정을 그는 "인상(impression)의 시기"에서 "지도적 영향"(tuitional influence)으로의 변화라고 하였다. '인상'이란 일종의 "수동적 수용"으로 유아가 환경에서부터 오는 모든 것을 빨아들여서 그로부터 각인이 되는 현상을 말한다. 이처럼 "인상의 시기"가 환경으로부터 오는 모든 영향이나 경험들을 그대로 수동적으로 받아들이는 시기라면, "지도적 영향"이란 가르치고 지도하는 것을 어린이가 의지적으로 받아들이면서 미치는 영향을 의미한다. 그는 유아에서 청소년으로 가는 과정을 또한 "부모의 의지 안에서 존재"하는 시기에서 "어린이의 의지와 선택"의 시기로의 변화 과정이라고도 하였다. 이와 같은 과정을 보았을 때 유아기는 수동적으로, 그리고 무조건적으로 환경으로부터의 영향을 수용하고, 부모의 의지 아래 존재하는 시기로 환경과 교육에 결정적 영향을 받는 시기라고 할 수 있다. 그래서 그는 "**인상(impression)의 시기**"인 유아기를 인생의 가장 결정적이고 중요한 시기로 보았고, 반드시 이 시기부터 기독교적 양육이 시작되어야 한다고 하였다.

유아가 언어를 갖기 이전에 먼저 환경으로부터 오는 언어를 수용하는 과정이 있어야 하고, 빛이라는 단어를 알기 이전에 먼저 눈이 빛을 수용하는 경험이 있어야 하며, 사랑이라는 단어를 알기 이전에 사랑을 받는 경험이 있어야 하는 것처럼, '인상'이란 환경으로부터의 자극을 그대로 수용하면서 살아가는 데 필요한 경험을 형성하고, 이 경험을 바탕으로 언어와 지식과 수많은 개념을 형성하게 된다고 하였다. 따라서 부쉬넬은 유아기의 '인상'에 의한 환경의 흡수는 그 이후의 성장에 거의 결정적 영향을 끼친다고 하였다.

그뿐만 아니라 부쉬넬은 유아기의 '**인상**'은 **초월적 하나님을 알아가고 경험하는 데에서도 결정적**이라고 하였다. 그는 언어가 있기 전에 언어에 대한 경험이 먼저 있어야 하는 것처럼, 하나님이라는 단어를 배우는 것도, 하나님에 대한 경험과 개념이 먼저 형성된 후 가능한 일이라고 하였다. 하나님이라는 이름은 그러한 존재에 대한 개념이 어떤 형태로든 이미 어린이 안에 발생해 있어서, 그 이름과 더불어 연상이 되어야만 하는 것이지, 단지 언어를 할 줄 안다고 해서 자동적으로 배울 수 있는 것은 아니라고 하였다.[141] 다시 말하면 하나님이란 이름을 말하기 전에 이미 하나님에 대한 경험의 영역이 있어야 한다는 것이다. 따라서 그는 "유아에게 언어적인 발달이 있기 전에 종교적인 어떠한 것도 경험되어서는 안 된다고 하는 생각은 사실에 대한 바른 이해와는 거리가 먼 것"이라고 하였다. 어린이는 하나님에 대한 경험으로부터 오는 '인상'으로부터 하나님이라는 언어의 이해를 시작하는 것이다.

그는 이 '인상'의 시기가 지나가면 인간에게 "절대적 통제"의 시기는 다시는 오지 않는다고 하면서, 이 인상의 시기를 일종의 "**인격의 후보자**"(candidate for personality)라고 칭하였다.[142] 이 시기 유아는 완전한 인격으로 보기보다는 인격의 후보자로서, 부모라고 하는 줄기에 붙어서 그 줄기로부터 모든 것을 받아서 형성되는 존재라고 하였다. 그래서 부쉬넬은 『기독교적 양육』에서 가장 중요한 시기는 아이가 태어난 후 최초의 시기, 즉 인상의 시기라고 불리는 시기라고 하였다.[143] 그래서 그는 생애 초기 3년간은 그 후에 해줄 수 있는 모든 훈련의 시간보다 더 많은 것을 유아의 영혼에 해줄 수 있다고 하였다. 부쉬넬에게 있어서 생애 초기 부모의 기독교 양육적 역할은 거의 절대적인 것이라고 할 수 있다.

(3) 언약공동체 안의 어린이

부쉬넬은 그의 책 『기독교적 양육』의 한 장을 "교회의 구성원으로서의 어린이"라고 하는 제목으로 할애하고 있다. 그곳에서 그는 유아세례를 받은 어린이도, 세례를 받은 성인이 교회의 구성원이 되는 것처럼, 똑같이 교회의 구성원이 된다고 하였다.[144] 그는 어린이가 스스로 선택하고, 행동하고, 믿을 수 없다는 것이 그리스도의 몸 된 교회의 구성원이 되는 것의 장애는 될 수 없다고 하였다. 어린이가 교회의 멤버십이 되는 정당성은 그런 것에 있는 것이 아니라, 유아세례 안에 있는 "약속의 언약"에 있다고 하였다. 그런데 이 약속의 언약은 그들의 부모를 주님 안의 부모로 만들고, 그들의 양육을 주님의 양육으로 만듦으로써 그들이 그리스도 예수 안의 "신실한 자 가운데의 신실한 자"로 성장하게 하는 "미래의 힘"이라고 하였다.[145]

그렇게 볼 때, 부쉬넬은 어린이가 유아세례를 통해서 약속의 언약 안으로 들어오는 것은 결국 부모가 자녀를 기독교적으로 양육하게 되는 것과 관련된다고 보았다고 할 수 있다. 부모의 기독교적 양육 자체가 결국 어린이를 하나님의 은혜의 만짐을 시작하게 하는 것이고, 그래서 유아세례는 부모에게 어린이를 기독교적으로 양육하게 하는 그 약속의 언약 안으로 들어오게 하는 것이라는 것이다. 그는 성인에게는 회심의 은혜가 있지만, 어린이에게는 "은혜의 양육"이 있다고 하였다. "성숙한 나이의 사람에게 '회심의 은혜'가 있는 것처럼, 어린이에게는 '은혜의 양육'이 있다. 둘 다 확실하며 참된 것이다."[146] 부모의 기독교적 양육 그 자체가 곧 은혜인 것이다.

부쉬넬이 "약속의 언약"으로서의 유아세례가 곧 부모의 양육과 연결된 것으로 본다는 것은, 부모의 양육이 일어나는 가정을 그 자체로 언약공동체로 본다는 것이다. 그는 가정이 "어린이의 교회"(church of childhood)라고 하였다.[147] 그는 유대인들에게 할례가 언약의 백성이 되게 하는 봉인이 되는 것처럼, 기독교의 세례는 신앙의 봉인으로서 가정이 언약의 백성이 되는 통로라고 보았고,[148] 따라서 어린이들은 "유아세례"로 인하여 가정이라는 언약공동체의 일원이 되는 것이라고 보았다.

부쉬넬은 이 언약공동체로서의 '가정'은 "유기적 통일성"(organic unity)을 갖는다고 하였다. 마치 예수님의 몸 된 교회가 유기체적 공동체인 것처럼, 가정도 유기적 공동체로서, 모든 구성원은 같은 음식을 먹고 서로서로 감정과 기능에 영향을 미치며, 특별히 부모의 삶은 어린이의 삶에 그대로 흘러들어감으로써 어린이의 성품에 절대적으로 영향을 미치는 장소가 된다. 부쉬넬은 가정 안에는 영(spirit)이 있어서, 가정의 분위기를 형성하고 어린이가 숨을 쉴 때마다 어린이 안으로 스며든다고 보았다. 그래서 가정은 단순히 생리적 유기체가 아니라, 신앙적·영적 유기체이다. 그에게서 가정은 "성령이 임재하는 집", "구속의 힘에 의하여 삶의 변화를 경험하게 되는 곳"이고, 그래서 기독교 가정 그 자체가 곧 신앙과 경건의 힘이 되는 곳이다.

어린이는 바로 이러한 언약공동체이자 유기적 통일체 안으로 태어나서, 부모로부터 신체적·심리적·영적으로 영향을 받고 자라는 존재이다.

2) 부쉬넬의 아동교육

부쉬넬은 자신의 교육개념을 "기독교적 양육"(Christian nurture)이라고 부르고 있다. 그의 책 『기독교적 양육』에서 그는 맨 앞의 두 장을 "무엇이 기독교적 양육인가?"의 제목으로 할애하면서 기독교적 양육의 특징과 방향을 모색하고 있는데, 이것이 바로 부쉬넬이 지향하는 아동교육의 방향이라고 할 수 있다.

(1) 무엇이 기독교적 양육인가?

부쉬넬의 기독교교육 개념은 그의 어린이 이해와 뗄 수 없이 연결되어 있다. 그는 어린이가 "거룩한 원칙의 씨앗을 내포하고 있는 존재"이지만, 아직은 완성되지 않아서 "환경으로부터 영향을 받는 존재"이고, 더 나아가 "언약의 공동체 안으로 태어난 존재"라고 하는 이해를 갖고 있었는데, 이러한 어린이의 특성상 "기독교적 양육"은 인간이 태어난 직후, 가정에서 부모에 의해 시작되어야 하는 교육이어야 한다고 보았다. 다시 말하여 그의 "기독교적 양육"의 **핵심적 장은 '가정'**이 되어야 하고, 그 교육을 수행하는 **교사는 '부모'**가 되어야 하며, **교육을 시작하는 시점은 태어난 직후**, 즉 유아기부터여야 할 뿐만 아니라, **교육의 목적은 "경건 안에서의 성장"(grow up in piety)**[149]**이라고 할 수 있다.**

이와 같은 그의 "기독교적 양육" 개념은 오늘날의 상황에서 보면 극히 당연한 것으로 보일 수가 있겠지만, "부흥주의적 영향" 아래 있던 당시로서는 당연한 것이 아니었다. 부흥주의는 회심이 가능한 나이의 성인은 중시하면서 유아와 어린이는 그대로 방치하였고, 교회는 강조하지만 교육의 장으로서의 가정은 소외시키고, 교사로서의 부모의 역할을 소홀히 하였다. 또한 '회심'은 교육의 목적이 될지언정, "경건 안에서의 성장"은 교육의 목적이 될 수 없다는 생각을 낳았다. 이러한 환경 가운데서 부쉬넬은 기독교적 양육이란 **"가정에서 부모가 어린이가 태어난 직후부터 기독교적으로 양육함으로써, 이들이 이미 어릴 때부터 자신을 기독교인으로 인식하며, 경건 안에서 성장하게 하는 것"**이라고 하는 이해를 제시한 것이다.

그는 자신의 "기독교적 양육" 개념을 분명하게 하기 위하여 부흥주의적 사고와 비교하면서 **"타조 양육"**과 **"기독교적 양육"**이라고 하는 개념을 대비시키기도 하였다.

"타조 양육"이란 모성본능이 전혀 없는 타조의 어미가 알을 품지도 않은 채 알들을 모래 속에 묻어 놓고 태양열에 의해 부화되게 하고, 또한 알을 깨고 나온 새끼들도 아무 보살핌 없이 본능적으로 살아가게 하는 것을 빗대어 붙여진 말이다.[150] 그는 물론 타조 양육이 부흥주의적 양육만을 의미하는 것은 아니라고 보았지만, 그 대표적 예가 성인에게 오는 기계적 회심만을 채택함으로써, 다양한 방식으로 오는 영혼의 변화에는 무지하고, 가정을 통해 어린이에게 주어지는 기독교적 양육을 무시하는 부흥주의적 입장이라고 하였다.

(2) 부모의 삶을 통해 스며드는 교육

부쉬넬은 그와 같은 부흥주의적 교육은 결코 기독교적이 아니라고 비판하면서, 최소한 기독교 가정에서 태어난 어린이는 기독교인으로 성장하게 해야 하고 그것이 "기독교적 양육"이라고 보았다. 그래서 부쉬넬의 "기독교적 양육"은 회심을 강요하는 교육도 아니요, 그렇다고 학교식으로 어린이들에게 무엇을 가르쳐서 알게 하는 교육도 아니다. 그의 양육개념은 가정 속에서 **부모의 삶을 통해 자연스럽게 삶으로 스며드는 교육**이다.

> 은혜의 영이 거하시는 가정은 아동기의 교회가 되어야 한다. 식탁과 화로는 거룩한 의식이 되어야 하고, 삶은 구원하는 능력의 요소가 되어야 한다. 여기에는 가르침보다는 더 나은 무엇이 요청된다. 어떤 초월적인 힘이 단순히 영향을 미치며, 선한 삶의 사랑스러움, 신앙의 반응, 정의로운 기대의 분명함, 성령의 성스러우면서도 밝은 자유와 같은 것들이 작용하게 된다. 이 모든 것은 따뜻하고 온유한 양육으로 어린 영혼을 성숙시키며, 어린 영혼을 형성한다. 조용하고 감지할 수 없는 방법으로, 의무의 영과 하나님에게의 종교적 순종을 통해서. 이것만이 기독교적 양육이고, 이것만이 주님의 양육이다.[151]

그는 가정에서의 "기독교적 양육"은 교리나 언어의 형태로 수행되기 이전에 먼저 부모의 표정, 태도, 그리고 생활방식으로 드러나게 되는 교육이라고 하였다. 왜냐하면 복음은 "기독교인 부모의 삶 속에 숨어 있는 것"이기 때문이라는 것이다.[152] "복음은 말이 되어 그 부모의 입술에서 나와 가르침을 주기 전에도 부모 안에서 살아 있는 편지가 되어 빛나고 있다"는 것이다.

따라서 부쉬넬의 "기독교적 양육"은 '**부모**'가 결정적인 역할을 하는 교육이다. 부모의 영과 그들의 기독교적 삶은 어린이의 마음으로 흘러들어 가서, 그들을 형성하게 된다는 것이다. 부모의 영과 기독교적 삶을 통해 어린이에게 흘러들어 간 선함과 생각, 의견, 믿음, 사랑이 그대로 자녀 자신의 것이 된다는 것이다. 그런 의미에서 그는 먼저 부모가 진정한 기독교인이 되고, 기독교적 삶을 사는 것 자체가 곧 기독교적 양육의 핵심이라고 보았다.

부쉬넬이 제안하는 부모의 자녀에 대한 **"기독교적 양육"의 방법**들을 간단히 살펴보자. 첫째, 부모는 먼저 가정의 훈련과 관리의 성공에 필수적인 인격적이고 종교적 자질을 가지고 있어야 한다.[153] 둘째, 기독교적 양육에는 지혜로운 신체양육도 포함된다. 어린이에게 바른 섭생을 하는 것, 규칙적인 신체적 습관을 기르는 것, 청결과 위생을 가르치는 것은 모두 기독교적 양육의 밑거름이 된다. 셋째, 어린이 경건을 저해하는 치명적인 실수를 범하지 않는다. 넷째, 가정 다스림(family government)의 개념을 확립하여 은혜롭고 유익한 목적을 위해 가정을 다스린다. 다섯째, 여가와 놀이를 활용하여 양육한다. 여섯째, 성서를 우선적으로 가르치지만, 무엇보다 부모의 삶을 통하여 살아 있는 예로 진리를 해석해 준다. 일곱째, 기도로 양육한다.

부쉬넬은 미국에 기독교 유아·아동교육의 개념이 일천하던 시대에, 기독교 아동교육의 개념과 기독교 가정의 개념, 그리고 기독교 부모의 개념에 대해 방향을 제시한 선구자적 역할을 한 학자라고 할 수 있다. 특히 그가 다른 어떤 때보다 부흥주의의 영향 아래 어린이와 가정, 그리고 기독교적 양육의 개념이 무시되었던 때에 그와 같은 업적을 이루었다는 것은 참으로 높이 살 만한 일이라고 할 수 있다. 이 같은 점으로 말미암아 그는 미국의 기독교교육학의 학문적 기초를 놓은 사람으로 평가되고 있다. 그러나 부쉬넬의 아동이해와, 기독교 가정의 개념들은 그를 넘어서서, 오늘날과 같은 포스트모던 시대에도 여전히 중요한 통찰을 주는 학자로 기억하기에 필요하고 충분한 조건들이 된다.

8. 몬테소리의 어린이 이해와 어린이 교육

마리아 몬테소리(Mara Montessori, 1870-1952)는 20세기 가장 영향력 있는 유아교육학자 중의 한 사람이다. 그녀는 '어린이'를 새로운 차원에서 발견하였을 뿐만 아니라, 그를 바탕으로 독자적인 교육의 원리와 방법을 고안하여, 이를 교육의 실천에서 구체화시키기도 하였다. 그녀는 소위 "어린이집"(Casa dei Bambini)을 개설하여 그녀의

교육이론을 실천하였고, 자국인 이탈리아뿐만 아니라 영국, 네덜란드, 미국, 독일, 캐나다, 일본, 인도 등 전세계에 "몬테소리 방법"을 기초로 하는 유아교육기관의 설립을 통하여 그녀의 교육활동을 전개하기도 하였다.

잘 알려진 대로 몬테소리는 이탈리아 여성으로는 최초로 의학을 전공한 의학박사로서, 처음에는 정신병원에서 정신박약아 연구에 몰두하였다. 그러나 이 과정에서 그녀는 어린이의 문제가 의학적 문제만이 아니라 동시에 교육적 문제라고 하는 점을 깊이 인식한 후, 교육학, 생리학, 실험심리학의 연구를 바탕으로 한 "몬테소리교육"을 고안하기에 이르렀다.[154] 그렇게 고안된 그녀의 교육방법은 전세계 몬테소리 유아교육기관의 실천적 기초가 되었다.

그녀는 지속적인 몬테소리교육의 실천을 통해 어린이 그 자체로부터 어린이를 새롭게 발견하고 이로부터 어린이 이해와 교육방법을 전개하기도 하였다. 1948년에 출판된 『어린이의 발견』과 『흡수정신』은 바로 그러한 발견 위에 쓰인 저술들이고, 이것은 오늘날에 이르기까지 어린이, 특별히 유아를 이해하는 데 결정적 통찰을 제시해 주고 있다. 이제 그녀의 어린이 이해를 살펴보도록 하자.

1) 몬테소리의 어린이 이해

(1) "정신적 태아"로서의 어린이

몬테소리는 어린이가 세상에 태어나면 "정신적 태아기"가 시작된다고 하였다. 인간은 태어나기 전에 "육체적 태아"(prenatal embryo)를 거쳐서 세상에 태어나지만, 다른 동물과 달리 출생 후에는 "정신적 태아"(postnatal embryo)의 시기를 시작한다는 것이다. 다른 동물들은 태어날 때 이미 모든 것이 완성되어 태어나지만, 인간은 오랜 발달과정을 거쳐야 비로소 인간으로서의 모습을 갖추게 되는데, 이 과정이 바로 "정신적 태아기"로서의 어린이 시기라고 하는 것이다. 몬테소리가 어린이를 정신적 태아로 이해하는 것은 어린이를 육체적 존재로만이 아니라, 정신적 존재로 이해하고 있다는 것을 의미한다. 유아는 연약하지만 출생순간부터 이미 정신적 태아의 삶(vita psico-embrionale)을 영위할 수 있는 정신적 발전 가능성을 가진 존재라는 것이다. 정신적 태아인 어린이는 특별히 문화와의 상호작용을 통해 언어, 생활, 사고양식과 행동양식을 배우고 익히면서 인간으로 완성되어 간다.

몬테소리는 "정신적 태아"로서의 어린이는 생명의 에너지인 '**호르메**'(horme)를 내적으로 가지고 있다고 보았다.[155] 그녀는 어린이를 잘 관찰한 결과, 모든 어린이가 성장의 욕구를 채우고자 하는 충동, 즉 "자기형성 충동" 에너지를 가지고 있다는 것을 발견하였고, 이것이야말로 어린이 안에 들어 있는 "생명의 에너지"라고 하는 것을 간파하였다. 그녀는 이 에너지를 퍼시 난(Percy Nunn)의 개념에 따라 '호르메'라고 이름 지었는데, 이 에너지가 어린이에게 모든 발달의 시기 동안 성장의 욕구를 채우고자 하는 충동을 일으킴으로써 어린이의 성장을 지휘한다고 하였다.[156] 이 에너지가 바로 어린이가 한 성숙한 인간으로 커 나가는 도중에 발육이 정지되지 않고 활동할 수 있게 하는 근본적인 힘이 된다는 것이다.

여기에서 우리는 '**네불레**'(Nabulae)라고 하는 또 하나의 개념을 볼 필요가 있는데, 네불레란 천문학에서 주로 쓰이는 '성운'(星雲)이란 뜻으로, 별이 형성되기 전 단계와 같은 형태이다.[157] 이것은 일련의 과정을 거쳐 구체적인 천체를 형성하게 되지만, 아직은 눈에 보이지 않는 상태의 별을 의미한다. 이 개념을 몬테소리는 어린이에게 사용하면서, 어린이가 환경과의 상호작용을 통해서 보이지 않으나 내재해 있는 내적 네불레를 구체적 형태로 발전시켜 나아가는 과정에 있고, 그 과정을 이끄는 생명력이 바로 '호르메'라고 하였다.

호르메는 어린이를 지속적으로 자극하여 활동하도록 시킨다. 어린아이들을 관찰해 보면 마치 그 아이의 내면에서 누가 조정을 하고 있는 것처럼 잠시도 쉬지 않고 혼자서 운동을 한다. 손이나 발을 지속적으로 움직이거나 기어다니거나 닥치는 대로 손에 닿는 것을 입으로 가져다 빨고, 자꾸 넘어지면서도 다시 일어나 걸으려 하는 모습을 보면 아이 안의 호르메의 작용을 발견할 수 있다. 그런 의미에서 호르메는 어린이의 "내적 안내자"로서의 역할을 한다고 할 수 있다. 이 호르메의 내적 안내를 받고 이를 자연스럽게 표현할 때 어린이는 기쁨과 생기가 넘쳐흐른다. 따라서 호르메는 어린이가 정상적으로 자라서 그 활동이 방해를 받지 않는다면, 이것은 어린이에게 '살아가는 기쁨', '열중', '행복' 등으로 나타난다.

그렇기 때문에 몬테소리는 부모와 교사가 어린이가 스스로 이 내적 안내를 따르도록 자유를 주어야 한다고 하였다. 그렇게 되면 어린이는 자신의 의지와 자신의 집중력을 발달시키게 된다는 것이다. 따라서 몬테소리는 '자유'의 상태에서 자신의 내적 안내자로서 호르메를 따르는 어린이의 의지는 결코 꺾어서는 안 되고, 잘 지지되고 양육되어야 한다고 하였다. 이런 맥락에서 볼 때 교육의 기능도 어린이가 이 내적 안내를 겉으로 표현하고 드러내도록 하는 것이라고 볼 수 있다. 이 원칙에 기초를 둔 교육은 어린이들이 독립, 자기훈련(self-discipline), 집중화, 동기화, 민감성 등을 발달시키도록 돕는 교육이라고 할 수 있다.

몬테소리는 어린이를 "정신적 태아"라고 보고, 환경과 문화의 상호작용을 통해 완성해 가는 존재로 보았지만, 단순히 환경에 의존된 존재가 아니라, 내적으로 성장의 에너지를 가지고 있고 이 에너지의 안내를 따르고 표현하는 능동적 존재로 보았다.

(2) 흡수정신

몬테소리는 어린이가 내면의 에너지인 '호르메'로 인해서 '네불레'가 형태화하는 과정, 즉 자아를 구성해 가는 과정에서, '흡수정신'이 결정적 역할을 한다고 보았다. 어린이는 출생 후 의식을 갖기 이전에 이미 환경으로부터 무의식적으로 무엇인가를 흡수하는 경향성이 있는데, 그것이 바로 흡수정신이라고 하였다. 바로 이 흡수하는 정신능력을 통하여 어린이는 환경을 받아들이며, 스스로 경험하고 배우게 되고, 이것이 어린이의 자아형성의 통로가 된다는 것이다.

이 흡수정신은 어린이가 출생 후 최초로 접하는 문화와의 접촉을 통해서 그 문화를 있는 그대로, 마치 필름에 형상이 찍히듯이 흡수하도록 하며, 그것을 자신의 내면으로 육화해가도록 한다고 하였다. 이와 같이 사진이 찍히듯 흡수된 최초의 기억을 몬테소리는 **'므네메'**(Muneme, **기억소**)라고 칭하였다. 이 므네메는 어린이의 특성인 흡수하는 정신이 문화로부터 어린이 정신의 내면 깊숙이 육화된 것으로, 어린이에게 있어서는 일생동안 살아 있는 무의식의 기억이 된다고 하였다. 이 무의식적 기억에 의해서 예를 들어 한국인, 미국인 등 각각의 국민의식이 형성되기도 한다.

몬테소리는 흡수정신이 성인의 의식과는 구별되는 유아만의 특유한 의식 능력으로, 유아는 이 능력으로 환경을 흡수하고 그에 대한 인상을 구성하여 환경에 자신을 동화시켜 나간다고 하였다. 흡수정신은 어떤 것이든 판단하지 않고, 거부하지 않으며, 어떠한 반응 없이, 환영하고, 받아들여서, 자신의 속으로 육화하는 정신으로, 유아시기까지, 즉 6세까지 집중적으로 나타나는 현상이다. 그렇기 때문에 몬테소리는 6세까지의 유아기가 일생에서 가장 중요한 시기라고 하였다.

(3) 민감기

몬테소리는 어린이에게는 어떤 특정 능력을 소유하기 위한 감수성이 특별히 민감하게 나타나는 시기가 있는데, 이를 **'민감기'**(sensitive period)라 칭하면서, 이 민감기는 호르메, 네불레, 므네메의 에너지가 가장 활발하게 활동하는 시기이다. 또한 민감기는 생물학적 용어로 모든 생물의 어린 시기에 그 생물 고유의 능력을 갖기 위하여, 환경 속의 특정한 요소에 대해 특별한 감수성이 일정기간 동안 나타나는 것을 말한다. 몬테소리는 브리스(Hugo de Vries)가 발견한 이 생물학적 용어를 받아들여 자신만의 독특한 용어로 사용하였다.

몬테소리는 인간의 발달에도 생물과 유사한 일정한 주기의 감수성과 그에 준하는 감각시기가 찾아오는데, 특별히 정신적 태아기를 완성하기 위한 어린이가 정신활동이 필요로 하고 요구하는 기관들, 즉 언어능력, 거리의 측정도, 시공간 개념, 환경의 적응력, 두 다리로 서는 능력 등과 같은 기관들을 발달시키는 과정에서 두드러지게 나타난다고 하였다. 이와 같은 각 기관들이 발달하는 결정적 시기에 어린이에게 민감기의 현상이 나타난다는 것이다.[158]

몬테소리는 유아에게 있어 민감기는 단순한 반복으로부터 새로운 기능이 폭발적인 힘으로 갑자기 나타날 때까지 아무런 이유 없이 어떤 행동을 오랫동안 반복하고 싶어 하는 강한 흥미의 형태로 나타난다고 하였다.[159] 따라서 민감기는 '**집중현상**'을 동반한다. 몬테소리는 어린이집에서 어린이들이 자기가 자유롭게 선택한 물건을 매만지며 몇 번이고 같은 동작을 되풀이하는데, 거기에 몰두한 나머지 옆에 사람이 있는 것도 모를 정도로 집중하는 현상을 발견하였고, 또한 어린이들은 스스로 집중 상태에서 그만둔 후에는 깊은 행복감을 맛본 듯, 크게 만족하고 싱글벙글하는 것을 발견하였다. 그녀는 곧 이 같은 현상이 유아가 민감기에 특정 능력을 획득하는 과정에서 동반되는 현상이라고 하는 것을 발견하였다. 집중현상은 궁극적으로 유아로 하여금 신체적, 정신적 활동력이 활발해지고, 정신이 문화를 흡수하여 마치 애벌레가 나비로 변하는 것처럼, 한 단계 더 높은 자신으로 변화를 이루어 가는 통로가 된다.

몬테소리는 민감기에 나타나는 집중현상을 보면, 그것이 반드시 그것의 결과 새로 얻은 기능과 직접적 관계가 있는 것은 아니라고 하였다. 그러나 새로운 기능을 습득하면 반복적 행동은 사라지고, 어린이는 의식적으로 다른 기제를 준비하는 데 관심을 갖는다고 하였다.

(4) 정상화

몬테소리는 그녀의 말년에 쓰여진 저서 『흡수정신』에서, "40년간의 연구와 작업을 통해 내가 발견한 가장 중요한 결과를 한 가지 꼽으라고 한다면 나는 기꺼이 '정상화'(nomalization)라는 것을 꼽겠다"고 하였을 정도로 '정상화'는 몬테소리의 어린이 이해에서 핵심적 개념이라고 할 수 있다.[160] 몬테소리는 인간에게는 앞서 서술한 바와 같은 호르메, 네불레, 그리고 므네메와 같은 창조적 생명력과 자기형성의 에너지들이 있는데, 이들이 무조건적 충동에 의해 움직이지 않고 일관된 법칙에 의해 발달해 나가게 된다면, 어린이는 정상적으로 성장하게 된다고 하였다. 반면 어린이의 내적 에너지가 자기성장과 자기건설을 제대로 조직해 나가지 못하고, 어린이나 환경에 의해 억압받게 되면, 일탈된 발달을 초래하게 된다고 하였다. 어린이의 파괴충동, 정서불안정, 자립심의 상실, 권태, 거짓말 등과 같이 내적으로 부조화된 증상은 이러한 일탈된 발달의 표출이라는 것이다.

'정상화'란 신체적, 정신적 에너지를 통합하지 못해 나타난 이와 같은 일탈현상을 정상의 상태로 돌려놓는 것이다. 그러면 어떻게 정상화가 이루어지는가? 몬테소리는 어린이에게 있어서 자기형성의 '정상화'는 그 어느 것보다 "집중현상"에 의해서 이루어질 수 있다고 보았다. 어린이는 민감기에 나타나는 집중현상에 의하여 신체적, 정신적 활동력이 폭발적으로 활발해지는데, 이때 어린이는 한 단계 더 높은 자신으로 변화를 이루어 감으로써 정상적인 발달을 이루어간다는 것이다. 따라서 몬테소리는 어린이의 내적 에너지가 집중현상을 통하여 정상화된 자기형성에 이르도록 도와주는 것이 교육의 핵심적 기능이 되어야 한다고 보았다.

그런 의미에서 '정상화'는 몬테소리 교육의 핵심적 목적이다.[161] '정상화', 또는 "정상화된 어린이"는 신체적·정신적·영적·도덕적 통일을 이룬 전인적 존재로서 내적 평형을 이루고, 자신의 정신적-신체적 총에너지를 조화롭게 할 수 있는 능력을 지니고 있는 존재이다. 즉 정상화된 어린이는 내면에 존재하고 있는 소질과 성장법칙, 그리고 객관적인 사회와 문화, 역사의 법칙의 상호작용에 의해 스스로 정상화될 수 있는 상태의 어린이이기도 하다. 이들은 주위환경에 있는 모든 것을 자기 것으로 만들고 자신의 성격과 인격을 스스로 형성해 나가는 존재인 것이다.

2) 몬테소리의 교육

앞에서 살펴본 몬테소리의 어린이 이해에 이미 나타난 바와 같이 몬테소리는 어린이를 내면에 성장과 자기 형성의 에너지를 갖고 태어났고, 이 에너지를 환경과의 상호작용을 통해서 능동적으로 자신을 형성해 가는 존재로 이해하였다. 따라서 몬테소리에게 있어서 자기 형성의 주체는 어른이나 교사가 아니라 어린이 자신, 즉 "인간 건축가"로서 어린이 자신이다. 그런 의미에서 몬테소리는 모든 교육은 **어린이로부터 시작되는**

교육"이어야 한다고 보았다. 교육은 어린이 안에 있는 잠재력을 개발하는 것이 되어야 하고, 어린이를 감시하고 명령하는 대신 관찰하고 기다리며 어린이 스스로가 정신적 발전을 이루도록 소극적으로 돕는 교육이 되어야 한다는 것이다. 교육이 궁극적으로 어린이가 인간으로서 형성되도록 하는 것을 목표로 하는 것이라면, 어린이는 스스로 자신을 형성하는 인간건축가의 잠재력을 가진 존재이기 때문이다.

몬테소리는 이처럼 어린이가 스스로 자신을 형성하는 인간건축가인 것은 맞지만, 어린이 영혼에 담긴 정신적 현상들은 깊이 숨겨져 있기 때문에 어린이에게 적합한 환경을 제공하지 않으면 이것이 드러나지 않는다고 하였다. 어린이는 어린이 스스로의 자기 형성을 자극할 수 있는 "**준비된 환경**"을 필요로 한다는 것이다. 이 준비된 환경이 특별히 아동 초기 어린이의 호르메를 자극하여 새로운 능력들을 획득하게 할 뿐만 아니라, 아동에게 적절한 문화와 관습, 신념, 지식들을 흡수하여 자아통합을 하도록 한다는 것이다.

그러면 준비된 환경이란 무엇인가? 준비된 환경이란 모든 아동의 발달 조건에 부합되도록 특별히 준비된 곳이다. 또한 아동이 독립적일 뿐만 아니라, 사고하는 인간으로 창조되기 위하여, 자아형성에 대한 아동의 본성적인 추구를 위한 이상적 활동장소이다.[162] 준비된 환경은 자연, 문화, 공동체와 같은 물리적 환경뿐만 아니라, 자유와 질서, 그리고 사랑 같은 비물질적 환경도 포함하고 있다. 한마디로 '정상화' 과정이 일어날 수 있는 모든 조건을 갖춘 환경이라고 할 수 있다.

몬테소리의 "준비된 환경"에서 가장 중요한 요소는 아동이 활동하는 데 필요한 특별히 제작된 '**교구**'라고 보고, 특별히 몬테소리의 교구를 제작하여 그의 유아교육기관에 보급하였다. 몬테소리 교구의 목적은 어린이들에게 교구 다루는 기술이나 사용법을 가르쳐서 지식을 전달하는 것이 아니라, 어린이들이 스스로 자아를 형성하고 정신발달을 돕는 데 있다. 몬테소리는 다섯 가지의 주제 영역 군으로 나누어 교구를 개발하였는 바, "일상생활훈련", "감각교육을 위한 활동", "언어교구", "수학교구", "우주교육을 위한 교구", 그리고 "종교교육을 위한 교구"가 그것이다.

몬테소리의 교육에서 중요한 또 하나의 요소는 **교사**이다. 몬테소리는 "교육은 교사와 환경에 의해 이루어진다. 유아들은 복합적이고 전체적으로 영향을 받는다. 즉 교사와 주위의 많은 사물이 어린이에게 영향을 미친다"[163]라고 함으로써 준비된 환경과 나란히 준비된 교사의 중요성을 강조하였다. 앞서 언급한 대로 어린이는 스스로 준비된 환경과의 상호작용을 통해 자기형성을 이루지만, 동시에 교사의 도움을 필요로 한다. 교사는 아동이 능동적으로 활동할 수 있도록 환경과 교구를 제시하고, 작업을 성공적으로 수행할 수 있도록 도우며, 교구활동을 시범적으로 제시하고, 어린이들의 자발적 활동을 관찰하고 참여함으로써 어린이의 자발적 활동을 돕는 역할을 감당하기 때문이다.

3) 몬테소리의 종교교육

몬테소리는 스스로 독실한 가톨릭 교인이었고, 또 그녀의 말년에 교황 피우스 10세의 위탁으로 어린이 예배교육을 개발할 정도로 종교교육에 헌신하기도 하였다. 그녀는 또한 『교회에서의 어린이』, 『알기 쉬운 어린이 미사』, 『예전과 교회력의 기초』, 『어린이 미사 지침서』 등과 같은 종교교육 관련 저술을 집필하기도 하였다.

몬테소리가 어린이의 종교교육을 중시한 것은 그녀는 인간에게는 생득적으로 종교성이 존재하고 있다고 믿었기 때문이다. 그녀는 "언어와 종교는 모든 인간들에게 주어져 있는 두 가지 특징이다"[164]라고 하였을 만큼, 종교는 인간 본질의 일부라고 생각하였다. 그러나 마치 성운(네불레)이 아직은 완성되지 않은 천체인 것처럼, 어린이에게 내재한 종교성은 하나의 잠재가능성으로 주어져 있다고 하였다. 따라서 그녀는 어린이는 종교성을 발달시킬 수 있는 적절한 환경이 반드시 필요하다고 하였다. 그것은 어린이에게 언어의 잠재력이 주어졌지만, 그것이 발달하기 위해서는 적절한 환경적 자극이 필수불가결한 것과 같다는 것이다. 어린이는 환경 속에서 구체적으로 종교를 접할 수 있어야 하고, 주위의 사람들과 함께 종교생활을 해야만 종교심이 발달해 나갈 수 있다는 것이다. 그런 의미에서 우리는 아이에게 태어나면서부터 종교교육을 제공해야만 한다고 하였다.[165]

그녀는 그녀의 유아교육 기관인 어린이집(casa dei bambini)에도 특별히 종교교육을 할 수 있는 공간이 함께 있어야 한다고 보았다. 그녀는 1915년 스페인의 바르셀로나의 한 학교에 '**아트리움**'(**Atrium**)을 최초로 만들었다. 아트리움은 어린이들이 예배와 종교교육을 받을 수 있도록 특별히 고안된 공간으로, 마치 성인 예배 장소의 축소판처럼 제단, 촛불, 세례단, 교회력을 표시하는 색깔, 기도대 등이 갖추어져 있는 장소이다. 이곳은 어린이들이 예배를 배우고, 경험할 수 있고, 기도와 성서의 이야기를 집중적으로 배울 수 있는 종교교육의 공간이다. 아트리움은 1954년 몬테소리 이념을 바탕으로 좀 더 구체적이고 체계적으로 발전된 카발레티(Sofia Cavalleti)의 "선한목자 카테키시스" 교육에도 그대로 적용되고 있고, 몬테소리의 3, 4세대들, 즉 스튜어드(S. Stward)나 베리만(J. Berryman)의 교육 프로그램에서도 어린이 예배와 교육공간을 지칭하는 개념으로 사용되고 있다.

　몬테소리는 어린이의 발달단계를 0세부터 3세, 3세부터 6세, 그리고 6세부터 12세의 3단계로 구분하고 있는바, 그녀는 특별히 0세부터 3세의 영아들로부터 기독교교육이 시작되어야 한다고 하였다. 그녀는 이 시기에 이미 "종교적 감성이 형성되며, 그 이후에는 단지 이미 형성된 감정이 발전"하는 것이라고 하였다. 특별히 이 시기는 "흡수정신"이 인생의 그 어떤 시기보다 활발할 때이므로, 어린이에게 종교적 환경을 제시해 주고 신앙공동체의 경험을 하게 하는 일은 매우 중요하다. 몬테소리는 또한 3세부터 6세 사이의 어린이들에게는 특별히 사랑과 보호받고 싶은 욕구가 강하다고 하였다. 따라서 이 시기 어린이들에게 특별히 필요한 것은 '사랑'이라고 하였다. '사랑'과 '보호'라는 종교적 감정을 자극하여 효과적 기독교교육을 할 필요가 있다고 하였다. 예를 들어 언제나 우리를 사랑하고, 우리 주위에서 늘 우리를 지켜주시는 하나님의 개념은 특별히 이 시기 유아들에게 중요하다는 것이다. 6세부터 12세까지의 아동들은 이전 시기와는 다른 관심을 갖게 되는데, 이 시기에는 이성적 사고와 인과관계에 의한 사고가 발전한다는 것이다. 따라서 이 시기 아동들은 선과 악에 대한 개념, 도덕적 가치 등에 관심을 가진다. 또한 이들이 자신들의 세계를 확장하고 세계와 관계를 맺으며 경험의 폭을 넓혀간다는 점을 바탕으로, 이 시기에는 도덕교육, 사회적 감각들과 연결된 종교교육이 필요하다고 하였다.

　몬테소리는 유아를 새롭게 발견하고 이를 그녀의 교육이론과 실천에 적용한 20세기 최고의 유아교육학자 중의 한 사람이었다. 그녀는 의학과 생물학, 심리학 등을 동원하여 어린이를 좀 더 풍성하게 설명하였고, 그에서 그치지 않고, 이것을 그녀의 교육이론과 실천에 적용하였다. 또한 그녀는 단순히 이론을 실천으로 적용하는 데에서 그친 것이 아니라, 역으로 그녀의 풍성한 유아교육 실천의 경험으로부터 유아에 대한 이론을 전개하기도 하여서 이론과 실천의 순환적 발전을 이룩한 학자이기도 하다.

　몬테소리의 어린이 이해의 핵심은 어린이가 수동적 존재가 아니라, 내적인 성장 에너지와 자기형성의 내적 법칙을 가지고 있는 능동적이고 존귀한 존재라고 하는 것이다. 이것은 그녀의 유아교육 개념에도 근간이 되어서 그녀의 교육은 궁극적으로 어린이가 스스로 자기형성을 할 수 있도록 돕는 것이 되는 교육으로 나타났다. 그뿐만 아니라 그녀는 어린이는 태어나는 순간부터 '종교성'을 내적으로 가지고 있는 존재로, 적절한 환경의 자극과 도움으로 태어나는 순간부터 종교적 경험으로 노출되어야 한다고 보았다. 그녀는 아트리움이라고 하는 종교교육 공간을 창조하였고, 이것이 21세기에 이르기까지 기독교 유아·아동교육, 특히 오늘날 크게 반향을 일으키고 있는 "어린이 영성교육"에도 이론적·실천적 근거가 되고 있다.

　이와 같은 몬테소리의 어린이 이해, 어린이 교육개념, 어린이 종교교육개념은 세기가 흘러 오늘과 같은 포스트모던 시대에도 여전히 기독교 유아·아동교육에 세기를 뛰어넘는 통찰을 주는 위대한 유산이다.

제2장

발달적 어린이 이해와 기독교교육

오늘날 어린이 이해에 관하여 발달심리학만큼이나 구체적이고 실제적인 통찰을 주고 있는 영역이 또 있을까 하는 생각이 들 정도로, 발달심리학은 현대에 있어서 어린이를 이해하는 가장 중요한 통로의 하나가 되었다. 이 장에서는 현대적 어린이 이해와 그리고 기독교교육에 직·간접적으로 관련이 되는 발달심리학자들의 이해를 살펴보고, 그들을 바탕으로 한 기독교교육의 방향을 모색해 본다.

I. 에릭슨의 사회적 발달이론과 기독교교육

에릭 에릭슨(Erik Erickson, 1902-1994)의 가장 잘 알려진 저서 『아동기와 사회』[1]는 그의 다년간의 아동에 관한 임상과 연구 경험의 결과 탄생한 책이다.[2] 이 책에서 그는 인간의 전 생애를 포괄하는 발달이론을 제시하였다. 그의 이론의 근간을 이루는 프로이드(S. Freud)의 발달이론[3]이 인간의 탄생 후 청소년기까지의 발달과정을 다루었다면, 에릭슨은 이를 확대 보충하여 전 생애를 8단계에 걸친 발달의 단계로 서술하고 있다.[4] 그는 프로이드의 발달단계이론의 영향을 받았지만, 프로이드처럼 인간을 성욕과의 관련성만을 중심으로 보지 않고, 사회와 환경의 지속적 상호작용 속에서 자아의 인격을 형성하는 존재로 보았다. 그렇게 보았을 때 인간은 전 생애를 통해 자아를 발전해

가는 존재가 된다. 본장에서는 에릭슨의 발달이론에 나타난 '어린이', 즉 탄생 이후 영아기, 유아기 그리고 아동기까지를 중심으로 살펴보고자 한다.

1. 에릭슨의 이론에 나타난 어린이

에릭슨의 사회적 발달 안에서 우리가 무엇보다 먼저 얻게 되는 통찰은 어린이는 무엇보다 내적인 성장의 법칙을 가지고 있다는 것이다. 에릭슨은 인간이 태어나면서 가지고 태어나는 내적 성장 법칙을 "**기초안**"(basic plan)이라고 칭하였다.[5] 이 기초안에 따라 인간은 각각의 성장단계마다 성취해야 할 과업들이 있다는 것이다. 그가 전체 8단계로 나누고 있는 생애의 앞 4단계는 탄생 후 아동기에 이르기까지의 단계들이 차지하고 있는데, 각각의 단계에서 어린이는 그 "기초안"에 따라 자아형성 과정의 길을 걷게 된다. 따라서 에릭슨에게 있어서 어린이는 내적인 성장의 계획을 가지고 있으며, 매 단계마다 이 성장 계획에 따른 발달의 과업들을 적당한 시기에 달성해야 하는 존재이다.

에릭슨의 이론 안에서 어린이 시기는 단순히 성인으로 되어가는 과도기로 끝나는 시기가 아니라, 성인 됨에 결정적 영향을 미치고, 또한 성인의 시기에 도달한 후에도 여전히 영향을 미치는 발달적 기초를 이루는 시기이다. 그는 소위 "점성원리"(epigenetic principle)로 이 관계를 설명하였는바, 성장하는 모든 것은 기초안을 가지고 있는데, 전체로서의 이 기초안에서 부분이 발생하고, 각 부분이 특별히 우세해지는 시기가 있다는 것이다. 이 모든 부분이 발생하여 결국 "기능하는 전체"(functioning totality)를 이루게 된다.[6] 인간은 생물학적으로 수태되면서 이미 기초안을 가지나 시간의 경과에 따라 이 요소들이 결합, 재결합하여 새로운 구조를 형성하듯이 자아의 성장도 각 요소가 다른 모든 요소에 체계적으로 관련되면서 연속적으로 발달하는 이 원리를 따른다. 아래의 표에 나타나고 있는 것처럼 모든 단계에는 서로 의존하고 교차하면서 전체로 하나의 조직을 엮어낸다. 이 표에서는 아무것도 적혀 있지 않는 빈칸도 매우 중요한데, 그 빈칸들은 다음 단계들의 기저에 깔리면서 지속적으로 영향을 미치고 있는 부분들이다. 예를 들어 유아기에 기본적 신뢰를 형성하지 못한 사람의 경우 그 문제는 여전히 남아서 청소년기에 변화된 형태로 다시 등장할 수 있는 가능성이 남아 있는 것이다. 이 같은 점을 기초로 해서 보았을 때 에릭슨에게 있어서 어린이 시기는 인생 초기라는 지나가는 시기가 아니라, 성인기 인격 형성의 기저를 이루는, 전생애 발달의 기초시기라고 할 수 있다.

〈에릭슨의 8단계 표〉[7]

	1	2	3	4	5	6	7	8
성숙노인기								자아통합 대 절망
성인중기							생산성 대 침체	
성인초기						친밀감 대 고립		
청년기 (생식기)					자아정체성 대 역할혼란			
학령기 (잠재기)				근면성 대 열등감				
유희기 (성기기)			솔선성 대 죄책감					
아동초기 (항문기)		자율성 대 수치						
유아기 (구강기)	기본신뢰 대 불신							

    에릭슨의 이론에 나타나는 어린이는 또한 단순히 내면에 잠재되어 있는 발달적 순서와 유전적 형질을 발현해 나아가는 존재만이 아니라, 이미 생애 초기부터 사회적 상호작용 속에서 자아의 독특성을 형성해 나아가는 능동적이고 개별적 존재라고 하는 것이다. 에릭슨은 성장의 모든 단계마다 인간에게 부여되는 사회적 기대가 있고, 이 기대를 해결해 나아가는 과정에 있기 때문에 모든 어린이가 똑같은 경로를 거친다 하더라도 그들의 자아형성의 양태는 일회적이다. 그는 어린이가 단계마다 부여된 기대를 해결해 가는 과정에서 위기가 있다고 보았다. 매 단계는 두 개의 극(긍정적 극과 부정적 극)이 있는데, 어린이가 위기를 어떻게 극복하느냐에 따라, 긍정적 자아가 형성될 것인지, 부정적 자아가 형성될 것인지가 결정된다. 인간은 이미 생애 초기부터 이와 같은 환경과의 상호작용에서, 진보와 퇴행, 혹은 통합과 지체를 결정하는 "전환점"(turning point)이 있는데, 어린이는(성인도 마찬가지로) 그와 같은 위기를 잘 해결할 때 "건강한 성격"

을 형성한다고 보았다. 즉 전 일생을 통해 마주치게 되는 일련의 위기들을 그때 그때 잘 해결하고 극복함으로써 자기정체감을 형성해 나가는 것이 건강한 성격의 기반이 된다. 위기를 잘 극복하기 위해서는 긍정적인 경험과 부정적인 경험이 균형을 잡아야 하는데, 그 균형은 개인에 따라, 어린이에 따라 다르다.

에릭슨은 또한 생물학적 요인에 의하여 발달이 추진되기는 하지만, 개인적 자아형성은 사회조직과 분리될 수 없다고 보았다.[8] 개인과 공동사회는 상호관련 속에서 서로 돕는 실제적 관계 속에 있기에 이 둘은 떼려야 뗄 수 없는 불가분리의 관계에 있다고 하였다. 따라서 개개 어린이의 성장은 공동사회의 변화와 분리될 수 없고, 개인이 겪는 정체감의 위기와 역사의 발달 속에서 현대의 위기를 분리해서 생각할 수 없다고 하였다. 에릭슨에게 있어서 '어린이'는 생물학적 요인과 사회조직 간의 상호작용 속에서 자아를 형성해 가는 존재인 것이다. 그러면 이제 그의 단계이론에 나타난 어린이의 특성들을 세부적으로 살펴보기로 하자.

2. 단계별 어린이 특성

1) 제 1단계 : 신뢰감 대 불신감

이 단계는 생후 1년까지의 영아에 해당하는 시기로, 프로이드의 구강기에 해당되는 시기이다. 이 시기의 영아가 생후 처음으로 맞게 되는 과제는 "신뢰와 불신"을 다루는 일이다.[9] 영아는 자신을 돌보아주는 사람(주로 어머니)과의 관계에서 자신이 필요한 것을 얻는 경험을 반복하면서, 신뢰 혹은 불신을 형성하게 된다. 어머니가 영아의 신체적, 심리적 욕구와 필요를 적절히 충족시켜 주면서 그를 일관성 있게 돌보아 줄 때, 영아는 기본적 신뢰감을 형성하게 되고 그렇지 못할 때 불신감을 형성한다. 예를 들어, 아기가 오줌을 쌌거나 배가 고플 때 어머니가 곧 이를 알아차려 그의 요구에 잘 응해 주면, 이런 경험을 바탕으로 다음 번에 비슷한 사태에 부딪쳤을 때에도, 어머니가 곧 자신의 필요를 충족시켜 주거나 고통을 덜어 줄 것이라고 기대하게 된다.

> 최초의 아동의 사회적 성취는 어머니와 떨어져 어머니가 눈에 안 보여도 쓸데없이 불안이나 분노를 나타내지 않는 것이다. 왜냐하면 이는 어머니가 그 아이에게 내적 확실성뿐만 아니라 외적 예언력을 주었기 때문이다.[10]

영아는 어머니의 일관성 있는 돌봄의 태도로 인하여 "내적 확실성"(inner certainty)을 얻게 되고, 이를 바탕으로 또다시 비슷한 상황에 닥쳐도 어머니가 돌봐 줄 것이라고 하는 "외적 예언력"(outer predicatability)을 획득하게 된다. 에릭슨은 영아가 어머니의 돌봄의 행동으로부터 신뢰를 형성할 수 있는 결정적 요인은 영아가 어머니의 행동으로부터 '**일관성**', '**지속성**', 그리고 '**동일감**'을 발견하는 것이라고 하였다. 어머니의 돌봄 행위에 일관성이 있으면, 영아는 어머니의 행위를 예측할 수 있게 되고, 그것에 의존하게 되면서 기본적 신뢰를 형성하게 된다. 이 신뢰의 결과 영아는 다른 사람에 대한 개방적 자세, 삶에 대한 긍정적 관점, 자신에 대한 신뢰를 형성하게 된다. 반면 어머니가 거부적이거나, 주의를 기울이지 않거나 일관성이 없을 때 유아는 세상에 대해 불신의 태도를 발달시킨다.

에릭슨은 이 시기를 인생 초기 단계에서 가장 비중 있는 시기로 보았는데, 그 이유는 이 시기에 신뢰감을 형성하게 되는 것이 생의 후기에 맺게 되는 모든 사회관계에서의 성공적인 적응과 밀접한 관련이 있고, 또한 자기 자신에 대한 긍정적 자아감을 형성하는 데 영향을 미치기 때문이다.[11] 그러나 여기서 주목할 점은 에릭슨이 신뢰감만을 강조하고 불신감의 효용을 무시한 것이 아니라는 점이다. 그는 인간의 참된 성장을 위해서는 어느 정도 불신감의 경험이 충실한 성숙함을 만들어 내는 데 필요하다고 보았다. 그러나 긍정적인 성격발달을 위해서는 불신감보다 기본적 신뢰감이 차지하는 비중이 우세해야 한다고 하였다.

에릭슨은 기본적 신뢰감이 반드시 영아와 어머니 사이의 관계의 양(quantity)에 달려 있는 것이 아니라, 관계의 질(quality)에 달려 있는 것이라고 하였다.[12] 영아의 신뢰감은 어머니가 주는 "음식의 절대량"이나 "사랑 표현"의 높은 빈도에 의존하기보다는 어머니와의 관계의 질에 달려 있다는 것이다. 에릭슨은 관계의 질이 높은 양육방식이란 어머니의 돌봄을 통해 영아가 "확고한 신뢰가치감"(a firm sense of trustworthiness)을 갖게 하는 양육방식이라고 하였다. 영아는 어머니에게서 얻는 신뢰가치감을 바탕으로 후에 "자기가 괜찮은 사람"이라고 하는 느낌, 자신의 존재감 등을 형성하게 된다고 하였다.

2) 제 2단계: 자율성 대 수치심과 의심

제 2단계는 보통 2-3세의 유아가 속하는 단계인데, 이 단계에서 유아는 자율성 대 수치심 혹은 의심 사이의 갈림길에 서게 된다. 프로이드의 항문기에 속하는 이 시기 유아는 항문근육인 괄약근의 성숙으로 '보유'와 '방출'이라는 두 가지 사회적 양식을 자발적으로 선택할 수 있게 되고, 이 과정에서 자신의 의지를 나타내고자 한다.[13] 이 시기 유아는 또한 자기 발로 서서 걷게 되면서, 주위를 혼자서 탐색하고, 음식도 남의 도움을 받지 않고 자신의 힘으로 먹으려고 한다. 그러면서 이들은 소위 '자율성'이라고 하는 자아의 양식을 획득한다. 이들의 자율성은 이들이 사용하는 언어에서도 나타나는데, '나', '내꺼야', '싫어!', '안 해' 등의 자기주장의 표현들을 자주 반복한다.

이와 같이 유아가 자신의 의지대로 행동하려고 하게 되면, 사회는 부모를 통하여, 유아로 하여금 사회적으로 적합한 행동을 하도록 훈련시키게 된다. 그러면서 아동의 행동에는 이중적인 요구가 따르기 마련인데, 자기 통제를 위한 요구와 주위에 있는 다른 사람으로부터의 통제를 받아들여야 하는 요구이다. 예를 들면, 용변훈련을 통하여 유아는 자신을 스스로 통제하고자 하는 욕구와 나란히 때와 장소를 가려야 하는 사회적 요구, 사회적 기대와 압력을 알게 된다는 것이다.

그 둘 사이의 긴장을 극복하는 과정에서 유아는 자율성과 수치심을 형성하게 된다. 유아가 환경으로부터 "혼자 힘으로 서는 것"을 고무받으면서 스스로 하기를 성공적으로 수행할 때 이들에게는 자율성이 생기지만, 용변훈련에서 실수를 한다든지, 걷기, 뛰기 같은 신체적 통제나 자조기술이 충분히 발달하지 못해서 사회적 기대에 적합한 행동을 원활하게 수행하지 못하면 수치심과 회의감을 갖게 된다.[14]

'수치심'(shame)이란, 사람들이 타인의 눈에 노출되는 것을 의식하는 느낌이다.[15] 이것은 일종의 자아의식으로서, 우리가 남에게 보여질 수 있는 준비가 안 된 상태, 즉 불완전한 옷차림이나, 잠옷차림, "바지를 내리고 있는" 상태와 같은 상황에서 남들이 나를 보게 될 때 느끼는 감정과 같은 것이다. 이 시기 유아는 용변훈련에 실패하여 오줌을 쌌을 때, 타인들이 자신의 이러한 모습을 볼까 봐 부끄러워하며, 수치심을 느낀다. 이와 같은 경험이 반복되면 아이의 정서는 자율성보다는 수치심 쪽으로 기울게 된다.

에릭슨은 수치심은 본질상 "자아에 대항하는 분노"라고 하였다. 세상이 자신을 바라보지 않기를 원하는 것은 자신을 노출하고 싶어 하지 않는 것이고, 그 뒤에는 자신의 신체, 혹은 자신의 욕구를 악하고 더러운 것으로 생각하는 자아감이 있다는 것이다.

> 나는 이것(수치심)이 그 본질상 자아에 대항하는 분노라고 생각한다. 수치를 느끼는 아동은 세상이 자신을 바라보지 않게, 자신의 노출에 남들이 주목하지 않도록 강요하고 싶어 한다. 아동은 세상의 이목을 파괴하고 싶어 하는 대신, 자기 자신을 보이지 않도록 하는 불가시성(invisibility)을 희망한다. … 시각적 수치심은 청각적 죄의식에 선

행하는데, 이는 어느 누구도 지켜보지 않을 때, 모든 것이 조용할 때 혼자서 지니게 되는 '나쁘다는 느낌'이다. 이런 수치스러움은 "왜소하다는 느낌"을 증가시킨다.[16]

그렇게 보았을 때 유아가 자율성보다는 수치심 쪽으로 기울게 될 때 건강하지 않은 부정적 자아감을 형성하게 되는 결과를 가져온다고 볼 수 있다. 따라서 이 시기에 과도한 수치심이 형성되지 않기 위해서 무엇보다 중요한 것은 지나치게 엄격한 "청결교육"을 피하는 것이다. 용변에 실수한 유아에 대한 부모의 지나친 반응을 유아는 수치스러운 패배로 느끼고, 이것은 최종적으로 수치심과 의심을 부풀리는 결과를 낳을 수 있다. 유아는 자기감정을 잃지 않고서도 자기를 통제할 수 있다는 느낌으로부터 자율성과 자부심이라는 영속적 감정을 형성할 수 있는 것이다.

에릭슨은 이 단계의 심리·사회적 위기를 만족스럽게 넘기느냐의 여부는 아동의 활동을 자유롭게 조절하도록 점차적으로 허용하는 부모의 의지에 달려 있다고 본다. 예컨대, 부모들은 아동의 고집성을 길들이기 위해서 보편적인 수치심을 이용하는데, 이때 지나치게 수치스럽게 하는 것은 아동을 뻔뻔스럽게 만들거나 혹은 몰래하거나 비열하거나 교활하게 해서 일을 회피하게 만든다. 그러므로 부모는 아동들의 생활공간이 자유선택의 자율성을 경험할 수 있는 적절한 장이 되도록 격려하여야 한다. 만약 부모가 인내를 하지 못하고 아동 스스로 할 수 있는 것을 부모가 대신해 주거나, 반대로 부모가 아동이 스스로 할 수 없는 것을 지나치게 기대한다면 수치심이 생길 것이다. 또 부모가 계속 과잉보호하거나 무관심해도 타인에 대해 수치심을 갖게 된다.

3) 제 3단계: 주도성 대 죄의식

이 단계는 프로이드의 남근기에 해당하는 시기로, '주도성'(initiative)과 '죄의식'(guilt) 사이의 심리사회적 갈등을 경험하는 시기이다. 학령 전 아동의 마지막 단계로 4세부터 학령 전까지라고 할 수 있다. 에릭슨은 이 시기를 유아가 "좀 더 자기 자신답고, 좀 더 사랑스럽게 되며, 좀 더 총명하고, 활성화되는 시기"라고 하였다. 이 시기 유아들은 제 2단계에 비하여 자유롭게 잉여 에너지를 소유하는데, 이 에너지는 아동으로 하여금 좀 더 정확하고, 바람직해 보이는 것으로 접근하게 한다고 하였다.[17]

이 단계의 유아는 무엇보다 성인의 일에서 자기의 능력을 평가해 보려하면서, 행동이 목표지향적이 되고, 경쟁적, 모방적으로 되는 경향이 생긴다. 이 시기 유아의 주된 활동은 '놀이'인데, 유아는 놀이, 탐구, 시도와 실패, 장난감 연습 등으로 성인의 역할을 경험하거나 성인처럼 되는 것을 알게 된다. 이 과정에서 아동은 '목적'에 대한 의식이 생기고 "내 뜻대로 될 수 있다"는 느낌을 획득하게 된다. 이것이 이른 바 '주도성'의 획득이다. 에릭슨은 '주도성'이란 "자율성에다가 적극적이고 항상 살아 움직이게 하기 위한 과업 수행과 계획, 그리고 과업을 해내는 질이 더 첨가된 것"이라고 하였다.[18] 자율성은 다른 무엇보다 부모가 아동의 자율적 행동에 어떻게 반응하느냐에 달려 있다. 자기 스스로 활동을 추구하도록 고무된 유아들은 자율성을 강화받는다. 부모가 자녀의 호기심을 인식하고, 자녀의 환상적 행동을 무시하거나 금지하지 않을 때 더욱 격려된다.

반면 유아가 자신의 뜻대로 행동을 완수할 수 없거나 실패의 경험을 누적하게 되면 '죄의식'을 형성하게 된다.

> 이 단계의 위험성은 마음속에 구상된 목표와 주도된 행위에 대한 '죄책감'(sense of guilt)이다. 즉 이때에 주도된 행위란 유기체와 정신이 감당할 능력의 범위를 훨씬 넘어서 너무 지나치게 진행된 공격적인 조작과 강제의 행위들인데 따라서 개인의 기대되는 주도성에 대해 강력한 제어를 필요로 하는 것들이다. … 유아기적 질투와 경쟁은 흔히 처절하지만 확실한 특권 영역을 구획지으려는 필수적이고 사소한 시도들인데, 이제 어머니로부터 사랑받는 자리를 차지하기 위한 궁극적인 다툼에서 그 절정을 이룬다. 그리하여 일상적 실패는 체념, 죄의식, 그리고 불안을 유발한다.[19]

이 시기 유아의 죄의식은 특별히 부모가 아동 스스로 그 일을 완수하도록 기회를 주지 못하고 참을성이 없는 데서 기인한다. 이 시기의 유아는 힘과 미의 상징인 부모와 같이 되고자 하여 아버지, 혹은 어머니를 모방하는 놀이를 하고, 성인들의 역할 등을 모방하는 다양한 놀이를 한다. 이 과정에서 그들은 육체적 놀이뿐만 아니라 상상의 세계로 비약하여 부모나 주위의 다른 성인의 역할을 가장한 상상적 놀이를 함으로써 성인처럼 되는 것이 어떤 것인가를 상상해 보며 역할을 취득한다. 만일 부모가 자녀의 이런 활동을 처벌하거나 억제하면, 아이는 새로운 활동을 나쁜 것이라고 느끼고 죄책감을 발달시킨다.

죄의식에 의하여 몸이 굳어진 아동은 무슨 일에나 잘 체념하고 자신에 대해서 무가치함을 느낀다. 이런 아동은 자신을 표현하기를 두려워하고 어른에게 의존적이며 동료집단의 주변에만 맴돌아 따돌림 당하기 일쑤이다. 이들은 가능한 목표를 세워 그것을 달성하려는 목적의식이나 용기가 부족하다. 에릭슨은 죄의식은 일반화된 소극성, 성적

무기력, 불감증, 정신 병리적 행동 등 여러 가지 성인적 유형의 정신 병리로 발전된다고 보았다.[20]

4) 제 4단계: 근면성 대 열등감

제 4단계는 학령기에 도달한 아동이 속하는 시기이다. 프로이드는 이 시기를 성적 긴장이 잠재되는 '잠복기'라고 보면서 그다지 주목하지 않았지만, 에릭슨은 이 시기를 자아성장이 확실하게 일어나는 단계로 보았다.[21] 이 시기의 어린이는 기초적인 인지적 기술과 사회적 기술을 습득하게 되면서부터, 가족의 범주를 벗어나 더 넓은 사회에서 통용되는 사회적 기술(social skill)을 배우고 숙달하고자 한다. 예를 들어, 미개사회에서는 사냥이나 농업기술을 배우게 되며, 현대 사회와 같은 문명이 고도화된 사회에서는 읽기, 쓰기, 셈하기 등의 인지적 기술을 획득하기 위해서 학교에 들어가게 된다.[22] 이 과정에서 아동은 '근면성'(sense of industry)을 개발하게 된다.

이제 아동은 물건을 생산함으로써 인정을 받는 방법을 배운다. 아동은 보행영역과 기관의 모드를 숙달했다. 아동은 이제 자신의 "가족의 품" 안에서는 무엇인가 이룰 수 있는 미래가 없다는 사실과 관련해서 "종착역에 왔다는 느낌"을 경험하고, 스스로에게 기술과 과제(skills and tasks)를 부여하여 적용할 준비가 되어 있다. 그런데 이런 기술과 과제는 지금까지 아동의 손발의 기능과 관련하는 기관의 "놀이하는 듯한 표현"이나 "즐거움"을 능가하는 것이다. 이제 아동은 근면감을 개발한다.[23]

근면감이란, 생산적 상황에서 열성적으로 몰입될 수 있고, 도구와 기술을 습득하려는 태도인데, 이 근면감을 통해 아동은 안정된 주의집중과 끈기 있는 노력으로 인한 "작업완성의 즐거움"을 깨닫게 된다. 그래서 모든 문화에서 이 시기의 아동들은 체계적인 훈육을 받게 된다. 아동은 가정이라는 울타리를 벗어나 초등학교라는 작은 사회를 경험하게 되는데, 여기서 지적 능력을 개발하고, 친구와 접촉을 통해 사회의 가치관이나 규범을 획득하게 된다. 아동들은 좀 더 지적인 기술, 즉 읽기, 쓰기, 셈하기, 질서 지키기, 타인과 협동하기 등을 배우고, 놀이규칙에 따라 동료와 협동하고 어울리는 능력뿐만 아니라 연역적 추리, 자기통제, 자아력을 발달시키게 된다.

따라서 에릭슨은 이 시기가 사회적으로 가장 결정적 단계라고 하였다. 근면성이란 타인들과 함께, 혹은 타인들 옆에서 함께 일하는 것을 포함하는데, 이것이야말로 사회가 요구하는 "노동분업의 느낌"을 형성시키는 것이며, "기술적 분위기"(technological ethos)에 대한 감각을 형성하게 하는 것이기 때문이다. 아동은 이 단계에 가정을 벗어나 넓은 세상인 사회에 적응할 수 있는 노동의 태도와 감각을 형성하게 되는 것이다.

반면 이 시기의 위험은 열등감이나 무능력감이 발달될 가능성이 있다는 것이다. 이 시기에 순조롭게 근면성이 발달하지 못하고 실수나 실패를 거듭하게 되면, 어린이는 부적절감과 열등감을 갖게 된다. 아동들은 자신의 능력이나 지위가 동료들과 비교하여 열등하다고 느끼게 되면 학습추구에 용기를 잃게 된다. 또한 이들이 부모나 교사가 부과한 일들을 수행할 수 없을 때, 혹은 없다고 느낄 때 열등감이 발달될 수 있다.

이전 단계에서 갈등을 원만하게 해결하지 못한 것도 아동이 열등감을 형성하게 하는 요인이 된다. 예컨대, 두 번째 단계에서 자율성보다 회의가 더 발달될 수밖에 없었던 아동은 새로운 과제를 수행하려고 할 때 자신감이 없다. 또한 사회의 문화나 가치관이 근면성 발달을 저해하기도 한다. 부모가 없이 자란 아동, 혹은 빈곤한 가정의 아동의 경우 성취에 대한 사회적 기대가 낮고, 그것으로 인하여 아동의 배우고자 하는 소망이나 의지가 낮게 나타나게 되면서, 이 과정에서 열등감을 형성한다.

이 단계에서 건강한 근면성이 형성되도록 하기 위해, 부모나 성인은 아동이 자신들의 과제를 성실히 이행하도록 진지하게 요구하면서, 그들이 실패의 경험을 지속적으로 반복하지 않도록 배려해야 한다. 아동으로 하여금 자신들이 무언가 "쓸모 있는 사람"이라고 하는 감정, 그리고 자신들이 무엇인가를 "완전하게, 그리고 훌륭하게 만들어 낼 수 있다"는 감정이 형성될 수 있도록 도와야 한다.

3. 에릭슨의 발달이론에 관한 아동의 기독교교육

에릭슨의 이론은 종교발달에 관한 이론이 아니고, 기독교교육에 관한 이론은 더욱 아니다. 그는 종교심리학에 관한 책을 쓰거나 기독교교육에 관한 관심을 표명한 적은 없었다. 그럼에도 불구하고 에릭슨을 전혀 종교와 상관없는 인물로 평가하기는 어렵다. 프로이드가 종교를 부정적이고 정신 병리학적 현상으로 보았다면, 에릭슨은 좀 더 종교에 개방적이었고 또한 종교를 평생에 걸친 인간의 발달과정과 연결되어 있는 개념으로 보았다. 그뿐만 아니라 그가 쓴 『청년 루터』와 같은 책은 종교심리학에 매우 근접해 있다.[24] 프리드리히 슈바이처는 에릭슨의 이론이 정신분석적 종교이해에 결정적 영향을 끼쳤다고 하면서, 특별히 그의 "유아와 종교적 발달의 관련성", "청소년기의 수용", "전생애를 포괄하는 종교적 발달개념"과, "개방적인 현실이해(프로이드에 비교해 볼 때)"와 같은 개념들로 인하여 그렇다고 하였다.[25] 에릭슨은 특별히 『청년 루터』에서 종교의 주요 대상이 되는 세 가지 갈망, 혹은 '상'(Bild)을 언급한 바 있는데, 영아기의 "어머니의 돌봄", 유아기의 "아버지의 계명", 그리고 청소년기의 "자아에 대한 추구"가 그것이라고 하였다.[26]

이제 그의 발달이론의 전개과정이 종교와 맺는 관련성, 그리고 각 단계의 아동들에 대한 가정과 교회의 기독교교육적 관심과 배려는 어떻게 나타나야 하는지를 살펴보도록 하자.

1) 영아의 종교적 차원과 기독교교육

출생 후 1년 사이의 영아는 양육자와의 관계에서 기본적 신뢰와 불신의 개념을 형성하게 된다. 에릭슨은 그의 책 『아동과 사회』에서 그의 사회적 발달이론의 1단계에 관한 서술의 말미에 1단계와 종교적 관계를 덧붙이고 있다. 영아와 부모의 신뢰감과 믿음이 조직적 종교에서도 투영되어 있다는 것이다. 그는 조직적 종교가 영아와 어머니 사이에서 생기는 신뢰와 복종의 개념을 제도 안으로 차용해 와서 소위 "제도적 수호신"(institutional safeguard)을 만들었다고 하였다.[27]

> 신생아에게 신뢰감이 나타나도록 지원해 주는 부모에 대한 믿음은 역사를 통해 조직적 종교 안에서 제도적 수호신(때로는 최대의 방해물로 여겨지는)으로 추구되어 왔다. 믿음으로 다시 태어남이라고 하는 것은 어떤 종교에(기독교) 있어서 그 종교에 실제로 속하는지를 결정하는 시금석이 되기도 한다. 모든 종교의 공통점은 영적 건강뿐만 아니라 이 세상의 행운을 공급하는 공급자(provider)에게 주기적으로 어린이 같은 복종을 하는 것이다.[28]

위의 인용구에 나타난 바와 같이 에릭슨은 종교가 음식과 사랑을 공급하는 어머니 개념을 신 개념에다 투영하여서, 신을 초월적 '제공자'(provider)로 제시하였다고 하였다. 또한 종교는 영아가 갖는 어머니에의 갈망을 기도나 예전과 같은 것을 통해 제도적으로 공식화하였는데, 예를 들어 모든 종교에 나타나는 인간의 신에 대한 복종의 의무가 그와 같은 것이라고 하였다. 모든 종교는 인간으로 하여금 하나님 앞에서 자신의 잘못과 악한 의도를 드러냄으로써 "자신의 작음"을 인정하도록 하고, 하나님의 은혜로 내적 평온을 찾게 해달라고 기도하게 만든다고 하였다. 이와 같은 점들이야말로 제도권의 종교들에 투영된 영아기의 양육자와의 관계에 대한 갈망이라는 것이다. 그는 또한 모든 종교 안에 나타나는 '속죄'의 노력은 영아기의 신뢰를 회복하려는 노력과 비슷한 것이라고 하였다. 종교는 '믿음'이라는 형식으로 영아기의 신뢰를 의례적으로 재현하는 데 도움을 주는 가장 오래된 제도라는 것이다.[29]

에릭슨의 이와 같은 설명은 얼핏 반종교적으로도 읽힐 수 있지만, 뒤집어서 생각하면 영아기의 어머니와의 관계를 통한 신뢰감 형성이 인간의 종교성에 얼마나 결정적인 요소가 되는가를 시사해 주는 것이라고 할 수 있다. 인간은 영아기에 어머니와의 신뢰를 향한 갈망, 그리고 영아기에 형성되지 못한 신뢰에 대한 상처와 회복을 향한 갈망을 가지고 사는 존재로서, 그것을 '하나님'에게로 투영하면서 신뢰의 관계를 유지하고자 하는 존재이다.

이것이 의미하는 것이 무엇인가? 영아기에 형성된 어머니와의 관계는 한 인간이 성장하면서 하나님 개념을 형성하고, 하나님과 관계하는 데에 있어서 결정적인 영향을 미친다고 하는 사실이다. 에릭슨이 제도적 종교들이 신을 초월적 '제공자'(provider)라고 칭하면서, 음식과 사랑을 공급하는 어머니를 투영하고, 또한 그 하나님과의 신뢰관계를 어머니와의 신뢰관계를 형성하는 것처럼 갈망한다고 한 것을 주목할 필요가 있다. 이것에서 우리는 종교 자체를 영아적인 것이라고 해석할 것이 아니라, 오히려 종교적 기초가 이미 생애 아주 초기에 시작되는 것이며, 또한 평생 영속되는 것이라고 하는 것이라는 점을 간과하여야 한다. '기본적 신뢰'란 믿을 수 있는 능력이다. 이 능력이 영아기에 시작되는 것이며, 인간은 영아기에 이미 믿음에 대한 갈망함과 욕구를 드러내는 것이다. 그리고 그 대상이 어머니인 것이다. 그렇게 보았을 때, 한 인간에게서 육신적 '어머니'에 대한 경험은 신뢰의 관계가 시작되는 가장 원초적 경험이라고 할 수 있다. 즉 어머니는 영아가 신뢰 개념을 형성하게 되는 최초의 경험적 기반이다.

이것이 기독교교육적으로 의미하는 것은 무엇인가? 기독교교육은 영아가 생애 초기에 건강한 하나님 개념을 형성하는 것으로부터 시작되어야 한다는 것을 의미한다. 어떻게? 어머니가 자녀와 건강한 관계를 맺고, 그것으로부터 기본적 신뢰감을 형성하는 것을 통해서! 영아를 위한 기독교교육은 그들에게 성서를 가르치거나 기도를 가르치기 이전에 먼저 이들에게 신뢰의 기초를 놓음으로써 후에 건전한 신앙을 형성할 수 있도록 돕는 것으로부터 시작해야 한다는 것을 깨달을 수 있다. 영아기는 성서의 하나님을 가르치기보다는 이들이 후에 성서에 나타나는 하나님을 이해할 수 있는 경험의 기초를 쌓는 시기이다. 어머니와의 관계에서, 사랑과 배려로 돌보고, 이름을 부르면 한결같이 대답하고 달려오며, 욕구를 채워주시는 하나님의 개념을 경험으로, 몸으로 배우는 시기이다. 그러한 경험이 있어야 후에 사랑과 자비의 하나님, 우리를 동행하시는 하나님을 마음으로부터 배울 수 있다.

그런 의미에서 보았을 때 영아기의 기독교교육에서 가장 중요한 것은 어머니와 신뢰의 관계를 형성하는 것이다. 어머니와의 신뢰관계는 단순히 어머니와의 관계로 그치는 것이 아니라 그것을 넘어서서 하나님과의 신뢰의 기초를 놓는 것이기 때문이다. 따라서 영아기의 기독교교육을 위해 교회가 할 수 있는 가장 우선적인 것은 부모가 영아를 바르게 양육하고 신뢰의 관계를 맺을 수 있도록 돕는 일이다. 그런 의미에서 '**부모교육**'은 영아를 위한 교회교육의 가장 핵심적 과제가 되는 것이다.

2) 유아를 위한 기독교교육

유아기는 에릭슨의 2단계와 3단계를 포괄하는 시기이다. 2단계는 프로이드의 항문기로서 괄약근의 자율적 조정이나 실패냐에 따라 "자율성 대 수치감(혹은 의심)"이 형성되는 시기이고, 3단계는 프로이드의 남근기로 오이디푸스 콤플렉스로 인한 "주도성 대 열등감"이 형성되는 시기이다. 앞에서 언급한 대로 에릭슨은 1단계의 "기본적 신뢰 형성"을 종교와 직접적 관련성에서 서술하고 있는 반면, 2단계와 3단계는 특별히 종교와의 관련성에 관하여서 언급하고 있지 않다.

그럼에도 불구하고 2단계와 3단계를 신앙의 성장과 무관하다고 보는 것은 잘못된 생각이다. 신앙은 자신과 "하나님과의 관계", 그리고 자신과 "다른 사람과의 관계"를 포함하는 개념이다. 다른 사람(Other, others)과의 건강한 관계는 무엇보다 먼저 건강한 자아의 바탕 위에서 가능한 것이다. 앞에 서술한 에릭슨의 "점성의 원리"(epigenetic principle)에 의하면 인간의 성장은 어느 한 시기가 독립적으로 존재하는 것이 아니라 전 생애가 연결되어 있고, 또한 한 시기에 두드러지게 나타나는 자아의 측면은 그것으로 끝나는 것이 아니라, 그 이후의 시기에도 다른 형태로 지속적으로 나타난다. 그런 의미에서 자율성이 형성되는 2단계, 주도성이 형성되는 3단계는, 유아에게 건강한 자아를 형성함으로써 건강한 신앙의 기초를 놓는 시기일 뿐만 아니라, 그 이후 지속적으로 나타나는 자아의 요소인 자율성과 주도성의 기초를 놓는 시기인 것이다.

그렇게 보았을 때 자율성이 형성되는 2단계를 기독교교육과 무관한 단계라고 할 수 없다. 신앙을 갖는다는 것은 자율적 활동이다. 건강한 신앙인은 자율적 의지로 다가오는 모든 장애와 어려움을 극복할 수 있어야 한다. 그뿐만 아니라 성숙한 신앙이란 합리적 설명 없이 강요하는 것에 복종하는 것이 아니라 스스로의 결단으로 선택하는 것이다. 그런 의미에서 유아기에 자율성을 형성할 수 있도록 환경을 조성하는 것은 한 인간이 성숙한 신앙을 형성하는 기초를 놓는 것이다.

따라서 부모들이 이 단계의 유아가 자유선택의 자율성을 경험할 수 있는 생활공간을 조성하는 것은 그 어느 것보다 중요한 기독교교육적 과제라고 할 수 있다. 부모가 인내하지 못하고 유아 스스로 할 수 없도록 대신해 주거나, 유아에게 지나치게 기대함으로써 수치감을 형성하면, 자녀가 건강한 자율성을 형성할 수 없게 되어, 궁극적으로 건강한 신앙형성을 저해하는 결과를 낳게 되는 것이다. 무엇보다 이 시기의 자녀가 과도한 수치심이 형성되지 않도록 엄격한 "청결교육"을 피하고, 용변에 실수한 유아에게 지나친 반응을 보임으로써 수치스러운 패배감과 의심을 부풀리게 하지 않는 것도 이 시기 유아의 부모들이 유의할 것이라고 할 수 있다.

"주도성 대 죄책감"을 형성하게 되는 3단계의 유아도 넓게는 건강한 신앙의 기초를 놓아야 하는 시기라고 할 수 있다. 신앙을 실천하는 것은 "목적지향적 행위"이다. 신앙인의 삶을 산다는 것은 돈과 시간을 사용하고, 이웃과 관계를 맺고, 사물과 관련을 맺는 모든 행위를 신앙적 관점에서 결정하고 선택하는 것을 의미한다. 그런 의미에서 통전적 신앙인은 그 누구보다 주도적 삶을 살 수 있어야 하는 것이다. 3단계의 유아는 바로 이와 같은 주도성의 기초를 놓는 시기에 서 있는 것이다.

그런 의미에서 이 시기 부모가 유아에게 스스로의 활동을 추구하도록 고무함으로써 주도성을 강화하는 것은 기독교교육적으로도 매우 중요하다. 이 시기 유아가 상상력을 사용하여 어머니와 아버지같이 되려고 하는 모방놀이를 할 때 부모는 자녀의 호기심을 인정하고 자녀의 환상적 행동을 무시하거나 금지하지 말아야 한다.

에릭슨은 이 단계의 유아가 오이디푸스 콤플렉스적 갈등을 겪으며 자신과 동성의 부모와 동일시함으로써 갈등을 극복한다는 프로이드의 이론을 수용하였다.[30] 그렇게 보았을 때 이 시기 유아는 부모의 가치관과 세계관, 선악의 개념을 자신의 것으로 수용하고 내면화한다고 할 수 있다. 따라서 부모가 기독교적 가치관과 세계관을 가졌다면, 이것은 그대로 유아가 동일시하게 되는 가치가 된다. 그런 의미에서 이 시기 부모의 신앙적 세계관 그 자체가 유아의 신앙적 세계관 형성에 결정적 역할을 한다고 할 수 있다. 기독교 부모에게서 기독교 자녀가 나온다는 말이 맞는 것이다.

이 시기가 아버지를 통해서 신 개념을 형성하는 시기라고 하는 프로이드적 관점에 주목한다면, 이 시기 부모들의 기독교교육적 과제는 적절한 엄격함과 적절한 따뜻함으로 유아의 가치관과 양심 형성을 돕는 일이라고도 할 수 있다. 부모들은 지나친 엄격함으로 자녀가 지나치게 무서운 하나님 개념을 형성하지 않도록 해야 한다. 부모, 특히 아버지는 자녀가 이 시기에 때리시지만, 다시 싸매시고 치유하시는 사랑과 공의의 하나님 개념을 이해할 수 있는 경험의 기초를 놓아야 하는 것이다. 엄격함과 따뜻함이 적절히 융화하는 아버지상(어머니상)을 형성함으로써, 유아의 내적 하나님 개념 형성에 밑거름을 마련해야 할 것이다.

위의 고찰들을 바탕으로 해서 보았을 때 2단계와 3단계의 유아를 위한 신앙교육에서 '**부모**'는 가장 영향력 있는 교사라고 할 수 있으며, 이 시기 기독교교육의 장은 다른 어느 곳보다 '**가정**'이라고 할 수 있다. 이 시기 유아의 기독교교육은 어떤 형식적 교육의 형태를 통해서가 아니라, 자연스러운 삶의 상황 속에서 유아의 내면으로 흘러들어가는 부모의 가치를 통해서 가장 영향력 있게 이루어지는 것이라고 할 수 있다. 그렇게 보았을 때 3단계까지의 아동을 위한 교회의 기독교교육의 중요한 관심 중의 하나는 '부모'이어야 함을 알 수 있다. 교회는 아동만을 관심의 대상으로 할 것이 아니라, 부모가 가정에서 성실하고 건강한 기독교인으로 살아감을 통해 자녀에게 영향을 미칠 뿐만 아니라, 적절한 교육적 활동을 통하여 자녀가 '자율성'과 '주도성'을 형성할 수 있도록 돕는 교육자로서의 기능을 감당할 수 있도록 도와야 한다.

3) 아동을 위한 기독교교육

4단계의 아동은 이제 가정을 넘어서서 더 넓은 세상으로 한 발짝 나아가, 사회적 기술을 익히고 또래와 더불어 협력하거나 함께하는 것을 배운다. 따라서 이 시기는 기독교교육적으로 매우 중요한 시기이다. 3단계까지의 아동을 위한 기독교교육의 장이 주로 가정이었다면, 이제 가정으로부터 '**교회**'라고 하는 신앙공동체로 기독교교육의 장이 확대될 수 있는 시기이기 때문이다. 이 시기 아동은 지금까지 부모와의 수직적 관계를 넘어서서, 이제 또래와의 수평적 차원으로, 그리고 가정을 넘어서서 더 넓은 신앙공동체로 관심을 돌리는 시기이다. 그래서 이 시기는 비로소 '교회'가 영향력 있는 기독교교육의 장으로서의 역할을 할 수 있게 된다.

그뿐만 아니라 이 시기는 사회에서 필요한 기본적 기술들(skills)을 배우는 시기이다. 이것은 신앙적 차원에서도 마찬가지인데, 교회공동체의 역사와 전통, 신앙인으로서의 가치관과 기본적 삶의 양식, 습관들을 익힐 수 있으며, 신앙공동체에서의 의사소통 기술과 법칙을 배울 수 있는 시기이다. 이것이 의미하는 것은 교회는 아동에게 성서와 기독교 전승을 가르쳐야 할 뿐만 아니라, 이들에게 기본적 신앙의 가치들을 전수하고,

기독교적 삶의 습관을 형성할 수 있도록 도와야 한다는 것이다. 그뿐만 아니라 이들이 신앙공동체에서의 의사소통 기술을 배울 수 있도록, 예배, 기도, 친교, 봉사, 전도와 같은 교회의 기본적 삶의 양식들과 친숙해질 수 있는 환경을 조성해야 한다는 것을 의미한다.

이 시기 아동들은 무엇보다 다른 공동체와는 구별되는 '교회공동체'의 특성을 구체적으로 경험할 수 있도록 인도되어야 할 것이다. 교회는 예수 그리스도를 머리로 하여 서로 한 몸을 이루는 유기체로서의 공동체이다. 초대교회는 서로 한 가족이고 한 몸을 이룬 지체이며, 이들 간에는 물건을 통용하는 유무상통의 문화가 있었다. 이 시기 아동은 그러한 공동체와 공동체의 삶을 배우고 익힘으로써, 가정이나 학교와는 구별되는 교회의 공동체성을 경험하고, 공동체의 의식이 함양될 수 있도록 인도되어야 한다.

4. 맺는말

에릭슨의 사회성 발달이론은 종교발달이나 기독교교육과 직접적으로 관련이 있는 이론은 아니다. 그러나 종교가 관계적 요소와 사회적 요소를 포함하는 전인적 차원의 개념이라고 하는 점을 직시하였을 때, 에릭슨의 이론은 기독교교육의 방향과 방법에 적지 않은 통찰을 준다. 아동이 성장하면서 획득하게 되는 '신뢰'와 '자율성', '주도성'과 '근면성'들은 이들이 건강한 자아를 형성하는 과정에서 필수적인 것처럼 또한 건강한 신앙형성에도 필수적이다. 따라서 이와 같은 긍정적 힘들이 형성됨으로써 건강한 신앙이 형성될 수 있도록 기독교교육도 최선의 노력을 기울여야 하는 것이다.

II. 피아제의 인지발달이론과 기독교교육

유아와 아동의 인지발달에 대하여 피아제(Jean Piaget, 1896-1980)만큼이나 통찰을 주고 있는 학자는 아마 없을 것이다. 그의 인지발달이론은 단순히 아동의 인지발달 과정에 관한 통찰을 주는 것에서 그치는 것이 아니라, 기독교교육 학자들의 신앙발달이론에도 영향을 미쳤고,[31] 또한 유아와 아동의 성서학습이나 기독교교육의 방법에 근본적 통찰을 주고 있다고도 할 수 있다. 따라서 피아제는 종교심리학자나 기독교교육학자가 아니었음에도 불구하고, 그의 인지발달이론의 도움 없이 유아와 아동에게 효과적인 기독교교육을 할 수 있다고 생각할 수 없을 정도로 그는 기독교교육에도 큰 영향을 미친 학자이다. 이제 그의 인지발달이론을 유아와 아동기를 중심으로 살펴보도록 하자.

1. 피아제의 인지발달이론에 나타난 어린이의 특성

피아제의 인지발달이론이 시사하는 가장 결정적인 것은 아동은 성인과 질적으로 다른 사고를 한다는 것이다. 그는 아동은 성인에 비하여 알고 있는 내용이 적어서 덜 똑똑한 것이 아니라, 성인과는 질적으로 다른 사고를 하고 있고, 그것은 성장 단계에 따라 인간이 가지고 있는 사고의 구조 자체가 다르게 형성되기 때문이라고 하는 사실을 밝혔다.

그는 20대에 프랑스의 파리에서 지능문제에 관한 연구과제, 즉 표준화 추리검사를 개발하는 프로젝트에 참여하게 되었는데, 이 과정에서 모든 아동에게 동일한 문항을 주어 반응하도록 하였고, 여기에서 아동의 오답이 연령에 따라 비슷하다는 사실을 발견하였다. 동일한 연령의 아동들이 동일한 문제에서 거의 예외 없이 비슷하게 틀린 답을 하고 있다는 것을 발견하였던 것이다. 이것에서 그는 나이 든 아동이 어린 아동에 비하여 더 영리한 것이 아니라, 나이 든 아동과 어린 아동 간의 사고의 질이 서로 다르다고 하는 사실을 발견하였다.

그 같은 점에 착안하여 피아제는 특별한 임상적 실험법, 즉 아동에게 문제 상황을 제시하고 그에 대한 문제해결 방식을 관찰하는 개방적 면담방법을 고안했다. 그는 이 방법을 1925년 그의 첫 아이가 태어난 이후 자신의 자녀를 대상으로 본격적으로 실시하면서 연구를 진행하여 아동의 인지발달 단계를 발전시켰다. 지속적 발전과 보완으로 그는 인간의 인지발달 과정을 크게 네 단계, 즉 "감각운동기", "전조작기", "구체적 조작기", 그리고 "형식적 조작기"로 정리하였다. 한 단계에서 다음 단계로의 발전은 지식의 양적 팽창이 아니라, 전 단계의 심리적 구조가 통합되면서 새로운 인지구조가 형성되는 것으로 진행된다고 하였다. 그렇기 때문에 각 단계의 사고과정은 서로 다르고, 시간이 지남에 따라 더욱 복잡하고, 객관적이며, 타인의 관점을 생각하는 방향으로 발전하게 된다는 것이다.[32] 따라서 이 네 단계의 인지발달은 물론 개인의 지능이나 사회 환경에 따라 각 단계에 도달하는 속도에 있어서 차이가 있을 수는 있지만, 발달의 순서는 뒤바뀌지 않는다고 하였다.

피아제는 또한 인간의 인지발달은 자연적 성숙의 과정이 아니라 개체가 외계의 지식을 '동화'(assimilation), '조절'(accommodation)하는 과정을 통해 적응해 가는 과정에서 이루어지는 것이라고 하는 점을 밝혔다.[33] 동화와 조절은 인간의 인지활동이 '평형'(equilibrium)을 지향하는 속성으로 인해 일어나는 것인데, 어떤 외계의 지식과 마주쳤을 때 우리의 인지활동은 그것이 무엇인지 밝혀내려는 과정에서 우리의 기존의 인지도식(schema)에 '동화'해 보거나, 또한 도식 자체를 '조절'하는 것을 통하여 인지의 평형을 이루려 한다는 것이다. 이와 같은 인지적 활동으로 우리의 인식은 지속적인 구성, 변화, 재구조화를 반복하는 역동적 과정에 있다는 것이다.

이제 피아제의 인지발달이론을 영아와 유아 그리고 아동기의 순서대로 살펴보면서, 각 단계에 나타나는 어린이의 인지적 특성을 고찰해 보자.

1) 감각운동기

"감각운동기"(sensory-motor Intelligence)의 대표적 특징은 "언어 이전"의 시기라고 하는 점이다. 이 시기는 언어 이전단계로서 언어나 사고와 같은 것을 통해서가 아니라, '반사행위'(reflex)를 통한 행위도식의 구성을 통하여 문제해결을 수행하는 시기이다.[34] 그가 이 시기를 "감각운동기"라 칭하는 것은 이 시기 영아는 사고(thought)를 통해서가 아니라, '운동'(movements)과 '감각'(sensory-motor)의 협응을 도구로 해서 세계를 탐색하기 때문이라는 것이다.[35] 이와 같은 활동을 통해 영아는 초기 18개월 동안 반사활동에서부터 제법 잘 조직된 활동을 할 수 있기까지 지각능력이나 운동능력을 발달시킨다. 피아제는 이 시기를 다시금 6단계로 나누고 있는데, 이를 간단히 고찰해 보면 다음과 같다.

(1) 1단계 : 반사기

이 단계는 출생 직후부터 초기 한 달 정도의 시기로, 이 시기 영아의 활동은 주로 기초적 반사활동으로 이루어진다.[36] 신생아는 환경의 자극에 그대로 반응하는 것이 아니라, 자극을 받아들여 그것에 적응할 수 있는 반응을 만들어 내는 일종의 내적 도식(pattern, schema)을 형성한다. 특별히 이 시기는 빨기 반사를 중심으로 물체가 입에 닿으면 빠는 빨기 도식을 연습하여 물체에 대한 정보를 동화시키고자 한다. 이 단계의 신생아의 행동은 욕구에 의한 의식적 행동이라고 하기보다는 타고난 반사행동이라고 할 수 있다. 왜냐하면 신생아의 경우 자신의 행동과 욕구를 의식적으로 분별하지 못하기 때문이다.

(2) 2단계 : 1차 순환반응

이 단계는 1개월에서 4개월에 해당하는 시기로 기본적, 유전적 도식의 정교화가 시작된다. 빨기, 잡기, 보기와 같은 감각운동 행동이 의도적으로 반복됨으로써 그 도식의 정교화가 이루어진다. 순환반응이란 영아가 우연히 새로운 경험을 하게 되면, 그 행동을 의도적으로 지속하게 되는 것이다. 예를 들어 우연히 손이 입에 닿게 된 영아는 의도적으로 손을 빨려는 행동을 반복적으로 하게 된다. 이 시기 영아는 움직이는 물체를 보면서 그것을 잡으려고 손을 내밀거나 소리 나는 방향을 쳐다보거나 하는 행위를 반복하는데, 이 과정에서 시행착오를 일으키기도 하면서 보기와 듣기, 빨기가 정교해진다. 피아제는 이와 같은 반복적 동작을 "단순 습관"(simple habit)이라 표현하고 있는데, 이 습관은 목적을 지향하는 뚜렷한 출발점 행동이나 수단을 사용하는 행위 등을 포함하는 것이라고 하기보다는 우연한 성공을 바탕으로 한 단순한 반복이라고 할 수 있다.[37]

(3) 3단계 : 2차 순환반응(4-10개월)

2단계의 말경(4개월 반쯤)에 여러 행위들 간의 협응(예를 들어 보기와 잡기의 협응 등)을 시작하게 된 영아는 3단계가 되면 의도적으로 여러 행위들의 협응을 통해 의도된 행위를 반복할 수 있게 된다. 예를 들어 침대 맡에 달려 있는 오색의 모빌을 건드리면 움직이고 음악소리도 난다는 사실을 깨달은 영아는 의도적으로 손을 뻗쳐 모빌을 건드리고, 음악소리를 내며 움직이는 모습을 바라볼 수 있게 되며 이를 반복하게 된다. 여기에는 보기와 잡기, 듣기와 같은 행위들의 협응이 일어난다.[38] 이 시기의 영아는 관심을 자신의 외부 대상에게로 확대하고, 새로운 경험을 산출하고, 그것을 유지하려고 한다.

그러나 이 시기 영아는 물체가 시야 밖으로 사라지면 더는 찾지 않는다. 영아는 눈에 보이는 물체를 잡으러 가다가, 그 물체가 무엇에 가려 보이지 않으면, 마치 그 물체가 없었던 것으로 생각하여 더는 찾지 않는다. 이것은 아직 이들에게 대상 영속성이 형성되지 않았기 때문인데, 영아는 눈에 보이는 사건, 여기와 지금의 사실에만 관심이 있을 뿐 눈에 보이지 않는 것이나 미래의 사실은 비록 가까운 미래일지라도 관심 밖의 일이다.

(4) 4단계 : 2차 도식의 협응(10-12개월)

이 단계에서 유아는 목적을 달성하기 위하여 이미 학습된 행동양식들의 협응을 반복적으로 사용한다. 아동은 원인과 결과의 관계를 알게 되고, 목적을 달성하기 위한 수단으로 자신이 이미 학습한 도식을 사용한다.[39] 예를 들어 유아는 자신이 잡으려고 하는 장난감이 수건 밑으로 들어갔을 때 수건을 치우고 장난감을 잡을 수 있다. 유아는 목적을 세운 후 이 목적에 치우는 도식과 잡는 도식의 협응을 통해 도달하였다. 원인과 결과의 관계에 대한 이해를 갖지 못한 3단계의 영아라면 이렇게 하지 못했을 것이다.

이 단계의 유아는 또한 대상이 눈에 보이지 않게 되더라도, 사라진 것이 아니라는 것을 깨닫는 "대상 영속성"(permanent Object)을 획득한다. 이불 속에 감추어진 공이나 커튼 뒤로 간 강아지가 그 뒤에 있다는 것을 깨달은 유아는 부모의 손을 잡아당겨서 그 대상을 가리킨다. 꺼내달라는 사인이다.

(5) 5단계 : 3차 순환반응(12-18개월)

이 시기의 유아는 새로운 것들에 관심을 쏟고, 새로운 문제를 해결하기 위해 새로운 수단을 사용한다. 이 단계에서 유아는 다양한 시도를 통해 사건들의 인과관계를 검토하려고 하며 활발한 시행착오 행동을 보인다.[40] 예를 들어 의자에 앉혀 놓은 유아는 손에 든 장난감을 바닥으로 던지고, 그것이 어디에 떨어졌는지 확인한다. 엄마가 떨어진 장난감을 주어 주면 다시 다른 곳으로 던지고, 그것을 확인하는 것을 반복한다.

(6) 6단계 : 사고의 시작(18개월-24개월)

이 단계의 유아는 사고를 시작하며, 사람이나 대상이 직접 눈앞에 없어도 그에 대한 정신적 이미지를 형성하기 시작한다. 피아제의 딸은 상자 속에 사슬을 넣는 것을 보았다. 상자를 두드려보기도 하고 손가락을 상자 틈으로 넣어보기도 하다가 잠시 생각하더니 상자를 열어 사슬을 꺼냈다. 이 단계에서는 "지연된 모방"이나 "모델 없는 모방"도 일어난다. 지연된 모방이란 영아가 본 것을 한 참 후에 그 모델이 눈에 보이지 않아도 모방하는 것을 의미하는 것으로서 모델 없는 모방과 같은 의미이다. 예를 들어 피아제의 딸이 친척집에 갔다가 그 집 아이가 울면서 장난감을 던지고 투정 부리는 것을 보았다. 딸아이는 다음날 놀다가 싫증이 나자 그와 같은 행동을 했다. 다시 말하면 이 단계의 유아는 자신이 본 것을 당장 눈앞에서 모방하는 즉각적 모방만이 아니라, 시간이 지연되어 모방대상이 당장 눈앞에 없어도 모방하는 지연된 모방 행동을 나타낸다.

2) 전조작기

감각운동기 말기에 '사고'를 시작하게 된 유아는 "전조작기"에 들어서면서 언어의 발달과 아울러 본격적인 사고를 시작하게 된다. 그러나 이 시기 유아의 사고는 아직 소위 '조작적'(operational) 사고에는 도달하지 않았다고 하여 피아제는 이 시기를 "전조작기"(pre-operational period)라고 칭하였다. 피아제의 인지발달에서는 '조작'(operation)이라는 개념이 매우 중요한데, 그는 자신의 인지발달이론을 '조작'이라는 인지활동을 기준으로 나누고 있기 때문이다. 조작이 이루어지기 전이라고 하여 "전조작기", 조작이 이루어지기는 하지만, 구체적인 것에만 머물러 있다고 하여 "구체적 조작기", 그리고 추상적인 사고와 전이가 가능하다고 하여 "형식적 조작기"라고 칭하였다.

그러면 조작은 무엇인가? 조작(operation)이란 "인지작용"인데, 피아제는 인지작용이 일종의 "정신적 활동"(mental action)이라고 보았고, 그래서 그것을 조작(operation)이라 칭하였다. 피아제가 지칭하는 조작이라는 활동의 내용을 한마디로 설명하자면 "논리적 사고"라고 할 수 있는데, 논리적 사고란 논리적인 인과관계의 추이를 따라가면서 이해할 수 있는 사고이면서, 동시에 이를 거꾸로 돌려서 사고할 수 있는 가역적 사고를 할 수 있는 것을 말한다.[41] 예를 들어 2에 3을 더하면 5가 된다는 것을 인과관계를 따라 사고할 수 있으면서, 동시에 거꾸로 5에서 3을 빼면 다시 2가 남는다는 것을 따라갈 수 있는 사고이다.

"전조작기"란 유아가 사고를 시작하기는 하였으나 아직 이와 같은 논리적 사고인 '조작'에는 도달하지 못한 과도기적 사고의 시기로, 2-6세 정도의 아동이 이에 속한다. 피아제는 이 시기를 다시 세 시기, 즉 2-3(3.5)세, 4-5(5.5)세, 5(5.5)-7(혹은 8)세까지의 세 시기로 구분하고 있다.[42] 본장에서는 "전조작기" 아동의 인지적 특징을 세분하지 않고, 종합적으로 살펴보기로 하는데, 그것은 다음과 같다.

(1) 상징적 활동

전조작기 아동은 다양한 상징 활동을 나타낸다. 이 시기에 유아는 언어발달이 시작되는데, 언어와 더불어 유아는 사물과 단어를 연결시키는 표상작용을 활발하게 시작한다. 이 시기 아동은 또한 언어적 상징작용뿐만 아니라, 상징놀이(혹은 상상놀이), 지연된 모방, 내적 모방을 통한 정신적 이미지 구성 등의 상징적 활동이 증가한다.[43] 예를 들어 이 시기 아동은 베개를 업고 아기놀이를 할 수도 있고, 아빠를 모방하는 아빠놀이, 의사놀이 등을 할 수 있게 된다. 그와 같은 활동은 모두 이 시기 아동의 상징적 능력에 기인하는 것이다.

(2) 직관적 사고

이 시기 아동의 사고는 한마디로 "직관적 사고"(intuitive thinking)라고 특징지을 수 있다. 이들은 논리적 사고가 아닌 직관적 사고를 하는데, 직관적 사고의 특징은 사물을 즉각적이고 지각적인 외양에 근거해서 판단한다는 것이다. 이 시기 아동의 사고는 눈에 보이거나 귀에 들리는 대로 판단하는 즉각적 판단으로 논리적 판단이 아니다.

직관적 사고의 큰 특징 중 하나는 무엇보다 보존개념이 없는 것이다. '보존'이란 물체의 양에 대한 가감이 실제적으로 일어나지 않는 한 외양과 상관없이 동일하다고 하는 개념을 형성하는 것을 말하는데, 이 시기 아동은 이와 같은 보존개념이 형성되어 있지 못하다. 높이와 넓이라는 두 가지 양의 보존개념에 대한 피아제의 실험은 유명하다. 아래의 그림과 같이 피아제는 두 개의 컵(A, B)에 같은 양의 물을 넣은 다음 그 중 하나의 컵(B)을 높이가 높고 폭이 좁은 컵(C)에 옮기고, 옮겨 담는 과정을 이 단계의 아동에게 보여준 후, 그 중 어느 컵의 물이 더 많은지 물으면, 이 시기 아동은 거의 모두 C컵, 즉 높이가 높고 폭이 좁은 컵의 물이 많다고 대답한다.

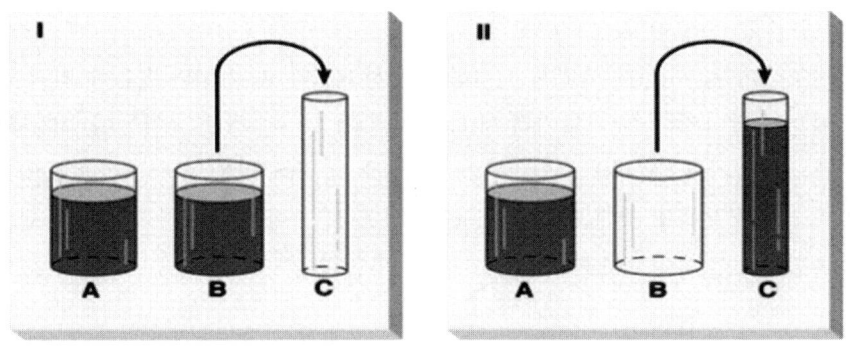

〈피아제의 보존개념〉

이 단계의 아동은 높이와 넓이라는 두 가지 차원을 고려하기 시작하지만 두 차원을 동시에 추리하지 못하며 한 차원에서의 변화가 다른 차원에서의 변화를 상쇄한다는 것을 모른다. "유목화" 실험에서도 갈색 구슬이 18개이고 흰색 구슬이 2개인 20개의 나무구슬을 아동에게 제시하였다. "갈색구슬"이 더 많은지 "나무구슬"이 더 많은지를 물었을 때 이들은 갈색구슬이 많다고 대답한다. 유목개념을 이해하지 못하는 단적인 예라고 할 수 있다.

(3) 자아중심성

전조작기 아동의 또 하나의 특징은 이들이 다른 사람의 입장에서 관점을 취하지 못하고, 자신이 보듯 다른 사람도 본다고 생각하는 "자아중심성"이다. 전조작기에 나타나는 자아중심성(ege-centric)은 성인에게 나타나는 '이기주의'(egoism)와는 구별되는 개념으로 이 시기 아동은 다른 사람의 입장에서 생각할 수 있는 조망을 형성하지 못하였다. 아래의 그림에서 보는 바와 같이 세 개의 산봉우리 이편에 앉아 있는 아이는 자신과 반대편에 앉아 있는 인형이 자신과는 다른 조망을 가지고 있을 것이라고 생각하지 못하고, 자신이 보는 산의 방향과 똑같은 면을 보고 있다고 생각한다. 자아중심적 사고의 결과이다. 유아들이 친구와 먹을 것이나 장난감을 나누지 못하는 것, 또래의 친구들과 상호작용을 하며 놀이를 즐기지 못하는 것 등이 바로 유아의 "자아중심성"에서 기인하는 현상이라고 볼 수 있다.

〈피아제의 자아중심성〉

(4) 물활론적 사고

전조작기의 아동은 생명이 없는 물체에도 생명이 있다고 생각한다. 움직이는 것은 모두 살아 있다고 생각하며, 생명이 없는 대상에게도 생명과 감정을 부여한다. 태양은 빛이 나니까 살아 있고, 산은 움직이지 않으니까 죽었다는 것이다. 6-8세에는 움직이는 것만이 살아 있다고 생각하여, 탁자와 꽃은 움직이지 않기 때문에 죽었고 자전거나 돌멩이는 때때로 움직이기 때문에 살았다고 생각한다. 8세경에는 스스로 움직이는 것에 한해서 생명을 인정하며 그 이후에야 식물과 동물에 한해서 생명을 인정한다.

(5) 변환적 추론

이 시기 아동은 역동적 변환관계를 고려하지 못하고, 순간적인 상태에 집중한다. 사물의 변화를 적절한 인과적 방식으로 추론하지 못하여서 특정 사건을 추론할 수가 없다. 따라서 변환적 추론을 할 수 없는 유아는 이야기의 구성 능력이 없다. 이들은 이야기를 플롯에 따라 시작부터 결말까지를 구성할 수 없다. 변환관계를 고려하지 못하고 순간적 상태에 집중하는 특성으로 인하여, 이들은 이야기를 들었을 때 이야기의 흐름을 따라 이해하기보다는 장면 중심으로 이해한다.

(6) 비가역성

전조작기의 아동은 어떤 문제의 일련의 단계를 인과관계를 따라서 이해할 수 없고, 또한 거꾸로 돌려서 생각하기 어렵다. 이미 지나간 것을 다시 원점으로 돌려 생각하지 못한다.

(7) 꿈의 실재론

전조작기의 아동은 꿈이 실재라고 믿는다. 자신의 꿈이 다른 사람에게도 보이며 밤이나 하늘 등 밖에서 들어오는 것이라고 생각한다. 이 시기의 아동은 또한 현실과 허구를 구별하지 못한다. 성인의 경우 현실에서 이루어질 수 있는 일과 비현실적인 일을 구별할 수 있지만, 이 단계의 유아는 현실적인 사건과 비현실적 사건 간의 구별을 하지 못한다. 동화 이야기에 나타나는 비현실적 이야기들을 실제로 일어날 수 있는 사건으로 여긴다.

위와 같은 사고의 특성을 가졌던 전조작기의 유아는 전조작기의 말기로 가면서 점차로 논리적 관계와 보존의 원리, 유목화, 가역성과 같은 개념들이 어렴풋이 생기기 시작하면서 '조작'을 할 수 있는 다음 단계로 넘어가게 된다.

3) 구체적 조작기

약 7세가 되면 아동은 지식, 감성, 사회적 관계, 개별적 행동, 조직의 형태 등 모든 면에서 전환점을 맞게 된다.[44] 특별히 이 시기 아동의 사고는 전조작기의 인지적 상태를 벗어나 '조작'적 사고를 하는 단계로 넘어서게 된다. 이들은 소위 논리적 사고(rational operation)를 획득함으로써, 무엇보다 전조작기의 직관적 사고의 틀을 벗어나게 되면서 탈자아중심성, 보존개념, 인과관계, 가역성, 유목화와 같은 개념들을 획득하게 된다. 이들은 수적 논리, 시간적 논리, 공간과 지리적 논리, 도구적 논리, 운동적 논리 등의 모든 영역에서의 논리적 사고를 할 수 있게 된다.[45]

(1) 탈자아중심성

구체적 조작기에 들어선 아동은 이제 자기중심적 사고를 벗어나게 된다. 자기중심적 사고는 타인의 입장에서 관점을 취할 수 없는 전조작기 아동의 사고 특성에서 오는 것이었으나, 구체적 조작기에 들어서면서 아동은 타인의 입장에서 조망을 형성할 수 있게 되면서 자기중심적 사고를 극복하게 된다. 이들은 자신의 관점 외에도 여러 관점을 고려할 수 있게 되며, 상황의 여러 측면을 동시에 고려할 수 있게 된다.[46]

탈자아중심성으로 아동은 이제 또래들과 상호작용하거나, 어떤 규칙을 정하고 협동적으로 하는 놀이와 활동이 가능해진다. 따라서 이제 아동은 부모와의 수직적 관계를 벗어나 교회에서 또래들과 함께 배우고 상호작용할 수 있게 된다.

(2) 인과관계 형성

이 시기 아동은 이제 논리적 사고로 인하여 사물간의 관련성과 사건의 추이를 이해할 수 있게 된다. 따라서 전조작기의 유아가 이야기를 플롯에 따라 이해하기보다는 장면 중심으로 이해하는 것에 비하여, 이 시기 아동은 이야기의 기승전결의 흐름을 이해할 수 있고, 또한 스스로도 이야기 구성능력이 생긴다. 이와 같은 특징은 이제 아동이 성서의 이야기를 줄거리를 따라 이해할 수 있게 되었다는 것을 의미하며, 따라서 아동기는 성서의 이야기와 접하고 그와 친숙하게 될 수 있도록 기독교교육적 도움을 주어야 하는 시기라고 하는 것을 의미한다.

(3) 보존개념의 획득

전조작기의 유아가 보존개념이 획득되지 않았던 것에 비하여, 구체적 조작기의 아동은 보존개념이 획득된다. 보존개념을 획득하게 되는 것은 아동이 '동일성', '상보성', '가역성'의 원리를 이해할 수 있게 되었기 때문이다. '동일성'의 원리란 사물의 질량이 가하거나 감하지 않았을 경우 그것의 외모와 상관없이 서로 같다는 것이고, '상보성'의 원리란 길이가 긴 컵과 넓이가 넓은 컵에 든 물이 서로 같을 수 있다는 것을 이해하는 사고인데, 길이가 길어도 넓이는 좁고, 또한 넓이는 넓어도 길이가 짧기 때문에, 그 둘의 서로 보완하는 특성을 이해하는 것이다. 또한 가역성이란 사물의 추이를 거꾸로 돌려 원상태를 이해할 수 있는 사고인데, 눈앞의 컵에 담겨 있는 물이 아무리 많아 보이거나 적어 보여도, 그것이 처음 담겨 있던 용기가 같았다면 그들은 서로 같다는 개념을 이해할 수 있는 사고이다. 아동은 이 시기에 동일성, 상보성, 가역성을 바탕으로 한 '보존'의 개념을 획득하게 된다.

(4) 관련성의 이해

이 시기 아동은 사물의 관련성을 크기, 무게, 밝기 등의 속성에 따라 정렬하는 '서열화', 혹은 '유목화'의 능력을 갖추게 된다. 이들은 사물 간의 관련성을 이해하고 비교할 수 있게 된다.

구체적 조작기의 아동은 이상에서 살펴본 바와 같이 조작적인 사고를 시작하지만, 이 시기의 아동의 사고는 아직 구체적으로 경험할 수 없거나 눈으로 확인할 수 없는 추상적인 사고에까지는 도달되어 있지 못하다. 이들은 눈앞의 사물에 대하여는 논리적 관련성을 형성할 수 있지만, 눈에 보이지 않는 것에 대한 가설적 사고에까지는 아직 발달하지 못하였고, 또한 한 사물에서 발견한 원칙을 다른 것에까지 전이하여 사고할 수 있는 형식적 사고는 아직 획득하지 못하였다고 할 수 있다. 그와 같은 사고는 청소년기에 해당하는 "형식적 조작기"의 시기에 도달할 수 있다.

4) 형식적 조작기

12세경에 도달한 청소년은 이제 구체적인 것에 사고가 머물렀던 "구체적 조작기"에서 추상적 사고가 가능한 "형식적 조작기"(Formal Operational Period)로 진입하게 된다. '형식적' 사고란 한 대상을 그것의 부재(absence)에도 불구하고 사고하면서, 가능한 변화를 예측할 수 있는 사고를 의미한다.[47] 다시 말하면 이 시기에 들어서면 인간은 눈에 보이는 세계를 넘어 추상적이고 가상적이며, 미래지향적 사고를 할 수 있게 된다.[48] 눈에 보이는 시계를 초월한 사고의 폭을 가질 수 있음으로 해서 형식적 조작기의 사람은 좀 더 복잡한 추리를 할 수 있고, 하나의 사건을 다측면적 조망에서 볼 수 있는 종합적 사고를 할 수 있으며, 융통성 있고, 효율적인 사고가 가능해진다.

이 시기에 특별히 가능해지는 사고 중 하나는 조합적 사고(combinational thinking)이다. 이것은 문제에 직면했을 때 있을 수 있는 모든 해결책을 모색함으로써 문제해결에 이르게 되는 사고방식이다. 이에 대한 실험으로 피아제는 투명한 액체를 1, 2, 3, 4 번호가 붙은 유리병에 넣고 다른 유리병에는 g라는 이름을 붙여 액체를 넣었다. 그는 위의 액체를 마음대로 섞어서 노란액체가 되도록 해보라는 과제를 실험대상에게 주었다. 전조작기 아동은 마음 내키는 대로 아무렇게나 섞다가 안 되면 포기했다. 구체적 조작기 아동은 g병을 1, 2, 3, 4 병에 넣어도 노란액체가 안 생기자 포기했다. 세 가지를 섞어보라고 힌트를 주었더니 여기서부터는 체계적으로 섞지 못하고 이리저리 섞는 데 그쳤다. 그러나 형식적 조작기 청소년은 모든 가능성을 체계적으로 시도했다. 이와 같은 실험을 통해 피아제는 형식적 조작기에 도달한 인간의 사고는 직면한 문제 사태에서 해결 가능한 모든 방안을 종합적이고 체계적으로 사고하게 된다는 것과, 눈앞에 보이는 것만이 아니라, 가설적이고 추상적 사고를 할 수 있으며, 또한 복잡한 추리와 효율적이고 체계적 사고를 하게 된다는 것을 발견하였다.

그와 같은 결과로부터 사람들은 인간이 청소년기에야 비로소 철학적, 종교적, 도덕적인 생각을 본격적으로 할 수 있게 된다는 것을 추론하게 되었다.

2. 피아제의 인지발달이론과 기독교교육

피아제의 인지발달이론은 그 자체로는 물론 기독교교육이론이 아니지만, 그럼에도 불구하고 기독교교육의 영역에 많은 영향을 미쳐왔다. 먼저 그것은 골드만(R. Goldman)이나 파울러(J. Fowler), 엘킨드(D. Elkind) 등과 같은 기독교교육학자들과 종교 심리학자들의 이론 형성에 결정적 영향을 미치면서 기독교교육의 이론형성에 기여하였다. 그러나 그것은 동시에 기독교교육의 실제에도 영향을 미쳤는바, 특별히 교수-학습 상황이나, 커리큘럼 개발 계획에서 어린이들에게 맞는 단계적 학습 내용들을 선택하거나 구별하는 데 기초이론이 되어 왔다. 먼저 피아제의 인지발달이론이 각 단계 어린이의 기독교교육의 실제와 방향에 어떠한 통찰을 주는지 살펴보도록 하자.

1) 발달단계에 따른 기독교교육

(1) 감각운동기

감각운동기의 유아는 소위 "언어 이전"이라고 하는 특징을 가지면서, '운동'과 '감각'의 협응으로 세계를 탐색하는 시기이다. 따라서 이 시기의 기독교교육은 언어적

(verbal) 활동이 주가 되기보다는 비언어적(nonverbal) 활동, 그리고 유아의 감각과 운동을 사용하고 자극할 수 있는 활동으로 이루어지는 것이 요청된다. 따라서 이 시기는 시각, 청각, 후각, 촉각, 미각과 같은 오감이 발달하는 시기인 만큼 보고, 듣고, 만지고, 냄새 맡고, 맛보는 활동이 다양하게 제시되어야 한다. 이를 위해 율동과 찬양, 리듬체조, 그림보기, 화면과 스크린 보기, 성서적 캐릭터로 된 인형이나 완구 사용 등 오감을 활용한 활동이 추천된다. 특별히 이 시기 말에 유아에게 '모방' 혹은 '지연된 모방'의 행위가 나타난다는 것은 이미 이 시기부터 유아는 본 것을 기억하고 따라 한다는 것을 의미한다. 따라서 "감각운동기"부터 가정에서 부모는 기도와 예배 등의 신앙적 삶을 생활화하면서, 유아가 그것을 모방하고 습관화할 수 있도록 돕는다.

(2) 전조작기

이 시기에 유아는 본격적으로 '언어'를 배우고 사용하게 된다. 따라서 이 시기의 기독교교육은 비언어적 활동과 나란히 기독교적 언어들을 습득하게 하는 것에 주력을 둘 수 있다. 이 시기 어린이는 예수님, 하나님, 교회, 예배, 기도 등의 기본적인 단어들을 익히고 사용할 수 있으며, 주기도문, 신앙고백, 십계명 등의 기초적인 내용들을 암기할 수 있다. 교회에서 배우는 간단한 찬양들을 따라 하거나 외워서 할 수 있고, 간단한 성서 이야기도 집중하며 잘 들을 수 있다.

이 시기 어린이들이 언어가 생기는 것은 사실이나, 아직 논리적 사고 이전의 단계이므로, 논리적이거나 추상적인 교리를 전달하기보다는 간단한 성서의 이야기를 전달하는 것이 좋다. 그러나 피아제의 이론에 따르면 이 시기의 어린이는 아직 인과관계를 이해하는 조작적 사고 이전의 단계이므로, 이들은 이야기를 플롯(줄거리)을 따라 이해하기보다는, 순간순간의 장면(scene) 중심으로 이해한다고 볼 수 있다. 이야기를 잘 듣지만, 전후좌우의 상황 전개에 따라 이해하기보다는 순간순간의 사건과 상황들에 집중하는 것이라는 것이다. 실제로 유아들에게 한 이야기를 여러 번 반복해 들려주고, 유아들 스스로 그 이야기를 해보도록 할 때, 그것을 줄거리를 따라 재구성하지 못하는 것을 발견할 수 있다. 유아들이 같은 만화영화를 앉은 자리에서 여러 번 반복하며 보면서도 매번 새로 보는 것처럼 흥미 있어 하는 것도 모두 이들의 인과관계를 형성하는 지적 능력의 결여에서 오는 것이라고 할 수 있다. 따라서 유아들에게는 복잡한 줄거리의 성서 이야기를 길게 하는 것을 피하고, 간단한 성서의 이야기를 반복해서 들려주는 것이 좋다.

이 시기 어린이의 또 하나의 특성은 "자기중심성"인데, 유아는 아직 다른 사람의 입장에서 관점을 취하기보다는, 자기가 보듯이 다른 사람도 볼 것이라고 생각하는 자기중심성(egocentric)의 상태에 머물러 있다는 것이다. 따라서 유아는 아직은 가정을 떠나서 교회공동체에서 다른 친구들과 함께 배우기에 성숙한 상태라고 할 수는 없다. 이 시기는 친구들과 함께 개별적으로 주고받거나 상호작용을 하는 활동보다는 선생님이 앞에서 인도하고 함께 참여하는 활동이 더 추천된다. 또한 이 시기는 친구들과 수평적으로 관계를 맺기보다는, 아직은 가정에서 부모와의 수직적 관계로부터 받는 영향이 더 큰 만큼, 교회는 이 시기 어린이를 위한 가정교육이나 부모교육에 관심을 기울여야 할 것이다.

(3) 구체적 조작기

구체적 조작기는 우리가 소위 학동기 아동으로 부르는 시기이다. 이미 앞에서 서술한 바와 같이 이 시기 아동들에게는 전조작기에 보였던 인지적 현상들이 극복되고, 논리적으로 사고를 할 수 있는 단계에 들어섬으로 해서 그에 적합한 기독교교육이 요청된다고 할 수 있다.

이 시기의 아동은 우선 "탈자기중심성"의 현상을 보인다. 자기중심적 조망에 머무는 것을 벗어나서 다른 사람의 관점에서 조망을 취하게 되면서, 아동은 부모와의 수직적 관계에만 머물러 있는 것에서 벗어나, 친구들과의 수평적 관계를 형성하게 된다. 따라서 아동기는 가정이라는 신앙공동체를 넘어서서, 교회라고 하는 신앙공동체에서 친구들과 더불어 배우고 경험하기를 본격적으로 시작할 수 있게 된다. 따라서 이 시기의 기독교교육의 장은 가정 중심에서 교회로 확대된다. 그렇기 때문에 이 시기는 아동들이 교회라는 신앙공동체의 삶을 경험하고, 신앙공동체의 전승과 전통에 친숙해지고, 그 안의 다른 구성원들과 함께할 수 있는 경험과 기회들을 충분히 제공받을 수 있도록 해야 한다.

이 시기는 또한 아동들이 조작적, 논리적 사고를 획득하게 되면서, 성서의 이야기를 줄거리를 따라서 잘 이해할 수 있게 되는 시기이기도 하다. 아동들은 복잡하고 긴 성서의 이야기도 이야기의 원 의도에 따라 잘 이해할 수 있게 된다. 따라서 이 시기는 인생의 그 어느 시기보다 성서의 이야기를 본격적으로, 그리고 체계적으로 접할 수 있어야 하고, 그 이야기 속의 상징과 이미지, 세계관과 가치관과 만날 수 있어야 한다.

피아제의 이론에 의하면 구체적 조작기가 되어야 비로소 아동은 성서의 이야기를 저자의 의도대로, 플롯을 따라 이해할 수 있게 되는 것은 맞지만, 이 시기 아동의 조작능력은 아직 "구체적인 것"에 머물러 있어서, 이들의 사고가 구체적인 것을 넘어서서 추상적이고, 이차적인 차원까지 확대되지는 못한다는 한계를 가지고 있다. 아동들이 성서의 이야기 자체는 좋아하고 몰입하지만, 이야기가 그들의 삶에 주는 의미를 찾거나 메시지를 전달하면 더는 흥미를 갖지 않는 현상들은 이와 같은 아동의 인지적 특성을 잘 반영해 주는 것이라고 할 수 있다. 이들은 성서 이야기의 일차적, 문자적 의미에 머물러 있고, 그것을 이차적이거나, 은유적 차원의 의미로 전이하기에는 아직 미성숙하다는 것이다.

따라서 이 시기 아동에게는 추상적이거나 교리적 내용보다는, 아동이 구체적으로 이해할 수 있는 성서의 이야기 중심으로 전달해야 하고, 그에 대한 의미와 메시지는 아동이 이해할 수 있는 구체적 형태로 전달해야 한다는 점을 알 수 있다.

(4) 형식적 조작기

형식적 조작기는 구체적 조작기 아동의 사고가 주로 구체적인 것에 머물러 있었던 것에서 벗어나, 눈에 보이는 세계를 넘어 추상적, 가상적, 미래지향적 사고를 할 수 있게 되고, 복잡한 추리가 가능하며, 하나의 사건을 다측면적 조망에서 볼 수 있는 종합적 사고가 가능해지는 시기이다.

일반적으로 청소년이 되어야 도달하게 되는 이 시기에 학습자는 성서의 이야기로부터 일반적인 원칙을 발견하고, 그것을 자신의 삶으로 전이할 수 있게 된다. 그래서 이 시기는 성서의 이야기가 갖는 이차적이고 은유적 의미를 학습자의 삶과 연결시키거나, 학습자의 삶의 문제를 성서의 이야기와 연결시키는 학습이 본격적으로 가능하다. 그뿐만 아니라 이 시기는 추상적 교리나 그와 관련된 기독교의 전승들을 전달하는 것도 가능하다. 피아제의 이론에 의하면 이 시기에 비로소 학습자들은 기독교적 신 개념, 즉 삼위일체적 신 개념을 이해할 수 있고, 특별히 '성령'과 같은 눈에 보이지 않으나 존재하는 추상적 개념들을 이해할 수 있게 되고, 그 하나님과 관련을 맺을 수도 있다.

2) 피아제의 영향을 받은 종교발달이론들

피아제의 인지발달이론은 앞에서 살펴본 바와 같이 각 단계에 따라 기독교교육의 방향과 방법에 실제적 통찰을 주기도 하지만, 이론적으로 여러 기독교교육학자들이나 종교심리학자들의 이론형성에도 직접적인 영향을 미쳤다. 골드만(R. Goldman), 엘킨드(D. Elkind), 파울러(J. Fowler), 오저와 그뮌더(R. Oser & Gmunder) 등의 학자들과 아래의 표에 나타난 대로 그 외의 많은 학자들이 1960년대를 기점으로 파울러의 이론을 근간으로 한 이론들을 전개한 바 있다.

〈피아제로부터 영향을 받은 학자들과 저술들〉[49]

구 조	저 자	저 술
종교적 사고	골드만(R. Goldman)	Religious thinking from childhood to adolescence(1964)
하나님 개념	디컨시(J. Deconchy)	The idea of God(1965)
기도 개념	롱, 엘킨드, 스필카 (D. Long, D. Elkind, & B. Spilka)	The child's conception of prayer(1967)
종교적 정체성	엘킨드(D. Elkind)	The child's reality(1978)
신앙	파울러(J. Fowler)	Stages of faith(1981)
신학적 개념	웨이크필드(N. Wakefield)	Children and their theological concepts (1986)
영적발달	스틸(L. Steele)	Developmental psychology and spiritual development(1986)
영성발달	헬미니악(D. Helminiak)	Spiritual development(1987)
종교적 판단	오저와 그뮌더 (R. Oser & Gmunder)	Religious judgement(1991)

위의 표에 나타난 것과 같이 피아제의 인지발달이론은 "종교적 사고"나 "종교적 판단", 그리고 "신학적 개념", "하나님 개념"과 같은 인지적인 측면과 관련된 종교 발달 이론 형성에 직접적 영향을 미쳤다. 골드만과 엘킨드와 같은 학자들은 피아제의 인지발달 단계들을 그대로 수용하면서, 비슷한 형태의 종교적 사고 발달단계를 전개하였다. 디컨시의 "하나님 개념" 발달도 피아제의 '인공성'(artificialism)의 개념을 수용한 '신 개념'(God concept) 발달이고, 웨이크필드의 "어린이의 신학적 개념"도 피아제의 인지발 달이론으로부터 직접적인 관련성을 가진 어린이의 신학 개념 형성과 발달에 관한 이론이라고 할 수 있다.

이와 같은 점을 미루어 볼 때, 피아제의 이론은 주로 "종교적 사고"나 "하나님 이해", 혹은 "종교적 판단"과 같은 인지적 측면의 이론형성에 직접적으로 영향을 미쳤다고 할 수 있다. 물론 그것은 위의 표에 나타난 대로 '신앙'과 '영성'의 발달이론에도 영향을 미치고 있는 것이 사실이다. 그러나 그것은 신앙이나 영성이 인간의 전인적 차원을 포괄하는 개념으로써 인지적 측면을 배재하지 않기 때문이고, 여기에서도 피아제의 이론은 주로 인지적 측면과 관련된 영향을 미치고 있다. 특별히 파울러의 경우, 아동기 이하의 신앙발달 단계를 설명하면서 피아제의 이론으로부터 결정적 도움을 받고 있는 것을 확인할 수 있는데, 그는 유아·아동 시기의 신앙발달 단계를 아예 "직관적-투사적" 신앙이나, "신화적-문자적" 신앙과 같은 이름으로 칭하고 있다. 직관적-투사적이라 함은 피아제의 전조작기의 특성인 직관적 사고와 자기중심적 사고를 지칭하는 것이고, 신화적-문자적이라 함은 구체적 조작기 아동의 사고가 일차적으로 이야기 그 자체에 문자적으로 머무는 것을 지칭하는 개념이다. 이와 같은 점을 전체적으로 보았을 때, 피아제의 인지발달이론은 종교 혹은 신앙의 인지적 측면을 설명하는 기초적 이론으로 쓰이고 있는 것을 볼 수 있다.

그런 의미에서 피아제의 인지발달이론이 아동의 신앙이나 영성을 설명해주는 유일하거나 주된 이론으로 여겨진다면, 그것은 편협하거나 일방적인 태도라고 할 수 있다. 신앙이나 영성이 인간의 전인적 차원을 포괄하는 개념이라면, 피아제의 이론은 그 중 한 부분인 인지적 측면에 관한 통찰을 줄 수 있을 뿐이다. 그것에 절대적으로 의존하는 기독교교육이론이나 종교발달이론은 상대적으로 한계를 가질 수밖에 없다는 점을 인식해야 할 것이다.

III. 콜버그의 도덕성 발달이론과 기독교교육

이 장에서는 신앙발달이론이나 기독교교육에 직접적 관련을 가지고 있는 발달이론 중의 하나로 콜버그의 도덕성 발달이론을 간략히 살펴보도록 하자. 콜버그는 위에 살펴본 피아제의 인지발달이론을 기초로 하여 도덕성 발달이론을 연구하였는바, 특별히 피아제가 1932년에 발표한 『어린이의 도덕적 판단』의 이론에 연계하여서 청소년과 성인기로 확대되는 도덕성 발달이론을 전개하였다.

콜버그는 도덕성의 발달을 특정한 가치나 규범의 측면에서 보기보다는, 그 가치와 규범이 "정립되는 방식"에서 보았다. 예를 들어 콜버그는 도둑질하지 말라는 계명이 사람의 성숙의 정도에 따라 상이한 방식으로 정립되고 있다는 것을 관찰하였다. 어떤 사람은 "도둑질은 나쁘다. 왜냐하면 벌을 받게 되니까"라고 대답하고, 또 어떤 사람은 "도둑질은 나쁘다. 왜냐하면 법에 그렇게 나와 있기 때문이다"라고 답하며, 또 어떤 사람은 "나는 다른 사람이 내 물건을 도둑질하는 것을 원치 않는다. 내가 그들의 물건을 훔치는 것 또한 잘못된 것이다. 내가 당하기 싫은 일을 남에게 행하는 것은 잘못된 것이다"라고 답하는 것을 보면서 그는 도덕성은 도덕의 내용에 달려 있는 것이 아니라, 결국 도덕적 판단과 추론을 어떻게 하느냐에 달려 있다는 사실을 발견하였다.

그는 바로 이러한 도덕적 판단의 범주들을 구성하기 위해 일련의 딜레마들을 피험자들에게 제시하고, 그들이 갈등적 상황에서 내리는 도덕적 판단의 과정을 조사하였다. 다양한 문화권의 다양한 피험자들을 대상으로 한 이 연구로부터 콜버그는 문화권을 초월하여 보편적인 단계별 발달의 과정이 있다는 사실을 발견하였다.

1. 콜버그의 도덕발달 단계

콜버그가 피험자에게 제시한 가상적 갈등상황 중의 대표적 예가 바로 하인츠의 딜레마이다.

> 유럽의 어느 지역에서 한 부인이 암으로 죽어 가고 있었다. 그 부인은 동네의 약사가 최근에 개발한 라듐으로 만든 약을 복용하면 병을 고칠 수 있었다. 남편인 하인츠는 돈이 없어 알 만한 사람 모두에게 찾아가서 돈을 꾸었으나 통틀어 그 반 정도의 돈밖에 구할 수 없었다. 그래서 하인츠는 약사에게 찾아가 아내가 죽어 가고 있으니 약값을 할인해 주거나 외상으로 줄 수 없겠느냐고 애원을 했다. 하지만 약사는 단호하게 거절했다. 하는 수 없이 남편은 약국에 무단 침입해 약을 훔쳐 냈다. 하인츠는 과연 그렇게 해야만 했을까?[50]

콜버그는 이 같은 딜레마를 제시한 후 다음과 같은 질문들을 던졌다. 하인츠는 약을 훔쳐야만 했는가? 그 이유는? 사람을 죽게 내버려두는 것과 도둑질하는 것 중 어느 것이 더 나쁜가? 그 이유는? 생명의 가치란 당신에게 어떤 것을 의미하는가? 만약에 남편이 아내를 사랑하지 않았다면 그가 도둑질할 만큼 충분한 이유가 있었을까? 하인츠가 붙잡혔다면 그는 감옥에 투옥되어야 할까? 하인츠가 잡혀서 재판을 받게 된다면 그에게 유죄선고를 내려야만 하는가? 그 이유는? 이런 경우에 재판관은 사회에 대해 어떤 책임을 지고 있는가?

콜버그는 이러한 질문에 대한 다양한 대답들을 체계적으로 분류하고 도덕적 발달의 단계를 1단계에서 6단계로 이론화하였다. 먼저 3단계, 즉 "**전인습적(Pre-conventional) 수준**", "**인습적(Conventional) 수준**", 그리고 "**후인습적(Post-conventional) 수준**"으로 분류하고, 각 수준을 다시 두 단계로 세부적으로 분류하였다. 여기에 나타나는 '인습적'이란 소위 가족, 사회, 국가의 협약이나, 관습, 규칙들을 내면화하고 그에 따라서 판단하는 것을 의미한다. "전인습적 수준"이 그와 같은 판단을 할 수 있기 이전 수준으로 자신의 개인적 욕구나 관심이 앞서는 단계라면, "인습적 수준"은 자신이 속한 그룹이나 사회의 규칙을 중요하게 여기며 이를 도덕적 판단의 근거로 삼는 수준이다. "후인습적 수준"은 사회의 권위에 의존하지 않고 이를 초월하여 보편적 규범에 따라서 행동한다.

1) 제 1수준: 전인습적 도덕성

전인습적 수준이란 도덕적 판단의 기준이 사회 문화적 규범이나, 선악에 대한 일반적 관습에 있는 것이 아니라 쾌락이나 물리적 영향(형벌, 보상, 친절을 주고받음)에 있는 수준을 의미한다. 이 수준은 아래의 두 단계로 구분된다.

(1) 복종과 처벌지향

이 단계는 도덕적으로 옳고 그름의 기준이 어떤 가치나 의미에 있는 것이 아니라, 행위의 결과가 어려움이나 벌을 가져오느냐 아니냐에 있는 단계이다.[51] 이 단계의 아동은 복종해야 하는 고정불변의 규율은 강한 권위자가 내려준 것이라 생각한다. 권위자의 압도적인 힘 때문에 복종해야 하고, 그로부터 오는 처벌을 피하기 위해서 옳은 일을 해야 하는 것이라고 생각한다. 하인츠 딜레마에서 아동의 전형적 답변은 하인츠가 약을 훔치는 것은 나쁘다는 것이다. 그 이유는 "벌을 받을 것이기 때문에 나쁘다"고 대답한다는 것이다. 벌은 권위자가 내려주는 것이다. 따라서 이 단계는 "타율적 도덕성"의 단계라고 할 수 있다.

이 단계의 어린이는 또한 행동의 의도에 대해서는 관심이 없고, 오로지 따라오는 결과에만 비추어 반응한다. 이 단계의 어린이는 예를 들어 어떤 아이가 어머니를 돕기 위해 접시를 닦다가 접시 열 개를 깨었을 때와 장난을 치다가 접시 한 개를 깨었을 경우 어느 것이 더 나쁘냐는 질문에, 접시 열 개를 깬 아이가 더 나쁘다고 답한다. 행동의 의도에는 관심이 없고, 행위의 결과에만 반응한다는 것이다.

(2) 상대적 쾌락주의 경향

이 단계는 도덕적으로 올바른 것이란 자기의 필요를 만족시켜 주는 것이고, 또 경우에 따라서는 다른 사람의 필요도 채워주는 것이라고 생각하는 단계이다. 다시 말해서 이 단계의 도덕성의 기준은 개인의 '**유용성**'(usefulness)이나 '**도구성**'(instrumentality)이라고 할 수 있다. 이들은 자신이나 다른 사람의 관심과 필요를 만족시키는 것에 기여할 때만 규칙을 따르는 것이 옳다고 생각한다. 따라서 이 단계 아동이 옳은 것을 행하는 이유는 자기의 관심사와 필요를 만족시키기 위해서이다. 물론 이 단계에서 아동은 다른 사람들도 인정해야 한다는 것을 안다. 이들은 개인마다 중시하는 것이 다르다는 것을 알기에 도덕성도 사람에 따라 다르다고 생각한다. "하인츠의 입장에서는 아내를 구하기 위해 훔치는 것이 정당하다고 생각할 수도 있지만, 약사의 입장에서는 그것을 그르다고 생각할 수도 있다"고 말한다. 그것은 상대적이기 때문에 궁극적으로 각자의 욕구와 쾌락에 따라, 즉 상대적 쾌락주의에 의해 결정된다.

이 단계에서 또한 정의는 "공정한 것", "공평한 거래", "동등한 분배"에 있지만, 이것들은 물질적이고 구체적이며 실용적 차원에서 해석된다.[52] "네가 나의 등을 긁어 주면 나도 긁어주마"의 원칙이 지켜진다. 따라서 이 나이의 어린이들은 놀이에서 반드시 규칙을 공평하게 지켜야 하며, 조금이라도 불공평하면 어려움을 겪는다. 이 시기의 도덕성의 특징은 "개인주의적"이고, "목적의식"과 "공평한 교환"의 개념으로 특징지워진다.

2) 인습적 수준

인습적 수준은 사회의 일반적 협약이나 규범에 따라서 도덕적 판단을 내리는 시기로서 이는 다음과 같은 두 단계로 이루어진다.

(3) 착한 소년/소녀 지향

이 단계의 아동은 자신과 가까운 사람이나 그 밖의 다른 사람들이 자신에게 거는 기대에 부응하는 것이 옳다고 생각한다. 이들은 다른 사람을 신경 쓰며 칭찬받을 만한 일을 하는 "착한 아이"가 되는 것에 가치를 두며, 또한 다른 사람과의 관계를 가꾸어 가면서 믿음, 충성, 존경, 감사와 같은 것들을 배워간다. 따라서 이들이 옳은 것을 행하는 이유는 '착한' 행동을 강조하는 자신이 속한 공동체의 권위와 규칙을 지키려는 소원에 있다고 할 수 있다. 따라서 이 시기부터는 "자신이 속한 공동체"가 도덕적 판단의 기준이 되며, 이로 인해 또래 집단의 중요성이 부각된다.

이 단계의 아동들은 착하다고 하는 것을 '동기'와 '감정'의 측면에서 정의될 수 있는 것으로 생각한다. 이들은 하인츠에게는 "생명을 구하려고 애썼다", "아내를 사랑했다"라고 하는 측면을 강조하고, 반대로 약사의 동기는 "나쁘다", "탐욕스럽다", "이익만 생각한다"라고 말하는 경향을 보였다. 심지어 어떤 아동들은 약사에 대해 몹시 성을 내면서, 약사를 감옥에 보내야 한다고 말하기도 하였다.

(4) 법과 질서 지향

이 단계에서는 사회질서 유지에 대한 의식이 생기고, 그를 위해 고정된 법칙들에 복종해야 한다는 사고가 전면에 나타난다. 따라서 이 시기의 사람은 올바른 행위란 자기의 의무를 다하며 주어진 사회질서를 잘 유지하는 일이라고 생각한다. 이 시기는 법에 대한 의무가 친구와 집단에 대한 의무를 앞선다고 생각하며, 법칙을 열심히 지키려는 법의 신봉자가 되기도 한다. 하인츠 이야기에 대한 반응에서도 이 단계의 사람들은 대체로 하인츠에게 동정적이긴 하지만 그렇다고 도둑질을 용서하지 않는다.

이 단계에서 법과 합법적 권위에 대해서 이처럼 존경심을 보이는 이유는 법칙을 평화, 질서, 개인의 권리를 궁극적으로 보증해주는 것으로 보기 때문에 어떤 개인이나 집단도 법 위에 존재할 수 없다고 본다. 아동 후기와 청소년이 이 단계에 속하며, 또한 많은 성인이 이 단계에 속한다.

3) 후인습적 수준

이 시기는 기존의 인습에 대한 순응을 넘어서, 도덕적 문제에 대하여 스스로 합리적이고 비판적으로 사고하고 판단할 수 있는 시기이다. 따라서 이 수준을 자율적 도덕의 수준이라고도 한다.

(5) 사회계약과 법률 지향

위의 4단계에서는 "엄격한 법과 질서"라고 하는 태도를 취하지만, 이 단계에서는 법을 좀 더 유동적인 것으로 파악한다. 법이 사람들이 필요로 하는 바를 충족시키지 못한다고 느껴지면, 상호 동의와 민주적 절차를 통해서 언제든지 변경시킬 수 있다고 생각한다. 이 단계에서는 개인적 가치가 법보다 우선한다는 것을 어렴풋이 인식하며 이러한 가치는 자유, 정의, 행복의 추구 등을 포함하고 있다.

(6) 보편적 · 윤리적 원칙 지향

이 단계는 법을 초월하는 어떤 추상적이고 보편적인 원리에 대한 좀 더 명확한 개념화가 이루어지는 단계이다. 이들은 사회 질서의 중요성을 인식하고 있지만, 질서가 잘 지켜지는 사회라고 해서 좀 더 중요한 원리들을 모두 실현시키고 있는 것은 아니라는 것을 깨닫는다. 즉 법이나 질서보다 상위의 가치나 보편적 원리가 있다고 보는 것이다.[53]

하인츠의 딜레마에서도 이 단계의 사람은 하인츠가 아내를 구하기 위해 도둑질할 법적 권리는 없지만 좀 더 상위의 도덕적 권리를 가지고 있다고 말한다. 인간은 어떤 이유에서든 수단으로 다루어질 수 없으며 모든 인간의 권리는 보호되어야 한다고 생각한다.

2. 어린이의 도덕성과 기독교교육

위에서 살펴본 콜버그의 도덕발달 단계에 비추어 볼 때, 어린이의 도덕성은 "전인습적 수준"에서 "인습적 수준"의 첫 번째 단계, 즉 1단계에서 3단계에 걸쳐 분포되어 있다. 물론 개인에 따라 차이가 있지만, 1단계인 "복종과 처벌 지향"의 단계에는 주로 유아기가, 2단계인 "상대적 쾌락주의 지향"에는 아동기가 속하고, 소수의 후기 아동기의 어린이가 3단계인 "착한 소년/소녀 지향"의 단계에 속한다고 할 수 있다.

"도덕성 발달"은 물론 신앙의 발달이 아니다. 그러나 우리가 신앙인으로 산다는 것은 "하나님 나라"의 시민으로서 윤리와 도덕을 실제로 행하면서 사는 것을 의미하기 때문에 도덕은 신앙에 포함되는 개념이다. 파울러도 그의 신앙의 구조를 이루는 일곱 가지 요소 중 한 요소로 "도덕적 판단의 형태"를 들고 있다.[54] 또한 콜버그 자신도 그의 동료 클라크 파우어(Clark Power)와 함께 쓴 글 『도덕적 발달, 종교적 발달』에서 자신이 제시한 각 단계에 속하는 사람들의 도덕적 판단을 그들의 "하나님 개념"과 연계하여 제시한 바 있다.[55] 그가 제시하는 각 단계의 "하나님 개념"과 함께 각 단계가 갖는 기독교교육적 함의와 방향을 살펴보도록 하자.

1) 유아기

유아기는 앞에 언급한 대로 "복종과 처벌 지향"의 단계에 속한다. 이 시기 유아의 사고는 절대적인 권위를 가지는 성인, 즉 부모에 대한 복종과 처벌에 대한 두려움에 뿌리를 내리고 있다. 이들은 부모가 왜 어떤 행동을 하는지에 대한 원인이나 목적을 생각하기보다는 부모가 하는 행동이기 때문에 옳고, 그에 대한 복종이 또한 옳다고 생각하는 시기라고 할 수 있다.

이와 같은 타율적 도덕성의 시기에는 부모가 어떤 가치관을 가지고 살고 있는가 하는 것 자체가 결정적으로 중요하다. 따라서 이 시기의 기독교교육은 절대적으로 부모에게 달려 있다고 할 수 있다. 부모가 먼저 기독교적 가치관을 가지고 삶으로써 그것을 실천하며 보여주는 것, 그 자체가 자녀에게는 절대적인 선이 된다. 또한 이 시기는 행위의 목적이나 의도를 생각하기보다는 행위의 결과 자체가 중요한 시기이다. 따라서 이 시기 유아들에게는 왜 예배를 해야 하는지, 왜 기도를 해야 하는지를 아는 것이 관건이 아니라, 부모가 예배를 드리고, 기도를 하고 있다는 사실 자체가 중요하고, 또한 유아들도 그것을 함께 하도록 함으로써 그 행동을 강화해주는 것이 결정적으로 중요하다.

2) 아동 전기

이 시기 아동은 자신의 관심과 필요를 만족시키는 것에 기여할 때만 규칙을 따르는 것이 옳다고 생각하는 "상대적 쾌락주의"의 경향성을 가진다. "네가 나의 등을 긁어주면 나도 너의 등을 긁어주마"의 원칙이 지켜지는 시기이다.

콜버그는 이 단계의 아동들은 하나님과의 관계 속에서도 서로 주고받는 교환이 일어난다고 생각하였다.[56] 하나님이 자신에게 무엇을 해주신다면 자신도 하나님께 무엇인가 유익을 주어야 한다고 생각한다는 것이다. 역으로 하나님이 자신에게 무엇인가를 해주도록 하시기 위해서 자신이 기도나 종교적 행위를 해야 하거나 무엇인가 하나님이 원하는 것을 해야 한다고 생각한다는 것이다.

이러한 상대적 쾌락주의 경향의 아동들에게는 하나님이 좋은 분, 우리를 돕고, 지켜주는 분이라고 하는 이해를 제시하는 것이 바람직하다. 1단계의 유아는 하나님이 어떤 분이든 상관없이 부모님이 믿고 예배하는 분이기 때문에 자신도 예배하고 기도해야 하는 분이라고 생각한다면, '유용성'과 '도구성'을 도덕적 기준으로 보는 2단계의 아동들에게는 그 무엇보다 우리를 돕고, 지켜주는 분, 우리에게 이익을 가져다주는 분으로서의 "하나님 이해"를 구체적으로 제시하는 것이 필요할 것이다. 하나님으로부터 무엇을 받기 위해서는 우리가 하나님이 기뻐하시는 삶을 살아야 한다는 것을 가르치는 것도 2단계 아동에게 접근할 수 있는 방법이겠지만, 오히려 하나님은 우리가 잘못해도 우리를 사랑하고, 돕고, 지켜주시는 분이라고 하는 것을 가르치는 것이 아동으로 하여금 건강한 하나님의 이미지를 형성하는 것을 도울 수 있을 것이다.

3) 아동 후기

물론 모든 아동 후기의 어린이들이 "인습적 수준"의 도덕성에 도달하는 것은 아니지만, 많은 수의 아동 후기와 초기 청소년기에 속하는 학생들이 이제 전인습적 수준의 도덕성을 벗어나 "착한 소년/소녀 지향"의 단계에 도달하게 된다. 이 단계의 아동은 자신이 속해 있는 공동체의 기대에 부응하고, 사랑과 신뢰 관계를 유지하기 위해 필요한 것을 하려는 욕구에 근거를 두고 도덕적 판단을 한다.

기독교교육적으로 볼 때 이 시기는 '교회'가 아동의 기대에 부응하고 그와 사랑과 신뢰의 관계를 유지하기를 원하는 "권위의 공동체"(authority community)가 되어야 하는 시기라고 할 수 있다. 그러면 어떻게 교회가 아동에게 "권위의 공동체"가 될 수 있는가. 그것은 무엇보다 아동이 교회에 속하면서 그 공동체가 추구하는 가치들과 세계관을 공유하는 경험을 할 때 이루어진다. 자신에게 의미를 가지지 않는 공동체가 어떻게 권위의 공동체가 되겠는가? 아동이 신앙공동체의 규칙이나 규범을 도덕적 판단기준으로 선택할 수 있을 만큼의 구속력이 있으려면, 최소한 아동은 교회에 속해야 하고, 그곳에서 삶을 나누어야 하고, 다른 사람들과 관계를 맺는 경험을 먼저 해야 한다. 또한 그 공동체의 가치 기반을 이루는 "근원의 이야기"(meta-narrative)를 공유하고, 그의 이야기가 아동의 근원이야기가 되도록 하여야 하는 것이다.

그렇게 보았을 때, 이 시기는 그 어느 때보다 아동이 '교회' 공동체에 활발하게 참여하고 삶을 나누어야 하는 시기여야 하고, 교회가 공유하는 "성서의 이야기", "하나님 나라 이야기"가 아동의 삶과 도덕적 판단의 기준이 되는 근원이야기가 될 수 있도록 다양한 통로를 통해 제시되는 시기여야 한다고 할 수 있다.

제3장

어린이의 신앙과 신앙교육

이 장에서 우리는 어린이의 신앙과 신앙의 성장에 관하여 살펴보려 한다. 어린이의 신앙에 관하여서는 다양한 입장의 다양한 이해들이 공존한다. 유대-기독교 전통에서는 신앙이란 오직 하나님으로부터 오는 선물이라고 이해하고 있는 것에 반하여, 발달심리학적 관점에서는 신앙은 성장하는 것으로 이해한다. 또 인지발달적 입장에서 보면 아동은 종교적 사고에 아직 미숙한 존재이지만, 어린이 영성적 입장에서는 어린이도 영성적 존재이고 종교적 사고를 하는 존재이다. 이 장에서는 이와 같이 다양한 어린이의 신앙에 관한 입장들을 살펴보고, 그것으로부터 어린이의 신앙과 신앙의 교육에 관한 종합적이고 통전적 관점을 모색해 보도록 한다.

I. 종교적 사고의 발달 - 골드만

1. 들어가는 말

앞서 살펴본 피아제의 인지발달이론을 아동의 종교적 사고에 가장 직접적이고도 집중적으로 연결시키고 있는 학자의 하나로 우리는 영국의 종교교육학자 로날드 골드만(Ronald Goldman)을 들 수 있다. 골드만은 1960년대 초에 제네바의 피아제 연구소에서 일하면서 "피아제의 사고형식을 종교적 내용에 적용하면 어떻게 될까?"하는 질문을 던지게 되었다. 이 질문에 답하려고 시도하는 과정에서 그는 영국의 공립학교에 있는 300명의 어린이들을 면담하게 되었고, 이 면담으로부터 어린이들이 하나님의 존재와 속성, 예수님, 사탄, 성서, 기도, 교회와 같은 개념들에 대해 어떤 생각을 하고 있는지에 대한 자료들을 수집하게 되었다. 골드만은 이 자료들을 그의 저서『어린이로부터 청소년까지의 종교적 사고』(Religious Thinking from Childhood to Adolescence)(1964)[1]라고 하는 책에서 피아제의 인지발달 단계에 입각한 어린이와 청소년의 종교적 사고 발달 단계를 제시하였다. 그리고 이듬해인 1965년에 출간된 『종교를 위한 준비』(Readiness for Religion)[2]에서는 그의 종교적 사고 발달이론을 영국 공립학교의 종교수업에 적용하는 문제를 다루게 되었다. 이 두 책에서 취한 골드만의 핵심입장은 인간의 종교적 사고는 그 방법이나 형식에 있어서 비종교적 사고와 다를 것이 없다는 것이다.[3] 따라서 그는 아동에게 종교교육은 아동의 인지발달 수준에 맞는 것이 되어야 한다는 것을 역설한다.

2. 아동의 종교적 사고발달 단계

골드만은 피아제의 인지발달이론을 근간으로 하여 인간의 종교발달 단계를 크게 다섯 단계로 구분하였다. 그는 유아부터 청소년에 이르는 대상들의 종교적 사고 발달을 조사하기 위해, 대상자들에게 성서의 이야기와 그림을 제시하고 이들이 이야기들을 어떻게 이해하고 있는지를 인터뷰를 통해 수집한 후, 이 결과들로부터 다섯 단계의 수준을 분류해 냈는바, 먼저 **"직관적 종교기"**, **"구체적 종교기"**, **"추상적 종교기"**로 분류하고, 각각의 사이에 다시 두 단계 **"직관적 종교기와 구체적 종교기의 중간기"**, **"구체적 종교기와 추상적 종교기의 중간기"**를 첨부하였다. 명칭에 이미 나타나 있는 것처럼, "직관적 종교기"는 피아제의 전조작기를, "구체적 종교기"는 피아제의 구체적 조작기를, 그리고 "추상적 종교기"는 피아제의 형식적 조작기와 일치하는 "개념굴기의 중간기"를 피아제의 인지발달의 제 1단계인 "감각운동기"의 유아는 언어적 한계로 인하여 종교와 관련된 자료수집 자체가 불가능할 때 추상적 고려의 대상에서 제외한다고 하였다.[4]

그는 피아제의 인지 단계를 확인하기 위하여 다섯 질문들을 모든 면담자에게 하고 이들의 대답으로부터 단계적 특성을 구별해 내었는바, 그 질문은 아래와 같다.[5]

Q1: 모세는 왜 하나님 보기를 두려워했을까?
Q2: 모세가 서 있던 땅은 왜 거룩하다고 생각하는가?
Q3: 떨기나무가 불꽃 가운데 있는데 타지 않았던 이유를 어떻게 설명할 수 있는가?
Q4: 홍해가 갈라진 것을 어떻게 설명할 수 있는가?
Q5: 예수님은 왜 돌을 떡덩이로 만들지 않았을까?

이 질문들에 대한 응답을 골드만은 각 단계별로 정리하면서 단계별 특징을 서술하였는데, 아래에서 한 단계씩 살펴보도록 하자.

1) 직관적 종교기

먼저 직관적 종교기의 유아(대략 5-7세)들이 위에 나열한 바와 같은 질문에 어떻게 대답하고 있는지를 살펴보자.[6]

질 문	유아의 대답
질문 1: "왜 모세는 하나님 보기를 두려워하였나요?"	* "하나님의 얼굴이 무섭게 생겨서" * "하나님의 음성이 거칠어서" * "모세가 하나님께 공손하게 말하지 않았기 때문에"
질문 2: "왜 모세가 선 땅은 거룩한 땅이었을까요?"	* "땅에 잔디가 있어서" * "땅이 뜨거웠다. 그 땅에서 신발이 탈 수도 있다."
질문 3: "왜 가시떨기는 불이 붙었으나 타지는 않았나요?"	* "예수님이 불타는 가시떨기를 보았는데, 어떤 사람들이 그것을 물로 껐어요." * 위의 대답이 있은 후 다른 아이들이 덧붙이기를 "어떤 나쁜 사람들이 아이들이 다시 불을 붙였어요." * "꽃들과 잎들 그리고 가지들은 높이 있었기 때문에 타지 않았어요." * "하나님이 그냥 그렇게 했어요."
질문 4: "홍해는 어떻게 갈라졌나요?"	* "모세가 푸른 바다와 흰 바다를 갈라서 지나가자, 푸른 바다와 흰 바다가 갈라졌다." * "하나님이 요술로 그렇게 했다." * "기적이었다. 하나님이 모세에게 손을 내밀라고 하셨고, 요술을 하셨다."
질문 5: "왜 예수님은 돌을 떡으로 만들지 않았나요?"	* "떡을 안 좋아해서" * "아무것도 먹고 싶지 않아서" * "예수님은 사탄을 싫어해서 그가 하는 말을 듣고 싶지 않았다."

위의 표에 나타나는 유아들의 대답을 통해 골드만은 유아기의 종교적 사고의 특징들을 다음과 같이 해석했다. 첫째, 유아의 종교적 사고는 **변환적**(transductive)이다. 변환적이라 함은 특정의 것을 그것과 관계가 없는 다른 특정의 것과 서로 연결시키는 성향이다. 예를 들어 유아는 "모세가 하나님 보기를 왜 두려워했을까?"라는 질문에, "하나님의 얼굴이 이상하게 생겨서", "하나님의 목소리가 거칠어서", 혹은 "모세가 공손히 말하지 않아서"라고 대답하였다. 이와 같은 대답은 유아가 서로 관련 없는 특정의 것을 서로 연결시키고 있는 좋은 예들이라고 할 수 있다.[7]

둘째, 유아의 종교적 사고는 **비조직적이고 단편적**이다. 유아의 사고는 성인이 볼 때 사건의 핵심이 되는 것을 빗겨갈(off-centre) 뿐만 아니라, 중요치 않은 것에 주목하고 있는 것을 볼 수 있다. 예를 들어 유아들은 예수님이 왜 돌을 떡으로 만들지 않았냐는 질문에 "예수님이 떡을 안 좋아해서", 혹은 "배가 안 고파서", 혹은 "사탄을 싫어해서" 등으로 대답하고 있다. 이 같은 대답은 유아가 사건의 핵심을 파악하지 못하고, 중요하지 않은 단편적인 다른 요소들에 집중하고 있는 대표적인 예라고 할 수 있다.[8]

셋째, 유아의 사고는 **자기중심적**(ego-centric)이다. 유아는 자신의 경험을 사건에 연결시켜서 생각하는 강한 자기중심성을 가지고 있다. 예를 들어 "왜 가시떨기에 불이 붙었지만 타지는 않았나요?"라는 질문에 한 유아가 "예수님이 불타는 가시떨기를 보았는데, 어떤 사람들이 물로 불을 껐어요"라고 대답하였다. 이 유아는 불이 붙었을 때 누군가 물로 불을 끈 것을 본 경험을 이 질문과 연결시키고 있다. 또 어떤 유아는 "왜 모세가 선 땅은 거룩한 땅인가요?"라는 질문에 "잔디가 있어서"라고 대답하였다. 이 유아는 자신이 잔디에서 신발을 벗고 놀았던 경험과 연결시키고 있는 것을 볼 수 있다. 이처럼 유아는 자기중심적인 사고로 자신의 경험을 사건에 대한 판단에 투사하는 경향이 있다.

넷째, 유아의 사고는 지나치게 **단순하고, 비종합적**이다. 유아들은 사건의 전체를 보지 못하고 지나치게 단순하게 생각한다. 예를 들어 "왜 가시떨기에 불이 붙었지만 타지는 않았나요?"라는 질문에 한 유아가 "꽃들과 잎들, 그리고 가지들은 높이 있었기 때문에 타지 않았어요"라고 답하였다. 이 유아는 불이 붙었으나 타지 않았다는 개념을 종합적으로 이해하기보다는 이들이 높이 있어서 타지 않았다는 단순한 생각을 견지하고 있다.

위에 살펴본 "직관적 종교기"에 속하는 유아의 특징은 전체적으로 피아제의 전조작기의 지적 특징들을 잘 반영해 주는 예라고 할 수 있다.

2) 직관적 종교기와 구체적 종교기의 중간기

어린이가 7세 정도가 되면 직관적 종교기의 한계를 벗어나려는 시도를 하지만, 그러나 구체적 종교기에 도달하기에는 아직 직관적 종교기의 사고의 틀을 완전히는 벗어나지 못하는 과도기적 시기가 온다. 골드만은 이 시기를 "직관적 종교기와 구체적 종교기의 중간기"로 칭하면서 인터뷰 결과로부터 그와 같은 특성들을 발견해 내었는바 그것은 아래와 같다.[9]

질문	아동의 대답
질문 1: "왜 모세는 하나님 보기를 두려워하였나요?"	* "하나님은 턱수염이 있는데, 모세는 턱수염을 싫어해요." - 이 경우 아이는 모세가 하나님을 쳐다보지 않았다는 사실을 간과하고 있다. * "하나님이 떨기나무에 불을 붙여서 모세를 죽일지도 몰랐기 때문에 모세는 무서워했어요." - 이 아이는 두 가지 측면을 관련시키려 시도는 하지만, 성공적이지 않다. 귀납적이거나 연역적 사고를 시도하지만 성공하지 못한다.
질문 2: "왜 모세가 선 땅은 거룩한 땅이었을까요?"	* "그냥 거룩하다고 하니까 그래서 거룩하죠." "왜?" "하나님이 복 주셨기 때문이죠." "왜 하나님이 복을 주셨는데?" "왜냐하면 거룩하기 때문이에요." * "하나님이 만들었기 때문에 거룩하죠." "하나님이 땅을 다 만들지 않았나요?" "예, 그러나 이것은 특별히 만들어진 거예요. 왜냐하면 하나님이 거룩하게 만들었거든요. 그리고 사람들이 밟지 못하게 되어 있어요." - 논리적 설명을 시도하지만, 순환논쟁으로 빠진다.
질문 3: "왜 가시떨기는 불이 붙었으나 타지는 않았나요?"	* "나뭇잎들이 너무 강해서 타지 않았어요. 그 전에는 탄 적이 없어요." * "하나님이 비를 보내서 젖게 했어요." - 상황을 개인적인 경험과 연관하려는 시도가 보이지만 문제의 핵심과 관련시키지를 못한다. * "다른 나라에서 일어난 일이에요. 그들은 우리 같은 집이 없거든요." "그게 무슨 상관인데?" "글쎄요, 그건 다른 떨기나무요. 그 떨기나무에는 가지가 없었어요." - 사고를 체계화시키려는 시도를 함. 거의 성공하는 듯하나 부족하다.

질문 4: "홍해는 어떻게 갈라졌나요?"	* "하나님이 했어요. 그가 그 중간에 있었어요." "하나님이 어떻게 하지?", 아이가 대답하길, "만약에 하나님이 중간에 있으면 그는 팔과 다리를 위로 뻗쳐서 물을 강제로 열었을 거예요." "사람들이 그(하나님)를 봤을까?" "아니오, 그는 물과 모래 밑에 있었을 거예요." "그가 밑에 있으면 어떻게 물을 가르지?" "몰라요." - 아이는 어떤 조직적인 사고를 시도하지만 결국 혼돈으로 빠지고 그는 다른 대책을 찾지 못한다. 분명히 구체적인 사고이다. 하지만 아직은 조작적 수준에 이르지 못한다.
질문 5: "왜 예수님은 돌을 떡으로 만들지 않았나요?"	* "예수님은 빵 하나만 먹지 않는다고 말씀하셨기 때문이에요." "무슨 뜻이니?", "치즈 같은 것이나, 아니면 마시는 것이 같이 있어야 했어요." * "만약 예수님이 빵을 만들었다면, 아마 사탄은 그것을 예수님께 주지 않았을 거예요."

위의 표 안의 코멘트들에 이미 나타나고 있는 바와 같이 이 시기 어린이들의 종교적 사고의 특징은 한마디로 조작적 사고를 시도하지만 요구하는 수준에는 도달하지 못하고 있다는 것이다. 이들은 귀납적, 연역적 사고를 시도하지만, "직관적 종교기"의 특징인 '변환적' 사고에 발목을 잡혀서 번번이 실패한다. 어린이들은 또한 유목화와 가역적 사고, 체계적 사고를 시도하지만, 역부족이고 복잡한 문제 앞에서 당황한다. 그러나 이 단계의 아동들은 비록 능력이 충분하지 않고, 조작적 통찰력이 아직 형성되진 않았지만, 자신의 직관적 사고에 머무르지 않고, 다른 사고를 하려고 하는 노력을 보인다는 것이, "구체적 종교기"로의 과도기인 이 단계 아동의 특징이라고 할 수 있다.

3) 구체적 종교기

어린이들은 8세 정도가 되면, 이제 "직관적 종교기와 구체적 종교기의 중간기"를 넘어서 "구체적 종교기"로 들어서게 된다. 이 시기에는 이 전 시기의 아동에게서 성공적이지 못했던 모든 구체적 사고들, 조작적 사고들이 가능해진다. 이 같은 사실들을 인터뷰 결과를 통해 확인해 보도록 하자.[10]

질문	아동의 대답
질문 1: "왜 모세는 하나님 보기를 두려워하였나요?"	* "모세가 교회에 가지 않았거나 혹은 그와 비슷한 잘못을 저질렀기 때문." - 원인과 결과를 연결시키는 사고 * "모세가 기도를 하지 않았기 때문, 모세가 어떤 잘못을 저지르면 하나님은 용서하시지 않으실 것이니까." - 모세의 두려움의 원인에 집중해서 사고함.(원인과 결과를 연결시키는 사고) - 이 시기 아동은 하나님을 무슨 잘못을 했을 때 벌을 주거나 위협하는 특별한 사람이나 혹은 힘으로 이해함.
질문 2: "왜 모세가 선 땅은 거룩한 땅이었을까요?"	* "하나님이 거기에 서 계셨기 때문이에요." "그것이 어떻게 그곳을 거룩하게 만들었니?" "거룩한 것이 하나님의 발을 통해서 땅으로 들어가서 땅이 거룩해졌어요." - 하나님이 말씀하신다는 것을 곧 하나님이 물리적으로 그 땅 위에 서 계시는 것으로 이해함. 그리고 거룩한 것과의 구체적 접촉을 통해 땅도 거룩해졌다는 구체적 사고를 함.
질문 3: "왜 가시떨기는 불이 붙었으나 타지는 않았나요?"	* 하나님이 나무의 겉을 불에 타지 않는 재료, 예를 들어 쇠 같은 것이나 물 같은 것으로 둘러 싸셨거나, 하나님의 날개나 천사의 손 같은 것으로 보호했다고 대답함. - 쇠, 물 같은 "구체적 요소들"을 중심으로 사고함.
질문 4: "홍해는 어떻게 갈라졌나요?"	* 하나님이 그의 영을 바다 위에 뻗으시고 바다를 갈랐다고 대답함. - 영을 탄력 있는 물리적 존재로 봄. * "하나님이 그의 손바닥으로 갈랐어요. 이스라엘 사람들이 다 지나간 다음에는 그의 손을 떼셨어요. 그러자 물이 다시 들어왔어요." - 구체적 사고(손바닥으로 가름, 손을 떼자 다시 물이 들어옴)가 분명하게 나타남.
질문 5: "왜 예수님은 돌을 떡으로 만들지 않았나요?"	* "하나님이 먹지 말라고 하셨기 때문이에요." "왜?" "예수님은 다른 해야 할 일이 많아서요." - 실제적이고 구체적인 사고, 구체적 해석이 나타남. * "예수님은 사탄이 요술을 뺏어갈지도 모르기 때문에, 그것을 감추어야 했어요. 만약 예수님이 요술을 사용하면, 사탄이 그 요술이 어디에서 나오는지 알아차리게 되고, 밤에 몰래 와 그것을 훔쳐갈 것이에요." - 이것은 체계적으로 생각해 낸, 원인과 결과의 관계에 대한 사고나, 구체적 조작에 머물러 있는 사고이다.

위의 예들에서 보는 바와 같이 이 시기 아동의 사고는 구체적 조작의 사고라고 할 수 있다. 이들은 연역적, 귀납적 논리를 성공적으로 사용할 수 있고, 인과관계의 인식에도 능하고, 유목화도 실패보다는 성공률이 훨씬 높게 나타난다. 그러나 이들의 사고는 아직은 "구체적인 것", "눈에 보이는 경험", "감각적 자료들"에 제한되어 있다고 할 수 있다. 또한 이들의 사고는 하나의 구체적 사고에서 다른 구체적 사고로 '전이'되거나 '일반화'하는 수준에는 아직 도달하지 않았다고 할 수 있다.

4) 구체적 종교기와 추상적 종교기의 중간기

아동이 11세 정도가 되면, 이제 구체적 종교기가 갖는 한계를 벗어나서 새로운 사고를 하려는 시도가 나타난다. 그러나 약 13세까지는 여전히 구체적 사고의 틀에 발목이 잡혀 있어서 추상적 종교기로 넘어가지 못하고 그 중간기의 특징을 나타낸다. 이 시기 종교적 사고의 특징을 아래의 표를 통해 살펴보자.[11]

질문	학생의 대답
질문 1: "왜 모세는 하나님 보기를 두려워하였나요?"	* "아마도 모세는 뭔가 나쁜 짓을 저질렀을 것이에요." "그게 왜 그를 두렵게 만들었나요?" "그래서 그는 하나님 보기가 부끄러웠을 것이에요." - 구체적 종교기 때는 구체적인 잘못을 언급했었는데, 이 아동은 일반화된 표현(뭔가 나쁜 짓)을 쓰고 있다. * "하나님이 부르셨던 모든 이름은 위대한 인물들이었기 때문에 두려워했어요." "그게 왜 모세에게 영향을 미치죠?", "모세는 한 사람을 죽였잖아요." - 이 아동은 이야기 밖으로 나갈 수 있는 능력을 보여주고, 가설을 형성할 필요를 느끼고 있다. - 이 시기 아동은 이렇게 일반화와 가설적 사고를 하지만, 종종 "모세는 염소 냄새가 나서 하나님 보기를 두려워했어요"와 같은 구체적 종교기의 특징을 벗어나지 못하고 있다.
질문 2: "왜 모세가 선 땅은 거룩한 땅이었을까요?"	* "신을 벗는 것은 존경의 표시이다. 이것이 당시의 관습이었다." - 이 아동은 더는 물리적인 것에 머물러 있지는 않는 것을 보여준다. 물론 이 생각이 완전히 추상적이라고 볼 수는 없지만, 모세에게 이 순간은 '진실의 순간'이라고 하는 생각이 엿보인다.

질문 3: "왜 가시떨기는 불이 붙었으나 타지는 않았나요?"	* "불꽃은 실제 불꽃이 아니라, 일종의 거룩한, 불이 붙지 않는 불꽃이다." - **불꽃이라는 구체적인 것을 거룩하고 영적인 것과 연결시키려 하지만, 여전히 구체적인 사고의 방해를 받고 있다.** * "떨기나무에서 비친 빛은 하나님이나 천사의 몸에서 반사된 빛일 거야." - **대표적인 반물리적(semi-physical) 사고.**
질문 4: "홍해는 어떻게 갈라졌나요?"	* "이것은 기적이에요." "무슨 뜻이니?" "모세가 그의 손을 흔드는 방법으로 일어났을 것예요. 그가 믿음 이 있다면 그들을 구원하게 될 것이라고 하나님이 그에게 말씀하셨거든요." - **반물리적사고, 기적이라는 명제가 나타나지만, 모세가 손을 흔들었다는 구체적 사고와 얽혀 있음.**
질문 5: "왜 예수님은 돌을 떡으로 만들지 않았나요?"	* "예수님은 그가 음식 없이도 살 수 있다는 것을 증명해보려 했어요." "그게 어떻게 가능할까?" "그의 아버지가 그를 보살펴줄 거예요." - **훌륭한 명제적 사고이나, 여전히 음식이라고 하는 구체적 생각에 제한되어 있다.**

이상에서 살펴본 바와 같이 이 시기에는 구체적 사고로부터 추상적 사고로 천천히 옮겨가는 과도기적 특징을 보인다. 이 시기는 구체적 사고기보다 좀 더 발전된 연역적, 귀납적 사고가 일어나고 있으며, 추상적 사고로의 움직임이 명백하게 나타난다. 그러나 여전히 이들의 사고는 구체적 사고에 의하여 저지당하고 있는 것을 볼 수 있다. 이들은 이야기 밖으로 나가기도 하고, 다른 경험을 사용하여 가설을 만들거나 설명을 시도하기도 한다. 또한 명제들, 가설들, 언어적 진술들을 다루려는 욕망을 갖고 있기도 하다. 그러나 그것은 추상적 사고의 불획득으로 인하여 번번이 구체적 사고에 의해 방해당하거나 제한된다.

5) 추상적 종교기

추상적 종교기는 피아제의 형식적 조작기의 사고를 지칭하는 의미로 사용된 이름이다. 이 시기는 종교적 사고의 마지막 단계로 가설적 사고, 상징적, 은유적 사고들이 가능하다. 따라서 이 시기는 비로소 성서의 이야기로부터 일반적 원칙들을 발견하고,

그것을 전이하거나 일반화할 수 있는 사고가 시작되는바 학생들의 대답에 단적으로 반영되어 있다.

질 문	학생의 대답
질문 1: "왜 모세는 하나님 보기를 두려워하였나요?"	* "하나님의 위대하심과 전능하심이 모세로 하여금 상대적으로 자신을 벌레처럼 느끼게 했을 것이다." - 모세는 여기에서 일반적인 인간의 '죄'와 '무가치함'의 감정을 공유하는 것으로 이해되고, 그것이 하나님 보기를 주저하게 하는 원인이 되는 것으로 나타난다. - 완전한 추상화, 일반화의 개념이 나타남.
질문 2: "왜 모세가 선 땅은 거룩한 땅이었을까요?"	* "사람들이 하나님을 믿고 예배하는 곳이라면 어디나 거룩하다." - 완벽한 가설적 사고!
질문 3: "왜 가시떨기는 불이 붙었으나 타지는 않았나요?"	* "하나님은 인격체로서 자신을 나타내는 대신에 가시떨기 안으로 자신을 나타내서서 모세의 눈에는 그것이 그렇게 보이게 하셨지만, 실제로는 아니었을 수도 있다." - 불타는 가시떨기는 내면적 현상으로 이해된다. 가설적 사고.
질문 4: "홍해는 어떻게 갈라졌나요?"	* 응답한 대부분의 학생들이 공유하는 개념은 "하나님은 자연의 지배자와 관련된 어떤 분이실 것이다"라고 하는 개념이다.
질문 5: "왜 예수님은 돌을 떡으로 만들지 않았나요?"	* "만약 그렇게 하면 힘을 자기 자신을 좋게 하기 위하여 쓰는 것이 된다. 예수님이 자신의 파워를 좀 더 나은 목적을 위해 쓰지 않는다면, 그는 나가서 설교할 자격이 없다." * "사탄에게 복종하는 것은 그의 지배자로서 사탄을 인정하는 것이 된다." - 명제적으로 수미일관한 사고를 함.

위에서 나타나는 바와 같이 이 시기의 사고는 구체적 상황으로부터 명제로의 전환이 이루어진 사고이다. 상징적이고 추상적 언어 속에서의 사고가 이제는 가능하다. 수미일관된 사고가 가능하고 가설적 사고가 시도되는데, 그것은 이성의 조명 속에서 선택되기도 하고, 수용되거나 거부되기도 한다. 가설은 또한 적용의 차원으로 발전되기도 하고, 원래의 주장으로 돌아가 다시 탐색되기도 한다. 이 시기는 이제 '이론'(theory)과

더불어 일하기도 하고, 사실로 돌아가 생각할 수도 있는 시기이다.

이와 같은 이해를 바탕으로 골드만은 그의 책『어린이로부터 청소년까지의 종교적 사고』에서 실제로 면담자들이 성서, 하나님, 예수님과 악마, 기도, 교회들을 어떻게 이해하고 있는지를 인터뷰를 통해 밝혀내었는바, 이를 정리하면 다음과 같다.

	직관적 종교기	구체적 종교기	추상적 종교기
성서	성서의 외형적인 성격과 용도에만 관심.("큰 책, 그림 없는 책") 성서는 생활과 관련이 없는 것이고, 어떤 영향도 끼칠 수 없음.	외형적 요소에서 내용적 요소로 관심.("완전한 책, 하나님과 예수님에 대해 배우는 책") 생활과 관련성을 지으려고 하지만 대부분 시간적인 개념으로 포착하므로 그릇된 상관성을 빚음.	성서를 인간이 역사 속에서 하나님을 만나는 영적, 정신적 경험에 대한 총체적인 기록으로 이해. 성서가 우리의 생활에 도움을 주는 것으로 의식.
하나님	신인동형론적이며 하나님과 예수를 동일한 분으로 혼동하고 외형적인 모습과 신체적인 면을 강조.	아직까지 신인동형론적 사고가 강함. 신의 인식에 있어 혼동의 상태.	신에 대한 추상적, 상징적 사고표현이 가능.
예수님, 악마	예수는 "좋은 사람", 마귀는 "나쁜 사람"으로 이해. 하나님과 예수를 혼동.	예수는 기적으로 특별한 존재로 이해, 마귀는 초자연적 악령으로 생각.	예수를 구세주로 이해, 성육신을 깨달음. 악마는 인간 본성의 실재 안에서 주관적으로 일어나는 것으로 이해.
기도	마술적 사고 단계로 기도내용은 물질적, 자아중심적.	반마술적 단계로 기도내용은 자아 반성적이며 이타적, 보호적.	비마술적 단계로써 기도 내용은 사죄와 고백의 기도가 증가.
교회	외형적(건물, 성직자가 거하는 곳)으로 이해하며, 실제로 하나님이 살고 있는 집으로 이해. 재미, 보상, 의무로 교회 감.	물질적 개념이해에서 새롭게 이해하는 전환적 시기. 좀 더 나은 사람이 되기 위해 교회 감.	교회를 예배드리는 곳으로 이해. 좀 더 강한 믿음을 위해서 교회에 가며 교회의 존재 이유를 알게 됨.

* "하나님은 흰 옷을 입고 긴 머리에 흰 수염이 있으며, 하늘에 계신 분"

3. 아동의 종교적 사고발달의 특징

위에서 살펴본 바와 같은 종교적 사고 발달과정으로부터 골드만이 무엇보다 먼저 발견한 것은 종교의 발달과정이 **피아제의 인지발달 단계와 일치**한다는 것이다. 피아제가 제시한 사고의 순차성, 즉 "전조작기", "구체적 조작기", "형식적 조작기"의 연속성이 골드만의 종교적 사고 발달에서도 분명히 드러난다는 것이다. 이와 같은 사실로부터 골드만은 종교적 사고가 다른 분야의 사고방식과 동일하다는 결론을 내린다.[12] 이것은 다른 말로 표현하자면, 한 아동의 인지발달 정도는 곧 그의 종교적 사고의 정도를 예측하게 해주는 요인이 된다는 것이다.

종교적 사고 발달 과정에서 골드만이 발견한 또 하나의 중요한 사실은 "**신학적 사고와 논리적 사고의 밀접한 연관성**"이다.[13] 위에서 우리가 이미 살핀 바와 같이, 그는 추상적 종교기에 속한 학생들이 대답한 내용이 그 이전 단계에 속한 대상자들이 답한 내용보다 신학적 타당성이 훨씬 더 높다는 것을 발견하였다고 하였다. 그는 종교적 사고 안에는 물론 "인지적인 것"과 "감성적인 것", '사실'과 '믿음' 같은 것들이 서로 얽혀 있지만, 그럼에도 불구하고, 학생들이 자신의 세계에 대한 신학적 관점을 형성할 수 있는 능력이 생기게 되는 것은 한결같이 "형식적 조작기"에 도달해서만 가능하다는 사실을 발견하였다는 것이다. 다시 말해서 형식적 조작기에 도달하기 이전 아동들의 종교적 사고는 신학적으로도 타당성이 낮은 사고라는 것이다.

종교적 사고 발달과정에서 골드만이 발견한 또 하나의 사실은 연령적 측면에서 볼 때, 종교적 사고의 발달은 인지발달과 비교하면 일종의 "**지연된 발달**"의 현상을 보인다는 것이다. 예를 들어 피아제의 전조작기가 대략 6세까지이고, 7세 이후에 구체적 조작기가 시작되는 것을 볼 때, 골드만의 "직관적 종교기"는 7/8세까지 지속되는 것으로 나타났고, 구체적 종교기도 13/14세까지 지속되는 것으로 나타났다. 피아제의 인지발달 이론이 청소년이 12/13세에 형식적 조작기에 도달한다고 보고하는 것과 비교할 때, 13/14세가 되기 이전에는 형식적 조작기에 도달할 수 없다고 보는 것은 최소한 1-2년 정도의 지연된 발달이 나타나고 있다고 할 수 있다는 것이다.[14]

약 7/8세 이전: 전조작적 직관적 사고
약 7/8세 - 13/14세: 구체적 조작적 사고
13/14세 이후: 형식적(추상적) 조작적 사고

이 같은 "지연된 발달"이 종교적 발달에 갖는 의미를 골드만은 두 가지로 설명하고 있다. **첫째, 종교적 사고는 이차적이라는 것이다.** 이것이 의미하는 것은 종교적 언어가 이해될 수 있기 위해서는 그 이전에 먼저 일반적 경험이 풍부해야 한다는 것을 의미한다. 따라서 삶 속에서의 일반적 지식이 일차적으로 오고, 종교적 사고가 그것을 바탕으로 해서 이차적으로 형성된다. 예를 들면 종교적 이야기에서는 '유비'와 '은유'가 가장 기초적 요소이다. 그러나 이와 같은 것을 이해하기 위해서는 그것을 이해할 수 있는 삶 속에서의 일반적 지식이 먼저 충분히 획득되어야 한다는 것이다. 예를 들면 예수님께서 "겨자씨의 비유"를 통해 하나님 나라에 관하여 말씀하신 적이 있다. 어린이가 이것을 이해하려면 먼저 씨앗이 뿌려져 자란다는 것과 자라서 새들이 나무 그늘에 깃들이는 것이 무엇인지에 대한 경험이 있어야 한다. 그 경험을 바탕으로 겨자씨가 작은 씨이지만 땅의 어떤 풀보다 크게 자라는 나무가 된다는 것이 무엇인지 이해할 수 있어야 한다는 것이다. 어린이는 또한 여기에서 그치는 것이 아니라 "하나님의 나라"가 겨자씨와 같다는 것이 무엇인지를 이해할 수 있어야 한다. 작지만 심긴 후에는 땅의 어떤 풀보다 커지는 겨자씨의 속성과 하나님의 나라의 속성을 연결하여 그것이 어떤 것인지를 상상할 수 있어야 한다는 것이다. 따라서 골드만은 비유나 은유는 형식적 조작기 이전에는 이해할 수 없다고 하였다. 이 같은 점을 바탕으로 골드만은 종교적 사고는 먼저 일반적 삶의 상황에서 경험이 쌓이고 지식이 형성된 뒤에 따라오는 이차적 사고라고 할 수 있다고 보았다.

종교적 사고에 있어서 형식적 조작의 차원에 도달하는 것을 지연시키는 **두 번째 요인으로 골드만은 부적합한 가르침, 혹은 시기상조적 가르침을 들고 있다.**[15] 그는 어린이의 지적 발달의 특성을 고려하지 않는 가르침, 특별히 어린이의 능력을 넘어서는 내용을 너무 일찍 가르치는 것이 오히려 어린이로 하여금 종교적 요소들에 대한 혼란을 야기시키고 있다고 하였다. 어린이들은 자신의 능력을 넘어서는 어려운 개념과 만나면, 자신의 수준에서 판단하고 그 판단에 오랫동안 고착하게 되는데, 그것이 오히려 어린이의 종교적 사고에서 "지연된 발달"을 가져온다는 것이다. 그 결과 어린이는 부적합 사고의 형태에 만족한 채 그 생각에 고착되어 오랫동안 머무는 현상이 나타나게 된다.

골드만의 종교적 사고 발달에 나타난 어린이의 종교적 사고의 특징은 골드만의 다음 언급에 나타난 것만큼 분명하다. "어린이에 의하여 사용되는 사고의 형태가 유치하고(childish) 미성숙한 것과 마찬가지로, 어린이의 종교적 생각과 개념 또한 유치하고 미성숙하다는 사실은 분명하다."[16] 그는 종교의 거의 대부분의 내용이 형식적 조작 수준의 사고에 도달해야 이해할 수 있는 내용이라고 하는 점에서 볼 때 어린이는 아직 종교적인 사고를 하기엔 미숙한 **전 종교기(pre-religious)의 특징을 가지고 있다**고 할 수 있다고 보았다. 그래서 어린이의 이와 같은 미성숙함은 형식적 조작의 사고에 도달하는 청소년이 되기까지 이어진다고 함으로써 어린이가 종교적 사고에는 부족한 상태라고 하는 점을 분명히 하였다.

4. 어린이의 종교교육

1) 부적합한 종교교육

이와 같은 어린이 이해를 바탕으로 골드만은 무엇보다 먼저 기존의 종교교육이 어린이의 수준에 맞지 않는 교육을 해왔다는 점을 지적하는 데 열심을 쏟았다. 그는 어린이가 가지고 있는 능력을 넘어서는 종교적 개념이나 사고를 가르치는 것(premature teaching)은 "**시간과 노력의 낭비**"라고 하였다. 그가 앞서 언급한 바와 같이 종교의 대부분의 내용이 추상적 내용이라는 점을 감안하면 실제로 13/14세 이전에는 대부분의 종교적 이야기들을 가르치는 것이 합당하지 못하다는 결론에 이를 수 있다. 실제로 골드만은 그의 책 『어린이로부터 청소년까지의 종교적 사고』의 뒷부분에서 "모세의 불타는 가시떨기 나무 이야기"나, "홍해가 갈라진 사건", 그리고 "예수님이 받으신 유혹"과 같이 그가 어린이들을 대상으로 인터뷰하였던 성서의 내용들이 모두 어린이가 바로 이해하기에는 어려운 내용들이라고 하였다.[17] 만약 종교교육이 어린이로 하여금 성서 내용의 정확한 이해를 목적으로 하는 것이라면, 이 이야기들은 최소한 청소년이 되어서야 가르칠 수 있는 내용이라고 보았다.

그럼에도 불구하고 어린이들이 그러한 이야기를 접했을 때 어떠한 결과가 있는가? 그럴 경우 골드만은 어린이는 잘못된 이해를 가지고 청소년기까지 간다고 하였다. 그리고 청소년기에 그들이 가지고 있었던 조야한 생각이 맞지 않다고 느낄 때는 종교 자체를 인지적으로 수용할 수 없는 것으로 거부해 버리게 되는 위험에 빠지게 된다고 하였다.[18]

그는 또한 어린이들에게 너무 일찍 성서의 이야기를 접하게 할 경우, 실제로 성서의 이야기를 탐색하고자 하는 의욕이 생기게 되는 나이에 더는 성서에 대한 호기심이나 탐구 의욕을 떨어뜨릴 수 있다고 하였다. 그뿐만 아니라 청소년기 이후 성서 이야기의 심도 있는 의미를 탐색하려고 하다가도 그 이야기와 연관하여 이해하였던 어렸을

때의 개념이 연상이 되면서, 더 높은 수준의 해석을 위한 동기유발을 저해시킨다고 하였다.[19]

그러면 골드만은 어린이를 대상으로 어떠한 종교교육을 해야 한다고 보았는가? 그는 어린이에게 시기상조의 종교적 개념을 가르치는 것보다 나은 가르침은 "**어린이가 이해하기에 너무 어려운 개념들을 가르치는 것을 피하는 것**"이라고 하였다.[20] 그것이야 말로 어린이에게 조야한 미성숙성을 강화시키지 않고, 오히려 그것으로부터 벗어나게 하는 것이라고 하였다. 그는 그런 것을 가르치지 말고, 어린이를 어린이스럽게 둠으로써, 오히려 그들이 청소년기에 직면하게 될 종교에 좀 더 비판적이고 합리적으로 접근할 수 있도록 준비될 수 있다고 하였다.

2) 어린이 중심 종교교육

어린이들에게 성서의 이야기를 전달하는 것을 피해야 한다면, 과연 그가 생각하는 올바른 종교교육은 무엇인가? 골드만은 그에 대한 답으로 "**어린이 중심(Child-centered) 종교교육**"을 제안한다.[21] 그는 이것을 "**성서중심(Bible-centered) 종교교육**"과 대비시키고 있는데, "성서 중심"이 성서를 가르치는 것을 관심의 중심에 두는 입장이라면, "어린이 중심 교육"은 어린이를 성장하는 존재로서 관심의 중심에 두는 교육이라고 하였다. 그는 성서의 이야기에 나타난 개념들은 최소한 청소년의 지적 수준이 되어서야 이해할 수 있는 개념들이어서, 성서를 아동도서라고 볼 수는 없다고 하였다. 그런 의미에서 "어린이 중심 종교교육"은 성서를 가르치는 것에 목적이 있기보다는, "**어린이의 발달의 욕구를 충족시키는 교육이어야 하고, 이를 통해 그들의 종교적 개념이 청소년기로 잘 성장할 수 있도록 다리를 놓는 교육**"이라고 하였다.[22] 이러한 이해를 바탕으로 골드만은 그의 책 『종교를 위한 준비』에서 발달단계에 맞게 어린이에게 접근할 수 있는 종교교육의 방향을 제시하였는바 이를 간단히 살펴보면 다음과 같다.

(1) 유아기

이 시기는 약 5-7세의 유아로, 골드만은 이들에게 어려운 상징을 사용하는 "종교적 언어"를 말하는 것은 적합하지 않다고 하였다.[23] 이들에게 필요한 것은 먼저 종교언어 안에 포함되어 있는 "**삶의 다양한 경험**"들을 쌓는 일이라는 것이다. "부모의 권위"에 대한 경험, "다른 어린이들"에 대한 경험, "자연의 세계", "삶과 죽음", "조직적 종교", "학교 예배" 등에 관한 경험을 하는 것이 중요하다고 하였다. 이 같은 경험들을 탐색하는 과정에서 성서를 잠깐씩 사용할 수는 있겠지만, 이 시기에는 될 수 있는 대로 삼가는 것이 좋다고 하였다. 그는 이 시기 어린이의 손에 성서를 쥐어주는 것은 오히려 어려운 문제들을 야기할 수 있다고 하였다. 따라서 그보다는 오히려 쓰기, 오리기, 흉내내기, 율동과 같은 상상적 활동이 더욱 추천된다고 하였다.[24]

골드만은 이 시기의 아동들은 특별히 신비에 대한 자연적 감각을 가지고 있고, 분위기에도 매우 잘 반응하기 때문에, 이들에게는 예배가 아주 중요한 종교수업의 수단이 될 수 있다고 하였다. 그러나 이들의 예배는 결코 성인적 형태나 표현이 쓰여서는 안 되고, 어린이들의 경험과 언어로 표현되어야 하며, 시각적으로 그들의 기본 욕구들과 연결되어야 할 것이라고 하였다. 성탄절, 부활절, 성령강림절, 추수감사절과 같은 절기들은 축제적 성격이 잘 살려져야 하고, 특별히 어린이들에게 이 절기들 안에 들어 있는 기쁨, 감탄, 감사 등과 같은 감성적 경험이 일어나게 해야 하되, 성육신이나 구원과 같은 인지적 가르침은 삼가야 한다고 하였다.

(2) 아동 전기

이 시기 어린이들은 "구체적 조작기"에 들어선 7-9세 정도의 어린이들이다. 골드만은 이 시기 어린이에게도 여전히 가장 효과적 종교교육은 인격적 관계와 공동체 안에서의 이해와 관용의 분위기라고 하였다. 그러나 이와 나란히 이 시기가 되면 이제 계획된 내용에 따라 종교교육을 실시하는 일이 가능해진다고 하였다. 어린이들은 계획된 체계적 수업 속에서 그들의 경험을 탐색하고, 해석할 수 있는 준비가 되어 있다는 것이다.[25]

그러나 이것이 의미하는 것이 곧 어린이들에게 성서를 가르치는 것이 좋다는 것은 아니다. 그는 성서는 여전히 어린이가 아직 경험하지 못한 내용을 포함하고 있기 때문에 이 시기 어린이들에게는 **"어린이의 실제적 삶의 경험에 기초한 테마들"**을 가르침으로 이들의 지적, 감성적 필요에 부응하는 것이 좋다고 하였다.[26] 이와 같은 입장을 바탕으로 골드만은 이 시기 어린이들에게 적합한 **"삶 관련 테마"**(life-theme)를 제안하였는 바, '집', '친구', '애완동물', '목동과 양', '옷', '씨앗', '생일과 파티' 등과 같은 것이 그것이라고 하였다. 이러한 테마들은 그 자체로 '종교적'이고, 또한 성서적 연결점을 가지고 있었다는 것이다. 그는 또한 이 시기 어린이들이 이러한 테마들을 탐색하는 과정에서 무엇보다 중요한 것은 **"학생의 능동적 참여"**라고 하였다.

(3) 아동 후기

이 시기는 9세에서 11/12세 정도의 아동 후기, 혹은 초기 청소년기의 아동을 지칭한다. 이 시기 아동은 이제 지적으로 구체적 조작기의 피크에 도달한 아동들이며, 읽기, 쓰기의 기술이 향상되었고, 어휘도 상당부분 발전된 상태이다.

골드만은 이 시기 아동의 지적 요구를 충족시키는 것에는 두 가지의 가르침이 병행되어야 한다고 하였는바, 그 하나가 아동 전기에서 했던 "**삶 관련 테마**"를 지속적으로 학습하는 것과 나란히, "**성서중심 자료**"(Bible-centred material)의 학습을 병행하는 것이다.[27] 물론 여기에서 "성서 중심 자료"는 성서 그 자체라고 하기보다는 어린이의 언어, 경험, 능력의 한계들을 극복하기 위하여 단순화시키고 테마에 따라 구성된 자료를 의미한다고 하였다.

골드만은 이 시기까지는 "성서를 가르치기"(teaching the Bible)가 아니라 "**성서로부터 가르치기**"(teaching from the Bible)의 원칙이 지켜져야 한다고 하였다.[28] 다시 말해서 성서를 역사적 순서에 따라서 전체로 전달하는 것을 유보하고, 성서가 어린이의 경험을 설명해 주는 한에서 선택적으로 가르쳐야 한다는 것이다.

5. 맺는말

골드만의 이와 같은 생각들은 당대에 그리고 그 이후로도 많은 비판의 대상이 되어 왔다. 특별히 그의 "성서는 어린이를 위한 책이 아니다"라는 언급과 "종교수업은 '성서중심'이 아니라 '어린이 중심'이어야 한다"와 같은 표현들은 수많은 종교교육가들의 비판을 불러일으켰고, 그러한 비판은 골드만으로 하여금 자신의 생각을 일부 수정하거나 완화하게 하기도 하였다.

골드만에 대해 쏟아진 비판 중 아마도 가장 강도 높은 비판은 "어린이 영성연구"로부터 제기된 비판일 것이다.[29] 이들의 비판의 핵심은 어린이가 지적으로 준비되지 못했다고 해서, 그들에게 종교적 체험도 없는 것은 아니라는 것이다. 또한 피아제의 인지 발달적 틀은 과학적 사고, 즉 자연과학적 세상을 보는 인지적 틀이 될 수 있을지는 모르지만, 종교적 차원을 보는 틀이 될 수는 없고, 어린이들이 그것이 부족하다고 하여 곧 그들이 종교적 감각과 경험이 없다고 보는 것은 잘못된 비약이라고 보는 입장이다.

"어린이 영성연구"의 비판처럼 어린이의 종교성을 단순히 "지적인 차원"으로부터 평가하는 것은 어린이의 종교성을 통전적으로 보는 태도라고 할 수 없다. 또한 어린이가 성서를 추상적 차원에서 이해할 수 없다는 것이 곧 그들에게 하나님의 말씀인 성서를 차단한다는 것은 "네 자녀에게 부지런히 가르치라"고 하신 하나님의 명령을 소홀히 하는 것이 되기도 한다.

어쨌든 골드만의 이론은 피아제의 인지발달이론이 어떻게 어린이의 종교적 사고와 종교교육에 연결될 수 있는지를 탐색하고 제시하였을 뿐만 아니라, 또한 그에 대한 반동으로 새로운 아동교육의 방향을 생각하게 한 통찰력을 제시하고 있는 이론인 것만은 틀림없는 것 같다.

II. 발달하는 신앙 - 파울러

골드만이 1964년에 피아제의 인지발달이론으로부터 그의 "종교적 사고"의 발달이론을 전개하였다면, 그로부터 27년 후 제임스 파울러(James Fowler)는 단지 피아제의 인지발달이론뿐만이 아니라 에릭슨의 심리-사회적 발달이론과, 콜버그의 도덕성 발달이론, 그리고 스미스(Wilfred C. Smith)나 폴 틸리히, 리처드 니버와 같은 신학자들의 이론들을 바탕으로 소위 그의 "신앙발달"(faith development) 이론을 전개하였다.[30]

파울러가 사용하고 있는 '신앙'(faith)이란 단어를 처음 들으면 일반적으로는 무엇인가를 믿는 믿음의 행위를 생각하게 된다. 그러나 그는 '신앙'을 어떤 특정 종교에서 신을 믿는 행위라고 생각하기보다는, 모든 인간이 소유하고 있는 인간의 보편적 관심이자 근본적인 요소라고 보았다. 다시 말하면 그는 신앙도 인지적 능력이나 사회성과 같이 인간이 태어날 때 이미 잠재적으로 가지고 태어나고, 시간이 지나면서 점차 성숙하게 되는 인간의 어떤 특성이나 능력으로 이해하였다는 것이다. 따라서 그의 신앙의 개념은 반드시 어떤 특정 종교와 관련성을 갖지 않아도 인간에게 있는 개념이며, 그것은 인간이 태어난 직후부터 시작되는 발달의 여정을 갖는 것이라고 보았다. 그의 신앙 발달의 단계들을 유아와 아동기에 국한하여 살펴보도록 하자.

1. 어린이의 신앙발달 단계

1) 0단계: 미분화된 신앙

이 시기는 생후 약 2년간의 **영아**가 속하는 시기이다. 이 시기를 파울러가 0단계로 칭하고 있는 것은 아직 신앙이라고 말할 수 없는 신앙의 전(前)단계이기 때문이지만, 그러나 그렇다고 해서 이 시기가 신앙과 상관이 없는 시기가 아니라, 오히려 신앙의 "순례여정"이 시작되는 중요한 시기라고 할 수 있다.

파울러는 이 시기를 특별히 에릭슨이 "기본적 신뢰"라고 하는 개념으로 제시하였던, 양육자와 영아 사이의 신뢰감이 형성되는 시기라고 하는 점을 강조하였다. 그는 인간의 하나님에 대한 최초의 "전이미지"가 바로 그 관계로부터 비롯되는데, 이것은 언어 이전에 이미 우리의 무의식 속에 형성되는 이미지라고 하였다.[31]

그가 이 시기를 "미분화된 신앙"(undifferentiated faith)이라고 칭하는 것은 이 시기가 '신뢰', '용기', '희망', 그리고 '사랑'이 미분화된 형태로 혼합되어 있기 때문이다. 영아는 양육자로부터 방치되는 경험, 혹은 양육자의 비일관적 양육태도나 결핍된 보살핌과 같은 경험을 하는데, 이러한 경험들은 영아에게 신뢰, 용기, 희망, 그리고 사랑과 같은 감정들과 서로 연결되어 있다. 파울러는 실제로 영아가 이러한 감정들을 어떻게 형성하는지 실험적으로 연구할 수는 없지만, 이 시기 영아에게 형성된 '상호관계의 질', '신뢰', '자율성', '희망'과 '용기'의 강도는 이후 신앙발달의 기초가 된다고 하였다.[32]

파울러는 **이 단계의 힘**은 "기본적 신뢰"와 양육자와의 관계적인 "상호성의 경험"이라고 하였고, 반면 **이 단계의 위험은** "상호성의 실패"인데, 그것은 "과도한 자기 도취성"으로 나타날 수도 있고, "고립"이나 "상호성 실패"에 갇히게 할 수도 있다고 하였다.

2) 1단계: 직관적-투사적 신앙

이 단계는 대략 3-7세경의 '**유아**'가 속하는 신앙의 단계라고 할 수 있다. 파울러가 이 단계를 "직관적-투사적"이라고 하는 명칭으로 부르고 있는 것은 피아제의 인지발달 이론의 "전조작기"에 해당하는 인지적 특성을 반영하는 것이라고 볼 수 있다. 직관적이라 함은 이 단계의 유아가 논리적으로 사고하기보다는 직관적으로 사고한다는 것을 뜻하고, 또한 투사적이라 함은 이 단계 유아가 "자기중심성"을 바탕으로 자신의 '흥미'와

'경험', '지각'을 사물을 인지하는 기초적 통로로 사용하여 투사한다는 것을 의미한다.[33] 따라서 이 시기는 외부의 현실을 있는 그대로 인식하기보다는 자신의 생각이나 상상들을 투사하여 판단하는 시기라고 할 수 있다.

따라서 파울러는 이 단계 유아의 중요한 사고의 방식을 '**환상**'(fantasy), 혹은 '**상상**'(imagination)이라고 칭하고 이에 주목하였다. 이들에게 환상은 실재와 상호침투적으로 작용하는데, 환상은 유아에게 실재를 다루는 사고의 미숙함과 타당한 정보의 결여로 생긴 틈을 메워 주면서, 매우 강력하고 항구적인 힘으로 나타난다고 하였다. '환상'은 이들에게 은밀한 죄책감이나 두려움, 불안들을 형성하기도 하고, 또한 "궁극적 환경"을 구성함으로써 유아의 자아를 방향지우는 역할을 하기도 한다. "궁극적 환경"이란 파울러의 신앙개념에 핵심적 요소로서, 그것은 삶에 의미와 방향을 제시하는 핵심적 의미체계와 같은 것이다. 그것은 초월적 존재일 수도 있고, 하나님일 수도 있으며 삶 전체를 아우르고 이끌어가는 의미의 구심점과 같은 것이다. 이 시기 유아의 상상이 예를 들면 하나님이나 절대적 존재와 같은 "궁극적 환경"을 구성하는 통로가 된다는 것이다.

파울러는 이 시기 유아는 아직 논리적 사고를 형성하지 않았기 때문에, 이들의 상상은 논리적 틀로부터 온 것이 아니라 "지속적인 이미지들과 감정들의 산물"이라고 할 수 있다고 하였다. 이 시기 유아는 지옥이나 형벌, 악마와 같은 개념을 듣게 되면, 그와 같은 개념들이 유아의 상상을 자극하게 하여 두려움을 느낀 나머지 극적 회심을 일으키기도 한다고 하였다. 아직은 논리적 틀에 의하여 합리적으로 생각할 수 없는 유아의 두려움은, 논리적 사고를 하는 성인적 두려움과는 본질적으로 다른 강렬한 영향을 미쳐서, 이들이 어른이 보여주는 신앙적 정체성을 너무 일찍 취하게 되는 "조숙한 정체성"을 형성하게 된다는 것이다. 그러나 유아가 어른의 신앙정체성을 너무 일찍 취하게 되면, 어린이가 성인이 되었을 때 매우 엄격하고 취약한 그러면서도 권위주의적 인격의 출현을 초래할 수 있다고 하였다.[34]

따라서 파울러는 부모와 교사들이 이 시기 유아들에게 유익한 상상을 할 수 있는 건강한 이미지와 이야기를 제공할 의무가 있다고 하였다. 유아들에게 전통적 개념들을 일방적으로 제시하기보다는 유아 자신이 가지고 있는 이미지들을 언어적으로, 그리고 비언어적으로 자유롭게 표현할 수 있는 분위기를 만들어 주어야 한다고 하였다. 이러한 표현들이 허용될 때, 성인들은 유아가 형성해온 왜곡되었거나 파괴적인 이미지들을 다룰 수 있는 도움을 제공할 수 있다는 것이다.

직관적-투사적 신앙의 단계는 한마디로 "일차적으로 관련된 성인들의 신앙의 실례들, 분위기, 행동, 이야기들에 의하여 강렬하고, 항구적으로 영향 받을 수 있는 환상으로 가득 찬 모방적 단계"이다. **이 단계의 힘**은 "**상상력의 탄생**"이다. 이 단계 유아는 실존의 궁극적 조건들과 연결시켜 주는 이야기들에 제시된 것을, 상상으로 인해 형성된 강력한 이미지들로 통일하고 파악하는 능력이 생기게 된 것이다.

반면, **이 단계의 위험**은 유아의 상상이 억제될 수 없는 공포와 파괴적인 이미지들에 사로잡힐 수 있다는 것이다. 더 나아가 금기들과 도덕적, 교리적 기대들의 강요로 인해 유아의 상상이 악용될 수 있다는 것이다.

3) 2단계: 신화적–문자적 신앙

2단계는 대략 7-12세경의 **학동기 아동**이 속하는 단계이다.[35] 이 단계의 아동은 그 앞의 "직관적-투사적 단계"의 유아들이 갇혀 있었던 인지적 한계들을 벗어나서 논리적 사고를 할 수 있게 된다. 직관적-투사적 단계의 유아가 환상, 사실, 감정을 혼동하였었다면, 이 단계의 아동은 가상적인 것과 실재를 분류하려고 노력한다. 물론 이들도 상상적 태도를 중단하는 것은 아니고, 오히려 더 발달된 상상을 할 수도 있다. 그러나 이 단계의 아동에게 상상의 산물들은 놀이의 세계에 좀 더 제한되고, 이들의 사고는 논리적이 되며, 자아중심성에서 탈피한다.[36]

이 단계 아동에게 결정적인 것은 이들이 자신의 경험을 '**이야기**'로 표현할 수 있는 능력을 획득했다는 것이다. 이들은 직관적 사고에서는 불가능하였던 "인과관계 형성" 능력이 생기면서, 인간의 경험을 이야기라는 매체를 통해 의미 있게 연결시킬 수 있게 된다. 이들은 "인과관계 형성" 능력 외에도 "탈자기중심성"으로 인한 "타인의 전망취하기"와 "사고의 가역성" 획득으로 자신이 들었던 풍부한 이야기들을 자기의 것으로 재현할 수도 있고, 자신의 이야기를 다른 사람들에게 재현할 수도 있게 된다. 바로 이러한 재현할 구성능력은 아동으로 하여금 그가 속한 가족과 공동체의 기원과 그 형성 경험을 보존하는 이야기들에 특별히 주의를 기울이게 한다.[37] 다시 말하면 이 시기의 아동은 이제 신앙공동체의 이야기, 즉 성서와 기독교 전통의 이야기들을 줄거리를 따라 제대로 이해할 수 있게 되고, 또한 그 이야기를 재현할 수도 있게 된다는 것이다. 이러한 능력을 바탕으로 아동은 그의 공동체의 이야기, 신념, 관행들을 취할 수 있게 된다.

그러나 이 단계의 아동은 아직 "추상적 사고"를 할 수 있는 형식적 조작기에 들어서지 않은 아동들이기 때문에, 이야기가 갖는 일차적 의미를 파악하고 또한 전달하는 것은 잘할 수 있지만, 이야기로부터 한걸음 물러서서 이야기에 대하여 성찰하거나 일반적 원칙들을 발견하거나 하는 2단계의 사고에는 아직 열려져 있지 않다고 할 수 있다. 파울러는 이 단계 아동의 이야기 이해를 흐르는 강물과 비교하면서, 이들은 아직 강의 한복판에서 그것에 관하여 서술하는 것에 머물러 있는 단계이고, 그 강으로부터 나와 강 곁의 언덕으로 올라가서 그 흐름에 대한 이야기들과 그들의 복합적 의미에 대하여 성찰할 수 있는 단계는 아직 아니라고 설명하고 있다.[38] 이들이 이야기로부터 형성하는 의미는 여전히 이야기 자체 안에 머물러 있을 뿐, 이야기로부터 일반적 의미를 이끌어 내고, 그것을 삶에 전이하여 관련시킬 수 있는 것은 아니라는 것이다.

바로 이와 같은 점이 이 단계 신앙의 명칭이 "신화적-문자적" 신앙인 이유이다. 이 단계 아동은 자신이 속한 공동체의 이야기를 이해하고 수용할 수 있으며, 또한 이를 재현할 뿐만 아니라, 자신의 이야기를 구성할 수 있다. 그런 면에서 이 단계 아동의 신앙은 '신화적'이다. 그러나 이들은 아직 "구체적 조작"의 틀에 제한을 받기 때문에 이야기의 '문자적' 의미에 머문다는 특성이 있는바, 이 단계 아동의 신앙은 '문자적'인 것이다.

파울러는 이 단계 아동들의 하나님 이미지는 1단계에서 보여준 바 있는 미숙한 신인동형론적 이미지보다는 훨씬 발달된 완숙한 **"신인동형론적 이미지"**로 나타난다고 하였다. 이 시기는 타인의 전망취하기가 가능해지면서, 하나님의 전망을 구성할 수 있고, 친구나 가족들의 전망취하기도 이들의 신인동형론적 하나님 전망을 풍부하게 하는 데 기여한다고 하였다.

신화적-문자적 신앙 단계에 속하는 아동의 특징을 요약하면 이들에게서 가장 분명한 특징은 그들이 이야기 능력을 획득했다는 것이다. 이들은 이야기라는 통로로 경험에 통일성과 의미를 부여할 수 있고, 신앙공동체의 이야기와 신념, 관행을 취할 수 있다. 이들은 공동체의 극적인 이야기들, 상징들에 의하여 심오하고 강력하게 영향을 받을 수 있고, 그 이야기들을 기억하거나 재현할 수도 있다. 그러나 이들의 이야기 해석은 "구체적 사고"라고 하는 이들의 인지적 특징으로 인하여 아직 문자적인 것에 머물러 있다. 성찰적, 개념적 의미들을 형성하기 위하여 이야기로부터 한걸음 물러설 수는 없다는 것이다. 이들은 또한 하나님에 대한 "신인동형론적 이미지"를 형성하고 있고, 상호적 공평성을 기초로 한 '정의' 개념을 형성하고 있다. 따라서 이 단계 **신앙의 힘**은 경험에 일관성을 부여하는 방법으로서 이야기 능력이 있다는 것이다.

반면, **이 단계의 위험**은 문자주의적 제약으로 인한 문자적 해석으로 "과장된 완전주의"에 빠지거나 "행위를 통한 의"의 개념을 형성할 수 있다는 것이다. 또한 상호성에 대한 지나친 의존으로 의미 있는 사람들로부터의 냉대와 무시로 인하여 자신을 가치 없다고 느끼게 되는 것으로 빠지는 것이다.

2. 어린이의 신앙의 구조

파울러는 위에서 살펴본 대로 수직적으로 각 단계 신앙의 특성을 설명하기도 하였지만, 수평적으로 신앙 자체가 갖는 구조를 설명하기도 하였다.[39] 그는 신앙의 핵심적 구조를 칠각형의 입방체로 묘사하면서, 각 면의 내용들을 제시하였는바, "논리의 형태", "역할 채택", "도덕 판단의 형태", "사회인식의 범위" "권위의 장소", "세계관의 형태", 그리고 "상징의 기능"이 그것이라고 하였고, 신앙이란 이 모든 측면을 통합하는 개념이라고 하였다. 앞의 세 가지인 "논리의 형태"와 "역할채택", "도덕 판단의 형태"가 주로 신앙에서의 인지적 측면, 혹은 그로부터 파생된 것이라면, 뒤의 네 가지인 "사회 인식의 범위", "권위의 장소", "세계관의 형태", 그리고 "상징의 기능"은 그 인지적 측면이 상황화되고, 또한 확신의 논리와 통합되는 측면을 말한다고 하였다.[40]

그는 0단계인 "미분화된 신앙"의 단계를 제외한 1단계부터 6단계까지를 이 구조와 연결해 세부적으로 서술하고 있는데, 여기에서는 어린이 시기, 즉 유아기와 아동기에 제한하여 살펴보도록 하자. 먼저 유아기에 해당하는 1단계, "직관적-투사적" 신앙의 단계에서 논리의 형태는 "전조작적"이고, 역할 채택은 "초보적 감정이입"의 형태이며, 도덕적 판단은 "처벌-보상"의 형태이고, 권위의 장소는 유아가 애착과 의존 관계를 형성하는 인물에 있다. 세계관의 형태는 에피소드적이고, 상징의 기능은 마술적-누미노제의 기능을 한다고 하였다.

아동의 경우 논리적 형태는 "구체적 조작"이고, 역할의 채택은 "단순 관점채택"(simple perspective taking)이며, 도덕 판단의 형태는 "도구적 쾌락주의"요, 사회 인식의 범위는 "우리 같은 사람들"(those like us), 즉 가족, 인종, 종교의 측면에서 우리와 같은 특성을 가진 사람들이 된다는 것이다. 권위의 장소는 "권위 역할을 점유한 사람"에게 있는데, 아동과 개인적 관계성이 높을수록 더 권위자가 된다. 이 시기 세계관의 형태는 설화적-드라마적이고, 상징의 기능은 일차원적이요, 문자적이다. 이를 표로 나타내 보면 아래와 같다.[41]

측면 단계	논리의 형태 (피아제)	역할채택 (셀만)	도덕판단의 형태 (콜버그)	사회인식의 범위	권위의 장소	세계관의 형태	상징의 기능
직관적 투사적	전조작	초보적 감정이입	처벌- 보상	가족, 직계 관계	애착/의존 관계 크기, 능력 등 권위의 가시적 상징	에피소드적	마술적- 누미노제
신화적 문자적	구체적 조작	단순 관점채택	도구적 쾌락주의	'우리 같은 사람들' (가족, 인종, 종교)	권위역할의 점유자, 개인적 관계성에 따라 증가됨	설화적- 드라마적	일차원적 문자적

3. 어린이의 신앙교육

이제 위에 서술한 바와 같은 파울러의 신앙발달이론, 신앙의 구조이론을 바탕으로 영아기와 유아기, 그리고 아동교육의 기독교교육 방향들을 생각해 보도록 하자.

1) 영아기의 기독교교육

영아기의 신앙에 대한 파울러의 이해를 바탕으로 해서 보면, 이 시기의 기독교교육은 그 어느 것보다 **양육자인 부모와 영아와의 관계형성**이 관건이라고 할 수 있다. 그는 이 시기에 어머니와의 관계에서 형성된 상호성, 신뢰, 자율성, 희망, 그리고 용기 등이 후에 신앙의 기초가 된다고 하였다. 따라서 이러한 파울러의 이해를 근거로 해서 볼 때, 이 시기의 영아들에게는 직접적인 기독교교육보다는 양육자인 부모가 영아에게 적절한 양육태도와 기본적 신뢰를 형성함으로써, 하나님에 대한 건강한 "전이미지"를 형성하도록 하는 간접적 기독교교육이 일차적으로 요청된다고 할 수 있다. 따라서 교회는 그 어떤 것보다 영아의 부모를 대상으로 하는 "부모교육"에 관심을 기울여야 하며, 부모교육을 통하여 부모가 영아를 바로 이해하고, 그들이 영아를 방치하거나 일관되지 못한 양육의 태도를 형성하지 않고, 항상성 있는 돌봄과 따뜻한 사랑으로 영아가 신뢰와 용기와 희망의 긍정적 정서를 형성할 수 있도록 도와야 할 것이다. 이것이 파울러의 신앙발달이론을 근거로 해서 볼 때 0단계인 이 시기 기독교교육의 가장 중요한 과제라고 할 수 있다.

2) 유아기의 기독교교육

1단계인 직관적-투사적 신앙의 단계는 학령기 이전의 '유아'가 속하는 단계이다. 이 시기는 앞에서 살펴본 대로 자신과 가까이 있는 성인들이 보여주는 신앙의 실천들과 행동, 그리고 그들로부터 전해 듣는 '이야기'들에 의하여 영향을 받으면서 이를 모방하는 단계이다. 물론 이들은 그들로부터 받는 신앙의 실천과 행동 그리고 이야기들을 논리적 사고의 통로로 수용하는 것이 아니라, 직관적 사고와 감정에 좀 더 영향을 받는 소위 '환상', 혹은 '상상'의 통로로 해석하고 수용하여서 자기 나름대로 '이미지'를 형성하는 시기라고 할 수 있다.

따라서 이 시기 유아가 어떠한 환경 속에서 자라는가 하는 것이 그 무엇보다 결정적으로 중요하다. 이 시기의 "권위의 장소"는 주로 유아가 애착과 의존 관계를 형성하는 그 인물에 있고, 유아들은 바로 그러한 권위의 인물들의 **신앙생활을 모방하기** 시작하기 때문이다. 유아는 일상적 삶 속에서 성인들의 신앙적 행위, 즉 예배와 기도와 친교와 봉사의 행위들을 모방하고, 그들이 사용하는 신앙적 언어를 흉내 낸다. 따라서 이 시기에 무엇보다 중요한 것은 유아에게 건전한 신앙적 환경이 조성되는 것일 것이다.

이 시기 기독교교육은 유아가 건강한 **"신앙의 기초 이미지"**를 형성할 수 있도록 돕는 것에 관심을 기울여야 할 것이다. 이들은 자신을 둘러싼 성인들의 신앙적 삶이나 전해 듣는 이야기를 통해서 '하나님', '예수님', '교회', '기도', '세상' 등의 기초 이미지를 형성하며, 이러한 기초 이미지는 그들의 '궁극적 환경'을 형성하는 데에도 직·간접적으로 영향을 미친다. 따라서 부모들과 교사들은 유아들이 그러한 개념을 건전하게 형성하도록 도와야 한다.

이를 위해서는 유아들이 건강한 하나님 혹은 예수님 이미지를 형성할 수 있는 적합한 **성서의 이야기**들을 접하도록 하는 것이 필요하다고 본다. 논리적 사고 이전인 유아는 아직 줄거리의 인과관계를 따라서 이야기를 전체적으로 재구성할 능력이 없고, 단지 '에피소드'적으로만 이해할 수 있다. 따라서 복잡하고 긴 이야기보다는, 간단하고 짧지만, 건강한 이미지를 형성할 수 있는 성서의 이야기를 반복적으로 전달함으로써, 유아들이 '신앙의 기초 이미지'를 형성할 수 있도록 도와야 할 것이다. 또한 파울러가 지적하고 있는 대로 유아가 잘못된 이미지에 포착되어 하나님에 대한 왜곡된 이미지를 형성하게 되기 쉬운 이야기들(예를 들어 심판의 이야기)은 조심스럽게 접근해야 할 것이다.

신앙의 기초 이미지는 또한 유아가 실제로 **신앙공동체의 삶에 참여함**으로써도 형성된다. 이들은 예배와 기도, 그리고 일상적으로 사용되는 종교적 언어들로부터 마술적-누미노제적인 상징을 형성한다. 이들은 주일에 부모와 함께 간 예배의 예전들, 상징들, 분위기들로부터 오랫동안 기억할 깊고 강렬한 이미지를 형성하게 된다. 따라서 이들에게 교회가 신성한 공간이고, 예배가 특별한 순간이라고 하는 경험을 할 수 있는 기회들이 제공되어야 한다.

3) 아동기의 기독교교육

아동기의 신앙 단계는 파울러에 의하면 "신화적-문자적" 단계이다. 이 시기 아동은 우선 유아기에는 획득되지 못하였던 '이야기' 구성능력이 형성되어, 신앙공동체의 이야기들을 인과관계를 통해 이해하고, 기억하고 또한 재현할 수 있는 능력이 생긴다. 이들은 그를 통해 신앙공동체의 관습들, 신념들을 취할 수도 있다.

이 같은 특성은 아동기가 그 어느 때보다 **성서의 이야기**를 체계적이고 조직적으로 배우고 접할 수 있는 시기라고 하는 것을 시사해 준다. 따라서 아동기의 기독교교육은 성서의 이야기를 아동이 전체적으로 만날 수 있도록 특별히 배려하는 것이 좋을 것이다. 유아기 때는 단편적이고 짧은 성서의 이야기를 장면이나 에피소드 중심으로 접하게 하였다면, 이 시기의 아동들에게는 성서 전체를 구속사적 관점에서 순서대로 제시할 수 있고, 복잡하고 긴 열왕기나 역대기의 역사 이야기들도 시대를 따라서 배울 수도 있다.

이 시기는 **신앙공동체의 신념이나 관습**들도 체득할 수 있도록 해야 한다. 아직은 구체적인 사고에 머물러 있는 이들이 이해할 수 없는 지나치게 추상적인 교리나 신학을 전달하는 것은 피해야 하지만, 기독교가 믿고 추구하는 근본적 신념체계들, 가치체계들을 전달하는 것이 필요하다. 이 시기의 아동들은 이야기적 구성은 가능하지만, 추상적 일반화나 상징의 이차적 의미를 해석하는 것은 아직은 어려운 시기라고 하는 점을 고려하여, 기독교의 신념과 가치체계를 단순히 명제적 형태로 가르치기보다는 이야기에 담아서 전달하는 것이 효과적인 방법이라고 할 수 있다. 예를 들어 '아동을 위한 이야기 교리' 같은 것을 시도해 볼 수 있다.

이 시기 아동은 가정을 넘어서 **더 넓은 신앙공동체**에 뿌리내리고 그곳에서의 삶을 공유할 필요가 있다. 유아에게 있어서 사회인식의 범위가 가족이라는 일차적 집단에 머물렀다면, 이 시기의 아동에게는 "사회인식의 범위"가 가족뿐만 아니라 인종, 종교의 측면까지 포함하여 "우리 같은 사람들"이라고 하는 영역으로 확대된다. 따라서 이 시기 아동에게는 교회 공동체, 혹은 교회를 넘어서는 기독교 단체나 모임의 참여를 유도함으로써 사회인식의 범위를 확대할 필요가 있다. 또한 그와 같은 경험을 통해 이들은 기독교인이라고 하는 일반적 정체성과 연대감을 형성할 수도 있다. 같은 맥락에서 이 시기 아동들에게는 기독교인이 이 사회에서 어떠한 역할을 해야 하는지에 대한 '시민직'의 의무를 일깨울 필요도 있다.

이 시기 아동에게는 아동과 개인적 관계성을 형성하는 사람이 권위의 점유자라고 할 수 있다. 물론 이 시기 아동과 개인적 관계성을 가장 많이 갖고 있는 사람들은 부모이다. 따라서 부모는 적절한 신앙적 모범을 보임으로써 아동들이 그 권위에 따라할 수 있는 환경을 조성해야 한다. 그러나 이에서 더 나아가 이 시기는 교회의 교사나 지도자들도 아동과 친밀한 개인적 관계를 형성하여, 권위의 장소로서의 역할을 함으로써 가정의 기독교교육을 보충하는 역할을 할 수 있다.

III. 신앙공동체로부터 형성되는 신앙 - 웨스터호프

파울러가 신앙의 발달을 꼭 어떤 종교에 속하지 않아도 생득적으로 나타나는 인간의 보편적 현상으로 전개하였다면, 웨스터호프(John H. Westerhoff, III)는 그의 대표적 저서 중 하나인 『우리의 어린이들이 신앙을 갖게 될 것인가?』에서 신앙의 발달과정을 '기독교적' 컨텍스트에서 특별히 그의 공동체 이론적 관점을 전개하였다.[42]

웨스터호프 스스로도 밝히고 있는 것처럼,[43] 그는 파울러의 연구로부터 영향을 받아서 신앙을 출생과 더불어 시작되는 것으로 보았고, 성장하면서 지속적으로 변화되는 것으로 보았다. 그러나 웨스터호프는 파울러처럼 여러 발달심리학적 이론에 의존하기보다는 실제로 인간이 태어나서, 신앙의 공동체 속에서 신앙을 가지고 살아가는 다른 사람들과의 상호작용 속에서 기독교인이 되어가는, 좀 더 실제적이고 공동체적 차원의 신앙의 변화에 주목하였다.[44]

1. 나무의 은유

웨스터호프는 신앙은 명사이기보다는 동사적 의미를 갖고 있다고 하면서, 신앙을 "**앎, 삶, 의지적 행동 모두를 포함하는 하나의 행동양식**"이라고 정의하였다.[45] 그는 신앙을 일종의 세계관이나 의미체계라고 이해하는 파울러의 입장으로부터 자신의 신앙이해를 구별하여, 신앙은 "**하나의 행위이자, 활동이며, 타인과의 관계가 행동으로 나타난 결과로서 생기며, 동시에 타인과 함께하는 활동을 통해서 변화되고, 발전되며, 다른 사람과 함께하는 활동 속에서 표현되는 것**"이라고 하였다. 다시 말해서 그는 신앙은 의미체계를 포함하면서도 그것을 넘어서서 나타나는 "행동양식"이며, 이 행동양식은 신앙 공동체 속에서 타인과의 관계에 의하여 영향을 받으며, 또한 타인과 함께하는 행동 속에서 표현되는 것이라고 함으로써 "신앙과 행동", "신앙과 타인과의 관계"가 본질적으로 뗄 수 없이 연결되어 있는 개념이라고 이해하였다.

웨스터호프는 행동양식으로서의 신앙은 "적절한 상호적 인간관계"의 경험이 주어진다면 4개의 특정 '유형'(style)으로 전개된다고 하였는바, 제 1유형은 "경험적 신앙"(experienced faith), 제 2의 유형은 "귀속적 신앙"(affiliative faith), 제 3의 유형은 "탐구적 신앙"(searching faith), 그리고 제 4의 유형은 "고백적 신앙"(owned faith)이라고 하였다.[46]

이 네 가지 형태의 신앙들 사이의 관계를 표현하기 위해 웨스터호프는 "**나무의 은유**"를 사용하고 있다. 나무에 나이테가 점차적으로 불어나듯 첫 번째 유형으로부터 점차적으로 새로운 유형이 덧붙여지는 형태로 변화되어 간다는 것인데, 그가 나무의 은유를 사용하여 설명하는 각 유형들 간의 관계는 다음과 같다.

첫째, 하나의 나이테를 가진 나무나 네 개의 나이테를 가진 나무나 동일하게 하나의 나무이며, 완전한 나무인 것처럼, 하나의 신앙형태가 다른 신앙형태에 비하여 불완전하거나 혹은 우수하다고 말할 수 없다. 하나의 신앙유형에서 다른 신앙유형으로 변화되는 것은 우수한 고도의 신앙을 소유하게 되는 것이 아니라, 자신의 잠재적 신앙을 소유하게 되는 것이다.[47] **둘째**, 나무는 적절한 환경이 정비될 때 성장한다. 마찬가지로 신앙도 적절한 환경, 경험과 상호작용이 있는 경우에만 하나의 신앙유형으로부터 다른 유형으로 전개될 수 있고, 그것이 결핍되었을 때 신앙의 전개는 정지된다. **셋째**, 나무가 서서히, 점진적인 모양으로 한 번에 하나의 나이테를 만들어 가는 것같이 신앙도 한 유형으로부터 다른 유형으로 점진적으로 성장해 나아간다. **넷째**, 나무가 성장에 따라서 이전의 나이테에 새로운 나이테를 추가하는 것과 같이, 신앙이 전개되고 성장할 때에도 새로운 유형의 신앙이 먼저 형성된 유형의 신앙으로부터 완전히 탈피하는 것이 아니라, 그것에 첨가됨으로써 이전의 신앙을 확장하는 것이다. 실제로 이전의 신앙유형의 필요가 충족되는 일이 멈춰지면, 사람들은 그 이전 유형으로 돌아가려는 경향이 있다. 그러나 그 필요들이 일단 다시 충족이 되면, 사람들은 다시 자신이 속해 있었던 확장된 유형으로 돌아간다는 것이다. 웨스터호프의 나무 은유를 바탕으로 한 그의 신앙유형들을 그림으로 나타내 보면 다음과 같다.

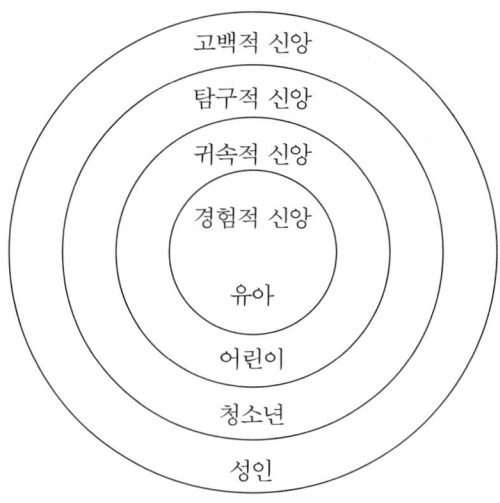

2. 신앙의 유형들

1) 경험적 신앙

이 시기는 취학 전 어린이, 즉 **유아기**의 신앙의 유형을 나타내는데, 이들의 신앙적 특징은 "경험적 신앙"이라고 할 수 있다. 유아기는 신뢰, 사랑, 수용 등 신앙의 기초적 경험을 실제로 경험하는 시기이기에 "경험적 신앙"의 시기라고 한다. 우리가 '사랑'이라는 언어를 들을 때, 그것이 무엇인지 이해하기 위해서는 먼저 사랑을 주고받은 경험이 필요한 것처럼, 이 시기는 신앙의 기초적 경험들을 주어진 환경을 통해 수동적으로 경험하게 되는 시기이다. 웨스터호프는 말씀이신 예수님이 육신이 되어 오셔서 행동을 통해 자신을 알리신 것처럼, 이 시기는 언어적 가르침보다 신앙인의 행동을 유아들이 보고 경험하고 또한 반응하게 하는 것이 관건이라고 하였다. 또한 "경험적 신앙"은 물론 앞에서도 언급한 바와 같이 유아들에게만 해당되는 유형이 아니고 모든 성인에게 가장 초기의 신앙을 대표하는 것이고, 또한 일생을 통해서 신앙의 기초를 이루는 것이라고 하였다.

웨스터호프는 "경험적 신앙"은 주변의 사람들로부터 수동적으로 경험함으로써 획득되는 신앙이기 때문에 그것은 그 어떤 것보다 다른 신앙인과의 상호관련성, 혹은 상호작용의 결과에서 형성되는 신앙이라고 하였다. 따라서 이 시기 부모들의 핵심적 질문은 "나의 아이와 더불어 기독교인이 된다는 것이 무엇인가?"라고 하였다. 이 질문과 더불어 부모는 어떠한 '환경'과 '경험'과 '상호작용'이 자신과 자녀의 신앙적 삶 속에서 필요한지를 찾아내야 한다.[48] "기독교적으로 다른 사람들과 함께 사는 일", "언어를 행위로 나타내고, 또한 행위를 언어로 표현하는 일", "다른 사람과 삶을 나누는 일", "영향에 자신을 열고, 또한 다른 사람에게 영향을 주는 일", "기독교 신앙공동체 속에서 다른 신앙인과 서로 관련을 맺는 일" 등이 이 시기에 부모가 유아를 위해서 특별히 준비해야 할 환경이다.

2) 귀속적 신앙

위의 경험적 신앙에 대한 필요가 적절히 충족이 되면 아동기, 혹은 초기 청소년기에 접어든 사람들은 이제 귀속적 형태의 신앙을 받아들이기 시작한다.[49] 아동은 이 시기에 다른 사람들과 공동체 속에서 분명한 정체감을 갖기를 추구하게 된다. 이들은 "**공동체로의 소속감**"(belonging)에 대한 감각이 생기며, 공동체에 소속된 사람으로서 행동하는 것이 무엇인지에 대하여 눈뜨게 된다. 따라서 이들은 공동체에서 자신이 받아들여지고 있고, 그 속에서 자신이 소중한 존재라고 느끼는 것을 필요로 한다.

귀속적 신앙의 두 번째 특징은 이 시기에는 **종교적 '감성'(affections)이 지배적이라고 하는 것**이다. 웨스터호프는 이 유형의 신앙에 있어서는 직관적인 것이 인지적인 것과 동일하게 중요하고, 감성 영역에서의 활동이 인지적 사고 영역의 활동에 선행한다고 하였다. 이것이 바로 왜 신앙에 있어서 드라마, 음악, 춤, 조각, 그림, 스토리텔링과 같은 예술에의 참여가 그렇게 핵심적인지에 대한 이유라고 하였다. 그래서 이 시기에는 특별히 "마음의 종교"와 "종교적 감성" 발달을 독려하는 활동들에 특별한 관심이 기울여져야 한다고 하였다.

귀속적 신앙의 세 번째 특징은 "**권위**(authority)**에 대한 감각**"이다. 이 시기에 속한 아동은 삶의 방향이나 판단 그리고 행동의 기준이 될 수 있는 이야기를 공동체로부터 수용하고, 그것에 권위를 부여하게 된다. "경험적 신앙"의 단계에서 신앙은 먼저 수동적으로 경험되어야 하는 반면, 이 단계에서는 이제 '이야기'와 '이미지' 속에서 경험되어야 한다. 따라서 교회는 신앙공동체의 이야기를 아동에게 이야기해 주어야 하고, 또한 그 이야기를 아동의 이야기로 내면화할 수 있도록 도와야 한다.

요약하면, "귀속적 신앙"의 단계에 속하는 아동에게는 그들이 무엇보다 정체성을 형성할 수 있는 "신앙의 공동체"에 '속하고'(belonging), '참여할'(participating) 수 있도록 기회를 주어야 하며, 이들의 종교적 '감성'을 형성하도록 하며, 더 나아가 신앙공동체의 근본이 되는 이야기를 인격적으로 듣고, 내면화할 수 있도록 도와야 한다.

3) 탐구적 신앙

"귀속적 신앙"의 요구가 충족되는 시점에 이르는 **청소년 후기**가 되면 사람들은 이제 "탐구하는 신앙"으로 확장하여 나아간다. 웨스터호프는 탐구적 신앙의 특징을 다음의 세 가지로 설명하고 있다.

첫째, 이 시기는 **회의와 비판적 판단**이라는 행위가 나타난다. 이들은 이전에 수용했던 신앙의 이해에 대해 진지하게 맞서기도 하고, 또 회의하기도 한다. 이제는 공동체 의존적 신앙의 태도로부터 맞서 자신의 신앙 이해로 이행하려는 경향이 나타난다. "귀속적 신앙"의 단계에서는 "마음의 종교"가 우선하였지만, 이 시기는 "머리의 종교"도 똑같이 중요해진다. 따라서 이 시기는 신앙공동체의 이야기에 관하여 좀 더 진지한 학습이 요청되고, 삶에 대한 역사적, 신학적, 도덕적 사고에 참여하도록 기회가 제공되어야 한다.

둘째, 이 시기의 신앙은 '**실험**'(experimentation)의 특성을 갖는다. 이 시기는 다양한 신앙의 실험을 시도하는 시기이다. 따라서 이 시기에는 지금까지의 신앙이해와 삶의 방식과는 다른 길을 탐구할 수 있도록 돕는 것이 필요하다. 예를 들어 다른 신앙의 전통에 관하여 배움으로써 자신의 신앙 전통의 특성을 음미할 수도 있다.

셋째, 탐구적 신앙은 또한 '**헌신**'(commitment)을 포함한다. 탐구적 신앙은 단순히 탐구에서 그치는 것이 아니라 탐구하고 선택한 것을 삶에 연결시켜서 그것에 헌신하려고 하는 것과 관련이 있다. 청소년들은 물론 변화무쌍하여, 한 번 헌신한 것에 계속 머물지 않기도 하지만, 그것은 헌신을 배우는 자연스러운 과정이다.

4) 고백적 신앙

성인 초기가 되어 탐구적 신앙의 욕구가 충족이 되면, 이제 사람들은 자기 자신만의 "소유된 신앙"(owned faith)의 형태로 확장되어 간다. 고백적 신앙에 도달하게 되는 과정은 역사적으로 '회심'으로도 불러왔다. 회심은 인간의 사고, 감정, 의지(행동)에 있어서의 변화를 의미하는 것으로, 고백적 신앙은 이제 자기 확신에 기초하여 생활하며 살게 되는 신앙을 획득하게 되는 단계이다.

물론 이 단계에서도 탐구적 신앙 단계에 나타났던 회의와 갈등이 계속되지만, 이 단계에서는 이전과는 다른 새로운 방식으로 계속된다. 고백적 신앙의 단계에 속하는 사람은 깊이 있는 해방, 완전한 생활, 정신적 건강, 그리고 동질성에 관해서 알 수 있으며, 이 세상을 책임 있는 생활로 변화시킬 수 있으며, 개성과 정체성을 동시에 확립하는 신앙이라고 하였다. 웨스터호프는 고백적 신앙의 단계야말로 복음의 근본적 요구가 이를 통해 충족될 수 있으며, 따라서 웨스터호프는 하나님은 모든 인간이 이 단계에 도달하기를 원하는 그러한 단계라고 하였다.

3. 웨스터호프의 어린이 신앙교육

웨스터호프는 이처럼 기독교적 관점에서 신앙의 유형이 변화되어 가는 과정을 나무의 은유를 들어 설명하였고, 각 단계의 특성과 기독교교육적 방향들을 제시하였다. 여기에서는 그의 설명에 나타나는 '어린이' 신앙교육의 특성을 정리해 보도록 하자.

웨스터호프의 신앙 유형론에 나타나는 "어린이 신앙교육"에서 가장 결정적인 것은 **"신앙공동체의 역할"**이라고 할 수 있다. "경험적 신앙"은 어린이가 수동적으로 양육자나 가족으로부터 제공받는 환경 가운데에서 신앙의 기초적 경험을 하는 단계이고, "귀속적 신앙"은 신앙공동체에 좀 더 본격적으로 속하면서 공동체 일원으로서의 정체성을 분명히 하고, 공동체가 추구하는 삶의 방향이나 원칙을 내면화하는 단계이다. 따라서 이 두 시기 모두에게 있어서 '가정'과 '교회'라고 하는 신앙의 공동체는 신앙을 형성하는 데 결정적인 역할을 한다. 신앙공동체는 단순히 이들의 성장을 지원하는 역할이 아니라, 그것이 없으면 신앙형성 자체가 어려운 결정적이고 핵심적인 역할을 하고 있다고 할 수 있다.

그의 어린이 신앙교육의 초점은 또한 무엇을 인지적으로 가르치는 것에 있지 않고, 오히려 **어린이와 더불어 살아가는 것**에 있다. 어린이와 함께 어떠한 삶을 나누느냐 하는 "삶의 질"(quality of life together)이 중요하다.[50] 그것은 먼저 "**경험적 신앙**"에 속한 유아가 양육자와 가정의 종교적 삶을 수동적으로 경험하는 시기에 있다는 점을 생각할 때 그러하다. 유아는 삶 속에서 부모-자녀 관계를 통해 모든 기초적 신앙의 체험을 하게 된다. 따라서 부모는 이 시기에 "나는 나의 아이와 더불어 어떻게 기독교인이 될 것인가?"를 물어야 하고, 그들과 "기독교적으로 함께 사는 일", "기독교적 언어를 삶으로 표현하는 일", "기독교적으로 그들과 관계 맺는 일"을 특별히 묻고 이를 바탕으로 유아가 신앙의 경험을 할 수 있도록 해야 한다고 하였다.

유아뿐만 아니라 "**귀속적 신앙**"의 단계에 속하는 아동의 경우에도 함께 삶을 사는 것은 결정적으로 중요하다. 이 시기에 형성되는 "공동체의 소속감"은 함께 삶을 나누면서, 공동체와 운명을 함께할 때 형성되는 것이지, 객관적 가르침으로 형성되는 것이 아니라는 것이다. 아동은 신앙공동체에서 다른 사람들과 함께 예배하고 기도할 때, 삶의 의미와 신비를 경험할 수 있고, 하나님의 현존이 경험되고, 신비가 경험된다.[51] 또한 아동은 공동체에서 함께 섬기고 증인이 될 때 하나님의 나라를 경험하는 것이다. 아동에게 신앙공동체의 이야기가 '권위'(authority)를 갖는 것도 아동이 실제로 그 신앙공동체의 삶에 참여하고 그 이야기를 공유할 때 가능한 일이다. 자신과 아무 연대감이 없는 이야기가 자신의 이야기가 될 수 없는 것이다. 웨스터호프는 이러한 신앙적 삶의 나눔이 아동에게 공동체로의 소속감과 종교적 감성을 형성하는 통로가 되고, 진정한 "**귀속적 신앙**"을 형성하게 한다고 보았다.

4. 맺는말

웨스터호프는 어쩌면 파울러처럼 조직적이고 체계적인 신앙발달이론을 제시하지는 않았는지도 모르겠다. 그러나 그는 인간의 보편적 현상으로서의 신앙개념보다는, 한 사람의 기독교인이 실제로 어떻게 신앙을 형성해가고 확장해 가는지를 실제적(realistic) 관점에서 숙고하고, 그에 대한 기독교교육적 제안을 하고 있다. 그의 신앙개념은 진공상태에 존재하거나, 이론으로만 머무는 것이 아니라, 실제로 기독교라는 구체적 옷을 입고 신앙공동체 속에서 형태를 확장하고 변형해 간다. 어린이가 구체적 종교기인지, 형식적 종교기인지, 이야기를 어떻게 이해하는지를 살피는 것도 중요하지만, 한 사람의 어린이가 신앙의 공동체 안으로 태어나 그의 환경과의 상호작용에서 어떻게 신앙을 확장해 가는가 하는 것도 우리가 기독교 유아·아동교육에서 간과해서는 안 되는 요소라고 할 수 있다. 그런 의미에서 웨스터호프는 우리에게 발달심리학적인 측면에서는 간과하기 쉬운 어린이 신앙과 어린이 신앙교육의 또 다른 통찰을 제시해 주고 있다고 할 수 있다.

IV. 어린이의 영성과 신앙 – 어린이 영성연구

지금까지 어린이의 신앙과 신앙교육에 관하여 골드만, 파울러와 같이 발달심리학적 기반 위에서 어린이의 신앙에 접근하는 입장을 살펴보았고, 신앙공동체적 입장에서 접근하는 웨스터호프의 신앙유형 이해를 살펴보았다. 어린이의 신앙을 좀 더 통전적이고 다측면적으로 이해하기 위해서, 이 장에서는 "어린이 영성"(children spirituality) 연구의 입장을 살펴보고자 한다. "어린이 영성"은 어린이의 영적 측면을 지칭하는 일반적 단어이기도 하지만, 여기에서는 1990년 이후 미국과 유럽의 기독교 아동교육 영역에서 활발하게 논의되고 있는 "어린이 영성연구"의 입장에서 "어린이 영성"에 초점을 맞추려 한다.[52] "어린이 영성" 연구는 어린이가 종교적으로 아직은 미숙한 상태에 있다고 보는 발달심리학적 입장의 어린이 종교성에 관한 입장을 비판하면서, 어린이를 "영적 존재"로 인정하면서 어린이의 영성과 신앙에 접근하는 입장이다.

1. 어린이 영성연구

"어린이 영성연구"(children spirituality research)는 어린이도 '영적' 존재이고, 영적 경험을 하는 존재라고 하는 이해로부터 출발하는 일련의 연구이다. 이 연구는 앞서 언급한 바와 같이 1990년대 이후로 활발하게 진행이 되고 있지만, 사실 엄격하게 말하면 이 흐름은 이미 1977년에 로빈슨(E. Robinson)이 쓴 한 권의 책 *The Original Vision*[53]으로부터 시작되었다고 볼 수 있다. 이 책에서 로빈슨은 어린이들이 나름대로 종교적 체험을 하고 있을 뿐 아니라, 어린 시절의 종교적 체험은 한 사람의 평생에 걸친 종교적 안목형성에 근본적인 영향을 미친다고 하는 사실을 보고하고 있다.

이와 같은 로빈슨의 연구는 그 이후 헤이(Hay), 나이(Nye), 코울즈(Coles), 그리어(Greer), 머피(Murphy) 등으로 연계되면서 연구의 영역과 범위를 확대해 갔다.[54] 그와 같은 연구경향은 어린이 영성형성을 위한 기독교 아동교육으로 연계하는 시도들로 발전되었다. 베리만(J. Berryman), 스튜어드(S. Stweard), 유스트(K. M. Yust), 메이(S. May), 렛클리프(Ratcliff), 벡위드(I. Beckwith)와 같은 학자들에 의한 영성적 교육이론들과 실천 모델들이 지속적으로 제시되고 있다.

어린이 영성연구에 참여하는 학자들을 중심으로 국제적인 학회가 형성되기도 하였는바, 영국을 중심으로 한 "국제 어린이 영성 컨퍼런스"(International Conference on Children's Spirituality, ICCS)와 미국을 중심으로 한 "어린이 영성 컨퍼런스-기독교적 관점"(The Children's Spirituality Conference-Christian Perspectives, CSCP)이 그 대표적 학회라고 할 수 있다. 영국을 중심으로 시작된 ICCS는 2000년 7월 영국의 치체스터(Chichester) 대학에서 최초로 시작되어 매해 개최되는 학회로, 2010년 7월에 홍콩에서 10회째의 컨퍼런스가 치루어졌다.[55] 반면 미국의 CSCP는 제 1차 ICCS에 참여했던 몇몇의 미국과 캐나다의 학자들이 특별히 기독교적이면서도 초교파적 관점에서 어린이 영성을 연구하는 모임의 필요성을 공감하게 되었고, 2003년에 미국 시카고의 콘콜디아 대학(Concordia University, Chicago)에서 최초의 CSCP 컨퍼런스를 갖게 되었다.[56] 3년마다 개최되는 이 학회의 컨퍼런스는 2009년에 3회째를 맞았다. 영국의 학회가 넓은 의미의 어린이 영성을 연구한다면, 북미의 학회는 좀 더 기독교적 관점에 초점을 맞추고 연구한다는 특징을 띤다.[57]

어린이 영성연구에는 1990년 이후 다양한 학자들이 참여해 왔고, 학자들 나름대로 어린이 영성에 관한 연구들을 수행해 왔다. 때문에 어린이 영성연구의 "어린이 영성" 이해의 공통분모를 분명하게 정리하는 일은 간단한 일이 아니다. 따라서 여기에서는 먼저 대표적인 어린이 영성연구가들의 어린이 영성이해를 간단히 살펴보기로 하자.

2. 어린이 영성연구의 어린이 영성이해

"어린이 영성" 연구는 어린이 영성 자체를 연구하는 것으로부터 시작되었다고 하기보다는 오히려 "어린이에게 영적인 경험이 있는가?"에 대한 연구로부터 시작되었다고 하는 것이 더 정확할 것 같다. 이 과정에서 이들은 어린이가 특정한 종교의 학습된 신관을 바탕으로 한 성인적 영성의 형태는 아닐지 모르지만, 어린이 나름대로의 영적 경험이 일어나고 있다는 사실을 발견하였고, 그를 바탕으로 "어린이 영성"을 정의하고 발전시켜 나갔다. 어린이 영성연구의 선구자적 역할을 하였던 로빈슨(Edward Robinson)도 그와 같은 관심으로 어린이의 종교체험에 관한 연구를 시작하였다.

1) 로빈슨

로빈슨은 스스로도 자신이 "인지발달론자"였다고 고백하였다. 그러한 그가 피아제식의 사고를 바꾸는 데 결정적 계기가 되었던 것은 한 연구, 즉 알리스터 하디 연구소(Sir Alister Hardy Institut)의 종교체험에 관한 프로젝트에 참여하게 됨으로써 이루어졌다.[58] 이 프로젝트에서 로빈슨은 4,000명의 성인들에게 "자신의 삶이 어떤 초월적 힘에 의해 영향을 받고 있다고 느꼈던 경험"을 묻는 설문을 실시하였다.[59] 그는 설문에서 "어린이 시기"에 관한 그 어떤 언급이 없었음에도 불구하고 응답자 중 15%에 해당하는 600여 명의 성인들이 자신들의 생애 초기에 있었던 종교적 경험을 이야기하고 있을 뿐만 아니라, 그 경험이 자신의 전 생애에 걸쳐 영향을 미치고 있음을 보고하고 있다는 사실을 접하게 된 것이다. 로빈슨은 응답자들이 "내 생애의 가장 깊은 종교적 체험은 내가 4-5세 무렵에 왔다." "내 전 생애는 6세 때 내게 열린 놀라운 진리 위에 세워졌다." "나는 오늘날 내가 하나님을 부를 때 느끼는 영적 힘을 내가 기억하는 한 아주 어렸을 때부터 늘 느껴왔다." 등과 같은 표현을 하고 있는 것을 보면서, 유아기에는 종교적 체험이 불가능하다는 피아제적 패러다임이 반드시 옳다고 할 수 없다는 사실을 간파하였다. 생각했던 것보다 훨씬 많은 수의 성인이 이미 유아기에 종교적 체험을 하였고, 그 체험은 그 사람들이 성인이 될 때까지 세상을 보는 기본적 안목의 뿌리인 "원초적 비전"(original vision)이 되었다.

로빈슨은 이와 같은 발견을 기초로 하여 피아제의 인지발달이론에 기초한 어린이 이해를 비판하였다. 피아제의 어린이에 대한 대전제는 처음부터 그들이 "성인이 보는 세계"를 볼 수 없는 존재라고 하는 것인데, 그것은 다른 말로 하면 "어린이는 틀렸고, 성인은 옳다"라고 하는 잘못된 전제로부터 출발하는 것이다.[60] 어린이는 성인적 세계 이해 방식이 결여되었기 때문에 "어린이적 사고로부터의 해방"은 곧 현실에 대한 '착각적'(illusory) 사고의 해방을 의미하는 것이라는 것이다. 피아제적 패러다임은 그와 같은 착각적 사고를 바탕으로 한 어린이의 종교적 사고는 성인의 종교적 사고를 결여한 "전종교적"(pre-religious) 사고라고 판단하지만, 로빈슨은 그의 연구에 나타나 있는 수많은 예들을 통해서 볼 때 어린이들, 좀 더 정확히 말해 유아들은 분명 종교적 체험을 하고 있다는 것으로 이를 반박하였다. 그가 만난 수많은 사람은 이미 어린 시기에 '하나님', '죽음', '탄생', '죄책감' 등과 같은 실존적 물음을 던지고 있으며, 이 같은 물음들은 어린이가 종교적 경험과 연결되어 있다는 것을 보여준다고 하였다. 결정적인 예로 로빈슨은 한 면담자의 다음과 같은 보고를 인용하고 있다.

> 내가 다섯 살 때 일어났던 이 일은 내 삶의 하나의 기초적 경험이 되었다. 나는 그때 개미들이 떼를 지어 부지런히 음식을 나르는 것을 관찰하고 있었다. 갑자기 나는 내가 너무 커서 개미들이 내가 그곳에 있다는 것을 모를 것이라는 생각이 들었다. 나는 개미들의 이해를 넘어서는 존재였다. 그러다 갑자기 눈을 돌렸을 때 그곳에 나무들이 둘러싸고 있고, 내 위로는 푸른 하늘이 펼쳐지고, 구름이 떠가고 해가 있는 것을 보았다. 그것을 보는 순간 나는 이 광활한 곳에서 내가 무지하게 작은 존재라고 하는 것이 느껴졌다. 너무 작아 나 하나 있고 없는 것은 아무 상관도 없는 그런 존재 … 갑자기 내가 개미들을 바라보고 있었던 것처럼 그 광활한 세계에서도 어떤 큰 분이 나를 관찰하고 있을지도 모른다는 생각을 하였다. '그 관찰자는 나를 알아볼까?', '나는 그분을 느낄 수 있을까?' 그 순간 나는 나의 한계에도 불구하고 그분을 느낄 수 있었다. 그는 나의 이해를 넘어서는 분이지만, 그 순간 그는 나의 이해 안에 계셨다. 나는 갑자기 우리 모두가 거대한 한 몸의 일부분이라는 것을 깨달았다. 나는 집으로 뛰어 들어가며 소리쳤다. "우리는 개미와 같다. 거인의 배를 기어가고 있는 개미들과 같다." 누구도 내가 하는 말을 못 알아들었지만 나는 내가 안다는 사실을 알았다.[61]

로빈슨이 보고하고 있는 이 이야기 안의 소년은 다섯 살이었지만, 분명 종교적인 체험과 하나님에 대한 느낌을 가지고 있는 것이 분명하다는 것을 발견할 수 있다. 이 소년이 인용구 안에서 표현하고 있는 "그분"은 물론 기독교 신관에 기초한 하나님 개념과 동일한 것이 아닐지 모르지만 분명 그는 신적 존재에 대한 느낌과 체험이 있다는 것이다. 어린이들은 그와 같은 느낌에 설명을 붙이거나, 이름을 붙이거나 누구에겐가 설득력 있게 말할 수 없을 수도 있다. 그러나 그들에게 그와 같은 영적 경험이 없다고 할 수는 없다는 것이다.

이와 같은 로빈슨의 이해는 어린이, 특히 유아의 경우 피아제식의 패러다임에 의하면 전혀 종교적 이해를 할 수 없는 "전종교적" 수준에 있다고 이해되어 왔지만, 그들의 인지발달이 미성숙하다고 하여 그것이 곧 이들에게 종교적 체험이 없다고 말할 수 없다는 것을 분명하게 밝혀주는 계기가 되었다.

그는 또한 성인들을 대상으로 하는 인터뷰를 통해서 그들이 어린 시절에 했던 종교적 체험은 단지 어린 시절에 그치는 것이 아니라, 그들의 전 생애 동안 그들의 영성의 성향과 방향에 영향을 미치는 기초적인 경험이 되었다는 사실을 확인하였다. 그들은 지속적으로 어릴 때의 강렬한 영적 경험을 기억하고 되돌아보고 있었으며, 그것으로부터 그들의 종교적 상상을 발전시키고 있었다는 것이다. 그래서 로빈슨은 이와 같은 어린이의 종교적 경험을 "original vision"이라고 칭하면서, 이것이 모든 성인적 발달의 핵을 이룬다고 하였다.[62] 특별히 그의 『오리지날 비전』에 나타나는 어린 시절 종교체험의 보고들은 어린이들이 주로 '**자연**', '**예술**', 그리고 '**예전**'의 자리에서 가장 많이 그와 같은 종교적 경험을 했었던 것을 보고하고 있다.[63]

2) 코울즈(Robert Coles)

앞에서 살펴본 로빈슨의 연구가 성인에 의한 어린 시절의 회상을 바탕으로 한 연구로서 연구의 신뢰성과 정확성의 측면에서 근본적인 한계가 있는 연구였다고 한다면,[64] 코울즈(R. Coles)는 성인이 아닌 아동을 직접 대상으로 하는 연구를 통해서 어린이가 영성적 존재임을 증명하였다. 코울즈는 500여 명의 어린이들을 — 영미권만이 아니라 아시아와 유럽 아프리카의 아동들, 그리고 종교적 가정에서 성장한 아동뿐만 아니라 비종교적 가정에서 성장한 아동들에 이르기까지 — 대상으로 한 폭넓은 인터뷰와 인터뷰의 해석을 바탕으로 어린이가 영성적 체험을 하는 존재임을 확인하고, 이를 『아동의 영적 삶』(*The Spiritual Life of Children*)[65]이라고 하는 책으로 출판하였다.

코울즈는 이 책에서 8-12세 어린이를 대상으로 인터뷰한 내용들을 기록하고 있다. 그는 인터뷰 결과로부터 모든 것을 관통하는 결론이나 일반화하는 이론을 도출하려고 시도하고 있지는 않다. 그럼에도 불구하고 그의 책 전반을 흐르는 기본적 관점은 다음의 세 가지로 정리해 볼 수 있다.

첫째, 어린이들에게도 분명 영적 삶(spiritual life)이 확인된다는 것이다. 종교적 배경에서 성장한 어린이는 말할 것도 없고, 그렇지 않은 어린이, 즉 특정 종교와의 관계성에서 성장하지 않은 어린이에게서조차 그것은 분명히 확인되는 사실이라는 것이다. 그런 의미에서 어린이의 '영성'(spirituality)이란 특정의 '종교'(religion)와 직접적으로 관련되지 않을 수 있다는 것을 시사한다. 코울즈가 인용하고 있는 13세 아이와의 인터뷰내용은 그것을 단적으로 증명한다.

우리 학교에는 특별한 종교를 갖고 있지 않는 가정에서 온 아이들이 많아요. 나는 그들에게서 특별한 차이를 발견하지 못해요. 그들도 믿음이 굉장해요. 그들도 인생에 관한 많은 질문들을 가지고 있고, 또 무엇이 옳고 그른지, 무엇을 믿어야 하는지 대하여 진지하게 이야기 하곤 해요. 그들과 대화해 보고서 나는 심지어 종교가 없는 사람이 더 종교적이라고 하는 생각을 하게 되었어요. 내 말 무슨 말인지 이해하시죠?[66]

이 인터뷰의 내용에서 나타난 것처럼, 코울즈는 어린이의 영성은 '종교'가 없이도 나타나는 현상으로 인간의 가장 근본적인 요소라고 하는 것을 시사하고 있다.[67] 그는 종교적 환경에서 성장했거나 그렇지 아니하거나 간에 모든 어린이는 지속적으로 "영적 탐색"(soul searching)의 여정 가운데에 있다고 하는 사실을 보고하였다.[68]

둘째, 종교는 어린이에게도 필수적 요소이다. 코울즈는 물론 어린이들에게 특정 종교의 학습된 경험 없이도 영성적 삶이 존재한다고 하였지만, 동시에 어린이들에게도 '종교'가 매우 핵심적이고 필수적 요소라고 하는 사실을 밝히고 있다. 그는 특별히 독실한 종교 가정에서 성장하는 어린이들은 각 종교의 신학과 종교적 삶에 영향을 받고 자라나며, 그것이 이들의 삶과 생각을 이끌어가는 중심적 힘이 된다는 것을 강조하였다.

그는 특별히 기독교, 유대교, 이슬람교의 가정에서 성장한 어린이들이 하나님과 어떠한 관계를 갖고 있는지를 탐색하였는바, 어린이들은 각각 자신의 성장배경이 되는 종교의 전통이 공유하는 신관과 가치관을 형성하고 있는 것으로 확인되었다. 기독교 어린이가 신을 '구원자', 혹은 '안내자'로, 그리고 '인간의 몸을 입고 우리를 방문(visit)한 분'으로 이해하고 있었다면,[69] 이슬람 어린이들은 신을 '알라'로 칭하고, 기독교나 유대교의 어린이에게서보다 특별히 '복종'의 개념에 초점이 맞추어져 있으며, '헌신'이나 '순결'의 개념에도 관심을 기울이고 있는 것으로 나타났다.[70] 반면 유대교의 어린이들은 '의로움'(righteousness)과 '온전함'의 개념을 중시하고, 하나님을 '길 안내자', 혹은 '재판관'으로 이해하고 있는 것으로 나타났다.[71] 이와 같은 연구의 결과들은 어린이들은 자신이 속한 종교적 환경으로부터 그들의 신관을 형성한다는 분명한 증거를 제시하는 것이라고 할 수 있다.

셋째, 코울즈는 어린이들은 물론 앞에서 살펴본 바대로 부모의 신앙, 가치, 종교적 삶으로부터 엄청난 영향을 받지만, 동시에 **이들의 영혼 안에는 부모의 영향 이상의 어떤 일이 일어나고 있다**는 사실을 발견하였는바, 부모의 영향과 연관 없이 일어나는 어린이의 영적 경험에 관한 수많은 사례를 소개하고 있다. 특별히 그는 리오의 빈민촌에 사는 한 소녀 마가레타가 폐병으로 죽어가면서도 생계를 위해 호텔의 잡부로 하루 종일 집을 비우는 홀어머니, 이미 헤어진 지 오래된 아버지, 그리고 그에게는 전혀 무관심한 성당의 사제들 등과 같은 환경 가운데서도 보여주고 있는 내적 강인함과 초인간적 극복의 의지를 소개하고 있다. 이와 같은 예들은 어린이가 단순히 환경이나 교육의 영향에만 머물지 않는 그 어떤 영적 차원을 가지고 있는 예라고 하는 점을 암시해주는 것이라는 것이다.

코울즈의 연구는 어린이를 대상으로 한 "이야기적 접근"(narrative approach)을 통해서 어린이에게 영적 차원이 있다는 사실과, 그것은 반드시 특정의 종교로부터 영향을 받지 않고서도 나타날 수 있는 것을 보여주었다. 그뿐만 아니라 그것은 성인과 마찬가지로 생의 중심적 요소에 속한다는 것을 보여준 연구로, 어린이 영성연구사에 큰 기여를 한 연구라고 할 수 있다.

3) 헤이 & 나이(D. Hay & R. Nye)

"어린이 영성" 연구에서 나타난 또 하나의 혁신적 연구는 헤이(David Hay)와 나이(Rebecca Nye)의 공동 연구를 들 수 있다. 헤이는 로빈슨이 몸담았던 알리스터 하디 연구소(Alister Hardy Research Centre in Oxford)의 소장으로 있으면서, 나이와 함께 노팅햄 대학에서 "어린이 영성" 프로젝트를 수행하였다. 이들은 거의 3년간 어린이들을 꼼꼼하게 관찰하고 인터뷰한 결과들을 바탕으로 "어린이 영성"의 본질과 지형, 그리고 어린이 영성형성 교육의 방향들을 제시한 책, 『어린이의 영성』(*The Spirit of the Child*)[72]을 출판하였다.

헤이와 나이도 로빈슨이나 코울즈와의 연장선에서 어린이의 "영성적 경험"이 단순히 "종교적 경험"에 제한된 것으로 보기보다는 오히려 종교적 경험 이전에 이미 존재하는 요소라고 하는 점에 주목하였으며, 특별히 그것은 어린이의 생물학적, 혹은 생득적 요소라고 하는 것을 강조하였다.

> 나는 영성을 인간이 가지고 있는 일종의 생물학적 요소로 본다. 그것은 모든 인간존재 안에 찾아지는 일종의 잠재력과 같은 것으로서 실재에 대한 통전적 인식(awareness)으로 이해한다.[73]

이들은 영성을 "특별한 의식"(unique consciousness)으로 정의함으로써 그것이 인간 의식의 한 측면임을 강조하였고, 이 특별한 의식은 소위 "관계적 의식"(relational consciousness)의 형태를 띤다고 하였다. 이 관계적 의식이란 어린이가 '하나님', '인간', '세계' 그리고 '자신'과의 관계에서 특별하게 갖는 의식이라는 것이다.[74] 다시 말하여 이들은 영성을 어린이 내면의 생득적 요소, 혹은 '능력'과 같은 것으로서 하나님, 인간, 세계, 그리고 자기 자신과 같은 환경과의 관계에서 어린이가 특별하게 갖게 되는 의식의 일부분이라고 보았다.

이들은 또한 이 "관계적 의식"으로서의 영성을, 종교학자와 신학자들의 이론을 바탕으로 하여 세 가지의 카테고리로 제시하였는데, **"자각감"**(awareness sensing), **"신비감"** (mystery sensing), **"가치감"**(value sensing)이 그것이라고 하였다. 이들은 이 세 가지 카테고리에 속하는 내용들이 결국 어린이 영성의 "지형"(geography)을 이룬다고 보면서, 각각의 카테고리가 어린이의 삶과 구체적으로 관련 맺고 있는 내용들을 제시하였다.

먼저 '자각감'이란 어떤 것에 대하여 주의를 기울이거나 집중하는 감각을 의미한다.[75] '자각감'은 '여기와 지금'(here-and-now)이라고 하는 순간적 의식, 자신을 어떤 대상에 맞추려고 하는 '조율'(tuning), 어떤 한 대상에 집약적으로 집중하는 '몰두'(flow)의 현상, 수동적으로 느껴지는 감각에 자신을 열어서 초점을 맞추는 '집중'(focusing)의 현상 같은 의식을 포함한다. 헤이와 나이는 이와 같은 자각감이 성인에게서보다 어린이, 어린이 중에서도 유아에게 특별히 더 분명하게 나타나는 현상이라고 하였다.[76] 이 같은 영성의 내용은 어린이가 성인에 비해 결코 뒤떨어지지 않는 영성적 의식을 소유하고 있음을 시사하는 것이라고 할 수 있다.

"신비감"은 "감탄과 경이"(wonder and awe), 그리고 "상상"(imagination)을 포함하는 의식이다.[77] 오토(Rudolf Otto)가 종교의 경험을 신비의 체험(numinous)이라고 보면서 이와 같은 신비의 체험은 한 편으로는 감탄과 황홀감, 그리고 다른 한 편으로는 두려움과 경이의 감정으로 보았던 것과 마찬가지로 헤이와 나이도 신비감이 감탄과 경이의 경험과 더불어 시작된다고 하였다. 그들은 어린이들이 일상적인 것과 비일상적인 것, 즉 신비의 특별한 순간을 구별할 수 있고, 그 순간 감탄과 경이를 경험을 한다고 하였다. 이들은 성인이 일상적이라고 느끼는 순간조차도 감탄과 경이로 받아들이는 감각적 통로를 가지고 있다는 것이다. 또한 신비감은 '상상'을 포함한다. 상상은 신비를 탐색하는 통로일 뿐만 아니라 일상적인 것을 초월적인 것으로 인식하게 하는 통로인데, 이러한 상상력도 성인에게서보다는 어린이에게서 더욱 두드러지게 나타난다.

마지막으로, '가치감'이란 감성이나 느낌과 연결되어 있는 감각으로서 그것에는 "기쁨과 절망", "궁극적 선"에 대한 느낌, 그리고 '의미'(meaning)가 포함된다.[78] 궁극적 선에 대한 느낌이란 마치 영아가 양육자인 부모를 절대적으로 신뢰하는 것과 같이 어떤 절대적 존재의 절대적 선함에 대한 의식을 의미한다. 그렇게 볼 때 이 궁극적 선에 대한 감각은 그 어떤 연령대의 인간보다 나이가 어린 어린이에게서 두드러지게 나타나는 현상이라고 할 수 있다. 또한 '의미'는 여기에서 단순히 인지적인 차원의 것을 뜻하는 것이기보다는 "내가 누구인가?", "나는 어디에 속하는가?", "나의 목적은 무엇인가?"와 같이 심층적이고 내면적인 의미추구의 감각을 의미한다.

헤이와 나이는 '영성'을 일종의 "**생물학적 현상**"으로 이해하고, 인간에게 나타나는 영성의 현상, 혹은 지형을 세 가지 카테고리로 제시하였다. 그들은 자신들이 제시한 '자각감', '신비감', '가치감'들은 모두 성인에게서만 나타나는 것이 아니라, 어린이에게서도 일어나는 현상일 뿐만 아니라 오히려 유아에게서 더 현저하고 분명하게 나타나는 현상이라고 하는 사실을 발견하였다. 물론 헤이와 나이의 연구는 '영성'의 개념을 로빈슨이나 코울즈처럼 어떤 초월적 존재를 체험하거나 실존적 물음을 묻고 탐구하는 것이라고 하기보다는, 좀 더 생물학적 차원에 초점을 맞추었다.

그러나 넓은 의미에서 보았을 때, 이들이 제시하는 영성의 지형도는 성인적 영성에서도 본질적인 요소라고 할 수 있다. '영성'이 일종의 '자각감'(awareness sensing)인 것은 우리가 종교적 체험이나 '경건'의 순간을 영적 '자각'이나 '각성'으로 이해하는 것과 무관하지 않다. 또한 성인적 영성의 개념에서도 '신비감'을 제외하고서는 영성을 말할 수 없을 정도로, "신비의 경험"(numinous)은 영성의 핵심이다. '가치감' 또한 성인적 영성 개념에서도 절대적이다. 영적 희열과 기쁨을 느끼는 것, 삶의 의미, 그리고 궁극적 선이라고 하는 어떤 존재에 대한 느낌이 없는 영성은 있을 수 없다. 그렇게 보았을 때 헤이와 나이가 제시하는 영성의 지형도는 성인에게서도 본질적인 내용들이다. 헤이와 나이의 연구는 성인적 영성에 해당하는 핵심적 내용들이 어린이에게서는 오히려 더욱 두드러지는 현상으로 나타나고 있다는 점을 시사해 줌으로써, 어린이도 영성적 존재임을 분명하게 밝혀주는 역할을 하였다.

3. 어린이 영성연구가들에게 나타나는 어린이 영성의 공통점

앞에서 고찰한 "어린이 영성연구"의 대표적 학자들이 이해하는 "어린이 영성"의 공통된 특징들은 다음과 같이 정리될 수 있다.

첫째, 어린이 영성연구에 공통적으로 나타나는 '영성'의 개념은 그것이 "**인간의 핵심적 요소**"(essential human quality)라고 하는 것이다.[79] 영성은 인간에게 생득적으로 타고나는 요소와 같은 것이고, 영성은 인간존재를 결정짓는 핵심적 요소이다.[80] 로빈슨, 코울즈, 그리고 헤이와 나이는 공통적으로 모든 어린이들은, 심지어 종교적 환경에서 성장하지 않은 어린이들조차도, 영적 탐색을 하거나 영적 경험을 하는 것으로 이해하고 있다. 이들은 모두 어린이는 존재론적(ontological)인 차원이든지(로빈슨, 코울즈), 생물학적(biological) 차원이든지(헤이와 나이) 생득적으로 영성적 존재라고 이해하고 있다.

영성을 생득적으로 이해하는 "어린이 영성"의 입장은 이들이 왜 인지발달론자들의 어린이 이해에 비판적일 수밖에 없는지에 대한 설명이기도 하다. 인지발달론자들이 미성숙한 인지능력을 바탕으로 어린이를 "전 종교적"(pre-religious) 존재로 이해하고 있다면, 어린이 영성의 입장은 어린이도 영성 체험을 하는 존재로 이해한다. 이와 같은 차이는 어린이 이해에 관한 단순한 입장의 차이에서 그치는 것이 아니라, 그것을 기초로 하는 기독교 아동교육의 패러다임 자체를 다르게 하는 핵심적 요인이 된다. 전자를 기초로 하는 기독교 아동교육이 종교적으로 성숙하기까지 아동을 준비시키는 교육에 초점을 맞춘다면, 후자를 기초로 하는 교육은 아동이 직접 하나님을 만나고 종교적 체험을 하는 것에 초점을 맞춘다. 아동을 영성적 존재로 이해하느냐 아니냐의 차이는 기독교 아동교육의 방향을 결정하는 중요한 요인이 된다.

둘째, 어린이 영성연구에 있어서 영성은 주로 **"감탄과 경이의 경험"**(owe and wonder experience)에 초점이 맞추어져 있다. 렛클리프는 지난 20여 년간 어린이 영성 연구가 공유하는 영성의 개념은 한마디로 "감탄과, 경이, 그리고 초월성"으로 표현되는 체험이라고 정의한 바 있다.[81] 영성은 로빈슨이 말한 것처럼 어린이의 '감각적'(sensorial) 경험과 관련되고, 헤이와 나이가 말한 것처럼 일종의 감각(sensing)과 관련되어 있는데, 감각 중에서도 특별히 신비(mystery)의 감각 같은 '특별한'(unique) 경험과 관련되어 있다. 그런 의미에서 헤이와 나이, 메이와 렛클리프 등의 어린이 영성연구가들은 그들의 '영성' 이해를 오토(Otto)의 누미노제(numinous) 경험과 연관시키는 것이 우연이 아니다.[82] 누미노제의 경험은 인간이 어떤 성스러운 존재 앞에서 느끼는 감탄과 황홀감, 혹은 두려움과 경이의 체험이다. 이러한 경험은 언어에 선행하는 경험이고, 또한 인지적 능력에 선행하는 경험이다. 어린이들은 언어와 인지능력의 미성숙에도 불구하고 감탄과 경이를 경험하고, 그러한 특별한 순간을 일상적 순간으로부터 구별할 수 있는 감각적 통로를 가지고 있다는 것이 어린이 영성가들이 공유하는 입장이다.

셋째, 어린이 영성연구에 나타나는 **'영성'**(spirituality)은 **'종교'**(religion)와 반드시 **일치하지는 않는다**. 어린이 영성가들은 영성을 종교로부터 분리하지 않지만, 그 둘을 반드시 일치하는 개념으로 이해하지는 않는다. 코울즈와 헤이와 나이 그리고 로빈슨은 영성이 특정 종교에의 가입이 없어도 발생하는 "생물학적 과정"(biological process)으로 이해한다. 그런 의미에서 대부분의 어린이 영성가들은 '종교'보다 '영성'이 인간에게 좀 더 원초적인 요소라고 생각한다. 이들은 종교가 '구조', '예전', '교리'와 같은 형식적 종교구조로 둘러싸여 있다면, '영성'은 그보다는 인간의 원초적인 "의미추구", "초월성과 신비의 경험" 자체에 좀 더 관심을 쏟는다고 본다.[83]

그러나 그렇다고 해서 어린이 영성가들이 종교를 영성과 분리시키는 것은 아니다. 이들은 영성은 종교와 구별되지만 그 둘은 서로 깊은 연관이 있다고 이해한다. 코울즈의 연구에서 나타난 것처럼 특정 종교의 학습 환경에서 성장한 어린이들은 그 종교의 신관, 가치관에 결정적인 영향을 받고 있고, 그러한 종교적 환경이 어린이의 영성 형성을 촉진한다. 어떤 의미에서 종교는 인간의 영성에 구체적 형태를 부여하고, 또한 영성을 자극하는 통로가 된다. 랜손(D. Ranson)은 영성은 "참여하고 추구하는 행위"가 핵심이라면, 종교는 "해석하고 행동하는 행위"로 그 둘은 서로 창조적 긴장의 관계를 유지할 수 있다고 하였다. 그러면서 그는 종교적인 것 없이 영적인 것은 그 깊이에 도달할 수 없고, 영적인 것 없이 종교적인 것은 교리에만 머물 수 있어서, 이 둘이 함께 갈 때 영성은 그 생명력을 나타낼 수 있다고 하였다.[84]

따라서 어린이 영성가들은 '영성'의 개념이 '종교'를 선행한다는 개념을 바탕으로 종교적 판단에는 미숙한 어린이들도 성인과 마찬가지로 "영성적 존재"로 이해하면서도 동시에 그 영성에 구체적 형태를 부여하고, 영성형성을 부양하는 것에 있어서는 '종교'가 필수불가결한 것으로 본다. 영성이 종교적 신념과 이야기, 종교적 실천 등에 의하여 표현되고 또한 형성되는 것이라면 종교는 영성의 뗄 수 없는 부분인 것이다.[85]

넷째, 어린이 영성연구에 있어서 영성은 생득적, 혹은 생물학적 개념이지만 동시에 그것은 **환경의 자극에 의하여 촉진되거나 억제될 수 있다.**[86] 코울즈가 발견한 사실, 즉 독실한 종교가정에서 성장하는 어린이일수록 영성적으로 예민하다는 것이나 영성이 종교의 실천을 통해서 좀 더 자극되고 형성된다는 것은 어린이의 영성은 환경에 의해 촉진되거나 억제될 수 있다는 것을 의미한다. 그뿐만 아니라 헤이와 나이가 영성을 "관계적 의식", 특별히 하나님, 타인, 세상, 자기와의 관계성으로 본 것은 그와 같은 관계적 환경이 좀 더 촉진될 때 관계적 의식으로서의 영성이 촉진된다는 것을 의미한다. 그런 의미에서 어린이 영성가들은 어린이의 영성형성에 적합한 준비된 환경(environment)이야말로 결정적으로 중요한 요인으로 본다. 그 같은 사실은 어린이 영성의 영성형성 교육의 개념이 좀 더 분명히 말해준다.

4. 어린이 영성이 시사하는 신앙교육의 방향

그러면 위에서 살펴본 "어린이 영성"이 어린이의 신앙교육에 시사하는 의미는 무엇인가? 물론 어린이 영성은 '신앙'이란 개념보다는 '영성'이라는 개념에 주목하고 있고, 기독교라는 종교에 주목하기보다는 인간 일반 안의 생득적 요소로서의 '영성'에 주목하고 있는 것이 사실이다. 따라서 이들의 '영성' 개념을 그대로 기독교적 신앙교육으로 적용하는 일은 무리가 있다. 그럼에도 불구하고, 이들의 "어린이 영성" 개념은 어린이의 신앙교육에 시사하는 의미가 매우 크다.

무엇보다 먼저 이들이 갖고 있는 "어린이도 영성적 존재"라고 하는 이해는 어린이 신앙교육에 주는 의미가 크다. 어린이도 실존적으로나 생물학적으로 영적 경험을 하고 있다는 것은 **어린이 신앙교육이 어린이의 영적 경험을 인정하고 이를 후원하고 독려하는 방향으로 가야한다는 것을 시사하는 것이다**. 어린이 영성연구의 입장에서는 어린이 신앙교육이 아직은 미숙한 어린이가 성숙할 때까지 기다리면서 준비시키는 교육이 아니라, 어린이들에게도 종교적 체험이 일어날 수 있도록 환경을 조성해야 하는 교육으로서의 역할을 해야 한다는 것을 시사한다.

둘째, 어린이 영성연구가들은 어린이들에게는 인지발달이론이 주장하는 바와 같이 성인과 같은 인지적 수준에는 도달되지 않았을지 모르지만, "감탄과 경이"의 영적 체험이 일어난다고 하였다. 이 같은 사실은 **어린이 신앙교육이 인지적인 것이 되기보다는 "감탄과 경이"를 불러일으키는 것이 되어야 한다**는 것을 시사한다. 어린이의 영성 체험이 오토의 '누미노제' 경험처럼 감탄과 황홀감, 그리고 두려움과 경이의 체험으로 오는 것이라면, 어린이 신앙교육에 있어서도 감탄과 경이의 체험이 일어날 수 있도록 방향을 지향해야 할 필요가 있다는 것을 의미한다. 이 같은 사실은 어린이 신앙교육은 학교식(schooling)의 형태로 무엇을 가르쳐 알게 하는 것으로가 아니라, 이들에게 감탄과 경이를 불러일으킬 수 있는 교육의 형태를 지향해야 한다는 것을 시사한다. 그렇게 볼 때, '예전'이나 '예술', 그리고 '이야기'와 같은 것들이 신앙교육에서 하나님 만남의 신비한 체험과 감탄과 경이를 불러일으키는 통로로 관심을 기울여야 할 요소들이 된다.

셋째, 어린이 영성은 '영성'을 '종교'와 반드시 일치하는 것으로 이해하지는 않는다. 그러나 어린이 영성연구는 독실한 종교가정에서 성장하는 어린이일수록 종교적 실천에 규칙적으로 참여하는 어린이일수록 영적으로 예민하고 성숙하다는 사실을 발견하면서, 영성이란 구체적인 종교적 환경 가운데에서 촉진되거나 억제될 수 있다는 것을 강조한다. 이것이 어린이 신앙교육에 시사하는 것은 무엇인가? 어린이들이 영성을 생득적으로 갖고 있다 하더라도 그것을 자극하고 성장시키는 구체적 환경으로서의 통로가 요청된다는 것이다. 이것은 **어린이의 영성이 실제적으로 구체화될 수 있는 기독교제적으로 구체통로를 제시할 필요가 있다**는 것을 강력히 시사하는 것이다. 우리는 어린이들에게 '하나님', '예수님', 그리고 '성령님'이라는 이름을 제시하여 줌으로써 이들이 갈망하는 초월적 존재(혹은 늘 자신들과 함께 있는 존재)를 기독교의 삼위일체 하나님과 연결시킬 수 있도록 해야 하고, 예배와 기도의 실천에 참여하도록 함으로써, 영적 체험이 일어날 수 있는 장을 마련해야 한다는 것을 알 수 있다.

넷째, **어린이 신앙교육은 환경에 의해 이루어진다**는 것이다. 어린이는 종교적 환경으로부터 영향을 받아 영성이 촉진되거나 억제될 뿐만 아니라, 좀 더 구체적으로 그들의 신관을 형성하고 세상과 인간과 자연과 가치에 대한 의식을 형성한다. 따라서 어린이의 신앙형성은 그 어떤 것보다 신앙적 환경 가운데에서 형성된다는 것이다. 이와 같은 생각은 골드만이 아직은 종교적으로 미성숙한 어린이들에게 그들이 이해할 수 없는 성서의 이야기나 하나님 개념을 가르치는 것을 지양해야 한다고 했던 것과는 정반대의 통찰을 제시한다. 어린이들은 그들이 이해할 수 있든 없든, 그들의 환경으로부터 받은 영향들, 즉 종교적 신념, 가치관, 종교적 실천 등에서 절대적으로 영향을 받는다는 것이다. 따라서 어린이들은 성인들이 고백하고 사는 종교적 확신들, 종교적 이야기, 그리고 가치와 실천들을 자연스럽게 공유하는 환경 가운데에서 살 필요가 있다. 즉 신앙이라는 것이 단순히 인지적인 것이 아니라 그것을 바탕으로 살게 되는 어떤 것이라면, 어린이들은 그와 같은 환경 가운데 노출되었을 때 가장 자연스럽게 신앙을 배우고 성장한다고 할 수 있는 것이다.

V. 영·유아의 하나님 이해와 기독교 유아교육

"영아와 유아가 하나님을 어떻게 이해하는가?"의 질문은 사실 현실적으로 답하기 매우 어려운 질문이다.[87] 그것은 무엇보다 두 가지의 장애, 즉 그들의 언어와 인지능력의 미성숙 때문에 그러하다. 인간은 두 살이 되어야 비로소 언어를 구사할 수 있고, 유아들의 경우 언어를 구사할 수 있는 시기에 도달하였더라도 이들은 자신의 생각이나 느낌을 다른 사람에게 충분히 전달할 수 있을 만큼의 언어적 수준에 도달해 있지 못하다. 따라서 영·유아에게 "너는 하나님이 어떤 분이라고 생각하니?"라고 물어서 그들로부터 적절한 답을 얻는 것은 거의 불가능한 일이라고 할 수 있다.

그들의 언어적 장애보다 더욱 결정적인 것은 인지적 미성숙이다. "하나님 이해"라고 하는 단어 자체는 인지적 활동을 근간으로 하는 개념으로 영·유아가 어떻게 하나님을 인식하고 있느냐 하는 것과 관련이 있다. 그러나 이들의 인지적 수준은 영이신 '하나님'이라는 추상적 개념을 이해할 수 있을 만큼의 인지적 발달에는 사실 도달해 있지 못하다. 그러한 수준의 영·유아가 하나님을 어떻게 이해하고 있는지 묻는 것은 어쩌면 어울리지 않는 물음이라고 할 수 있다. 그렇게 볼 때 "영·유아의 하나님 이해"에 대한 고찰은 근본적인 딜레마를 안고 있는 물음이라고 할 수 있다.

"영·유아의 하나님 이해"가 갖는 딜레마에도 불구하고 기독교 유아교육의 영역에서는 "영·유아의 하나님 이해"에 대한 두 가지의 상반된 입장이 있어 왔다. 하나는 인지발달이론을 근거로 한 부정적이고 회의적 입장이고, 다른 하나는 어린이도 하나님을 체험하고 이해할 수 있다고 하는 긍정적 입장이다. 전자가 이미 계몽주의 시기에 그 뿌리를 두고 있다면, 후자는 개신교의 기독교교육 역사를 보았을 때 종교개혁기에까지 거슬러 올라가서 그 뿌리를 찾을 수 있다.[88] 먼저 영·유아의 하나님 이해에 대한 회의적 입장을 살펴보자.

1. 영·유아의 하나님 이해에 대한 부정적 입장

영·유아의 하나님 이해에 대한 회의적 입장은 앞서 언급한 대로 영·유아가 아직 하나님을 이해할 수 있는 지적 수준에는 도달하지 못하였다는 점을 근거로 해서 형성된 입장이다. 이 입장은 계몽주의에 의해 어린이의 지적 수준을 객관적으로 파악하려는 시도가 생긴 이후 주로 인지발달심리를 중심으로 공유되는 입장이다.

1) 루소

영·유아의 하나님 이해에 관한 회의적 입장은 계몽주의 이래 서구 기독교 유아교육에 중요한 영향을 미쳐온 입장으로, 이미 루소의 『에밀』(1762)에서도 나타난다. 루소의 『에밀』은 서구의 현대 교육학이 출발하게 되는 결정적인 계기가 되었던 책인데, 에밀이라는 한 인간이 태어나서 성인이 되어가는 과정을 그린 책이다. 이 책에서 루소는 어린이에게 종교와 신에 관하여 가르치는 것은 오히려 어린이들을 거짓말하는 아이로 만드는 부작용을 일으키는 일이라고 하였다.[89] 초월적 하나님은 신비에 속하는 것인데, 이와 같은 신비를 이해하기 위해서는 신비를 신비로 볼 수 있는 인지의 구조가 형성되어야 하지만 어린이는 아직 그렇지 못한 상태에 있다는 것이다. 그렇기 때문에 어린이들에게서는 신비가 오히려 왜곡되어 이해된다는 것이다.

> 인간에게 있어 이해할 수 없을 뿐 아니라 믿을 수조차 없는 신비도 있다. 그리고 이것을 어린이에게 가르치는 것은 일찍부터 거짓말을 가르치는 것 외에 어떤 이익이 있는지 모르겠다. 또한 신비를 인정하기 위해서는 적어도 그것이 이해하기 어렵다는 것을 이해할 필요가 있다. 어린이는 이것조차 알아듣지 못한다. 모든 것이 신비롭게 생각되는 연령에서는 본래의 의미에서의 신비는 있을 수 없다.[90]

따라서 루소는 어린이는 신비의 영역에 속하는 신을 믿는 일이 어렵다고 하였다. 그는 어린이가 신을 믿는다면 그가 신을 믿는 것이 아니라 신이 있다는 것을 말해주는 사람을 믿는 것이라고 하였다.[91] 루소는 "이해할 능력이 없는 자에게 진리를 말하면 엉뚱한 오해를 하게 되므로, 신에 대한 저속한 공상적 관념이나 유해하고 부당한 관념을 갖게 하기보다는 차라리 아무것도 모르는 편이 낫다"[92]고 하였다. 그는 인간이 하나님을 바로 이해하고, 종교를 선택할 수 있기 위하여서는 최소한 청소년기의 나이에는 도달해야 한다고 하면서 이 시기 이전의 아동에게는 종교교육을 유보하는 것이 낫다고 하였다.

루소의 사고에 나타나는 종교교육의 핵심은 결국 "비판적 사고를 통한 독자적인 종교의 선택"이다.[93] 그렇게 보았을 때 루소에게서 영아와 유아는 비판적 사고에 아직 도달하지 못하였기에, 이들에 대한 어떠한 종교적 체험이나 종교교육도 오히려 역효과를 가져오기 때문에 차단되어야 하는 것으로 이해되었다.

2) 피아제

루소의 그와 같은 입장은 20세기 중반 피아제의 인지발달이론을 통해 더욱 공고히 되었다. 피아제는 인간의 인지능력은 탄생 이후 지속적으로 발달하는 과정 가운데에 있다가 청소년기에 이르러서야 비로소 성인적인 사고, 즉 추상적이고 형식적 사고가 가능하다는 연구 결과를 발표하였다.

(1) 영·유아의 인지적 특성과 하나님 이해

그의 이론에 의하면 특별히 생후 1년 반 동안의 영아는 언어 사용 이전의 단계로 생후 초기의 "반사적운동기"(reflex stage)와 "감각운동기"(stage of sensorimotor)를 거친다고 하였다.[94] 다시 말하면 이 시기 영아는 본격적으로 지적 사고를 하는 것이 아니라 '감각'과 '운동'을 통해 세상을 지각하는 수준에 있다는 것이다. 영아는 사물이 자신의 감각이나 운동기관과 독립하여 존재한다는 의식을 형성하지 못하고, 따라서 사물을 자신의 감각과 분리하여 볼 수 있는 능력이 형성되어 있지 못하다. 예를 들어, 생후 4개월까지의 영아는 장난감을 가지려고 그것을 향하여 가다가 갑자기 누군가 그 장난감을 수건으로 가리면, 자신의 눈에 보이지 않기 때문에 그 장난감이 없다고 생각하여 더는 장난감을 쫓지 않는 현상을 보인다. 이것은 자신의 눈에 보이지 않더라도 사물은 지속적으로 존재한다는 "대상영속성"(permanent object)을 형성하지 못한 영아에게서 나타나는 전형적 행동이다.[95] 영아는 8개월 정도가 되어야 사라진 대상을 탐색하기 시작하고, 18개월이 되어야 보이지 않는 사물도 표상하는 단계에 접어든다. 한마디로 영아의 사고는 대상을 대상 자체로 감지하기보다는 자신의 감각과 운동기에 의존하여 감지한다고 할 수 있다. 피아제의 이러한 연구는 대상영속성도 완전히 형성하지 못하는 상태에 있는 영아가 보이지 않는 하나님 개념을 어떻게 형성할 수 있겠는가 하는 회의를 갖게 하는 이론적 근거를 제시한다.

유아의 경우도 마찬가지이다. 유아는 물론 영아와 비교하여 보았을 때, 언어를 구사할 수 있고, 영아기의 "감각운동적 지능"의 상태에서 벗어나 사물을 '대상'(object)으로 인식하며, 사물의 부재에도 이를 표상할 수 있는 표상적 사고를 시작한다.[96] 그러나 피아제는 유아의 사고는 아직 논리적 사고에 도달하지 못한 소위 "전조작기"(preoperational period)의 특성을 나타낸다고 하였다. 전조작기란 '조작'(operation)이라는 논리적 사고를 아직 할 수 없는 상태에 있다는 뜻으로 피아제가 붙인 이름이다. 유아가 논리적 사고를 할 수 없다는 것은 무엇보다 이들이 사물의 추이를 인과관계에 맞게 따라가며 사고하기보다 '직관적'(intuitional)으로 사고한다는 것을 의미한다.

논리적이고 인과관계적 사고를 할 수 없는 유아들에게 가장 결정적인 것은 이들이 이야기 구성 능력이 없다는 것을 들 수 있다. "인과관계"를 형성하는 능력의 부족으로 인하여 유아는 하나의 이야기가 플롯을 따라 발단과 전개와 결말을 거쳐 진행되는 전 과정을 따라가면서 이해할 수 없고, 단지 장면(scene) 중심적으로만 이해할 수 있을 뿐이다. 따라서 이들은 성서의 이야기를 플롯을 따라가며 이해하기보다는, 자신의 생각을 투영(project)하여 자기중심적(egocentric)으로 이해한다.[97] 이러한 입장에서 보면 이들에게 성서 이야기를 들려주었을 때 이들이 성서 이야기를 그 자체로 바로 이해하고 있는지에 대해서는 회의적일 수밖에 없다고 할 수 있다.[98]

　이 같은 "이야기 구성 능력"의 부족은 유아가 올바른 하나님 이해를 갖기 어렵다고 하는 점을 간접적으로 말해주는 것이라고 할 수 있다. 왜냐하면 우리의 하나님 이해는 수많은 성서의 이야기들을 통하여 드러난 하나님의 특성과 정체성을 근간으로 하여 형성되기 때문이다. 그런데 유아가 이야기 구성력이 없다는 것은 이들이 과연 신·구약 성서 전체에 투영되어 있는 하나님의 개념을 이해할 수 있겠는가 하는 의구심을 가지게 하는 이론적 근거가 된다.

　피아제의 이론에 의하면 인간이 이야기 구성력을 형성하기 위해서는 최소한 "구체적 조작기"(stage of concrete operation), 즉 아동기에 도달해야 한다. 다시 말해서 성서적 이야기에 투영된 하나님의 속성을 이해하기 위해서 인간은 아동기에는 도달되어야 한다는 것이다. 그뿐만 아니라 피아제의 인지발달이론에 의하면 인간이 추상적 개념인 '하나님'을 이해하기 위해서는 추상적 사고가 가능한 "형식적 조작기"(stage of formal operation), 즉 청소년기에 도달되어야 한다는 것을 시사한다. 이 같은 것을 바탕으로 해서 보았을 때 피아제의 인지이론에 의하면 영아와 유아는 "하나님 개념"을 형성하는 것이 불가능하다는 것을 직·간접적으로 증명하여 주는 이론이라고 할 수 있다.

(2) 유아의 인공성(artificialism)과 하나님 이해

　실제로 피아제의 이론에 의하면 유아는 하나님을 신적 존재로 이해하기보다는 인간과 동일한 존재라고 이해하는 '신인동형론(anthropomorphism)' 이해를 가지고 있다고 할 수 있다. 그것은 유아가 가진 인식적 한계, 즉 이들이 인간과 하나님 간의 존재 양태의 차이를 인식할 수 없다는 한계에서 비롯되는데, 이와 같은 개념을 우리는 그의 책 『어린이의 세계이해』에 나타난 "어린이 인공성"(child artificialism) 개념에서 발견할 수 있다.[99]

　이 책에서 피아제는 '인공성'(artificialism)을 '실재성'(realism), '물활론'(animism)과 나란히 어린이 사고의 미성숙성의 근간을 이루는 요소로 보고 있다. 이 세 요소들은 어린이 시기에 동시에 나타나며 나중에 점진적으로 합리적이고 기계적인 사고로 바뀌어 간다고 하였다. 실재성은 어린이들이 사물과 그 상징을 혼돈하는 것을 가리키는데, 이를테면 '해'라는 단어를 "해 자체"로 생각하는 것을 의미한다. 물활론이란 어린이들이 모든 물건이 살아 있고 움직인다고 생각하는 것을 가리킨다.

"어린이 인공성"이란 인간이 우주와 자연을 만들었다고 하는 어린이의 생각을 지칭하는 것인데,[100] 피아제는 어린이 인공성은 4단계에 걸쳐 발달하는 과정을 거친다고 하였다. (1) 산만한 인공성(diffuse artificialism), (2) 신화적 인공성(mythological srtificialism), (3) 기술적 인공성(technical artificialism), 그리고 (4) 내재적 인공성(immanent artificialism)의 단계가 그것이다.[101]

첫 번째 단계인 "산만한 인공성"은 5-6세 정도의 유아에게 나타나는 현상으로, 피아제는 이 시기 유아는 세계와 자연은 인간에 의해 만들어졌고, 자연의 현상은 언제나 인간의 목적과 연결되어 있다고 믿는다고 하였다.[102] 이 시기 유아들은 호수나 구름, 바위 등의 여러 자연물이 인간에 의해 창조되었기에, 이들은 인간보다 오래되지 않았다고 생각한다고 하였다. 동시에 이 시기 유아들은 자신의 부모를 비롯한 모든 어른은 모든 것을 알고 있거나 모든 것을 할 수 있는 '전지전능'(omniscience and omnipotence)의 존재로 생각하고 있고, 하나님도 이 같은 어른 중의 한 사람이라고 생각한다고 하였다.[103] 따라서 이 단계 유아의 경우 하나님은 하늘이나 구름에 산다는 사실 말고는 다른 어른들과 크게 다를 것이 없는 인간으로 생각한다는 것을 확인할 수 있다고 하였다. 이 시기 유아는 하나님과 인간이 서로 같은 존재라고 생각하는 '신인동형론적' 이해를 갖고 있다는 것이다.

제 2단계인 "신화적 인공성"은 약 5세부터 6-7세의 유아와 초기 아동들이 속하는 단계로서, 이 시기 어린이는 자연이 인간이나 하나님의 즉흥적 행동의 결과 생겨난 것이라고 믿는다고 하였다. 이 시기 어린이는 "사물의 기원"(origins of things)에 대하여 생각하기 시작하는데, 이들은 사물의 기원이 반은 자연, 반은 인공으로 생겨난 것이라고 하는 사고의 형태를 띤다. 예를 들어 이들은 앞 단계의 유아와 마찬가지로 '해'를 인간이 만들었다고 생각하기는 하지만, 단순히 인간이 만들었다는 것에서 그치는 것이 아니라, 인간이 돌이나 혹은 성냥 같은 것을 소재로 하여 만들었다고 생각한다. 이 과정에서 유아는 사물의 기원에 대한 신화를 형성할 수 있게 된다.[104]

제 3단계인 기술적 인공성의 시기는 7-9세 혹은 10세까지의 아동에게서 나타나는 특성이다. 이 시기 어린이는 조작적 사고의 능력이 형성되기 때문에, 어떠한 사물이 만들어지는 과정을 이해하는 능력이 생기게 되고, 그를 바탕으로 자연의 형성에 인간이 직접 영향을 미칠 수 없다는 것을 생각할 수 있게 된다. 이 시기 아동은 자연의 형성과 순환은 인간의 힘으로 영향을 미칠 수 없는 것이라고 하는 사실을 서서히 깨닫게 된다. 그러나 여전히 인간의 기술이 어느 정도 영향을 미칠 수 있다는 생각을 가지고 있어서,

세계의 기원은 인간의 기술과 자연의 과정이 함께 합력하여 형성된 것이라고 생각한다.

제 4단계인 내재적 인공성은 9세에서 10세, 혹은 그 이후의 아동에게서 나타나는 현상이다. 이 시기의 아동은 자연의 형성과 변형의 과정에 인간은 어떠한 힘도 영향을 미칠 수 없다는 사고를 할 수 있게 된다. 자연은 인간의 의지와 무관하게, 그 자체로 목적을 가지고 있고, 인간의 기술이나 노동에 대하여 독립적으로 존재하고 있다는 사실을 깨닫게 된다.

피아제는 유아들이 속하는 2단계 시기의 어린이들까지는 부모를 전지전능한 신으로 '신성화'하고 있는 것으로 나타난다고 하였다.[105] 그는 보베(M. Bovet)를 인용하면서, 어린이들이 2단계 말과 3단계 아동기로 들어서면서 자신들의 부모가 더는 완벽한 인간이 아니라는 것을 알게 되고, 이 순간 하나님을 '부모화'(paternalise) 하는 경향을 나타낸다고 하였다. 유아는 초기에 '부모'에게 모든 능력을 부여하다가, 시간이 지나가고 아동기에 들어서면서 "더 나은 인간"(more men), 혹은 "더 나이 많은 인간"(older men), 그리고 "초기의 인간"(early man)과 같은 보통 인간과는 다른 형태의 인간 개념을 형성하게 되고, 이를 기초로 하여 점차로 인간과 구별되는 '신'의 존재양태를 형성하게 된다고 하였다.[106]

이와 같은 피아제의 '인공성' 개념은 유아들이 하나님을 인간과 비슷한 존재로 이해하는 신인동형론적 이해를 제시하는데, 이것은 그의 인지발달이론과 더불어 그 어떤 이론보다 영아와 유아의 하나님 이해에 관한 회의적 입장을 지지하는 이론적 기반이 된다고 할 수 있다.

3) 골드만

피아제의 인지발달이론은 그의 추종자인 골드만(Ronald Goldman)에게 영·유아가 종교적으로 사고하는 것이 얼마나 불가능한지를 설명하는 탄탄한 근거가 되었다. 골드만은 피아제의 패러다임을 전제로 유아로부터 청소년까지를 대상으로 하는 인터뷰 조사를 하였고, 이를 바탕으로 영·유아뿐만 아니라 아동기까지도 종교적으로 미성숙하다고 하는 결론을 내렸다.[107] 이 과정에서 골드만은 먼저 영아의 경우 언어적 미발달로 인하여 인터뷰조차도 할 수 없는 시기이기 때문에 연구의 대상에서 제외하였다.

골드만은 성서의 이야기와 그림들을 제시하며 실시한 인터뷰 조사를 바탕으로 유아의 종교적 사고의 특징을 다음과 같이 정리하였다.

그는 유아로부터 청소년까지를 대상으로 성서의 이야기들과 그림들을 제시하며 이들을 해석하고 이해하는지에 대한 인터뷰 결과들을 종합하여 각 단계에 따른 "종교적 사고"(religious thinking)의 특성을 정리하였다.[108] 첫째, 유아의 종교적 사고는 **"변환적"(transductive)**이다. 변환적이라 함은 특정의 것을 그것과 관계가 없는 다른 특정의 것과 서로 연결시키는 성향이다. 예를 들어 유아는 "모세가 하나님 보기를 왜 두려워했을까?"라는 질문에, "하나님의 얼굴이 이상하게 생겨서", "하나님의 목소리가 거칠어서", 혹은 "모세가 공손히 말하지 않아서"라고 대답하였다. 이와 같은 대답은 유아가 서로 관련 없는 특정의 것을 서로 연결시키고 있는 좋은 예들이라고 할 수 있다.[109]

둘째, 유아의 종교적 사고는 **비조직적이고 단편적**이다. 유아의 사고는 성인이 볼 때 사건의 핵심이 되는 것을 빗겨갈(off-centre) 뿐만 아니라, 중요치 않은 것에 주목하고 있는 것을 볼 수 있다. 예를 들어 유아들은 예수님이 왜 돌을 떡으로 만들지 않았냐는 질문에 "예수님이 떡을 안 좋아해서", 혹은 "배가 안 고파서", 혹은 "사탄을 싫어해서" 등으로 대답하고 있다. 이 같은 대답은 유아가 사건의 핵심을 파악하지 못하고, 중요하지 않은 단편적인 다른 요소들에 집중하고 있는 대표적인 예라고 할 수 있다.[110]

셋째, 유아의 사고는 **자기중심적(ego-centric)**이다. 유아는 자신의 경험을 사건에 연결시켜서 생각하는 강한 자기중심성을 가지고 있다. 예를 들어 "왜 가시떨기에 불이 붙었지만 타지는 않았나요?"라는 질문에 한 유아가 "예수님이 불타는 가시떨기를 보았는데, 어떤 사람들이 물로 불을 껐어요"라고 대답하였다. 이 유아는 불이 붙었을 때 누군가 물로 불을 끈 것을 본 경험을 이 질문과 연결시키고 있다. 또 어떤 유아는 "왜 모세가 선 땅은 거룩한 땅인가요?"라는 질문에 "잔디가 있어서"라고 대답하였다. 이 유아는 자신이 잔디에서 신발을 벗고 놀았던 경험과 연결시키고 있는 것을 볼 수 있다. 이처럼 유아는 자기중심적인 사고로 자신의 경험을 사건에 대한 판단에 투사하는 경향이 있다.

넷째, 유아의 사고는 지나치게 **단순하고 비종합적**이다. 유아들은 사건의 전체를 보지 못하고 지나치게 단순하게 생각한다. 예를 들어 "왜 가시떨기에 불이 붙었지만 타지는 않았나요?"라는 질문에 한 유아가 "꽃들과 잎들, 그리고 가지들은 높이 있었기 때문에 타지 않았어요"라고 답하였다. 이 유아는 불이 붙었으나 타지 않았다는 개념을 종합적으로 이해하기보다는 이들이 높이 있어서 타지 않았다는 단순한 생각을 견지하고 있다.

이와 같은 유아의 종교적 사고는 피아제의 이론에 근거하여 볼 때 조작적 사고가 아직 불가능한 전조작기(pre-operational period) 사고의 특징을 고스란히 나타내는 것이고, 그런 의미에서 골드만은 전조작기 사고의 특징인 '직관적'(intuitive) 사고라는 명칭을 붙여 이 시기의 사고를 "**직관적 종교사고**"(intuitive Religious Thinking)라고 칭하였다.

위에서 보는 바와 같이 골드만은 유아의 "하나님 이해"를 연구했다기보다는 유아의 종교적 사고에 관한 연구를 하였다. 그러나 이와 같은 연구는 유아의 하나님 이해에 대하여 골드만이 가졌을 법한 이해를 추론할 수 있게 해준다. 유아의 사고는 아직 전조작적 특성에 머물러 있어서 직관적 사고를 한다. 따라서 이들은 성서의 이야기들을 바로 이해할 수 없는 인지적 한계들을 가지고 있다. 기독교의 하나님은 성서를 통해 자신을 계시하신 하나님이고, 하나님을 바로 이해한다는 것은 다른 무엇보다 성서의 이야기를 이야기의 본질에 맞게 이해함으로써 시작되는 것이다. 이러한 관점에서 보았을 때 성서의 이야기를 본질에 맞게 이해할 수 없는 유아가 기독교의 하나님을 바로 이해할 수 있다는 것에는 회의적일 수밖에 없다.

골드만은 유아뿐만 아니라 아동기도 성서의 이야기를 제대로 이해할 수 없는 '전종교적 사고'(pre-religious thinking)의 시기로 규정하고 있다.[111]

4) 오저와 그뮌더(Fr. Oser & Gmuender)의 종교적 판단이론

신앙의 인지적 측면에 특별히 관심을 가졌던 오저와 그뮌더(Fritz Oser & Paul Gmuender)의 경우에도 영·유아가 보이는 종교적 태도를 "**전종교적 태도**"(pre-religious attitude)라고 칭하였다.[112] 이들은 인간이 성장하는 과정에서 하게 되는 종교적 판단의 변화에 관한 발달심리학적 연구를 통해서, 각 단계에서 갖게 되는 신에 관한 이해의 변화를 5단계로 나누어 제시한 바 있다.

우리나라에는 잘 소개되어 있지 않은 이들의 이론을 잠시 살펴보자. 제 1단계는 "완전타율"(absolute heteronomy orientation)의 단계로 이 단계에서 아동은 신은 세상에 직접적이고 능동적으로 관여하고 인간은 그에 대하여 단지 반응을 할 뿐이라고 이해한다고 하였다. 이 단계에서 신은 인간과는 별개로 존재하며 인간은 신에 대하여 영향을 미치지 못하는 존재로 이해된다. 이 시기는 주로 8, 9세 아동이 속하는 시기이다.[113]

제 2단계는 "상호관계적"(do ut des) 단계라고 하였는데, 이 단계에서 신은 1단계에서처럼 여전히 외적 존재이며 전능한 존재로서 벌을 주거나 상을 내릴 수 있는 존재로 이해된다고 하였다. 그러나 오저와 그뮌더는 이 단계에서 신은 외적 존재이면서도 인간이 어느 정도는 영향을 미칠 수 있는 존재로 이해된다고 하였다. 즉 인간이 예방적인 행동을 취할 수 있다는 말이다. 신에게 벌을 받지 않기 위해 인간은 무엇인가를 행할 수 있고, 또 인간이 잘못함으로써 신의 부정적인 행위를 유발할 수도 있다는 것이다. 이 단계에서 신과 인간은 서로 상호작용하는 독립된 자아(self)로 이해된다. 이 시기에 속하는 아동은 주로 11, 12세의 아동이다.[114]

제 3단계는 "완전자율"(absolute autonomy)의 단계로 신은 세계 밖으로 밀려난다고 하였다. 이 단계에 속하는 청소년은 초월성과 내재성을 분명히 구분한다. 인간은 유아독존적으로 자율적이 되고, 세계와 세계 안에서의 자신의 삶에 책임을 지는 존재로 이해된다. 이 시기 인간은 종교와 교회의 권위에 종종 도전하고, "나는 여기 서 있고, 달리 어쩔 수가 없다"라는 말로 자신의 정체성을 표현하며 부모나 교육이 신에 관한 이해에 미쳐왔던 영향력에 대해서 거리를 둔다. 이 시기에는 주로 14, 15세와 그를 전후로 하는 연령의 청소년이 속한다.[115]

제 4단계는 "중재적 자율성과 구원계획"(mediated autonomy and salvation-plan)의 단계로 이 단계에서 신은 내재적 존재로 다시 조정된다. 신은 어떤 가능성의 기초로서, 혹은 '자아'를 위한 한 기호로서 존재한다. 이 시기에는 '자율성'을 더는 묻지 않거나, 혹은 의식하면서 그들의 삶 속에서 신을 자연숭배, 명상, 사회 참여 등 다양한 종교성의 형태를 통해 실재적 존재로 만든다. 자신이 모든 것을 스스로 성취할 수 있다고 하는 생각을 버리고, 궁극적 존재에게 의지한다. 이 시기에는 주로 17, 18세와 그를 전후로 하는 청소년이 속한다.[116]

제 5단계인 "상호주관적 종교"(intersubjective religious)의 단계는 자아와 궁극적 존재 사이의 관계를 상호주관적으로 중재된 존재로 인식하는 단계이다. 이 시기는 우주성, 절대 종교성의 시기라고도 칭해질 수 있다. 이 시기 인간은 절대적으로 종교적 입장에 서 있으면서 꼭 어떤 종교단체나 구원의 계획과 같은 개념에 의지하지 않아도 무조건적으로 종교적일 수 있다. 이 단계에는 최소한 20-25세의 청년이 되어야만 도달할 수 있다.(*Ibid.*, 180)

앞에 살펴본 대로 이들의 이론에 의하면 종교적 판단이 시작되는 제 1단계는 8, 9세, 혹은 그보다 더 늦게 시작되는 것을 볼 수 있다.[117] 다시 말하면 영아와 유아는 이들의 이론적 구조에서는 종교적 판단이 시작되기 이전, 즉 "전종교적"(pre-religious) 단계라고 할 수 있다. 따라서 오저와 그뮌더는 이 단계, 즉 유아의 단계를 종교적 판단이 일어나기 이전 단계라고 하여 '0단계'라고 칭하고 '0단계' 유아의 특징을 다음과 같이 서술하고 있다.

이 시기 유아는 아직 자신들의 외부에 있는 다양한 힘들 사이를 구분할 수 있는 능력이 없다. 이들이 알 수 있는 것은 단지 그들이 외부로부터 영향을 받고 있다는 사실일 뿐이다. 그들은 자신들이 무엇인가를 한다는 것과, 다른 사람들에게 영향을 받거나, 그들에게 종속되어 있다는 사실을 구분할 수 있을 뿐이다. (부모들이 하나님에 관하여 말하면 이들은 하나님을 잘 모르는 아저씨, 혹은 모르는 손님 같은 사람으로 이해한다.) 인지적 측면에서 보았을 때, 이것은 **전-종교적** 태도이다.

이 시기에 사건의 설명은 눈에 보이는 형태로만 이루어진다. (예를 들어, 질문: "어떻게 해서 이렇게 되었지요?"라는 질문에는 "그가 이렇게 했으니까"와 같은 형태의 답이 있을 뿐이다.) 이 시기 어른들은 그들의 욕구(예를 들어, 울음)를 해석하는 것으로써만 이들에게 영향을 미칠 수 있을 뿐이다. 유아는 내가 누군가에게(혹은 무엇인가에) 영향을 미친다는 사실과 혹은 누군가(무엇인가)가 나에게 영향을 미친다는 것 정도를 이해할 수 있을 뿐이다. 이 시기 유아들에게는 내적인 것과 외적인 것이 있을 뿐이다. 그들은 아직 그들을 둘러싸고 있는 외부적인 것들 사이의 다양한 형태를 구별할 수 있는 능력은 없다.[118]

위의 인용구에서 나타나고 있는 바와 같이 오저와 그뮌더는 유아들이 단지 자신과 자신의 외부를 구별할 수 있을 뿐이지 자신의 외부에 있는 다양한 존재양식들 사이를 구별하는 지적 분별력은 아직 없다고 보았다. 부모가 하나님에 관하여 말해 준다고 하더라도, 그것은 단지 모르는 아저씨나 모르는 손님과 별반 차이가 없다는 것이다. 환언하면 유아들은 하나님을 인간으로부터 구별할 능력이 아직 없는데, 이것은 이들이 자신의 외부에 존재하는 것들 간에 차이들을 구별할 능력이 아직 없기 때문이라는 것이다. 그런 의미에서 유아는 신을 인간과 구별하여 생각하지 못하는 신인동형론(anthropomorphism)적 이해를 하고 있다고 할 수 있다. 이와 같은 신인동형론적 이해는 오저와 그뮌더뿐만 아니라 엘킨드(Elkind), 필팅(Pealting), 타미넨(Tamminen) 핏츠(Pitts) 등의 수많은 피아제 학파들에 의해 지지되어 왔다.[119]

이상에서 살펴본 바와 같이 영·유아의 하나님 이해에 관한 회의적 입장은 전반적으로 유아의 인지적 능력에 근거하여 형성된 입장이라고 할 수 있다. 루소와 피아제, 골드만, 오저와 그뮌더는 모두 영·유아의 인지적 미성숙이 이들로 하여금 하나님을 바로 이해할 수 없는 근본적인 장애가 된다고 보았고, 그런 의미에서 이들은 모두 영·유아가 하나님을 바로 이해할 수 있다고 하는 것에는 회의적인 입장을 취하였다.

2. 영·유아의 하나님 이해에 대한 긍정적 입장

영·유아의 하나님 이해에 대한 긍정적 입장은 서두에서 밝힌 바와 같이 개신교의 종교교육 역사에서는 종교개혁기에까지 거슬러 올라가는 풍성한 역사를 가지고 있다. 그러나 여기에서는 피아제의 패러다임을 반대하여 나타난 최근의 입장들만을 살펴보도록 하자.

1) 준비가설

유아가 하나님을 인간, 특히 부모와 비슷한 존재로 이해하고 있다는 신인동형론적 이해에 반하여 최근에 바렛(Barrett)과 리차르트(Richart), 해리스(Harris), 에반스(Evans), 페트로비치(Petrovich) 등 일련의 학자들은 유아들이 하나님을 반드시 신인동형론적으로 생각하는 것은 아니라고 하는 연구의 결과를 발표하였다.[120] 이들은 여러 연구들을 통해 유아가 하나님을 인간과는 다른 특별한 존재양식으로 이해하고 있다는 사실을 발견하면서, 유아기에 이미 이들은 하나님의 특수한 존재양식을 이해할 수 있도록 인지적으로 준비되어 있다는 이른바 "준비가설"(Preparedness Hypothesis)을 제안하였다. 이들은 유아들이 인간과 신을 구별하지 못하는 신인동형적 사고를 하고 있다는 주장에 착안하여, 유아들이 실제로 인간과 하나님을 구별할 수 없는지를 확인하기 위한 다양한 실험을 하였다.

페트로비치는 30명의 영국 유치원생들을(평균나이 4.4세) 대상으로 하는 실험을 하였는바, 이 실험에서 그는 유아들에게 다양한 사진들, 즉 동물들, 식물들, 눈, 비, 나뭇잎, 장난감, 동물완구, 의자, 책 등의 사진들을 보여주고, 이들에게 인간이 만들 수 있는 것과 만들 수 없는 것을 찾아보라고 하였다.[121] 이 질문에서 유아들은 90% 이상이 자연적인 것과 인공적인 것을 분명히 구별하였고, 인공적인 것은 인간이 만들 수 있으나 자연적인 것은 인간이 만들 수 없다고 답하였다고 하였다. 페트로비치는 이 실험에서 단지 소수의 유아들이 장난감 동물완구 사진 앞에서 인간이 만들 수 있는지 없는지를 고민하는 흔적을 보이고 있는 것을 빼고는 거의 대부분의 유아들이 정확히 인공과 자연을 구별하고 있었고, 자연을 만든 분이 하나님이라고 대답하였다고 하였다.

페트로비치는 또 135명의 영국 유치원생(평균나이 4.3세)들을 대상으로 한 유사한 연구에서 식물과 동물, 하늘과 땅 그리고 큰 바위와 같은 것의 기원을 묻는 실험을 실시하였다.¹²²⁾ 이 질문에 대해 유아들은, '인간에 의해', '하나님에 의해', '모르는 존재에 의해' 등의 보기 중 하나를 고르도록 인도되었다. 실험 결과 페트로비치는 유아의 대부분은 그와 같은 자연물은 하나님이 창조하였다고 대답하였을 뿐만 아니라, 이들은 하나님을 인간과는 구별되는 특별한 창조적 능력을 갖고 있는 존재로 이해하고 있다는 사실을 발견하였다고 보고하였다. 이 연구는 또한 피아제의 이론, 즉 유아가 부모나 어른들을 전지전능한 능력자로 보고 있다는 전제가 옳지 않다고 하는 것을 동시에 밝혀내었다. 그의 연구에서 유아들은 부모의 능력과 하나님의 능력 간의 차이를 분명히 인식하고 있었기 때문이다.

바렛, 리차르트 그리고 드리센가(Driesenga)는 이들의 2001년의 실험에서 52명의 3-6세 유아들이 엄마의 생각과 하나님의 생각을 어떻게 구별하는지를 보기 위한 실험을 하였다.¹²³⁾ 이들은 먼저 유아들에게 크래커 통에다 돌을 집어넣고는 그 안에 무엇이 들어 있을지를 물었다. 모든 유아는 그 안에 크래커가 들어 있다고 대답을 하였으나, 실험자는 크래커 통을 열어 그 안에 돌이 들어 있는 것을 유아들에게 확인시켜 주었다. 그리고 실험자는 유아들에게 지금 어머니가 이 방에 들어오게 되어 이 크래커 통에 무엇이 들어 있을지 물으면 무엇이라고 대답하겠는지를 물었다. 3-4세 유아들의 대부분은 엄마가 그 안에 돌이 들어 있다고 답할 것이라고 한 반면, 대부분의 5-6세 유아들은 엄마가 그 안에 크래커가 들어 있다고 답할 것이라고 하였다. 그러나 하나님에게 그 안에 무엇이 들어 있느냐고 묻는다면 어떻게 대답하겠는가 하는 질문에 대해서는 3-6세의 모든 유아는 그 안에 돌이 들어 있다고 대답할 것이라고 하였다. 연구자들은 이와 같은 실험 결과는 유아들이 하나님은 틀린 생각을 하지 않는다고 생각하고 있는 반면, 어머니는 틀린 생각을 할 수 있다고 생각한다는 것을 잘 보여주는 예라고 하였다. 물론 나이가 어린 3-4세 유아의 경우는 어머니도 틀린 생각을 하지 않을 것이라고 대답하였다. 따라서 이 점에 대해서는 나이가 변수로 작용하고 있다는 것을 알 수 있다. 어쨌든 바렛 등의 연구는 유아들에게서 어머니와 하나님이 구별되고 있다는 분명한 증거를 보여주는 예라고 할 수 있다.

바렛 등에 의해 시도된 2005년의 연구는 유아들이 시각, 후각, 청각 등의 영역에서 보통의 인간은 할 수 없지만 특별한 감각을 가진 동물들만이 할 수 있는 수준의 것을 하나님은 할 수 있다고 답하고 있다고 하는 사실을 보고하였다.¹²⁴⁾

위와 같은 연구의 결과들은 유아들이 하나님을 인간으로부터 분명히 구별할 수 있는 인식의 틀을 가지고 있다는 것을 증명하는 것으로, 이것은 기존의 영·유아의 하나님 이해에 대한 신인동형론이 절대적으로 옳은 것이 아니라는 것을 보여주는 예가 된다고 할 수 있다. 신인동형론은 아동이 하나님, 혹은 인간 외의 존재를 표상할 때 그런 존재를 생각할 인식의 틀이 부재하여 인간과 같거나 인간과 조금 다른 존재라고 상상하는 생각의 패턴인데, 위에서 서술한 바와 같은 준비가설은 유아들이 하나님을 인간과 비슷하게 생각하기보다는 인간이 할 수 없는 것을 하는 존재, 인간과는 다른 특별한 존재양식을 가진 존재로 생각하고 있다는 것을 밝혀주고 있는 것이다.

준비가설은 유아도 하나님을 단순히 인간과 비슷하거나, 자신들의 부모와 비슷한 존재가 아니라, 특별한 존재라고 하는 이해를 가지고 있음을 보여줌으로써 유아의 하나님 이해에 대한 긍정적 입장을 지지하고 있다. 바렛과 리차르트는 준비가설은 유아들에게 하나님에 대한 신학적 이해, 즉 하나님의 무오성이나 전지전능함, 불멸성 등을 가르칠 수 있다는 것을 이론적으로 뒷받침해 주는 이론적 근거가 된다고 하였다.[125]

2) 대상관계이론

"준비가설"이 주로 '유아'의 하나님 이해에 대한 인지적 측면의 연구를 하였다면, "대상관계이론"은 이보다 더 거슬러 올라가 '영아'도 하나님에 관한 표상을 형성한다고 하는 이론적 근거를 제시하여 주는 것이라고 할 수 있다. 대상관계이론은 프로이드로부터 시작하여 이후 발전해 가는 과정에서 학자에 따라 조금씩 다른 강조점을 나타내고 있는 이론이라서 통일된 하나의 입장으로 설명할 수 없는 이론일 뿐만 아니라, 그것이 반드시 "하나님 이해"에 관한 이론이라고 단정할 할 수도 없다. 그러나 대상관계이론은 영아가 양육자(어머니)와의 내적인 관계에서 중간 '대상'(object)이라는 것을 형성하게 되는데, 이것이 영아에게 '신' 개념을 형성하고 경험하게 하는 최초의 영역이라고 하는 점을 시사해 준다.

대상관계이론가들은 영아가 생애 초기에 어머니와의 관계를 통해서 "내부의 타인", 혹은 "정신적 표상"이라고 칭하는 영상화된 '대상'의 이미지를 갖게 된다고 하였다. 이 이미지는 영아가 양육자(일반적으로 어머니)와의 경험에서 느꼈던 양육자에 대한 이미지로, 영아의 성장 후에도 그의 무의식세계에 침전되어 있으면서 의식의 세계를 관리하고 행동 규범과 느낌을 만들어 낼 뿐만 아니라 그 사람의 총체적인 인간 됨됨이를 결정해 주는 심리적인 틀이 된다는 것이다. 이 틀은 아이의 창조물로서 무의식세계에서 개인의 운명을 관리하는 양육자의 상(이미지)이라고 할 수 있다. 대상관계이론가들은 이러한 심리적인 틀을 '대상'(object)이라고 칭하였다.[126]

"대상관계"(object relation)란 "양육자(어머니)의 이미지"가 영아의 세계에 함입되어 무의식세계에 머물러 있으면서, 양육해 준 그 사람이 양육과정을 통해 만들어 준 "아이의 이미지", 곧 개인의 자아와 관계하는 것을 칭하는 말이다. 양육자(어머니)의 이미지와 어머니가 만들어 준 아이의 이미지가 무의식의 세계에서 상호작용하는 것이 "대상관계"이다.

위니캇과 리주토(A.-M. Rizzuto) 등의 대상관계이론가들은 영아가 어머니와의 관계에서 형성하는 대상과 대상관계에 신의 개념을 반영한다고 하였다.[127] 리주토는 아이와 어머니의 눈맞춤, 어머니의 초기 돌봄 그리고 반영해 주는 어머니의 인격적 행위 등에서 신에 대한 표상이 최초로 경험된다고 하였다.[128] 어머니의 얼굴, 어머니의 아이 몸 다루기, 눈맞춤을 통한 어머니의 반영(mirroring)행위 등을 통해 어머니는 아이에 대한 소원과 환상, 숨은 소망과 욕구들을 표현하게 되고, 이를 통해 아이는 '어머니 이미지'와 동시에 어머니의 기대 안에 내포된 '자신의 이미지'를 형성하게 된다. 아이는 어머니와의 대상관계에서 실제의 어머니와 자신이 기대하는 이상화된 어머니 원상 사이의 괴리를 느끼게 되면서, 이 과정에서 모호하기는 하지만 자신의 '신 개념'을 이상화된 어머니 원상을 중심으로 조직화한다는 것이다. 아이는 실제 어머니, 반영(mirroring), 이상화된 어머니 원상들을 한데 모으기도 하고, 서로 갈라놓기도 하면서 '신 개념'을 형성한다.[129]

물론 아이는 이 과정에서 자신의 "신 개념"에 '신'이라고 하는 이름을 구체적으로 붙이고 있는 것은 아니다. 그들에게서 형성된 '신'이라는 대상은 하나의 "big person"으로서 아이 안에서 자신을 수용하고 받아주는 존재로서의 기능을 한다.[130] 이 big person은 어머니와 관련되어 형성되었지만 어머니와 동일인물은 아니고, 중간세계, 즉 환상(illusion) 속에 존재하는 인물로 언제나 아이와 함께 있고, 아이를 수용하며, 정서적 안정을 주고, 아이의 욕구를 채워주는 인물의 역할을 한다.

이렇게 형성된 아이 안의 "신 개념"은 시간이 지나면서 아이의 현실 삶 속에서 '신'에 관하여 듣게 되면서 '신'이라는 이름을 얻게 되고, 점차적으로 신의 실제에 대한 개념을 형성하게 된다. 그와 같은 과정을 리주토는 다음과 같이 묘사하였다.

아이는 종종 신이 벌을 주고 축복해주고, 사랑할 것이라는 말을 듣는다. 그리고 어른들은 그것을 진지하게 말한다. 아이는 예외 없이 어른이 신을 믿는다는 사실을 알게 된다. 이런 어른들의 몸짓과 암시를 통해서, 비록 보이지는 않지만, 신은 아이들의 환상 속에 살고 있는 다른 모든 피조물과는 달리 실제로 존재하게 된다. 모든 아이는 신이 힘세고, 존경할 만하고, 모든 것을 다스리며, 모든 곳에 존재한다고 느낀다. 아이는 경험을 통해서 그러한 특성을 모두 가지고 있는 사람은 오직 두 사람, 즉 아버지와 어머니라는 사실을 안다. 그는 그 순간에 이용할 수 있는 가장 중요한 부모의 표상을 이용하여 자신의 신 표상을 만들 수밖에 없다.[131]

리주토는 이렇게 영아 안에 형성된 신 표상은 성장하여 어른이 되어서도 삶에서 좌절을 맛보거나 거절당했을 때, 어려운 환경과 고통스러운 순간에 자신을 수용해주며 사랑에 대한 소망을 주는 이상화된 상, 즉 신 개념으로 유지된다고 하였다.[132]

위에서 살펴본 바와 같이 리주토와 대상관계이론가들의 이론은 인간이 이미 '영아'기에 신 개념을 형성한다는 가능성을 제시하여준다. 이 과정에서 우리는 부모의 표상이 결정적이기는 하지만 부모가 곧 영아의 신 개념과 동일시되는 것은 분명 아니라고 하는 점을 확인할 수 있다. 아이는 자신들의 이상화된 어머니 원상을 중간대상에 투사하여 신 개념을 형성하고, 이 신 개념은 영아기뿐만 아니라 한 인간을 전 생애 기간 동안 동반하는 개념이 된다는 것이다.

이와 같은 대상관계이론의 입장은 인간은 영아기에 이미 무의식적으로 "신 개념"을 표상하고 있다는 것을 방증하는 이론이 되고 있다. 인간은 인지적 발달과 무관하게 '환상'(illusion)이라는 통로로 이미 생애 초기, 즉 인지적 발달이 시작되기 이전인 "감각운기"에 "신 개념"을 표상하고 있고, 이 시기에 영아가 형성한 신 개념은 오히려 인지발달이 이루어지는 이후의 시기에까지 다양한 영역에서 지속적으로 영향을 미치고 있는 것으로 이해될 수 있다.

3) 어린이 영성(Children-spirituality) 연구의 입장

"어린이 영성"(Children-spirituality) 연구는 비교적 최근에 시작된 연구의 하나로 어린이에게 나타나는 종교적 체험과 영적 경험에 초점을 맞추는 일련의 학자들의 연구를 지칭하는 단어이다. 서구 기독교 아동교육이 지난 20세기에 주로 피아제의 인지심리학적 입장으로부터 영향을 받으면서 어린이의 종교적 경험에 대해 부정적 입장에 서 있었던 것에 반하여, 어린이 영성연구는 인지심리학적 연구를 어린이의 종교적 체험을 설명하는 척도로 삼는 것에 대해 비판적 입장을 취하면서 20세기 후반에 본격적으로 대두되었다.[133] 로빈슨(Robinson), 헤이(Hay), 나이(Nye), 콜(Cole), 머피(Murphy) 등으로 대표되는 어린이 영성연구는 어린이의 종교성에 대한 인지발달적 접근을 벗어나서 어린이의 종교 체험의 가능성을 다각도로 모색하였다.[134]

이들은 먼저 소위 피아제식의 '인지'(knowledge)라고 하는 개념이 얼마나 제한적 개념인가를 지적한다. 이들은 피아제의 인지발달이론은 "측정 가능한"(measurable) 결과들을 도출하는 질문들을 바탕으로 하여 형성되었고, 이 질문들은 인간이 어떻게 "과학적 사고"를 발달시키는지를 관찰하는 것에 초점이 놓여 있다고 하였다. 피아제가 어린이들에게 제기한 질문은 "자연적 세계"에 관한 질문이고(종교적 경험에 관한 것이 아니라!), 그와 같은 질문은 언어발달이 잘 이루어진 어린이일수록, 그리고 더 큰 어린이일수록 더 잘 대답할 수밖에 없는 질문이었다.[135] 이들은 피아제의 인지개념은 과학적 지식에 적합한 것으로 이것이 반드시 "종교적 지식"(religious knowledge)을 이해할 수 있는 통로도 될 수 있다고 보기는 어렵다고 하였다. 종교적 지식과 과학적 지식은 본질적으로 서로 다른 종류의 지식이기 때문이다.[136] 그런 의미에서 피아제의 인지이론의 틀로 어린이의 "하나님 이해"를 설명하거나 어린이의 종교적 경험을 설명하려 하는 것은 치명적인 "인식론적 실수"(epistemological error)라고 하였다.[137]

*The Original Vision*이라는 한 권의 책으로 어린이 영성연구가 시작하게 된 전기를 마련한 로빈슨(E. Robinson)은 무엇보다 먼저 피아제의 어린이 이해 자체가 잘못된 전제로부터 출발하고 있다는 점을 지적하였다. 피아제의 어린이에 대한 대전제는 그들이 "성인이 보는 세계"를 볼 수 없는 존재라고 하는 것이다.[138] 다시 말하면 어린이도 나름대로 그들의 눈으로 세계를 보고 있는데, 그것이 어른들의 그것과 다르기 때문에 잘못되어 있다고 하는 전제로부터 출발한다는 것이다.[139]

피아제의 아동에 대한 출발점은 한마디로 능력 결여다. 즉 아동은 성인이 보는 것과 같은 방법으로 세계를 보는 능력이 결여되어 있다고 하는 것이다. 예를 들어 피아제에게 "어린이적 사고로부터의 해방"이란, 곧 현실에 대한 "착각적(illusory) 안목"으로부터의 해방을 의미하는 것이다. 현실? 피아제는 철학자였고, 철학자들은 현실과 현상에 대하여 가볍게 언급하지 않는다. 그러나 그는 언제나 현실을 어른이 보는 방식으로만 가정하고 있다. 따라서 어린이가 현실을 어른이 보는 방식으로 보지 못하면 그것은 "현혹하는 표상적 현상"(deceptive figurative appearances)에 희생된 결과라고 규정하였다. 그에게 있어서 어린이와 성인 간에 세계를 보는 의견의 차이가 있는 곳에서는 언제나 어른은 옳고 어린이는 틀리다.

로빈슨은 자신도 피아제의 인지이론에 영향을 받은 학자였으나 자신의 생각을 바꾸는 데 결정적 계기를 제공한 하나의 연구를 소개하였다. 자신이 부책임자로 참여하게 된 알리스터 하디 연구소(Sir Alister Hardy Institut)의 종교체험에 관한 프로젝트가 그 것이었다. 이 프로젝트에서 로빈슨은 4,000명의 성인들에게 "자신의 삶이 어떤 초월적 힘에 의해 영향을 받고 있다고 느꼈던 경험"을 묻는 설문을 실시하였다.[140] 그는 설문에서 "어린이 시기"에 관한 그 어떤 언급도 없었음에도 불구하고 응답자 중 15%에 해당하는 600여 명의 성인들이 자신들의 생애 초기에 있었던 종교적 경험을 이야기하고 있을 뿐만 아니라, 그 경험이 자신의 전 생애에 걸쳐 영향을 미치고 있음을 보고하고 있다는 사실을 접하게 된 것이다. 로빈슨은 응답자들이 "내 생애의 가장 깊은 종교적 체험은 내가 4-5세 무렵에 왔다", "내 전 생애는 6세 때 내게 열린 놀라운 진리 위에 세워졌다", "나는 오늘날 내가 하나님을 부를 때 느끼는 영적 파워를 내가 기억하는 한 가장 어렸을 때부터 늘 느껴왔다" 등과 같이 표현하고 있는 것을 보면서, 유아기에는 종교적 체험이 불가능하다는 피아제적 패러다임이 반드시 옳다고 할 수 없다는 사실을 간파하였다. 생각했던 것보다 훨씬 많은 수의 성인이 이미 유아기에 종교적 체험을 하였고, 그 체험은 그 사람들이 성인이 될 때까지 세상을 보는 기본적 안목의 뿌리인 "원초적 비전"(original vision)이 되고 있다는 것이다.

이 연구에 나타나 있는 수많은 예들은 어린이들, 좀 더 정확히 말해 유아들은 분명 종교적 체험을 하고 있고, '하나님', '죽음', '탄생', '죄책감' 등과 같은 실존적 물음을 던지고 있으며, 이 같은 물음들은 어린이의 종교적 사고와 연결되어 있다는 것을 보여준다. 결정적인 예로 로빈슨은 한 면담자의 보고를 인용하고 있다. 이 보고를 짧게 줄여 아래와 같이 정리해 볼 수 있다.

> 내가 다섯 살 때 일어났던 이 일은 내 삶의 하나의 기초적 경험이 되었다. 나는 그때 개미들이 떼를 지어 부지런히 음식을 나르는 것을 관찰하고 있었다. 갑자기 나는 내가 너무 커서 개미들이 내가 그곳에 있다는 것을 모를 것이라는 생각이 들었다. 나는 개미들의 이해를 넘어서는 존재였다. 그러다 갑자기 눈을 돌렸을 때 그곳에 나무들이 둘러싸고 있고, 내 위로는 푸른 하늘이 펼쳐지고, 구름이 떠가고 해가 있는 것을 보았다. 그것을 보는 순간 나는 이 광활한 곳에서 내가 무지하게 작은 존재라고 하는 것이 느껴졌다. 너무 작아 나 하나 있고 없는 것은 아무 상관도 없는 그런 존재…
> 갑자기 내가 개미들을 바라보고 있었던 것처럼 그 광활한 세계에서도 어떤 큰 분이 나를 관찰하고 있을지도 모른다는 생각을 하였다. 그 관찰자는 나를 알아볼까? 나는 그분을 느낄 수 있을까? 그 순간 나는 나의 한계에도 불구하고 그분을 느낄 수 있었다. 그는 나의 이해를 넘어서는 분이지만, 그 순간 그는 나의 이해 안에 계셨다. 나는 갑자

기 우리 모두가 거대한 한 몸의 일부분이라는 것을 깨달았다. 나는 집으로 뛰어 들어가며 소리쳤다. "우리는 개미와 같다. 거인의 배를 기어가고 있는 개미들과 같다." 누구도 내가 하는 말을 못 알아들었지만, 나는 내가 안다는 사실을 알았다.[141]

로빈슨이 보고하고 있는 이 이야기 안의 소년은 다섯 살이었지만, 분명 종교적인 사고를 하고 있고, 또한 하나님에 대한 이해를 가지고 있는 것이 분명하다. 베리만은 로빈슨의 이 이야기를 인용하면서, 어린이들은 언어를 사용하지 않는 가운데에서도 일종의 "감각적 유비"(sensorial analogy)를 할 수 있고, 때때로 역설적이고 때때로 함축적인 사고를 할 수 있다고 하였다.[142] 인용구에 나타나는 다섯 살짜리 유아는 피아제의 패러다임에 의하면 추상적 사고를 할 수 없지만, 분명 그의 감각을 통하여 하나님을 느끼고 이해하고 있는 것을 볼 수 있는 것이다.

이와 같은 사고에 굳이 사고라는 말을 붙여야 한다면, 이것은 "과학적 사고"가 아니라 "종교적 사고"(religious knowledge)이다. 예를 들어 '죽음'은 과학적 사고에 의하면 아마도 유기체로서의 삶의 양식이 끝나는 것 정도로 이해될 수 있겠지만, 종교적 사고에서는 단순히 과학적 방법으로 설명되는 하나의 사실(fact)이 아니라, 하나의 "실존적 미스테리"(existential mystery)가 된다. 누군가 죽으면 과학은 그의 정확한 사인을 알려고 할 것이지만, 종교는 사람들을 상징으로, 예전적 언어의 행위인 장례식으로 초대하고, 그의 종교적 의미를 찾는 것으로 초대할 것이다. 그런 의미에서 종교적 언어와 과학적 언어는 서로 다른 언어이며, 종교적 사고와 과학적 사고는 서로 다른 영역의 사고인 것이다.[143]

어린이 영성연구에서는 유아도 그들 나름대로 하나님을 경험하고 종교적 체험을 하는 존재로 인정한다. 이들은 유아들이 성인적 "하나님 이해"와 동일한 개념을 가지고 있지 않다 하더라도, 유아들에게도 분명 그들 나름대로 종교적 체험이 일어나고 있고, 그들 나름의 "하나님 이해"를 형성하고 있다는 것을 강조한다.

역시 어린이 영성연구자의 한 사람이면서, 몬테소리(Maria Montessori)의 제자의 한 사람인 카발레티(Sofia Cavalletti)는 유아 교육기관에서 수많은 유아들과 직접 접촉하면서 어린이들이 하나님을 구체적으로 체험하고 이해하고 있음을 간파하였고 이것을 그녀의 책 『어린이의 종교적 잠재력』[144]에 수록하고 있다. 이 책에서 그녀는 유아들의 하나님 체험과 하나님 이해에 관한 다양한 예들을 제시하면서, 유아와 하나님의 관계는 단순히 지적인 것을 넘어서서 더 깊은 뿌리를 가지고 있다고 하였다.[145] 그렇지 않고서는 종교교육을 받은 경험도 없는 3-6세 유아들이 그렇게 단호하고 분명하게 하나님에 관하여 확신하고 말하는 것이 설명될 수 없다는 것이다.

그녀가 들고 있는 예들에 등장하는 어느 3세 여아는 자신의 아버지에게 "세상이 어디에서 왔나요?"라고 물었다. 그녀의 아버지는 물질의 화합을 통해 우연히 생명이 생겨났다고 설명해 주었다. 그 아이는 "그러나 어떤 사람들은 어떤 힘 있는 분으로부터 이 모든 것이 왔다고 말하던데요. 그들은 그분이 하나님이라고 하였어요. 나는 아빠가 말하는 것이 틀렸다는 것을 알아요. 그분은 하나님이에요. 하나님이 맞아요."[146]라고 대답하였다고 하였다. 카발레티는 그녀의 책에서 유아들은 하나님 이해뿐만 아니라 유아들의 성령이해, 예배, 기도에 대한 이해들에서 실제적으로 보여주었던 놀랄 만한 예들을 수없이 제시하였다.[147]

카발레티는 '관계'라고 하는 것은 일종의 미스테리라고 하였다.[148] 그것이 하나님과의 관계일 경우는 더욱 미스테리라고 할 수 있고, 또한 그것이 어린이와 하나님의 관계일 경우 더더욱 그렇다고 할 수 있다고 하였다. 그런 의미에서 어린이의 하나님 이해를 단순히 인지적 측면으로만 보려고 한다면 그것은 지나치게 편협한 것이라고 할 수 있으며, 유아와 하나님의 관계는 지적인 것을 넘어서서 더 깊은 곳에 그 뿌리를 두고 있다고 하였다.

나이(Rebecca Nye)와 또 다른 어린이 영성연구가들은 어린이 영성의 핵심은 "관계적 인식"(relational consciousness)이라고 하였다. 영성은 자신이 하나님과 그리고 다른 사람과의 관계 안에 있다는 의식으로부터 시작된다는 것이다.[149] 이 관계적 의식은 지적인 것뿐만 아니라 감정, 신념, 태도, 경험, 감각 등 통전적 인식과 관련되어 있고, 따라서 어린이 영성연구는 어린이에 대한 통전적 접근(wholistic)을 요청하는 일이라고 하였다.[150] 그렇게 보았을 때, 어린이의 하나님 이해에 대한 접근도 따라서 다측면적이고 통전적으로 접근되어야 하고, 지적인 기반으로서만 설명되어서는 안 된다는 것이다.

어린이 영성연구는 인지발달이론가들처럼 유아가 하나님을 어떻게 이해하고 있는지에 대한 정형화된 틀을 제시하는 것에는 관심이 없다. 그러나 이들은 어린이, 특히 유아의 종교체험을 긍정적으로 인정해야 하고, 이들에게 일어나는 다측면적 하나님 이해와 하나님 체험을 존중해야 하며, 이들과 하나님 간의 신비한 관계를 인정해야 한다는 점을 강조함으로써, 유아를 위한 기독교교육에 근본적 방향을 제시하고 있다고 할 수 있다.

이상에서 살펴본 바와 같이 "준비가설", "대상관계이론", 그리고 "어린이 영성연구"는 비록 그것이 직접적으로 영·유아의 하나님 이해에 관한 연구에 초점을 맞추고 있는 이론은 아니었을지 모르지만, 영아와 유아가 하나님을 체험할 수 있으며 하나님에 대한 이해를 하고 있음을 직·간접적으로 보여주고 있다. 이들 이론은 기존의 피아제식 패러다임을 벗어나 영·유아가 인지적으로는 성인적 사고에 도달하지 않았을지 모르지만, 인지적 발달과 무관하게 하나님을 경험하고, 하나님을 향한 갈망을 가지고 있으며, 나름대로 하나님에 대한 이해를 형성하고 있음을 보여주었다.

3. 영·유아의 하나님 이해와 기독교교육의 방향

앞에 살펴본 대로 영·유아의 하나님 이해에 관한 부정적 입장과 긍정적 입장은 영·유아의 하나님 이해에 관한 인지적 접근, 즉 피아제의 패러다임과 이를 비판하는 반피아제 패러다임으로 집약된다고 할 수 있다. 부정적 입장이 영·유아의 인지적 미성숙을 이들의 하나님 이해에 결정적 요인이 된다고 보는 것에 반해, 긍정적 입장은 단순한 인지적 측면에서만의 접근이 갖는 편협성을 넘어서서 영·유아가 하나님을 경험하고 이해할 수 있는 다측면적 가능성을 인정한다는 것이다.

1) 왜 긍정적 입장인가?

영·유아의 하나님 이해에 관한 두 입장은 단순히 하나님 이해 개념에서 그치는 것이 아니라 그들을 위한 기독교교육의 향방에 결정적 영향을 미치는 요인이라고 할 수 있다. 예를 들어 12, 13세의 청소년이 되기 전까지의 아동에게는 종교교육 자체를 차단하는 것이 좋겠다고 했던 루소의 생각 뒤에는 인간은 아동기까지는 올바른 하나님 이해가 불가능하다고 하는 생각이 있었다. 골드만이 아동들에게 성서에 나타난 이야기와 상징, 그리고 은유들을 가르치는 것에 회의적이었던 것은, 아동은 아직 종교적 사고를 할 수 없고 이들이 성서에 나타난 하나님을 바로 이해할 수 없다고 하는 그의 생각이 있었기 때문이다. 그런 의미에서 영·유아의 하나님 이해에 관한 입장은 영·유아를 위한 기독교교육 향방을 가르는 가장 중심적이고도 우선적 테마가 된다고 할 수 있다.

그렇게 보았을 때 앞의 고찰은 우리에게 오늘날의 기독교 유아교육이 영·유아의 하나님 이해에 대한 피아제식 패러다임을 넘어서서 다측면적으로 접근하는 개방적 태도로부터 출발해야 한다는 것을 교훈한다. 그것은 다른 무엇보다 다음 두 가지의 근본적 이유 때문에 그러하다. 첫째, 영아와 유아는 단순히 인지적 측면만을 가지고 있는 존재가 아니고 전인적 존재이기 때문이다. 영아와 유아가 오감, 감성, 상상력, 관계성, 의지 등 다측면을 가지고 있는 존재라고 하는 사실은 우리가 여기에서 새삼스럽게 밝힐 필요가 없다. 따라서 인지적 측면에서만 평가되는 이들의 하나님 이해는 그만큼 제한적일 수밖에 없다. 영아와 유아의 일부분과만 관련되는 하나님 이해를 이들의 실제적인 하나님 이해라고도 할 수 없는 것이다. 영아들은 자신의 어머니의 학력이나 성격, 능력을 잘 알기 때문에 어머니와 관계를 맺는 것이 아니다. 그러한 어머니의 속성은 몰라도 이들은 어머니와 그 누구보다 깊은 관계를 맺고, 어머니에게 종속되어 있다. 이것은 유아와 하나님의 관계도 마찬가지이다. 영·유아가 하나님의 속성을 모른다고 하는 것이 곧 이들이 하나님과 관계할 수 없고, 하나님을 체험할 수 없는 것을 의미하는 것은 아닌 것이다.

둘째, 인간의 하나님 체험 자체가 단순히 인지적 차원에서 이루어지는 것이 아니라 그를 넘어서는 전인적 차원에서 이루어지는 것이며, 또한 일상적 삶을 넘어서는 신비의 차원에서 이루어지는 것이기 때문이다. 우리의 하나님 이해는 우리의 하나님 체험에 근거한다. 그런데 우리는 언제 하나님을 체험하는가? 우리는 신학적 성찰을 하면서 하나님을 체험하는 것이 아니다. 우리가 고통 가운데에 있을 때, 절망과 두려움과 외로움에 던져졌을 때, 우리의 삶을 이끌어가는 어떤 초월적인 힘과 따스한 손길을 느낄 때… 그럴 때 우리는 하나님을 체험한다. 이러한 하나님 체험의 순간은 언어로 딱 떨어지게 설명할 수 없는 하나의 신비(mystery)의 순간들이다. 초월적 하나님과의 관계에서 형성되는 하나님 체험은 도식으로 설명할 수 없는 신비의 측면에 속하는 것이고, 우리의 하나님 이해는 그와 같은 신비한 체험들을 중심으로 형성되는 것이다. 그것은 인식을 포함하지만, 또한 인식을 초월하는 경험이다. 그런 의미에서 영·유아의 하나님 이해에서도 인지적 측면만이 아니라, 하나님 체험의 신비와 다측면적 관련성이 존중되어야 할 것이다.

그렇게 보았을 때 영·유아의 하나님 이해에 대한 '긍정적 입장'을 수용하는 것은 단순히 이들의 하나님 이해에 대한 하나의 입장을 취하는 것에서 그치는 것이 아니다. 그것은 유아를 좀 더 통전적 존재로 인정하는 것을 의미하는 것이며, 또한 동시에 단순히 지적인 차원의 앎을 매개하는 것으로서의 기독교 유아교육이 아니라, 통전적이고 전인적 성장을 지원하는 것으로서의 기독교 유아교육이라는 방향성을 지향하는 일이 되는 것이다. '긍정적 입장'을 수용하는 것은 또한 기독교 유아교육 안에서 하나님 체험의 신비를 인정하는 것이기도 하다. 그것은 영·유아에게도 초월적 하나님과의 만남이라는 신비가 일어날 수 있고, 이들의 영적 잠재력이 하나님의 불가사의한 만나주심의 역사에 열려 있음을 인정하는 기독교교육의 입장을 취하는 것이다. 그렇게 보았을 때 영·유아의 하나님 이해에 대한 '긍정적 입장'을 취하는 것은 기독교 유아교육의 지평을 확대하고, '전인적 신앙교육'의 방향성을 지향하며, 하나님 체험의 신비로 열려 있는 기독교교육을 수행하는 일과 직결되는 일이다. 우리가 '긍정적 입장'을 취해야 하는 이유가 바로 여기에 있는 것이다.

2) 긍정적 입장에 근거한 기독교 유아교육의 방향

그러면 긍정적 입장으로부터 출발하게 되는 영·유아의 기독교교육의 방향은 무엇이어야 하는가?

그것은 무엇보다 기독교 유아교육의 **학습자**인 영·유아를 하나님을 경험하고 체험할 수 있는 존재로 인정하고 출발하는 기독교교육을 의미한다. 영·유아는 언어적, 인지적 한계를 가지고 있지만 그들도 그들만의 방식으로 하나님을 체험하는 존재라고 하는 점을 인정하고, 이들의 영성과 영적 잠재력을 존중하는 교육을 의미한다. 이것이 의미하는 것은 영·유아를 미숙한 존재로 보면서 이들을 단지 미래에 있을 제대로 된(?) 하나님 이해를 준비해 주는 것에 초점을 두는 교육이나, 단지 영·유아의 흥미와 지적 발달단계에 맞는 재미있는 활동에만 초점을 맞춤으로써 그들에게 하나님 체험의 기회를 박탈하거나 영적 경험을 빼앗게 되는 교육을 거부하는 것을 의미한다.

따라서 긍정적 입장을 바탕으로 하는 기독교 유아교육은 그 어느 것보다 영·유아가 하나님을 체험할 수 있고 만날 수 있도록 환경을 조성하는 것에 일차적 **목적**을 두는 교육을 의미하는 것이라고 할 수 있다. 우리는 흔히 교육이라는 이름으로 '하나님에 관하여 가르치는 것'(teaching about God)에 노력을 기울이지만, 이것의 이면에 어린이가 아직 하나님을 체험할 수 없으므로 일단은 그들이 '하나님에 관하여 배우는 것'(learning about God)에 주력해야 한다는 전제가 있는 것이 아닌지 살펴볼 필요가 있다. 하나님에 관하여 가르치는 것에 주력하는 것이 때때로 그들이 직접 하나님을 경험하는 것(experience God)을 차단하는 것이 아닌지 살펴볼 필요가 있다.[151] 긍정적 입장을 바탕으로 하는 기독교교육은 영·유아가 하나님을 경험하는 것, 즉 그를 만나고, 예배하고, 하나님과 대화하며 그와 관계 맺을 수 있도록 이끄는 교육으로 나타나야 할 것이다. 이와 같은 전제는 영·유아를 위한 예배와 기도와 말씀의 선포에서 구체적으로 드러나야 할 것이다.

그와 같은 목적에 기여하는 기독교 유아교육의 **방법**은, 유아의 인지적 측면만이 아니라 유아의 모든 감각적 통로를 이용하는 것이어야 할 것이다. 영·유아는 자신의 전 감각을 사용하여 하나님을 느끼고 체득한다. 이들은 논리적 사고로가 아니라 감각적 유비(sensorial analogy)를 통해 하나님을 경험한다. 따라서 영·유아를 위한 기독교교육은 그 어느 연령의 기독교교육에서보다도 '감각'을 사용하는 방법에 초점이 놓여야 한다. 또한 아직 완전한 언어능력의 발달이 이루어지지 않은 영·유아에게 언어적 방법만이 아니라 시각, 청각, 후각, 촉각. 공간, 분위기, 예전 등의 비언어적(nonverbal) 의사소통의 방법에 다양하게 열려 있어야 한다. 영·유아를 위한 교육에서는 언어적 방법도 차별화되어야 한다. 그것은 교리적 문장이나 명제적 설명과 같은 언어가 아니라 "감동의 언어"이어야 할 것이다. 어린이 영성연구를 "Godly Play"라고 하는 이름의 기독교 아동교육의 실제에 접목하고 있는 베리만(J. Berryman)의 주장처럼, 어린이를 위한 종교적 언어는 "감탄의 언어"(wow language)이어야 하는 것이다.[152] 이것은 교리적, 설명적 언어가 아니라 감동과 기쁨과 놀람이 있는 이야기, 비유, 상징, 예전적 언어들이 사용되어야 하는 것을 의미하는 것이다.

　영·유아를 위한 기독교교육의 가장 핵심적 **내용**은 따라서 하나님의 말씀, 곧 성서로 집약된다고 할 수 있다. 성서는 이야기와 비유, 상징, 예전적 언어와 같은 "감동의 언어"가 집약되어 있기 때문이기도 하지만, 무엇보다 성서는 하나님의 말씀이기 때문이다. 하나님은 우리가 그의 '말씀' 안에 들어갔을 때 가장 직접적으로 경험된다. 영·유아가 하나님을 만나고 체험할 수 있도록 한다는 목적은 우리가 그들을 하나님의 말씀 안으로 초대했을 때 가장 집약적으로 이루어지는 것이다. 여기에서 하나님 말씀 안으로 초대한다 함은 성서를 단순히 객관적 지식으로 가르치거나 분석하거나 설명하는 것이 아니라, 성서의 이야기가 이들이 감각적으로 체험될 수 있도록 생생하게 재현되어야 한다는 것을 의미한다. 그러기 위해서 하나님 말씀은 '이야기'로 재현되어야 한다. 이야기는 어린이를 성서의 세계로 초대하여, 그 세계 안으로 들어가 머물 수 있게 하며, 그 세계 안에서 하나님의 백성이 만난 하나님과 만날 수 있게 한다.[153] 하나님의 말씀인 성서 자체가 수많은 이야기의 모음인 것도 바로 이러한 이유에서인 것이다. '이야기'는 영·유아에게 하나님의 말씀을 생생하게 체험하게 하는 가장 직접적 통로가 될 수 있다.

　영·유아에게 성서가 '이야기'로 전달되어야 하는 또 다른 이유는 그들에게 기독교의 예전과 상징을 이해하고 참여할 수 있기 위한 전단계로서의 기초적 신앙이야기가 요청되기 때문이다. 우리가 사용하는 예전적 언어나 상징들 뒤에는 성서의 이야기가 있다. 성찬과 세례, 십자가 뒤에는 예수님의 삶과 죽음과 부활의 이야기가 있고, 성령강림절 목사님 가운의 빨간색 스톨 뒤에는 오순절의 이야기가 있다. "어린 양의 피" 뒤에는 출애굽 이야기가 있다. 성인은 기독교의 가르침과 예전, 상징 뒤에 있는 성서의 이야기를 알고 있기에, 상징을 이해하고 예전에 참여할 수 있다. 그러나 영·유아들은 기독교의 상징 뒤에 있는 기초적 신앙 이야기기와 아직 친숙하지 못하다. 그렇기 때문에 영·유아를 위한 기독교교육의 핵심적 내용은 성서 이야기여야 하는 것이다.

그러면 영·유아에게 하나님 체험을 가능케 하는 기독교 유아교육의 **장**은 어디인가? 앞에서 살펴본 바와 같이 영아와 유아는 하나님을 향한 갈망을 가지고 있다. 그러나 이들은 자신들이 갈망하는 것이 '하나님'이라고 하는 것을 모르기에, 이들의 갈망함에 '하나님'이라고 하는 이름을 부여해야 한다. 그런데 이들은 그와 같은 것을 학교식의 수업형태를 통해 배우는 것이 아니라, 삶의 상황 속에서 친숙한 사람들의 입을 통해 들음으로써 알게 된다. 이들은 하나님의 이름이 불려지고, 그를 예배하며, 하나님과 하나님 백성의 이야기가 들려지고, 하나님과 관계 맺기가 자연스럽게 이루어지는 공동체 속에서 '하나님'의 하나님 되심을 배우게 되는 것이다. 그런 의미에서 영·유아도 신앙공동체를 반드시 필요로 한다. 이들은 교회에서 성장해야 하고, 교회의 전통과 친숙해야 하며, 자신들이 신앙공동체의 일원이라고 하는 사실을 느끼며 성장해야 한다. 그러나 동시에 이들이 속한 가정의 "신앙공동체성"이 회복되어야 한다. 가정 안에서 하나님의 이름이 불려지고, 하나님을 예배하며 기도하며 그와 관계 맺기가 자연스럽게 이루어질 때 영·유아들은 하나님을 알고, 느끼며 사랑하며 예배하게 되는 것이다.

앞에서 살펴본 바와 같이 영·유아의 하나님 이해에 대한 입장은 단순히 그들의 하나님 이해라고 하는 개념에서 그치는 것이 아니라, 그 개념 위에서 기독교 유아교육의 근본적 방향이 설정되고, 기독교 유아교육의 기본구조를 재형성하는 출발점이 되는 문제이다. 그런 의미에서 영·유아의 하나님 이해에 대한 "긍정적 입장"은 21세기 기독교 유아교육이 지향해야 할 하나의 새로운 패러다임 형성을 가능케 하는 의미 있는 주제인 것만은 틀림이 없는 것 같다.

VI. 어린이의 신앙과 신앙교육 – 종합적 조망

앞장에서 우리는 어린이의 신앙에 대해 접근하는 다양한 이해들을 살펴보았다. 피아제의 인지발달이론을 바탕으로 어린이의 종교적 사고 발달을 제시한 골드만의 이론, 골드만보다는 좀 더 확장된 의미에서 신앙의 발달을 전개했지만 어린이 신앙의 단계에 대해서는 여전히 발달적 시각과 인지적 시각이 우세한 파울러의 이론, 신앙공동체와의 상호작용 속에서 신앙의 유형이 변화해 간다고 보는 웨스터호프의 이론, 그리고 어린이를 영성적 존재로 이해하는 "어린이 영성" 이해와 그를 바탕으로 한 신앙교육의 방향에 관하여 살펴보았다.

그러면 우리는 이와 같이 다양한 신앙이해를 바탕으로 해서 어떻게 어린이 신앙과 신앙교육에 관한 안목을 형성할 것인가? 어린이 신앙교육이 단순히 이론으로 존재하는 것이 아니라 실제적으로 어린이를 대상으로 이루어지는 교육이라면, 우리는 이와 같은 다양한 신앙이론들을 통전적으로 수렴하면서도, 어린이 신앙교육의 실제적인 기초가 될 수 있는 신앙이해와 신앙교육의 방향을 짚어갈 필요가 있다.

1. 성서적 신앙개념과 어린이의 신앙

앞에서 우리는 발달 심리학자들이나 기독교 아동교육학자 그리고 어린이 영성연구가들의 신앙개념을 살펴보았다. 그러나 우리가 다른 여타의 종교교육이 아닌, "**기독교 유아·아동교육**"에 관심을 기울이는 한, 우리는 심리학적, 종교학적, 혹은 영성적인 신앙의 개념만이 아니라 기독교적 신앙이해를 물어야 하고, 기독교적 신앙이해의 틀 안에서 앞서 살핀 여러 신앙이해들을 어떻게 수용할 것인지 물어야 한다. 그리고 이를 바탕으로 어린이 신앙교육의 방향을 모색해야 할 것이다.

1) 하나님의 은혜

성서에 나타난 신앙개념의 일차적 특징은 신앙이란 그 무엇보다 "**하나님의 선물**"이라는 것이다. 에베소서는 "너희는 그 은혜에 의하여 믿음으로 말미암아 구원을 받았으니 이것은 너희에게서 난 것이 아니요 하나님의 선물이라 행위에서 난 것이 아니니 이는 누구든지 자랑하지 못하게 함이라"(엡 2:8-9)고 하였다. 이 구절에서 믿음은 우리의 행위나 노력과 대비되는 개념으로 쓰이면서, '믿음'은 하나님의 '은혜'로 말미암은 결과요, 그래서 하나님의 선물이라고 하는 점이 분명히 드러난다.

바움게르텔(F. Baumgaertel)은 구약성서에서 신앙은 "하나님이 자기를 나타내시고 찾아오시는 것에 반응하는 인간의 태도"라고 정의하였다.[154] 다시 말해서 구약성서에서 신앙은 먼저 하나님의 찾아오심이 있고, 그에 붙잡힌바 된 인간이 반응하게 되는 태도라는 것이다. 우리의 신앙은 하나님이 먼저 우리와 관계 맺기 위하여 우리에게 오심으로 시작된다. 믿음의 조상인 아브라함에게 하나님은 먼저 찾아오셨고, 그를 축복하셨고, 또 그와 계약을 맺으셨다. 형 에서의 눈을 피해 하란을 향하여 가던 야곱이 길가에서 돌베개를 베고 자고 있었을 때에도 그를 먼저 찾아오신 분은 하나님이셨고, 불타는 가시떨기 나무 가운데로 자신을 계시하시면서 모세에게 먼저 찾아오신 분도 하나님이셨다. 우리가 하나님을 만나게 되고, 관계하게 되고, 그에 대한 신앙과 신뢰의 관계를 맺게 되는 것은 먼저 우리를 찾아와 우리와 관계 맺으시는 하나님의 주권적 행위가 있었기에 가능한 것이다.

그런 의미에서 '신앙'은 **하나님의 은혜(grace)**라고 하는 측면에서 접근해야 한다. 아브라함도 야곱도 요셉도 모세도 그들이 하나님을 만날 만한 자격과 능력이 갖추어져서가 아니라 그러한 자격이 없음에도 불구하고 찾아오신 하나님의 은혜가 있었기에 하나님을 만나고 그와 관계 맺을 수 있었다. 그러한 측면에서 볼 때, 어린이의 지적 능력의 미성숙이나 그 어떤 미숙함이 하나님의 은혜인 신앙을 받는 데 걸림돌이 될 수 없음을 우리는 인정해야 한다. **신앙이 그 누구에게도 값없이 주시는 하나님의 선물이라면, 그것은 어린이에게도 주어지는 하나님의 선물이다.**

예수님이 어린이를 오히려 신앙의 모범으로 삼고 계신 것은 그것을 좀 더 분명히 말해주는 것이라고 할 수 있다. 예수님은 지적 능력뿐만 아니라 다른 가진 것이 많은 성인들이 서로 누가 먼저이고, 누가 더 큰지를 비교하고자 할 때, 한 어린아이를 그들 가운데 세우시고, "너희가 돌이켜 어린아이들과 같이 되지 아니하면 결단코 천국에 들어가지 못하리라"고 하셨다. 구원이 인간에게서 온 것이 아니라 하나님의 은혜인 믿음으로 말미암는 것처럼, 천국에 들어가는 것도 인간이 무엇을 가져서가 아니라 오히려 갖지 않을 때 가능한 것이고, 따라서 인지적 능력뿐만 아니라 별반 가진 것이 없는 어린이와 같아야 가능한 것이라는 것이다. 그런 의미에서 우리는 어린이의 신앙개념도 어린이가 신앙적, 혹은 종교적 사고를 할 수 있는가의 기준으로 볼 것이 아니라, 먼저 그것이 "하나님의 은혜"라고 하는 관점에서 보아야 한다는 것을 알 수 있다. 우리가 신앙을 "하나님의 은혜"라고 이해한다면, **어린이도 신앙의 수혜자이고 그렇기 때문에 어린이는 미래에 신앙을 가질 "잠재적 신앙인"이 아니라, 현재 신앙을 가진 "실제적 신앙인"으로 보아야 한다**.[155]

그뿐만 아니라 성서는 하나님이 그의 백성을 찾아오셔서 자신을 드러내시는 방법이 반드시 인간의 이성과 인지적 통로로만 이루어지지는 않는다는 것을 곳곳에서 증거하고 있다. 모세를 만나실 때 하나님은 모세의 이성적 사고를 뛰어넘는 통로로 오셨다. 그는 불이 붙었지만 타지는 않는 가시떨기 나무로 자신을 현현하셨다. 그곳에 오셔서 하나님은 모세를 부르시고, 그곳은 거룩한 곳이니 발에서 신을 벗으라고 하셨다. 그리고서 하나님은 모세를 이스라엘을 애굽의 노예로부터 해방할 사람으로 지명하셨다. 자신과 같이 힘없는 떠돌이 목동이, 그리고 말에도 어눌한 사람이 그 일을 할 것이라는 것은 모세에게 무척 비이성적으로 들렸고, 모세는 하나님께 저항했다. 그리고 모세는 백성을 설득하기 위해서는 무엇인가 이성적 증거가 필요하다고 생각하여 하나님의 이름을 묻는다. 그런데 하나님의 대답은 인간의 이성으로는 이해하기 어려운 대답, 즉 "나는 스스로 있는 자다"라고 하셨다. 유스트(Karen M. Yust)는 이 구절을 "모세야, 중요한 것은 내가 너를 부른 것에 있지, 나에 대한 너의 이해가 아니다"라는 뜻으로 해석하였다.[156] 어쨌든 모세에게 나타나 자신을 나타내신 하나님이 보여주시는 통로는 하나같이 인간의 인지적인 것, 이성적인 것을 뛰어넘는 것이었다. 그것은 인지적인 것이라고 하기보다는 초이성적이었고, 또한 인간의 모든 감각을 아우르는 **"다감각적 통로"**였다고 할 수 있다. 하나님은 모세의 시각과 청각, 촉각(네가 서 있는 곳은 거룩한 곳이니 발에서 신을 벗으라) 등의 감각기관(sensory)으로 자신을 드러내셨다. 모세는 이성으로는 이해할 수 없었으나, 자신이 보고 듣고 느끼는 것을 거부할 수 없었고, 결국 하나님을 받아들였다.

다메섹 도상에서 바울을 만나신 부활하신 예수님도 바울이 가졌던 이성과 신념의 체계를 뛰어넘는 형태로 오셨다. 그분은 "홀연히 하늘로부터 그를 둘러 비추는 빛"으로 오셨고, 그 빛은 너무나 강렬하여 사울이 눈은 떴으나 아무것도 보지 못하는 사람이 되게 하였다. "사울아, 사울아 네가 어찌하여 나를 박해하느냐"라는 소리는 그간 사울이 믿고, 확신하였던 모든 신념체계와 이성체계를 뒤집어엎는 것이었다. 그것은 바울을 사흘 동안 보지도 먹지도 마시지도 못하게 하였다. 부활하신 예수님은 바울에게 인지적 측면에 호소하신 것이 아니라 바울의 감성적인 통로와 시각, 청각, 촉각 등 전인적 통로로 오셨고, 바울은 인지적 통로보다 훨씬 강력한 그 힘 앞에 무릎을 꿇을 수밖에 없었다.

이와 같은 예들을 우리는 베드로(고넬료의 이야기), 아브라함, 이사야, 에스겔, 아모스, 욥 등 하나님을 만난 모든 사람에게서 수도 없이 발견한다. 이들이 하나님을 만나고 그에게 신앙으로 응답하게 된 것은 한결같이 이성적 확신 때문이 아니라, 오히려 이성을 뛰어넘는 하나님의 신비한(mysterious) 현현에 압도되었기 때문이다. 그러한 예들은 우리에게 **어린이들의 인지적 미성숙을 그들이 하나님의 선물인 신앙을 받을 수 없게 하는 장애물로 보아서는 안 된다**는 것을 시사한다. 어린이는 다감각적 존재이다. 하나님이 이들에게 주신 보고, 듣고, 만지고, 맛보고 느끼는 감각과, 아직은 지적으로 완성되지 못했기 때문에 오히려 성인보다 더 풍성한 이들의 상상력은, 성인들처럼 이들도 하나님을 만날 수 있게 하는 통로가 된다는 사실을 우리는 인정해야 한다. 그리고 우리는 이들의 인지적 미성숙만을 탓할 것이 아니라, 이들의 다감각적 통로로 하나님을 만나고 예배할 수 있도록 돕고 지원하는 노력을 기울여야 한다는 것을 알 수 있다.

2) 인간의 응답

성서는 '신앙'을 하나님이 먼저 우리를 찾아오시는 행위라고 이해하지만, 동시에 그에 대한 **인간의 응답**으로서의 신앙을 말한다. 앞서 언급한 대로 바움게르텔은 구약성서에 나타난 신앙은 "하나님이 자기를 나타내시고 찾아오시는 것에 반응하는 인간의 태도"라고 하였다. 이 정의에 나타난 대로 신앙은 먼저 하나님의 주권적 관계맺음으로 시작되지만, 그것은 동시에 인간이 그에 대하여 신뢰와 순종으로 응답하는 것으로 나타난다.

아브라함은 하나님이 그를 찾아오셔서 그의 자손을 밤하늘의 뭇별처럼 되게 하겠다고 하셨을 때, "여호와를 믿었고 여호와께서 그를 의로 여기셨다"고 하였다. 여기서 아브라함이 여호와를 믿었다는 것은 그분을 '**신뢰**'했다는 것이다. 성서는 또한 다니엘이 사자 굴에 던져졌을 때 죽지 않을 것이라고 생각했던 것은 "그가 자기의 하나님을 믿음이었더라"(단 6:23)고 하였다. 여기에서 다니엘이 하나님을 믿음은, 그가 하나님을 신뢰하였다는 것을 의미한다. 이처럼 신앙은 하나님에 대한 인간의 '신뢰'로서의 태도와 반응을 포함하는 개념이다. 이 '신뢰'의 개념 안에 '확신'과 '인정'의 개념들이 포함된다.

하나님의 주권적 행위에 대한 인간의 반응은 단순히 '신뢰'의 감정만이 아니라, 그에 대한 "**의지적 행동**"도 포함한다. 아브라함은 자신을 찾아오셔서 "고향과 친척과 아버지의 집을 떠나 내가 네게 보여줄 땅으로 가라"고 하신 하나님의 음성에 '순종'하여 그 말씀을 따라갔다. 그는 하나님에 대한 신앙을 "의지적 행동"으로 표현하였다. 모세와 이사야와 에스겔, 여호수아 등 하나님을 만난 모든 사람은 그에 대한 신앙을 의지적 행동으로 표현하였다. 신앙은 이들의 행동을 변형시키는 힘이 되었다. 다시 말해서 신앙은 인간의 의지적 행동으로 응답하도록 하는 힘인 것이다.

신앙이 이처럼 하나님의 선물이면서 동시에 인간의 반응이요, 표현이라고 하는 것은 신앙이 인간의 신체적, 인지적, 감정적, 사회적 발달과 관심과 상황에 영향을 받는다는 것을 의미한다. 신앙은 인간의 발달단계에 관계없이 하나님으로부터 은혜로 주어지는 선물이지만, 인간이 그 신앙에 응답하고 그 신앙을 삶으로 표현하는 것은 인간이 속한 환경과 성숙의 정도에 따라 다르게 나타난다는 것이다. 믿음은 하나님이 주시는 것이지만 그에 대한 반응과 표현은 다양하다는 것이다. 그래서 예수님은 때때로 제자들의 믿음 없음을 꾸짖기도 하셨고, 특별한 방법으로 믿음을 표현하고 반응하는 사람들을 칭찬하시기도 하셨다. 예수님의 옷자락이라도 만지면 자신의 혈루병이 나을 것이라고 믿었던 여인에게 예수님은 "너의 믿음이 너를 구원하였으니 평안히 가라"고 하셨다. 이것은 신앙이 그것을 표현하고 반응하는 사람에 따라 다르게 나타난다는 것을 의미한다.

이 같은 사실이 어린이의 신앙에 의미하는 것은 어린이도 성인들과 마찬가지로 하나님으로부터 주어지는 신앙의 수혜자이지만, 동시에 **어린이들의 신앙 표현과 반응은 어린이가 갖는 인지적, 사회적, 감정적, 신체적 조건들에 영향을 받는다**는 것을 의미하는 것이다. 따라서 어린이의 인지적, 사회적, 감정적, 신체적 조건을 바로 알아야 하고, 이를 위해 발달심리학이나 종교학, 혹은 영성적 접근의 신앙이해들을 참고해야 한다. 그리고 더 나아가 어린이가 그러한 조건들 속에서 어떻게 하나님이 주신 신앙에 반응해야 하는지 인도하고 안내하고 가르칠 의무가 있는 것이다.

유스트는 이와 같은 관계를 "**신앙(faith) - 신실함(faithfulness)**"의 관계로 설명하고 있다.[157] 그녀는 신앙이 하나님께서 어린이에게 주시는 것이라면, 신실함은 그에 대한 어린이의 응답이요, 표현이라고 하였다. 그래서 전자가 하나님의 영역이고 어린이를 신앙인으로 인정해야 하는 영역이라면, 후자인 신실함은 우리가 어린이들에게 가르치고 훈련하고 삶 속에서 형성하도록 도와야 하는 요소라고 하였다. 이를 위해 부모와 교사와 성인들의 적극적이고 진지한 노력이 필요한 영역이라는 것이다.

"신앙-신실함"의 관계는 "**하나님의 은혜-인간의 응답**"일 수도 있다. 어린이의 신앙은 성인의 신앙과 마찬가지로 이 두 측면을 갖는다. 따라서 우리는 먼저 어린이를 하나님의 은혜의 선물인 신앙의 수혜자요, 실제적 신앙인으로 인정해야 하며, 동시에 어린이가 어린이의 다양한 특성들, 즉 여러 발달적 특성과 생득적 요소들, 그리고 환경들을 바탕으로 하여 응답하는 존재라고 하는 점을 인정하면서, 이러한 요소들을 바탕으로 어린이가 최적의 응답을 하는 신앙인으로 성장하도록 도울 수 있어야 한다.

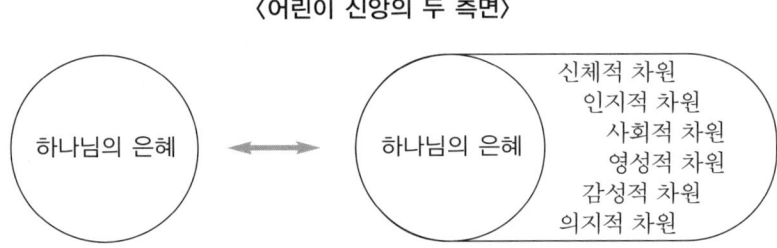

〈어린이 신앙의 두 측면〉

2. 어린이의 신앙과 신앙교육의 방향

앞서 살펴본 대로 어린이가 하나님의 은혜의 선물인 신앙의 수혜자이지만, 동시에 그들의 다양한 발달적 특성, 생득적 요소, 그리고 환경을 바탕으로 그 신앙에 응답해야 하는 존재라면, 우리는 그들이 그러한 요소를 바탕으로 바르게 응답하는 신앙인으로 성장하도록 도와야 할 의무가 있다. 그러면 우리는 어린이의 신앙적 응답과 관련된 여러 측면들을 어떻게 서로 연결시키고 재구성함으로써 어린이 신앙교육의 방향을 잡아갈 것인가? 이제 앞에서 살펴본 신앙의 인지적 측면과 영성적 측면, 그리고 신앙공동체적 측면 등 서로 상이하기도 한 입장들 간의 대화와 토론을 통해 어린이 신앙교육의 방향을 모색해 보도록 하자.

1) 다감각적 통로를 통한 기초적 신앙 경험 형성

앞에서 살펴본 어린이 신앙에 관한 이론 중 가장 두드러지게 나타나는 상이한 입장은 피아제의 인지발달이론을 바탕으로 전개된 골드만의 이해와 그를 비판하고 나서는 "어린이 영성"의 입장이라고 할 수 있다.
골드만은 피아제의 인지발달이론을 바탕으로 유아이든 아동이든, 모든 어린이는 종교적 사고에 미숙하다고 보았고, 그런 의미에서 어린이 시기를 "전종교기"(pre-religious)

라고 칭하였다. 그는 어린이들에게 너무 이른 종교교육은 오히려 어린이들이 잘못된 이해를 가지고 청소년기까지 가게 하는 것이 되고, 막상 청소년기에 그들이 가지고 있던 미성숙한 생각이 옳지 않다고 느낄 때는 종교 자체를 거부해 버리는 위험에 빠지게 된다고 경고하였다.

그래서 그는 어린이 시기에 어린이가 이해하기 어려운 개념들을 가르치는 것을 피하고, "성서 중심 종교교육"보다는 "어린이 중심(child-centered) 종교교육"을 하기를 권하였다. "어린이 중심 종교교육"이란 성서를 가르치기보다는 어린이의 발달적 욕구를 충족시키는 교육으로서, 유아의 경우 종교보다는 "삶의 다양한 경험"을 쌓도록 하는 교육이 적합하고, 아동 전기에는 "어린이의 실제적 삶의 경험에 기초한 삶 관련 테마"들을 가르치는 것이 옳으며, 아동 후기에도 여전히 삶 관련 테마들을 가르치면서 서서히 그것과 관련된 성서의 자료들을 관련시키는 것이 좋다고 조언하였다.

"어린이 영성"의 입장은 이와 같은 인지적 미성숙의 입장을 비판하면서, 어린이가 인지적으로 미숙하다고 해서 이들이 종교적 체험이 없는 것은 아니라고 하는 점을 강조한다. 이들은 성인에게서와 마찬가지로 어린이에게도 '영성'은 인간됨의 가장 핵심적인 요소이고, 어린이에게도 신비, 감탄, 경이, 절대적 존재에 대한 느낌 등의 경험이 일어나고 있음을 강조하였다. 그뿐만 아니라 "어린이 영성" 연구가들은 피아제의 인지발달적 틀은 자연과학적 세상을 보는 인지적 틀이 될 수 있을지는 모르지만, 종교적 차원을 보는 틀은 아니라고 하면서, 어린이도 종교적, 혹은 영적 감각과 경험이 있는 영적 존재라고 하는 점을 강조하였다.

그와 같은 어린이 이해를 바탕으로 "어린이 영성" 연구는 어린이의 영적 경험이 '인지적' 차원보다는 "감탄과 경이"의 경험으로 일어날 수 있도록 후원되어야 한다고 강조한다. 따라서 이들은 어린이 영성교육은 학교식(schooling)의 형태로 무엇을 가르쳐 알게 하는 것으로가 아니라, 이들에게 종교적 경험을 불러일으킬 수 있는 '예전'이나 '예술', 그리고 '이야기'와 같은 것들이 신앙교육에서 하나님 만남의 신비한 체험과 감탄과 경이를 불러일으키는 통로로 관심을 기울여야 할 요소들임을 강조하였다.

이와 같은 두 입장은 상이한 측면이 있지만, 동시에 이 둘 간의 공통점과 대화가 가능하다는 점을 발견할 수 있다. 인지발달론자들이 말하는 것처럼 어린이는 인지적으로 미성숙하다. 우리는 그것을 부정할 수는 없다. 골드만이 어린이를 대상으로 인터뷰한 결과들이 증명하고 있듯이, 어린이, 특히 유아의 경우 성서의 이야기를 줄거리를 따라 바로 이해할 수 있는 능력이 미흡하고, 또 아동의 경우 이야기의 이차적이고 은유적 의미들을 이해하기에는 미성숙한 측면들이 있다. 이와 같은 인지발달론자의 입장을 우리는 어린이들의 신앙교육에 진지하게 받아들일 필요가 있다. 어린이의 이해수준을 넘어서는 교리적 내용이나 신학적 내용, 그리고 신 개념들을 어린이들에게 가르치거나 강요하는 것은 골드만이 말하고 있는 것처럼 주의해야 할 일이다.

그러나 어린이의 인지발달적 측면의 이해와 "어린이 영성" 측면의 이해가 동시에 우리에게 시사해 주는 것은 **어린이 신앙교육을 "인지적 측면"에만 의존해서는 안 된다**고 하는 것이다. 골드만이 말하는 것처럼, 어린이의 인지적 성숙을 넘어서는 것은 그에 적합한 성숙이 이루어진 후에 가르치는 것이 옳다. 그러나 어린이는 인지적 측면만이 아니라 다른 다양한 측면들을 함께 가지고 있는 존재들이다. "어린이 영성" 연구가 말하고 있는 것처럼 어린이는 종교적 사고에는 미숙할지 모르지만, 이들에게 종교적 경험이 없다고 할 수 없고, 어린이들이 가진 다감각적 통로는 종교적 경험을 하는 충분한 통로가 된다. 따라서 어린이를 위한 신앙교육은 인지적 가르침을 주는 것보다는 어린이의 다감각적 통로로 종교적 경험이 일어날 수 있도록 환경을 조성해 주는 방향으로 나아가야 할 것이라는 것이다.

이것은 **웨스터호프**가 말한 바, 어린이는 '경험적' 신앙의 특징을 가졌다고 하는 것과도 일맥상통한다고 할 수 있다. 어린이의 신앙은 객관적으로 무엇을 가르쳐서 알게 되기보다는 먼저 자신이 속한 상황과 환경으로부터 수동적으로 받게 되는 경험을 통해서 형성된다. 아주 어린 영아와 유아는 어머니의 이름, 학력, 직업과 같은 객관적 사실을 몰라도 어머니의 젖가슴, 체온, 손길과 같은 감각적 경험을 통해 어머니를 알게 되며, 이렇게 감각적으로 경험한 어머니에게 그 어떤 다른 것보다도 감정적으로 의지하고 내적으로 의존되는 관계를 형성한다. 어린이는 왜 기도해야 하고 왜 예배해야 하는가 하는 의미를 찾은 후에 그 행동을 하는 것이 아니다. 이들은 기도와 예배가 어떤 의미를 갖는가 하는 것을 사고하기보다는, 그냥 그 환경 가운데 던져졌을 때 기도와 예배를 경험하고, 그 분위기를 기억한다. 이들이 설령 그 의미를 객관적으로 설명할 수 없다 하더라도, 이들이 어렸을 때 드렸던 예배, 특히 가정에서 드렸던 예배와, 어머니와 함께 했던 기도의 경험은 결코 잊을 수 없이 어린이의 삶을 각인하는 힘이 있는 것이다.

메이 & 렛클리프(S. May & D. Ratcliff)는 인간이 형성할 수 있는 지식을 두 가지로 구별한 바 있는데, 그 하나가 **선천적 앎(connatural knowledge)**이라면, 다른 하나는 **사변적 앎(speculative knowledge)**이라고 하였다.[158] 선천적 앎이 영아가 언어나 소리에 대하여 알게 되는 방법과 같이 대상과 직접 부딪치고 만나면서 알게 되는 앎이라면, 사변적 앎은 앎의 대상과 거리를 두고 떨어져서 알게 되는 앎의 방법으로 합리적이고, 이론적이며, 명제적으로 알게 되는 앎이라고 하였다. 전자가 아이가 처음 태어나서 가정과 일상적 삶 속에서 형성하게 되는 앎이라면, 후자는 소위 학교식(schooling)의 수업형태를 통해 형성되는 앎의 방법이라고 할 수 있다. 따라서 선천적 앎이야말로 인간이 태어나 먼저 형성되는 앎의 형태로 사변적 앎에 선행하는 앎의 형태라고 할 수 있다. 어린이는 먼저 어머니의 체취와 손길, 숨결과 어머니의 양육태도와 같은 것을 통해 어머니와 직접 부딪치면서 어머니를 알게 되고, 후에 어머니에 관한 사변적이고 객관적 앎, 즉 어머니의 학벌, 직업, 성향 등에 관하여 알게 된다. 이와 같은 사실들은 **앎의 순서(sequence)**를 분명하게 나타내 주는데, 선천적 앎이 먼저 오고, 후에 사변적 앎이 온다는 사실이다.

이와 같은 앎의 순서상으로 볼 때 어린이는 사변적 앎보다는 선천적 앎을 통해 훨씬 잘 배우는 시기이다. 렌즈(C. Renz)는 입교교육에 관한 그의 논문에서, 가톨릭의 청소년들이 청소년 초기에 입교를 받기 위해서는 아동기부터 시작되는 입교교육을 받는데, 이 입교교육이 "사변적 앎"을 사용하는 전형적 학교식(schooling) 수업으로 이루어져 있다고 하였다.[159] 그는 많은 어린이들이 그와 같은 수업에서 전혀 인격적 만남이나 흥미를 찾지 못하고 지루해 하다가, 결국 입교교육이 끝나고 입교를 받은 후 교회를 떠나는 현상을 목격하였다고 하였다. 입교가 교회에 들어오는 의식이 아니라 교회를 떠나는 의식이 되었다는 것이다. 따라서 그는 사변적 앎의 형식을 사용해서 배우는 전통적인 교육 형태를 선천적 앎을 사용하는 앎의 형태로 바꾸어서 어린이들이 먼저 하나님을 만나고 경험한 후, 청소년 이후의 시기에 그를 바탕으로 자연스럽게 하나님에 관한 사변적 앎에 대한 호기심이 일어나도록 해야 한다고 하였다.

이것이 무슨 뜻인가? 아동교육에서 교리적 설명이나 기독교적 주제에 관한 어떤 객관적 가르침을 주려하기보다는, 그것을 직접 경험하고 느끼고 체험하도록 해야 한다는 뜻이다. 하나님과 예수님, 교회와 사랑, 희생에 관한 설명이나 가르침을 주기보다는 그것을 실제적으로 느낄 수 있는 **감각적 경험**이 일어나도록 함으로써, 긍정적 감정을 형성하도록 하는 것에 주력해야 한다는 것이다.

베리만은 "**감각적 유비**"(sensorial analogy)라는 말을 사용하였다. 어린이는 설명으로 배우는 것이 아니라, 감각을 통한 유비로 배운다는 것이다. 사랑이 무엇인지 배우기 전에 사랑을 체험해야 하고, 용서가 무엇인지 배우기 전에 용서를 체험해야 하는 것이다. 하나님이 세상을 창조하시고, 역사와 생사화복을 주관하시는 분이라는 것을 배우기 전에, 어린이는 그 하나님에게 삶의 여러 순간에(잠자기 전, 아플 때, 가정에 어려운 일이 있을 때) 어머니와 함께 기도했던 체험이 있어야 하는 것이다.

종합적으로 보았을 때, **어린이의 신앙은 객관적, 인지적 앎보다 감각적 경험으로부**

터 영향을 받는다고 할 수 있다. 따라서 **어린이 신앙교육은 어린이의 다감각적 통로를 사용하는 신앙의 기초적 경험을 형성하는 것에 초점이 맞춰져야 한다.** 신앙의 기초적 경험은 어린이에게 성서공부를 가르치고 공과를 지도하는 것보다 그들과 함께 기도하고 예배하고, 일상적 삶의 상황에서 실제적인 신앙적 경험을 통해서 생겨난다. 이들이 가정에서 드렸던 가정예배, 가정의 어려운 상황 가운데에서 가족과 함께했던 기도, 또 교회라는 신앙공동체 속에서 다른 사람들과 함께하는 모든 경험 등의 구체적 종교 경험뿐만 아니라, 신앙의 기초가 되는 사랑과 신뢰의 관계들, 소속감, 감사, 환대, 희망과 같은 좀 더 기본적인 경험들도 어린이의 신앙형성의 기초를 이루는 경험들이라고 할 수 있다.

2) 신앙공동체의 소속과 참여

어린이 신앙교육에서 다른 어떤 것보다 "신앙의 기초경험"이 중요하다면, 그것이 일어나는 곳은 어디인가? 단연코 **"신앙공동체"**이다. 신앙의 기초적 경험은 어린이 혼자서 스스로 하는 경험이 아니다. "어린이 영성" 연구는 어린이에게는 가르쳐주지 않았는데도 나타나는 영적 탐구가 있다고 하였지만, 그 탐구조차도 진공상태에서 이루어지는 것이 아니라 환경의 자극과 그와의 상호작용 속에서 일어나는 현상으로 보고하고 있다. 그래서 로빈슨은 어린이가 특별히 '자연', '예술' 그리고 '예전'과의 상호작용 속에서 집중적인 종교적 경험이 일어난다고 밝혔고, 모든 어린이 영성연구가들은 어린이 영성형성을 위한 준비된 '환경'의 중요성을 강조하고 있다.

그러나 우리가 준비된 환경으로서의 "신앙공동체"를 중시해야 하는 것은 단지 "어린이 영성" 연구의 주장 때문만은 아니다. **"기독교 유아·아동교육"은 어린이가 기독교 신앙인으로 성장하도록 돕는 것에 목적을 두는 교육이다.** "기독교 유아·아동교육"은 어린이가 설령 생득적으로 영적 탐구의 여정을 시작한다 하더라도, 이 여정에 기독교 신앙이라는 구체적인 목적과 방향을 제시해야 하는데, 그것이 "기독교적 신앙공동체" 속에서만 이루어지는 것이기 때문이다. 다시 말해서 어린이의 생득적 영성에 기독교적 신앙의 옷을 입힘으로 구체적이고 실제적인 신앙의 형태로 성장하게 하는 것은 오직 기독교 신앙공동체 속에서의 상호작용과 경험을 통해서만 가능하다는 것이다.

앞서 살펴본 것처럼 어린이는 지적 가르침을 통해서 배우는 것이 아니라, 삶의 상황 속에서 신앙의 기초적 경험을 하면서 영향을 받을 때 신앙을 '습득'하게 된다. 유아들은 신앙공동체 속에서 표현되고, 공유되고, 나누어지는 신앙을 수동적으로 경험함을 통해서 신앙을 형성한다. 그래서 웨스터호프는 유아기는 주변의 사람들로부터 수동적으로 신앙을 경험하는 "경험적 신앙"의 시기라고 하였고, 아동기는 신앙공동체에 소속됨으로써 신앙을 형성하는 "귀속적 신앙"의 시기라고 하였다. 어린이는 가정과 교회에서 기독교적 삶을 경험하고, 기독교의 이야기를 공유하고, 예배함으로 기독교 신앙인이 되어간다. 또한 기독교의 신앙 전통인 성서의 이야기는 그것이 공동체 속에서 공유될 때에만 어린이의 삶을 이끌어가는 근원이야기(metanarrative)가 될 수 있고, 어린이에게 신앙을 형성하는 이야기가 될 수 있다. 그런 의미에서 어린이 신앙교육에서 신앙공동체인 가정과 교회는 단순히 어린이 신앙 성장을 지원하는 역할이 아니라, 그것 없이는 기독교 신앙형성 자체가 불가능한 요소라고 할 수 있다.

한 어린이를 교육하는 데 마을 하나가 필요하다는 말이 있듯이, 어린이 신앙교육의 모판은 신앙의 공동체이다. 어린이가 어떤 가정으로 태어났는가? 어린이가 어떠한 교회에 소속되었는가? 하는 문제가 곧 어린이의 신앙을 결정한다는 말이다. 따라서 어린이 신앙교육의 시작은 그들에게 무엇을 가르칠 것인가? 어떤 프로그램을 할 것인가가 아니다. 우리는 어떠한 가정을 이룰 것인가? 어떠한 교회가 될 것인가? 어떠한 하나님 나라가 될 것인가? 그 속에서 우리는 우리의 어린이와 어떻게 살 것인가? 어린이는 그 신앙공동체에 어떻게 참여할 것인가? 어린이와 더불어 우리는 어떻게 하나님 나라를 구현할 것인가? 이것들이 관건인 것이다. 따라서 우리의 어린이 신앙교육은 "**우리가 어떻게 그들과 더불어 공동체를 형성할 것인가**"의 물음과 더불어 시작되어야 하는 교육이다. 따라서 어린이 신앙교육은 어린이의 신앙공동체로의 '**소속**'(belonging), '**참여**'(**participation**)가 어떤 교육프로그램을 하느냐보다 핵심적이고 중요한 개념이다.

3) 감탄과 경이의 경험 – 예전

성서적 신앙의 개념에서 살펴본 대로 신앙의 경험은 이성적이고 인지적 설득을 통해서 일어나는 것이 아니라, 이성적 사고를 뛰어넘어 와서 우리를 압도하고 그 앞에 무릎 꿇게 하는 신비한(mysterious) 경험이다. 이 신비한 경험은 우리에게 감탄, 경이, 황홀, 두려움과 같은 반응을 일으키는 경험이다. 이것을 오토(R. Otto)는 누미노제 체험이라고 칭하였다. 그것은 일종의 '신비'의 체험으로 압도적 권위가 갖는 신비를 체험하면서 경외심, 두려움, 황홀함, 경이감 등을 갖게 되는 것이다. 신앙의 경험이란 먼저 이와 같은 신비한 경험을 통해 오고, 그에 대한 언어적, 인지적, 논리적 설명과 납득은 이차적으로 온다.

베리만(J. Berryman)은 어린이에게 있어서의 종교적 경험과 언어에 관한 글에서, 인간에게 감탄과 경이의 종교적 경험의 순간은 침묵 속에서 일어난다고 하였다. 그것은 아직 언어로 존재하지 않고, 주로 '아!', '아하!'와 같은 감탄어로 존재하는데, 이 속에서 감탄, 각성 등이 일어난다고 하였다. 그 순간이 지나면 언어가 시작되는데, 감탄과 경이의 순간이 가장 가깝게 표현되는 언어는 예전의 언어라고 하였다. '윤리', '잠언', '신학'과 같은 언어들은 감탄과 경이의 종교적 경험이 몇 단계 걸쳐서 형성되는 2차, 혹은 3차적 언어들이라고 하였다.

그렇게 볼 때 어린이의 신앙 형성에 있어서도 이와 같은 **1차적 신앙경험, 감탄, 경이의 경험은 인지적, 혹은 언어적 가르침보다 우선해야 하는 경험**이라고 할 수 있다. 이와 같은 사실은 어린이가 객관적이고 인지적 앎보다 감각적 경험으로부터 영향을 받는다는 사실과도 잘 맞아 떨어지는 것이라고 할 수 있다. 그러면 이와 같은 감탄과 경이의 신앙적 경험이 가장 핵심적으로 일어날 수 있는 통로는 무엇인가? 그것은 베리만도 언급한 대로 "예전"이라고 할 수 있다. 예전은 예배, 기도, 찬양, 감사, 들음, 응답, 연대감, 소속감, 나눔 등 어린이들이 직접적으로 경험하고 반응할 수 있는 대표적인 통로이고, 예전을 통해 어린이는 이성적 사고로 인도되는 것이 아니라, 감탄하고, 놀라고, 느끼고, 반응하는 것으로 인도된다. 감탄과 경이의 경험이 일어나는 가장 직접적인 교육의 자리는 바로 "예전"인 것이다.

이 같은 사실은 **어린이 신앙교육은 학교식의 형태를 지양하고, 오히려 예배와 예전 중심으로 나아가야 한다**는 것을 시사한다. 학교식의 교육이란 기독교 전통을 교수-학습의 상황에서 전달하는 것을 주축으로 삼는 활동이다. 그러나 어린이들의 신앙이 그보다 먼저 감탄과 경이의 1차적 종교체험으로부터 오는 것이라면, 먼저 예전적 접근에 중점을 두어야 한다는 것을 시사한다. 우리의 '교회학교'는 학교라는 이름이 붙여진 이후 몇 백년간 학교라는 은유가 핵심적 개념이었고, 실제로 아동목회를 학교가 하게 하였다. 학생의 참여와 인격적, 감성적 터치가 없는, 감격과 감탄이 없는 가르침이 주축이 되게 하였다. 그러나 어린이의 신앙교육이 감탄과 경이의 경험 위에 세워져야 하는 것이라면, 그것은 좀 더 '예전' 중심으로 재구성되고, 거듭날 필요가 있다. 우리는 어린이들을 예배, 기도, 찬양, 감사, 들음, 응답, 연대감, 소속감, 나눔과 같은 경험들로 초대하는 일을 인지적, 객관적 내용을 가르치는 것보다 중시해야 하고, 그와 같은 초대 어린이들이 최대한 참여하고, 반응할 수 있도록 인도해야 할 것이다.

4) 신앙전통 전수 – 이야기

어린이를 기독교 신앙으로 인도해야 하는 것이 어린이 신앙교육의 과제라면, 그것은 필수적으로 기독교의 전통을 전수하는 일을 포함해야 한다. 어린이의 신앙교육에는 앞서 언급한 대로 기초적 신앙경험, 공동체적 체험, 감탄과 경이의 체험이 필요하지만, 그와 나란히 우리는 좀 더 직접적이고 집중적으로 기독교 신앙전통을 전수하는 과제를 수행해야 하는데, 이것이 없다면 그것은 기독교 신앙교육이라고 할 수 없기 때문이다.

그렇다면 어린이에게 가장 적합한 기독교 전통 전수의 통로는 무엇인가? **어린이 신앙교육에서 가장 적합한 기독교 전통 전수의 통로는 '이야기'라고 할 수 있다.** 앞서 언급한 대로 어린이는 인지적인 가르침보다는 다감각적 경험이 요청되는 시기이고, 객관적·교리적 가르침보다는 어린이의 감성과 상상력을 사용하는 가르침이 요청된다. 그와 같은 가르침에 가장 잘 맞아 떨어지는 것이 바로 '이야기'이다. 이야기는 어린이에게 상상력과 감성을 불러일으키고, 신앙의 기초적 경험을 불러일으키는 가장 기초적인 종교언어이기 때문이다.

파울러는 유아의 시기인 "직관적–투사적 신앙"의 단계에는 상상력이 핵심적 사고방식이고, 따라서 이 시기에는 유익한 상상을 할 수 있는 건강한 이미지와 이야기를 제공받아야 한다고 하였고, 아동기인 "신화적–문자적" 신앙의 시기에는 아직 신화적, 문자적 단계에 머물기는 하였으나, 공동체의 이야기를 이해하고 수용할 수 있으며, 이를 재현하고 재구성할 수 있는 능력이 생기는 시기이기에, 이제 본격적으로 신앙공동체가 전수하는 이야기들이 제시되어야 하는 시기라고 하였다. 다시 말해서 유아와 아동기는 아직 추상적이고 2차적 의미를 해석할 수 있는 시기는 아니기 때문에, 그 어느 시기보다 '이야기'가 신앙전통을 운반하는 적합한 통로가 되는 시기라고 할 수 있다는 것이다.

그뿐만 아니라 이야기는 가장 기초적인 종교 언어라고 할 수 있다. 비유나 예전의 모티브를 보면 그 안에 이야기가 들어 있기 때문이다. 비유는 일종의 작은 이야기이다. 예수님이 사용하신 하나님 나라 비유들을 생각해 보자. 밭에 감추인 보화를 사기 위해 자신의 소유를 모두 팔아 밭을 산 농부의 비유나 슬기로운 다섯 처녀의 비유, 그리고 포도원 일꾼의 비유들은 모두 플롯을 가진 작은 이야기들이다.

사실 앞서 살펴본 '예전'도 행위로 표현된 이야기라고 할 수 있다. 성찬과 세례 십자가와 같은 예전이나 상징 뒤에는 예수님의 삶과 죽음과 부활의 이야기가 있고, 성령강림절 목사가운의 빨간색 스톨 뒤에는 오순절의 이야기가 있다. 찬송가에 나오는 "어린 양의 피" 뒤에는 출애굽 이야기가 있다. 성인은 기독교의 예전과 상징 뒤에 있는 성서의 이야기를 알고 있기에, 상징을 이해하고 예전에 참여할 수 있다. 그러나 어린이들은 기독교의 상징 뒤에 있는 기초적 신앙 이야기기와 아직 친숙하지 못하다. 따라서 어린이 시기에는 신앙공동체 안의 예전과 상징을 이해하고 참여할 수 있기 위한 전단계로서의 기초적 신앙 이야기와 친숙해져야 하는 것이다.

그뿐만 아니라 '이야기'(narrative)는 그 어떤 언어보다 하나님과의 만남과 종교적 체험을 불러일으키는 언어이다. 왕어린(Wangerin)은 "이야기가 이야기되면 그것은 더는 하나의 이야기가 아니라 하나의 세계이고 우주이다"라고 하였다. 이야기가 이야기되는 순간 어린이는 그 이야기의 세계와 그 이야기의 우주 안으로 초대되고, 그 안으로 들어가 머물 수 있다.[160] 우리의 어릴 때를 생각해 보자. 무서운 이야기를 들었을 때, 우리는 실제로 있었던 공간은 하나도 바뀐 것이 없지만 갑자기 모든 것이 무서워지면서 화장실도 갈 수 없게 되었던 경험을 하지 않았는가? 이야기는 어린이에게 상상을 불러일으켜 이야기의 세계 안으로 들어오게 하는데, 그때 어린이는 인지적뿐만 아니라, 정서적, 의지적, 영적인 모든 측면에서 이야기 안으로 들어가게 된다. 이야기를 듣는 순간 어린이에게는 이야기가 실제로 일어난 것처럼 재현되고, 어린이는 그 사건을 체험하게 되는 것이다. 따라서 **이야기는 단순히 여러 다양한 의사소통 방법 중의 하나가 아니라, 어린이에게 실제로 성서의 사건을 체험하게 하는 가장 기초적인 경험의 언어이다.**

그렇게 볼 때 성서가 거대한 이야기책이라고 하는 것은 우연이 아니라고 할 수 있다. 성서의 수많은 이야기는 유한한 인간이 초월적 하나님을 만나고 체험한 이야기들이었는데, 이 이야기들을 통하여 독자는 논리적으로 설명하기 어려운 초월적 하나님이 어떠한 분이라고 하는 구체적 이해를 할 수 있고, 더 나아가 초월적 하나님을 만나는 사건을 재현하며, 이를 통해 성서의 이야기가 자신의 이야기가 되는 내면화와 감정이입 등을 경험하게 되는 것이다. 그런 의미에서 이야기적 사고는 그 어떤 것보다 더 종교적 사고와 관련이 있다.

우리가 어린이를 위한 신앙교육을 성서의 이야기로부터 시작해야 하는 이유는 그 무엇보다 성서가 하나님의 말씀이기 때문이다. **하나님은 우리가 그의 '말씀' 안에 들어갔을 때 가장 직접적으로 경험된다.** 어린이가 하나님을 만나고 체험할 수 있도록 한다는 기독교 아동교육의 목적은 우리가 그들을 하나님의 말씀 안으로 초대했을 때 가장 집약적으로 이루어지는 것이다. 그런데 **어린이를 하나님의 말씀 안으로 초대해 들이는 최적의 통로가 바로 '이야기'이다.** 성서를 객관적 지식으로, 분석하고 설명하는 방법으로서는 어린이들을 그 세계 안으로 들어오게 할 수가 없지만, 어린이가 성서의 이야기에 귀를 기울이는 순간 그들은 성서의 세계 안으로 들어가게 되고, 그곳에서 머무를 수 있게 되며, 그 세계 안에서 하나님의 백성이 만난 하나님과 만날 수 있게 된다.[161]

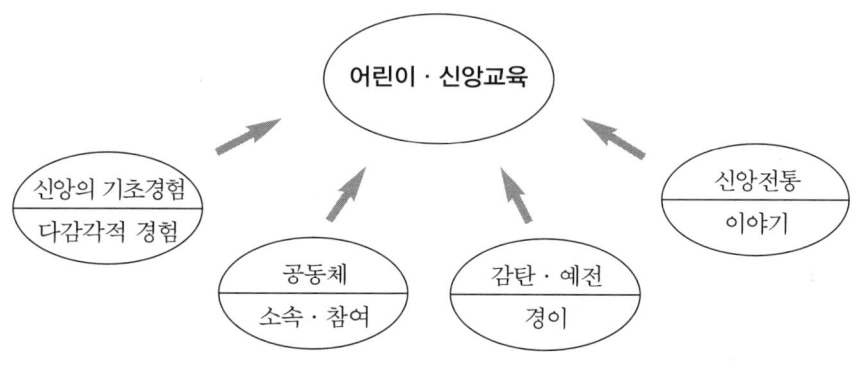

VII. 연령별 어린이를 위한 신앙교육의 방향

앞에서 우리는 이미 어린이를 위한 신앙교육에 있어서 기본적 방향과 초점들을 살펴보았다. 여기에서는 좀 더 연령을 세분화하여 영아와 유아 그리고 아동을 위한 신앙교육의 구체적 방향들을 살펴보도록 하자. 먼저 앞에서 고찰한 내용들을 바탕으로 해서 각 연령별 신앙교육에서 특별히 고려해야 할 초점들을 정리해 보면 아래의 표와 같다.

	신앙교육의 초점
영아	* 양육자를 통한 하나님 사랑 경험하기 * 양육자와의 기본적 신뢰 형성으로 하나님과의 관계의 기초 형성하기 * 종교적 경험의 기초가 되는 삶의 다양한 것 경험하기(신뢰, 상호성, 자율성, 희망, 용기 등) * 신앙공동체인 가정의 삶 탐색하고, 적응하기 * 양육자를 통한 건강한 하나님 이미지 형성하기 * 전능하고, 언제나 함께하며, 필요를 채워주시는 하나님 개념 형성하기 * 신체와 모든 감각을 전인적으로 균형 있게 발달시키기

유 아	* 종교적 경험의 기초가 되는 삶의 다양한 것 경험하기 * 가정 안에서의 신앙적 실천에 참여하기(가정예배, 기도, 세례, 성탄절, 부활절 활동 등) * 양육자와의 관계를 통하여 하나님에 대한 건강한 이미지 형성하기 * 하나님, 예수님 등 하나님의 이름과 하나님 이미지 연결시키기 * 기도, 예배, 교회, 십자가 등 기독교의 기초 이미지들과 개념에 친숙해지기 * 교회의 예배와 삶의 표현에 참여하고, 신앙공동체로서의 교회의 삶 탐색하기 * 가정과 교회의 신앙적 삶 모방하기 * 간단한 성서 이야기 듣기, 상상하고, 반응하기 * 성서 이야기를 통해서 성서의 인물들과 친숙해지기
아 동	* 가정을 넘어서서 교회와 "하나님 나라" 등의 더 넓은 신앙공동체의 삶의 표현과 신앙문화에 참여하고 뿌리내림으로, 교회의 소속감과 기독교인으로서의 정체성 형성하기 * 신앙공동체의 신념과 관습 내면화하기 * 부모-자녀의 관계에서 범위를 확대하여 신앙공동체의 다양한 구성원과 수평적, 수직적 관계형성하기 * 가정과 교회에서 적극적인 예배 참여자가 되고, 하나님과 인격적 관계 형성하기 * 기독교 신앙전통으로서의 성서의 이야기를 체계적으로 듣고 이와 친숙해지며, 기독교 전통에 대한 전체적인 그림 그리기 * 기독교 이야기로부터 삶을 이끌어갈 근원이야기(meta-narrative) 형성하기 * 기독교 이야기와 기독교 신앙을 삶으로 실천하기 * 하나님 나라와 지역공동체에 동시에 속하는 이중국적과 이중문화적 삶에 익숙해지기 * 세상 속에 사는 하나님 나라 백성으로서 예배, 섬김, 봉사, 전도, 친교의 삶 실천하기

1. 영아기의 신앙교육

영아는 생후 2년까지의 어린이를 지칭하는 이름이다. 앞에서 살펴본 여러 학자들의 연구에서 나타나고 있는 바와 같이 이 시기는 우리가 '신앙'이라고 칭하는 현상이 본격적으로 나타나는 시기라고 하기보다는 신앙의 기초가 되는 기본 경험과 이미지를 형성하는 시기라고 할 수 있다. 그러나 이 시기는 말 그대로 신앙의 기초가 형성되는 시기이기에 신앙교육에 있어서 그 어떤 다른 시기보다 중요하고 결정적인 시기라고 할 수 있다.

1) 영아기 신앙교육의 목표

영아기 신앙교육의 목표는 신앙의 기초가 되는 경험을 형성하고, 양육자인 부모와

의 관계를 통해 건강한 하나님 이미지를 형성하는 것이라고 할 수 있다. 영아기의 신앙교육은 직접적으로 무엇을 가르치거나 혹은 집중적으로 훈련하거나 함으로써 신앙을 형성하는 것이 아니라, 오히려 간접적으로 양육자인 어머니와의 관계를 통해서, 신앙의 기초가 되는 신뢰, 희망, 용기 등과 같은 정서를 형성함으로써 신앙의 기초경험을 위한 토대를 놓는 것을 목표로 해야 한다. 또한 영아는 직접적으로 '하나님', 혹은 '예수님'이라는 이름을 가르치고 전달하는 것도 필요하지만, 이보다 앞서 어머니와의 관계를 통해 "하나님에 대한 이미지"를 형성할 수 있도록 하는 것이 선행되어야 한다. 어머니와의 상호작용을 통해 영아는 "전능한 분", "언제나 함께하는 분", "무조건 사랑해주시는 분", "우리의 필요를 채워주시는 분", "나를 수용하고 받아주는 분"으로서의 하나님 이미지를 형성할 수 있는 기초경험을 형성하고, 이것이 이들의 하나님 이미지의 기초가 되도록 해야 한다.

영아기의 신앙교육은 영아가 **신체의 모든 감각기관과 운동기관들을 균형 있게 발달할 수 있도록 돕는 것**을 목표로 해야 한다. 신앙은 전인적인 활동이지, 인간의 어느 특정 영역에만 관련된 요소가 아니다. 건강한 몸에서 건강한 정신이 나오고, 건강한 신체와 감각의 발달은 건강한 신앙의 기초가 된다. 영아기는 인생의 그 어떤 시기보다 성장과 발육이 두드러지는 시기이고, 모든 오감과 운동기관들이 왕성하게 발달하는 시기이고, 이때 이러한 발달의 과업을 잘 수행해야, 후에 신앙적 활동들, 예배, 섬김, 전도, 봉사 등을 건강하게 할 수 있다. 따라서 영아기에 신체의 모든 감각기관과 운동기관들이 균형 있게 발달하도록 돕는 것은 신앙의 기초를 놓는 매우 중요한 신앙교육의 목표라고 할 수 있다.

유아기 신앙교육을 대표하는 하나의 은유, 혹은 핵심 개념을 찾으라고 한다면, 그것은 '**양육**'이라고 할 수 있다. 양육이란 학교나 다른 어떤 형식적 교육기관에서 이루어지는 활동이 아니라 가정에서 이루어지는 활동이다. 양육자가 먹이고, 입히고, 보살피고, 필요를 충족시켜주며, 안전과 보호와 사랑을 주는 활동이다. 영아기의 신앙교육은 영아를 양육하는 일반적 활동과 구별된 어떤 특수한 교육활동이라기보다 양육의 범위 안에서 이루어지며, 그것을 통해서 넓은 의미의 신앙의 기초를 쌓는 것이라고 할 수 있다. 따라서 영아기 신앙교육의 목표는 영아를 먹이고, 입히고, 보살피고, 필요를 충족시키며, 안전과 보호와 사랑을 주는 것, 즉 양육의 활동을 통해서 영아가 하나님의 사랑을 경험하고, 또한 하나님의 이미지를 형성하게 하는 것이다.

2) 영아기 신앙교육의 교사

영아를 위한 신앙교육이 넓은 의미에서 가정에서의 양육의 범위 안에서 이루어지는 것이라면, **영아기 신앙교육을 담당하는 일차적 교사는 양육자인 어머니, 혹은 더 넓게 부모라고 할 수 있다.** 부모는 영아를 보호하고, 사랑하고, 수용하면서, 자녀와 건강한 상호작용과 관계형성을 함으로써, 이를 통하여 영아가 건강한 자아를 형성하고 더 나아가 건강한 하나님 이미지를 형성하는 데 결정적으로 기여할 수 있는 존재이다. 부모는 또한 가정예배와 기도, 그리고 일상생활 속에서 형성하는 종교적 분위기를 통해서 영아에게 기초적 종교경험을 제공하기도 한다. 그런 의미에서 영아를 위한 신앙교육은 거의 모든 것이 부모에게 달려 있다고 해도 과언이 아닐 것이다.

이 시기에 부모가 신앙교육의 교사라고 하는 것이 의미하는 것은, 이들이 영아에게 무엇을 가르치는 전문적인 교수활동을 함으로써 영향을 미치는 것이 아니라, 이들의 신앙, 신앙적 삶, 영아와의 관계, 양육태도, 신앙적 인품과 같은 요소들을 통해서 영아에게 영향을 미친다는 것을 의미한다. 다시 말하면 부모는 이들의 삶, 신앙, 성품, 사람됨 그 자체로 교육하는 것이라고 할 수 있다.

그런 점에서 볼 때, 신앙의 교사인 부모는 영아에 대해 전문적으로 아는 것도 중요하고, 또한 양육의 방법에 대해 숙달되어 있는 것도 중요하지만, 그보다 먼저 이들의 **신앙적 삶 자체, 신앙적 인품 자체가 먼저 형성되어 있어야 한다**는 것을 알 수 있다. 이들의 삶과 행동 자체가 영아와의 관계를 결정하고, 영아의 성격을 결정적으로 각인하는 힘이 있기 때문이다. 그렇게 볼 때 영아의 신앙 교사인 부모가 되는 일은 그 어떤 교사보다 전인적으로 준비되어 있어야 하는 일이라고 할 수 있다. 이들은 영아에 대한 이해, 영아를 양육하는 방법에 대한 이해뿐 아니라 신앙인으로서의 정체성 형성, 신앙인으로서의 삶 살기, 신앙적 가정 세우기 등 신앙인으로서의 자아형성과 신앙적 삶의 모든 측면에 있어서 영아의 신앙교사로서 준비되어야 한다는 점을 알 수 있다.

3) 영아기 신앙교육의 내용

앞에서 이미 언급한 바와 같이 영아기는 아동이나 청소년들에게서처럼 교수-학습의 상황에서 신앙의 내용을 전수하고 가르치기에 아직 미성숙한 시기이다. 무엇보다 이들은 아직 언어적으로 미성숙하여, 언어적인 가르침(verbal teaching)에 부적합할 뿐만 아니라, 특히 영아기 초기에는 신앙이 양육자인 어머니와의 관계에서 신뢰, 희망, 수용됨과 같은 개념들과 섞여서 분화되지 않은 형태로 나타난다. 따라서 이 시기의 신앙교육은 구체적인 신앙의 내용을 가르치기보다는 신앙을 형성할 수 있는 기초경험을 형성하고, 또한 감각과 운동적 측면의 성장을 바탕으로 한 전인적 성장을 도움으로써 신앙형성의 기초를 마련하는 데 초점을 맞추는 것이 좋다. 따라서 이 시기 신앙교육의 내용이란 가정 안에서의 신앙적 관계형성과 신앙적 삶, 그리고 신앙적 문화 그 자체라고 할 수 있다. 이는 크게 "**관계적 영역**", "**신체적 영역**", "**신앙적 활동**", "**신앙적 문화**"의 네 가지 영역으로 나누어 생각해 볼 수 있다.

■ 관계적 영역

관계적 영역이란 먼저 영아가 양육자인 어머니와 친밀하고 건강한 관계를 형성하는 것과 넓게는 영아가 성장하는 환경 속에 있는 가족들과 주변의 사람들과의 관계를 형성하여, 건강한 자아형성과 하나님 이미지를 형성할 수 있게 하는 것을 의미한다. 이 관계로부터 영아는 사랑, 신뢰, 보호, 안정, 친밀감, 수용, 따뜻함, 기다림, 만남, 믿음, 예측, 기대 등의 기초경험을 형성할 수 있어야 한다.

■ 신체적 영역

신체적 영역이란 영아가 운동적, 감각적인 측면에서 바르게 성장할 수 있도록 양육하는 모든 신체적 측면을 포함한다. 앞서 언급한 대로 건강한 영아의 신체적 발달은 건강한 신앙형성의 기초가 된다. 따라서 영아의 신체적 영역은 영아 신앙교육의 매우 중요한 한 부분이 된다. 신체적 영역에서 이루어져야 할 활동은 바른 수유, 이유, 균형 있는 영양 섭취를 위한 식습관 형성 등의 바른 섭생과 수면 습관 형성, 그리고 감각발달을 위한 다양한 운동과 활동을 촉진하고 보조하는 모든 활동을 포함한다.

■ 신앙적 활동

영아기는 넓은 의미의 신앙의 기초경험을 형성하는 것이 요청되지만, 동시에 가정 안에서, 혹은 교회의 영아부에서 구체적으로 실천되는 신앙적 활동에도 참여하면서 생애 최초로 신앙적 활동을 경험하게 되는 시기이다. 영아가 첫돌을 맞고 어느 정도 가정의 분위기를 체감할 수 있게 되면, 가정 예배, 식사기도, 가정에 일어나는 여러 상황 속에서 부모와 함께하는 기도, 부모와 교회에 가서 함께 드리는 예배와 같은 구체적인 신앙적 활동에 참여함으로써 신앙적 활동을 경험해야 한다. 특별히 이 시기에 영아는 무엇보다 '유아세례'를 받도록 함으로써 영아가 계약의 백성이요, 하나님의 자녀라고 하는 의례를 행하고, 부모에게는 자녀를 신앙으로 양육하겠다는 헌신과 다짐을 하는 계기로 삼아야 한다. 유아세례는 단순히 한 번의 의식으로 그치는 것이 아니라 영아나 부모에게, 그리고 영아가 속한 가정 전체에게 지속적으로 신앙적 삶과 양육을 유도하는 상징적인 힘을 가지고 있다.

■ 신앙적 문화

영아기는 교수-학습의 활동을 통해 신앙을 획득하는 것이 아니라, 가정의 신앙적 문화를 통해 신앙을 전수받는 시기이다. 따라서 영아기는 그 어느 시기보다 가정의 신앙적 문화가 결정적인 영향을 미치는 시기라고 할 수 있다. 신앙적 문화에는 먼저 부모와 가족이 기독교적 가치관으로 사는 것으로 보여주는 무형적 문화가 포함된다. 무형적 신앙문화에는 부모나 가족들이 주일 성수나 가정예배를 드리는 모습을 보여주는 직접적 신앙문화도 포함되지만, 이와 나란히 사랑, 희락, 화평, 오래 참음, 자비, 양선, 충성, 온유, 절제와 같은 성령의 열매들을 삶 속에서 구체적으로 구현하여 가정 안에 기독교적 분위기를 형성하는 것 또한 포함된다.

그와 같은 무형적 문화뿐만 아니라, 구체적 형태를 가지는 유형적 기독교 문화도 어린이의 신앙형성에 직·간접적으로 영향을 미친다. 예를 들어 거실에 걸려 있는 십자가, 예수님의 초상, 기독교적 그림, 그리고 가정 안에 흐르는 기독교적 음악, 찬송가, 경배와 찬양, 성서적 캐릭터나 인형들(삼손, 다윗, 예수님 등)은 모두 영아의 신앙에 영향을 미치는 유형적 문화의 형태라고 할 수 있다. 앞에서 살펴본 대로 영아들은 자신의 인형, 담요, 완구에 나타난 미키마우스나 곰돌이 푸, 테디 베어와 같은 캐릭터들을 언제나 자기와 함께 있는 소위 "중간대상"의 개념으로 투사하는 경향이 있다.

따라서 영아들이 어릴 때 주변에 두는 인형이나 캐릭터들은 단순한 물건이 아니라, 그들과 심리적으로 연결되고, 의존되는 성격을 갖는다. 그렇기 때문에 이 시기 영아들에게 기독교적 캐릭터나 인형들과 친숙하게 하는 것은 언어 이전의 어린아이들에게 할 수 있는 비언어적 가르침이 될 수 있다. 구약에 나타난 이스라엘 백성에게서 할례(자신의 몸에 난 표식으로 자신의 정체성을 기억하게 됨), 메주자(문설주에 붙여 있는 말씀 상자), 테필린(미간과 손목에 찼던 말씀) 등도 그와 같은 효과를 가지고 있었다.

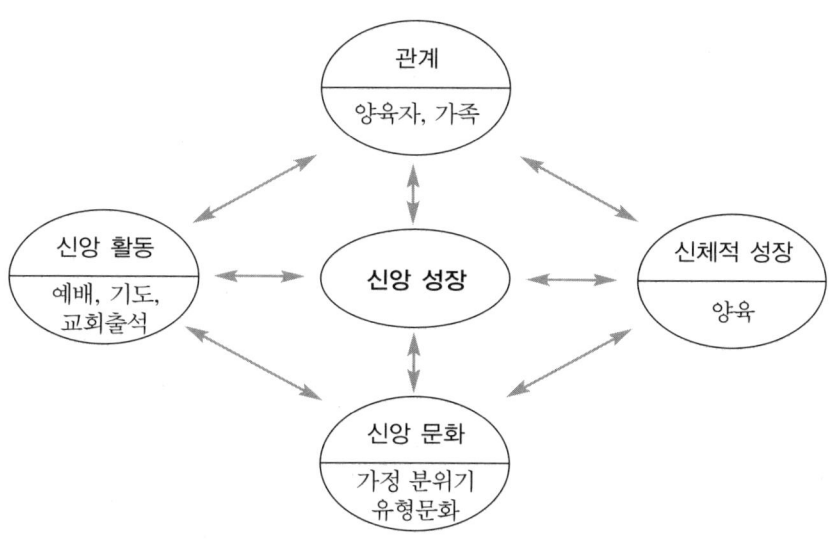
〈영아기 신앙교육의 내용〉

4) 영아기 신앙교육의 방법적 원칙들

영아기는 앞서 살펴본 바와 같이 신앙의 기초가 되는 기본 경험과 이미지를 형성하는 시기이다. 따라서 이 시기 신앙교육의 방법은 이와 같은 영아기 신앙교육의 특수성이 고려되고 반영된 방법으로 시도되어야 한다. 그런 의미에서 영아기 신앙교육의 방법은 "신앙의 기초 경험"이 일어날 수 있는 '**체험적**' 성격을 가져야 한다. 영아의 신앙교육은 간접적이나 객관적일 수 없다. 영아는 자기가 속하는 주변상황 안에서 주어진 경험을 체험하면서 그로부터 인상을 받고, 그에 각인된다. 영아는 어떤 내용을 가르침으로 배우는 것이 아니라, 그것을 체험하면서 경험하고, 그로 인하여 형성된다. 따라서 영아의 신앙교육의 방법은 그 무엇보다 '체험적'일 필요가 있다.

영아 신앙교육의 또 하나의 특징은 '**비언어적**'이라는 특징을 띤다. 영아기는 "언어 이전"의 시기로서, 언어를 구사할 수 없어도 끊임없이 부모와 주변으로부터 언어를 듣고 이를 흡수하면서, 언어발달을 위한 준비를 한다. 그러나 아직은 언어를 사용하여 자신의 의사를 자유자재로 표현하거나, 언어로 세상을 수용하기보다는, 감각과 운동으로 세상을 탐색하고, 자신을 표현하는 시기이다. 따라서 이 시기 신앙교육은 지나치게 언어에 의존하기보다는 비언어적 통로로 시도되어야 한다. 앞서 언급한 유형적 문화와 무형적 문화들은 모두 비언어적이면서 영아에게 영향을 미치는 교육의 통로들이라고 할 수 있다.

그래서 영아 신앙교육은 '**감각적**'일 필요가 있다. 영아는 언어를 넘어서 오감을 사용하여 느끼고 경험해야 한다. 이 시기는 시각, 청각, 후각, 촉각, 미각과 같은 오감이 발달하는 시기인 만큼 보고, 듣고, 만지고, 냄새 맡고, 맛보는 활동이 다양하게 제시되어야 한다. 이를 위해 율동과 찬양, 리듬체조, 그림보기, 화면과 스크린 보기, 성서적 캐릭터로 된 인형이나 완구 사용 등 오감을 활용한 활동이 추천된다.

영아기 신앙교육 방법의 또 하나의 특징은 '**모방적**'이라는 것이다. 영아는 소위 '모방', 혹은 "지연된 모방" 행위가 나타나는 시기이다. 영아 초기에는 어머니의 행동을 그대로 따라하는 미러링(mirroring)의 현상이 나타나고, 영아 후반기로 가면서는 한번 본 것을 그 대상이 없어도 모방하는 "지연된 모방"의 현상도 나타난다. 따라서 이 시기 기독교 가정이나 교회의 영아부에서는 영아가 모방할 수 있는 행동을 제시하고 따라할 수 있도록 하는 것이 필요하다. 식사 전 기도하기, 찬양과 율동, 인사하기, 두 손 모으기, 감사하기, 사랑표현하기, 안아주기 등은 영아가 모방을 통해 습득할 수 있는 생활의 습관이다.

5) 영아 신앙교육을 위한 교회의 과제

그러면 이러한 영아기 신앙교육을 위해서 교회가 담당해야 할 과제는 무엇인가? 앞서 살펴본 대로 영아의 신앙교육이 이루어지는 핵심적 장은 '가정'이고, 영아의 신앙교육을 담당하는 교사는 일차적으로 양육자로서의 '부모'이다. 그런 의미에서 교회가 영아기 신앙교육을 위해서는 부차적인 역할만을 할 수 있을 것같이 보이지만, 교회의 역할과 과제는 그 어느 연령층에 못지않게 중요하고 결정적이라고 할 수 있다.

먼저 교회는 "**부모를 바른 양육자로 세움**"으로써, 그들을 통해 영아의 신앙교육이 바로 이루어질 수 있도록 돕는 역할을 해야 한다. 영아의 부모는 영아 신앙교육에 결정적 역할을 함에도 불구하고 많은 부모들이 준비 없이 부모가 되고, 부모역할을 하는 과정에서도 수많은 실수와 시행착오와 후회할 일들이 일어난다. 그러나 부모는 어린이나 청소년처럼 어떤 교육기관에 소속되어 있거나, 혹은 부모됨에 대한 적절한 평가와 반성의 기회를 갖게 되는 일 없이 방치되어 있다고 해도 과언이 아니다. 이러한 부모들이 그들의 자녀들을 바르게 신앙 양육할 수 있도록 도울 수 있는 기관이 있다면 그것은 교회이다. 따라서 교회는 이와 같은 사명을 소중히 여겨서, "**부모교육**"을 통해서 영아 신앙교육을 도울 수 있어야 한다. 영아를 위한 부모교육은 아기가 생기기 전부터 시작되는 "예비부모학교", 임산부모에게 실시하는 "태교학교", 그리고 아기가 출생한 후 하는 "영아부모학교" 등과 같은 다양한 형태로 실시되면서, 다양한 상황에 처한 부모를 세우는 일을 감당해야 할 것이다.

교회는 '**영아부**'를 운영하면서 영아와 부모들이 함께 와서 예배드리고 친교하고 나눌 수 있는 기회를 제공할 수 있다. 영아나 영아의 부모들은 사실 교회의 사각지대에 머물러 있는 대상들이라고 해도 과언이 아니다. 영아의 부모들은 어린 자녀 때문에 주일 예배조차 제대로 참석할 수 없는 경우가 많고, 또한 영아는 발달적 특성상 교회의 교육적 배려 대상에서 제외되는 경우가 많다. 이와 같은 문제들을 수렴하면서 교회는 '영아부'를 운영하여, 이들도 하나님 앞에 예배드리고, 또한 부모들이 함께 만나 예배하고, 기도하고, 서로 교육적 관심을 공유할 수 있는 장을 마련해야 할 것이다.

최근 들어 많은 교회에서 소위 '**아기학교**'라고 하는 주중 프로그램을 운영하기도 한다. 물론 아기학교의 대상 연령이 교회마다 조금씩 차이가 있지만, 아기학교는 아직 유치원에 받아들여지기 이전의 아기들이 주중에 엄마와 함께 교회에 와서 신앙교육을 받을 수 있는 기회를 제공하는 새로운 주중 프로그램으로 자리 잡고 있다.

2. 유아기의 신앙교육

유아는 3-6세경의 어린이를 지칭하는 이름이다. 유아기에는 무엇보다 '언어'의 발달이 활발하고, 언어를 사용하여 자신의 의사를 표현하거나 세상을 받아들이기 시작하게 되는데, 이것은 인지적, 사회적, 종교적 측면 등 많은 면에서 유아를 영아로부터 구별하게 하는 결정적 요소라고 할 수 있다. 또한 유아는 신체적으로도 걷기와 뛰기가 활발해지고, 대근육뿐만 아니라 소근육도 발달하여 영아에 비해 훨씬 자유롭게 움직일 수 있게 되면서, 부모로부터 물리적으로도 떨어질 수 있고 좀 더 적극적으로 세상을 탐색할 수도 있게 된다.

물론 유아도 여전히 가정에서 머물며 부모와의 관계에 거의 절대적으로 의존하는 시기여서 이들의 하나님 이미지는 부모와의 관계와 불가분리의 관계에 있다. 또한 여전히 다양한 삶의 경험들을 통해서 종교적 경험의 기초를 형성해야 하는 시기라고 하는 점에 있어서는 영아기와 공통점을 공유하고 있다. 그럼에도 불구하고 유아기는 위에 언급한 바와 같은 차이점들로 영아기와는 구별되는 신앙교육의 방향이 모색되어야 할 시기라고 할 수 있다. 이제 유아기의 신앙교육의 방향을 살펴보도록 하자.

1) 유아기 신앙교육의 목표

(1) 건강한 하나님 개념 형성하기

유아기는 먼저 영아기에 이어서 "건강한 하나님 개념 형성하기"를 가장 중요한 신앙교육의 목표로 삼아야 한다고 할 수 있다. 한 사람이 어린 시기에 양육자인 부모와의 관계로부터 형성하게 되는 하나님의 이미지는 성인이 되어서도 하나님과의 관계나 이미지 형성에 결정적인 영향을 미치기 때문이다. 따라서 유아에게는 무엇보다 먼저 **양육자인 부모와 건강한 관계를 형성함으로써, 건강한 하나님 이미지를 형성할 수 있어야 할 것이다.**

그러나 영아와 달리 언어발달이 이루어진 유아들에게는 그들이 형성하는 하나님 이미지에 구체적으로 **'하나님', '예수님'의 이름을 제시하여, 이들이 기독교적 하나님 이미지를 형성할 수 있도록 하는 것** 또한 유아 신앙교육의 중요한 목표가 된다. 앞에서 살펴본 대로 유아들은 인지적으로는 성인과 같은 하나님 개념을 형성할 수 없을지 모르지만, 나름대로 초월적 존재에 대한 감각과 느낌을 가지고 있다. 따라서 유아기의 신앙교육은 유아가 하나님, 그리고 예수님이라는 구체적 이름을 만나면서, 이들이 갖고 있는 초월적 존재에 대한 감각이나 느낌에 구체적인 방향을 제시하여 주고, 이를 통해서 기독교적 하나님 이미지를 형성할 수 있도록 주력해야 한다.

유아가 하나님과 예수님의 이름을 듣고, 이를 통해 하나님의 이미지를 형성하게 되는 것은 단순히 그 이름을 가르치는 것으로만 가능한 것이 아니다. 이들이 실제적 삶의 상황 속에서 부모나 가족들을 통해 기도와 예배, 그리고 대화 가운데서 하나님과 예수님의 이름을 들을 때, 비로소 그 이름이 어떠한 상황에서 불리는지, 그리고 그 이름이 이들에게 무엇을 의미하는지를 구체적으로 경험할 수 있게 되고 이를 통해 하나님의 이미지를 형성할 수 있게 되는 것이다. 집안에 어려운 일이 있거나 누군가 아플 때, 어른들이 하나님의 이름을 부르며 기도하는 모습을 보면서, 식사 때마다 하나님께 감사의 기도를 드리면서, 밤에 잠들기 전 엄마와 함께 기도하면서 유아들은 하나님이 우리를 돕는 분이라는 것과 모든 것이 하나님으로부터 온 것이라는 것, 그리고 하나님이 이 세상 모든 일을 주관하시는 분이라고 하는 이미지를 직관적으로 형성할 수 있는 것이다. 유아는 하나님에 대한 신학적 지식을 체계적으로 습득할 수는 없을지 모르지만, 일상의 삶 속에서 실제로 위치하는 하나님의 의미를 체험적으로 체득하면서 하나님의 이미지를 형성할 수 있다. 따라서 유아의 신앙교육에는 실제적인 삶의 상황 속에서 구체적으로 경험되는 기독교적 하나님 이미지 형성이 관건이라고 할 수 있다.

(2) 가정의 신앙적 실천에 참여하고 모방하기

유아는 점차적으로 일상적인 것과 신앙적인 것, 혹은 거룩한 것을 구별할 수 있는 감각이 생겨나면서, 가정 안에서 이루어지는 예배와 기도 등 구체적인 신앙적 실천이 이들의 일상적 일과는 다른 특별한 의미를 지닌다는 사실을 감지한다. 그뿐만 아니라 유아기에 가정에서 경험하게 되는 신앙생활은 유아를 깊이 각인하고, 그들로 하여금 그것을 모방하게 하는 힘을 가지고 있다. 따라서 **가정에서는 예배와 기도, 찬양, 각종 절기활동 같은 신앙적 활동에 유아들을 참여시키고, 이를 통하여 신앙적 훈련이 이루어지도록 해야 한다.**

유아기에 가정이라는 일상적 환경 가운데에서 거룩한 종교적 행위를 경험하는 것은, 특별히 유아가 종교적 삶이 그들의 삶의 일부분이라고 하는 것을 자연스럽게 습득하게 해주는 역할을 하기도 한다. 소위 '모태신앙'인 사람들이 기독교와 교회를 떠날 수 없는 것은 이들이 유아기 때부터 환경 속에서 각인된 신앙생활을 해왔기 때문이다. 따라서 가정의 신앙적 실천은 단순히 그것으로 그치는 것이 아니라, 한 인간의 평생을 각인하는 기초적 신앙훈련이 된다고 할 수 있다. 그런 의미에서 유아가 가정 안에서 예배와 기도, 혹은 특별한 기독교적 절기활동 같은 신앙적 실천에 참여하고, 이를 모방하거나 습관화할 수 있도록 환경을 조성하는 것은 유아를 위한 신앙교육에서 결정적인 요소라 할 수 있다.

(3) 교회의 삶 탐색하고 적응하기

유아기는 이제 가정에서뿐만 아니라, 교회에 가서 부모와 떨어져서 유아부의 예배와 여러 활동에 참여할 수 있게 되는 시기이다. 따라서 이 시기 신앙교육은 **유아가 교회라고 하는 더 넓은 신앙공동체에 참여하여 그 곳의 삶을 탐색하고 적응할 수 있도록 하는 것을 목표로 해야 한다**. 이들은 가정을 넘어서 교회라는 공동체가 있다는 것, 그리고 교회는 하나님을 믿는 사람들이 모두 함께 모이는 장소이며, 더 넓은 가족이라고 하는 것을 교회의 삶에 참여하면서 느끼고 직감할 수 있어야 한다.

그뿐만 아니라 이들은 유아부에서 선생님이나 다른 친구들과 함께 예배드리는 것, 분반활동을 하는 것에도 익숙해질 수 있어야 한다. 부모 외에 선생님이나 다른 여러 사람들의 환대를 받으며, 그들과 신뢰의 관계를 형성할 수도 있어야 하고, 더 나아가 어른과의 수직적 관계만이 아니라, 또래들과도 어울리고 함께 예배하고 배우는 것에도 익숙해져야 한다. 언급한 대로 아직은 가정이 유아에게 절대적인 영향을 미치는 곳이지만, 이들이 주중에는 어린이집이나 유치원 등에 가는 것처럼, 교회라고 하는 더 넓은 신앙공동체에서 삶을 나누고, 적응하는 것도 이 시기의 신앙교육에 반드시 배려되어야 할 목표라고 할 수 있다.

(4) 기독교 전통: 기독교의 기초 이미지와 개념에 친숙해지기

유아를 대상으로 하는 신앙교육이 기독교 신앙교육이라면, 이들도 "기독교 전통"과 친숙해져야 하고, 기독교의 전통을 바탕으로 기독교의 기초 이미지와 개념을 형성할 수 있어야 한다. 비록 유아들이 아직 논리적 사고에 미숙하다 하더라도 이들은 경험과 오감을 통한 활동과 상상력을 통해서 기독교의 기초 이미지를 형성할 수 있는 시기이다. 그렇게 볼 때 앞에서 살펴본 가정이나 교회에서의 신앙적 활동과 경험 그 자체는 이미 유아들에게 기독교 전통 전수의 중요한 통로가 된다. 이들이 경험하고 관찰하는 예배와 기도, 그리고 다양한 절기 행사들, 주일을 지키는 것, 헌금을 드리는 것, 교회로 사람들이 함께 모이는 것, 그 안에 보이는 십자가, 찬양과 율동 안에는 이미 기독교의 핵심적이고 중요한 전통들이 포함되어 있다. 따라서 **유아들은 일차적으로 그와 같이 오감을 사용하는 경험과 참여를 통해서 기독교의 전통과 친숙해질 수 있도록 해야 한다. 이를 통해 유아들은 교회, 하나님, 예수님, 십자가, 예배, 주일, 기도, 성탄절, 부활절, 찬양, 감사 등 기독교의 기초적 개념들과 친숙해질 수 있어야 한다.**

이와 나란히 **유아는 기독교 전통의 핵심인 성서의 이야기와도 만나고 친숙해질 수 있다.** 이야기는 언어적 매체이지만, 유아를 이야기 안으로 초대하여, 이야기 안에 머물면서 이야기를 간접적으로 체험하게 하는 힘이 있다. 따라서 성서의 이야기는 '경험적'이어야 하고 '체험적'이어야 하는 유아의 신앙교육에 가장 적합한 형태로 전달될 수 있는 기독교의 전통이라고 할 수 있다. 물론 앞에서 살펴본 대로 유아는 성서 전체를 흐르는 플롯을 중심으로 성서의 전체 이야기를 이해하거나, 그 뒤에 들어 있는 메시지를 꿰뚫어 이해할 수 없다. 이들의 사고는 '장면중심'이거나 '에피소드 중심'에 머문다. 그렇기 때문에 유아들에게는 길고 복잡한 성서의 이야기보다는 간단한 성서의 이야기들을 전달하는 것이 필요하다. 간단하지만 다양한 성서의 이야기를 통해 유아들을 성서의 사건들과 친숙하게 하고, 성서의 인물들과도 친숙해지도록 하는 것이 기독교 전통을 전달하는 유아 신앙교육의 목적에 가장 직접적이고 핵심적인 기여라고 할 수 있다.

(5) 전인적 발달을 통해 신앙적 기초 형성하기

유아기는 신앙적 경험을 통해 신앙의 기초를 형성하는 것과 나란히, 운동과 감각의 발달을 통한 건강한 신체의 발달을 통해서도 신앙의 기초를 형성해야 하는 시기이다. 또한 이 시기 유아는 부모와 주변사람과의 건강한 관계를 통해서 건강한 자아감과 정서를 형성해야 하는 시기이고, 더 나아가 언어발달과 인지발달을 활발하게 이룩해야 하는 시기이다. 이와 같은 유아의 전인적 성장의 측면은 모두 직·간접적으로 유아의 신앙성장과 관련이 된다. 건강한 자아감이 있을 때, 건강한 신앙, 건강한 하나님과의 관계가 형성되고, 언어적 발달이 성공적으로 이루어져야 장기적으로 기독교의 기초개념이나 이미지 형성도 잘 이루어질 수 있다. 그런 의미에서 유아를 위한 신앙교육의 중요한 목표 중의 하나는 건강한 신체와 정서, 인지, 사회적 발달, 즉 전인적 발달을 통해 신앙적 기초를 형성하는 것이라고 할 수 있다.

2) 유아 신앙교육의 내용

앞서 살펴본 유아 신앙교육의 다섯 가지 목표들은 그 자체로 유아 신앙교육의 내용에 대한 방향을 제시해 준다. 먼저 유아 신앙교육의 내용은 좁은 의미의 교수-학습 상황에서 가르치는 교리적, 혹은 성서적 내용을 지칭하는 것에 그치는 것이 아니다. 유아의 신앙 형성은 지적 내용을 알게 하는 것을 통해서 오는 것이라고 하기보다, 경험과 체험, 관계 등을 통해 습득되는 것이기 때문이다. 따라서 유아의 신앙교육의 내용은 그와 같은 전인적 경험 모두를 포괄하는 것이라고 할 수 있다.

위에 언급한 각각의 목표에 도달하기 위한 신앙교육의 내용들은 이미 위에서 언급한 바 있으나, 다시 한 번 살펴보도록 하자. 먼저 유아의 "건강한 하나님 이미지 형성"이라는 신앙교육의 목표를 위해서는 무엇보다 **양육자, 그리고 가족이나 주변사람들과의 건강한 관계 경험**이 핵심적인 내용이 된다고 할 수 있다. 이와 나란히 유아가 삶의 상황 속에서 듣거나 경험하는 **기독교적 '하나님'의 이름이나 이미지**도 이들이 기독교적 하나님 이미지를 형성하게 하는 핵심적 내용이 된다고 할 수 있다.

"가정의 신앙적 실천에 참여하고 모방하기"의 목표를 위한 신앙교육의 내용은 **가정 안에서 실천되는 신앙생활 경험**이라고 할 수 있다. 여기에는 가정의 예배와 기도; 찬양, 각종 절기활동과 같은 신앙적 실천에의 참여 경험이 포함된다.

"교회의 삶 탐색하고 적응하기"의 목표를 위한 신앙교육의 내용은 유아가 **교회라는 신앙공동체에 참여하여 경험하게 되는 일체의 경험**들이라고 할 수 있다. 거기에는 유아가 교회에 가서 보게 되는 건물, 모이는 사람들, 공동체의 분위기 등의 환경적인 요인들뿐만 아니라 그곳에서 함께 드리는 유치부 예배, 분반활동, 부모가 아닌 다른 성인인 '교사'의 환대와 그와의 신뢰관계, 또래와의 상호작용 등 모든 활동과 경험이 포함된다.

"기독교의 기초이미지와 개념에 친숙해지기"라는 목표를 위해서 유아들이 습득해야 할 교육내용들은 한마디로 기독교의 기초개념들이라고 할 수 있다. 이것은 **하나님, 예수님, 교회, 성서, 예배, 주일, 기도, 성탄절, 부활절, 찬양, 감사, 십자가 등과 같은 기초적 기독교 개념**들이라고 할 수 있다. 이러한 개념들이 앞서 언급한 바와 같이 구체적이고 체험적 활동에 참여하면서 습득될 수 있는 내용들이라면, 좀 더 직접적으로 기독교 전통을 전달할 수 있는 신앙교육 내용은 **"성서의 이야기"**이다. 에피소드와 장면 중심으로 이해하는 유아들에게는 짧고 간단한 성서의 이야기를 전달하는 것이 적합하다.

"전인적 발달을 통한 신앙적 기초 형성하기"라는 목표는 직접적이기보다는 간접적으로 유아의 신앙적 기초를 형성하는 것이라고 할 수 있다. 이 영역은 유아의 감각과 운동발달을 위한 활동들, 건강한 섭생과 규칙적 생활, 부모와 가족 등 주변 사람들과의 건강한 관계경험, 언어와 인지발달을 위한 다양한 경험 등 유아들이 성장하는 데 필요한 다양한 환경과의 경험들을 모두 포함하는 내용들이라고 할 수 있다. 이러한 경험들은 위의 네 영역과 구별되는 별도의 영역이라고 하기보다는 그들의 기초가 되는 영역이라고 할 수 있다. 유아 신앙교육의 목표에 따른 신앙교육의 내용을 표로 나타내 보면 다음과 같다.

〈유아 신앙교육의 목표에 따른 교육 내용〉

양육자와의 관계, 가정과의 관계
하나님, 예수님 이름과 이미지 형성

- 건강한 하나님 이미지 형성하기
- 기독교 전통 전수
- 전인적 성장
- 가정의 신앙적 삶에 참여
- 교회의 삶에 참여, 탐색

하나님, 예수님, 교회, 예배, 기도, 찬양, 감사, 성서 이야기, 기독교적 이야기

가정예배, 기도, 찬양 신앙적 삶 기독교문화 절기 행사들

교회의 삶의 양식, 공동체의 분위기
유치부예배, 분반활동, 선생님, 또래와의 관계

유아기 어린이들이 기독교 전통과 관련해서 경험해야 할 기초적 개념들을 표로 정리해 보면 다음과 같다.

개 념	내 용
하나님	* 하나님은 나와 다른 사람들을 사랑하신다. * 하나님은 언제나 나와 나의 가족과 함께 계신다. * 하나님은 세상을 창조하셨다. * 하나님은 우리를 보살피시고 지켜주신다. * 하나님은 모든 것을 할 수 있는 능력 있는 분이다. * 하나님은 모든 것을 알고 계신 분이다. * 하나님은 우리가 믿고 의지할 수 있는 분이다. * 하나님은 나의 예배를 받으신다. * 하나님은 언제나 나의 기도를 들어주시고 응답하신다.
예수님	* 예수님은 나를 사랑하신다. * 예수님은 나의 좋은 친구이다. * 예수님은 하나님의 아들이다. * 예수님은 어린이들을 특별히 사랑하신다. * 예수님은 우리를 위해 자기의 목숨을 주셨다. * 예수님은 우리의 모든 잘못을 용서하여 주신다. * 예수님은 좋은 가르침을 주셨다. * 예수님은 아픈 사람들을 고쳐주셨다. * 예수님은 어려운 사람들을 도와주셨다.
성서	* 성서는 하나님이 우리에게 하시는 말씀이다. * 성서는 훌륭한 책이다. * 성서는 다른 책과는 다른 특별한 책이다. * 성서는 하나님과 하나님의 백성에 관한 이야기책이다. * 성서는 우리가 행할 일을 가르쳐 준다.
교회	* 교회는 하나님의 집이다. * 교회는 우리가 하나님을 만나고, 예배하고, 기도하는 곳이다. * 교회는 특별하고 구별된 장소이다. * 교회는 우리가 하나님과 예수님과 성서 이야기에 관해 배우는 곳이다. * 교회는 하나님을 믿는 사람들이 모이는 곳이다. * 교회는 친구들을 만날 수 있고, 그들과 함께 예배하는 곳이다. * 교회는 즐겁고 편안한 곳이다. * 교회는 소중한 곳이고 함부로 행동해서는 안 되는 곳이다.

기도	* 기도는 우리가 하나님과 대화하는 것이다. * 우리가 기도로 하나님께 말하면 언제나 하나님이 들으신다. * 우리는 기도로 하나님께 부탁할 수 있다. * 우리는 기도로 하나님께 감사할 수 있다. * 우리는 '예수님의 이름'으로 기도하는데, 이것은 예수님이 우리의 기도를 하나님이 들으시도록 도와주시기 때문이다. * 우리는 혼자서도 기도할 수 있다. * 우리는 다른 사람들과 함께 기도할 수 있고, 다른 사람이 대표로 기도할 때, 침묵으로 들으면서 함께 기도할 수 있다. * 우리는 언제나 기도하고 싶을 때 기도할 수 있다.
예배	* 예배는 우리가 하나님께 드리는 것이다. * 예배는 하나님이 받으시고 기뻐하시는 일이다. * 예배는 주일에 교회에서 드릴 수도 있고, 평일에 가정에서 가족과 함께 드릴 수도 있다. * 예배는 우리가 하나님께 감사와 찬양을 드리는 것이 포함된다. * 예배는 하나님이 우리에게 주시는 말씀을 듣는 것이 포함된다. * 예배 때에는 떠들거나 장난을 쳐서 다른 사람들이 예배드리는 것을 방해해서는 안 된다.
가정과 부모	* 가정과 부모는 하나님이 우리에게 주신 선물이다. * 가정은 하나님이 주인이시고, 하나님이 지켜주신다. * 부모는 하나님을 대신해서 우리를 보살피고 사랑하라고 보내주신 하나님의 대리자이다. * 부모는 우리를 사랑하신다. * 우리는 부모를 사랑하고, 부모의 말씀에 순종해야 한다. * 부모는 우리에게 음식, 집, 옷과 필요한 것들을 제공해 주신다. * 부모는 우리를 바른 길로 인도하고 가르치신다.
기독교 절기들	* 주일은 일주일에 한 번씩 돌아오는 '주님의 날'이다. * 주일에는 반드시 교회에 와서 하나님께 예배드린다. * 주일은 다른 날과는 구별되는 날로, 특별히 하나님이 기뻐하시는 삶을 살아야 하는 날이다. * 성탄절은 예수님의 생일이다. * 성탄절은 예수님이 태어난 것을 기념하는 기쁜 날로 다른 사람들과 함께 교회에서 예배하고, 즐거움을 나누는 날이다. * 대강절은 예수님의 탄생을 기다리는 절기이다. * 대강절은 찬양과, 기도, 선행 등을 하며 예수님을 만날 수 있는 준비를 하는 절기이다. * 부활절은 예수님이 죽었다가 다시 살아나신 날이다. * 부활절은 죽음에서 사흘 만에 다시 살아나신 것을 기념하여, 부활절 예배를 드리고, 다른 사람들과 함께 기뻐하는 날이다. * 사순절은 예수님이 죽기 전 당하신 고난을 기억하며, 그의 고난에 동참하는 절기이다.

3) 유아 신앙교육의 방법적 원칙들

유아를 위한 신앙교육의 방법적 원칙은 유아의 발달적 특성과 유아 신앙교육 목표와 내용에 적합한 것이 되어야 한다. 이미 앞에서 언급한 대로 유아의 신앙교육은 지적인 가르침보다는 유아가 부모와의 건강한 관계를 형성하는 것과 가정과 교회의 신앙적 삶에 참여함을 통하여, 건강한 하나님 이미지를 형성하고 기독교의 기초 이미지와 개념들, 그리고 기독교 전통에 친숙해지도록 해야 한다. 유아 신앙교육의 방법적 원칙은 바로 이러한 특성들을 고려하는 것이 되어야 할 것이다.

(1) 관계적

유아의 신앙교육은 그 무엇보다 **관계적**이 되어야 한다. 유아는 양육자와 가족 간의 관계를 통해서 하나님 이미지를 형성하게 된다. 이 관계가 건강하면 할수록 유아의 하나님 이미지는 건강하다. 또한 유아가 처음으로 배우게 되는 '하나님', '예수님'이라고 하는 이름도 부모의 입을 통해 일상적 삶 속에서 들려지게 될 때, 그 이름이 그들에게 의미 있는 이름으로 다가올 수 있는 것이다. 유아는 언제나 인격적이고 친밀한 관계를 형성하는 사람들로부터 영향을 받거나 배우게 된다. 따라서 유아의 신앙교육의 방법적 원칙은 그 무엇보다 먼저 '관계성'의 측면이 고려되어야 한다.

그런 의미에서 유아의 신앙교육은 "유아에게 무엇을 가르칠까?"를 묻기보다는 먼저 "유아와 어떤 관계를 형성할 것인가?"를 물어야 한다. 다시 말해 "유아가 어떻게 하나님에 대한 건강한 이미지를 형성하게 할 것인가?"를 묻기보다는 "나는 유아에게 어떤 부모가 될 것인가?"를 먼저 물어야 하고, "유아가 어떻게 교회와 기독교 전통에 친숙하게 할 것인가?"를 묻기 전에 "나는 유아에게 어떤 교사가 되어야 할 것인가?"를 물어야 한다. 유아의 신앙교육에 있어서 '관계성'이라고 하는 것은 다른 모든 방법적 원칙에 앞서 고려되어야 할 기초적인 방법적 원리이다.

(2) 체험적

유아기는 앞서도 언급한 바와 같이 무엇을 인지적으로 배우기보다는 직접 체험하면서 배우는 시기이다. 따라서 유아 신앙교육의 결정적인 방법적 원칙의 하나는 **체험성**이다. 유아의 신앙교육이 유아가 직접적으로 체험하고 경험할 수 있는 방법적 원리에 충실한 것인가 하는 것이 중요한 기준이 된다. 유아들은 예배에 관하여 가르치는 것을 통하여 배우기보다는 예배를 직접 드리면서 예배를 배우고, 교회에 관한 가르침을 통하여 배우기보다는 직접 교회에 가서 어떤 곳인지, 무엇을 하는 곳인지 보면서 교회를 배운다. 이들은 전도사님의 설교에 나타나는 부활절에 관한 설명보다는 실제로 예수님이 무덤에서 살아나시고, 부활을 목격한 여인들과 제자들의 놀라는 모습이 극으로 재현되는 것을 보면서 부활절에 대해 거의 각인되는 수준의 이해를 얻게 된다. 성탄절에 관한 설명보다 예수님이 마리아에게서 태어나고 목동들과 동방박사들이 찾아오는 극을 통해 경험할 때 성탄절이 무엇인지 알게 된다. 이것은 모든 다른 기독교 전통과 기초개념들에도 마찬가지이다. 유아는 부딪치면서 배우고, 참여하고 경험하면서 배운다. 따라서 '경험성'은 유아 신앙교육의 가장 핵심적 원칙의 하나이다.

(3) 감각적

유아 신앙교육이 경험적이어야 한다는 것은 곧 그것이 **감각적**이어야 한다는 것과도 일맥상통한다. 유아는 무엇으로 경험하는가? 유아는 모든 감각을 사용하여 경험한다. 이들은 시각, 청각, 촉각, 미각 등 다양한 감각을 사용하여 만지고, 듣고, 보고, 냄새 맡고, 먹어봄으로써 경험한다. 이들이 세상을 탐색하는 방법은 감각적이고, 그것은 신앙형성에 있어서도 예외가 아니다. 유아들은 성서의 이야기를 단순히 언어적으로 듣는 것으로 배우는 것이 아니라 그 이야기가 극이나 그림이나 동영상으로 재현되는 것을 보고, 듣고, 만지면서 더 잘 경험하고 배운다. 이들은 말씀을 노래하고 춤추면서 느끼고 체험한다. 이스라엘 사람들이 유월절에 쓴 나물과 무교병과 급히 구운 고기를 먹으며 자녀들에게 유월절에 무슨 일이 있었는지 설명해 주고, 초막절에 직접 초막을 짓고 거하면서 광야에서의 삶을 배우는 것처럼, 유아의 신앙교육에도 모든 감각을 사용하여 경험할 수 있게 하는 것이 필요하다. 단순히 언어적으로만이 아니라, 비언어적인 다양한 통로를 사용하는 것이 유아의 신앙교육에서 고려해야 할 중요한 원칙이다.

(4) 언어적

유아의 신앙교육에는 앞서 말한 대로 비언어적인 감각적 체험이 필요하지만, 동시에 언어도 중요한 역할을 한다. 유아는 영아와는 달리 언어의 발달이 일어나면서 언어와 사물들을 연결시키는 표상작용이 활발해지는 시기이다. 특별히 유아 후기에는 언어를 자유자재로 사용할 수 있게 되면서, 언어야말로 유아가 세상을 탐색하고 자신을 표현하는 중요한 수단이 된다. 따라서 유아기에는 비언어적이고 감각적 방법도 필요하지만 동시에 언어적인 방법도 필요하다.

유아는 처음 언어를 배울 때 사물들과 언어를 연결시키는 것을 배운다. 이들은 모든 사물에 이름이 있다는 것을 알게 되고, 그 이름을 알아가고, 이름을 부를 수 있게 되는데, 이것이 곧 언어의 발달이요, 동시에 이들이 세상을 알아가는 방법의 발달이라고 할 수 있다. 이와 마찬가지로 우리는 신앙의 영역에서도 유아가 이름을 듣고, 알고, 사용할 수 있게 하는 첫걸음을 걸을 수 있도록 해야 한다. 우리는 유아들에게 하나님, 예수님, 교회, 기도, 예배, 성서, 주일, 감사, 찬양 등의 기초적 이름을 제시하고 유아가 그 이름과 이름이 지시하는 것을 연결할 수 있도록 도와야 한다. 더 나아가 이들에게 "주일엔 교회에 갑니다", "하나님께 예배드립니다", "예수님의 이름으로 기도합니다", "성서는 하나님의 말씀입니다" 등과 같은 문장들을 제시함으로써 그와 익숙해지고, 스스로도 그와 같은 문장을 사용할 수 있도록 하는 것이 필요하다.

더 나아가 우리는 유아들에게 성서의 이야기나 기독교적 동화와 같은 기독교 이야기를 전수해 주어야 한다. 유아기는 최초로 하나님의 말씀인 성서의 이야기를 접하고 이를 통해 기독교 전통과 친숙하게 될 수 있는 시기이다. 물론 앞서 언급한 대로 유아는 언어가 있지만 아직은 "에피소드적", "장면적" 사고에 머물러 있다. 따라서 이들에게 플롯이 복잡한 성서의 이야기보다는 하나의 에피소드로 이루어진 짧은 성서의 이야기를 반복적으로 들려줌으로써 성서의 이야기와 친숙해지도록 하는 것이 좋다. 성서의 이야기도 물론 언어만으로가 아니라 그림이나 동영상 등 다른 감각적 매체를 함께 사용할 수 있다.

유아기는 최초로 신앙적 단어를 접하고, 하나님의 말씀인 성서의 이야기를 들음으로써 기독교의 기초개념과 이미지를 형성할 수 있는 시기인 만큼, 이 시기에 유아에게 적합한 언어적 방법을 잘 사용하는 것은 유아 신앙교육에 핵심적인 방법적 원칙이라고 할 수 있다.

4) 유아 신앙교육의 장과 과제들

(1) 가정

유아 신앙교육의 장은 앞서 언급한 대로 일차적으로 가정이다. 가정은 유아가 부모의 양육을 받으며 성장하는 곳으로 유아의 사회적, 정서적, 지적 발달뿐만 아니라 신앙적, 영적 발달의 모판이 되는 곳이다. 따라서 유아기의 신앙발달에 있어서 가정을 대치할 수 있는 그 어떤 장도 없다고 할 수 있다.

가정이 유아 신앙교육의 모판이 된다는 것은 그 무엇보다 유아가 가정의 삶을 통해서 각인하는 영향을 받기 때문인데, 가정의 삶이란 가정생활의 일부분을 의미하는 것이 아니라 가정의 삶 전체를 의미한다. 여기에는 유아와 양육자의 관계, 양육자인 부모의 부부관계, 가족관계 모두가 포함되고, 가정에 흐르는 전체적인 분위기, 가치관, 언어, 경제, 관습, 영성 등 모든 것이 통전적으로 포함된다. 그렇기 때문에 가정에서 신앙교육이 이루어지기 위해서는 가정의 문화 자체가 **"기독교 문화화"**될 필요가 있다. 가정 안의 모든 삶의 영역과 표현들이 기독교적으로 형성되어야 한다는 것이다.

유아가 신앙을 갖게 되는 것이란 마치 **"이중문화적"**(bi-cultural) 삶을 사는 사람이 문화를 습득하는 과정과 같다.162) 기독교인들은 한국 안의 어느 지역사회에 살지만 동시에 신앙인으로, "하나님 나라"의 백성으로서 살아가는 이중적 정체성을 형성하며 사는 사람들이다. 한국인으로서의 정체성이 단순히 호적상으로만이 아니라 한국어와 한국적 문화, 가치관, 감성을 가질 때 획득되는 것처럼, 신앙인, 즉 하나님 나라의 백성이라는 정체성도 교적부로 되는 것이 아니라 기독교적 언어를 공유하고 기독교적 가치관과 삶이 자신의 것이 될 때 형성되는 것이다.

따라서 유아가 신앙인으로 되는 것은 마치 우리가 언어를 배우듯, 신앙적 언어를 이해하게 되고 또한 실제로 사용할 수 있게 되며, 그 언어를 바탕으로 상징체계와 가치관을 형성하고 그것이 삶을 이끌어가는 힘이 되어가는 것을 의미한다. 그것은 학교에서 객관적 지식을 배우듯, 우리의 삶과 괴리되어 가르쳐질 수 있는 것이 아니다. 우리가 외국어를 배울 때 학원을 오래 다녔어도 그 외국어가 우리의 언어가 되지 못하지만, 실제로 그 문화권에 가서 언어를 공유할 때 비로소 그 언어를 이해하고 사용할 수 있게 되는 것처럼, 신앙은 신앙적 삶이 공유되고 참여가 일어나는 곳에서 획득될 수 있다. 가정에서 배우는 언어가 모국어가 되는 것처럼, 유아의 신앙인으로서의 정체성도 가정에서 획득되어야 하는 것이다. 다시 말해서 신앙은 가정에서 부모로부터 신앙적 언어와 신앙적 가치관을 배우고, 신앙적 삶을 표현하고 사는 것을 습득함으로써 본격적으로 습득되는 것이다. 이중문화권에서 성장하는 아이처럼 후에 학교와 사회의 문화와 가치를 만나게 되면 가정에서 습득된 신앙적 문화를 사회의 문화와 연결하여 해석하는 과정을 걸으며 한국이라는 사회의 시민이면서 "하나님 나라"의 시민으로서 살아가는 정체성을 형성하게 되는 것이다. 그렇게 보았을 때 신앙의 교육은 철저히 가정의 "기독교 문화화"로부터 시작되어야 하는 것이다.

그런데 가정이 기독교 문화화가 되는 것은 누구에게 달려 있는가? 그것은 철저히 **'부모'**에게 달려 있다. 사실 "이중문화적" 삶에 대하여 어떠한 태도를 취하는가 하는 것조차 부모에 달려 있다. 자녀들은 이미 가정 안에서 부모가 이 두 문화, 이 두 시민권에 대하여 어떠한 태도를 갖는가 하는 것에 결정적으로 영향을 받는다. 부모가 이 두 시민권을 진지하게 연결시킬 때, 자녀들도 진지한 신앙인 됨의 태도를 습득한다. 반면 신앙인 됨을 단순히 형식적이거나 몸의 장식품 정도로 여기고 세상적 가치관에 이끌리는 부모의 태도는 자녀에게도 신앙을 자신들의 삶을 결정하는 핵심적 가치나 이미지로 받아들이지 못하게 하는 데 결정적인 영향을 미친다.

그런 의미에서 유아의 신앙형성을 위해서는 무엇보다 먼저 **부모가 신실한 기독교인이 되는 것**으로부터 시작해야 한다. 부모가 기독교 신앙을 자신들의 삶의 핵심적 가치로 인정하고 그것을 그들의 삶의 모든 순간에 생각과 행동과 언행에서 수미일관하게 드러나게 할 때에만 가정은 신앙이 형성되고 나누어지는 신앙의 문화화가 이루어질 수 있다.

부모가 먼저 신실한 기독교인이 된 후, 부모는 가정을 신앙공동체로 만드는 구체적 실천을 해야 한다. 먼저 가정에 **가정예배**가 드려져야 하고, 그곳에 **기도**와 하나님의 말씀인 **성서의 이야기**가 끊임없이 들려지는 곳이 되도록 해야 한다. 또한 기독교적 그림, 음악, 캐릭터, 장난감, 기독교적 그림책 등과 같은 **비언어적 의사소통**이 일어나고, 교회력에 따라 **교회의 절기**가 기억되며, 그와 관련된 의식과 활동이 이루어지는 곳이 되도록 해야 한다. 대강절 달력과 배너들로 예수님을 기다리는 대강절이 준비되고, 성탄절이 축하되며, 특정의 음식이나 활동을 절제하면서 수난절이 기억되고, 부활절이 축하되는 문화가 형성되어야 한다. 그뿐만 아니라 가정은 사랑과 신뢰의 관계를 기반으로 한 가족 간의 관계가 형성되어야 하고, 성령의 열매가 그 관계 가운데 나타나는 곳, 즉 **성령의 임재**가 있는 가정이 되어야 한다.

(2) 교회

유아들에게는 '가정'과 나란히 '교회'도 중요한 신앙교육의 장이 된다. 유아는 교회에서 부모와 떨어져서 유치부 예배를 드릴 수 있게 되고, 교회의 선생님이나 또래와도 관계를 형성하게 된다. 따라서 교회는 **유치부**를 운영하여 유아들이 예배와 그 외의 다양한 교회활동을 할 수 있도록 기회를 제공하여야 한다. 유치부에 오는 것을 통해 유아들은 '교회'가 일상적 삶의 상황과는 다른 성스러운 공간이라고 하는 것을 경험할 필요가 있고, 또한 교회가 무엇을 하는 곳인지를 경험할 수 있어야 한다. 유치부는 유아에게 가정이라는 단위에서는 경험할 수 없는 공동의 예배, 그리고 잘 준비된 성서 이야기, 사역자나 선생님과 같은 어른들과의 신뢰관계 형성, 친구들과의 만남 등을 경험할 수 있는 장소가 되어야 한다.

교회는 유아들을 위해서 단순히 유치부 사역을 하는 것뿐만 아니라, 유아에게는 결정적으로 중요한 **가정을 세우는 사역**에도 기여해야 할 과제가 있다. 유아에게는 아직은 부모가 결정적인 교사인 만큼, 유아의 부모들을 바로 세움으로써, 그들을 통해 기독교 가정이 세워지고, 또한 바른 기독교 가정교육이 이루어질 수 있도록 하는 과제를 수행해야 할 것이다. 그래서 교회는 유아의 부모들을 위한 **부모교육**을 계획하고 실시함으로써 지속적으로 부모들이 올바른 부모 역할하기를 도울 수 있어야 할 것이다.

유아 신앙교육을 위해서 교회는 또한 "**교회 유치원**"이나 '**선교원**', 혹은 "**어린이집**"과 같은 주중 기독교교육기관을 운영할 수 있다. 유아기 경험의 각인하는 힘에 비추어 볼 때, 유아들이 가정을 떠나서 처음으로 가는 유치원이나 어린이집의 경험을 교회가 함께하는 것은 교육적으로 매우 의미 있는 일이라고 할 수 있다.

3. 아동기의 신앙교육

아동은 만 7세부터 12세까지의 학동을 지칭하는 이름이다. 아동은 이제 가정에 뿌리를 두고 있으면서도, 가정을 넘어서서 학교와 지역사회 등의 더 넓은 세상으로 삶의 영역을 확대하는 시기이고, 이에 따라 부모와 수직적 관계에만 머무는 것이 아니라 친구와의 수평적 관계로 사회적 관계가 확대되는 시기이다. 신앙교육적 측면에서도 아동은 지금까지 절대적으로 영향을 끼쳤던 가정의 범위를 넘어서서 교회라고 하는 신앙공동체에 참여하고 뿌리내리면서 기독교인으로서의 소속감과 정체성을 형성하게 되는 시기이다. 그뿐만 아니라 아동기는 자신을 단순히 개교회의 일원으로서만이 아니라, 모든 기독교인이 하나님 나라에 속한 시민이라고 하는 소속감을 형성할 수 있는 시기이다. 따라서 아동기는 이와 같은 아동의 특성을 적절히 수렴하는 신앙교육이 필요한 때이다. 이제 아동을 위한 신앙교육의 방향을 살펴보도록 하자.

1) 아동을 위한 신앙교육의 목표

아동기 신앙교육의 전체적인 목적은 "**기독교적 신앙인으로서의 정체성을 형성하는 것**"이다. 영아와 유아기가 건강한 하나님의 이미지를 형성하고, 가정과 교회의 신앙적 삶을 탐색하고 그에 적응하며, 기독교의 기초이미지와 개념에 친숙해지는 시기였다면, 아동기는 이제 본격적으로 기독교인으로서의 정체성을 형성하고, 신앙인으로 살아가도록 인도하는 시기라고 할 수 있다. 물론 '정체성'이라는 단어는 주로 청소년 시기와 관련하여 사용되는 개념이다. 청소년들이 자의식이 생기면서 '자신이 누구인가'에 대한 물음을 의식적으로 물으며 자기정체성을 찾는 여정을 시작하기 때문이다. 그러나 정체성이란 반드시 청소년적 물음과만 관련된 것이 아니라, 인간이 "자기 자신을 누구로 이해하게 되는가"와 관련되는 개념으로 생애 어떤 시점에 있는 사람과도 관련이 있는 개념이라고 할 수 있다.

아동기는 청소년기적인 정체성의 물음을 묻지 않을지는 모르지만, 자신이 어디에 소속되었는가에 대한 의식이 분명히 형성되는 시기이다. 앞에서 살펴본 대로 웨스터호프는 아동기의 신앙을 '귀속적' 신앙의 시기라고 칭하면서 아동이 속한 신앙공동체에 따라 아동의 신앙이 결정된다고 하였다. 이처럼 아동기는 자기가 속한 그룹과의 동질성과 인지적, 정서적, 사회적 소속감을 분명하게 형성하는 시기이다. 파울러도 "신화적-문자적" 신앙의 단계에 속하는 아동기는 자신의 가족뿐만 아니라 인종, 민족, 종교를 공유하는 소위 "우리 같은 사람들"(human like us)이라고 하는 테두리에서 그들의 "사회의식의 범위"를 구성한다고 하였다. 그렇게 볼 때 아동기는 자신이 속한 그룹에 대한 분명한 의식이 형성되고, 자신이 속한 그룹과의 정서적, 사회적 연대감과 소속감을 중시하는 시기라고 할 수 있다.

이와 같은 점들은 아동기의 신앙교육은 지금까지처럼 주로 가정이라는 사회적 단위에 머무는 것이 아니라, 좀 더 본격적으로 교회와 하나님 나라라는 신앙의 공동체로 확대되어야 하고, 이를 통해 아동이 구체적으로 "기독교인으로서의 정체성"을 형성하는 것으로 초점이 맞추어져야 한다는 것을 시사해 준다. 아동이 기독교인으로서의 정체성을 형성한다는 목적에는 아래와 같은 구체적인 소목표들이 포함된다.

(1) 기독교 공동체의 소속감 형성

아동이 기독교인으로서의 정체성을 형성하는 것은 무엇보다 먼저 **신앙공동체인 교회에 자신이 속하고, 자신이 그의 일부라고 하는 분명한 소속감을 형성하는 것**으로부터 시작된다. 영·유아기를 거치면서 가정의 일부라고 하는 소속감을 완벽하게 형성한 아동은 이제 좀 더 넓은 의미의 신앙공동체인 교회에 대한 소속감을 본격적으로 형성하게 된다. 물론 영·유아도 교회에 가서 교회의 삶을 탐색하고 그에 참여하는 경험을 한다. 그러나 아동은 교회에 소속되었다는 것이 자신을 기독교인으로 칭하게 되는 기준이 된다는 사실을 분명하게 알게 되고, 그뿐만 아니라 이제 교회에 소속되지 않는 주변의 사람들과 자신을 구별할 수도 있게 된다. 따라서 아동이 기독교적 신앙인으로의 정체성을 형성하게 되는 것은 무엇보다 아동에게 자신이 교회에 속되었다는 소속감을 형성해줌으로써 시작되어야 한다.

　그러면 무엇이 아동으로 하여금 교회의 소속감을 형성하는가? 그것은 무엇보다 아동이 규칙적으로 교회에 출석하면서, 예배와 교육, 친교, 봉사, 전도와 같은 교회의 삶의 표현에 참여하고, 그것을 공유하면서 형성될 수 있다. "어린이 영성" 연구의 어린이 영성 개념이 굳이 하나의 종교에 속하지 않아도 어린이에게 발현될 수 있는 개념이라면, 아동기의 신앙교육은 이제 그러한 어린이의 영성이 기독교적 신앙으로 구체화될 수 있도록, 구체적 통로를 제시해 주어야 한다. 이를 위해 아동은 교회에 출석하면서, 교회 공동체의 기본적인 삶의 양식을 경험하고, 참여하며, 교회의 문화를 공유하면서, 교회에 대한 소속감을 가질 수 있도록 인도되어야 한다.

　아동에게 있어서 기독교적 정체성을 형성하는 것은 '가정'과 '교회'라고 하는 범위를 넘어서 **"하나님의 나라"**라고 하는 차원에서도 이루어져야 한다. 아동기의 신앙이 공동체에 속하고, 공동체로부터 결정적인 영향을 받는 "귀속적 신앙"이라면, 아동은 이제 단순히 하나의 지교회에 속하는 기독교인으로서가 아니라, 더 넓은 의미의 기독교 공동체인 **"하나님의 나라"에 속하는 시민이라고 하는 정체성을 형성**할 수 있는 시기이다. 아동기는 자신이 어느 나라의 국적을 가졌는지, 어느 나라 시민인지에 대한 의식이 형성되는 시기이고, 더 나아가 이 세계에 수많은 나라와 다양한 인종이 있다는 것을 알게 되는 시기이다. 이와 맥을 같이하여 아동은 국적과 인종이 달라도 기독교인은 모두 한 하나님의 백성이며, 하나님 나라의 시민이라는 공통점을 가졌고, 이들은 하나님 나라의 시민이면서, 동시에 자신이 속한 지역사회의 시민으로 살아가야 한다는 것을 체득할 수 있는 시기이다.

　그런 의미에서 아동은 자신이 세상의 지역사회 시민이면서 동시에 하나님 나라의 시민이라고 하는 소속감을 분명히 형성할 수 있어야 한다. 우리가 한국인이 된다는 것은 한국이라는 나라와 정서적 연대감을 가지는 것이고, 그 나라를 사랑하고 염려하는 애국심을 갖게 되는 것이다. 모국에 대한 사랑과 애국심은 어떻게 형성되는가? 어려서부터 그 나라에서 살고 그 나라와 운명을 같이할 때, 자연적으로 형성되는 것이 아닌가? 부모나 주변의 사람들이 한국을 염려하는 것을 보면서, 우리나라의 대표 선수들이 다른 나라 선수들과 축구하는 것을 응원하면서, 올림픽 경기를 보면서 아동들은 무척 자연스럽게 애국심을 배우게 된다. 그렇게 성장한 사람은 미국으로 이민을 가고 미국의 시민권자가 되어도, 정서적으로는 한국을 더 사랑하는 한국인으로 살아가게 되는 것이다.

　하나님 나라의 시민이 되는 것도 마찬가지이다. 성인이 되어 어느 날 갑자기 성숙한 하나님 나라의 백성이 되는 것이 아니라 어렸을 때부터 자신이 하나님 나라의 백성이라는 소속감을 느낄 때, 그 나라 백성으로서 그 나라를 염려하고 사랑하는 사람들과 함께 살고 상호작용할 때, 그 나라에 대한 사랑과 염려의 마음과 책임감을 습득하게 되는 것이다. 이와 같은 정서적 감정은 아동이 하나님 나라의 언어를 사용하고, 하나님 나라의 문화를 습득하며, 그 문화를 공유하는 사람들과 상호작용을 하며 성장해야만 자연적으로 형성되는 것이다. 그와 같은 경험은 인지적인 가르침을 뛰어넘어 아동을 평생 각인하는 힘이 있는 것이다. 아동은 자신이 가정의 일부이면서 동시에 교회의 일부이며 더 나아가 하나님 나라의 일부라고 하는 소속감을 형성해야 한다.

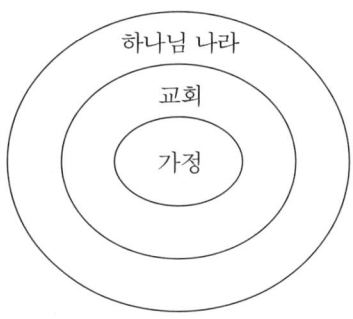

〈기독교 공동체의 소속감〉

(2) 기독교 전통 내면화

아동이 기독교인으로서의 정체성을 형성하는 또 하나의 중요한 통로는 아동이 **기독교 전통을 내면화하는 것**이라고 할 수 있다. 아동은 단순히 교회에 소속되었다는 것으로 기독교적 정체성이 형성되는 것이 아니라 기독교의 전통을 구체적으로 내면화할 때, 진정한 기독교인이 된다. 이를 위해 아동기에는 기독교의 전통을 좀 더 본격적으로 접하고 그것을 내면화하는 과정이 필요하다.

기독교의 전통은 먼저 아동이 교회에서 경험하는 모든 **교회의 삶의 표현 양식**을 포함한다. 예배와 예전, 성도들 간의 사랑의 상호작용인 친교, 가르침을 주고받는 행위, 땅 끝까지 예수의 증인이 되는 활동인 선교와 전도, 사회를 섬기는 봉사의 행위 등은 그 자체로 기독교 전통이 육화된 교회의 활동이다. 교회의 행동과 삶의 양식들은 단순한 행위 자체에 그치는 것이 아니라 그 안에 천착된 기독교 전통을 행위로 나타내는 활동이라고 할 수 있다. 그렇기 때문에 아동이 기독교 전통을 내면화하는 것은 인지적으로, 혹은 언어화된 무엇을 가르치는 것에 앞서, 그와 같은 교회의 삶의 양식들에 참여하고 이를 내면화하는 것을 통해서 이루어진다.

그와 같은 문서화되지 않은 기독교 전통과 나란히, 기독교는 문서화된 전통을 가지고 있는데, 그의 가장 핵심적인 것이 기독교의 경전인 성서이다. 아동은 성서의 이야기를 만나고 경험함으로써 성서의 이야기와 친숙하게 될 뿐만 아니라, 그것을 내면화하여 그 이야기가 **아동의 "근원이야기"(meta-narrative)가 되도록 해야 한다**. 성서의 이야기가 한 사람에게 "근원이야기"가 된다는 것은 그것이 한 사람의 삶의 방향과 의미와 목적을 제공하는 역할을 하게 된다는 것을 의미한다.

우리 민족이 어린이들에게 심청이 이야기를 하는 것은 그 안에 담겨 있는 '효'를 가르치기 위함이고, 흥부와 놀부 이야기를 하는 것은 착하고 정직하게 사는 사람이 복을 받게 된다는 것을 가르치기 위함이다. 어린이가 듣는 이야기는 단순히 이야기로 그치는 것이 아니라, 어린이의 의미체계를 형성하고, 신념과 가치체계를 형성하는 기초가 된다. 어린이는 "부모님께 효도해야 한다"라고 하는 명제적 문장으로 가르칠 때보다, 심청이 이야기와 같은 한 편의 이야기를 통해서 훨씬 더 깊은 마음의 움직임을 경험하고, 그것이 은연중에 어린이의 신념과 가치체계를 형성하는 기반이 된다. 아동이 성서의 이야기를 만나고 접하는 것 자체로도 그것은 아동에게 기독교적 신념과 가치들을 형성하게 하는 데 결정적 기여를 하게 한다. 아동은 지속적으로 성서의 이야기와 만나고 그와 친숙하게 됨으로써 기독교적 상징체계를 형성하고, 기독교적 세계관과 신념체계를 형성할 수 있도록 인도되어야 한다.

아동의 신앙교육은 아동으로 하여금 모든 유형, 무형의 기독교적 전통을 본격적으로 접하고, 이를 내면화하면서 좀 더 구체적인 기독교인으로서의 정체성을 형성할 수 있도록 인도해야 한다.

(3) 하나님 나라 시민으로 살기

아동의 신앙교육은 아동이 신앙공동체에 소속되고, 또한 신앙공동체의 전통과 친숙하게 되는 것을 넘어서 구체적으로 "하나님 나라의 시민"으로 살아갈 수 있도록 인도한다는 목표를 수렴해야 한다. 아동은 내면화된 기독교적 전통과 신념, 가치체계들을 실제로 그들의 삶의 환경 속에서 "하나님 나라의 시민"으로서 구현하며 삶으로써 **하나님 나라 시민으로 이 세상 속에서 살기**를 수행해야 한다.

아동이 하나님 나라의 시민으로 이 세상 속에 산다는 것은 다른 말로 하면, 한국이라는 지역공동체에 살면서 동시에 하나님 나라의 시민이라는 이중 시민으로 살아가는 것을 의미한다. 이것은 마치 미국에 사는 한국인, 즉 "코리안 아메리칸"(Korean-american)

들이 한국어와 영어를 동시에 쓰고, 한국적 사고방식과 미국적 삶의 방식을 적절히 통합하면서, 미국이라는 지역에서 살아가는 것을 배우는 것과 비슷하다고 할 수 있다. 아동은 어릴 때부터 하나님 나라의 신앙적 언어를 실제로 사용하고, 하나님 나라의 가치관과 세계관을 가지고, 그들이 속한 가정과 학교와 세상 속에서 하나님 나라의 백성으로 살아가기를 훈련해야 한다. 가정을 떠나 학교에 처음 간 어린이들이 수업시간의 태도, 한 줄로 서서 걷기, 공중도덕 지키기 등을 배우는 것처럼, 아동들은 세상의 삶의 상황에서 하나님 나라 시민으로서 판단하기, 행동하기를 배우고 훈련하여, 성숙한 하나님 나라 시민으로 성장할 수 있는 발판이 마련되어야 한다. 모든 태도들이 아동기 때부터 배우고 훈련되어야 성숙해지는 것처럼, "**하나님 나라 시민으로 이 세상 속에서 살기**"도 아동기부터 배우고 훈련해야 한다. 하나님 나라 시민으로 살기에 대한 좀 더 구체적 내용은 아래 아동 신앙교육의 내용에서 살펴보도록 하자.

2) 아동을 위한 신앙교육의 내용

위에 살펴본 아동 신앙교육의 목표, 즉 "신앙공동체의 소속감 형성", "기독교 전통의 내면화", 그리고 "하나님 나라 시민으로 살기"라고 하는 세 가지의 목표들을 살펴보았을 때, 이 세 가지 목표들은 모두 인지적인 내용을 통해서가 아니라 아동이 실제적으로 경험함을 통해서 도달할 수 있는 목표라고 하는 것을 알 수 있다.

아동이 신앙공동체의 소속감을 형성하는 것은 아동이 실제로 신앙공동체에 속하면서 그곳에서의 삶을 공유하고 관계를 형성할 때 이루어질 수 있는 일이다. "기독교 전통의 내면화"라고 하는 목표조차 단순히 기독교 전통을 아는 것으로부터 형성되는 것이 아니고, 아동이 실제로 기독교 전통을 경험하고 그에 참여할 때 내면화될 수 있는 것이다. 특별히 아동은 아동의 발달적 특성상 추상적이고 명제적 설명으로 전통을 수용하는 것이 아니라, 이야기를 통하여 전통이 재현될 때 그 전통 안에 들어가 실제로 경험하고 느끼면서 기독교의 전통을 내면화할 수 있다. "하나님 나라 시민으로 살아가기"도 실제로 하나님 나라 시민으로서의 정체성을 갖고, 그 나라의 문화와 언어, 법과 나라 사랑을 구체적으로 실천함으로 이룩할 수 있는 목표이다. 따라서 아동의 신앙교육의 내용은 어떤 인지적인 내용들에 초점이 맞추어지는 것이 아니라, 아동의 **경험**에 초점이 맞추어져야 한다고 할 수 있다. 따라서 아동 신앙교육의 목표에 비추어 보았을 때, 아동을 위한 신앙교육의 내용은 "**신앙공동체 경험**", "**기독교 전통 경험**", 그리고 "**하나님 나라 시민으로 살기 경험**"이라고 하는 삼중적 경험으로 요약된다고 할 수 있다.

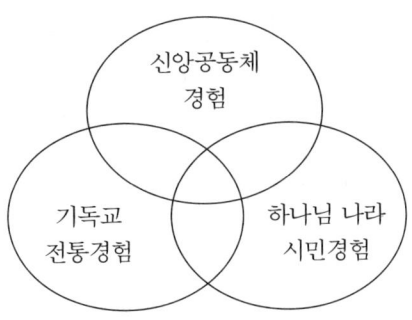

〈아동을 위한 신앙교육의 내용〉

(1) 신앙공동체 경험

"신앙공동체의 소속감 형성"이라는 신앙교육의 목표는 아동이 신앙공동체에 참여하고 실제적으로 공동체의 삶을 경험할 때 이루어질 수 있다. 따라서 이를 위한 신앙교육의 내용은 신앙공동체의 삶 그 자체가 된다고 할 수 있다. 아동은 먼저 **가정**의 신앙공동체적 삶을 경험해야 한다. 예배와 기도 등 각종 가정의 신앙적 실천에의 참여, 가정의 신앙적 삶의 나눔과 기독교적 분위기 등 가정에서의 신앙공동체적 경험이 가정에서의 아동 신앙교육의 내용이 된다.

아동은 앞서 언급한 바와 같이 가정을 넘어서 **교회**라고 하는 구체적 신앙공동체에 소속되고 그의 일원으로서의 정체성을 본격적으로 형성해야 하는 시기이다. 따라서 아동은 교회에 규칙적으로 출석하면서 교회의 신앙적 삶에 참여하고 경험하는 것을 통해 기독교인으로서의 정체성을 형성할 수 있다. 교회의 삶은 **예배**, **친교**, **교육**, **봉사**, **전도**의 형식으로 표현된다. 하나님 앞에 드리는 예배와 예전, 성도들 간의 사랑의 상호작용인 친교, 가르침을 주고받는 행위인 교육, 땅 끝까지 예수의 증인이 되는 활동인 선교와

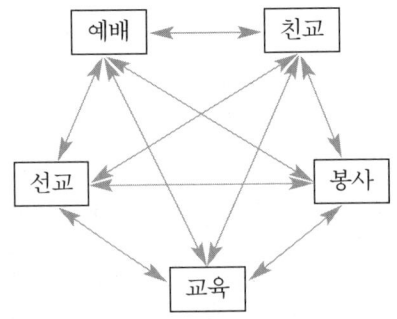

〈신앙공동체 경험〉

전도, 사회를 섬기는 봉사의 행위는 아동이 신앙공동체인 교회를 경험하는 가장 핵심적인 통로가 된다. 따라서 아동의 신앙교육은 그와 같은 경험들을 신앙의 내용으로 삼고, 그를 통해서 아동이 신앙공동체에 소속감을 형성할 수 있도록 인도해야 한다.

(2) 기독교 전통 경험

아동 신앙교육의 두 번째 목표는 "기독교 전통의 내면화"이다. 아동이 기독교적 정체성을 형성하는 것은 신앙공동체에 소속되는 것뿐 아니라, 좀 더 구체적으로 기독교의 전통을 내면화함으로써 이루어진다. 그런데 아동에게 있어서 기독교의 전통이 내면화되는 것은 문서화된 기독교의 전통을 전달함으로써 이루어지기보다는 살아 있는 기독교 전통을 그들이 실제로 경험하고 그에 동참할 때 이루어진다.

그렇기 때문에 아동이 기독교 전통을 경험하는 것은 실제로 **기독교 전통이 체화된 활동**에 참여함을 통해서 이루어질 수 있다. 교회의 예배, 친교, 봉사, 교육, 선교의 삶 등이 바로 기독교의 전통이 구체적으로 체화된 활동이라고 할 수 있다. 앞에서 언급한 신앙공동체의 이와 같은 삶의 양식에 참여하는 것은 단순히 아동에게 신앙공동체에 소속감을 형성하게 하는 것뿐만 아니라, 교회의 삶에 천착된 기독교의 전통을 경험하게 하는 신앙교육의 내용이 된다.

동시에 아동은 문서화된 기독교의 전통과도 만나고, 그를 내면화할 수 있어야 한다. 문서화된 가장 대표적 기독교 전통은 말할 것도 없이 하나님의 말씀이요, 기독교의 경전인 성서이다. 그런데 아동이 기독교 전통으로서의 성서를 경험하고 내면화할 수 있는 가장 결정적인 통로는 **"성서의 이야기"**이다. 성서의 이야기는 언어로 표현된 기독교의 전통이지만, 아동을 이야기 안으로 초대하고, 그 이야기를 다시 재현하여 간접적으로 경험하게 하는 힘이 있기 때문이다. 그뿐만 아니라 인지발달론에 의하면 아동기는 아직 추상적 사고가 활발하게 발달하지 못하였고, 이야기를 일차적이고, 문자적으로 이해하는 경향이 있는 시기이다. 따라서 아동기는 추상적이거나 명제적인 성서의 내용을 설명하고 전달하는 것보다는, 성서의 이야기들을 이야기의 형태로 접할 수 있게 하는 것이 가장 적절하다고 할 수 있다. 아동은 간단한 에피소드를 단편적으로 수용할 수 있는 유아와는 달리, 성서의 전체 이야기를 시간과 공간의 순서에 따라 이해할 수 있고, 이야기와 이야기들을 서로 연결할 수도 있다. 아동은 성서 이야기에 관한 전체 그림을 그릴 수 있고, 그 전체에 흐르는 하나님의 구원 이야기, 하나님 백성의 이야기를 이해하며, 기억할 수도 있다.

따라서 아동 신앙교육의 핵심적 내용은 성서 전체에 흐르는 수많은 이야기들과의 체계적 만남을 제공해 줌으로써, 아동이 성서 전체에 대한 그림을 그릴 수 있고, 또한 그것으로부터 자신의 근원이야기를 형성할 수 있도록 해주는 것이어야 할 것이다.

(3) 하나님 나라 시민으로 살기 경험

아동 신앙교육의 세 번째 교육내용은 "하나님 나라 시민으로 살기"의 경험이다. 아동이 하나님 나라 시민이 되는 것은 실제로 하나님 나라의 시민으로 사는 경험을 통해 가능하다. 그러면 하나님 나라 시민으로 사는 것은 어떠한 경험이어야 하는가? '**시민**'이라고 하는 은유로부터 보았을 때 그것은 다음 다섯 가지 차원을 포함하는 경험이 되어야 한다고 할 수 있다.

첫째, "**하나님 나라 시민으로서의 국적**"이다. 우리가 어떤 나라의 시민이라고 하는 것은 우리가 그 나라의 국적을 가지고 있는가 하는 문제와 연결되어 있다. 하나님 나라의 시민이 되는 것도 일종의 국적이 필요한데, 이 국적이란 "**하나님 나라의 시민으로서의 정체성**"이라고 할 수 있다. 아동이 자신을 "하나님 나라의 시민"으로 이해하는 자의식을 형성하는 것이 곧 이들이 하나님 나라의 시민으로 사는 첫걸음이라고 할 수 있다. 그러면 하나님 나라 시민으로서의 자의식은 어디에서 시작될 수 있는가? 보통 한 나라의 국적이 그 국적을 가진 부모에게서 태어났을 때 얻게 되는 것처럼, 아동이 자신을 하나님 나라의 시민으로서 이해하게 되는 가장 핵심적인 요소는 그 무엇보다 "**하나님과의 관계**"를 형성하는 것에서부터 비롯된다. 하나님 나라는 하나님이 통치하시는 나라이고, 하나님 나라의 시민이 된다는 것은 하나님의 통치 아래에 들어간다는 것을 의미한다. 그렇게 보았을 때, 하나님 나라의 국적을 갖는 것은 그 무엇보다 하나님의 주권을 인정하는 것, 그리고 주권을 가지신 하나님과 관계를 형성하는 것이 결정적 요건이라 할 수 있다. 먼저 아동이 하나님과의 만남이 있고, 그와의 관계가 있을 때, 아동은 자신을 하나님 나라의 시민으로서 이해하는 정체성을 형성하게 된다. 다시 말해, 하나님 나라 시민으로서의 경험에서 가장 먼저 일어나야 할 것은 아동의 "하나님과의 만남"이요, 그를 바탕으로 한 "하나님과의 관계" 형성이라고 할 수 있다.

둘째, 하나님 나라의 시민으로서의 경험은 "**하나님 나라의 문화를 공유**"하는 경험을 의미한다. 한 나라에 사는 사람들은 나름대로 유형, 무형의 문화를 공유하고 있다. 한국 사람들은 밥을 주식으로 먹고, 젓가락을 사용하며, 어른들에게 머리를 숙여 인사하면서 예의를 표하고, 추석이나 설날과 같은 명절을 특별한 날로 지낸다. 문화란 반드시 해야 하는 법과 같은 성격을 띠지는 않지만, 한 나라의 사람들이 즐겨 공유하는 일종의 삶의 양식이다. 하나님 나라의 시민이 되는 것도 하나님 나라의 문화를 공유하는 것인데, 하나님 나라 문화의 가장 핵심에는 바로 "**하나님께 감탄과 경이로 응답하기**"가 있다고 할 수 있다. 하나님 나라의 시민은 하나님과의 만남을 통한 하나님과 관계를 형성함으로써 하나님 나라 시민으로서의 정체성을 형성하지만, 이들은 지속적으로 하나님께 "감탄과 경이로 응답"하면서 하나님과의 관계를 유지하고, 하나님 나라 시민으로서의 삶을 표현한다. 감탄과 경이로 응답하는 것은 예배나 기도의 형식으로 나타낼 수도 있고, 다양한 예전, 유형, 무형의 표현 양식으로 나타날 수 있다. 따라서 아동 신앙교육의 내용은 예전이나 기도 등 "감탄과 경이로 하나님께 응답"하는 다양한 경험들을 포함한다.

셋째, 하나님 나라의 시민으로 살기는 "**하나님 나라의 언어**"를 이해하고 사용하기를 의미한다. 한국 사람은 한국말을 이해하고 사용함으로써 다른 사람과 의사소통하는 사람을 의미한다. 마찬가지로 하나님 나라의 언어를 사용할 수 있다는 것은 다른 **하나님 나라 시민들과 의사소통하기**를 의미하며, 이를 바탕으로 그들과 "**관계 형성하기**"를 의미한다. 하나님의 나라는 하나님의 백성공동체이고, 한 나라의 시민들 상호 간에는 의사소통과 상호작용이 있어야 한다. 아동들은 하나님의 나라가 하나님의 다스림을 받는 하나님의 백성이 함께 살아가고, 만들어가고, 확장해 나가는 나라라고 하는 것을 알아야 하고, 그런 의미에서 다른 시민들과 더불어 살기, 상호작용하기, 관계형성하기를 경험할 수 있어야 한다.

넷째, 하나님 나라의 시민으로 살기란 "**하나님 나라 사랑**" 실천하기를 포함한다. 우리가 한국인이 된다는 것은 한국이라는 나라와 정서적 연대감과 애국심을 갖게 된다는 것이다. 한국인으로 살아가는 것은 한국과 운명을 같이하면서 한국을 사랑하고 염려하며, 그 나라에 대한 책임감을 갖게 되는 것을 의미한다. 마찬가지로 하나님 나라 시민도 하나님 나라를 사랑하고, 염려하며, **하나님 나라에 대한 책임감과 소명감**을 갖고 하나님 나라를 건설하고, 확장하는 것에 헌신하는 삶을 살아야 한다. 그런 의미에서 아동이 하나님 나라 시민으로 살기를 경험하는 것은, 하나님 나라 사랑하기를 공유하며, 하나님 나라에 대한 책임감과 소명감으로 하나님 나라 건설에 동참하는 경험을 하는 것이다. 여기에는 특별히 섬김과 봉사의 사명이 포함된다.

다섯째, 하나님 나라의 시민으로 살아간다는 것은 "**하나님 나라의 법과 규칙을 지키는 삶**"을 의미한다. 한국인이 국가에서 정한 법과 규칙을 지켜야 하는 것처럼, 하나님 나라의 시민도 하나님 나라의 법과 규칙을 지키며 하나님 나라의 시민으로서 행동하는 사람이 되어야 한다. 그러면 무엇이 하나님 나라의 법과 규칙인가? 그것은 '사랑'과 '섬김', '정의', '하나님께 순종'을 실천하는 것이다. 하나님 나라의 시민은 마태복음에 나타난 대로, "마음이 가난하고", "애통하며", "온유하며", "의에 주리고 목마르며", "긍휼히 여기며", "마음이 청결하고", "화평하게 하며", "의를 위하여 박해를 받으며", 그로 인하여 복을 받는 사람들이다. 또한 하나님 나라의 시민은 갈라디아서말씀처럼, 성령의 아홉 가지 열매를 맺는 사람, 즉 '사랑'과 '희락'과 '화평'과 '오래참음'과 '자비'와 '양선'과 '충성'과 '온유'와 '절제'를 실천하는 것이다. 또한 하나님 나라의 법과 규칙을 지키는 것은 "**하나님 나라 백성으로서의 성품 형성**"을 의미한다. 아동은 이와 같은 경험을 통해 하나님 나라 백성으로서의 성품을 형성할 수 있어야 한다.

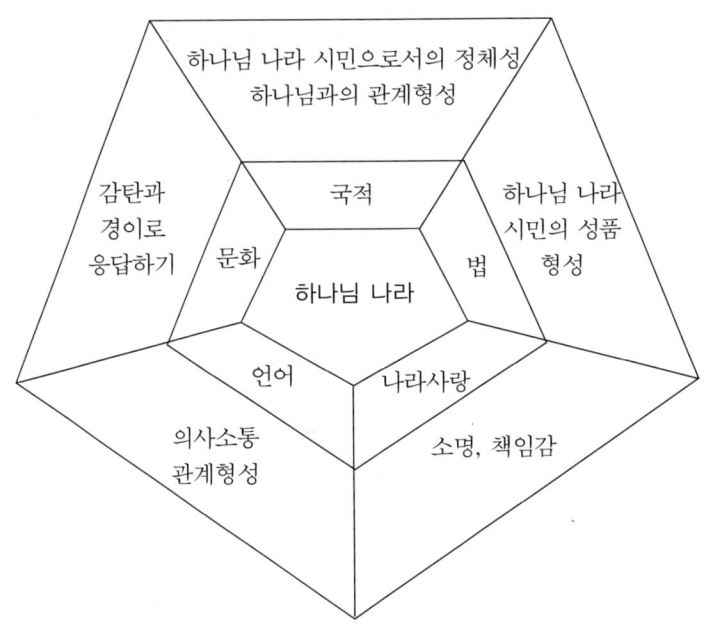

〈하나님 나라 시민으로 살기 경험〉

3) 아동을 위한 신앙교육의 방법적 원리

아동을 위한 신앙교육의 방법적 원칙은 위에 서술한 신앙교육의 목표와 내용, 그리고 아동기의 다양한 특성들을 수렴하는 원칙이 되어야 한다. 그런 의미에서 아동기 신앙교육의 방법은 '경험적', '참여적', '관계적', '감동적', '실천적'이라고 하는 다섯 가지의 원리를 수렴할 수 있어야 할 것이다.

(1) 경험적

아동의 신앙교육은 그 무엇보다 **경험적**이어야 한다는 원칙에 충실해야 한다. 앞에서 언급한 바와 같이 아동기 신앙교육의 목표들인 "신앙공동체의 소속감 형성", "기독교 전통의 내면화", 그리고 "하나님 나라 시민으로 살기"는 경험을 통해 형성할 수 있는 목표들이지, 지적 가르침을 통해 도달할 수 있는 목표들이 아니다. 이것이 의미하는 것은 신앙교육 자체가 경험이 되어야 한다는 것이다. 신앙교육 자체가 곧 공동체 체험이 되어야 하고, 기독교 전통의 재현이 되어야 하며, 또한 하나님 나라 시민으로 살기를 맛보는 것이 되어야 한다는 것이다. 따라서 아동의 신앙교육은 일차적으로 "그것이 경험적인가?", "이것을 통해 아동은 어떠한 경험을 하게 되는가?"라고 하는 방법적 물음을 물어야 한다.

아동의 신앙교육이 경험적이 되어야 한다는 것은 그것이 **감각적**이어야 한다는 것과도 일맥상통한다고 할 수 있다. 아동은 오감으로 경험한다. 아동은 보고, 듣고, 만지고, 냄새 맡고, 느끼면서 경험한다. 아동에게 풍부한 경험을 불러일으키는 것은 그것이 얼마나 감각적인가 하는 것과 관련되어 있다. 따라서 아동의 신앙교육은 언어적으로만이 아니라 오감을 사용하여 전인적이고 감각적인 방법으로 이루어져야 한다.

(2) 참여적

아동 신앙교육의 또 하나의 방법적 원리는 **참여적**이라는 것이다. 참여적이란 아동이 주체가 되어서 동참하게 하는 방법을 의미한다. 그것은 아동을 구경꾼으로 만드는 방법이 아니다. 아동은 극장에서 거리를 두고 앉아서 영화를 관람하듯 신앙교육을 구경하는 구경꾼으로 머물러서는 안 된다. 아동은 예배를 드리는 주체가 되어야 하고, 기도에 동참해야 하고, 모든 활동에 한 사람의 주체로 참여하는 학습자가 되어야 한다.

따라서 아동을 위한 신앙교육은 끊임없이 "아동이 참여할 수 있는 가능성은 얼마나 되는가?", "아동이 여기에서 주체가 되는가, 객체가 되는가?", "어떻게 아동을 동참시킬 수 있는가?" 등의 물음을 물어야 한다.

(3) 관계적

아동의 신앙교육은 또한 **관계적**이어야 한다. 아동은 발달적 특성으로 보았을 때, 유아의 자기중심성을 벗어나는 시기로 부모와의 수직적 관계로부터 친구나 가족 외의 사람들과 수평적인 관계의 폭을 넓히는 시기이다. 또한 아동을 위한 신앙교육은 자신이 속한 신앙공동체에 소속감을 형성하고, 또한 하나님 나라의 시민으로서 이 세상 살아가기를 배워야 한다는 목표를 지향해야 한다. 그와 같은 목표들은 아동이 신앙공동체에 속한 사람들과의 상호적 관계를 기반으로 해서 이룰 수 있는 목표들이다. 그러한 점들은 모두 아동을 위한 신앙교육의 방법이 관계적이어야 한다는 것을 시사해 준다.

아동의 신앙교육은 "이 방법이 관계적 요소를 갖고 있는가?", "이 방법이 상호작용을 불러일으키는가?", "이 방법은 얼마나 다양한 상호 의사소통의 방법을 포함하는가?", "이것은 아동의 관계적 측면의 성장을 가져오는가?"와 같은 물음을 물어야 하고 그에 대한 답을 모색해야 할 것이다.

(4) 감동적

아동 신앙교육은 또한 **감동적**이어야 한다는 원칙에 충실해야 한다. 신앙이란 논리로 설득하는 것이 아니다. 그것은 하나님이 주시는 선물이고 그래서 논리적으로 설명할 수 없는 신비(mystery)의 영역이며, 우리에게 경외와 감탄과 경이의 경험을 불러일으키는 경험이다. 따라서 아동의 신앙교육은 감동적이어야 한다. 그것은 논리적이기 이전에 먼저 아동에게 감탄과 경이를 불러일으키는 것이 되어야 하고, 아동의 감정을 터치하는 것이 되어야 한다.

그런 의미에서 보았을 때 아동의 신앙교육은 아동에게 감탄과 경이를 불러일으키는 방법적 통로를 모색하고 이를 통하여 접근해야 한다. **예전**은 특별히 아동에게 감탄과 경이를 불러일으키는 통로가 되는 좋은 예이다. 예전은 이성적이기보다는 감성적이며, 또한 상상력을 불러일으키면서 초월적 하나님과의 만남을 매개하는 좋은 통로가 된다.

예술 또한 종교적 감탄과 경이의 순간을 표현하거나 전달하는 데 좋은 통로가 된다. 종교적인 순간은 논리로 설명하거나 언어로 표현할 수 없는 그 무엇이 있다. 그 자리에 예술이 설 수 있다. 예술은 종교적인 순간을 표현하거나 또한 다른 사람들에게 전달하여 마찬가지의 감탄과 경이와 상상을 불러일으키는 좋은 매체이다.

물론 **언어**도 아동의 신앙교육의 중요한 매체가 된다. 그러나 감탄과 경이를 불러일으키는 종교적 언어가 사용되어야 한다. 논리적이거나 설명적 언어가 아니라, 아동의 감성을 어루만지고, 또한 감탄과 경이를 불러일으킬 수 있는 언어가 사용되어야 한다. 이야기나 은유와 같은 언어들이 대표적인 감탄의 언어라고 할 수 있다.

시각적 상징들도 좋은 매체이다. 교회력에 따른 색깔들, 교회의 건축이나 실내의 분위기, 빛, 성스러운 물건들, 즉 십자가, 강대상, 절기를 나타내는 다양한 장식들 등은 아동에게 상상력과 감탄과 경이를 불러일으키는 통로가 된다. 교회 안에 들어온 아동이 그곳이 일상적 삶의 상황과는 다른 거룩한 곳이라고 하는 느낌을 갖게 되는 것은 그러한 시각적인 매체들이 어우러져 만들어내는 분위기 때문이다.

(5) 실천적

아동의 신앙교육은 또한 **실천적**이어야 한다. 아동은 하나님 나라 시민이면서 이 세상 속에서 살기를 배우고 실천해야 한다. 따라서 아동의 신앙교육은 그것이 실제로 아동을 실천적 삶으로 인도하는 데 기여해야 하고, 그런 의미에서 실천성이 재고되어야 한다.

아동 신앙교육의 방법이 실천적이어야 한다는 것은 그것이 무엇보다 실천관련적이어야 한다는 것을 의미한다. 그것은 실천으로 연계할 수 있는 상상력을 자극하고, 실천을 부추기는 결단을 불러일으키는 것이 되어야 한다. 더 나아가 그것은 자신의 실천을 반성하고 성찰하도록 인도하고, 실천을 개선할 수 있도록 도전하는 것이 되어야 한다.

4) 아동 신앙교육의 장과 과제들

(1) 가정

아동 신앙교육의 일차적인 장은 **가정**이다. 가정은 아동이 태어나고 자라난 곳이고, 이곳에서 이들의 첫 신앙이 시작되었던 곳이다. 아동기는 교회라고 하는 신앙공동체의 소속감을 본격적으로 형성하게 되는 시기인 것이 사실이지만, 여전히 가정은 아동이 기독교적 삶과 문화를 공유하는 중요한 장이다. 교회에서 얻게 되는 기독교 전통과 기독교적 신념체계들이 삶으로 구체화될 수 있는 일차적 장소는 가정이기 때문이다.

따라서 **부모**는 아동의 신앙교육에서 여전히 결정적인 역할을 담당하는 교사라고 할 수 있다. 부모는 무엇보다 가정에서 예배와 기도 등 신앙적 실천을 자녀와 함께 행함으로써, 아동이 지속적으로 신앙적 삶을 살고 기독교 전통과 친숙하게 해주는 역할을 할 수 있다. 그뿐만 아니라 부모는 교회의 가르침에 연계하여 성서의 이야기와 기독교적 가르침을 매개하는 역할을 할 수도 있다. 그러나 무엇보다 결정적인 부모의 역할은 이들이 기독교적 가르침을 구체적으로 살 수 있도록 인도하는 역할이라고 할 수 있다. 부모는 가정에서 아동들과 실제적으로 삶을 나누면서, "하나님 나라 시민으로 살기"라고 하는 신앙교육의 목표가 실제적 삶의 상황에서 이루어질 수 있도록 인도해 주는 역할을 할 수 있다.

갈린스키는 아동기의 부모는 '해석자'의 역할을 한다고 하였다. 아동의 부모는 아동에게 신앙의 눈으로 세상을 해석해 주고, 선택과 판단의 기준을 제시해 주는 역할을 한다는 것이다. 그런 의미에서 아동기 부모는 영·유아기의 부모 못지않게 아동의 신앙에 결정적인 역할을 한다고 할 수 있다. 아동은 신앙적 가치관으로 세상을 보고, 또한 세상 속에서 "하나님 나라 시민"으로 사는 구체적 과정 속에서 부모의 해석과 방향제시에 의존해 있다. 또한 아동의 부모는 영·유아처럼 24시간 자녀의 곁을 지키지 않아도 되지만, 신앙적 삶에 방향을 제시하고, 신앙의 눈으로 세상을 읽고 해석하고 살아가야 할 지침을 주는 역할을 담당하는 삶 속에서의 교사가 되어야 한다.

(2) 교회

아동기의 신앙교육에서 가정만큼 중요한 역할을 하는 장은 '교회'이다. 아동기는 가정이라는 장을 넘어서서 교회라는 신앙공동체에 깊게 뿌리 내리고 그곳에서 본격적인 소속감을 형성하며, 자신을 기독교인으로 이해하게 되는 시기다. 또한 아동은 지금까지 부모와의 수직적 관계에서 벗어나 친구들과의 수평적 관계를 형성하거나, 교사나 다른 교회의 일원들과 새로운 관계를 형성할 수 있는 사회적 발달을 이룩하게 된다. 따라서 교회는 그러한 아동들이 교회의 삶을 경험하고, 관계를 형성하며, 기독교 전통을 내면화할 수 있는 기회를 제공해야 한다.

보통 대부분의 교회들은 **아동부**(유년부, 초등부, 소년부)를 통해 아동에 대한 신앙교육을 담당한다. 소위 **"교회학교"**라고 하는 이름으로 수행되어 온 교회의 아동부 사역은 지금까지 그 이름이 갖고 있는 은유적 특성에 맞게 학교식(schooling)의 가르침 중심으로 수행되어 온 경향이 강하다. 그래서 그동안 교회의 아동부 사역은 아동들을 교회의 삶에 참여하여 소속감을 형성하거나 사회화가 되도록 하기보다는 기독교의 전통을 지식의 형태로 매개하는 것에 초점이 놓여 있었다. 그러나 기독교의 전통을 지식의 형태로 매개하는 것은 아동이 신앙공동체의 삶을 경험하거나 기독교의 전통을 내면화하는 데에도 크게 기여할 수 없다. 기독교의 전통을 내면화하는 것은 실제로 아동이 기독교의 전통에 삶으로 참여하고 경험할 때 이루어지는 것이기 때문이다. 교회의 삶의 양식인 하나님 앞에 드리는 예전, 성도들 간의 사랑의 상호작용인 친교, 가르침을 주고 받는 행위인 교육, 땅 끝까지 예수의 증인이 되는 활동인 선교, 사회를 섬기는 봉사의 행위 그 자체는 기독교의 전통이 육화된 교회의 활동이다. 따라서 아동이 실제로 교회에 소속감을 형성하고, 기독교 전통을 내면화하는 것은, 삶과 동떨어진 지식의 형태로 배우는 것이 아니라, 실제로 이와 같은 교회의 삶의 양식에 참여하고, 관계하고 나눌 때 이루어지는 것이다.

그런 의미에서 교회의 아동부 사역은 단지 교회 교육의 일부분으로서가 아니라, 예배, 친교, 교육, 봉사, 전도의 모든 교회적 삶의 양식을 포함하는 **하나의 작은 교회**로서의 역할을 수행해야 할 것이다. 아동은 교회의 모든 삶의 양식을 통전적으로 경험할 수 있어야 하고, 그를 통해 교회공동체 안으로 사회화되어 들어갈 수 있어야 한다. 최근 들어 소위 "어린이 교회"라고 하는 개념이 관심을 받고 있다. 교회의 아동부를 "교회학교"라고 하는 학교식의 교육 형태로가 아니라, 하나의 '교회'로서 신앙공동체의 기능을 제대로 담당하도록 하자는 취지에서 시도되는 흐름이다.[163] 어린이들이 오는 곳이라도, 하나의 온전한 교회가 되도록 해서 아동이 교회에서 경험하는 것이 신앙공동체인 교회의 기본적인 삶의 양식을 모두 경험할 수 있도록 하는 좋은 시도이다. 그러나 아동부가 "어린이 교회"가 되는 것과 나란히 간과해서는 안 될 것은 어린이 교회는 전체 교회의 일부라고 하는 점이다. 웨스터호프에 의하면 신앙공동체란 최소한 삼 세대가 함께 공존하면서, 과거와 현재와 미래의 연속성 속에서 공동체의 전통이 전수되고 또한 재창조되는 일이 전개되어야 한다고 하였다. 그렇게 볼 때, "어린이 교회"는 그 자체로 하나의 교회로서의 역할을 하면서, 그와 나란히 전체 신앙공동체의 일부로서 그와의 상호작용을 경험하는 장이 될 수 있어야 할 것이다.

아동의 신앙교육을 위해서 교회는 아동부 사역과 나란히 **가정을 후원하고 연계하는 사역**을 감당해야 한다. 영·유아와 마찬가지로 아동에게도 가정의 신앙교육은 결정적이고, 중요하다. 따라서 교회는 아동의 부모들이 기독교 가정을 세우고, 자녀의 신앙교육을 잘 담당할 수 있도록 **부모교육**으로 후원해야 한다. 또한 교회에서 전달하는 기독교의 전통이나 신앙적 경험이 가정에서도 연계하여 경험될 수 있도록 다양한 통로를 통해 후원할 수 있다. 최근 가정과 교회를 연계하여, 주일에 배운 것을 주중에 가정에서도 배우고 실천할 수 있는 프로그램들이 개발되고 제공되고 있다. 이를 위해서도 먼저 필요한 것은 부모가 교회와 연계하고, 교회의 가르침을 공유할 수 있도록 준비되어 있어야 한다는 것이다.

교회는 **기독교 학교**나 **기독교 대안학교**를 운영하면서 아동의 신앙교육을 담당할 수 있다. 서구의 교육사는 교회가 학교의 모태로서의 역할을 하였고, "교회 옆에 학교"라고 하는 모토가 있을 정도로 교회의 학교에 관한 관심은 지대했다. 오늘날 한국에서 사는 아동의 신앙교육은 학교를 떼어놓고는 말할 수 없을 정도로 한국 사회에서의 '학교'는 아동의 삶과 문화를 결정하는 요소이다. 교회는 좀 더 본격적으로 아동의 삶 전체에 관심을 가지며 건전한 학교문화와 통전적 기독교 교육을 위해서, 기독교 초등학교나 대안학교 사역에 관심을 기울여야 할 것이다.

제4장

한국의 아동 교회학교의 역사와 방향

'교회학교'는 한국에서 기독교 유아·아동교육이 이루어져 왔던 가장 핵심적인 장이라고 할 수 있다. 따라서 교회학교를 진단하고 전망하는 것은 한국에서 이루어지고 있는 기독교 유아·아동교육의 실제를 살피는 가장 빠른 길이라고 할 수 있을 것이다. 이 장에서 우리는 한국 교회학교의 기원과 지난 120여 년간의 교회학교의 역사를 살펴볼 것이고, 현재의 교회학교가 안고 있는 '침체와 위기'의 문제를 진단해 볼 것이다. 또한 이를 극복할 수 있는 방안의 하나로 우리는 기본으로 돌아가서 교회학교의 좀 더 근본적인 원칙과 방향을 짚어볼 것이다.

I. 최초의 주일학교운동

한국의 기독교 아동교육에서 가장 먼저 떠오르는 개념이 있다면 그것은 아마도 '주일학교', 혹은 '교회학교'라고 할 만큼 교회학교는 한국의 기독교교육을 대표하는 개념이다. 따라서 이 장에서는 먼저 한국의 기독교 유아·아동교육을 대표하는 교회학교를 살펴보도록 하자. 한국 교회학교의 뿌리를 찾아 올라가 보면 18세기 영국을 중심으로 일어난 "주일학교운동"(Sundayschool movement)과 만나게 된다. 그 운동이 유럽에서 미국으로 건너갔고, 그곳을 거쳐 선교 초기 한국으로 건너와 한국 교회의 어린이 사역을 대표하는 개념이 되었다.

1. 주일학교운동의 기원

한국의 교회학교의 기원은 18세기 말 유럽에서 시작된 "주일학교운동"이다. 18세기 말 유럽은 산업혁명 이후 생긴 도시화 현상과 초기 자본주의 사회에서 나타나는 빈부의 격차, 정착되지 않은 공교육제도, 늘어나는 고아, 어린이의 노동 등이 만연하였던 시기였고, 그러한 상태에서 특별히 빈민층의 어린이들은 교육적 보살핌을 받지 못한 채 방치되었다. 주일학교는 이와 같은 환경 속에서 평일에는 노동이나 기타 여러 가지 여건으로 학교에 다닐 수 없었던 빈민 어린이들에게 교육의 혜택을 주기 위하여 출발하였다.[1)]

우리에게는 로버트 레익스(Robert Raikes, 1735-1811)가 이 운동의 창시자로 널리 알려져 있지만 사실 1780년 어간에 영국에는 그와 비슷한 학교들이 이미 폭넓게 확산되어 있었던 흔적들이 있다.[2)] 18세기 중반부터 이미 있었던 소위 '자선학교'(Charity School)는 노동 소년들에게 교육의 기회를 주고, 문맹퇴치 운동에 앞장서는 등, 당시 사회적 문제들을 극복하기 위하여 노력하였다.[3)]

이와 같은 사회복지 차원의 학교들과 로버트 레익스의 학교가 달랐던 점은 무엇보다 레익스의 학교가 주일에 열렸던 '주일학교'였다는 점이다. 또한 레익스는 주일학교를 매체로 하여 하나의 운동(movement)을 주도하였다. 그는 단순히 글라우세스터(Glaucester) 시에 하나의 주일학교를 운영하는 것에서 그치지 않고, 이를 신문이나 인쇄매체를 통해 대중적으로 소개하고, 확산시킴으로써 주일학교운동을 일으켰다.

그와 같은 운동 뒤에는 레익스의 사회 개혁적 의지가 있었다. 로버트 레익스는 평신도로 인쇄업을 하고 있었는데, 사회변혁에 관심을 갖게 되면서 교도소를 개선하고자 하였다. 사회의 문제는 범죄자를 선도함으로써 극복된다고 생각한 그는 죄수들에게 음식을 공급하거나 선도프로그램을 마련하는 일에 오랫동안 헌신하였다. 그러나 20년 넘게 이어진 그의 교도소 봉사 끝에 그가 발견한 사실은 범죄자들을 선도하는 것보다 더 중요한 것은 범죄자를 예방하는 것이라고 하는 점이었다. 따라서 그는 관심을 빈민층의 어린이와 청소년에게 돌려 그들을 대상으로 교육하는 일에 헌신하게 되었다.

그리하여 그는 1780년에 글라우세스터 시에서 자신과 스톡크 목사(Thomas Stock)를 보증인으로 하고, 킹 여사를 첫 교사로 하여 교육의 혜택을 받지 못하던 노동 소년

소녀를 불러모으고 읽기와 쓰기, 셈하기의 기초 교육과 예배와 성서공부, 요리문답의 기독교교육을 함께 실시하였다. 이 학교는 오전 10시부터 12시까지, 그리고 오후 1시에서 5시 30분까지 가르쳤다.

2. 주일학교운동의 확산

이렇게 시작된 주일학교는 글라우세스터 시 신문에 소개되고, 대중매체와 인쇄물들을 통해서 영국 전역으로 확산되었다. 기록에 의하면 1800년에 이미 20만 명의 어린이들이 주일학교 학생으로 등록되었고, 1850년까지는 등록자가 200만에 육박하였다고 한다.[4)]

이후 이 운동은 웨일즈, 독일과 유럽 여러 나라와 미국으로까지 퍼져 나갔다. 주일학교운동은 그야말로 국제적인 운동으로서 확산된 것이다. 이 운동은 유럽에서 시작되었지만 실제로 이 운동이 불길처럼 번져 꽃을 만발하게 피게 된 곳은 미국이었다. 대부분의 유럽 국가들은 당시 공교육기관 안에 종교과목이 포함되어 있었기 때문에 굳이 주일학교를 통하지 않고도 기초교육과 기독교교육을 실시할 수 있었다. 독일의 경우 루터의 종교개혁 이후 초등학교에서 고등학교에 이르기까지 모든 공식적 교육기관 안에는 종교과목이 있었다. 영국과 스위스, 오스트리아와 같은 나라들도 공교육기관 안에 종교수업이 포함되어 있었고, 따라서 공교육이 정착되면서는 굳이 주일학교의 필요성이 크게 요청되지 않는 상황이었다.

그러나 미국의 경우는 달랐다. 식민지 시대 이후 미국에서도 유럽의 영향으로 모든 학교 안에 종교수업이 실시되어 왔지만, 권리장전(1791년)의 통과 후 "종교의 자유" 조항이 헌법으로 제정되면서 공교육 기관 안에서의 종교수업이 불가능해지기 시작하였다. 미국으로서는 기존의 기독교교육을 연계할 수 있는 통로로 학교가 아닌 다른 장소가 필요했고, 마침 미국에 확산되기 시작한 '주일학교'야말로 최적의 기관이 되었던 것이다. 이후 주일학교운동은 미국에서 마른 들판에 불 번지듯 빠르게 확산되었고, 그 이후로 발전에 발전을 거듭하면서 기독교교육의 가장 중심적이고 대표적인 장으로 성장하게 되었다. 연맹활동도 활발하여 1790년에 이미 필라델피아에서 주일학교협회가 조직되었고, 1824년에는 주일학교연맹(Sunday School Union)이 조직되어 통일된 기구로서 활동하였다. 주일학교연맹은 점차 국제적 기구로 확대되어, 1889년에는 런던에서 처음으로 제 1차 세계주일학교 대회가 열리게 되었고, 1907년 제 5차 대회에서는 영국, 미국,

유럽대표들이 참가하여 "세계주일학교협의회"(World's Sunday School Association)를 탄생시켰다.

주일학교운동은 특히 19세기 미국의 복음주의 운동과 맞물려서 미국 내 어린이와 청소년의 복음화에 일조하였으며, 영국에서 처음 시작될 때처럼 읽기와 쓰기, 셈하기 같은 일반교육의 영역은 약화되고, 본격적으로 복음화 교육과 성서교육 등 기독교교육에 강조점을 두게 되었다.

3. 주일학교운동의 역사적 의의

주일학교운동은 오늘날의 교회학교가 탄생하는 시효가 되었다. 18세기 말의 주일학교운동이 오늘날 교회학교의 뿌리가 되었다는 사실은 그 뿌리와 전통 위에 서 있는 우리의 교회학교가 어떤 사명과 과제를 안고 있는지를 시사해준다.

먼저 주일학교운동이 시작된 계기를 우리는 주목해야 한다. 주일학교운동은 사회적 관심으로부터 시작되었다. 단순한 교세의 확장이나 교회 안의 어린이와 청소년의 신앙교육 기관으로서만 시작된 운동이 아니었다. 그것은 사회가 돌보지 못하는 빈민층의 어린이, 고아, 무교육에 방치되었던 노동소년 소녀들을 교육적으로 보살피고자 하는 사회적 관심과 복지적 차원에서 시작된 운동이었다. 교육을 통해서 사회의 문제를 해결하고 국가의 손이 미처 닿지 않는 곳에 도움의 손길을 뻗치고, 이를 통하여 사회를 개혁하고자 하는 관심이 주일학교운동의 배경이 되었던 것이다. 이와 같은 전통 안에 오늘의 교회학교가 서 있다는 점은 교회학교가 오늘의 사회에 대한 관심과 기여, 사회 개혁적 노력을 게을리 해서는 안 된다는 점을 시사해 주는 것이라고 할 수 있다. 교회학교는 사회적 문제들에 대한 무관심에서 벗어나, 공교육이 미처 관심 기울이지 못하고 있는 여러 문제들이나, 어린이와 청소년의 인간답게 살 권리, 비인간적인 교육환경의 극복과 같은 문제들에 적극적으로 관심을 기울여야 할 것이다.

둘째, 주일학교운동은 평신도 운동이었다. 주일학교운동은 평신도에 의해 시작된 운동이다. 다시 말하면 교회의 성직자나 교회의 교육 지도자에 의해 시작된 운동이기보다는 평신도에 의해서 시작되었고, 또한 평신도의 참여를 통해서 이루어지는 교육이다. 이러한 정신은 오늘날까지 이어져 평신도의 적극적 참여가 없이 이루어지는 교회학교는 생각할 수도 없게 되었다. 이와 같은 사실은 양면성을 가지는데, 한 편으로 주일학교는 평신도를 교육사역에 참여시키는 좋은 통로가 되었고, 이를 통하여 교회교육의 활성화를 가져왔다. 그러나 다른 한 편으로 주일학교는 비전문성의 문제를 극복해야 할 과제로 안게 되었다. 유럽의 여러 나라들이 전문성이 담보된 학교에서의 종교수업을 기독교교육의 중요한 장으로 삼고 있는 것에 비하면, 주일학교는 비전문가에 의하여 이루어진다는 한계를 가지고 있다. 그렇게 볼 때, 교회는 전문 사역자의 수급과 지속적 교사교육 등의 노력으로 이를 극복하고 보완해야 할 과제를 가지고 있다. 그러나 또 다른 측면에서 보면 주일학교운동이 평신도에 의한 운동이라고 하는 점은 교회 전체를 생동적이게 하는 긍정적 요인이 된다. 따라서 교회학교는 보완해야 할 노력을 통하여 평신도의 자발적 활동을 극대화할 수 있어야 할 것이다.

셋째, 주일학교는 '학교'라고 하는 특성을 가진 교육기관이다. 바로 이 점이 20세기 중반 이래로 많은 비판의 대상이 되어온 요인이 되기도 하였다. 주일학교가 학교식의 교육개념을 수용함으로써 교회교육의 체계성이나 전문성을 높인 것은 사실이지만, 주일학교의 개념은 교육을 단순히 학교체제(schooling)로만 이해함으로써, 기존의 교회적 차원에서 이해되었던 통전적 교육개념을 소홀히 하였다는 것이다. 구약이나 신약시대, 그리고 종교개혁기의 교육은 단순히 학교적인 체제에서 이루어지던 교육이 아니었고, 삶 전체와 연결되어 있었던 교육이었고, 어린이와 청소년만이 아니라 모든 사람을 대상으로 하는 교육이었다. 그에 비하면 주일학교가 교회교육의 중심체제가 되면서, 교회교육이 학교식의 교육 형태를 띠게 되고, 기존의 교회교육에 나타났던 교회의 신앙적 삶 전체와의 관련성을 소홀히 하게 되었다는 비판을 받아왔다. 또한 기존의 교회교육이 가정과 교회, 그리고 학교라는 장들을 서로 연계성 안에서 보았던 반면, 주일학교의 출현은 교회의 교육을 교회학교라고 하는 영역으로만 제한하게 되는 결과를 낳기도 하였다. 또한 교회학교는 예배와 봉사, 친교와 선교 등과 같은 교회의 다른 기능과의 연계 안에서 이루어지던 기존의 교육목회 개념에서 벗어나 오히려 교수-학습 같은 협의의 교육개념으로 축소하는 결과를 낳기도 하였다. 따라서 주일학교는 '학교성'과 나란히 '교회성'을 본질로 하고 있다는 점을 망각하지 않고, 교회 전체 안에서 교육의 사명을 수행하고, 교회가 가지고 있는 기독교교육의 전통에 접목하며, 새 전통을 창조하는 노력을 기울여야 할 것이다.

오늘날 교회학교가 없는 기독교교육을 생각하는 것은 우리에게 거의 불가능할 정도로 주일학교운동은 기독교교육에 중요한 영향을 미쳐왔다. 그러나 영향이 큰 만큼 또한 책임과 과제가 막중함을 깨달아 처음 주일학교운동이 사회를 변혁하고 교회교육의 새로운 시대를 열었던 것처럼, 언제나 시대가 요구하는 새로운 기독교교육적 사명을 감당하고 기독교교육 자체를 개혁하는 과제들을 바르게 감당해가야 할 것이다.

II. 한국 아동 교회학교의 어제

1. 한국 교회학교 역사의 시대구분

　기록에 의하면 한국의 주일학교는 1890년에 처음으로 시작되었다.[5] 지나간 시간들을 한눈에 보기 위하여 우리가 무엇보다 먼저 해야 할 일은 시기를 구분하여 보는 일일 것 같다. 사람의 인생도 유아기와 아동기, 청소년기와 같은 시기가 있는 것처럼 우리의 교회학교도 일정한 시기에 특별히 성장이 집중되었던 시기가 있었고, 이 성장이 정체되었던 시기가 있었다. 그래서 이와 같은 시대적 특성을 잘 찾아서 살펴보는 일은 한국 아동 교회학교의 역사를 좀 더 잘 이해하는 데 필수적인 일이라고 할 수 있다.

　지나간 시간에 한국의 주일학교 역사를 시대별로 구분하여 고찰한 학자는 크게 두 부류, 즉 1990년 이전과 그 이후로 나누어 볼 수 있다. 전자, 즉 1990년 이전에 고찰한 부류 중 최초의 학자로 아마도 엄요섭을 들 수 있을 것이다. 엄요섭은 일찍이 그의 1959년에 출판한 책『韓國 基督教 教育史 小考』에서 한국 교회학교의 역사를 크게 세 단계로 구분한 바 있다. 제 1기 "구 왕국시대에 싹튼 주일학교운동(조선주일학교연합회 이전)", 제 2기 "일제 시대에도 발전된 주일학교운동(조선주일학교연합회 시대)" 그리고 제 3기 "민족해방과 기독교교육의 재건(대한기독교교육협회 당시)"이다.[6] 엄요섭은 제 1기는 알렌이 한국에 처음 온 1884년부터 조선주일학교연합회가 정식 발족한 1922년까지로, 제 2기는 1922년부터 1945년 민족해방까지, 그리고 제 3기를 1945년 이후 자신의 저서가 쓰여졌던 시점인 1959년까지로 잡고 있다. 이와 같은 엄요섭의 시대구분에 대해서 정웅섭은 한국 민족사적 견지나 또는 교회사적 시각이라기보다는 교회교육연합체인 기독교교육협회사적인 견지로 본 구분이라고 하였다.[7]

　문동환도 그의 글 "한국의 교회교육사(주일학교운동 중심으로)"에서 한국 교회교육사를 3시기로 나누었다. 그는 1885년부터 1919년 3·1운동까지를 제 1기로, 1919년부터 1945년 해방 때까지를 제 2기로, 그리고 1945년부터 그가 이글을 썼던 당시, 즉 1973년을 제 3기로 본다고 하였다.[8] 제 1기가 교회가 국가 건설에 대하여 특별한 관심을 쏟았던 시기로서의 특징이 있다면, 제 2기는 일제하의 시기로써 이 시기의 기독교교육은 국민들이 자립적 독립운동으로 국민을 깨우는 '문화운동'으로서의 특성을 띠고 있었다고 하였다.[9] 제 3기를 문동환은 다시 두 부분으로 나누어 1945년부터 1960년까지를 다시 일어나는 재건기로, 60년 이후로 현재(73)까지를 한국의 독자적인 종교교육을 창조하려고 노력하는 '자주기'로 볼 수 있다고 하였다.

그런가 하면 정웅섭은 그의 글 "敎育問題史的으로 본 韓國改新敎 敎會敎育 100년 —主日學校를 中心으로"에서 주일학교 역사를 크게 네 시기로 구분하여 설명하고 있는바 제 1기는 "이식기"(1884-1919), 제 2기는 "대결기"(1920-1945), 제 3기는 "타협기"(1946-1969), 그리고 제 4기는 "정체추구기"(1970-1985)라고 하였다. 제 1기인 '이식기'는 복음이 새로 한국에 들어와서 "새것에의 도전과 응전의 시기"로서의 특징을 갖고 있고, 제 2기인 '대결기'는 일본 강점기로 "겨레와 교회의 자유"를 위하여 대결하였던 시기이고, 제 3기인 '타협기'는 해방 이후 한국 사회의 변화와 더불어 교회가 세속성 앞에서 좀 더 대결적인 자세로 대처하지 못하고 오히려 "세속문화와 타협의 자리에 머물렀던 시기"였으며, 제 4기는 '정체추구기'로 한국 교회가 "독자적인 정체성(identity)을 추구하는 시기"에 들어와 있다고 하였다. 이 글이 한국 개신교 교회교육 100년을 주일학교를 중심으로 고찰하는 것이 목적이었다는 점에서 볼 때, 필자의 눈에 정웅섭의 구별은 '교회학교'에 초점이 놓여 있기보다는 오히려 한국 개신교회 전체의 역사라고 하는 관점에서 쓰여진 글이라고 할 수 있다.

이와 같은 초기 분류와 나란히 우리는 비교적 최근의 분류들을 발견할 수 있는데, 이에 결정적 자리를 제공한 책이 바로 1999년에 한국 기독교교육학회에서 발간한 기독교교육 논총, 『한국 교단의 기독교교육사』이다.[10] 이 책에는 한국의 기독교교육사를 다루기 위해 국내 8개 교단의 대표들이 각 교단 나름대로의 기독교교육사 시대구분을 제시하였다. 장종철은 감리교회의 기독교교육사를 크게 네 시기로 분류하여, 제 1기는 "**감리교의 전래와 선교의 시기**"(1885-1919), 제 2기는 "**주일학교운동 확장의 시기**"(1920-1945), 제 3기는 "**교회교육 재건의 시기**"(1945-1960), 그리고 제 4기는 "**기독교교육 전문화 시기**"(1961-현재)라고 하였다.[11]

반면 장로교 합동측의 기독교교육사를 고찰한 한춘기는 같은 교단의 기독교교육학자인 김득룡의 분류를 바탕으로 하면서 이를 보충하는 시대구분을 제시하였다.[12] 그는 김득룡의 분류, 즉 제 1기, '**복구기**'(6·25동란-1960), 제 2기, '**반성기**'(1960년대), 제 3기 '**정돈기**'(1970-1994)를 수용하고, 여기에 제 4기 '**도약기**'(1994-1999년 현재)를 보충하여 전체를 네 시기로 분류하였다.[13] 김득룡과 한춘기의 분류는 한국 주일학교 초기 역사를 생략하고 6·25 동란 이후 합동측 교단의 기독교교육사만을 다루었다는 특징이 눈에 띈다.

그런가 하면 장로교 통합측의 기독교교육사를 다룬 고용수는 장로교 통합측의 기독교교육을 일곱 시기로 나누어 설명하였는데, 제 1기를 '**여명기**'로 알렌이 입국한 1884년부터 1905년 이전으로 처음으로 주일학교가 생겨난 시기이고, 제 2기인 '**준비기**'는 선교연합공의회(Federal Council of Mission) 내에 주일학교위원회가 선교사들을 중심으로 결성되어 조직적 주일학교운동이 세계주일학교연합회와의 유대 속에 펼쳐지기 시작한 시기이며, 제 3기는 '**개화기**'로 1922년 조선주일학교연합회가 결성되면서부터 여름성경학교, 확장 주일학교, 교재출판 등의 운동이 활발히 전개되던 시기라고 하였다.[14] 제 4기는 '**암흑기**'로 1930년 후반으로 오면서 심해진 일제의 탄압이 조선주일학교연합회를 강제로 해체했고 공과출판 금지 등의 사건이 있었던 시기이고, 제 5기 '**재건기**'는 1945년 해방 이후 1947년 조선주일학교연합회가 활동을 재기하고 국제 기독교교육협회와 협력하에 세계 통일공과를 출판 보급하는 등 주일학교 연합운동에 새로운 활력이 불어넣어지던 시기라고 하였다. 제 6기는 '**반성과 도약기**'로서 1960년 이후 한국 사회 변천에 따른 교회의 자기반성과 함께 기독교교육학자들이 각 교단 신학교와 기독교학교에 정착해서 기독교교육이론을 소개하기 시작하고, 학문적 활동이 활성화되기 시작하였던 시기였다. 제 7기는 '**성장기**'로서 1970년 이후 현재(1999)까지 교단별 기독교교육의 이론 정립과 함께 교단별 커리큘럼 개발에 따른 교육 자료들이 본격적으로 출판되었고, 또한 대학원 운영과 교육전문직이 제도적으로 정착되어가는 시기라고 하였다.[15]

여기에서 우리는 위에 제시한 분류들을 바탕으로 하여 한국 교회학교의 역사를 크게 다섯 시기로 분류해 보고자 한다. 제 1기는 '**태동기**'로 이 시기는 1885년 선교가 시작된 해를 기점으로 하여 1922년 조선주일학교연합회가 정식으로 발족된 해까지이다. 제 2기는 '**성장기**'로 연합회를 중심으로 여름성경학교와 확장 주일학교 교재출판 등의 활발한 운동과 확장이 있었던 1922년부터 1930년까지의 시기이다. 제 3기는 '**위축기**'로 일제 강점하에 주일학교연합회가 강제로 해체되고 공과출판 금지 등 주일학교운동이 위축되었던 시기로 1930년대부터 1945년까지이다. 제 4기는 앞의 여러 학자들이 공통적으로 말하고 있는 바와 같이 '**복구기**'이다. 이 시기는 해방 이후 1960년까지의 시기로 조선주일학교연합회가 활동을 재개하고 공과를 출판보급하는 등 이전의 활동을 복구하는 시기였다. 제 4기는 1960년부터 1995년까지의 시기로 '**도약기**'이다. 이 시기는 각 교단별로 기독교교육이론이 정립되고 독자적인 커리큘럼 개발과 교육 자료들이 본격적으로 출판되고, 신학교에는 대학과 대학원 박사과정이 개설되어 기독교교육 전문인들이 배출되었던 시기이다. 이와 같은 요소들을 바탕으로 기독교교육은 그 어느 시기보다 만개하고, 성장하던 시기라고 할 수 있다.

기존의 학자들이 성장기, 혹은 도약기로 마지막 시기를 정리하고 있는 것에 반하여 필자는 1995년 이후의 교회학교는 새로운 도전에 직면한 시기로 보고 이를 "**재도전기**"로 칭하고자 한다. 1995년 이후 한국의 교회학교는 개신교 교회 자체의 성장둔화현상과 동반되는 교회학교 침체 증후군을 나타내고 있다. 자세한 것은 아래에서 살펴보겠지만, 이 시기 한국의 교회학교는 교육의 전문성이나 교회의 교육적 투자 등은 사실 그 어느 시기보다 더 발전한 시대일지 모르나 이미 교회학교의 침체 증후군은 곳곳에서 나타나고 있고, 따라서 새로운 도약을 위한 재도전에 직면한 시기라고 할 수 있다. 그러면 아래에서 각 시기별 한국 아동 교회학교의 발자취들을 따라가 보도록 하자.

2. 제 1기 교회학교: 태동기

1) 한국 최초 주일학교

정웅섭은 문서상으로 나타나는 한국 최초의 주일학교는 1888년 1월 15일 이화학당에서 스크랜튼 부인이 어린이 12명과 성인 여성 3명을 데리고 주일에 학교를 시작하였다는 기록이라고 하였다. 스크랜튼 부인은 이와 같은 서한을 미국의 선교본부에 보냈고, 이것이 문헌상으로 나타나는 최초의 주일학교라는 것이다.[16]

반면 한국 교회 초기 선교사였던 곽안련(Charles Allen Clark)에 의하면 한국 최초의 공식적인 주일학교는 1890년에 시작되었다.[17] 그는 미국 장로교의 선교보고서 기록에 의거하여 한국의 "유년 주일학교"는 1890년 서울의 한 '소년학교'에서 43명의 참석 인원으로 시작되었다고 기록하고 있다. '소년학교'(Boy-school)라 함은 소년들을 대상으로 하는 초등학교 수준의 학교로서, 곽안련은 1885년 언더우드에 의하여 시작된 고아원 학교가 최초의 '소년학교'였다고 기록하고 있다.[18] 소년학교는 현대식의 공교육이 없었던 당시 소수의 특권층 자제들만이 교육의 혜택을 누리던 상황에서,[19] 언더우드가 고아 소년들을 모아 가르치기도 하고 돌보기도 하면서 붙인 이름이라고 한다. 특기할 만한 것은 최초의 주일학교가 어느 것이든 그것은 '학교'에서, 즉 교회 밖에서 시작되었다는 것이다. 영국의 주일학교가 최초에는 교회 밖인 킹여사의 집에서 시작되어 교회 안으로 정착해 들어갔던 것과 같이 한국의 주일학교도 교회 밖에서 시작하여 교회 안으로 들어간 것이다.

그런데 여기서 우리가 주목하여 볼 것은 선교사 곽안련의 증언이다. 그는 1890년에 최초의 공식적 유년 주일학교가 소년학교 안에 시작이 되었다고 하였지만, 동시에 같은 책에서 그는 한국에서는 처음부터 교회마다 노인으로부터 유아들까지 모두 참석하는 주일학교가 있었다고 증언하고 있다.

> 이 나라에서는 사역의 시초부터 교회마다 노인으로부터 유아들까지 모두 참석하는 주일학교가 있었다. 1907년까지는 조직적인 주일학교 사업이 별로 없었다. 이에 대해서는 좀 더 지난 후 주일학교가 크게 발전했던 때에 가서 언급할 것이다. 그러나 **주일학교는 항상 존재했다**. "설교보다 가르침을 가일층 더 강조한다"는 네비우스 박사의 원리에 따라 한국 태반의 지역에서 주일날 오후 내내 주일학교가 열렸으며 설교가 있는 예배는 여건상 오후 2시에 드렸다. … 건물을 사역에 맞추는 것이 아니라 그 반대로 공간에 맞추어 사역을 실시해야 했던 것이다. 한국 북부지방에서는 그에 대한 해결책으로 각 교회에서 주일날 세 번의 주일학교를 열었다. 오전 9시에는 어린이를 위한 주일학교, 10시 30분에는 남성을 위한 주일학교, 정오에는 여성을 위한 주일학교가 있었다.[20]

이 인용구절을 잘 살펴보면 한국의 교회에는 외국의 선교사들이 '소년학교' 안에서 '주일학교'를 시작하고, 이것이 교회로 들어가 자리 잡기 전에 이미 교회 안에 폭넓게 퍼져 있었던 교육의 형태가 있었던 것을 알 수 있다. 이미 "한국 태반의 지역에서 주일날 오후 내내 주일학교가 열렸다"는 구절에서 이를 엿볼 수 있다. 그는 최초의 주일학교에 대한 언급에서도 이것을 강조하고 있다.[21]

> 최초의 공식적인 주일학교는 43명의 참석인원으로 1890년 서울의 소년학교에서 조직된 듯하다. 물론 이것은 미국의 주일학교처럼 반별로 조직된 유년 주일학교를 가리킨다. 우리가 앞에서 살펴보았듯이 **그 이전에도 교회에 오는 사람은 누구나 다 사실상 주일학교에 오는 것이나 다름없었다**. 사역의 많은 부분이 가르침이었던 것이다. 하지만 정식으로 조직된 주일학교는 아마도 이것이 최초일 것이다.

이러한 구절들로부터 우리가 발견하게 되는 것은 당시 미국식의 주일학교 형태가 들어온 것은 1890년이었고, 또한 이것이 널리 파급되기까지는 시간이 걸려서 그가 위에서 말한 대로 1907년 이전까지는 조직적 주일학교 사업이 별로 없었다는 것이다. 그런데 이미 한국 교회 안에는 '주일학교'라는 말을 붙일 수 있을 정도로 '교육'이 강조되는 활동이 있었고, 이것이 의미하는 것은 한국 교회는 미국식의 '주일학교' 제도가 들어와 파급되기 이전에 이미 교육에 강하게 초점을 둔 '교육' 중심의 목회가 시행되고 있었다는 것이다. 그렇기 때문에 한국의 교회학교는 처음부터 '주일학교' 제도가 들어와 이식된 형태를 띠었다고 하기보다는 이미 형성된 교육적 환경 안에 '주일학교' 제도가 손쉽게 확산되었다는 것을 알 수 있다. 한국의 교회는 아동을 대상으로 하는 서구식의 '주일학교'라는 이름이 본격화되기 이전에 이미 '교육'을 강조하는 활동, 즉 성서공부가 폭넓게 시행되었고, 이는 아동만을 대상으로 하는 것이 아니라 전 교인을 대상으로 하는 전교회적 교육활동이었다는 점을 알 수 있다.

2) 주일학교의 발전과 연합회 활동

기록에 의한 최초의 주일학교가 '소년학교' 혹은 '이화학당'에서 실시되었다고 하는 것은 한국의 주일학교도 영국의 경우와 비슷하게 교회 밖에서 시작되었고, 이것이 교회 안으로 들어와 어린이를 대상으로 하는 교육의 장으로 자리 잡게 되었다는 것을 암시하는 것이다. 곽안련이 제시하는 통계자료에 의하면 1936년까지 주일학교의 숫자가 교회의 숫자보다 많은 것으로 나타나는 것을 볼 수 있다.[22] 이것은 주일학교가 반드시 교회 안에서만 이루어졌던 것은 아니라는 증거이다. 즉 소년학교를 비롯하여 당시 확산되었던 기독교 학교들도 '주일학교'의 장이 되었음을 짐작해 볼 수 있다.

어쨌든 그렇게 시작된 '주일학교'는 교회 안 어린이 교육을 담당하는 교육부서로 자리 잡게 되었고, '주일학교'라는 이름으로 아동의 교육을 담당하게 되었다. 1905년에는 주일학교 연합기구도 탄생하게 되었다.[23] 한국에 있었던 여러 교단 선교사들이 연합하여 1905년에 "개신교복음주의 선교공의회"(The General Council of Protestant Evangelical Missions)가 결성되는데, 이때 "주일학교 위원회"가 그 안에 설치된다.[24] 문동환은 이 주일학교위원회는 선교사 중심의 위원회로 주일학교 교육에 관심을 가지는 선교사 간의 친목과 그들이 필요로 하였던 통일공과 편찬을 목적으로 하였다고 기록한다.[25]

이 주일학교위원회는 1911년에 주일학교 사역을 좀 더 체계적이고 집중적으로 실시하기 위하여 초교파적인 대표 13인을 중심으로 **"조선주일학교연합회 운영위원회"**를 발족시켰다.[26] 운영위원으로는 복음주의 공의회 산하 6개의 선교회로부터 각각 한 사람씩, 장로교 총회로부터 4인, 감리교협의회로부터 1인, 그리고 대한기독교서회에서 1인으로 구성되었다. 한국의 주일학교운동은 이같이 처음부터 교파연합적인 에큐메니컬

한 차원으로 이루어졌음을 알 수 있다.

동 위원회는 1911년에는 "세계주일학교연합회"의 재정적 도움을 받아 "세계 주일학교 통일공과"를 직접 출판하여 보급하였고, 1919년에는 계단공과까지 출판하게 된다. 곽안련은 "조선주일학교연합회"가 1915년과 1920년에 주일학교에 관한 규정들을 제시하였고, 이를 바탕으로 주일학교의 체제를 정비하는 시도가 있었다고 보고하고 있다.[27] 특기할 만한 것은 1915년을 기점으로 주일학교는 "확장 주일학교"(Extension Sunday Schools)를 향한 움직임이 있었는바, 이것은 특별히 비기독교 마을에 복음을 전하는 전도활동에 초점을 두었다는 것이다.

1921년에는 서울에서 최초의 **전국 주일학교 대회**가 개최되었다.[28] 전국 각 교단과 각지에서 온 990명의 회원이 참석한 가운데 열린 이 대회에는 "세계주일학교연합회"에서 파송된 대표도 참석하게 된다. 이 대회에 대표로 참석하였던 톰슨(J. V. Thompson) 박사는 대회 이후에도 6개월간 한국에 머무르면서 지방의 학교에서 가르치는 등 한국의 주일학교 교육발전에 도움을 주었다. 따라서 1921년의 전국대회는 한국의 주일학교 운동에 박차를 가하게 되는 계기가 되었고, 그 결과 1922년에는 기존의 "운영위원회"가 **"조선주일학교연합회"**로 개편되게 된다. 주일학교운동은 이제 교단의 대표들이 참여하는 운영위원으로서만이 아니라 명실공이 "한국주일학교연합회"의 차원에서 이루어지게 된다.

제 1기인 태동기의 특징은 한마디로 한국에 교회학교가 시작되고 자리를 잡아가는 시기라고 할 수 있다. 이 시기에 미국의 선교사에 의해 시작된 '주일학교'가 한국 교회 안에 아동을 대상으로 하는 교육의 기관으로 자리 잡게 된다. 물론 앞에서 살핀 대로 한국의 교회는 선교 초기 '교육선교'의 관점에서 시작된 교육 중심적 활동으로 인하여, '주일학교'가 교회에 들어오기 이전부터 이미 어린이부터 성인에 이르기까지 모든 교인을 망라하는 교육적 체제가 자리 잡고 있었고, 이와 같은 분위기는 '주일학교'가 빠른 속도로 확산되는 토양이 되었다. 초기의 주일학교운동은 처음부터 모든 교단이 함께 참여하는 연합회 활동을 통해 활발해졌고, 주일학교의 확산, 공과의 집필과 보급, 교육방법의 보급 등이 이와 같은 초교파적인 연합 사업을 통해 이루어졌다.

주목할 것은 정웅섭이 말한 대로 이 시기 주일학교는 무엇보다 문화소외의 대상이었던 평민들과 부녀자들, 아동에게 글을 가르치고, 이들이 넓은 사회로 나올 수 있도록 기회를 제공해 주는 역할을 하였다는 점이다. 또한 한국의 주일학교운동은 영국의 그것과 같이 사회적으로 교육의 혜택을 받을 수 없었던 사람들을 보살피는 인간 교육적 차원을 가지고 있었다.

3. 제 2기 교회학교(1922-1930): 성장기

이 시기의 조선은 일제의 강점 아래 있었던 시기였지만 '주일학교'의 차원에서는 활발한 활동이 있었던 시기라고 할 수 있다. 1919년에 일어났던 3·1운동이 정치운동으로는 실패했지만, 그 결과 '교육운동'으로 민족을 깨우치자는 소망들이 나타났고, 그와 같은 분위기가 주일학교 지도자들에게도 영향을 미쳐, 주일학교 교육으로 민족을 깨우치자는 정신이 형성되었다. 그뿐만 아니라 1922년 정식으로 발족된 **"조선주일학교연합회"**는 세계주일학교연합회와 긴밀한 관계 아래 건설적인 활동들이 이루어졌고, 또한 공과집필과 보급이 활발하게 이루어졌다.[29]

1922년에는 여름성경학교가 최초로 선천의 마포삼열 목사의 부인에 의해 시작되었고,[30] 1924년 이후에는 소위 "확장 주일학교"(Extension Sunday School) 제도가 도입되었다. 확장 주일학교란 주일 오후에 훈련된 주일학교 선생들을 선교사의 차에 태워 농촌에 풀어놓았다가 저녁에 다시 모아들이던 제도로 이 제도를 통해 전도가 일어났고, 많은 곳에 주일학교가 세워지게 되는 결과를 낳았다.[31]

제 2차와 3차 전국대회가 각각 25년과 29년 서울과 평양에서 열렸고, 평양에서는 4,000여 명이 참여하였던 대규모의 대회가 되었다. 곽안련의 보고에 의하면 1929년의 주일학교 학생과 교사 수는 이미 25만 4,000여 명이 되었다.[32]

이 시기에는 국제 통일공과 시리즈와 1927년부터는 계단공과들이 보급되었을 뿐만 아니라 교사훈련교재도 '아동심리학', '교수법', '조직', '성서', '지도력', '특수 분야'에 이르기까지 세부적으로 발간되었다.

교파를 초월한 연합회 사업은 이 기간 중에 변화가 일어난다. "감리회 종교교육협회"가 1928년에 시작되었고, 장로교도 1934년에 독자적인 교육부를 설치하게 된다.[33] "장로교 기독교교육부"는 성서통신 과정을 운영하기도 하고, 여름성경학교 사업, 암송공부과정을 운영하면서 더는 미국의 도움을 받지 않고, 한국 교회의 교단적 재정 지원으로 운영하게 되었다.[34]

주일학교운동이 초교파적에서 교파적으로 발전하게 된 것은 꼭 부정적인 결과만을 가져온 것은 아닌 것 같다. 김득룡은 장로교 총회에 신설된 기독교교육부로 인하여 자치적인 경비조달, 주일학교 공과위원회 운영, 주일학교 교사강습회, 교단 신학교에 기독교교육 과정 신설, 외국의 주일학교 연합회와의 협력사업, 교사부흥회, 하기성경학교 강습회 등의 사업이 가능하였다고 보고하고 있다.[35]

곽안련에 의하면 장로교 신학교에서는 이미 1922년에 종교교육과정 신설을 추진하였고, 이 과정에서 심리학, 종교교육원리, 교수법, 종교교육 조직, 청소년 사역, 기독교사회봉사 등의 과목이 설치되었다고 하였다.[36]

문동환은 주일학교가 이 시기에 성장한 이유에 대해 일제하 어린이나 청년들이 따뜻한 대접을 받을 만한 곳이 교회밖에 없었기 때문이라고 이해하였다. 즉 주일학교는 생의 서글픔과 민족의 원통함을 위로받을 수 있는 위안처가 되어주었다는 것이다. 그러나 그는 이 시기 주일학교가 당시 한국의 정치적이고 경제 문화적 상황에 관한 문제를 관심으로 삼지는 않았다고 비판한다. 주일학교의 교재는 단지 미국에서 이루어지고 있는 것을 반복하였던 것뿐이라고 하였다.[37] 문동환의 지적에도 불구하고 주일학교가 아동과 청소년이 위로와 희망을 찾는 자리가 되었다는 것 자체가 이미 이 당시의 사회에 중요한 기여를 하였던 것으로 판단된다. 식민지 시대에 사회적 무관심과 무교육에 방치되었던 어린이들이 성서를 배우고, 노래와 율동을 배우며, 따뜻하게 환영받을 수 있는 자리가 되었던 것은 주일학교가 교육적 차원으로나 아동복지의 차원에서 높게 평가받을 수 있는 이유가 된다.

4. 제 3기 교회학교(1930-1945): 위축기

일제 말기로 오면서 주일학교도 '위축기'를 맞게 되었다. 일제는 아시아를 정복하려는 야욕을 드러내면서 한국에서 신사참배와 황국시민 교육을 강요하였다. 1935년부터 강요된 신사참배는 한국 교인의 신앙의 순수성을 침해하더니, 1938년에는 평양 신학교가 문을 닫고 총회가 신사참배를 가결하도록 강요하였다.[38] 그 결과 교회는 조선기독교단으로 강제통합을 당하고, 이러한 상황에서 장로교회도 믿음의 절개를 깨뜨리게 되고, 40년대에 들어서 교세 폭락 현상은 당연한 것이라고 할 수 있다.

따라서 이와 같은 상황이 주일학교운동에도 직접적으로 영향을 미치게 되었고, 1938년에는 조선주일학교연합회가 강제로 해체되는 상황에 직면하게 되었다. 공과출판 금지가 뒤따랐고 주일학교운동은 결정적으로 위축되게 되었다.

5. 제 4기 교회학교(1945-1960): 복구기

해방 후 1960년까지의 시기는 다시금 주일학교가 복구되는 시기였다. 이 시기 주일학교 최대의 과제는 일제의 학정으로 인해 무너졌던 교회학교의 옛 모습을 회복하는 일이었다.

무엇보다 먼저 주일학교연합회의 활동이 재개되었다. 이때 "조선주일학교연합회"는 "대한기독교교육협회"로 개명하게 된다.[39] 이와 같은 명칭변경은 세계주일학교연합회의 경향과 맥을 같이하는 것으로, 1947년 영국의 버밍햄에서 개최되었던 대회에서 주일학교연합회 곧 "The World Sunday School Association"은 세계 기독교교육협회 곧 "The World Council of Christian Education"으로 명칭을 변경하게 되었다. 이미 이 이름에 나타나고 있는 바와 같이 동 회의는 주일학교라고 하는 범위에서 머물지 않고, 더 넓은 의미를 내포하는 '기독교교육'의 차원에서 이루어지는 교육 전반과 관련된 사업을 하겠다는 의지를 표명하였던 것이다. 엄요섭은 이와 같은 영향하에 다시 재개된 한국의 연합회도 "조선주일학교연합회"에서 "대한기독교교육협회"로 개명하게 되었다고 하였다.

과거의 주일학교연합회가 주일학교 하나만을 위한 연합회 활동에 국한되었다면, 재건된 기독교교육협회에서는 학교교육, 청소년교육, 가정교육 등 다양한 분야로 활동 영역을 넓혔다.[40]

재건된 기독교교육협회를 통해 이루어졌던 가장 중점적 활동의 하나는 공과의 재출판과 보급이었다. 이전에 사용하였던 세계통일공과가 재출판되었고, 동시에 계단공과를 집필하여 보급하고자 하는 노력이 실현되었다. 이 노력은 1960년에 완성되는 결실을 맺게 된다.

이와 같은 활발한 활동을 바탕으로 이 시기에는 교회마다 아동 주일학교와 청소년 주일학교는 대성황을 이루었다.[41] 특별히 50년대 후반에서 60년대 초반은 주일학교의 재부흥기라고 할 수 있다.

6. 제 5기 교회학교(1960-1995): 도약기

제 5기는 1960년대 이후 1995년까지의 시기로 한국 교회의 각 교단별로 전문화된 기독교교육이 전개된 시기라고 할 수 있다. 장종철은 감리교회의 기독교교육사를 회고하며 이 시기를 "전문화 시대"라고 할 수 있다고 하였다.[42] 고용수도 이 시기를 전문화의 시기로 칭하였는데, 특별히 이 시기에 외국에서 유학을 마치고 귀국한 기독교교육학자들이 각 교단 신학교와 기독교학교에 정착해서 기독교교육 이론을 소개하기 시작하였다고 하였다.[43] 그뿐만 아니라 이 시기에는 각 신학대학들에 '기독교교육학과'가 신설되었고, 또한 신학대학부설 기독교교육연구소들이 개설되어 학문적 활동이 뿌리를 내리기 시작한 때라고 할 수 있다.[44]

이와 같은 바탕 위에서 교단별로 기독교교육 이론의 정립과 함께 교단별 커리큘럼 개발이 본격적으로 이루어졌다. 각 교단의 총회 교육부에서는 공과 개발과 출판뿐만 아니라, 주일학교연합회와 함께 교사세미나와 성경학교 강습 등의 지도자 교육이 이루어졌고, 총회차원에서는 『교육지침서』로 시작된 교육의 방향제시를 해를 거듭하면서 다양한 교육 자료집과 주제집, 교육 잡지, 연령별 교재 등을 출판하는 것으로 확대하였고, 그 어느 때보다 활발한 활동을 하였다.

통합측의 경우, 대한기독교교육협회에서 교파 연합 사업으로 편집 출판되었던 통일공과(Uniform Lessons)를 사용하다가 1970년에 처음으로 『성서와 생활』을 기획하여 1972년부터 사용하게 되었다. 『성서와 생활』은 1981년에 『말씀과 삶』으로 개편되었고, 21세기를 맞이하는 2000년부터는 『하나님의 나라- 부르심과 응답』의 새 공과가 개발되어 현재까지 사용되고 있다.

이 시기에는 '주일학교'라는 명칭을 '교회학교'로 바꾸고, 교회학교의 체제변형이 모색되었다. 주일학교가 주일이라는 시간에 이루어지는 학교라고 하는 좁은 개념이라면, 교회학교는 주일뿐만 아니라 교회가 주체가 되어 수행되는 모든 형태의 교육을 포괄하는 폭넓은 뜻을 내포하는 개념으로 이해되었다.

이렇게 보았을 때 완벽하지는 않지만 이 시기는 그 어느 시기보다 교회교육의 전문화가 이루어졌던 시기라고 할 수 있다. 기독교교육 학자의 층이 점차 넓어지고, 이들이 신학교의 기독교교육과와 기독교교육연구원 등을 통하여 활발한 학문적, 실천적 연구를 하였다. 그뿐만 아니라 신학교를 통하여 교육현장에 봉사하는 기독교교육 사역자의 층이 넓어졌고, 총회교육부를 통해 개발 보급되는 교단별 공과도 전문화되었던 시기였다고 할 수 있다.

통계자료는 이 시기까지 주일학교가 지속적으로 성장하는 성장곡선을 그리고 있는 것을 보여주고 있다. 장로교 통합측 총회회의록에 나타난 교세의 수와 아동 숫자의 증감추이를 보았을 때에도 1960년대 이후 1990년까지의 기간에 지속적인 증가추세, 가파른 상승곡선을 나타내고 있는 것을 확인할 수 있다. 같은 시간대에 통합측 교단 전체 교인 수도 가파른 상승세를 보이고 있는 것을 아래의 표에서 확인할 수 있다.

〈1964-1995년까지 통합측 교단 아동 수와 교인 수 추이〉[45]

	1964	1970	1975	1980	1985	1990	1995
아동 수	82,741	165,029	191,101	267,712	286,453	313,676	302,179
교인 수	552,679	532,020	696,893	1,115,548	1,477,740	1,867,416	2,105,004

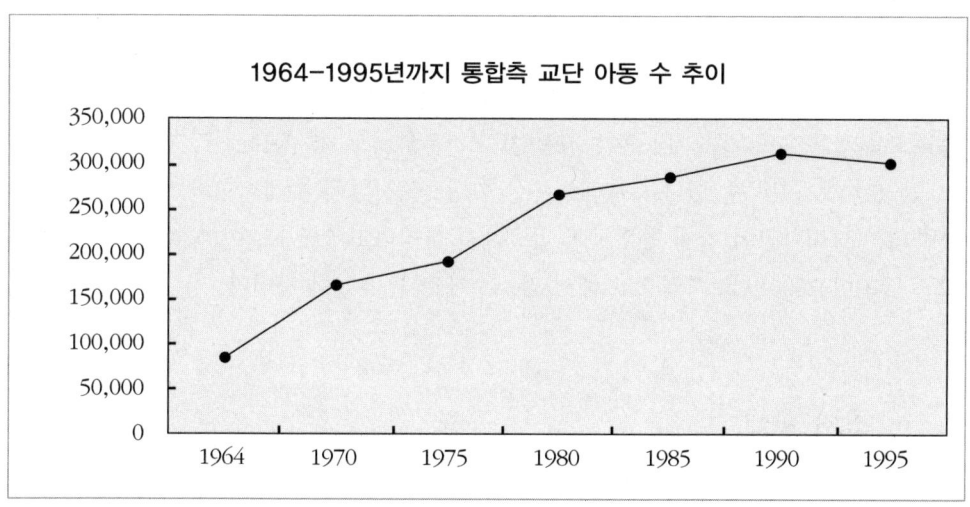

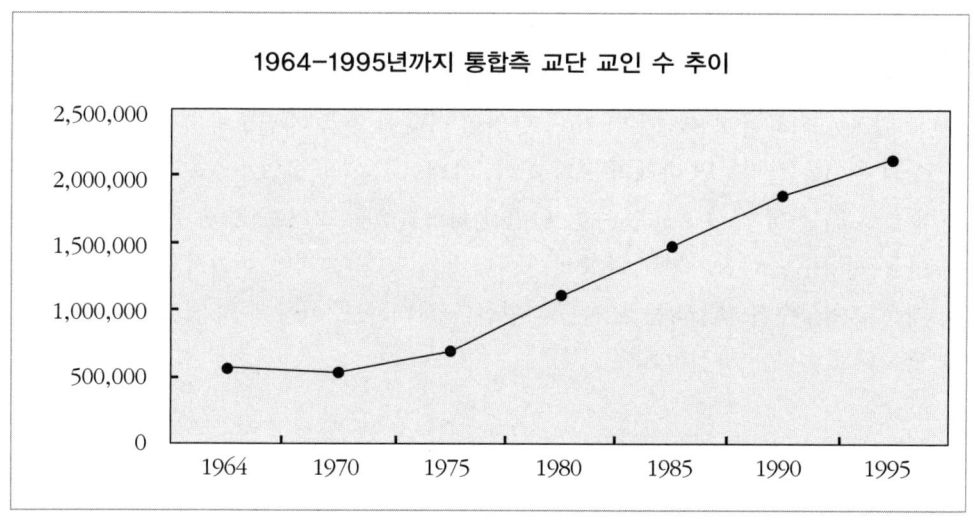

III. 한국 아동 교회학교의 오늘

앞에서 살펴본 바와 같이 1960년대 이후 한국의 교회학교는 그 어느 시기보다 활성화와 전문화의 시기를 맞았었다. 그러나 그와 같은 조건들에도 불구하고 한국의 교회학교는 1995년을 기점으로 새로운 도전에 직면하였다. 개신교 교회의 성장둔화가 서서히 시작되다가, 2000년을 기점으로 마이너스 성장으로 돌아서면서 이와 함께 교회학교도 수적으로 감소되는 현상이 나타난 것이다.

앞에서 살펴본 한국 기독교교육학회의 『한국 교단의 기독교교육사』에 글을 개제한 대부분의 기독교교육학자들은 책이 출판된 1999년 당시까지를 포함하는 시기의 기독교교육적 특징을 '성장기', 혹은 '도약기', '전문화의 시기' 등으로 긍정적으로 평가하고 있었던 것을 볼 수 있다. 그러나 사실 이미 이 시기에는 개신교의 성장둔화현상과 동반되는 교회학교의 침체 증후군이 곳곳에서 나타나고 있었고, 이와 같은 성장둔화현상은 급기야 2000년을 기점으로 해서 감소추세로 돌아섰던 것이다.

1. 수적 정체

아래의 표에 나타난 대로 통계청에서 제시하는 자료는 지속적으로 증가하던 개신교 교인 수가 1995년을 기점으로 감소추세로 돌아서고 있는 것을 보여주고 있고, 특별히 이 기간 동안 개신교 아동의 숫자는 더 가파른 하향곡선을 나타내고 있는 것을 보여준다. 비교를 위하여 1985년부터 10년 단위로 나타낸 전국 개신교의 추이와 개신교 아동 수의 추이를 살펴보면 아래의 표와 같다. 아래의 표에 의하면 1995년에서 2005년 사이의 10년 간 한국 개신교 교인 수는 완만한 하향곡선을 그리고 있다. 동시간대에 개신교 아동 인구수도 마찬가지로 하향세를 나타내고 있다. 그러나 여기서 주목할 것은 전체 개신교 인구수의 감소라는 요인을 감안한다 하더라도, 아동 수의 감소는 더 큰 폭으로 떨어지고 있다는 사실이다.

〈전체 개신교 인구수에 대한 전체 개신교 아동 수 비율〉[46]

	1985	1995	2005
전체 개신교 인구수	6,489,624	8,760,336	8,616,438
전체 개신교 아동 수	890,760	936,614	887,360
증감 %	13.72%	10.69%	10.29%

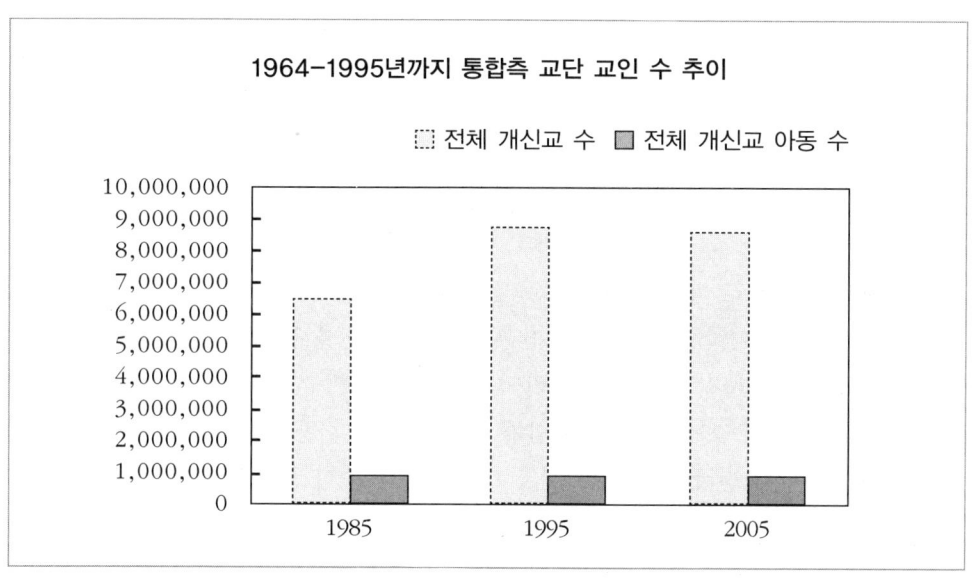

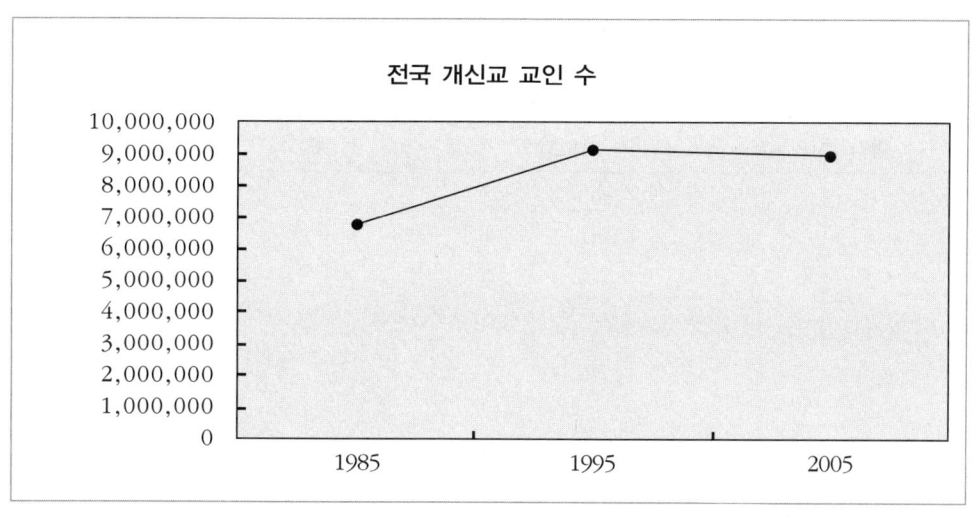

제4장 한국의 아동 교회학교의 역사와 방향

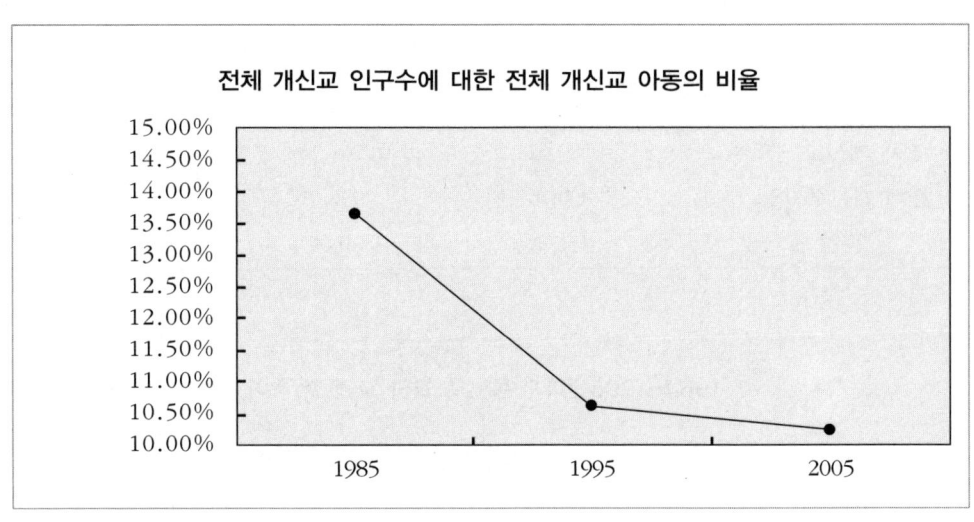

위의 표에서 보는 바와 같이 개신교 전체 교인 수의 감소에 비해 아동의 감소 추이가 더 가파른 것은 한국 사회 전체에 나타나고 있는 출산율 감소로 인한 아동 절대인구 자체의 감소현상 때문이기도 하다. 따라서 개신교 전체 아동 수의 감소 현상은 동 시간대 한국 아동 인구수 자체의 추이와 함께 비교해 보아야 한다. 아래 표는 1985년부터 2005년까지 20년간 전국 아동 수와 전국 개신교 아동 수의 증감 추이다.

〈전국 아동 수와 전국 개신교 아동 수 추이 비교〉[47]

구 분	1985	1995	2005
전국 아동 수	4,864,336	3,906,591	4,030,013
전국 개신교 아동 수	890,760	936,614	887,360
증감 추이(%)	18.31%	23.98%	22.02%

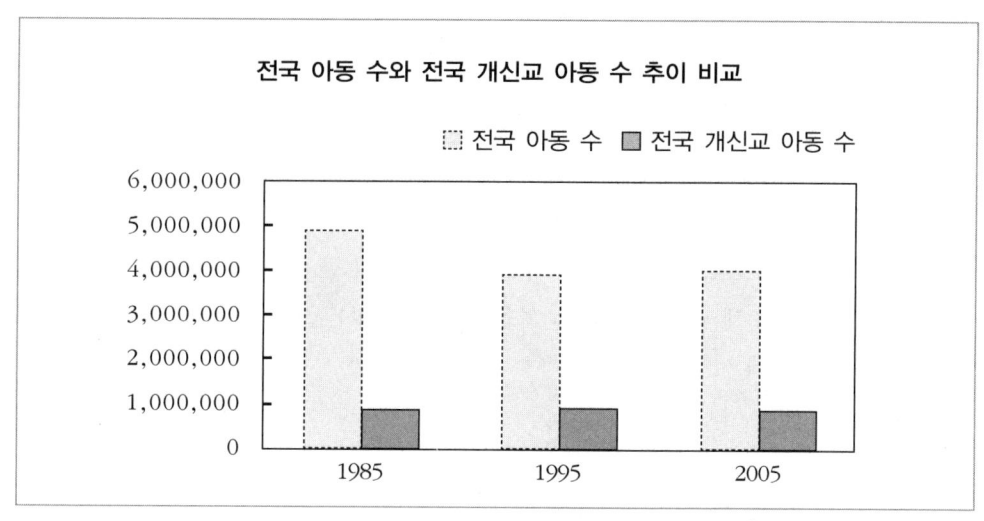

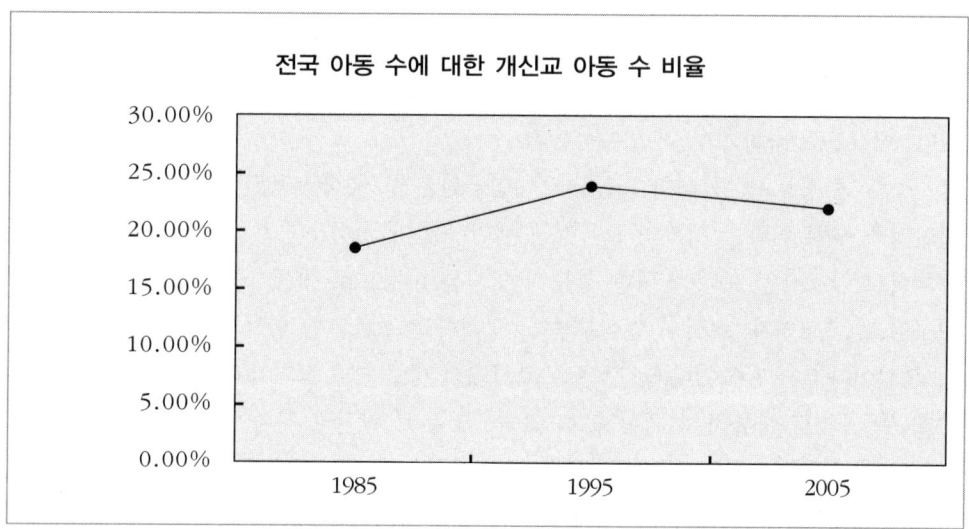

위의 표는 전국 아동 수의 정체현상을 감안한다고 하더라도, 그에 차지하는 개신교 아동의 비율은 점점 감소하고 있다는 사실을 말하여 준다. 1995년에 전국 아동 수는 10년 전인 1985년에 비하여 95만 7,745명이 감소한 390만 6,591명이다. 그럼에도 불구하고 개신교 아동 수는 오히려 증가하여 1995년 전체 아동 인구수의 23.98%를 차지하는 93만 6,614명이 되었다. 그러나 10년 후인 2005년에는 전국 아동 수가 다시 증가하였음에도 불구하고 개신교 전체 아동 수는 오히려 감소하여 전국 아동 수의 22.02%에 불과한 88만 7,360명이 되었다. 다시 말하면 전체 아동인구의 감소에 비교하여 볼 때 개신교 아동 수는 훨씬 가파른 감소추세를 나타내고 있다는 것이다.

이와 같은 현상은 이 시점, 즉 한국의 교회학교가 커다란 도약기를 겪은 직후의 시점에서 맞는 거대한 도전이 아니라 할 수 없다. 한국의 교회학교의 감소추세가 더는 간과할 수준이 아니라고 하는 것을 보게 된다. 우리는 오늘날의 교회학교 침체현상이 이제는 한국 교회학교가 성장의 꼭짓점을 찍고 하락, 혹은 노화의 과정에 접어든 것이 아니기를 바라는 마음으로, 무엇보다 먼저 1995년 이후의 급격한 감소추세의 원인을 밝혀내야 하고, 감소추세의 심도 있는 분석을 바탕으로 회복을 위한 대안을 마련하지 않으면 안 되는 시점에 서 있는 것이다.

2. 한국 아동 교회학교 침체 요인

지난 수년간 많은 기독교교육 전문가들이 교회학교의 침체현상을 우려하면서 다양한 시각에서 주일학교를 진단하고 주일학교의 침체요인을 분석하여 글로 발표한 바 있다. 이들을 간략하게 살펴보도록 하자.

1996년 장로회신학대학 기독교교육연구원은 "교회학교 성장의 정체현상 진단 및 대안정책 수립"이라는 제하의 교육정책 세미나를 개최하였다. 이 세미나에서 박상진은 교회학교 감소요인 분석을 위한 설문지 조사를 바탕으로 아동 교회학교의 경우 "아동인구감소", "교역자, 교사의 열심부족", "교회학교 프로그램 빈약"이 감소의 가장 핵심적 요인이라고 진단하였다.[48] 같은 보고서에서 박봉수는 교회학교 정체현상의 원인을 크게 두 가지로 분류하여 제시하고 있는데 근본적 원인과 부차적 원인이 그것이라고 하였다.[49] 근본적 원인은 다원화, 세속화, 개인주의화, 풍요화, 발전과 성장 지상주의화와 같은 삶의 환경변화적 측면이라고 한다면, 부차적 원인은 교수의 권위상실, 전문화 실패, 비인간화에의 편승, 흥미 유발의 실패와 같은 삶의 환경변화에 대한 교회학교의 부적응 현상을 들 수 있다고 하였다. 박상진이 교회학교 내적 문제에서 침체의 원인을 찾고 있다면, 박봉수는 교회학교 외적인 요인, 즉 시대-문화적, 환경적 요인과 그 요인에 대처하는 교회의 측면에서 원인을 찾고 있는 것을 볼 수 있다.

비슷한 시기에 "21세기 운동 어린이 선교위원회" 목사 김청호는 한국 교회학교가 맞고 있는 위기를 다음과 같은 세 가지, 즉 목회자의 목회관, 교육환경, 주일학교 운영이라고 하는 세 가지 차원의 요인과 관련시켜서 진단하였다.[50]

(1) 목회자의 장년 중심 목회관
(2) 교육환경의 위기: 오늘날 한국 교회의 교육환경(교육장소, 교육과정, 교사, 교재, 가정)은 가장 어려운 때를 맞고 있다. 주일학교 담당 교역자와 교사가 전문성이 없다. 가정과의 연계가 없다.
(3) 주일학교의 왜곡된 운영: 산만한 예배, 어린이의 상품화, 무계획적 교육, 흥미 위주의 프로그램 운영

김청호와 비슷한 시각에서 김만형은 교회학교 정체의 문제를 주로 교회학교 내적 요인을 통해 설명하였다. 1998년에 김만형은 그의 다년간 교회학교 현장 전문가의 경험을 바탕으로 『SS혁신보고서』를 출판하였다. 이 책은 당시 교육목사였던 그가 주로 교회학교 내적 측면에서 시도해 볼 수 있는 교회학교 개혁과 부흥의 방안을 모색한 책이다. 이 책에서 김만형은 교회학교가 잘 안 될 수밖에 없는 구조적이고 고질적 요소를 다음 다섯 가지로 요약하고 있다.[51]

(1) 시간부족, 주일학교는 1주일 하루, 그것도 70분이 넘지 않는 시간만을 할당받았을 뿐인데, 질도 절대량이 있어야 가능하다.
(2) 공간부족, 한국의 주일학교 교육은 주일학교 교육을 위한 전용공간 하나 제대로 확보되지 않은 열악한 환경이다.
(3) 교육철학 부재, 교육철학은 단지 구색용이고, 액세서리일 뿐 주일학교철학이 없이 눈대중으로 대충하는 교육풍토이다.
(4) 교육투자 전무, 언제나 찬밥덩어리 주일학교, 세속교육의 열풍과 광풍 앞에서 속수무책이다.
(5) 전문인 부재, 주일학교 교육담당은 단지 장년부를 맡기 위한 준비단계라고 하는 생각이 만연해 있다. 전문 사역자가 없다.

다섯 가지의 '부재', 즉 시간부족, 공간부족, 교육철학부재, 교육투자 전무, 전문인 부재로 표현되는 그의 분석은, 한국의 아동 교회학교가 거의 태생적이고 고질적으로 교육과 관련한 다섯 가지의 문제를 가지고 있고, 교회학교의 부흥은 이 다섯 가지의 문제를 극복하는 것에 달려 있다는 것을 암시한다.

교사통신대학 "교회와 교육 시리즈 편찬위원회"도 오늘날과 같은 한국 사회, 즉 물질문명과 기술문명, 그리고 정보화 사회로 대표되는 현대사회에서 교회학교는 심각

한 위기에 직면하여 있다고 진단하였다.[52] 동 위원회는 한국 교회학교의 위기가 다음 다섯 가지의 요인으로부터 기인한다고 분석하였다.[53]

(1) 교회교육의 중요성에 대한 인식 부족
(2) 전문성의 부족
(3) 성장지상주의가 낳은 폐해 : 성장지향적 교육정책으로 인해 교회교육은 점점 진지함을 상실했고, 연약한 사람들을 돌아보고 관심을 가지는 일을 외면하게 되었다.
(4) 생활교육과 지도 부족 : 교회에 할당되는 짧은 교육 시간으로 인하여 교회교육은 주로 지식을 전달하는 학습지도에 노력을 경주하게 되고, 생활교육으로까지 연결할 수 없다.
(5) 교사와 교역자와 학생들 간의 소원한 관계, 교회교육은 바른 가르침 이전에 바른 관계에서 출발해야 하는데, 오늘날 교사나 교역자의 자질 부족과 사명감 부족으로 학생들과 전통적 사제관계라고 할 수 있는 사랑과 존경의 관계가 무너졌다.

위원회는 교회학교가 가지고 있는 일반적 문제, 즉 전문성 부족, 교회교육의 중요성에 대한 인식 부족을 문제로 보고 있지만, 이와 나란히 기독교교육의 기본적 방향의 차원에서도 문제를 보고 있다. 교회학교가 성장지상주의만을 지향하는 정책으로 인하여 진지함을 상실하고, 연약한 사람들을 돌아보는 일을 외면한 것, 생활교육에까지 연결되는 교육적 배려를 하지 못하고 있는 것, 그리고 교사와 학생들 간의 사랑과 존경의 관계가 무너진 것과 같은 문제들을 교회학교의 문제로 지적하고 있다. 저자는 침체를 단순히 수적 침체가 아니라 교회학교 교육의 질적 침체로 보고 있다.

파이디온 선교회의 대표인 양승헌도 오늘날의 교회학교는 수적 침체 현상만 아니라 그 본래적 기능을 잃어버리고 있는 현상이 더 심각하다고 진단하면서 주일학교의 기능을 막는 구조적 문제들이 있다고 하였다.[54] 그는 한국의 주일학교가 "학교의 구조", "교회를 장으로 하는 구조", "사실이해를 중심으로 한 성서공부 구조", "목회와 교육의 이원화 구조", "어린이 교육구조", "상식적 교육의 구조"를 띠고 있다고 하였다. 또한 이 구조들은 다음과 같은 이유에서 교회학교의 성장을 막는 걸림돌이 된다는 것이다.

(1) 학교구조 : 학교의 구조는 '마음'을 변화시키는 것이라고 좀 더 '머리'를 변화시

키려는 데 있다. 그러나 예수님이 세우신 교회는 하나님을 한 아버지로 하는 가족 공동체이다.

(2) 교회를 장으로 하는 구조: 신·구약을 막론하고 성서는 자녀의 믿음과 인격의 틀을 잡아주는 첫 번째 교육기관이 가정이라고 가르친다. 주일학교는 부모의 대체 기능이나 경쟁하는 관계가 아닌 보완하는 관계이다. 부모의 마음으로 가르치지를 않는다.

(3) 사실이해 성서공부 구조: 교회학교는 성서를 정보(information)제공을 위한 책이 아닌 변화(transformation)를 위한 책으로 가르쳐야 하는데, 실제로는 정보중심으로 가르친다.

(4) 목회와 교육의 이원화 구조: 목회는 전문사역, 교육은 평신도용 사역, 목회는 목사용 사역, 교육은 아무나 할 수 있는 사역이라고 하는 이원론적 사고가 목회를 교육과 분리해 보게 하는 구조를 이룬다.

(5) 어린이 교육구조: 주일학교하면 어린이만 중심이 되는 것이라고 생각한다. 그러나 장부 교육이 활발하게 이루어질 때 어린이도 좋은 교육을 받을 수 있다.

(6) 상식적 교육구조: 비전문인이 교육을 담당하고 있는 구조

양승헌은 교회학교의 침체를 단순히 양적 침체로만 보는 것이 아니라 교회학교의 본질과 기능의 측면에서 보면서, 한국 교회학교가 위기에 있음을 진단하였다. 그의 분석은 "무엇이 교회학교의 침체인가"에 대한 통찰을 준다. 교회학교의 침체는 단순히 수적인 감소만을 의미하는 것이 아니다. 기독교교육적 기능을 잘 발휘하지 못하는 것, 어린이의 기독교적 변화와 형성에 영향력을 미치지 못하는 것이 침체인 것이다. 그런 의미에서 이와 같은 침체를 가져오는 교회학교 교육구조의 문제는 침체의 결정적 요인이 된다.

박상진은 그의 "한국 교회학교의 위기분석과 그 대책"에서 한국 교회학교 학생 수 감소의 가장 근본적 원인으로 "포스트모던 시대가 되어서 사회문화적 환경은 포스트모던 경향을 띠고 학생들은 그 경향 속에 있는데 교회학교는 여전히 모던적인 특징을 고수하고 있기 때문에 오는 간격이라고 할 수 있다"고 하였다.[55] 교회교육은 오늘날의 영상문화, 인터넷, 사이버 문화를 따라 가지 못하는 소위 문화지체(cultural lag) 현상을 빚고 있다는 것이다. 박상진은 이와 같은 현상이 다음과 같은 세 가지의 교회교육의 위기를 가져온다고 하였다.

(1) 무기력한 교회교육이다. 문화지체현상과 세대간의 문화적 분리현상은 교회학교를 쇠태의 길로 접어들게 하였다는 것이다.
(2) 지도력의 상실이다. 교사는 아직 전 근대적, 혹은 근대적 가치관에 머물러 있다면 오늘의 학생들은 후기 근대적 가치관을 지니고 있어서 새로운 지도력과 권위가 요청되는데 그렇지 못하다는 것이다.
(3) 한국 교회학교는 학교식 체제에 머물러 있는데, 이 학교식 체제는 근대적 인식론, 즉 객관주의적, 과학주의적, 개인주의적 인식론을 바탕으로 하고 있다. 이러한 인식론은 인격적, 상상적, 공동체적, 참여적 특성을 강조하는 새로운 인식론을 담보하지 못하고, 그런 의미에서 한계를 나타내고 있다.

위에 나타나고 있는 것처럼 박상진은 한국 교회학교의 위기를 무엇보다 문화적 분리현상에서 찾고 있다. 오늘날 한국 아동의 문화적 환경은 포스트모던적 환경에 있는데, 근대적 가치관에 머물러 있는 교사와 교회학교 지도자들이 아동과의 문화적 차이를 극복하지 못함으로써 교회학교의 무기력을 낳았다는 것이다.

김종근은 "주일학교 교육의 진단"이라는 글에서 오늘날 한국 교회학교의 핵심적 문제를 다음과 같은 여섯 가지로 정리하고 있다.[56]

(1) 사회 문화적인 환경 자체가 세속적이고 물질적이다.
(2) 교회교육의 목적이 분명하지 않다.
(3) 교회교육의 방법이 현대 사회 아동문화를 따라잡지 못하고 있다.
(4) 목회자의 관심이 너무 장년 쪽에만 쏠려 있다.
(5) 교육전도사의 리더십이 결여되어 있다.
(6) 어린이만 모이게 하면 된다는 식의 교육 프로그램도 문제이다.

김종근이 제시하는 주일학교의 문제는 교육적 차원, 즉 교육 목적 부재, 방법의 비적절성, 교역자의 리더십 부족, 무분별한 교육프로그램 운영과 같은 교육적 문제와 목회자의 관심부족으로 대표되는 교회적 차원, 그리고 세속적인 사회문화적 차원이라는 세 차원의 가장 핵심적 문제라고 할 수 있다.

이상과 같은 고찰에서 무엇보다 먼저 발견하게 되는 것은 앞의 전문가들이 오늘날 한국 교회학교의 침체현상을 단순히 수적 차원에서만 보고 있지 않다는 것이다. 수적 감소도 물론 한국 교회학교 위기에 결정적 요인이 되지만, 교육의 질적 차원, 기능적 차원에서도 그 영향력을 상실하고 있다고 하는 것이 이들이 공유하는 판단이다. 또한 오늘날 한국의 교회학교는 아동들의 가치관 형성, 생활교육, 윤리의식의 형성, 삶의 변화 등에 큰 영향을 미치고 있지 않다고 하는 것이 이들의 판단이다. 따라서 교회학교가 이처럼 양적, 질적 차원 모두에서 침체와 위기를 맞고 있는 결정적인 요인으로 이들이 지적하고 있는 것들은 크게 세 가지 차원으로 정리될 수 있는 것으로 보인다.

첫째, 교육적 차원이다. 교육적 차원에는 교사와 교육자의 문제(전문성, 사명감, 영성, 비전 등), 교육철학과 교육목적 부재현상, 프로그램운영의 비적절성, 교육방법의 비전문성 비적합성 등이 속한다.

둘째, 교회적 차원이다. 한국 교회 자체가 주로 성인중심의 목회를 지향하고 있고, 교회학교의 중요성을 인식하고 있지 못하는 것은 목회자를 비롯하여 교회의 리더십 전반에 나타나는 문제라고 하는 것이다. 이와 같은 문제는 결국 교회학교에 대한 연구와 투자의 부재를 낳게 되었으며, 교회 차원에서 교회학교에 대한 중·장기의 비전과 계획의 부재를 낳았다. 교회의 교육적 구조 또한 교회학교의 침체에 영향을 주는데, 교회학교가 교회 안에서 하나의 고립된 '학교'로 이해되고 교회 전체를 교육의 장이라는 연결선상에서 이해되고 있지 않다고 하는 것이다. 이 결과 교육과 목회의 이원화 구조가 나타났다. 이와 같은 구조적 문제는 교회학교가 제 기능을 발휘할 수 없는 걸림돌이 된다는 것이다.

셋째, 사회-문화적 요인이다. 오늘날의 사회 문화적 환경 자체가 세속적이고 물질적이어서 이와 같은 요인들이 교회학교와 신앙교육에 걸림돌이 된다는 것이다. 그뿐만 아니라 오늘의 아동들은 포스트모던적 문화의 영향을 받고 있는 데 반하여 교회학교의 지도자들은 모던적 세계관에 머물고 있음으로 인한 관계적, 의사소통적, 교육내용적 간극이 교회학교의 무력화에 원인을 제공하고 있다는 것이다.

IV. 한국 아동 교회학교의 내일

이 장에서는 한국 아동 교회학교의 내일을 위한 발전 방안을 살펴보도록 하자. 앞에서 살펴본 바와 같이 한국 아동 교회학교의 침체는 단순히 교육적 차원의 문제로부터 시작된 것이 아니라, 교회적 차원뿐만 아니라, 더 나아가 사회 문화적 차원의 문제까지 포함되는 복합적 요인으로 인하여 생긴 결과라고 할 수 있다. 따라서 침체를 극복하고 다시 회복하는 것도 전방위적 노력이 요구되는 과제라고 할 수 있다. 먼저 문헌을 통해서 여러 기독교교육 이론가와 실천가들이 제안하고 있는 발전방안들을 살펴보자.

1. 침체극복을 위한 전문가들의 제언

앞에서 우리는 여러 기독교교육 전문가들에 의해 제시된 교회학교 침체요인들을 살펴본 바 있다. 여기에서도 먼저 여러 기독교교육 전문가들이 제안하고 있는 침체극복의 방안에 귀 기울여 보자.

박창건은 유초등부 교회지도자의 기독교교육적 과제에서 오늘날의 교회학교가 가지고 있는 문제점을 지적한 후 21세기 패러다임에 맞는 교회학교 교육에 대하여 다음과 같이 제안하였다.[57]

(1) 예배의 갱신을 통한 축제의 예배
(2) 사랑과 치유의 현장인 주일학교
(3) 주일학교를 통해 교제와 공동체의식 고취
(4) 선교로 세계를 품는 비전공동체
(5) 인터넷을 통한 네트워킹과 상호교제
(6) 교회교육과 가정교육의 네트워킹

"교사통신대학 편찬위원회"는 오늘날 교회교육의 현실을 진단하면서, 거기에 나타나는 문제점을 극복하고 교회학교를 갱신하고자 하는 방안을 아래와 같은 다섯 가지 차원에서 제안하고 있다. 편찬위원회의 제안은 특별히 교회학교의 기본적 목적과 나아가야 할 방향을 중심으로 한 제안이라고 할 수 있다.[58]

(1) 삶을 변화시키는 교육
(2) 전인적 삶을 추구하는 교육
(3) 학교생활 지도와 대중문화 교육
(4) 청소년 신앙성숙을 위한 교육
(5) 공동체성 함양을 위한 교육

김희자는 그의 "교회교육구조 진단 및 분석에 관한 연구"에서 부흥하는 교회와 그렇지 못한 교회의 교육구조와 프로그램을 분석하고, 이를 바탕으로 다음과 같은 교회학교 부흥의 방안을 제시하였다.[59]

(1) 교회교육 행정의 전문화
(2) 교육교역자의 전문화
(3) 신앙공동체 형성을 위한 교육프로그램 개발(지역사회와 연계성)
(4) 교회 간의 디지털 네트워크 격차에 따른 불평등 구조의 해결

그런가 하면 박상진은 앞에서 살펴본 바와 같이 교회학교 침체요인, 즉 학생들은 포스트모던적 삶을 살고 있는 반면, 교회는 모던적 구조를 가지고 있는 데서 오는 문화적 간격을 극복할 수 있는 길로 다음과 같은 세 가지로 제안하고 있다.[60]

(1) 타문화권 선교적인 노력
(2) 멀티미디어 교육으로의 전환
(3) 관계지향적 구조로의 개편

위에 언급한 전문가들이 '교회학교'라고 하는 이름에 크게 주목하고 있지 않거나 그 이름을 지속적으로 유지하면서 그 아래에서 개선안을 모색하고 있다면, 손원영과 같은 이는 주일학교 갱신의 모델로 '주일학교' 혹은 '교회학교'라고 하는 이름 자체를 포기하고 "어린이 교회"라는 이름을 선택함으로써 교회의 어린이 사역이 신앙공동체성을 띠도록 해야 한다고 제안하였다. 그는 어린이 교회도 초대교회의 기능, 즉 케리그마, 레이투르기아, 디다케, 코이노니아, 디아코니아의 통전성을 띠어야 한다고 하였다. 그리하여 손원영은 어린이 교회가 예배공동체, 교육-친교공동체, 선교공동체로서의 정체감을 가져야 한다고 제안하였다.

이상의 교회학교 갱신 혹은 침체극복을 위한 대안들을 살펴볼 때 대안들은 대충 세 가지 측면에서 이루어지고 있는 것을 발견할 수 있다. 첫째, **침체요인을 제거**하기 위하여 극복방향을 제시하거나, 부흥하는 교회의 특성을 바탕으로 교회학교 부흥전략을 제시하는 유형이다. 이 유형은 주로 교육적 요인들의 개선에 초점을 두었다. 이 유형은 박상진과 김희자의 예에서 찾을 수 있다. 둘째, 21세기라고 하는 **시대-문화적 배경에 맞는 교회학교 개선 방안** 제시 유형이다. 이 유형은 21세기가 가지고 있는 포스트모던

적 특성에 맞는 교회학교 운영을 제시하였다. 박창건의 예가 이에 속하고, 박상진의 제안도 침체의 요인을 문화적으로 접근하고 있다는 점에서 이에 포함된다고 할 수 있다. **셋째, 교회학교의 기본적 틀과 방향을 근본적으로 숙고하면서 이를 바탕으로 개선방향을 제시하는** 유형이다. 손원영의 제안과 교사통신대학의 제안이 그것이다. 이들은 '교회학교'라고 하는 이름을 지속적으로 유지하든지 그렇지 않든지 간에 교회학교의 학교로서의 특징을 포기하고, 새로운 형태의 아동 사역으로 나아갈 것을 제안하고 있다.

2. '재도전기'의 위기극복과 발전을 위한 제언

위의 전문가들의 제언과 앞에서 살펴본 침체의 요인들을 종합적으로 보았을 때 현재 한국 교회학교가 맞고 있는 재도전기의 위기극복과 발전을 위한 방향 제시는 최소한 다음 세 가지의 방향으로부터 이루어져야 할 것이다. "**21세기의 시대적 특성으로부터**", "**침체요인으로부터**", 그리고 "**교회학교의 기본방향과 교육철학으로부터.**"

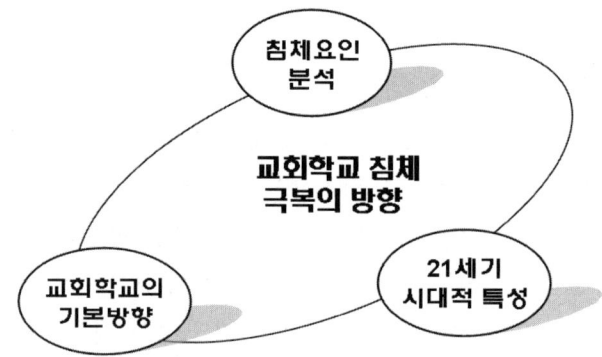

구체적 침체요인으로부터만 제안되는 교회학교 갱신의 전략은 좀 더 실제적인 갱신의 방안을 제안할 수 있다는 강점을 가지고 있지만, 교회학교의 근본적인 방향이 무엇이어야 하는지에 대한 방향설정 없이 이루어진다면, 단순히 수적 성장을 위한 부흥전략이 될 수 있는 위험이 도사리고 있다. 반면 교회학교의 기본적 방향설정으로부터만 부흥의 전략이 제시된다면 현재의 교회학교가 겪는 침체의 요인들을 구체적으로 극복할 방향 제시에는 취약하다는 문제점이 있다. 마찬가지로 21세기의 시대적 특성으로부터만 출발하는 방향 제시는 21세기의 시대적 문제에 적합한 방안을 제시할 수 있지만 교육적 차원의 미시적 문제들에 대한 안목을 잃기 쉽다. 그런 의미에서 이 시점에서 재도전기의 위기 극복과 부흥을 위한 제안은 21세기 시대적 특성, 교회학교의 기본 방향과 교육철학, 침체요인이라는 삼중적 기초 위에서 시도되어야 할 것이다.

1) 시대적 특성에 근거한 발전방안

앞에서 살펴본 바와 같이 한국 교회학교의 역사는 한국 사회가 겪어왔던 시대적 상황과의 상호작용 속에서 이어져 왔다. 선교사에 의해 교회학교가 처음 시작된 것, 일제 강점기를 겪으며 위축기를 맞았던 것, 해방 이후 재건과 복구를 맞이하였던 것 등은 한국 교회학교의 역사가 시대적 요청에 응전하는 역사였다고 하는 점을 말해 준다. 따라서 이 시점에서 우리가 무엇보다 먼저 짚어야 할 것은 우리와 교회학교가 처해 있는 시대적 문화적 배경이 무엇인가 하는 것이다.

(1) 포스트모던 사회의 상대주의: 기독교적 정체성형성, 문화사명

우리가 처해 있는 사회 그리고 당분간 계속될 **포스트모던 사회**의 특징을 몇 가지로 정리해 본다면 상대주의와 종교다원주의, 물질주의와 쾌락주의, 자기중심주의, 과학과 신비주의의 혼재, 영성에 대한 관심과 왜곡된 영성 추구, 지식정보사회, 가정의 붕괴현상을 들 수 있다.[61] 포스트모더니즘은 인간이 이성과 과학의 힘을 믿고 역사의 발전에 대한 낙관적 희망을 갖던 모더니즘 사상이 붕괴됨으로써 나타난 서구문명의 쇠패와 병적현상과 이를 극복하고자 하는 시대사조이다. 따라서 포스트모던 사회에서는 보편적 진리를 추구하기보다는 다양성을 추구함으로써 **상대주의와 종교다원주의**를 표방하게 된다.

이와 같은 시대적 특징이 재도전기의 교회학교의 방향에 주는 시사점은 교회학교야말로 그 어떤 것보다 아동들에게 바른 **기독교적 정체성 형성의 장**이어야 한다는 것이다. 상대주의와 종교다원주의가 일반화된 시대를 사는 아동들이 기독교인으로서의 정체성을 형성하고, 구별된 삶을 살도록 돕는 것이야말로 이 시대를 사는 교회학교의 일차적 과제가 된다. 교회학교는 그뿐만 아니라 포스트모던 사회에 대한 '**문화사명**'을 감당하는 기관이 되어야 한다. 아동들이 상대주의와 다원주의 사회에 휩쓸리지 않는 것에서 머무는 것이 아니라 세속 문화를 하나님 나라의 문화로 변화시키는 문화사명자로 세우는 기관이 되어야 한다. 이것이 의미하는 것은 아동 교회학교가 단순히 아동의 성장을 보조하는 기관으로 머무는 것이 아니라 '아동 사역자'를 세우는 좀 더 적극적 기관이 되지 않으면 안 된다는 것이다.

(2) 물질주의와 쾌락주의: 삶을 변화시키는 교육, 전인적 신앙형성

포스트모던 사회가 가지는 특징, 즉 절대적 가치의 상대화 현상에 쉽게 자리 잡을 수 있는 것이 **물질주의와 쾌락주의**이다. 절대적으로 추구하는 가치가 없어진 자리에는 인간의 기본적인 욕구를 만족시켜주는 물질주의와 쾌락주의가 그 어떤 것보다 손쉽게 자리 잡을 수 있기 때문이다. 그러나 물질주의는 소비주의를 낳고, 소비주의는 또한 철저하게 이기적이고 자기중심적 인간형을 낳는다. 소비주의의 노예가 된 인간은 타인과의 비교를 통해 타인보다 더 많이 소유하려는 욕망과 경쟁을 하게 되고, 그 과정에서 자기 과시적 소비를 통해 사회적 위치를 인정받으려는 욕망을 갖게 되며, 타인의 시선을 통해 자신을 확인하려는 타율적인 존재가 된다. 따라서 물질주의는 이기적이면서도 타율적 삶의 양태를 양산한다. 물질주의와 소비주의의 또 다른 이름은 쾌락주의이다. 절대적 가치가 상대화된 자리는 오락이 중심이 된 쾌락주의가 들어선다. 이와 같은 쾌락주의는 오늘날 한국 사회에서 주 5일제의 여가문화와 인터넷, PC방, 게임, 모바일 문화 등과 연결되어 오늘날의 아동의 문화에도 결정적인 영향을 주고 있다.

물질주의와 쾌락주의의 문화에 응답하는 교회학교는 근본적으로 **아동의 삶을 변화시키는 교육, 전인적인 신앙 형성 교육**으로 나아가지 않으면 안 된다. 교회학교는 물질주의와 쾌락주의 소비주의의 세상에서 실제로 기독교인으로 살아갈 수 있는 아동을 키우는 곳이 되어야 한다. 단순한 지식 위주의 객관적 성서공부나 흥미위주의 교육의 틀을 깨고, 좀 더 근본적으로 학생을 변화시키는 교회학교가 되지 않으면 안 된다. 학생들이 말씀과 기독교적 가치관을 내면화할 수 있는 성서공부가 되어야 하고, 지식 중심이 아니라 전인적 수업과 통전적 교육으로 나아가야 한다.

(3) 자기중심주의: 관계지향적 구조, 신앙공동체 형성

포스트모더니즘의 또 하나의 특징은 **'자기중심주의'**이다. 절대적 가치가 상대화한 자리에는 다른 사람이나 다른 장소로부터 사고의 권위를 찾기보다는 '자기'가 세상의 중심이고 세상이 자기를 중심으로 돌아간다는 자기중심적 사고가 자리 잡는다. 보편적 정신이 결정적으로 타격을 받은 사회에서는 이제 도덕과 선을 훈계할 필요가 없어졌고, 오히려 탐욕적 이기주의가 사회의 공동선을 창조하는 시대가 되었고, 개인의 물질적 욕망보다 더 위대하고 중대한 가치는 없는 사회가 된다.

자기중심주의의 사회에 대한 교회학교의 응전은 다른 어떤 것보다 **"관계지향적 구조"**를 형성해야 한다. 개인중심의 교육이 아니라 관계를 통해서 교육하고 관계를 형성하는 구조로 전환되어야 한다는 것이다. 그런 의미에서 교회학교는 그 자체로 **'신앙공**

동체'가 되어야 할 필요가 있다.

(4) 과학적, 신비주의적 생활양식: 아동 영성형성 교육

포스트모던의 사회는 또한 **과학과 지식정보의 사회이면서도 동시에 이와 상반되는 주술적이고 신비주의적 생활양식이** 혼재하는 사회의 특성을 보인다. 과학과 이성중심의 근대를 지나서 사람들은 여전히 과학과 지식정보에 의존하여 있지만, 그것을 뛰어넘어 감성과 영성 등 다른 측면에도 관심을 기울이는 사회이다. 그 어느 때보다 과학이 발달한 사회이지만 그와 나란히 뉴에이지, 요가, 선불교 운동 등 다양한 영성적 운동이 확산되는 것은 이에 대한 좋은 예이다. 그러나 우리가 주목할 것은 이 시대가 영성에 대한 관심이 늘어난다고 해서 그것이 모두 건전한 기독교적 영성은 아니라고 하는 것이다. 인간의 신비적인 것에 대한 갈망, 영적인 것에 대한 갈망은 다양한 왜곡된 영성의 추구로 나타날 것이다.

이와 같은 사회에서 교회학교는 아동들이 건전한 영성을 형성할 수 있도록 돕는 교육을 실현해야 한다. 지난 수세기 동안 기독교교육은 발달심리학적 연구만을 바탕으로 아동의 '영성'에 관심을 기울이지 않았고, 지식중심의 신앙교육을 해왔다. 그러나 위와 같은 사회적 상황에 직면하여 한국의 교회학교는 아동이 영성적 존재라고 하는 사실을 인정하고 건전한 "**영성형성 교육**"에 좀 더 적극적으로 관심을 기울여야 한다.

(5) 지식정보화 사회: 멀티미디어 교육으로의 전환, 사이버상의 교육

21세기의 한국 사회는 **지식정보화 사회**라고 칭할 수 있다. 21세기의 정보화 사회는 정보와 지식에 의해 모든 것이 통제되는 지식정보사회이다. 또한 인터넷과 IT산업의 발달로 아동이나 성인에게 있어서 사이버상이라는 장은 제 3의 삶의 장이요, 공동체로서의 위치를 점유하게 되었다. 이것은 아동에게 유해한 여러 가지 작용을 하기도 하지만, 동시에 아동교회학교에게 시공간을 초월한 정보교환과 상호관계를 형성할 수 있는 장이 될 수도 있다. 따라서 21세기 교회학교 갱신은 지식정보화 사회라는 시대적 배경에 대한 고려 없이 이루어져서는 안 될 것이다.

교회학교는 무엇보다 지식정보화 사회에 문화화된 아동들에게 적합한 교육과 의사소통 양식으로 다가가야 할 것이다. 이를 위해 교회학교 교육의 **멀티미디어 사용 교육으로의 전환**이 요청된다. 공과공부의 방법만이 아니라 예배와 설교의 형태, 상담이나 친교의 형태 등 모든 영역에서 멀티미디어 교육으로의 전환이 요청된다. 또한 인터넷을 통한 네트워킹과 상호교제의 장을 마련하는 것이 새로운 시대 교회학교 교육의 중요한 과제가 될 것이다.

(6) 전통적 가정의 붕괴: 사회적 약자를 배려하는 교육, 가정과의 네트워킹 형성

포스트모던 시대의 또 하나의 특성은 **전통적 가정의 붕괴현상**이다. 전통적 가정을 중심으로 움직였던 삶의 양식은 바뀌어 다양한 형태의 생활스타일이 나타난다는 것이다. 한국 사회도 이미 높은 이혼율을 나타내고 있고, 그에 따라 편부모가정이 늘어나고 있으며, 혼전동거, 무자녀가정, 독신 성인 등이 늘어가고 있다. 그뿐만 아니라 불안한 가정, 병든 가정, 붕괴된 가정 등이 사회문제가 되고 있다. 이와 같은 현상은 아동교회학교에 하나의 도전이 된다.

이와 같은 현상에 대해서 교회학교는 **사회적 약자를 배려하는 교육**의 사명을 감당해야 할 것이다. 교회학교는 편부모 가정이나 붕괴된 가정의 자녀들을 돌보는 교육적 기관이 되어야 한다. 오늘날 교회학교의 뿌리인 영국의 주일학교운동이 사회적 약자를 배려하는 것에서 시작되었다는 점은 교회학교의 근본적 과제는 언제나 사회적 약자를 배려하는 교육이 되어야 한다는 것을 시사한다.

이와 나란히 교회학교는 **가정과의 네트워킹을 형성**하면서 가정이 신앙교육의 장이 되도록 돕는 역할을 담당해야 할 것이다. 붕괴된 가정을 돌보는 과제만이 아니라 가정이 붕괴되지 않도록 돕는 교육, 부모들이 신앙교육을 바르게 감당할 수 있도록 돕는 부모교육 등도 이 시대 교회학교의 중요한 사명이 되는 것이다.

- 상대주의, 종교다원주의 → 기독교적 정체성 형성교육, 문화사명을 감당
- 물질주의, 쾌락주의 → 삶을 변화시키는 교육, 전인적인 신앙 형성 교육
- 자기중심주의 → 관계 지향적 구조 형성, 교회학교의 신앙공동체화
- 과학과 신비의 혼재 → 바른 영성형성 교육
- 지식정보화 → 멀티미디어 교육으로의 전환, 네트워킹 형성
- 가정 붕괴 → 사회적 약자 배려, 가정과의 네트워킹 형성

2) 교회학교의 기본 방향과 교육철학에 근거한 발전방안

오늘날 많은 기독교교육의 이론가와 실천가들 사이에는 '교회학교'가 교회의 아동에 대한 사역을 '**학교화**'(schooling)하는 데 결정적 역할을 한 원인이라고 하는 생각이 확산되어 있다. 한국의 교회는 교회의 어린이 사역을 처음부터 '주일학교', 혹은 '교회

학교'라 칭해왔다. 영국에서 시작된 주일학교운동이 미국을 거쳐 선교 초기의 한국 교회로 들어오면서, 우리 한국 교회는 처음부터 교회의 어린이 사역을 "학교"라고 하는 이름으로 칭해왔고, 또한 그 이름을 바탕으로 어린이 사역을 학교식의 형태로 구조화해온 것이 사실이다. 이 같은 학교식의 교육 형태는 어린이들이 신앙의 공동체인 교회에 참여하여 그곳에서의 삶을 공유하고 그곳의 문화를 익히며 그 안으로 사회화해 들어가게 하기보다는, 오히려 신앙의 내용을 객관적 형태로 가르침으로써 신앙과 삶이 분리되고, 교육과 목회가 분리되는 현상을 낳게 되는 데 핵심적인 원인이 되었다는 것도 사실이다.

그래서 앞에서 살펴본 여러 전문가들은 한결같이 그와 같은 문제들을 극복하기 위한 교회학교의 발전방안을 제안하고 있다. 대부분의 전문가들은 '교회학교'라고 하는 이름을 그대로 유지하면서, 그 아래에서 교회학교의 문제를 극복하는 안들, 즉 '친교와 교제를 통한 공동체 의식 고취', '선교로 세계를 품는 비전 공동체 형성', '교회와 가정의 네트워킹 형성', '주일학교의 사랑과 치유의 현장화'와 같은 안들을 제안하고 있다.

반면, 은준관이나 손원영과 같은 이들은 '교회학교' 혹은 '주일학교'와 같은 명칭 자체를 포기하고 '어린이 교회'라고 하는 이름을 쓰기를 제안하고 있기도 하다. 손원영은 지금까지 진행되고 있는 논의들을 세 가지로 설명하였는바, 첫째, '주일학교 살리기 유형', 둘째, '신앙공동체 유형', 그리고 셋째, '대안교육적 유형'이라고 하였다.[62] 첫째, 주일학교 살리기 유형은 그에 의하면 기존의 주일학교를 다시 실릴 것을 강조하는 유형으로 이 유형에 속한 이론가들은 대부분 전통적이고 보수주의적 신앙관을 가지고 있다는 것이다. 이 유형은 기존의 주일학교를 살리기 위해 먼저 사회적 분위기에 부응하여 어린이의 '흥미' 중심으로 주일학교를 재구조화할 것을 강조한다고 하였다. 이들은 기존의 예배스타일을 대중문화를 기반으로 한 소위 '축제예배' 스타일로 전환할 것을 강조한다고 하였다. 따라서 이 유형은 신학적으로는 전통신학적 입장에 근거하고, 어린이의 재미를 기반으로 하는 교회성장 지향의 유형이라고 말할 수 있다고 하였다.[63] 이 유형에 속한 예를 손원영은 김종준(꽃동산교회), 메빅, 윙윙 등을 들 수 있다고 하였다.

둘째 유형은, '신앙공동체 유형'이라고 하였다. 이 유형은 주일교회학교를 신앙공동체적 차원에서 재구성하려는 시도로써 특별히 정웅섭과 은준관의 이론에 잘 반영되어 있다고 하였다. 그러나 정웅섭 입장의 경우는 여전히 '교회학교'라고 하는 언어에 집착하여 있기 때문에 '학교식'이라고 하는 한계를 벗어날 수 없을 뿐만 아니라, 또한 교회학교가 '신앙-문화공동체'의 범위에만 제한되고, 선교-교육공동체와 민주적-참여적 공동체의 성격은 포함되지 못한다고 하였다.[64] 은준관의 경우 '교회안의 작은 교회'라고 하는 모델을 제시한 바 있다고 하였다.[65] 그는 교회학교가 하나의 신앙공동체로서 초대교회가 가지고 있었던 기능, 곧 케리그마, 디다케, 친교, 선교라고 하는 기능이 통전적으로 실천될 것을 제안하였다는 점에서 정웅섭의 입장과는 차별화를 두었다고 하였다. 그러나 손원영은 은준관의 입장이 학교형의 패러다임을 벗어나기 어렵고, 또한 JPIC와 같은 개념을 담아내기 어렵다고 하였다.[66]

셋째 유형은, 대안교육적 유형이라고 하였다.[67] 이 유형은 주일학교가 처음 주일학교운동처럼 사회교육적 의미를 회복해야 할 뿐만 아니라, 교회당국의 특정 이데올로기만을 전수하려는 입장을 저항하면서 일종의 '대안학교'로서의 역할을 해야 한다고 보는 입장이라고 하였다. 이 유형은 전통적 한국 문화 스타일의 교육 구조를 저항하고, 또한 노동자 자녀들을 위한 방과 후 교실의 운영이나 생태학교를 운영하는 등의 해방적 성격을 띠기도 하며, 교회가 적극적으로 대안학교를 운영해야 한다는 등의 입장을 견지한다고 하였다.

이와 같은 세 가지 유형에 대하여 손원영 자신은 '어린이 교회'라고 하는 개념을 제안하였다. '어린이 교회'는 첫째, 어린이 교회학교를 더는 학교 패러다임으로만 보지 말고, 목회 패러다임으로 전환해야 한다고 하였다.[68] 둘째, 어린이 교회의 신학적 토대는 평신도신학에 두어야 하며, 셋째, 어린이 교회는 초대교회의 기능, 즉 케리그마, 레이투르기아, 디다케, 코이노니아, 디아코니아의 통전성을 띠어야 한다고 하였다. 그리하여 손원영은 어린이 교회가 예배공동체, 교육-친교공동체, 선교공동체로서의 정체감을 가져야 한다고 하였다.

그러나 손원영 자신도 인정하고 있듯이 '어린이 교회'의 개념은 은준관이 이미 제시한 '교회 안의 작은 교회' 개념과 동일개념일 뿐만 아니라, '어린이 교회'라고 하는 이름 자체도 이미 은준관에 의하여 최초로 사용된 바 있는 개념이다. 실제로 은준관은 '어린이 교회'라는 새로운 개념으로 실험적 교회를 운영하는 데 기여하고 있기도 하다.[69] 그런 의미에서 은준관 손원영은 모두 '교회학교'라고 하는 학교식(schooling)의 이름과 구조를 포기하고, 신앙공동체로서의 '어린이 교회'를 어린이 사역의 모델로 제시한 예라고 할 수 있다.

한국 교회학교의 문제가 그 '이름' 때문에 생긴 문제일까? 물론 이름이 갖는 은유적 힘을 무시할 수 없다. '교회학교'라는 이름이 우리 가운데 알게 모르게 교회의 아동 사역은 '학교'적 성격을 띠어야 한다고 하는 생각을 하게 하는 데 기여하고 있는 것이 사실일 것이다. 그러나 교회학교, 혹은 주일학교가 학교이기 때문에 처음부터 목회와 교육이 분리되게 된 것은 아니다. 한국 교회 선교 초기의 '주일학교'는 아동이나 청소년만을 대상으로 하는 기관이 아니었다. 그것은 초기에 전교인을 대상으로 하는 교육기관이었다. 고용수에 의하면 초기의 전교인을 대상으로 하던 주일학교가 시간이 지나면서 점차로 이분화되었다. 성인의 성서공부는 목회구조(교역형태) 속으로 자리했고, 주일학교는 어린이와 청소년을 대상으로 하는 교육구조(학교체제)로 분리해서 운영되어 오면서 차츰 교회에 속한 한 부속기관으로 전락하고 말았다는 것이다.[70] 이로 인해 웨스터호프의 비판처럼 "학교"라는 세속기관의 교육체제가 교회 내 기독교교육을 감당함으로 인해 주일 교회학교는 신앙공동체가 지닌 교육의 힘을 잃어버리게 되었다고 하였다. 그렇게 볼 때 우리 교회학교의 위기는 '명칭' 때문에 발생한 것이기도 하지만, 그보다는 교회가 교회학교를 어떻게 이해하고 있으며, 그 안에서 어떠한 형태의 사역이 이루어지고 있는가와 더 밀접하게 관련이 있다고 할 수 있다.

오늘날 '교회학교'가 교회의 어린이 사역을 대표하는 거의 유일한 장이요, 이름으로 자리 잡은 이 시점에서는 어쩌면 우리의 생각을 전환하여 "교회학교"라는 이름이 가지고 있는 두 가지의 본질, 즉 "교회"와 "학교"를 서로 연결시켜 생각하는 시도가 필요하리라 보여진다. 사실 "교회학교"라고 하는 이름이 반드시 '학교식' 교육이라는 형태만을 대표하는 명칭이라고 볼 필요는 없다. 교회학교는 "교회"와 "학교"가 합하여 이루어진 합성어이다. 그 말은 교회학교는 다른 어떤 학교가 아니라, 교회에 의해서 이루어지고, 교회 안에서 이루어지는 학교이기 때문이다. 그리고 생각하기에 따라서 교회학교는 오히려 **교회성**과 **학교성**이라고 하는 두 측면의 장점을 동시에 가진 교육기관으로서 교회성이 담보하지 못하는 것을 '학교성'이 담보하고, '학교성'이 담보하지 못하는 것을 '교회성'이 담보하는 상호보충적인 개념일 수 있다. 그런 의미에서 보았을 때 교회학교는 큰 두 가지의 방향성을 가지는 교육의 장이라고 할 수 있다.

(1) 교회성

교회학교의 기본적 방향은 무엇보다 **교회성**으로부터 설명되어야 한다. 교회학교는 교회성을 본질로 하는 한 하나의 '교회'이어야 한다. '교회'란 예수 그리스도의 몸 된 유기체로서 신앙의 공동체이다. 교회는 예수 그리스도를 주로 고백하는 성도들의 공동체이고, 그리스도를 머리로 받들면서 신앙과 사랑의 내적 성장과 밖으로는 새로운 지체들에게 그리스도를 증거함으로써 외적 성장을 이루어가는 공동체이다.

교회학교가 교회성을 가진 교회라 함은 교회학교가 하나의 교회로서의 기능을 수행해야 함을 의미한다. 교회학교는 그런 의미에서 단순히 좁은 의미의 '교육'만을 담당하는 기관으로 머무는 것이 아니라, 하나의 온전한 교회로서 교회의 전통적 기능인 예배, 친교, 선교, 봉사, 교육의 기능을 담당하여야 한다.

교회학교는 그리스도를 머리로 받드는 공동체로 인간이 주인이 되는 공동체가 아니라 그리스도와 그리스도를 보내신 하나님을 주인 삼는 공동체이고, 하나님께 감사와 영광을 돌리는 **예배공동체**이어야 한다. 그런 의미에서 오늘날 교회학교의 예배공동체성 회복은 교회학교 갱신과 부흥의 가장 중요한 과제의 하나라고 할 수 있다. 교회학교의 예배는 단순히 교육적 연습이 아니라 그 자체로 온전히 하나님께 드리는 예배이어야 한다. 그래서 어린이 예배는 무엇보다 먼저 하나님의 초월성이 드러나고 **예수 그리스도가 중심이 되는 예배**이어야 한다. 아동예배도 하나님께 드려지는 예배라면 아동이 중심이 되는 예배가 아니라 하나님이 중심이 되는 예배이어야 한다.

그러나 동시에 아동이 하나님께 예배드린다는 것은 아동이 자신을 열고 하나님과의 만남을 경험하는 예배가 되어야 한다는 것을 의미한다. 이것은 아동의 예배가 **아동의 커뮤니케이션 방식**을 바탕으로 드려지지 않으면 안 된다는 것을 의미한다. 이것은 포스트모던 사회를 사는 아동의 언어와 아동의 자기표현 방식, 그들의 의사소통 방식을 고려한 예배로의 전환을 요청한다.

교회학교는 그리스도의 몸 된 유기체로서 지체들 간에 친교와 사귐이 있는 **친교공동체**이어야 한다. 교회학교는 지식을 전수하는 것에서 그치는 것이 아니라 교사와 학생 간에 관계가 형성되고, 사랑의 나눔이 이루어지는 장소가 되어야 한다. 교회학교는 신앙공동체의 관계구조와 삶의 나눔을 통해서 배움이 형성되는 구조가 되어야 한다. 사회는 이기적이지만 교회학교는 사랑을 주고받는 자리가 되어야 하고, 사회는 경쟁적이지만 교회학교는 협동을 배우고 실천하는 장소가 되어야 하며, 사회는 우수한 학생이 대접받지만 교회학교는 모든 아동이 대접받는 장소가 되어야 한다. 교회는 사랑과 치유의 현장이 되어야 한다. 따라서 친교공동체로서의 교회학교는 개인 중심적 교육에서 **관계지향적 교육**으로의 전환을 요청한다.

교회학교는 사도행전 2장과 4장에 나타나는 초대교회처럼 내적으로는 신앙과 사랑의 성장을, 외적으로는 새로운 지체들에게 그리스도를 증거함으로써 외적 성장을 이루어가는 **선교공동체**이다. 이것은 아동 교회학교가 단순히 아동을 교육적으로 보살피는 기관으로 머무는 것이 아니라 아동이 선교에 동참하는 평신도 사역자로 부름 받고 훈련받는 공동체가 되어야 함을 의미한다. 교회학교는 아동을 자신의 삶의 현장, 가정과 학교, 또래집단에서 예수 그리스도의 증인으로 살도록 인도하는 공동체가 되어야 하고, 그들의 삶이 예수 그리스도를 반사하고, 그들의 삶에 하나님의 형상이 구체화되는 삶을 살도록 인도하는 공동체이어야 한다. 선교공동체로서의 교회학교는 아동을 돌봄의 대상으로 보는 나약한 아동관에서 **평신도 사역자로서의 아동관**으로의 전환을 요청한다.

교회학교는 또한 **봉사공동체**이어야 한다. 교회는 수직적 차원의 하나님 사랑과 수평적 차원의 이웃사랑을 실천하는 공동체이다. 하나님 사랑이 예배공동체로 표현된다면 이웃사랑은 봉사공동체로 표현되어야 한다. 그래서 교회학교는 이웃에 대한 책임성, 역사에 대한 책임성이 가르쳐지고 또한 수행되는 곳이어야 한다. 교회학교는 정의와 평화 창조세계의 보존이라는 대사회적 책임이 수행되는 장소이어야 한다. 봉사공동체로서의 교회학교는 교회라고 하는 울타리에서 세상을 향하는 교육으로 확대하는 것을 의미하며, 앎을 위한 지식위주의 교육, 객관적 지식 전수의 교육에서 삶을 위한 교육, 삶을 변화시키는 교육으로의 확대를 의미하는 것이다.

교회학교는 또한 '가르침'의 사역을 잘 감당해야 하는 **교육공동체**이어야 한다. 신앙의 내용과 전통, 교리를 전수하는 가르침의 사역을 감당하고, 전통의 전수 기능을 감당해야 한다. 교회의 가르침의 사역은 무엇보다 기독교 전통의 핵심인 **'말씀'**을 기초로 해서 이루어져야 한다. 그것은 무엇보다 말씀이 스스로를 드러내고 변화시키는 힘에 의존해야 한다. 말씀이 스스로를 드러내고 변화시키는 힘은 학습자가 그것을 단순히 객관적 지식으로 아는 교육으로 그치는 것이 아니라 학습자의 실존과 만나고 학습자의 중심을 변화시키는 힘으로 나타난다. 교육공동체로서의 교회학교는 따라서 말씀의 역동적 힘에 의지하여 가르치는 공동체이고, 그런 의미에서 학습자의 중심을 변화시키고, **삶을 변화시키는 교육**으로의 전환을 요청한다.

이상에서 본 바와 같이 교회학교가 교회성을 가졌다는 것은 교회학교야말로 **목회적 기능**이 모두 수행되는 곳이어야 한다는 것을 의미한다. 교회학교는 단순히 교육기관으로서만이 아니라 양을 먹이고 키우는 목양이 이루어지는 장소라는 것이다. 따라서 교회학교의 교역자는 단순히 정해진 시간에 가르치면 끝나는 파트타임 사역자들이 아니라 학생을 전인적 차원에서 돌보는 목자가 되어야 한다. 교회학교 사역은 오늘날 많은 아동부 교육전도사들이 잠시 학비를 벌기 위한 아르바이트 정도로 생각하는 식의 사역으로는 안 된다는 것이다. 교회학교의 지도자는 학생들이 목자 잃은 양처럼 방치되는 곳이 아니라, 학생의 모든 삶의 자리에서 관계의 끈을 유지하고, 좋은 곳으로 인도하는 목자의 역할을 해야 한다. 교사와 교역자는 학생의 멘토가 되어야 하고, 상담자가 되어야 하며, 코치가 되어야 한다. 양을 위하여 자신의 목숨조차 내어 놓는 선한 목자 예수님의 뒤를 따르는 진정한 목회자이어야 한다. 그렇게 보았을 때 교회학교 지도자상은

'교사'의 모델에서 '목자'의 모델로의 전환이 필요하다.

- 예배공동체   어린이가 중심이 되는 예배가 아니라
    → 하나님의 초월성과 예수 그리스도가 중심이 되는 예배로 전환
      어린이의 의사소통방식으로 이루어지는 예배로 전환
- 친교공동체   개인중심적이 아니라
    → 관계지향적으로 전환
- 선교공동체   나약한 교육의 대상으로만이 아니라
    → 평신도 사역자로서의 아동관으로 전환
- 봉사공동체   교회에 머무르는 교육이 아니라
    → 세상을 향하는 교육으로 전환
- 교육공동체   말씀을 객관적 지식으로 가르치는 교육이 아니라
    → 학습자의 중심을 변화하고, 삶을 변화시키는 교육으로 전환

(2) 학교성

위에서 언급한 대로 '학교'라고 하는 이름은 교회의 아동사역을 학교식(schooling)의 구조와 형태로 이루어지게 하는 은유적 영향력을 끼치고 있는 것이 사실이다. 그런데 우리가 이 시점에서 생각해 볼 것은 교회학교가 '학교성'을 띰으로써 '교회성'을 잃게 되는가 하는 것이다. 아동을 위한 교회의 사역에서 학교적 성격은 정말 버려야 할 원흉일까? 그렇지 않을 수도 있다. 우리는 위에서 아동을 나약한 교육의 대상으로서만이 아니라 평신도 사역자로, 하나님 나라의 백성으로 보아야 한다고 하였다. 또한 그들도 영적 존재로 초월적 하나님을 느끼고 경험하고 하나님께 예배할 수 있는 존재이다.

이 점을 진지하게 수용하면서도 동시에 우리는 아동이 성인과 같이 성숙하여 독립을 이루고 스스로 책임질 수 있는 지체들이 아니라는 사실도 인정해야 할 것이다. 어린이들은 아직 가정과 사회 사이의 완충지역이 필요한 존재이다. 이들은 본격적 사회의 장으로 들어서기 전 먼저 연습과 준비와 훈련, 그리고 보호가 요청되는 어떤 장이 필요하다. 예를 들어 '어린이 교회'라는 이름으로 교회의 어린이 사역을 수행한다 할지라도, 그것은 "교회 안의 작은 교회"(ecclesiola in ecclesia)의 역할을 하는 다른 성인들의 그룹과는 다른 성격을 띤다는 사실은 인정해야 한다. '어린이 교회'에는 계획하고, 지도하며, 평가하고, 방향을 제시해야 할 성인이 필요하다. 어린이 교회는 아직 기독교 전통에 익숙해져 있지 않은 어린이들에게 기독교 전통과 친숙하도록 하는 목적에 대한 합목적적 활동이 우선적으로 필요한 교회이다. 물론 이 활동은 학교식의 가르침으로써가 아니라, 교회의 전 사역(예배, 교육, 친교, 봉사, 선교)을 아우르는 경험을 통해 이루어짐으

로써, 교회학교의 '교회성'을 담보해야 하지만, '어린이 교회'로서의 특성은 존중되어야 한다. 그와 같은 차원에서 교회학교의 '학교성'은 포기해야 할 것이라고 하기보다는, 아동을 위한 교회학교의 특성으로 고려될 필요가 있다. 그런 의미에서 학교로서의 교회학교가 갖는 특징들을 살펴볼 필요가 있다. 필자는 그것을 '합목적성', '전문성', 그리고 '예비성'으로 본다.

학교로서의 교회학교가 갖는 가장 본질적 특징의 하나는 **합목적성**이라고 할 수 있다. 학교는 성장하는 세대들로 하여금 배우고 성숙하도록 돕기 위하여 있는 장소이고, 그것을 위해 가르치는 자와 배우는 자가 모이는 장소이다. 그곳은 교육을 목적으로 존재하는 곳이고, 교육을 본격적으로 담당하는 교사가 커리큘럼에 따라 가르침을 수행하거나, 그에 적합한 환경과 경험을 제공하는 곳이다. 학교는 그러한 목적에 합목적적인 활동이 제공되는 곳이다. 따라서 교회학교가 학교성을 갖는다면 마찬가지로 그것은 합목적성을 갖는 기관이어야 한다.

합목적성이란 '의도성'의 다른 이름이다. 합목적성 혹은 의도성은 '교회'로서의 교회학교가 자칫 빠지기 쉬운 무의도성을 보충하는 개념이 된다. 교회학교가 교회라고 하였을 때, 그것은 학교라고 하는 협의의 개념을 넘어서서 삶을 나누고 관계를 통해 일어나는 모든 경험을 포괄하는 개념으로 확대된다. 그러나 그것은 자칫 교회라는 장에서 일어나는 모든 형태의 경험과 사회화를 지칭하면서 오히려 의도성을 상실하게 되고, 교회학교가 지향해야 할 방향을 향하여 나아가는 목적성을 상실할 수 있다.

그러나 교회학교가 교회이면서 동시에 '학교성'을 만족시켜야 한다고 했을 때 그것은 교회 안에서 모든 경험을 포괄하면서도, 이들을 합목적적으로 운영해야 한다는 것을 지시하는 것이라고 할 수 있다. 교회학교는 아동의 전인적 신앙경험 모두를 포괄하는 개념이어야 하지만, 이것을 합목적으로 구성하고 좀 더 의도적으로 운영하는 곳이 되어야 한다는 것을 의미한다. 이것은 교회적 경험이라는 이름으로 모든 경험이 무차별적으로 수용되는 것을 막을 수 있고, 또한 모든 경험이나 활동들이 합목적적으로 구성되게 함으로써 교회로서의 교회학교가 좀 더 교회적이 되게 하는 요인이 될 수 있다.

학교로서의 교회학교가 갖는 또 하나의 특성은 **전문성**이라고 할 수 있다. 학교는 가르침의 일이 전문적으로 일어나는 곳이다. 학교는 가정이나 교회일반에서 삶으로 일어나는 교육과는 구별되어 전문적으로 훈련받은 '교사'에 의해서, 전문적으로 구성된 커리큘럼에 따라서 전문적 교수방법에 따라 가르침이 일어난다.

교회학교가 '학교성'을 갖는다고 했을 때 교회학교는 '전문성'을 담보하는 기관이 되어야 한다는 것을 의미한다. 이것은 교사와 교역자가 전문성을 확보해야 한다는 것을 의미하며, 교육의 내용과 방법에서 전문성이 확보되어야 한다는 것을 의미한다. 앞에서 살펴본 바와 같이 오늘날 교회학교 침체요인으로 대부분의 전문가들이 꼽고 있는 것은 교회학교의 비전문성이다. 그러나 학교로서의 교회학교 개념은 교회학교가 '전문성'을 담보하는 기관이지 않으면 안 된다는 것을 말하여 준다. 교회학교가 본질적으로 '학교'이어야 한다는 것은 비전문성을 극복하고 전문성을 지향해야 한다는 것을 의미하며, 그런 의미에서 학교성에 충실한 교회학교야말로 오늘의 침체문제를 해결하는 하나의 열쇠가 되기도 한다.

학교로서의 교회학교의 또 다른 특성은 그것이 '**예비성**'의 특징을 가졌다는 것에 있다. 학교는 아동이 가정을 떠나서 사회에 나가기 전에 사회적 기술들을 습득하고 훈련함으로써 독자적 사회인으로 서도록 돕는 예비 장소이다. 학교에서 학생은 아직 완성되지 않은 존재이기에 실수가 용납되고, 기다려줄 수 있는 특별한 지위가 부여된다. 교회학교를 하나의 완전한 교회로 인정하는 것은 아동을 선교와 봉사의 직분과 증인으로서의 사명을 다하는 평신도 사역자로 인정하는 것이지만, 거기에는 아직 완성되지 않은 아동을 위한 특별한 배려의 개념이 간과되기 쉽다. 그러나 학교로서의 아동 교회학교는 그야말로 아동 공동체의 특수한 직위가 인정되는 곳이다. 그곳은 아동이 갖는 사회적 약점이 고려되는 곳이고, 교회의 모든 목회적 요소를 포함하는 온전한 교회이지만, 동시에 '예비적 장소'로서의 배려가 있는 곳이어야 한다.

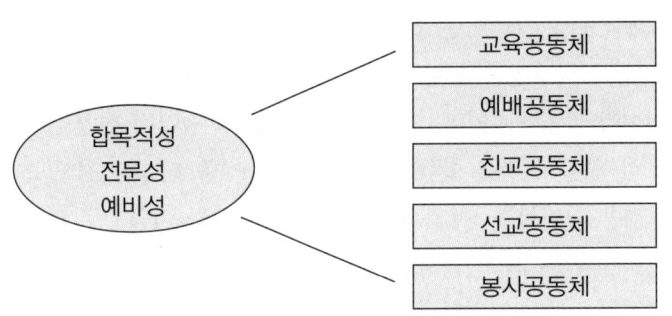

〈교회성과 학교성을 함께 지향하는 교회학교〉

교회성과 학교성을 함께 지향하는 교회학교는 위의 표에서 보는 바와 같이 교육, 예배, 친교, 선교, 봉사가 모두 함께 가는 교회적 본질에 충실한 기관이어야 하며, 동시에 이것이 합목적성, 전문성, 예비성이라는 학교성의 구성 원칙으로 운영되는 기관이어야 할 것이다.

3) 침체요인에 근거한 발전 방안

교회학교의 발전 방향을 구상하는데 고려해야 할 마지막 세 번째 측면은 현 교회학교의 침체 원인이다. 현 교회학교의 침체 원인을 우리는 앞에서 교육적 차원, 교회적 차원, 사회-문화적 차원이라는 세 가지 측면으로 살펴보았다. 이제 각 차원에서 시도되어야 할 구체적이고 미시적인 차원들을 살펴보자. 아래의 제안은 양금희가 2008년 통계조사를 바탕으로 실시한 『교회학교 진단 침체와 부흥』[71]의 연구를 바탕으로 이루어졌다.

(1) 교육적 차원

교육적 차원으로 공통적으로 고려하여야 할 것은 교사와 교육자의 문제(전문성, 사명감, 영성 비전 등), 교육철학과 교육목적 부재현상, 프로그램 운영의 비적절성, 교육방법의 비적합성 등이다. 그와 같은 문제들의 극복을 위하여 우리는 아래와 같은 세부적 실천에 힘을 기울여야 할 것이다.

* 교역자의 전문화
* 교사교육 - 전문성, 사명감, 영성, 비전을 함양하는 교사교육
* 교육철학 확립
* 교회교육 행정의 전문화
* 어린이에 적합한 의사소통 방법으로 드려지는 예배
* 어린이 신앙공동체 형성
* 사랑과 치유가 있는 관계중심 교회학교로 전환
* 전인적 삶에 관심을 갖는 교회교육 구조로 전환
* 선교와 봉사가 훈련되는 교회학교
* 아동의 문화에 적합한 교육방법 사용
* 멀티미디어 체제로 전환
* 흥미 중심의 프로그램 운영에서 합목적인 프로그램 운영

(2) 교회적 차원

교회적 차원에서 나타나는 침체의 요인들은 '성인중심 목회', '목회자의 인식 부족', '목회와 교육의 분리' 등의 문제이다. 이와 같은 요인들을 극복하기 위하여 다음과 같은

극복안들이 시도되어야 할 것이다.

* 목회차원에서 교육을 위한 장·단기 발전계획 수립
* 아동부 사역자의 전임화 추진
* 교육사제도 정착
* 목회자의 계속교육을 통한 교육의 중요성 인식
  - 총회교육부와 신학교 차원에서, 노회와 아동부 연합회의 차원에서
* 교회학교 연구와 시설 투자
* 교육위원회의 활동 강화
  - 평신도 교육전문가로 구성된 교육위원회에서
* 교회와 가정의 네트워킹 형성
* 부모교육 강화
* 부모모임 활성화

(3) 사회-문화적 차원

사회-문화적 차원에서 공통적으로 나타나는 침체요인은 '세속적이고 물질적 환경', '포스트모던적 문화영향', '유흥문화' 등으로 인한 신앙교육의 경시현상을 들 수 있다. 이와 같은 요인들을 극복하기 위하여 다음과 같은 노력들이 이루어져야 할 것이다.

* 학교생활 지도와 대중문화 교육
* 삶을 변화시키는 교육으로 전환
* 전인성을 추구하는 교육으로 전환
* 인터넷을 통한 네트워킹 형성, 사이버상의 교제 활성화
* 주중 아동 공동체(셀, 목장모임) 운영을 통한 주중 신앙교육 강화
* 주 5일제 수업에 따른 주말학교
* 올바른 여가문화 형성을 위한 여가학교
* 포스트모던적 의사소통 형식에 적합한 의사소통의 구조 형성
* JPIC 실현을 위한 교육
* 문화사명을 수행하도록 돕는 교육
* 건전한 기독교문화 형성을 위한 교육

지금까지 '재도전기'의 교회학교 침체를 극복하고 새로운 도약으로 나아갈 방안을 삼중적 차원, 즉 '21세기의 시대적 특성', '교회학교의 기본 방향과 철학', 그리고 '침체요인'이라는 삼중적 차원에서 제안하여 보았다. 위에서 이미 나타난 바와 같이 이 셋은 서로 상반된 내용이기보다는 서로 간에 많은 것이 중첩되고, 공유되는 것을 볼 수 있다. 그러나 그럼에도 불구하고 이 세 기초들 간에는 서로 상충되는 내용들도 공존하는 것을 볼 수 있다. 그렇기 때문에 우리는 침체요인으로부터 제안된 침체극복의 안이 교회학교의 기본철학과 맞는지, 21세기 시대적 배경에 맞는지 물을 필요가 있다. 따라서 침체극복의 실제적 방안은 이 삼중적 기초의 상호작용을 바탕으로 구성되어야 한다. 그 셋 간의 관계는 아래의 그림에서 보는 바와 같이 먼저 폭넓게 '21세기의 사회적 배경'이 고려되어야 하고, '교회학교의 기본 철학'을 바탕으로 한 교회학교의 방향이 설정되어야 하며, 그 위에서, 그 토대 위에서 궁극적으로 침체요인 극복과 부흥의 방향이 모색되어야 할 것이다.

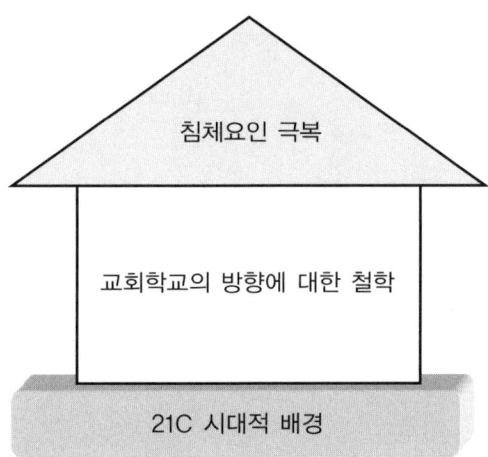

제5장

어린이 사역

이 장에서 우리는 어린이 사역의 핵심적 주제들을 살펴보도록 한다. 무엇보다 먼저 교회의 어린이 사역의 다양한 유형들을 살펴봄으로써, 현재 한국 교회에서 이루어지는 어린이 사역의 전체적인 지형도를 그려볼 수 있도록 한다. 또한 부모교육, 어린이 예배, 어린이를 위한 교수-학습, 그리고 놀이와 여가 등 어린이 사역의 핵심적 주제들을 살펴봄으로써 어린이 사역의 실제에 관한 통찰을 얻도록 한다.

I. 어린이 사역의 유형

18세기 말 '주일학교' 운동이 시작된 이후 오늘에 이르기까지 서구나 우리나라 대부분 교회의 어린이 사역은 소위 '학교식'(schooling)의 유형이 주류를 이루어 왔다. 그러나 20세기 후반에 들어서 교회학교의 침체현상을 극복하려는 노력과 나란히 교회의 어린이 사역을 갱신하려는 노력들이 다양화되었다. 우리나라의 경우도 외국의 모델로부터 영향을 받거나 혹은 자생적으로 생겨난 다양한 모델로 인해 오늘날 한국 교회 어린이 사역의 지형이 조금씩 변화되는 추세에 있다. 특별히 최근 들어 개발된 어린이 사역의 모델들은 CD 하나에 찬양과 율동, 드라마와 성서의 이야기에 이르기까지 거의 모든 순서들을 원스톱으로 제공하고 있어서, 교사확보율이 낮은 농어촌 미자립교회들이 손쉽게 실시할 수 있어 그 파급의 속도가 대단히 빠르다.

이 같은 시점에서 우리는 무엇보다 먼저 오늘날 나타나고 있는 어린이 사역의 다양한 형태들을 전체적으로 파악해 볼 필요가 있을 뿐만 아니라, 이들 사역들이 기독교교육적 관점에서 바람직한가에 대하여 비판적으로 성찰할 필요가 있다. 따라서 이 장에서는 오늘날 나타나고 있는 다양한 어린이 사역들을 유형화하여 살펴보고, 각 유형의 특징과 그 뒤에 있는 핵심 은유들, 사역의 목적과 방법, 장점과 단점들을 살펴봄으로써, 교회의 어린이 사역 유형에 대한 전체적 지형도를 그리고, 이와 같은 사역들이 한국의 어린이 사역 활성화에 통전적으로 기여할 수 있는 방향을 모색해 보고자 한다.

1. 어린이 사역의 유형화 문제

교회의 어린이 사역 유형을 살펴봄에 있어서 우선적으로 고려해야 할 것은, 이들을 어떻게 유형화할 것인가 하는 문제이다. 이를 위해 우리는 먼저 최근에 이 주제와 관련하여 이루어진 선행연구 두 가지, 즉 앤토니(Michael J. Anthony)와 메이(Scottie May)의 유형화를 살펴보려고 한다. 이 두 유형화의 특징과 제한점에 관한 토론을 바탕으로 본 연구는 나름대로의 유형화의 틀을 제시해 보고자 한다.

1) 앎과 경험의 형태로 분류

앤토니는 어린이의 영성을 형성하기 위한 어린이 사역의 유형을 크게 네 가지로 나누어 고찰하고, 각 영역의 모델들을 비교 분석한바 있다.[1] 그는 먼저 현재 시행되고 있는 어린이 사역의 유형을 구분하는 틀을 구성하기 위하여, 두 가지의 유형론을 가져와서 통합한다. 이른바 홈즈(Urban Holmes)의 영성유형론[2]과, 콜브(David Kolb)의 학습모델이론[3]이 그것이다. 그는 먼저 홈즈의 영성유형론으로부터 인간의 영성이 포괄하는 모든 측면, 즉 사색적, 감성적, 언어적, 비언어적 측면의 스펙트럼을 취하였다. 이와 나란히 그는 콜브의 학습이론을 취하여서 학습자가 정보를 습득하는 과정과 새로운 정보를 형성해 가는 과정을 도표화하였는바, 이 도표에는 '느낌'(feeling)과 '사고'(thinking)가 세로축으로 그리고 '관찰'(watching)과 '행동'(doing)이 가로축으로 서로 마주대하고 있다.[4]

앤토니는 홈즈의 영성적 다이아그램과 콜브의 학습패러다임을 서로 연결하여서,

이것으로부터 인간이 하나님을 어떻게 경험하고(experiencing), 알아 가는지(knowing)에 대한 스펙트럼을 만들었다. 그는 "하나님을 경험하는 방식"을 감성적 표현(feeling)과 인지적 논리화(thinking)를 사이로 하는 세로축으로, "하나님에 관해 배우는 방식"에 대해서는 반성적 관찰(watching)과 감성적 참여(doing)를 사이로 하는 가로축으로 표현하면서, 이 두 축이 서로 마주하면서 네 개의 공간을 만드는데, 각 공간이 어린이 사역의 네 유형이 된다고 하였다. 이를 표로 나타내 보면 아래와 같다.[5]

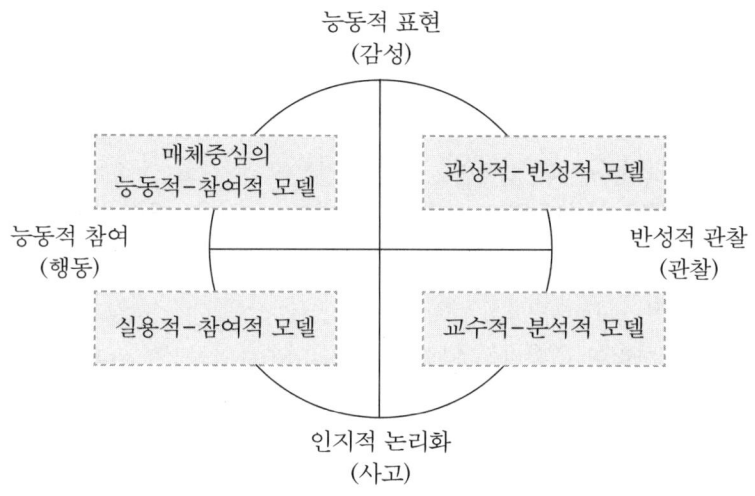

〈앤토니의 어린이 사역 유형〉

위의 표에 의하면 앤토니가 구분하는 어린이 사역의 네 가지 유형은 **관상적-반성적 모델**(contemplative-reflective model), **교수적-분석적 모델**(instructional-analytic model), **실용적-참여적 모델**(pragmatic-paticipatory model), 그리고 **매체중심의 능동적 참여 모델**(media-driven active-engagement model)이다. "관상적-반성적 모델"은 하나님을 경험하는 방법으로는 '감성'을, 그리고 하나님을 알아가는 방법으로는 '관찰'이라는 통로를 주로 취하는 모델이며, "교수적-분석적 모델"은 '사고'와 '관찰'을 주로 취하는 모델이다. 반면 "실용적-참여적 모델"은 '사고'와 '행동'(doing)을 취하는 모델이고, "매체중심의 능동적 참여 모델"은 '감정'과 '행동'을 취하는 모델이다.

앤토니는 북아메리카에 나타나는 어린이 사역의 모델 중 첫 번째인 "관상적-반성적 모델"에 속하는 예로 베리만(J. Berryman)의 가들리 플레이(Godly Play) 프로그램과 벡위트(Ivy Beckwith), 메이(Scottie May), 그리고 스톤하우스(Catherine Stonehouse)

의 이론을 꼽고 있다.[6] 두 번째 모델인 "교수적-분석적 모델"의 대표적 예로는 어와나(Awana), 보이스브리게이드(Boys Brigade), 그리고 파이오니어 걸(Pioneer Girl)과 같은 프로그램을 들고 있다.(Anthony, 2008, 192) 세 번째의 모델인 "실용적-참여적 모델"로는 윌로우크릭교회의 어린이 사역인 프라미스랜드(Promisland)와 새들백교회의 엠파워링 키즈(Empowering Kids)와 노스포인트교회의 키드스터프(KidStuf)을 들고 있고, 마지막 네 번째 "매체중심의 능동적-참여 모델"의 대표적 예로 키드모(KIDMO)를 들고 있다.[7]

2) 은유로 분류

엔토니가 어린이 사역을 영성이론과 학습이론의 두 틀을 바탕으로, 하나님을 "경험하는 방식"과 "알아가는 방식"을 기준으로 구별하는 시도를 하였다면, 메이는 어린이 사역의 유형을 어린이 사역을 주도해가는 핵심적 은유를 중심으로 분류하고 있다. (May, 2005, 3-25)

그녀는 모든 어린이 사역자는 의식적으로, 혹은 무의식적으로 학생이나 교사, 그리고 교육과정에 대해서 특정의 은유를 가지고 있다고 하였다. 우리는 학생에 대해 '양', 혹은 '진흙'이나 '스펀지'와 같은 은유를 가질 수 있고, 교사에 관해서도 '전문가', '권위자', 혹은 '순례여행의 동반자', '친구'와 같은 은유를 가질 수 있으며, 또한 교육과정에 대해서도 '청사진', '여행의 지도' 등의 은유를 가질 수 있다. 그런데 이러한 은유들은 그녀에 의하면 단순히 은유에서 그치는 것이 아니라, 우리의 교육과 사역의 형태를 결정짓는 힘을 발휘한다는 것이다. 예를 들어 학생에 대해 '백지'라고 하는 은유를 갖고 있는 교사는, 백지와 같은 학생에게 무엇인가를 열심히 그리고 써서 자신이 원하는 그림이 되도록 해야 한다는 생각을 갖게 되고, 이러한 생각을 그대로 교육의 실제에 연결시키게 될 것이다. 반면 학생에 대해 '양'이라고 하는 은유를 갖고 있는 교사는 양이 가지고 있는 성장의 법칙들과 잠재력을 존중할 것이고, 그 양이 잠재력을 잘 발휘하고 자신이 가지고 있는 성장의 법칙대로 잘 자랄 수 있도록 최대한으로 좋은 환경을 제시하는 것에 관심을 가지게 될 것이다.

메이는 학생이나 교사, 혹은 교육과정 등에 대한 이와 같은 은유들이 "소 은유"(micro-methphor)라면, 어린이 사역 자체를 이끌어가는 "대 은유"(macro-metaphor)들이 있다고 하였는바, 이 대 은유들이 어린이 사역의 모델을 형성하고, 그 모델을 이끌어가는 역할을 한다고 하였다.(May, 2005, 10) 그녀는 이 대 은유들이 때때로 사역자도

자각하지 못하는 사이에 사역의 방향과 목적을 결정하는 역할을 할 만큼 강력하게 사역을 이끌어가는 틀이 된다고 하였다.

그러면서 메이는 현재 어린이 사역의 영역에 가장 두드러지게 나타나는 사역의 모델들을 그 뒤에 있는 은유를 중심으로 유형화하여 이를 여섯 가지로 제시하였다. "학교 모델", "금메달/수상 모델", "축제 모델", "순례여행 모델", 그리고 "하나님과의 춤 모델"이 그것이다.(May, 10ff) "학교 모델"은 주일학교운동 이후 현재까지 교회의 어린이 사역의 주축을 이루어온 모델로, 교회의 어린이 사역을 학교와 흡사한 형태로 시행하는 특성을 가진 모델이다. 이 모델은 우리에게 친숙하고 효율적이며 관리하기도 쉽지만, 지식중심의 교육으로 흘러서 성서를 기억하게는 하지만, 성서가 삶에서 영향을 미치게 하는 데는 취약한 구조를 가지고 있다고 하였다.

"금메달/수상 모델"은 어린이들 간에 경쟁적인 활동을 하게 하면서 일등 어린이에게 스티커를 주고 포상을 하면서 학습의 효과를 높이고, 교회에 대한 흥미를 갖게 하는 모델이다. 이 모델은 어린이들 사이에서 인기도 높고, 단기적 결과를 창출하는 데는 탁월하지만, 동기화 자체가 내부에 있기보다는 외부에 있어서 오히려 학습 자체에 대한 동기유발보다는 상벌에 의해 좌지우지된다는 문제가 있다고 하였다.

그녀는 또한 최근의 어린이 사역에서 확산되고 있는 재미와 흥미를 중심으로 하는 교육 모델 뒤에는 '축제'(carnival)의 은유가 있다고 하였다. 이 모델은 어린이들이 축제에 온 것처럼 음악, 드라마, 워십밴드, 이벤트 등을 통해 즐거움을 느끼게 하고, 교회가 즐거운 곳이 되게 하는 데 기여하였다. 반면 이 모델은 하나님의 거룩하심과 위엄 앞에서의 경이로움과 같은 것을 느끼기에 교회가 지나치게 오락적이 된다는 약점을 가지고 있다고 하였다.

이와 나란히 그녀는 "순례자의 여행 모델"을 말하였는바, 이 모델은 인생을 성서적 진리를 적용하면서 걸어가는 과정으로 보면서, 학습자 개개인이 예수 그리스도의 장성한 분량이 충만한 데까지 이르도록 전 공동체, 전 세대가 참여하여 인도하는 것에 관심을 갖는 모델이라고 하였다. 이 모델은 단순히 교회학교에서의 경험만이 아니라, 모든 세대의 사람들이 모두 참여한다는 강점을 가지고 있지만, 실제로 사역의 지도자들이 이 모델에 대한 경험이 없고, 체계적이지 않으며, 평가도 어렵다는 약점을 가지고 있다고 하였다.

그녀가 마지막으로 제안하는 "하나님과의 춤 모델"은 인간이 태어나는 순간부터 발달의 모든 단계마다 하나님을 만나고 하나님의 임재를 의식하며 성장하는 존재로 인정하면서, 인간이 인생의 모든 단계마다 하나님과 함께 추는 춤을 격려하고 도와주는

데 초점을 맞추는 모델이다. 이 모델은 특별히 어린이가 하나님을 만날 수 있다고 하는 점을 인정하고 어린이의 영성을 촉진한다는 강점이 있지만, 어린이에 대해 지나치게 낙관적 이해를 가질 수 있고, 더 나아가 부모와 교회가 긴밀하게 작업하지 않는 한 효과적이기 어렵다는 약점을 가지고 있다고 한다.

앞에서 살펴본 앤토니의 유형화는 체계적일 뿐만 아니라, 실제적 어린이 사역 모델을 연결한 유형화로 우리에게 논리적이면서도 구체적인 통찰을 준다. 그러나 그의 유형화는 교회의 어린이 사역을 교회의 전체적 사역의 차원에서 보기보다는 '학습'이라고 하는 관점에서 분류하고 있다는 한계를 가지고 있다. 이것은 그가 유형화의 기본적인 틀 자체를 '학습이론'으로부터 가져왔기 때문으로 보인다. 그러나 어린이 사역이 교회에 의해서 이루어지는 것이라면, 그것은 교회의 전 사역을 아우르는 관점에서 보아야 할 필요가 있다. 단지 '학습'의 관점에서만 보면, 신앙공동체 전체의 기능과 어린이 사역을 함께 볼 수 있는 안목을 잃게 되고, 그것은 웨스터호프가 지적한 바와 같이 우리의 시각을 단지 '교회학교'라고 하는 좁은 의미의 사역에 고정하여 다른 가능성을 보지 못하게 되는 결과를 낳게 된다.(Westerhoff, 1976, 34)

반면, 메이의 유형화는 학습이나 교회학교와 같은 개념에 국한되지 않고 어린이 사역을 한 사람의 전 생애를 동반하는 사역으로, 그리고 공동체 전체의 차원에서 이루어지는 사역으로 보면서, 그러한 가능성을 모색하는 모델들을 유형화에 포함시키고 있는 것을 볼 수 있다. 그녀는 '학교' 모델이 갖는 문제점을 지적하면서, 이와는 다르게 접근할 수 있는 은유에 대한 가능성을 제시하고 있다. 그러나 메이의 유형화는 실제로 그 은유를 바탕으로 실현되고 있는 어린이 사역의 구체적 예를 충분히 제시하지 않아서 추상적인 개념에 머물 수 있는 유형화라고 하는 문제점을 갖고 있다.

따라서 본서에서는 현재 실제로 이루어지는 어린이 사역을 유형화하되, 소위 좁은 의미의 교회학교 모델에 국한하는 것이 아니라, 교회의 전 사역을 아우르는 범위에서, 그리고 더 나아가 교회의 하나님 나라 사역이라는 관점에서의 유형화를 시도한다. 그런 의미에서 우리는 교회의 어린이 사역을 단순히 교회라고 하는 '공간' 안에서 이루어지는 사역만이 아니라, **교회가 주체가 되는 모든 형태의 어린이 사역**으로 이해하며, 이것은 교회공동체뿐만 아니라 넓은 의미의 교회, 즉 "작은 교회"(parva ecclesia)로서의 가정과 더 나아가 교회의 하나님 나라 사역으로서의 '학교'에 대한 사역까지를 포함하는 개념으로 이해하고 이를 유형화할 것이다.

본서는 어린이 사역을 유형화하는 준거틀로 **'형태'**를 취하고자 한다. 앞의 두 유형화가 먼저 '이론'을 가지고 어린이 사역을 유형화하였다면, '형태'를 중심으로 분류하고

자 하는 것은 이론이 아니라 '실제'로부터 분류하고자 하는 시도이다. 사역의 실제는 이론적 틀에 짜여져 나타나는 것이 아니라, 현장의 요구와 다양한 상황적 요인에 의하여 결정된다. 따라서 어린이 사역은 어떤 이론으로부터보다는 드러나고 있는 실제적 현상 자체로부터 볼 필요가 있는데, '형태'야말로 어린이 사역의 실제적 현상을 보여주는 핵심적인 요인이라고 할 수 있다. 따라서 본서는 먼저 '형태'를 중심으로 어린이 사역을 유형화하면서, 그 형태 안에 나타나는 은유나 이론적 배경들도 아울러 고찰해 볼 것이다. 어린이 사역을 형태별로 유형화하여 보았을 때, 본서는 현재 나타나는 가장 대표적이고 두드러진 어린이 사역의 형태를 다음과 같은 여섯 가지 유형, 즉 **"학교 모델"**, **"축제 모델"**, **"영성 형성 모델"**, **"신앙공동체 모델"**, **"대안학교 모델"**로 제안하고, 각 모델들의 특성과 장점 그리고 단점들을 고찰해 보고자 한다.

2. 학교 모델

교회의 아동사역에서 가장 대표적이고 가장 일반적인 모델은 아마도 '교회학교' 모델이라고 할 수 있다. 이 모델은 이미 언급한 바와 같이 한국 교회의 어린이 사역을 대표할 뿐만 아니라, 거의 모든 한국의 교회에서 지난 선교 120여년 역사 동안 시행되어 온 가장 오래된 형태라고 할 수 있다. 이 모델은 이미 그 명칭 안에 '학교'라는 이름이 포함되고 있을 만큼, 이 모델을 지배하는 핵심적 은유는 '학교'이고, 그 은유는 교회의 어린이 사역의 형태와 기능을 '학교'의 그것이 되도록 영향을 미쳐왔다.[8]

1) 특징

"학교 모델"이 갖고 있는 핵심적 특징은 교회의 어린이 사역이 학교교육과 흡사하게 이루어진다는 것에 있다. 물론 오늘날은 대안학교나 홈스쿨링 같이 학교를 새롭게 하는 노력들이 다양하게 이루어지고 있어서 모든 학교들이 다 그렇다고 일반화할 수는 없겠지만, 학교의 가장 핵심적 특징은 교사와 학생이 만나서, 교실에서 교과서를 가지고 배우는 활동에 전념한다는 것이다. 학교는 학생들을 연령별로 나누고, 매년 학년이 끝나면 학생들을 다음 학년으로 진급시키며, 그들은 그곳에서 새로운 교사를 만나게 된다. 학생들은 학교에서 소정의 기간을 마치면 다음 단계로 넘어가고, 모든 학교의 과정이 끝나면 하나의 완제품으로 사회에 보내진다. 그때까지 학생들은 필요한 지식을 집중적으로 전수받고, 학습하고 배운다. 학교는 배우는 곳이고, 사회에서 독자적인 성인으로 살 수 있도록 준비되는 장소이다.

그와 같은 학교의 형태를 바탕으로 하여 한국의 '교회학교'는 지난 선교 120여 년 동안 한국 교회에서 학교교육의 형태와 흡사한 어린이 사역 방식을 개발하고 발전시켜 왔다. 교회는 평신도 자원봉사자를 모집하여 '교사'로 봉사하게 했고, 또한 교단마다 연령별로 교회학교의 '공과'를 개발하여 보급시켰다. 공과는 주로 성서에 기초를 둔 내용이고, 교사들이 손쉽게 가르칠 수 있도록 구성되었는데, 주로 성서를 인지적으로 알게 하는 것에 초점이 맞추어져 있었다. 어린이들은 교회에 온다기보다는 자신이 속한 '교회학교'에 와서, 사역자와 교사들이 기획하고 인도하는 예배에 참여한 후, 연령별로 나누어진 반으로 흩어져서 출석을 부르고, 공과공부를 하고 집으로 돌아가는 형태의 교회학교 경험을 했다. 여름이나 겨울에는 특별히 "여름성경학교"와 "겨울성경학교" 프로그램들이 개발되었고, 이 기간 동안에는 특별히 선정된 주제들이 집중적으로 학습되었다.

이와 같은 '교회학교' 구조는 한국 교회에서 개교회의 교육이 활성화되는 데 크게 기여하였다. 교회는 학교라는 친숙한 모델로부터 사역의 범례를 찾을 수 있었고, 또한 교단으로부터 공과의 지원을 받으면서 손쉽게 이 사역을 수행할 수 있었다. 특별히 공과의 개발로 인해 성서의 내용은 어린이가 배우기 쉽게 체계적으로 재구성되었고, 무엇보다 자원봉사자로 나선 평신도 교사들의 참여는 '교회학교'가 한국의 어린이 사역의 핵심이 되는 데 결정적 역할을 하였다.

2) 장점

이와 같은 학교식 모델은 그 자체로 많은 장점을 가지고 있다. 그것은 모두에게 매우 친숙하고, 교단 차원의 공과개발을 통해 개교회들이 도움을 받아서 개교회가 손쉽게 실행할 수 있다는 큰 장점이 있다. 교단의 교육부는 어린이들이 배워야 할 내용을 성서와 교단의 신학적 입장에 적합하게 조직하고, 또한 교사들이 매 시간 가르쳐야 할 내용과 방법들에 관한 상세한 지침을 주고 있다. 따라서 교단의 신학이나 성서적 기준에서 볼 때 안전할 뿐만 아니라 교사들에게는 쉽게 접근할 수 있다는 장점이 있다. 교사는 자신이 무엇을 가르쳐야 하는지에 대한 것을 정확히 알 수 있고, 수업은 효율적일 수 있으며, 어린이와 교사 모두 심리적으로 안정될 수 있고, 평가도 용이하다. 또한 대부분의 학급은 소그룹으로 이루어져 있어서, 교사와 학생 간의 친밀한 관계를 형성하기에도 용이하다.

3) 문제점

학교식 모델은 가장 대중적인 방법인 만큼 그에 대한 비판도 가장 많이 이루어진 모델이라고 할 수 있다. 아마도 가장 크게 비판을 받고 있는 학교식 모델의 문제점은 그것이 지나치게 지식 위주의 가르침이 되고 있다는 점이라고 할 수 있다. 웨스터호프는 성서에 관해서 배우고 알게 된다는 것이 곧 성서가 증언하는 예수 그리스도의 제자로 살아가는 것을 의미하는 것이 아니고, 또한 신앙인이 되는 것도 아니라고 하였다. 그는 학교식의 가르침을 통해서는 신앙의 내용을 전달받을 수 있을지 모르지만, 그것으로 신앙인이 되는 것은 아니라고 지적하였다.[9] 그는 또한 교회학교의 학교식 교육은 기독교에 관하여(about) 가르칠 수는 있을지 모르지만, 신앙 자체를 형성할 수는 없다고 하였다. 그는 기독교교육의 최종적 목표가 단순히 종교로서의 기독교를 넘어서 진정한 신앙인이 되는 것이라고 보았을 때, 학교식의 모델은 그와 같은 목표에 도달할 수 있는 최적의 어린이 사역 모델이라고 볼 수 없다고 하였다.

"학교식 모델"의 또 하나의 문제점은 그것이 교회 안에 존재하는 것이지만, 그 안에 교회 공동체의 나눔과 삶이 없다는 것이다. 이 모델에서 어린이들은 교회학교에 고립된 채, 신앙공동체로서의 교회에 대한 경험을 할 수 있는 기회가 없다는 것이다. 신앙의 공동체란, 최소한 3세대가 함께 공존하면서 삶을 공유하고 전통 전수와 전통 창조가 이루어져야 하는 곳인데, '교회학교'는 교회 안에 존재하는 '학교'로서 학생과 교사만 있지, 실제로 신앙공동체 전체와의 유기적 상호작용은 활발하게 이루어지지 못한다. 신앙이 공동체의 참여와 그 안에서의 삶의 나눔을 통해서 형성되는 것이라면, 학교식 모델에는 그 점에서 한계가 있다.

3. 축제 모델

두 번째로 살펴볼 어린이 목회의 모델은 2000년도 이후 한국의 어린이 사역에 그 영역을 확대하고 있는 모델로, 필자는 이를 "축제 모델"이라고 칭하고자 한다. 축제는 일상적으로 매일 계속되는 삶이나 매일 똑같은 학교생활과는 다른 특별한 기쁨과 즐거움이 있는 곳이다. 그곳에는 재미와 흥미와 호기심과 참여를 유발하는 요소들, 놀이적 요소, 지루할 틈이 없는 엔터테인먼트적 요소들이 곳곳에 산재해 있다. 어린이 사역의 두 번째 모델은 어린이들에게 흥미를 불러일으키는 경험들을 연속적으로 제공하고, 이를 통하여 그들이 기독교적 가르침에 흥미를 갖고 예배에 참여하게 하는 모델이라는 점에서 축제의 형태를 띠고 있다고 할 수 있다. 물론 이 모델의 기획에 참여한 사람들이 '축제'라고 하는 개념을 구체적으로 생각하였는지는 알 수 없다. 그러나 이 모델은 기존의 교회학교 모델이 지루하고, 어린이들이 오고 싶어 하지 않는 곳이 되어버렸다는 점에 착안하여, 어린이가 오고 싶도록 하고, 재미있고 지루하지 않는 곳이 되어야 하며, 일주일의 삶 중에서도 가장 높은 점수를 주고 싶어 하는 곳이 되어야 한다는 취지에서 생겨났다. 교회는 일상적인 삶이나 주중의 학교와는 다른 특별한 경험이 있어야 하고, 기다려지고 기대되는 곳이 되어야 한다는 생각이 이 모델의 핵심적인 관심이다.

1) 특징

"축제 모델"은 사실 한국의 교회에서 먼저 시작된 것은 아니다. 앤토니에 의하면 이와 같은 모델은 북미의 교회에서 90년대부터 시작된 일련의 흐름으로부터 시작되었다고 할 수 있다. 그는 윌로우 크릭(Willow Creek)교회에서 시작된 "프라미스랜드"(Promiseland), 새들백교회(Saddleback Church)의 "엠파워링 키즈"(Empowering Kids), 혹은 노스포인트교회(Northpoint Community Church)의 "키드스터프"(KidStuf)들이 이 모델의 대표적인 예라고 하였다.[10] 이들 교회의 어린이 사역은 모두 하나 같이 90분 정도의 주일 아침 어린이 모임의 시간을 거의 5분 간격으로 찬양, 드라마, 성서 이야기, 인형극, 게임, 영화 스킷 등의 순서들로 진행하면서, 어린이들이 지루할 틈을 주지 않고 진행하는 것을 특징으로 한다. 이 같은 순서들이 진행되는 과정에는 그 무엇보다 '기술'(technology)이 결정적 역할을 한다. 찬양과 율동은 다양한 악기와 음악을 동반하여 녹음되고, 파워포인트가 사용되며, 창의적이고 감각적인 영상과 영화 스킷 등이 제공되는 과정에서 기술은 필수적인 것이다.

엔토니는 이와 같은 모델을 "실용적-참여적(pragmatic-participatory) 모델"로 칭하고 있다.[11] 이 모델에서 어린이들은 수동적 자세로 조용히 앉아 있는 것이 아니라, 잠시도 조용히 앉아 있지 않고 지속적으로 경험에 참여한다는 의미에서 "실용적-참여적"이라고 하였다. 물론 그는 이 모델이 '활동'(activity)만이 아니라 '재미'(fun)라고 하는 두 마리의 토끼를 잡으려고 하는 모델이라고 하였지만, 모델의 명칭은 '활동' 부분에 좀 더 초점을 맞추고 있다. 반면 메이는 이 모델의 '재미'적 측면에 초점을 맞추어 "축제 모델"(carnival model)로 칭한다. 그녀는 이 모델이 어린이들이 음악, 드라마, 워십 밴드와 함께 시간을 보내기도 하고, 정성들여 장식한 넓은 공간에서 재미있고, 기억에 남을 만한 게임이나 창작활동을 하기도 하는 등 모든 과정이 마치 축제를 하듯 어린이들이 즐겁고 재미있게 보낼 수 있는 시간이라고 하는 것에 착안하여, 이 모델의 핵심 은유를 '축제'라고 칭하고 있다.[12]

한국에서도 2000년대 이후로 이와 비슷한 흐름들이 확산되기 시작하였다. 몇몇 교회들이 '교회학교'나 '주일학교'라는 명칭을 사용하기보다는 "꿈이 자라는 땅",[13] "메빅",[14] "윙윙",[15] "어와나",[16] "엔프렌즈",[17] "와우큐키즈",[18] "키즈워십"[19] 등과 같은 특별한 명칭을 사용하여 어린이 사역을 특성화하였다. 이들은 기존의 교회학교 형태가 어린이들의 흥미와 관심을 끌어들이지 못하고 침체되고 있다는 점에 특별히 착안하여, 어린이의 문화적 코드에 맞는 의사소통의 수단을 사용하고, 놀이와 게임 등의 다양한 장치들을 가미하여 어린이에게 재미와 참여를 유도하는 모델을 개발하였다. 이 모델은 어린이 사역은 어린이가 '놀이공원'에 온 것처럼 즐겁고, 재미있고, 신나야 하며, 경쟁적 놀이나 게임, 엔터테인먼트 등 어린이의 일상이나 학교생활과는 다른 특별하고, 재미있는 경험으로 구성되어야 한다는 점에서 공통의 인식을 가지고 있다.

물론 "축제 모델"이라고 해서 모든 모델의 형태가 다 같거나 내부적으로 일치된 방향을 가지고 있는 것은 아니고, 이 모델 안에서도 일정한 구별이 필요하다. 먼저 이 모델의 공통점을 한눈에 보기 위해 현재 폭넓게 확산되어 있는 몇 가지의 대표적 프로그램들의 구체적 순서들을 아래의 표로 비교해 보도록 하자.

	와우큐 키즈	엔프렌즈	윙윙예배	어와나
순서	오프닝	카운트다운	교사기도회	게임시간(40분)
	pregame	게임	윙윙 율동	찬양(10분)
	카운트다운 - 큐맨 등장	찬양과 율동	윙윙 파워댄스	어린이 기도
	양팀 리더 소개	신앙고백	게임	설교(15분)
	규칙 설명	경배찬양	케릭터	헌금(기도)
	대표기도	기도	예배선언	시상식과 광고
	요절챈트	말씀암송	경배	주기도문
	주제 게임	찬양단 찬양	통성기도	핸드북시간(40분)
	말씀의 시간 ① 성서드라마 ② 실험과 관찰 ③ 동화 ④ 주제제기 영상	드라마 (깜짝맨)	어린이 대표기도	교제시간(40분)

순서	말씀과 결단의 기도	찬양	성구낭송	축복하며 보내기
	헌금(기도)	설교	설교	
	주기도문	헌금	통성기도	
	시상과 광고	주기도문	헌금	
	분반하여 축복하며 보내기	광고	성구암송	
		분반공부	찬양	
			주기도문	
			광고 캐릭터, 새친구	

위의 예들 중에서도 메빅과 윙윙예배, 와우큐키즈는 모두 축제적 예배의 특징이라는 점에서 공통점을 가진다. 이들은 모두 기존 어린이 예배의 틀 속에 다양한 놀이적 요소를 가미하고, 찬양과 율동도 어린이의 문화적 특성을 고려한 형태로 하며, 드라마와 영화 스킷과 같은 다양한 매체를 사용한 설교의 형태를 띠고 있으며, 광고 등 특별순서를 어린이의 흥미를 자극하는 형태로 구성하고 있다는 특성이 있다. 반면, "어와나"의 경우는 앞의 앤토니의 구별에 의하면 "교수적-분석적 모델"로 분류될 만큼 강한 교수적 측면을 가지고 있다. 어와나는 위에 소개된 다른 프로그램처럼 축제적 예배중심의 프로그램이라고 하기보다는 성서암송과 교리적 가르침에 초점이 있는 프로그램이다. 그럼에도 불구하고 어와나가 "축제 모델"인 것은 그것이 어린이를 강력하게 유인하는 놀이 프로그램을 활성화한 최초의 프로그램으로 다른 축제 모델에 영향을 미쳤고, 또한 성서의 암송이나 교리적 가르침의 과정에서 동기를 유발하는 강력한 장치들이 마련되어 있기 때문이다.

사실 엄격히 말해서 이 모델이 "교회학교"적 틀을 완전히 넘어선 것이라고 하기는 어렵다. 이 모델도 어린이들만 따로 모이는 구조, 그리고 순서상의 변형이 있기는 하지만 예배와 분반으로 이루어지는 구성 자체는 교회학교적인 큰 틀을 유지하고 있다. 그러나 이 모델은 "축제적 예배", "재미와 놀이적 요소의 가미", "어린이의 문화적 기호에 맞는 방법의 사용", "방송프로그램과 같은 철저한 기획과 5-10분 단위로 연결되는 프로그램의 흐름", "어린이의 능동적이고 자발적 참여의 유도", "멀티미디어 매체의 높은 의존도" 등의 특징으로 기존의 교회학교적 성격과는 차별성을 나타내고 있다.

2) 강점

이 모델은 축제 같은 프로그램이 주는 즐거움으로 교회학교에 새로운 활력을 불러 일으키고 있다. 이 모델은 어린이들이 교회학교를 지루해 하지 않고, 놀이와 재미있는 프로그램에 매료되어 그것에 참여하게 하는 힘을 가졌다. 또한 처음 이 모델이 등장했을 때에는 소수의 대형교회만 할 수 있는 것으로 인식되었지만, 이 모델이 미디어와 접목되면서 CD 하나에 한 주의 모든 프로그램을 담아서 교사가 적은 농어촌의 교회에서도 손쉽게 사용할 수 있도록 공급되고 있고, 현재 한국 교회에 급속도로 확산되고 있는 추세에 있다. 따라서 인적, 물적 자원이 취약한 농어촌 교회나 미자립 교회의 어린이 사역을 수월하게 하는 데 있어서 이 모델이 가진 잠재력은 엄청나다고 할 수 있다. 교회마다 자신의 상황에 맞게 변형하거나 선택적으로도 사용할 수도 있어서, 앞으로 한국 교회의 어린이 사역의 지형도에 이 모델은 큰 영향을 끼칠 만큼 강력한 파급력을 가졌다고 할 수 있다.

3) 문제점

앞서 언급한 대로 "축제 모델"은 "학교 모델"의 틀 안에서 이루어지는 모델로 교회학교가 안고 있는 핵심적 문제를 여전히 가지고 있는 모델이라고 할 수 있다. 축제 모델이 교회의 어린이 사역이라는 영역에서 이루어지는 것이라면, 그것은 교회의 전 사역을 아우르는 것이어야 하며, 또한 교회라고 하는 신앙공동체 전체와의 상호작용과 그것과의 유기적 연속성 안에서 이루어져야 한다는 점에서 예외가 없어야 한다. 그러나 축제 모델은 교회의 전 사역을 아우르는 것이기보다는 어린이들을 특별히 재미있는 이벤트에 참여하는 것 같은 느낌을 줌으로써, 오히려 신앙공동체의 일상에서 분리되는 결과를 가져올 수 있다. 더군다나 이 모델이 농어촌 지역에도 보급될 경우, 어린이 사역은 그 사역이 이루어지는 교회와의 문화적 괴리감을 가져올 수 있다는 위험도 있다.

무엇보다 이 모델에서 우리가 심각하게 고려해야 할 것은 어린이 사역이 '재미'나 '엔터테인먼트'에만 초점을 두는 것이 옳은가 하는 것이다. 신앙이란 신비이고, 예배란 하나님 앞에서의 경외감과 두려움의 표현이기도 해야 한다. 하나님께 드리는 예배에 게임이 있고, 경쟁적 놀이와 포상이 있는 것이 과연 '영과 진리로 드리는 예배'와 함께 갈 수 있는 것인지, 그것을 배우는 어린이는 예배에 대해 어떠한 이미지를 형성할 것인지 고려해 보아야 한다.

이 모델이 갖는 또 하나의 핵심적 문제점은 이 모델들이 축제적 예배를 기획하고 만드는 '방법'적인 차원에는 탁월함을 보여주지만, 실제로 예배 전반을 흐르는 주제나 성서적 가르침이라고 하는 '내용'적 차원을 얼마만큼 성서적으로, 그리고 기독교교육적으로 구성하고 있는지 물을 필요가 있다. 모든 프로그램이 다 그렇지는 않더라도, 한국에서 개발되고 있는 모델 중 상당수는 비전문가에 의해 개발되고 있다는 점에 주목할 필요가 있고, 따라서 이 프로그램의 '내용'적 차원은 현재로서는 보완될 필요가 있다.

4. 영성형성 모델

교회의 어린이 사역에서 우리가 살펴보고자 하는 세 번째의 유형은 "영성형성 모델"이다. 이 모델은 한국의 어린이 사역에는 아직은 본격적으로 확산된 모델은 아니지만, 미국과 유럽을 중심으로 해서 이미 오래전부터 조용히, 그러나 힘 있게 확산되고 있는 모델이라고 할 수 있다. 이 모델은 현재 서구에서 이루어지고 있는 "어린이 영성"(children spirituality) 연구의 입장을 공유하면서, 이를 바탕으로 하여 어린이의 "영성형성"을 어린이 사역의 핵심적 관심으로 삼는 모델이다. "어린이 영성연구"는 1990년대부터 유럽과 미국에서 활발하게 전개되고 있는 연구로, 어린이를 발달심리학적 관점에 크게 의존해 이해해 왔던 현대의 기독교교육적 입장에 대하여 비판적 입장을 취하면서, 다양한 연구들을 통해 어린이를 "영성적 존재"로 이해할 수 있는 기반을 마련하였다. 특별히 로빈슨(Edward Robinson), 코울즈(Robert Coles), 헤이와 나이(D. Hay & R. Nye) 연구는 어린이가 인지적으로, 혹은 언어적으로는 미숙할지 모르지만, 이것이 곧 어린이가 종교적 체험을 할 수 없다는 것을 의미하는 것은 아니라고 하는 점을 밝혔고, 어린이의 영적 경험을 위해서는 인지적 차원이 아닌, "감탄과 경이의 경험", "신비(mystery)적 감각", "감각적(sensorial) 경험"을 중시해야 한다고 강조하였다.[20]

1) 특징

이 유형은 어린이의 영성을 '형성'하는 것에 초점을 맞추는 **"형성적(formational) 모델**"이라고 할 수 있다. 이 모델은 학교식의 '정보전달식'(informational) 가르침에 초점을 맞추지도 않고, 그렇다고 해서 축제 모델과 같이 5-10분 단위로 쉴 새 없이 바뀌는 프로그램으로 어린이에게 재미와 흥미를 불러일으키는 '엔터테인먼트'에 관심을 가지지도 않는다. 오히려 이 모델은 빠름보다는 느림을 추구하고, 소란스러움보다는 조용함과 침묵 가운데로 어린이를 초대하며, 매체를 사용한 드라마나 영화의 스킷들보다는 성서의 이야기와 예전을 감각적(sensorial) 형태로 제시하고, 어린이가 그 안으로 깊게 들어와 머물며 그 이야기를 경험하고 느끼도록 초대하는 모델이다. 어린이는 내면의 신비적 감각과 감각적 경험을 바탕으로 하여 "감탄과 경이"(owe and wonder)의 영적 경험을 하고, 이를 통해 영성이 형성되도록 하는 것이 이 모델이 추구하는 형태이다.

이 유형의 대표적 모델로 까발레티(Sofia Cavaletti)의 "선한 목자 카테키시스"(Good Shepherd Catechesis), 스튜어드(Soja Steward)의 "예수님 따르기"(Following Jesus), 베리만(Jerome Berryman)의 "가들리 플레이"(Godly Play), 그리고 한국의 "예정원"과 같은 몬테소리학파의 모델을 들 수 있다.[21] 이 모델들은 몬테소리에 의해 처음 고안된 감각적이고 체험적인 예배공간인 '아트리움'(Atrium)을 어린이 영성 교육의 장소로 삼는다는 점을 함께 공유한다. 이들은 어린이들의 영적 체험을 위해서는 일상의 삶과는 구별된, 거룩하고 조용하고, 느린 공간이 준비되어야 한다고 본다. 그리고 성인은 '언어'에 능숙하기 때문에 성서 구절을 반복해서 읽으며 묵상할 수 있지만, 어린이가 성서 안으로 들어가기 위해서는 성인과 같은 언어적 방법으로가 아니라 이들을 도울 수 있는 감각적(sensorial) 자료가 필요하다고 보았다. 따라서 이들은 특별한 공간에 성서의 이야기를 감각적으로 만날 수 있도록 만지고, 보고, 느끼고, 체험할 수 있는 자료들을 준비하여, 어린이들이 성서의 이야기와 만나고, 그 안에 머물며, 반복적으로 묵상할 수 있도록 어린이들을 초대한다.

"영성형성 모델"은 어린이가 "하나님을 알아가는"(knowing God) 과정은 객관적이고 숙고적인 앎을 통해서가 아니라 직접적인 참여와 만남의 경험을 통해서 오는 앎의 과정이 되어야 한다고 본다. 아주 어린아이가 어머니의 나이나 이름, 학력과 같은 객관적 사실을 몰라도 어머니의 젖가슴과 체취, 손길을 느끼면서 그 누구와 좀 더 깊은 관계를 맺는 것처럼, 어린이는 하나님을 '숙고적'(speculative) 지식으로보다는, **'감각적'(connatural) 체험**을 통해서 배우게 된다는 것이다.[22] 그래서 이들에게는 전감각적 체험이 중시된다.

"영성형성 모델"이 이와 같이 어린이에게 전감각적 체험을 가져오는 가장 대표적인 통로로 삼는 것은 **'이야기'**이다. 위에서 살핀 몬테소리학파 외에도 벡위트,[23] 메이[24] 등 이 입장에 속하는 모델에게 있어서 '이야기'는 어린이 사역의 가장 핵심적 내용이자 방법이다. 그 이유는 그것이 다른 이야기가 아니라 "성서의 이야기"이기 때문인데, 성서의 이야기는 어린이를 이야기 세계 안으로 초대하여 머물게 하고, 그 이야기를 생생하게 재현하는 힘이 있기 때문이다. 따라서 이 모델은 드라마나 영화의 스킷과 같은 다른 이야기들이 아닌 성서의 이야기를 통하여 어린이가 그 이야기 안의 하나님과 만나고, 이야기 속의 하나님을 경험함으로써 하나님과 관계를 형성하고 믿음을 형성할 수 있도록 하는 것에 초점을 맞춘다. 또한 이들은 성서의 이야기가 어린이들에게 일종의 "근원이야기"(meta-narrative)가 되기 위해서는 어린이 시기가 가장 결정적이라고 본다. 한 사람이 어릴 때 듣는 이야기는 그 사람의 평생을 이끌어 가는 "근원이야기"가 될 수 있기 때문이다.

"영성형성 모델"이 중시하는 또 하나의 교육내용이자 방법은 '**예전**'(liturgy)이다. 이들은 어린이의 영성체험의 핵심적 특징은 "감탄과 경이의 경험"이고, 그것이 가장 잘 이루어질 수 있는 통로가 '예전'이라고 본다. 예전은 '이야기'가 포함되는 활동이고, "영성형성 모델"이 중시하는 "다감각적", "감성적" 인식에 기초한 경험과, 하나님과의 신비한 만남을 일어나게 하는 가장 힘 있는 자리이기 때문이다. 이들의 예전에는 따라서 경쟁적 놀이나 포상과 같은 순서가 있는 것이 아니라, 거룩한 공간으로 들어오기(문지방 밟기), 준비하기, 침묵, 상징, 교회력에 따른 색깔, 성서의 이야기에 참여하기, 감탄으로 반응하기, 만찬(어린이 성찬), 그리고 세상으로 다시 보냄 받기와 같은 순서들이 주류를 이룬다.[25]

2) 강점

"영성형성 모델"이 보여주는 가장 큰 강점은 이 모델이 단순히 하나의 프로그램으로 그치는 것이 아니라 탄탄한 이론적 기초를 가지고 있고, 그 이론과 실천적 모델 사이의 수미일관함이라고 할 수 있다. 이 모델은 무엇보다 먼저 "영성적 존재"라고 하는 확고한 어린이 이해로부터 출발하여, 어린이의 영성은 인지적 가르침이 아니라, "감각적 인식"을 바탕으로 한 "감탄과 경이"(owe and wonder)의 경험을 통해 형성된다고 보았고, 실제로 그것이 가능한 통로로서 어린이 사역의 내용과 방법을 '이야기'와 '예전'을 중심으로 전개하였다. 이를 통해 "영성형성 모델"은 그동안의 교회학교 모델이 주로 '정보전달형'(informational) 모델로 나타났다면, 어린이의 내면과 영성을 형성하는 '형성적'(formational) 모델로서의 어린이 사역의 새로운 패러다임을 제시하였다.

3) 문제점

"영성형성 모델"은 교회학교의 "정보형(informational) 모델"에 대하여 "형성적(formational) 모델"이라고 하는 대안을 제시하였지만, 어린이에게 신앙공동체 전체와의 상호작용과 삶의 나눔에 참여하는 충분한 기회를 제공하지 못하고 있는 "학교 모델"의 문제점을 완전히 극복한 것으로 보이지는 않는다. 이 모델은 공동체와의 상호작용보다는 개개 어린이의 내면을 우선적으로 중시함으로써, 신앙공동체 자체가 줄 수 있는 증인공동체, 선교공동체, 그리고 봉사공동체로서의 역할과 그 역할을 통해 올 수 있는 어린이의 영적 발달에 대해서는 관심을 기울이지 않고 있다는 한계점과 문제점을 노출하고 있다. 또한 이 모델은 다른 모델들에 의해서 어린이의 인지적 발달이나 어린이적 학습의 특성들, 예를 들면, 춤과 노래와 놀이적 요소들이 지나치게 간과되었다고 비판받는다.[26]

5. 신앙공동체 모델

앞에서 살펴본 모델들, 즉 '학교' 모델, '축제' 모델, '영성형성' 모델들이 신앙공동체와의 유기적 관련성을 소홀히 하였다면, 이제 살펴볼 '신앙공동체' 모델은 어린이 사역을 신앙공동체라고 하는 개념에서 접근하고 있는 모델이라고 할 수 있다. 이 모델은 교회의 어린이 사역은 성인사역과 마찬가지로 목회(ministry)적 관점에서 접근되어야 하며, 특별히 '학교'적 개념으로부터 탈피하여 신앙공동체적 형태로 재구조화되어야 한다는 생각으로부터 시작되었다.

1) 특징

이 모델은 어린이의 신앙은 학교식의 교수-학습의 형태를 통해서가 아니라, 여러 세대가 함께 기독교적 문화와 삶을 공유함을 통한 자연스러운 '문화화'의 과정 가운데 형성된다는 전제하에, 교회의 어린이 사역을 신앙공동체로서의 교회와 "작은 교회"(parva ecclesia)로서의 가정과의 유기적 관련성 속에서 모색하는 모델이다. 따라서 이 모델은 무엇보다 학교식의 모델을 탈피하고, 세대 간의 상호작용을 통한 사회화, 혹은 문화화를 핵심관심으로 한다는 특징이 있다. 이 모델은 웨스터호프의 신앙공동체 이론을 기저로 하면서, 한국에서도 정웅섭, 은준관, 손원영에 의해 제안된 바 있다.

먼저 정웅섭은 한국의 주일학교 구조는 '학교형'의 교육구조를 벗어나지 못하는 구조적 문제점이 있다고 지적하며, 이와 같은 구조로는 교회학교가 당면한 위기를 극복할 수 없다고 하였다. 따라서 그는 현행 교회학교는 지식위주의 교육을 탈피하고 "신앙-문화공동체화"할 것을 제안하였다.[27] 그는 교회학교는 학교와 달리 교회만 할 수 있는 것, 즉 기독교 신앙의 형성과 전수, 그리고 기독교적 가치관 내지 문화형성을 위한 교육에 주력하여 그 자체로 신앙의 문화화가 이루어지는 장소로 변형될 것을 제안하였다.

그런가 하면 유스트와 같은 사람은 신앙의 '문화화' 개념을 특별히 가정과 연계하여 전개하였다.[28] 유스트는 어린이가 신앙을 갖게 되는 과정은 학교식(schooling)의 가르침으로가 아니라, 어린이가 가정에서 태어나는 순간부터 시작되는 것이며, 그것은 지적 가르침으로가 아니라 "**문화화의 경험**"으로부터 시작되는 것이라고 보았다. 그녀는 어린이가 한 문화 안으로 태어나서 그 환경으로부터 이미지, 가치, 생각 등을 빌어오고, 그것을 통해서 세상을 보는 눈을 형성하는 것과 같이 신앙도 신앙공동체의 문화 안에서 살 때에 비로소 신앙의 언어를 이해하고 사용하며 신앙적 이미지와 상징체계를 형성할 수 있는 것이라고 하였다.[29] 바로 그 점에 착안하여 유스트는 신앙을 갖게 되는 과정을 "**이중문화적(bicultural) 삶의 획득과정**"이라고 하였다.[30] 오늘날과 같은 세속화 시대를 사는 어린이들은 지역사회에 속한 시민이지만, 동시에 신앙공동체에 속한 사람이기 때문에, 두 문화가 어린이들에게 동시에 영향을 미치는 구조 속에 살고 있다는 것이다. 따라서 신앙을 갖는 것은 세상 안에서 살지만, 동시에 신앙공동체의 가치를 삶의 핵심가치로 삼아가는 과정을 습득하는 이중문화적 삶의 획득과정이라는 것이다. 외국어를 배우려면 실제로 그 문화에서 살면서 배워야 하는 것과 같이, 어린이는 어릴 때부터 부모로부터 세상 속에서 신앙적 삶 살기를 실제로 나누고 공유할 때에만, 이중문화적 삶의 획득이 이루어진다고 하였다.

반면, 은준관과 손원영은 특별히 "교회 안의 작은 교회"(ecclesiola in ecclesia) 개념으로서의 어린이 사역에 주목하였다.[31] 이들은 교회의 어린이 사역은 '학교'라고 하는 개념에서 온전히 탈피하여 하나의 교회로서의 기능을 담당해야 한다는 점에서 인식을 같이하면서, "어린이 교회"라고 하는 개념을 제안하였다. "어린이 교회"란 마치 초대교회의 소공동체, 모라비안의 소공동체 운동처럼 교회에 예속된 하나의 부속기관이 아니라, 그것 자체가 교회 안의 작은 교회라고 하는 기능을 갖는 교회의 개념이다.[32] 따라서 "어린이 교회"의 구조는 교사와 학생이라는 수직적 구조를 탈피하여, 학생들은 피동적 존재가 아니라 신앙과 삶을 살아가는 참여자로 바뀌며, 교사는 가르치는 자만이 아니라 하나님의 말씀 안에서 신앙과 삶을 살아가는 순례자로서 학생과 함께 살아가면서 위임된 생명을 돌보는 작은 목회자로서의 역할을 하게 되는 목회구조로 바뀌어야 한다고 하였다. 손원영은 특별히 "어린이 교회"는 교회 자체가 가지는 기능, 즉 '예배', '교육', '선교', '친교', '봉사'의 모든 기능을 통전적으로 수행하는 기관이 되어야 한다고 하였다.[33]

위에서 살펴본 이론들이 다양한 것과 같이 '신앙공동체' 개념을 수렴하는 한국 교회 어린이 사역의 실제도 매우 다양하다. 어린이 사역을 "신앙의 문화화", 혹은 "신앙공동체화"의 개념으로부터 출발하고 있는 한국 교회 어린이 사역의 실제는 다음 몇 가지의 유형으로 정리해 볼 수 있다.

첫째, 어린이 사역을 **교회의 전체 사역과 통합하여 실시**하는 예이다. 이 예의 대표적인 예로는 "사랑방교회"나 "드림교회"의 "삼대 예배"를 들 수 있다. "공동체의 코이노니아를 지향하는 교회"라고 하는 모토를 가지고 있는 "사랑방교회"는 모든 세대들이 모든 교회적 삶에 간세대적(intergenerational)으로 함께 참여한다.[34] 어린이들은 다른 성인들이 소그룹으로 나뉘어져 성서공부를 할 때, "어린이 사랑방"으로 모여 따로 학습을 하는 것을 제외하고, 예배, 봉사, 친교, 전도 등 모든 교회적 삶의 방식에 함께 참여하며, 때때로 성찬에도 함께 참여한다. 모든 절기행사나 여름과 겨울의 특별한 수련회에도 "전교인 수련회"로 함께한다.[35] "드림교회"의 경우는 현용수의 "쉐마교육" 개념을 기반으로 하여, 교회의 교육구조를 부모가 자녀에게 신앙의 대물림을 하고, 축복을 전수하는 형태로 이루어지게 하기 위하여 신앙공동체 안의 삼대가 함께 모여 예배드리는 "삼대 예배"를 실시하고 있다.

첫 번째의 모델이 교회의 어린이 사역이 교회 전체의 목회적 사역에 통합되어 있는 형태라면, 두 번째의 모델은 **가정과 교회의 협력적 연계를 시도**하는 모델이다. 성인과 어린이들은 분리되어 예배를 드리거나 활동을 하지만, 가정과 교회와 교회학교가 서로 연계된다. 어린이들부터 성인에 이르기까지 공통된 주제의 설교를 듣고, 공통된 주제의 학습을 하며, 부모들은 가정에서 자녀가 현재 배우고 있는 주제들을 일상적 삶 속에서 실천할 수 있도록 돕는 자료들을 교회로부터 후원받거나, 부모와 자녀가 함께 참여하는 프로그램에 동참한다. 미국의 노스포인트교회(North point community church)가 그와 같은 시도를 하고 있고, 한국의 장신대 기독교교육연구원이 가정과 교회를 연계하는 프로그램으로 "패밀리 투게더"를 제공하고 있다.

세 번째의 모델은 어린이들만을 대상으로 하지만 그 나름대로 신앙공동체적 특성을 살리는 유형으로 소위 "반목회"와 "어린이 셀" 유형을 들 수 있다. 반 자체를 '목회'의 차원으로 보고, 반 안에서 교회의 다섯 가지 기능을 모두 할 수 있도록 운영하는 형태를 말하며,[36] "어린이 셀"도 성인의 셀목회처럼, 어린이가 주중에 모여 삶을 나누고, 예배와 전도와 봉사와 친교를 함께 나누는 형태이다.[37]

2) 강점

이 모델의 강점은 교회의 어린이 사역이 신앙공동체인 교회와의 유기적 관련성에서 이루어진다는 것이고, 무엇보다 지식중심의 교육을 탈피하고, 삶의 나눔과 신앙공동체의 문화화를 통해서 어린이에게 전인적이고 통전적 신앙형성에 기여할 수 있다는 것이다. 교회학교식의 지식중심 교육에서 벗어나 교회의 예배, 교육, 친교, 선교, 봉사의 모든 측면의 경험을 통해 균형 잡힌 기독교인, 하나님 나라 백성으로 성장하게 하는 모델일 뿐만 아니라, 무엇보다 어린이를 둘러싸고 있는 신앙공동체인 가정과 교회가 연계된다는 강점이 있다.

3) 문제점

이 모델은 그야말로 아이 하나를 교육하는 데 마을 전체가 필요하다는 속담을 생각나게 하는 모델이다. "신앙공동체적" 어린이 사역에는 공동체 전체가 참여해야 하고, 역으로 어린이 사역 자체가 온전하고 통전적인 공동체의 기능을 담당해야 한다. 이 말은 공동체 자체가 그러한 사역에 성숙해 있어야 한다는 것과, 부모와 교사와 모든 성인들이 목회적 마인드로 어린이 사역에 접근해야 할 것을 전제로 해야 한다. 이 전제가 이루어지지 않은 곳에서 "신앙공동체적" 어린이 사역은 실시조차 어려워질 수 있다. 이러한 모델을 실현할 수 있는 사역자를 수급하는 것도 문제이지만, 이 모델은 '어린이' 자체에게도 매우 높은 기준을 가지고 있다. "어린이 교회"가 예배, 교육, 친교, 선교, 봉사의 모든 측면에서 온전하게 교회의 기능을 하도록 하는 것이 실제의 상황에서 얼마만큼이나 가능한가 하는 물음을 묻지 않을 수 없다.

6. 대안학교 모델

1) 특징

이 유형은 최근 한국 교회에서 새롭게 시작되고 있는 어린이 사역의 유형으로, 교회가 어린이의 주중의 삶 전반을 기독교적으로 영향을 미치는 것에 관심을 가지면서 학교를 대신하여 대안적 역할을 하는 형태의 사역유형이다. 형태상으로 학교를 대신하는 대안교육적 특성을 띠었다는 점에서 "대안학교" 유형으로 명명한다. "대안학교" 유형에는 물론 교회가 실제로 대안학교를 설립하고 운영하는 것을 포함하여, "방과 후 학교", "문화교실", "공부방" 등 학교의 대안적 기능을 교회의 어린이 사역의 일환으로 하는 모든 노력을 포함한다.

먼저 교회의 "대안학교" 사역은 교회가 한국의 학교교육이 그동안 지나치게 입시중심과 경쟁주의, 지식중심 교육으로 흐른 나머지 어린이들의 인성형성에 건전한 영향력을 미치지 못한다는 점을 비판하면서, 어린이 시기부터 기독교적 인성형성을 위한 사역의 필요성을 인식하고 교회가 직접 대안학교를 운영하는 사역이다.

사실 교회사적이나 교육사적으로 볼 때 교회가 학교를 운영하는 것은 오늘날 처음 시작된 일은 아니다. 유럽에는 중세시대부터 "교회 옆의 학교"라고 하는 모토가 있을 정도로, 교회는 자신이 속한 구역의 학교교육을 책임지는 역할을 해왔다. 종교개혁기만 해도 교회의 목사가 곧 그가 속한 교구나 마을의 학교 교장이나 교사의 역할을 겸임할 정도로 교회의 학교교육에 대한 책임과 참여는 당연한 것이었다. 이와 같은 역사를 보았을 때, 오늘날 교회들이 직접 대안학교를 세우고 기독교 정신으로 교육하는 것은 결코 교회의 부수적 역할이기보다는 사회 속에 하나님 나라를 세우는 교회 본연의 과제라고 할 수 있다.

한국은 2002년 중학교 과정이 의무교육으로 편입되기 시작 이전에는 유일하게 초등학교의 과정이 의무교육 과정이었고, 따라서 모든 국민이 의무적으로 다녀야 하는 초등교육 과정을 대안학교로 운영하는 일은 설립자에게도 쉽지 않은 일이었지만, 부모들에게도 인가를 받지 못하는 대안 초등학교에 자녀를 보내는 일은 의무교육의 의무를 다하지 않는 일이었다. 이것이 바로 어린이를 대상으로 하는 대안 초등학교가 대안 중고등학교에 비해 현저하게 적은 이유 중의 하나이다. 20세기 후반까지는 교회가 설립한 초등학교는 대광초등학교(영락교회), 수원의 중앙기독초등학교(원천침례교회), 인성초등학교(인천제일교회) 등의 인가된 사립초등학교들이 전부이고, 1990년대에 소수의 대안 초등학교들이 생기기 시작하였고, 2005년을 전후로 본격적으로 생기기 시작하였다. 아래의 표는 대안학교 목록에 등록된 대안 초등학교 중 교회가 세운 기독교 대안학교들이다.

대안학교	설립 교회	장소	사이트	설립 연도
강아지똥 자연학교	보석교회	충남 아산시	http://www.puppypoo.or.kr	2000
광성드림학교	거룩한빛광성교회	경기도 고양시	http://www.ksdream.net	2006
꿈꾸는 요셉학교	새목포제일교회	전남 목포시	http://www.dreamsc.net	2007
두레초등학교	두레교회	경기도 구리시	http://www.dooraeschool.net	2005
어린이학교	사랑방교회	경기도 포천시	http://www.sarangbang.org	1992
사사학교	대전도원교회	충남 금산군	http://www.sasaleader.org	1996
새이레기독대안학교	새이레교회	서울 송파구	http://www.newjireh.org	1997
샘물초등학교	샘물교회	경기도 성남시	http://www.smcs.or.kr	2006
쉐마기독학교	꽃동산교회	경기도 양주시	http://ele.ishema.org	2006
정원국제학교	수원정원교회	경기도 수원시	http://gics.or.kr/zbxe	2008

한국의 대안 초등학교의 역사는 매우 짧다고 할 수 있다. 그러나 교회가 기독교 대안 초등학교를 운영한다는 것은 교회의 어린이 사역에 대한 사명이 단순히 주일의 교회학교에만 있는 것이 아니라, 어린이의 전인적 인성형성을 돕는 것에 있다는 것을 인식하고 있다는 것을 나타내주는 예이다. 그뿐만 아니라 교회가 학교문제를 기독교 외적인 문제로 보지 않고, 좀 더 적극적으로 한국 사회의 학교문제 해결에 참여하는 시도이며, 이것은 교회가 교회 안에서의 어린이 사역과 세상 속에 하나님의 나라를 세우는 일을 연결하는 것이라고 할 수 있다.

이와 같은 대안학교 사역 외에도 신양교회, 꽃동산교회, 강북제일교회, 번동제일교회, 분당우리교회, 광주제자교회, 전주열린문교회 등의 이름을 다 나열할 수 없을 만큼의 많은 교회가 "방과 후 학교"나 "공부방", "문화교실", 혹은 "지역아동센터"와 같은 학교를 대신하거나 보충하는 프로그램의 어린이 사역을 실시하고 있다. 이와 같은 프로그램들은 대부분 소외되고, 사회적으로 취약한 가정의 어린이들을 대상으로 하는 프로그램들이다. 이 사역은 방과 후 집에서 돌봐줄 부모가 없는 한 부모 가정, 혹은 맞벌이 부모의 어린이들이나, 사설학원과 같은 2차 교육기관의 혜택을 누리지 못하는 어린이들에게 교회가 기회를 주면서 학교를 보충하여 실시하는 어린이 사역의 형태라고 할 수 있다.

2) 강점

"대안학교" 유형의 어린이 사역은 사실 200여 년 전 일어났던 주일학교운동의 정신 안에 본질적으로 포함되었던 운동이었다고 할 수 있다. 아니, 주일학교운동은 그 자체로 국가나 시로부터 소외되고 무교육에 방치되었던 어린이들을 거두어 가르치고 돌봐준 당시의 대안학교 운동이었다고 할 수 있다. 오늘날 한국 교회가 대안학교를 세우거나, "공부방", "방과후 학교", "문화교실", "지역아동센터"와 같은 대안적 성격의 사역을 시작하는 것은 그동안 교회의 어린이 사역이 주일에 교회 안에서 이루어지는 신앙교육에만 주력하였던 것에서 안목을 더 넓혀서, 사회를 보고 사회 안에 소외되는 어린이와 공교육의 문제들을 보고 있다는 것을 의미하는 것이며, 이와 같은 사역은 교회의 어린이 사역의 폭과 범위를 확대하는 데 크게 기여한다는 강점을 가진다.

3) 문제점

교회의 "대안학교"적 사역은 모든 교회가 손쉽게 시작할 수 있는 사역이 아니다. 많은 비용과 준비된 사역자와 전 회중의 공통된 인식과 지속적 관심이 전제되어야 하는 사역이다. 따라서 이 사역 자체가 안고 있는 이 같은 어려움을 극복하는 것이야말로 이 사역이 갖고 있는 우선적 문제점이라고 할 수 있다. 무엇보다 "대안학교"의 설립과 운영은 분명한 교육철학과 이념과 이를 구현해 줄 수 있는 지도자와 교사, 그리고 체계적이고 전문적 커리큘럼이 수미일관하게 뒷받침되어야 운영될 수 있다. 그런데 이와 같이 전문적인 일이 한 교회에 의해서 체계적으로 이루어지는 것은 쉬운 일이 아니다. 때때로 제대로 운영되지 못하는 대안학교보다는 오히려 국가적인 후원을 받는 공립 초등학교가 훨씬 나을 수 있다. 또한 대부분의 대안학교는 비인가로 운영되기 때문에 학교의 운영이나 교육내용, 수업이나 교사의 질 등을 통제하거나 평가하기가 어렵다.

"공부방", "방과후 학교", "문화교실", "지역아동센터"와 같은 사역의 경우도 위의 대안학교와 같은 문제를 동일하게 갖고 있다. 그 외에도 그러한 사역들은 교회의 어린이 사역으로서, "하나님을 경외하는 것이 지혜의 근본"이라고 하는 기독교적 지혜의 개념에 합하는 사역이 되어야 하고, 교회의 다른 어린이 사역과의 연계성과 통일성 속에서 유지되지 않으면, 진정한 의미의 "교회의 어린이 사역"이라 할 수 없다.

7. 맺는말 – 통전적 접근을 지향하며

위의 고찰을 진행하면서 우리에게 분명해지는 것은 모든 상황에 절대적으로 옳은 모델, 혹은 다른 모든 모델을 대치할 수 있는 꼭 하나의 유형이 있을 수는 없다는 사실이다. 형태별로 살펴본 위의 다섯 가지 모델, 즉 "학교모델", "축제 모델", "영성형성 모델", "신앙공동체 모델", 그리고 "대안학교 모델"들은 말 그대로 다른 형태, 다른 강조점, 다른 강점과 문제점을 갖고 있는 모델들이다. 따라서 이 모델들은 개교회의 상황에 따라서, 그리고 개개 어린이의 특성과 관심에 따라서 어느 것이 더 적합할 수도 있고, 또 다른 것은 덜 적합할 수 있는 모델들이다.

이것이 시사해 주는 것은 무엇보다 어느 하나의 사역 형태가 절대적인 것으로 모든 어린이 사역을 주도하는 것은 잘못되었다는 것이다. 우리가 학교모델을 비판하는 것은 학교모델 자체가 절대적으로 나빠서라기보다는 지난 200여 년간 교회의 어린이 사역이 거의 유일하게 "학교모델"에 의해서만 이루어졌기 때문이다. 그 모델도 처음 시작되었을 때는 당시의 교회나 사회 상황에 크게 기여하던 모델이었다. 따라서 어린이 사역에서 무엇보다 중요한 것은 우리가 얼마나 어린이와 그 어린이가 속한 시대가 요청하는 상황에 부응하여 그에 적합한 모델들을 창의적으로 만들어 내는가에 있다. 한 시대를 풍미하던 모델도 시대와 상황이 달라지면 더는 그 은유적 힘을 잃게 되고, 영향력이 감해지고 형식과 틀만 남을 수 있다. 따라서 어린이 사역에 관여하는 모든 전문가 학자들에게는 시대를 읽고, 어린이를 읽으며 그에 적합한 모델을 생각하고 실현하는 창의력과 추진력이 필요하다.

어린이 사역에 있어서 또 하나의 관건은 우리가 얼마나 우리의 교회와 사회의 상황 그리고 개개 어린이의 특성과 관심을 고려하여 사역의 유형을 선택하는가이다. 예를 들어 교회에는 '축제' 유형을 좋아하는 어린이가 있다면, 조용하고 느리지만 내면적으로 풍성해지는 '영성형성' 유형을 좋아하는 어린이도 있다. 어떤 어린이는 '신앙공동체' 유형에 더 맞는 가정에서 왔겠지만, 어떤 어린이는 '대안학교' 유형에 더 맞는 가정의 형편에 처해 있는 어린이가 있다. 또 '신앙공동체' 유형을 통해 신앙의 대물림과 문화화를 경험한 어린이는 '학교모델'을 통해 기독교의 전승과 성서를 체계적으로 배울 필요도 있고, 그 역도 마찬가지이다. 그렇게 보았을 때 성공적인 어린이 목회를 하는

교회일수록 더 다양한 유형의 어린이 사역이 통전적으로 이루어지고 있는 것을 볼 수 있다.38)

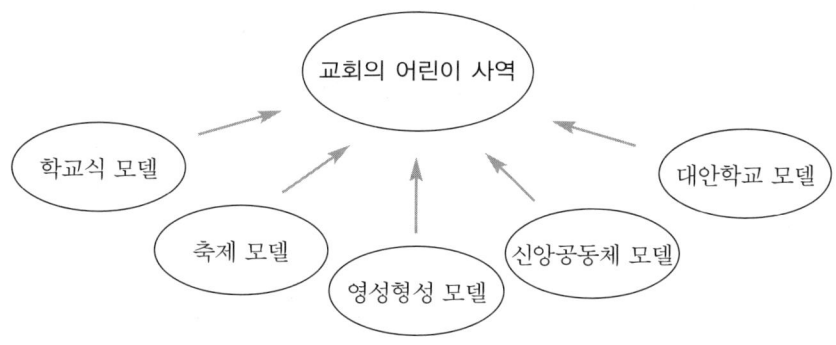

그렇게 보았을 때 현재의 어린이 사역유형의 가장 바람직한 유형은 통합적 유형이라고 할 수 있다. 그러나 학습에 있어서는 "학교식 모델"을 어린이가 공동으로 모여 드리는 예배와 활동에서는 "축제 모델"을, 그리고 어린이 개개인의 영성적 형성을 위해서는 "영성형성" 모델을, 교회와 가정의 연계와 공동체적 삶에 있어서는 "신앙공동체 모델"을, 그리고 교회의 사회문화적 책임수행을 위해서는 "대안학교 모델"까지 모두 함께 간다면 빈틈없는 통전적 어린이 사역이 될 수 있으리라 여겨진다. 그러나 이와 같은 통전적 어린이 사역을 위해서는 "아이 하나를 키우는 데 마을 하나가 필요하다"는 속담처럼, 온 교회가 온 마음과 정성을 쏟는 노력을 기울여야만 할 것이다.

II. 부모교육

기독교 유아·아동교육의 절반은 부모교육이라고 할 수 있다. 앞의 장들에서 우리가 살펴본 바와 같이 유아와 아동의 시기는 자신이 속한 환경인 가정과 부모로부터 거의 절대적으로 영향을 받고 성장하는 시기이다. 이 시기에 교회에서 그 어떤 훌륭한 교육이 이루어진다 하더라도, 가정에서 부모가 그와의 연계되는 교육이 이루어지지 않으면 실패할 수밖에 없으리만큼 부모로부터 큰 영향을 받는다. 따라서 교회가 어린이 사역을 성공적으로 하기 위해서는 어린이만을 대상으로 할 것이 아니라, 먼저 "부모교육"

을 통해 부모가 바른 역할을 할 수 있도록 돕는 것이 선행되어야 할 것이다. 이 장에서는 기독교 유아·아동교육의 일부분으로써의 "부모교육"에 관하여 살펴보도록 한다.

1. 어린이의 발달적 특성과 부모의 역할

어린이 시기는 인생 전체를 통하여 환경적 요인, 특별히 부모의 영향이 가장 큰 시기이다. 이러한 시기를 심리학이나 생리학에서는 소위 '결정적 시기'(critical period)라고 지칭하고 있다.[39] 발달도상에 있는 생물체의 행동이나 생리적 과정에 대하여 어떤 특정한 시기에는 어떤 환경적인 조건이 아주 큰 영향을 끼치지만, 이 시기에 이르기 전이라든가 또는 이 시기가 지난 후에는 같은 환경 조건도 거의 아무런 영향을 주지 않게 되는 현상이 있는데, 이 경우 환경의 영향을 가장 크게 받는 시기를 결정적 시기, 혹은 임계기(臨界基)라고 부른다. 그런데 인간에게 있어서도 이와 같이 환경의 영향이 극대화되는 시기가 있다. 예를 들어 0세에서 1.5세 사이에 형성되는 기본적 신뢰(에릭슨)나, 2세에서 6세 사이의 유아에게 있어서의 언어발달, 2세와 3세경의 사회화훈련, 4-5세경의 친구 사이의 교섭관계 같은 것은 결정적 시기라는 문제의 실례들이다.[40]

영아(0-2세)와 유아(3-6세), 그리고 아동기(7-12세)의 시기로 구분되는 어린이 시기는 이처럼 여러 가지 측면에서 결정적인 시기를 포함하고 있고, 그러한 결정적인 시기에 부모와의 상호작용과 부모의 역할은 가장 관건이 되는 요소들 중의 하나이다. 이제 이 세 시기의 발달적 특징들을 특별히 부모와의 상호작용과 관련 있는 요인들을 중심으로 살펴보고, 각 시기의 부모의 중요성과 역할들에 대해 알아보도록 하자.

1) 영아기 – 생리적 욕구와 어머니

영아기의 생리적 욕구는 주로 입과 항문부위를 중심으로 형성된다. 프로이드(Freud)의 발달단계에 비추어 보았을 때, 영아기는 구강기(oral stage, 0세-1.5세)와 항문기(anal stage1.5-3세)의 전반이다. 초기에 영아는 입과 입 주위에 성적 쾌감을 느끼는 부위를 형성하게 되며, 빨기와 씹기 깨물기 등을 통하여 쾌감을 느낀다.[41] 그래서 어머니의 젖 먹이는 일, 즉 수유(授乳)행동과 이유(離乳)의 시기와 방법에 영향을 받는다. 그런데 어머니가 영아에게 생긴 생리적 불쾌감(공복상태)을 신속하게 제거하는가, 또는 수유 시 자녀의 빨기 욕구를 충분히 해소시키는가, 그리고 어머니의 그와 같은 행동이 영아가 예측할 수 있도록 일정하게 반복적인가 하는 것이 영아의 건강한 성격 형성에 결정적으로 영향을 미친다.[42]

항문기에 접어드는 영아 후기에는 배설과 보유로부터 쾌감을 형성하는데, 이 시기 영아가 느끼는 쾌감이나 만족도도 어머니와의 상호작용과 깊은 관련이 있다. 항문기(1.5-3세)가 되면 대부분의 어머니들은 영아에게 배뇨·배변 훈련을 시킨다. 영아들은 지금까지 생리적인 욕구에 기초하여 아무런 제한을 받지 않고 배설행동을 하였고, 어머니는 지금까지 아기의 배뇨·배변을 처리해 줌으로써 아기의 생리적 요구를 만족시켜 주는 봉사자로서의 구실을 해왔다. 그러나 배뇨·배변 훈련과 더불어 영아는 그것을 자제하는 것을 학습하도록 압력을 받게 된다. 어머니는 이제 보호자로서의 역할을 넘어서 금지, 통제, 명령하는 사람으로서의 역할도 담당하게 된다.

이때 어머니는 영아가 배변훈련을 견뎌 낼 만큼 신체적으로나 지적으로 성장하였는가 하는 것을 고려하여 훈련의 시기와 강도들을 결정해야 한다. 무엇보다 이때 모자 간에 따뜻하고 애정 어린 교섭관계가 이미 성립되어 있을 것이 절대적으로 요청되는데, 그러한 모자관계가 성립되어 있지 않으면 영아는 어머니의 애정을 잃거나 어머니로부터 거부당할지 모른다는 불안을 안게 되기 쉽고 그것은 영아의 성격 형성에 부정적 영향을 미치고, 성인이 된 후에도 항문기의 고착현상이 나타난다.[43]

(1) 사회적 관계의 기초로서의 어머니

어머니는 영아에게 "사회적 대상"으로서 신뢰와 친숙함의 관계를 형성하게 되는 존재이다. 앞에서 우리는 에릭슨이 이 시기를 특별히 "기본적 신뢰"를 형성하는 시기라고 하였던 것을 살펴보았다.[44] 영아는 어머니의 행동, 특별히 수유행동이나 생리적 욕구를 해결해 주는 행동이 일관성과 예언성, 신뢰성이 있을 때 어머니에 대한 기본적 신뢰감을 형성하게 된다. 그러나 이와 반대로 영아가 부모의 행동을 전혀 예측할 수 없다고 믿거나, 부모가 도움이 필요한 순간 거기에 없는 경험을 반복적으로 하게 될 때 "기본적 불신"의 정서를 획득하게 된다.[45]

이와 같은 정서를 바탕으로 영아는 어머니로부터의 **"분리 불안"**(detachment anxiety)을 형성하게 된다. 영아는 6개월 이내에는 모든 사람에게 미소를 짓다가, 그 이후로는 낯을 가리고 친숙한 사람으로부터의 분리에 대한 불안을 나타낸다. 어머니와의 정서적 연합이 큰 영아일수록 낯선 사람에 대해서 큰 공포를 나타낸다.

이와 같은 분리불안과 나란히 영아에게는 어머니에 대한 **"애착"**(attachment) 행동이 관찰된다. 보울비(J. Bowlby)는 애착행동은 꼭 생리적 만족에 대한 기대 때문이 아니라 영아가 생득적으로 가지고 있는 젖 빨기, 매달리기, 뒤따르기, 울기, 웃기와 같은 반응들이 어머니를 초점으로 해서 목표지향적 행동으로 통합되어져서 형성되는 것이라고 하였다.[46] 영아가 울다가 어머니에게 안기면 울음을 그치는 분화적 울음의 현상, 어머니가 영아의 시야에서 사라지면 우는 현상, 기어 다니거나 걸을 수 있게 되면 어머니 뒤를 따라가려 하는 추적 반응, 어머니에게 기어 올라가는 현상, 어머니에게서 떨어져서 주위를 탐색하고 난 후 어머니의 무릎에 얼굴을 묻는 현상은 거의 대부분의 영아에게서 나타나는 애착행동들이다.

영아는 어머니와의 상호작용을 통하여 '애정'의 감정에 대한 싹을 갖게 된다. 젖을 먹이고, 기저귀를 갈아주고, 얼러 주고, 쓸어 주고, 껴안아 주는 것으로 부모는 자녀에 대한 친밀한 애정을 느끼고 영아도 애정을 배우게 된다. 이러한 모자간의 애정은 쌍방적인 것이라고 할 수 있다. 어머니가 일방적으로 아이에게 애정을 쏟는 것이 아니고, 영아와의 밀접한 관계를 통해서 알게 모르게 어머니의 모성이 자극되고 개발되기도 한다. 생후 3개월 된 영아에 있어서의 반사적 미소반응이 모친의 모성적 반응을 끄집어내는 계기가 된다.

따라서 이와 같은 어머니와의 상호작용은 영아의 정서적 안정과 사회성 발달, 심지어 신체적 발달에까지 결정적 영향을 미치고 있다고 할 수 있다. 소위 "모성실조" 현상은 이를 증명해 주는 단적인 증거이다. 세이(B. Seay)와 하를로(H. F. Harlow)가 연구한 원숭이의 모성실조에 관한 연구를 보면 아기와 어머니의 분리가 영아의 사회적 정서적 장애의 원인이 된다는 것을 보여준다.[47] 어미로부터 분리된 원숭이 새끼는 지향성 없이 여기저기 뛰어다니며 기어오르고 찢는 듯한 소리로 외쳐대고 소리를 질러댄다. 어미와의 분리 후 새끼를 누나나 형과 짝을 지워 놓았는 데도, 그들과의 사이에서 아무런 관련도 맺지 않았으며, 사회적인 상호관계를 거의 보이지 않았다. 새끼는 뚜렷이 혼란된 반응을 보이고, 다른 원숭이들과의 상호적 접촉놀이와 복잡한 사회적 행동은 현저하게 줄어들었다. 심지어 원숭이는 신경증적 상태에 빠지기도 하고, 그것으로 목숨을 잃기까지 하는 사례를 보였다.

프로벤스(S. Provence)와 립톤(R. C. Lipton)의 연구에 의하면 시설아들은 운동기능이나 사람에 대한 반응, 감정과 애정 표현, 언어와 사물에 대한 반응 등 거의 모든 면에서 부진을 보였다.[48] 부모-자녀 간의 따뜻한 정서적 결핍은 이와 같이 인간 발달 성장의 모든 면에서 부진의 원인이 되고 있다.

(2) 대상관계와 어머니

대상관계(object relation) 이론가들은 영아가 생애 초기에 어머니와의 관계를 통해서 "내부의 타인", 혹은 "정신적 표상"이라고 칭하는 영상화된 대상의 이미지를 갖게 된다고 하였다. 이 이미지는 영아가 양육자(일반적으로 어머니)와의 경험에서 느꼈던 양육자에 대한 이미지로, 영아의 성장 후에도 그의 무의식세계에 침전되어 있으면서 의식의 세계를 관리하고 행동 규범과 느낌을 만들어 낼 뿐만 아니라 그 사람의 총체적인 인간 됨됨이를 결정해 주는 심리적인 틀이 된다는 것이다. 이 틀은 무의식세계에서 개인의 운명을 관리하는 양육자의 상(이미지)이라고 할 수 있다. 대상관계이론가들은 이러한 심리적인 틀을 '대상'(object)이라고 칭하였다.[49]

위니캇과 리주토(A.-M. Rizzuto) 등의 대상관계이론가들은 영아가 어머니와의 관계에서 형성하는 대상과 대상관계에 신의 개념을 반영한다고 하였다.[50] 리주토는 아이와 어머니의 눈맞춤, 어머니의 초기 돌봄, 그리고 이를 반영해 주는 어머니의 인격적 행위 등에서 신에 대한 표상이 최초로 경험된다고 하였다.[51] 그는 아이가 성장하여 신이라는 단어를 자신의 경험들과 연결시킬 수 있을 때, 아이는 어머니와의 최초의 경험을 통하여 얻는 재료들을 사용하게 된다고 하였다. 아이는 모호하기는 하지만 신 개념을 어머니 원상을 중심으로 조직화하게 되고, 거기에다가 자신의 환상들로 수를 놓을 수 있게 된다는 것이다.

이 과정에서 아이는 실제적 어머니와 자신이 대상관계를 통하여 형성한 "이상화된 어머니 원상"을 모으기도 하고 갈라놓기도 하면서 "중간표상"으로서의 신 개념을 형성한다는 것이다. 이렇게 형성된 신 개념은 아이에게 '대상'이 되는데, 이 대상은 하나의 "big person"으로서 아이 안에서 자신을 수용하고 받아주는 존재로서의 기능을 한다고 하였다.[52] 또한 아이 안에 형성된 신 표상은 성장하여 어른이 되어서도 삶에서 좌절을 맛보거나 거절당했을 때, 어려운 환경과 고통스러운 순간에 자신을 수용해주며 사랑에 대한 소망을 주는 이상화된 상으로 유지된다고 하였다.[53]

이처럼 영아기에 어머니와의 상호작용은 영아의 대상과 대상관계의 주축을 이루고 있을 뿐만 아니라 이렇게 형성된 영아의 대상과 대상관계는 영아의 성장 후에도 그의 무의식 세계에 침전되어 그에게 행동의 규범과 느낌을 만들어 내고 인간 됨됨이를 형성하는 틀이 되며, 더 나아가 한 인간의 신 개념 형성의 근거가 된다. 그렇게 보았을 때, 양육자로서의 어머니는 영아의 신체적 발달과 성격형성, 사회성 발달과 신 개념 형성 등 모든 영역에 거의 절대적인 영향을 미치는 존재라고 할 수 있다.

2) 유아기 - 가치관 형성과 부모의 역할

　유아기에는 영아기와는 조금 다른 형태의 부모 자녀 관계가 시작된다. 영아기에 어머니는 주로 영아의 기본적 욕구를 충족시켜주고, 돌보는 양육자로서의 역할을 하였지만 유아기에 접어드는 3세경부터 부모는 아동의 욕구를 통제하고 상황에 적합한 행동을 할 수 있도록 행동의 기준을 제시하고 적극적으로 사회화시키는 역할을 하게 된다.

　이때 유아는 행동규범과 원칙들에 대한 의식을 갖게 되고 선악에 대한 가치관을 형성하기 시작한다. 프로이드는 대략 3세에서 6세 사이의 시기를 "남근기"(phallic stage)라고 칭하였는데, 이 시기 유아들은 자신과 성이 다른 부모에 대하여 애정감정을 형성하고 동성부모와의 사이에서 갈등을 형성한다고 하였다.[54] 이때 남아는 자신과 동성부모 사이에서 갖게 되는 갈등과 "거세불안"(castration anxiety)을 극복하기 위하여 오히려 그 부모와 자신을 '동일시'(identification)하는 심리적 기제를 사용한다는 것이다. 이 동일시에 의해 남아의 경우는 아버지의 생각, 태도, 행동 등을 모방하고 자기 것으로 삼음으로써 부모를 닮아가고, 아버지를 자아가 도달할 이상으로 삼음으로써 초자아의 자아 이상(ego-ideal)이 형성된다는 것이다.

　물론 프로이드가 설명한 "거세불안"과 같은 개념들은 많은 비판을 받아왔고, 실제로 검증할 수도 없어서 일반화의 어려움이 있다. 그러나 그가 말한 대로 이 시기의 유아가 가치와 행동의 규범을 습득하고 그 과정에서 부모를 동일시의 대상으로 삼는다는 사실은 유아에게 있어서 부모의 삶의 태도와 양육의 유형이 주는 영향이 얼마나 중요한지를 단적으로 나타내주고 있는 것이라고 할 수 있다.

　인간의 도덕성 발달에 대한 피아제(Piaget)나 콜버그(Kohlberg)의 연구들도 유아가 가치와 행동규범을 형성함에 있어서 부모로부터 받는 영향의 중함을 증명해 주는 좋은 예라고 할 수 있다. 피아제는 도덕성 발달을 크게 "도덕 전 단계"와 "도덕적 단계" 두 부분으로 나누어 생각하였다.[55] 도덕 전 단계는 4-5세 이전 단계의 유아가 속하는 단계로 이들에게서는 규칙에 대한 인식이나 관심이 전혀 감지되지 않는다고 하였다. 피아제의 관찰에 의하면 도덕 전 단계의 아동들은 게임에서 이기기 위해 놀이를 체계적으로 하거나 놀이규칙을 바르게 인지하고 그를 활용하지 못한다. 그들은 오히려 놀이규칙을 임의로 만들었다. 이 시기의 유아는 원칙이나 규칙에 의해 활동하기보다는 자신의 만족을 위해서 자신이 하고 싶은 것만을 하는 성향을 띠고 있고 피아제는 이 시기를 "습관의 단계"라고 칭하기도 하였다.

　그러나 도덕 전 시기가 끝날 무렵(4-5세)에 유아는 "사실적 도덕성의 단계"에 들어서는데, 이때부터 유아는 성인의 기준에 동조하고 그것에 복종해야만 한다고 생각하게 된다. 이 시기를 "타율적 도덕단계"라고도 할 수 있는데, 이때의 유아는 규칙이란 권위적 인물이 일방적으로 부과하며 매우 신성하고 결코 변경될 수 없다고 생각한다. 그들은 규칙과 신념에 대한 강한 존중감을 발달시키고, 그것에 항상 복종해야만 한다고 생각하게 된다. 타율적 도덕단계의 아동들은 만약 위급한 환자를 병원으로 데려가는 중에 "도로 규칙"을 위반하게 되었다고 하더라도 그 행동이 벌을 받아야 한다고 생각할 수 있다. 이와 같이 타율적 도덕단계의 아동들은 규칙을 절대시한다. 이때 아동들은 행위자의 의도보다는 행위의 객관적 결과를 가지고 옳고 그름을 판단하기 쉽다. 예를 들어 우연히 컵 15개를 깨뜨린 아이가 잼을 훔치려다 컵 한 개를 깬 아이보다 더 나쁘다고 생각하는 식이다. 즉 자신이 나쁜 행동을 하면 당연히 벌을 받아야 한다고 생각하는 것이다.

3세에서 6세 사이의 유아는 그의 도덕발달단계에 비추어 볼 때 첫째 단계인 "습관의 단계" 후반부와 두 번째 단계 "타율적 도덕성"의 시기에 속한다고 할 수 있다. 따라서 유아기에 부모가 삶을 통해서 모범으로 보여주는 행위의 규범과 선악의 기준들은 유아에게는 절대적인 규범이 된다.

피아제의 이론을 토대로 해서 만든 콜버그의 도덕성 발달단계이론에 따르면 유아의 발달 수준은 전인습적 단계 두 번째 수준인 "주관화-복종과 처벌지향"의 단계에 속한다. 유아는 권위에 복종하고 권위자의 벌을 피하려고 하는 벌과 순종 지향성을 나타낸다. 이들은 벌을 받게 되는 일은 나쁜 일이고, 칭찬을 받게 되는 일은 선한 일이라고 생각한다. 이 말은 유아의 양심조차도 부모의 칭찬과 벌과 같은 강화작용으로 인하여 형성된다는 것을 나타내준다.

이상에서 살펴본 바와 같이 유아기의 부모는 특별히 유아의 가치관이나 도덕적 판단에 결정적인 영향을 미친다. 영아기에는 양육자로서의 어머니가 거의 절대적인 영향을 미치는 존재이었지만, 이 시기에는 도덕적 가치의 제공자로서 아버지의 비중도 증가한다. 특별히 이 시기 부모의 양육태도와 상벌체계는 유아가 형성하는 도덕과 규범, 신개념 형성에 큰 영향을 미친다.

3) 아동기 - 사회성 발달과 어머니

아동기는 유아기와 청소년기 사이의 시기로 유아가 부모에게 보였던 절대적 의존의 정서가 점차로 완화되고, 가정에 머물러 있던 유아의 관심은 점차 학교와 또래집단으로 넓어지는 시기이다. 유아기까지 가정을 중심으로 이루어지던 신앙교육도 이 시기는 교회와 신앙공동체로 그 장을 넓혀 가는 시기이다. 따라서 이 시기는 유아기까지와는 다른 부모의 역할이 기대되는 시기이다. 이 시기 부모들은 아동의 사회적응에 도움을 주어야 하며 자율적인 아동으로 성장할 수 있도록 인도할 수 있어야 한다.

아동이 인지적 발달로 인하여 획득한 탈자기중심화는 이 시기 아동의 사회성 발달에 결정적인 영향을 미친다. 유아기에는 자기중심성을 바탕으로 개인주의적 행동을 나타내지만, 아동기에 들어선 아동은 2-3명의 작은 집단을 구성하여 놀기 시작한다. 물론 아동 초기인 8-9세경은 아직 자기중심성이 남아 있어 작은 그룹으로 노는 일이 많지만, 8-9세경을 지나면 본격적인 사회생활이 시작된다. 즉 이 무렵부터 12-13세경은 갱에이지(徒黨時代)로서, 대개의 경우 8-9명 정도의 벗을 만들어 그들과 매우 긴밀한 사이가 되어 항상 행동을 같이하고 서로 감싸며, 때로는 비밀인 공동재산이나 집합장소가 있기도 하고 은어를 쓰기도 하면서 또래들과의 공동생활에 몰입한다.

아동은 이 시기에 정서적으로도 친사회적으로 변하는데, 10세경이 되면 정서의 표현을 억제할 수 있게 된다. 즉 우는 표현이 억제되어 입술을 깨물고 참는 것으로 변하여 10세 이후에는 그다지 울지 않고 어른스러워지는 것을 볼 수 있다. 공포, 분노, 애정, 웃음, 유머 등에 대해서도 어른스러워지고, 침착한 상태에 도달하여서 대인관계를 무리 없이 해나갈 수 있게 된다.

에릭슨은 이 시기가 성적인 에너지가 잠복하는 시기이며 오히려 정서적 평온을 되찾으면서 관심을 사회적 측면으로 돌리게 되는 시기라고 하였다. 아동은 이 시기에 지금까지와 같이 가족 내에서 형성되던 상호작용을 벗어나 좀 더 넓은 사회로 관심을 돌릴 뿐만 아니라 한 사회가 공유하는 문화의 유용한 기술과 도구를 배울 수 있게 된다는 것이다.

그러한 배움의 과정에서 아동은 자신이 무엇인가를 할 수 있다는 성취의 감정을 갖는데, 이 감정은 아동에게 기본적인 생산성과 근면성의 정서를 형성한다고 하였다. 이 정서는 한 인간이 사회에서 자신의 몫을 담당하며 성공적으로 살아가는 데 없어서는 안 되는 요소로 아동기에 형성되어서 생애 전체를 통하여 지속적으로 유지된다는 것이다. 따라서 에릭슨은 아동이 이 시기에 어느 정도 성취의 경험을 축적할 수 있어야 한다고 하였다. 지속적인 성취의 경험은 아동에게 기본적인 근면성의 정서를 형성하게 한다는 것이다. 그러나 반대로 아동이 지속적으로 성취의 좌절을 경험하게 될 때, 근면성 대신 '열등감'과 '무능감'을 형성하게 된다고 하였다.[56]

에릭슨은 아동이 성취나 좌절의 경험을 통하여 근면성이나 열등감을 형성하게 되는 과정에서 '환경'이야말로 중요한 역할을 한다고 하였다. 좋은 부모나 좋은 교사는 아동이 성취를 경험할 수 있도록 조력할 수 있는 반면, 아동이 잠재력이 있어도 환경적 조건이 열악할 때는 성취의 좌절을 경험하게 되기 쉽다는 것이다. 실제로 독일의 한 조사에 의하면 대도시 중산층에서 성장하는 개신교 남아와 시골 빈민층에서 성장하는 가톨릭 여아의 경우를 비교할 때, 자녀에 대한 부모와 환경의 기대수준이 전자의 경우가 훨씬 높았고, 이에 따라 아동의 성취능력 자체가 비례하고 있는 것이 확인되었다.

이와 같은 점을 바탕으로 해서 보았을 때, 아동기 자녀의 관심이 가정에서 더 넓은 사회로 확대된다 하더라도 부모는 여전히 직·간접적으로 자녀의 사회성 발달을 촉진하거나 조장하는 중요한 요인이 됨을 알 수 있다. 이 시기에 부모는 자녀에게 근면성이 형성되도록 환경을 촉진시키고, 가정에서 사회로의 교량역할을 적절히 수행함으로써 자녀의 사회성 발달을 돕고, 사회적 기술습득을 도와야 할 것이다.

그뿐만 아니라 이 시기가 되면 아동은 더는 유아기 때와 같이 부모를 절대적으로 의지하지 않고, 객관적 견해를 가지고 부모를 비판하기도 한다. 따라서 부모는 지금까지와 같이 권위나 명령으로가 아니라 대화에 기초한 새로운 부모-자녀의 관계를 형성해 나아가야 한다.

이상에서 우리는 어린이 시기 동안 어린이의 발달적 특성과 부모와의 관계를 살펴보았다. 영아기의 기본적 신뢰의 형성이나 대상관계형성, 그리고 유아기의 도덕적 가치와 규범의 형성, 아동기의 사회성 발달 등은 인생에서 그 시기에만 형성되는 측면들이고, 그것에 있어서 건강한 부모의 역할은 결정적이다. 이와 같은 사실들로부터 우리는 어린이가 건강한 자아를 형성하는 것은 부모가 부모됨의 역할을 바르게 수행함으로써만 가능한 것이라고 하는 사실을 확인하게 된다.

2. 부모교육의 이론적 기초

앞 장에서 살펴본 것과 같이 어린이 시기는 사회적·지적·도덕적·신앙적 발달의 모든 부분에서 부모가 결정적 영향을 미치는 시기이기 때문에 각 시기에 시의적절한 부모역할이 동반될 때에만 아동의 건강한 성장이 이루어질 수 있다. 그런 의미에서 부모가 적절한 부모역할을 수행할 수 있도록 후원하는 "부모교육"은 아동교육의 필수적 영역이라고 할 수 있다. 이 장에서는 "부모교육"과 관련된 일반 이론의 기초적 영역들에 대해 알아보고자 한다. 부모교육의 기본 개념들, 즉 부모발달, 부모-자녀의 관계, 부모의 양육태도와 자녀의 성격형성, 부모역할하기 등과 같은 기초적 개념들을 살펴봄으로써 부모교육에 관한 기본적 통찰을 얻도록 한다.

1) 부모교육의 역사와 현황

"부모교육"의 개념은 교육학의 역사에서는 교육학 자체만큼이나 오랜 뿌리를 가지고 있다. 서양의 교육사에서 아동교육의 개척자로 평가되는 코메니우스는 이미 17세기에 그의 대표적인 저술『대교수학』과『범교육학』, 특별히『유아학교』(schola infantie)에서 양자로서의 어머니 역할을 중시하고, 어머니를 위한 양육지침을 주고 있는 것을 볼 수 있다. 코메니우스는 특별히『유아학교』에서 전체 12장에 걸쳐서 어머니를 위한 양육지침을 주고 있다. 이 책에서 그는 특별히 기독교인으로서의 어머니의 양육지침을 주고 있는데, 제1장에서는 자녀가 하나님이 주신 가장 귀한 선물이라는 것을 강조하고 있고, 2장-4장까지는 유아가 배워야 할 경건성, 도덕성, 건전한 학습, 건강에 대하여 설명하고 있다. 그 외에도 그는 어머니에게 배울 교육기간과 교수학습 방법, 올바른 인성교육에 이르기까지 부모가 알아야 할 교육지침들을 거의 모든 영역에 걸쳐 설명하고 있다.

18세기로 넘어와서는 루소가 특별히 어머니의 교육적 중요성을 강조하였고, 19세기 페스탈로치, 프뢰벨 같은 교육학자들이 부모가 갖는 교육적 중요성을 강조하면서 어머니의 교육적 역할과 어머니의 교육방법에 대한 지침들을 주고 있다. 페스탈로치의 경우 그의 저서『게르트루트는 자녀를 어떻게 가르치나』(Wie Gertrud ihre Kinder lehrt, 1801)에서 어머니가 자녀를 어떻게 가르쳐야 하는지에 대한 지침을 주고 있고, 프뢰벨의 경우 그의『인간교육학』(Menschenerziehung, 1826)과『어머니와 아기의 노래』(Coselieder)에서 어머니의 교육적 역할과 방법에 대하여 상세히 안내하고 있는 것을 볼 수 있다.

이와 같이 저술 작업을 통해서 제시되던 부모교육의 패턴은 거의 20세기 전반까지 계속되다가, 20세기 중반 이후부터 부모교육 이론이 체계적으로 정립되고 프로그램화되어 형식적·비형식적 교육의 장에서 실시됨으로써 부모교육의 패러다임 전환을 이룩하였다.[57] 드라이커스(Dreikurs)의 민주적 부모교육 프로그램과 기노트(Ginott)의 인본주의적 부모교육 프로그램, 고든(Gordon)의 부모효율성 프로그램(Parents Efectivity Training), 에릭 번(Berne)의 상호교류분석 프로그램, S. T. E. P. 프로그램 등 다 열거할 수 없이 많은 프로그램이 50년대 이후 현재까지 쏟아져 나오고 있다. 이와 같은 프로그램들은 처음에는 주로 유아를 자녀로 두고 있는 부모들을 대상으로 이루어졌고, 특별히 유아교육기관인 유치원의 부모들을 대상으로 실시되거나, 지역별로 연계된-예를 들어 빈민층 마을이나 특수 환경의 가족-부모들을 대상으로 실시되었다가, 이제는 청소년 자녀의 부모들과 모든 형식적·비형식적 장으로 그 대상 영역이 확대되고 있다.

한국의 경우 전통적 가정에서 훌륭한 자녀를 갖기 위해 '태교'를 매우 중요시하고, 태교에 대한 서적들이 집필되었는데, 이와 같은 저술들 속에는 어머니의 자녀양육에 관한 지침들이 제시되었다. 고려시대 정몽주의 어머니 이씨가 쓴 『태중훈문』(胎中訓門)과 조선시대에 사주당 이씨의 『태교신기』(胎教新記), 빙허각 이씨의 『규합총서』(閨閣叢書), 『계녀서』(戒女書), 『규범』(閨範) 등이 특별히 태교에 관한 서적들이고, 의학대전인 『동의보감』(東醫寶鑑)에도 자녀양육 방법에 대한 소개들이 나타난다.[58]

김덕순에 의하면 현대적인 개념의 부모교육이 시작된 것은 이화보육학교에서 '모희'(母戱)라는 학과목을 개설한 데서 찾아볼 수 있다고 한다. 그러나 조직적으로 시작된 것은 1914년에 미국의 선교사 브라운 리가 유치원을 설립하고 '자모회'를 조직하여 어머니들을 교육시키면서부터라고 할 수 있다. 이 시기 초등학교에서는 '사친회'라는 학부형 후원회를 조직하여 부모를 아동교육에 참여시켰다. "부모교육"은 주로 유아교육의 한 영역으로 자리를 잡아가면서, 보육과나 유아교육과의 전공과목으로 개설되었다.

1960년대 이후부터는 유아교육에 관한 관심이 많아지면서 부모교육 대한 인식도 높아졌고, 유아교육의 영역에서뿐만 아니라 청소년 지도나 성인교육의 영역에서도 부모교육에 대한 관심이 증가하였다.[59] 한국심리상담연구소나 한국상담심리센타, 청소년 대화의 광장, 한국사회교육연구소와 같은 연구소들에서 부모교육 프로그램들을 한국적 상황에 맞게 적용시킨 프로그램들을 개발하여 실시하여 왔다. 1996년에는 "좋은 부모 운동본부"라는 단체가 설립되어 부모교육 운동이 시민 운동의 차원으로 확대되었고, 1995년에는 "한국부모교육학회"가 발족되어, 부모교육에 관한 학술세미나와 국제적 교류, 전문서적과 논문집, 잡지 발간 등의 사업을 하고 있다. 또한 대학에서도 유아교육학과뿐만 아니라 가정관리학과, 특수교육학과, 청소년교육과와 같은 학과에서 "부모교육"을 전공과목으로 가르치고, 사회교육이나 평생교육기관 학부모 단체들에서도 "부모교육" 강좌를 개설하고 있다.

2) 용어정의-부모됨과 부모교육

현대국어 사전에 '**부모**'란 '어버이'라고 정의되어 있다.[60] 즉 부모란 자녀의 상대적

용어로서 자녀를 갖고 있는 사람이란 뜻이다. '부모'가 이렇게 간단하게 정의되는 반면 "부모됨"이란 다측면적 의미를 내포하고 있다. '**부모됨**'(parentshood)이란 단순히 자녀를 가짐으로써 가족관계에서의 변화를 가져오는 것뿐만 아니라, 경제적·사회적·도덕적·심리적인 모든 측면에서 새로운 역할을 수용하고 정체성을 형성하는 것을 의미한다.[61]

부모됨이란 자녀와 직계혈연관계를 맺으면서 아주 깊은 정적 유대관계를 형성하게 되는 것을 의미하는데, 이 관계는 부모로 하여금 자아의 확장을 요청하고, 책임감 외에도 삶에 대한 즐거움과 고무, 신비감과 같은 인생의 활력소를 얻는 것이기도 하여 심리적으로 새로운 정체성을 형성하게 하는 사건이다. 더 나아가 부모됨이란 지금까지 자신이 자신의 부모세대에 연결되는 것처럼, 자신을 다음세대로 연결하는 세대와 세대를 연결하는 현상이기도 하다.

따라서 부모됨이란 인류가 시작하면서부터 시작된 인간 삶의 가장 본원적인 현상이라고 할 수 있다. 인류가 지구상에 살게 된 이후부터 부모들은 자녀를 출산하고 양육하였다. 하나님의 백성에 관한 이야기인 성서도 "누가 누구를 낳고…"라고 하는 보고를 지속적으로 하고 있는 것을 보게 되는데, 하나님 백성의 역사도 부모됨이라고 하는 통로를 통하여 연결되고 있는 것을 볼 수 있다.

이처럼 인간 삶의 본원적인 현상으로서의 "부모됨"은 그 역할수행에 있어서 다른 관계에서와는 본질적으로 다른 독특한 특징을 갖고 있다.[62] 부모됨이란 선택하거나 포기할 수 없는 운명적인 성격을 띤다. 한번 맺은 부모-자녀의 관계는 운명적으로 결정되어 포기할 수 없는 관계가 된다. 또한 부모역할에 있어서도 연습이 없다. 부모의 역할은 언제나 현재상황이다. 자녀가 태어나면서 부모역할은 이미 시작되는 것이고, 부모의 삶 자체가 부모역할이 되며, 그것은 자녀들의 삶 속으로 빈틈없이 새겨지게 된다.

그러한 운명적 성격을 띠는 부모됨의 역할을 수행하게 하는 근본적인 동인이 되는 것은 자식에 대한 부모의 본능적 사랑이다. 본능적 자녀사랑 때문에 부모의 역할은 다른 사회적 역할과 비교할 수 없을 만큼 희생적으로 수행되는 것을 볼 수 있는데, 이것은 특별히 우리 문화에서 두드러지게 나타나는 현상이다.

"**부모교육**"은 부모를 대상으로, 부모됨의 역할을 감당할 수 있도록 교육하는 행위를 말한다. 다시 말해서 부모교육은 부모를 대상으로 하는 교육이지, 부모가 하는 교육을 의미하는 것이 아니다. 장대현은 "부모교육이란 부모를 대상으로 자녀교육의 문제와 부모 자신의 자기실현 문제를 내용으로 해서 지도하는 활동"이라고 하였다.[63] **부모교육이란 부모가 부모로서의 정체성을 확립하고 부모역할을 수행하는 데 도움을 주기**

위하여 부모를 대상으로 하는 교육적인 활동인 것이다.

부모교육이 왜 필요한가? 부모됨이란 자녀의 성장에 따라 매 시기마다 새로운 발달과업을 완성하고, 부모로서의 자아를 확대해야 하는 과제를 갖는 하나의 발달과정(process)이다. 이와 같이 지속적으로 변화하고 발달해야 할 부모됨의 과정을 바르고 효과적으로 수행하기 위해서는 부모에게도 교육이 요청된다. 부모는 부모로서의 정체성을 매 시기마다 적절히 형성해야 하고, 부모역할에 대한 바른 상을 형성해야 할 뿐만 아니라, 자녀교육에 대한 올바른 지식을 숙지해야 한다. 이렇게 볼 때 부모교육은 단순히 자녀교육만을 위하여 필요한 것이 아니라 부모 스스로의 자아이해와 자기실현을 위해서도 반드시 필요한 교육의 영역이라고 할 수 있다.

3) 부모발달단계

(1) 부모와 자녀의 관계변화

부모와 자녀의 관계는 지속적으로 변화한다. 자녀가 태어나서 영아에서 성인으로 성장하면서 지속적으로 변화하기 때문에, 변화하는 자녀와 관계하는 부모의 역할이나 기능도 지속적으로 변화하기 마련이다.

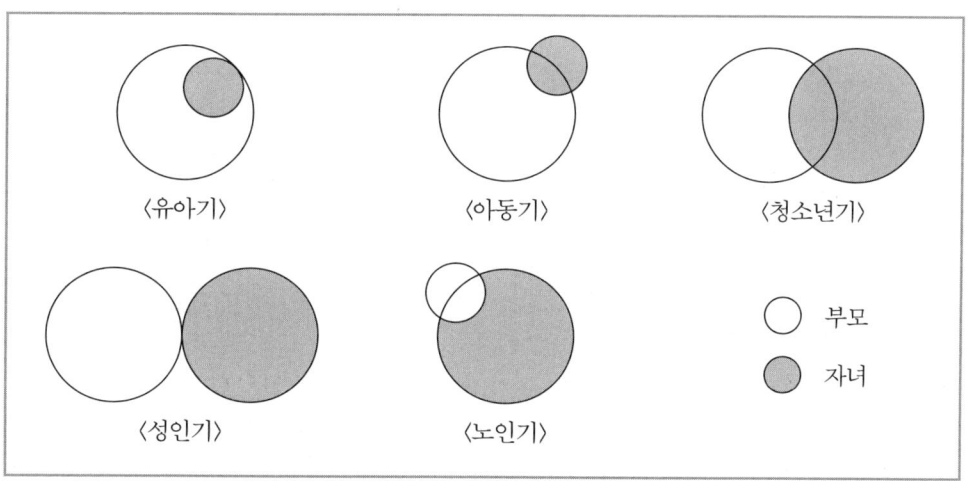

〈연령에 따른 부모 자녀의 관계 모형〉

위의 표는 성장하는 자녀의 연령에 따라 부모와 자녀의 관계를 표로 나타내어 본 것이다. 아동기까지는 자녀가 부모에게 철저히 의존되고 종속되어 있다면, 청소년기에는 부모에게 종속적인 면이 있으면서도 독립적인 관계에 있는 상호 의존의 단계라고 할 수 있다. 성인이 되면 둘의 관계는 의존적이지 않지만 밀접한 관계이고, 노인이 되어서는 큰 원이 자녀이고 작은 원이 부모가 되는 아동기와는 반대의 구조를 형성한다. 이것을 보면 자녀만 변화하는 것이 아니라 부모도 변화하는 것을 볼 수 있다. 처음에는 자녀를 품지만, 자녀와 동등하면서도 자녀에 의존하는 상호 의존의 관계를 맺어야 하고, 그 다음에는 자녀를 독립적으로 인정해 주면서 정서적으로 밀접한 관계를 맺는 위치에 있어야 하며, 노년에는 자녀에게 의존하기도 하는 관계를 형성하게 된다. 이 과정을 보면 자녀가 변화하는 것보다, 부모가 변화하는 것이 더 어려워 보인다. 자녀는 자연적으로 성숙하지만, 부모는 생각을 바꾸고 태도를 바꾸며 역할을 바꾸는 과정을 걸어가야 하는 것이다.

(2) 갈린스키의 부모발달단계

앞에서 살펴본 바와 같이 부모역할이라는 것이 자녀의 성장에 따라 매 시기마다 새로운 발달과업을 완성하는 하나의 과정이라면 자녀에게만 발달과정이 있는 것이 아니라 부모에게도 발달의 과정과 단계가 있다고 할 수 있다. 다시 말하면 부모 역할은 자녀의 성장단계에 맞게 준비하고 계획하고 수정해야 하는 과정이라고 할 수 있다. 갈린스키(Galinsky)는 그러한 부모의 발달과정을 다음과 같은 6단계로 설명하였다.[64]

■ 1단계: 부모상 정립단계

부모상은 임신기간 중에 형성된다. 변화무쌍한 임신기는 자신들이 어떤 부모가 되기를 원하는가에 대해 생각해 보도록 하는 시기이다. 예비 부모들은 아직 태어나지 않은 아기와 애착관계를 형성하고, 아기가 개체라는 것을 인식하기 시작하고, 탄생을 위해 스스로 준비해야 함을 깨닫기 시작한다. 이 단계의 주요과제는 **부모상을 정립하는 것**이다. 이 시기의 예비부모들은 자신의 어린 시절의 경험뿐 아니라 친구들, 친척들, 이웃들의 경험까지도 알아보고 분석함으로써 부모상을 정립해 나간다. 이 시기에는 부모상을 정립하는 것 못지않게 부모됨의 동기를 바로 세우는 것이 중요하다. 자신이 왜 부모가 되어야 하며 자신에게 있어서나 아이에게 있어서 부모됨의 의미가 무엇인지를 분명히 정립하는 것이 필요하다.

■ 2단계: 양육단계

부모를 한 단계에서 다음 단계로 성장하도록 이끄는 사람은 바로 아이다. 생후부터 16-20개월까지, 즉 아이가 말하기 시작하기 전 단계의 아이는 부모로 하여금 본격적으로 양육에 많은 시간을 쏟게 한다. 양육과정에서 부모들은 자녀와 **애착관계**를 형성한다. 특히 출생 직후의 시간은 부모와 유아 간 관계를 형성하고 유대감을 갖게 하는 민감기(sensitive time)로서 매우 중요한 시간이다. 이 시기 부모들은 의식적이든 무의식적이든 아이에 대해 기대한 이미지와 실제 아이 사이에서 괴리감을 느낄 수 있는데, 아기를 안아주고, 보살핌으로써 상상 속에서 그렸던 아기상과 실제 아이 간 차이의 혼란을 극복할 수 있다. 이 시기의 부모는 출산의 이미지, 아기에 대한 이미지, 부모 자신들의 이미지를 실제 경험과 비교하면서 자신의 이미지를 조절하고, 자신의 새로운 역할을 받아들임으로써 인간관계를 재정립하게 된다.

■ 3단계: 권위단계

이 시기는 대개 자녀가 2세-4, 5세일 때의 부모의 시기이다. 이 단계에서 부모들은 권위를 가지고 규칙을 설정하고, 무슨 규칙이 언제 강조되어야 하고, 언제 물러서야 하는가를 결정하는 과제에 당면하게 된다. 이 시기 자녀들은 의사소통의 방법이 다양해지고, 활동량이 많아지게 되는데, 그에 따라 부모들은 자녀들과 의견충돌을 겪게 됨으로써 이제껏 경험하지 못했던 '힘'이라는 문제에 직면하게 된다. 이 문제에 당면하여 부모들은 자녀에게 결정권을 가지고 규칙과 권위를 제시해 주는 역할을 하게 된다. 따라서 이 시기 부모는 새로운 차원의 책임감과 아동에 대한 부모의 권위를 형성해야 하고, 부모 자신이 책임져야 할 부분과 자녀들이 책임져야 할 부분을 결정하는 일을 수행해야 한다.

■ 4단계: 해석단계

이 시기는 자녀들이 아동기에 접어드는 시기이다. 자녀가 초등학교 입학할 때 부모들은 자신의 부모됨의 '이미지'를 다시 생각하게 되고, 현실이 어떻게 전개될 것인가 스스로에게 묻게 된다. 이 시기 부모의 핵심적 과제는 **해석**하는 일이다. 자녀들의 자아개념을 어떻게 해석하고 발달시키도록 할 것인가뿐만 아니라, 자녀들에 의해 어떻게 자신이 해석될 것인가에 관심을 가지게 된다. 또한 부모들은 현실을 어떻게 해석하고, 자녀의 질문에 어떻게 대답할 것인가, 그리고 필요로 하는 기술과 정보에 접근할 수 있는 기회를 어떻게 제공할 것인가, 자녀가 어떠한 가치관을 형성할 것인가를 묻고 그에 적절하게 대처해야 하는 과제에 직면하게 된다. 이 시기 아동은 부모의 눈을 통해 가치판단, 행동, 기호와 취미에 이르기까지 세상의 모든 것을 해석해 간다. 따라서 이 시기 부모는 자녀에게 세상을 바로 설명해주고 가치를 제시하는 역할을 해야 한다.

■ 5단계 : 상호의존단계

이 시기는 자녀들이 십대가 되는 때이다. 권위단계의 문제가 다시 일어나게 되는데 이 시기는 그에 대한 새로운 해결을 요구받게 된다. 부모들은 부모 역할을 하는 과정에서 거의 성인으로 자란 자녀들과 새로운 인간관계를 형성하는 과업을 갖게 된다. 부모들은 자신이 가진 '부모상'이 현실과 충돌함으로써 무의식적인 기대를 이해할 수 있고, 아이들이 무엇을 말하는지 들을 수 있고, 이를 통해 자신의 이미지를 더욱 현실적으로 조정할 수 있어야 한다. 즉 부모들은 십대와 대화하는 법, 한계를 설정하고 길잡이를 제시하는 방법에 있어 권위 관계를 재조정하는 방법에 초점을 맞춰야 한다.

이 단계의 부모가 특히 유념할 것은 자녀의 성적(性的) 관심을 인정하고 수용해야 한다는 것이다. 이 시기는 십대들과 마찬가지로 부모들 역시 부모로서의 정체성을 추구하고 있는 시기이다. 특별히 이 시기의 부모들은 중년의 새로운 삶에 적응하는 방법을 찾아야 할 과제를 갖는다.

■ 6단계 : 새로운 출발단계

자녀들이 집을 떠나는 시기로서 평가 단계로 특징지워진다. 부모들은 이별을 준비하고 적응해야 한다. 주요한 도전은 성장한 자녀와 관계를 유지하면서 동시에 분리와 개별성을 수용하는 것이다. 이 시기는 성인이 된 아이들을 통해 부모상을 재정립하고 자신들의 성취와 실패를 돌아보며, 모든 자녀를 떠나보내고 부부로서의 정체감을 재정립해야 할 때이기도 하다.

갈린스키의 이론은 자녀가 성장하는 것과 마찬가지로 부모 역시 발달해야 한다는 것을 분명하게 보여준다. 자녀가 성장함에 따라 부모의 역할 또한 변하기 때문이다. 이 같은 사실은 부모들이 매 단계에서 적절한 부모발달을 이루고, 바른 부모역할하기를 돕기 위하여 "부모교육"이 얼마나 필요한 것인지를 단적으로 보여주는 예가 된다.

5) 부모의 양육 유형에 따른 자녀의 태도 형성

자녀의 태도와 성격 형성에 영향을 미치는 요인은 다양하다. 그 중 가장 결정적인 것 중의 하나가 부모의 양육 유형이다.

(1) 쉐퍼의 양육 유형 모델

부모의 양육 유형에 따른 자녀 성격형성이론 중 가장 대표적인 것 중의 하나인 베일리와 쉐퍼(N. Bayley & E. S. Schaefer)의 이론을 살펴보자.[65] 베일리와 쉐퍼는 부모의 양육태도를 크게 네 부류로 나누어 설명하였는데, 각 부류에 따라서 형성하게 되는 자녀의 태도가 달리 나타난다고 하였다.

■ 애정적-자율적 태도

이 태도는 베일리와 쉐퍼에 의해 가장 바람직한 양육태도로 평가받는 태도로서 애정을 보이면서 동시에 자녀에게 자율을 허용하는 부모의 양육태도이다. 애정적-자율적 태도의 부모양육을 받고 자란 아이들은 능동적이고 활발하며 독립적이 된다. 이들은 사회 적응력이 발달하며, 창의적이고 타인과 자신에 대해 긍정적이다.

■ 애정적-통제적 태도

이 태도는 부모가 자녀에게 애정을 나타내면서 동시에 제약을 가하는 태도이다. 이러한 부모의 양육태도 아래 성장하는 아이들은 다소 의존적이고, 사교성과 창의성이 낮게 되며, 부모에 대해 상상적 적대감을 갖기도 한다.

■ 거부적-자율적 태도

이 태도는 자녀를 수용하지 않으면서, 자녀가 자유로이 행동하도록 방임하는 태도이다. 이러한 가정에서 성장한 아이들은 공격적이 되거나 자신의 행동을 조절하는 능력이 결여되기 쉽다.

■ 거부적-통제적 태도

이 태도는 자녀를 애정적으로 받아들이지도 않으면서, 동시에 자녀의 행동을 엄격하게 통제하는 태도이다. 이러한 양육태도 아래에서 성장하는 자녀들은 자아에 대한 분노를 갖게 되며, 내면화된 갈등과 고통을 갖게 된다. 심한 경우 자학적, 퇴행적이 되기도 하며, 정신질환을 일으키기도 한다.

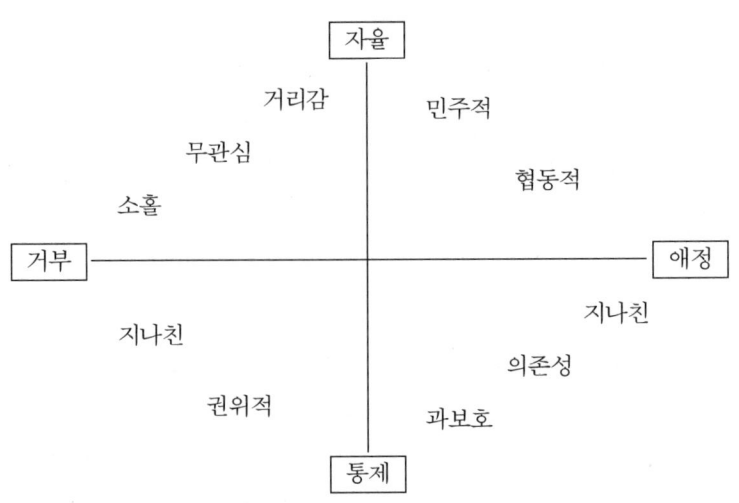

〈Schaefer의 양육태도 모형〉

(2) 부모의 부정적 양육에 따른 자녀의 부정적 태도

자녀를 양육하는 과정에서 흔히 반복하기 쉬운 부모의 부정적 양육태도는 자녀의 부정적 태도 형성에 결정적 영향을 미친다. 다음은 부모에게서 가장 흔히 나타나는 네 가지의 부정적 태도와 그로부터 영향을 받는 자녀의 부정적 태도이다.

■ 과잉보호하는 부모

부모: 자식을 사랑하는 마음이 지나쳐 아이의 모든 것을 보호하려 드는 부모이다. 밥 먹을 때, 공부할 때, 숙제할 때, 학원생활이나 친구관계에 이르기까지 먼저 계획하고 도와주고 철저히 보호해서 자녀 스스로 할 필요가 없도록 만드는 엄마는 과잉보호하는 엄마이다.

자녀: 하나에서 열까지 모든 것을 일일이 챙겨주는 부모 밑에서 자란 아이는 받는 것을 당연하게 생각한다. 어쩌다 충분히 받지 못할 때는 더러 화를 내기도 한다. 의존적 관계가 익숙한 아이는 자신의 욕구를 남이 알아서 해결해 주기를 기다린다. 결국 이렇게 성장한 아이는 의존적인 아이가 되고, 자신의 욕구를 남이 알아서 해결해 주길 바라는 아이가 된다.

■ 사사건건 간섭하는 부모

부모: 자녀의 일거수일투족을 감시하고 간섭하는 엄마. 5분만 기다리면 스스로 할

텐데, 5분을 못 참아서 숙제해라, 일어나라, 공부해라, 컴퓨터게임 그만해라 등의 잔소리로 일관하는 엄마. 자녀가 가만히 있는 것을 눈 뜨고 못 보는 엄마. 자녀 혼자 결정하는 것에 꼭 간섭하고 싶은 엄마. 자녀가 엄마의 영향력 밖에 있다고 생각하면 불안해지는 엄마. 그런 엄마가 바로 사사건건 간섭하는 엄마의 유형이다.

자녀: 아동기 때 부모의 간섭을 많이 받은 아이는 10대 사춘기를 지나면서 분노가 폭발하게 된다. 만약 사춘기 때에도 부모의 눈치를 보느라 분노를 표출하지 못한 아이는 청소년기 또는 성인이 되어서 부모가 아닌 친구, 사회를 향해 무의식적으로 표현하게 된다. 엄마 아빠의 간섭이 아이를 반사회적인 인물로 자라게 할 수 있다는 것을 기억해야 한다.

■ 강압적인 부모

부모: 사사건건 아이에게 명령조로 말하는 부모. 스스럼없이 협박을 하는 아빠. 온 집안 식구들이 아빠의 폭정에 덜덜 떨게 만드는 아빠. 겉으로 보기에 강압적인 부모는 폭군처럼 보일 수도 있겠지만 실은 아직 엄마 젖이 덜 떨어진, 심리적으로 미숙한 애어른에 지나지 않는다. 심리적으로 성숙하지 못한 부모는 자기중심적인 사랑에 머물러 배우자도, 자식도 제대로 사랑할 수 없다. 강압적인 것은 아빠뿐만 아니라 엄마에게서도 흔히 나타난다. 자녀에게 폭력을 일삼거나 자신의 감정의 변화에 따라 자녀를 휘두르는 엄마도 강압적인 부모이다.

자녀: 폭언과 협박을 일삼으면 자녀도 강압적인 부모의 모습을 닮게 된다. 강압적인 부모 밑에서 자란 아이는 겉으로는 부모의 엄격한 명령에 잘 따르는 것처럼 보인다. 하지만 이런 아이들은 부모에 대한 미움과 적개심이 생기게 되고, 마음 한편으로는 자식 된 도리로 부모를 미워하는 자신을 질책한다. 강압적인 부모 밑에서 자란 아이는 다른 사람과도 비슷한 방식으로 관계를 맺는다. 예를 들어 자신보다 약하다고 여겨지는 사람에게는 사소한 일에도 분노하고, 아버지의 상을 그대로 나타내는 지배적인 사람을 만나면 자신도 모르게 고양이 앞에 선 쥐 신세처럼 꼼짝 못하는 행동을 보인다. 이러한 아이는 자신보다 힘이 약한 사람 특히 동생한테 아버지에게서 당한 것을 그대로 가해하는 모습을 보인다.

■ 비교하는 부모

부모: "너는 왜 오빠처럼 못하니", "네 동생 반만이라도 닮아봐라!", "옆집 아이는 공부도 잘한다던데…" 등의 비교하는 말로 아이에게 면박을 주는 부모는 단지 속상한

마음에서 자식을 야단쳤을 뿐이고, 경쟁심을 부추겨 아이를 더 잘하도록 자극하는 것이라고 생각한다.

　　자녀: 그러나 비교당하고 자란 아이는 쉽게 자포자기해 버린다. 비교하는 말로 상처를 받은 아이는 처음에는 부모의 기대에 부응하기 위해 나름대로 애쓴다. 하지만 부모의 잦은 비교로 자존심을 공격당한 아이는 못난 자신을 자책하여 자학하거나, 자포자기해 버리거나, 분노를 외부로 돌려 타인을 못살게 구는 문제를 일으키게 된다. 그뿐만 아니라 열등의식이 큰 사람으로 성장하게 된다.

(3) 완벽한 부모와 책임 있는 부모

　　자녀를 양육하는 과정에서 흔히 나타나는 또 하나의 부정적 양육태도는 "완벽한 부모"가 되려 하는 데에 있다. 완벽한 부모는 좋은 부모일 것 같지만, 오히려 자녀에게 상처를 주거나 분노와 앙갚음을 찾게 만든다. STEP[66]의 프로그램은 "완벽한 부모"가 아니라 "책임 있는 부모"가 되어야 할 것을 제안한다. STEP에서 제안하는 완벽한 부모의 행동과 그에 따른 자녀의 행동, 그리고 책임 있는 부모의 행동과 그에 따른 자녀의 행동을 도표로 비교해 보자.

■ 완벽한 부모

부모의 신념	부모의 행동	자녀에게 일어나는 결과
* 나는 자녀를 통제해야만 한다.	* 복종을 요구한다. * 보상과 벌을 준다. * 이기려고 한다. * 부모가 옳고 자녀는 틀리다고 주장한다.	* 반항한다. * 이기거나 옳아야 한다. * 진정한 감정을 속인다. * 분노를 느낀다. * 앙갚음을 찾는다. * 포기하고 회피한다. * 거짓말, 도둑질을 한다. * 자율성이 결여된다.
* 나는 우월하다.	* 자녀를 동정한다. * 책임을 진다. * 과잉보호를 한다. * 독선적이다. * 자녀에게 창피를 준다.	* 자신을 연민하고 다른 사람을 비난하는 것을 배운다. * 무능력함을 느낀다. * 다른 사람이 베풀어 주기 원한다. * 우월할 필요가 있다고 느낀다.
* 나는 받을 자격이 있다. * 너는 내게 빚졌다.	* 공평에 지나치게 민감하다. * 조건을 붙인다.	* 다른 사람을 믿지 않는다. * 이용당한다고 느낀다. * 다른 사람을 이용하려 한다.

* 나는 완전해야 한다.	* 모든 것에서 완전을 요구하고 결점을 찾는다. * 다른 사람의 생각에 지나친 관심을 갖는다.	* 자신이 결코 훌륭하지 않다고 믿는다. * 완벽주의자가 된다. * 좌절을 느낀다. * 다른 사람의 의견에 대해 걱정한다.
* 나는 계산하지 않는다. * 다른 사람이 나보다 더 중요하다.	* 지나치게 자녀에게 몰두한다. * 자녀의 요구를 들어주고 양보한다. * 안 된다고 하는 것에 죄의식을 느낀다.	* 받기를 기대한다. * 사회적 관계를 잘 형성하지 못한다. * 다른 사람의 권리를 존중하지 않는다. * 이기적이다.

■ 책임 있는 부모

부모의 신념	부모의 행동	자녀에게 일어나는 결과
* 나는 자녀가 스스로 결정할 수 있다고 믿는다.	* 선택하게 한다. * 격려한다.	* 자신감을 느낀다. * 무엇이든 하려고 한다. * 문제를 해결한다. * 유능하다.
* 다른 사람보다 더도 덜도 아닌 동등한 인격이다.	* 자녀를 믿고 존중한다. * 독립성을 격려한다. * 선택과 책임감을 갖게 한다. * 자녀가 공헌하기를 기대한다.	* 자립심과 책임감을 발달시킨다. * 결정하는 것을 배운다. * 자신과 타인을 존중한다. * 평등을 믿는다.
* 나는 상호존중을 믿는다.	* 평등성을 증진한다. * 상호존중을 격려한다. * 어린이가 죄의식을 갖지 않게 한다.	* 자신과 타인을 존중한다. * 사회적인 감정이 증가한다. * 다른 사람을 신뢰한다.
* 나는 인간이다. * 내가 불완전한 것이 당연하다.	* 현실적인 기준을 정한다. * 격려한다. * 자신의 이미지에 관심이 없다. * 인내심이 있다.	* 자기평가보다 닥친 일에 집중한다. * 시도하다가 실수하면 다시 시도한다. * 새로운 경험을 하려는 용기를 지니고 있다. * 다른 사람에 대해서도 인내한다.
* 나 자신을 포함한 모든 사람이 중요하다고 믿는다.	* 상호존중과 공헌하도록 격려한다. * 시중들지 않는다. * 안 된다고 할 때를 안다.	* 훌륭한 사회적 관계를 가진다. * 다른 사람의 권리를 존중한다. * 신사적이다.

위의 표를 비교해 볼 때 완벽한 부모가 자기중심적인 미성숙한 자아 개념을 가지고 있다면, 책임 있는 부모는 건전한 자아와 성숙한 인격을 가지고 있는 것을 볼 수 있다. 결국 책임 있는 부모가 되는 것은 부모가 먼저 성숙하고 책임 있는 자아상을 정립하는 것으로부터 출발하는 것이라고 하는 점을 알 수 있다.

위에서 살펴본 바와 같이 자녀의 바람직한 성장과 인격형성은 바람직한 부모역할에 달려 있다. 부모의 자녀 양육 태도와 부모의 자아정체성 형성, 자녀의 성장 발달에 따른 부모와의 관계 발달 등이 자녀의 성장에 결정적 영향을 끼치고 있기 때문이다. 따라서 부모도 자녀 못지않게 '교육'을 통해 바람직한 부모역할 수행을 지원받지 않으면 안 되고, 그런 의미에서 "부모교육"은 아동교육의 가장 중요한 과제 중 하나라고 할 수 있다.

3. 교회에서의 부모교육

부모교육의 장소로서 가장 이상적인 곳 중의 하나가 바로 교회라고 할 수 있다. 교회야말로 부모세대와 자녀세대가 함께 속해 있는 신앙공동체로서 그 두 세대 모두에게 구속력을 갖고 있고, 또한 부모와 자녀세대 모두를 바르게 인도해야 할 교육적 책임이 있는 곳이기 때문이다. 그러한 입지적인 조건 외에도 교회는 그 자체로 이미 부모교육의 책임을 갖고 있는 공동체라고 할 수 있다. 성서에 나타난 "부모됨"과 "부모-자녀의 관계"가 그것을 단적으로 증명해 준다.

1) 성서에 나타난 부모됨과 부모-자녀 관계

성서는 우선 "부모됨"이라는 것이야말로 하나님이 주시는 복임을 밝히고 있다. 자녀를 갖는 것, 부모가 될 수 있는 것은 하나님이 주시는 복이요, 선물로 묘사되고 있다.

> 보라 자식들은 여호와의 기업이요 태의 열매는 그의 상급이로다 젊은 자의 자식은 장사의 수중의 화살 같으니 이것이 그의 화살통에 가득한 자는 복되도다 그들이 성문에서 그들의 원수와 담판할 때에 수치를 당하지 아니하리로다.(시 127:3-5)

이와 같이 자녀를 갖는 것, 즉 부모됨을 하나님의 복 주심으로 여기는 것은 이미 창조신학에서부터 확인할 수 있다. 창세기 1장의 창조의 이야기에서 하나님은 인간을 지은 후 "그들에게 복을 주시며 하나님이 그들에게 이르시되 생육하고 번성하여 땅에 충만하라…"(창 1:28)고 하셨다. 생육하고 번성하라고 하신 복과 명령으로부터 우리는 성서가 자녀를 낳고 부모가 되는 것이야말로 피조물인 인간이 누릴 복이자 의무라고 하는 사실을 증거하고 있음을 확인하게 된다.

이와 같은 창조 이야기의 입장은 하나님 백성 이야기의 첫 번째 주인공인 아브라함에 관한 기사 속에서도 계속되는 것을 볼 수 있다. 하나님은 아브라함을 선택하시고 그에게 많은 자손을 주시겠다는 복을 내리셨다. "그를 이끌고 밖으로 나가 이르시되 하늘을 우러러 뭇별을 셀 수 있나 보라 또 그에게 이르시되 네 자손이 이와 같으리라."(창 15:5) 이와 같은 복의 내용을 통해서 우리는 이스라엘 백성이 하나님으로부터 약속된 복이 자손을 통해서 계속 이어질 것이라고 확신했던 것을 보게 된다. 성서는 아브라함을 선택하신 하나님의 복 주심이 그의 자손을 통해서 지속적으로 이어지며, 이스라엘 전체가 하나님의 특별한 선택을 입은 계약의 백성이라는 점을 부각시키고 있다. 창세기와 출애굽기에 반복해서 나타나는 "아브라함의 하나님, 이삭의 하나님, 야곱의 하나님"[67]이라는 표현은 이를 단적으로 나타내 주는 구절이라 할 수 있다. 따라서 이스라엘 사람들에게 자녀를 갖는 것과 하나님의 복 주심을 이어가는 것은 하나의 동일한 사건이었다고 할 수 있다.[68]

그렇기 때문에 그들에게 있어서 자녀를 많이 갖는 것은 복이었고(창 24:60), 자녀가 없는 것은 하나님의 저주요, 슬픔의 근원으로 이해되었다.(삼상 1장, 렘 31:15) 따라서 이스라엘에는 자녀가 없는 가정에 자손을 잇게 하는 특별한 관습도 있었다. 결혼한 남자가 아들을 한 명도 남기지 못하고 죽었을 경우, 그 남자의 남자형제들이 그의 부인을 여자로 맞아 그에게 죽은 형제의 이름으로 아들을 남겨 대를 잇도록 해주었다.(유다의 며느리 이야기, 신 25:5-10, 마 22:24) 그리고 아이를 못 낳는 여자의 경우 자신의 여종을 주어 남편의 후사를 잇게 하였던 것도 볼 수 있다.(창 30:1-13)

이와 같이 자녀를 갖는 것이 하나님이 주신 복인 것을 강조하는 것과 동시에 성서는 신·구약 전체를 통해서 자녀가 부모에게 해야 할 도리, 즉 부모를 공경하고 그에게 순종하는 것을 하나님이 주신 명령으로 강조하고 있다.[69] "너는 네 하나님 여호와께서 명령한 대로 네 부모를 공경하라 그리하면 네 하나님 여호와가 네게 준 땅에서 네 생명이 길고 복을 누리리라."(신 5:16) 부모 공경의 의무는 십계명의 다섯 번째 계명으로 인간이 하나님 앞에 지켜야 할 앞의 네 계명에 연이어서 인간이 인간을 대상으로 지켜야 할 첫 번째 계명이었다. 이처럼 부모를 공경하는 것이 하나님의 명령인 반면, 상대적으로 부모에게 순종치 않는 것은 저주를 받을 악한 일로 묘사되고 있다.[70] "그의 부모를 경홀히 여기는 자는 저주를 받을 것이라 할 것이요 모든 백성은 아멘 할지니라."(신 27:16)

성서는 또한 부모-자녀의 관계야말로 다른 어떤 관계보다 깊은 관계라고 하는 점을 인식하고 있다. 부모의 자녀에 대한 사랑과 보살핌은 하나님과 우리의 관계에 대한 비유로도 표현되고 있는 것을 볼 수 있다. "여인이 어찌 그 젖 먹는 자식을 잊겠으며 자기 태에서 난 아들을 긍휼히 여기지 않겠느냐 그들은 혹시 잊을지라도 나는 너를 잊지 아니할 것이라."(사 49:15) 아버지가 자식을 불쌍히 여기는 것, 어머니가 자식에게 젖을 먹이고 보살피는 것은 인간이 이 땅에서 베풀 수 있는 가장 큰 사랑이고, 그와 같은 사랑은 성서에서 하나님의 우리에 대한 사랑을 설명하는 통로가 되고 있다.[71]

그러면서 동시에 성서는 부모-자녀의 관계가 하나님과 우리의 관계에서 볼 때는 오히려 하위개념으로 이해되고 있는 것을 보여준다. 하나님의 우리에 대한 사랑은 부모의 자녀에 대한 사랑을 능가할 뿐만 아니라, 부모의 사랑이 한계에 부딪치는 곳에 하나님의 사랑이 있음을 말하고 있다. "내 부모는 나를 버렸으나 여호와는 나를 영접하시리이다."(시 27:10) "너희가 악한 자라도 좋은 것으로 자식에게 줄 줄 알거든 하물며 하늘에 계신 너희 아버지께서 구하는 자에게 좋은 것으로 주시지 않겠느냐."(마 7:11) 이와 같은 구절들은 부모의 자녀에 대한 사랑이 아무리 깊을지라도 하나님의 우리에 대한 사랑보다는 깊을 수 없음을 말하고 있는 구절이라고 할 수 있다.[72]

따라서 성서는 우리에게 부모-자녀 관계를 형성하게 한 근원이 하나님으로부터 오기 때문이고, 그의 복 주심으로 인하여 우리의 부모됨과 자녀됨이 시작되었음을 알려주었다. 다시 말해 성서는 부모가 자녀에 대해 갖는 제일가는 의무로 자녀로 하여금 하나님을 알도록 교육하는 것임을 증거하고 있다. 자신에게 부모가 되게 한 근원이신 하나님을 알고 사랑하도록 가르치는 의무는 부모의 선택사항이 아니라 부모의 부모됨과 본질적으로 함께 연결되어 있는 것이다.

이스라엘 사람들이 태어나서 처음으로 배우게 되는 쉐마는 바로 그러한 교육에 대한 하나님의 강한 명령을 나타내고 있다.

이스라엘아 들으라 우리 하나님 여호와는 오직 유일한 여호와이시니 너는 마음을 다하고 뜻을 다하고 힘을 다하여 네 하나님 여호와를 사랑하라 오늘 내가 네게 명하는 이 말씀을 너는 마음에 새기고 네 자녀에게 부지런히 가르치며 집에 앉았을 때에든지 길을 갈 때에든지 누워 있을 때에든지 일어날 때에든지 이 말씀을 강론할 것이며 너는 또 그것을 네 손목에 매어 기호를 삼으며 네 미간에 붙여 표로 삼고 또 네 집 문설주와 바깥 문에 기록할지니라.(신 6:4-9)

쉐마에도 나타났듯이 자녀를 교육하는 것은 히브리인 부모들의 사명이었고, 그들에게 교육의 가장 중요한 목적은 자녀로 하여금 하나님을 알고, 그를 사랑하도록 하는 것이었다. 그들은 다른 어떤 지식이나 기술을 가르치는 것에 앞서서 '하나님'을 알게 하는 것이 교육의 근본이라고 생각하였다.[73] 그러한 사고를 바탕으로 이스라엘인들은 일상적인 삶 속에서, 관습이나 종교적 예식 속에서 하나님 경외의 교육을 몸으로 실천하였던 것을 볼 수 있다.[74]

성서의 말씀대로 부모가 자녀에게 하나님 경외의 교육을 의무적으로 감당해야 한다면, 부모가 그러한 역할을 바르게 담당하도록 돕는 것은 교회의 중요한 교육적 과제라고 할 수 있다. 실제로 우리는 이미 초대교회에서 그러한 교육적 노력이 기울여졌던 흔적을 보게 된다. 초대교회에 보냈던 바울의 편지들 속에서 우리는 그와 같은 노력들을 찾을 수 있다.

에베소 교회에 보내는 편지에서 바울은 자녀와 부모의 관계에 대하여 훈계하면서 "아비들아 너희 자녀를 노엽게 하지 말고 오직 주의 교훈과 훈계로 양육하라"(엡 6:4)고 하였다. 기독교인 부모들이 자녀에게 주의 교훈과 훈계로 양육해야 할 교육적 사명을 강조한 내용이다. 또한 골로새 교회에게 보내는 편지에서도 "아비들아 너희 자녀를 노엽게 하지 말지니 낙심할까 함이라"(골 3:21)고 하였다. 자녀에게 권위적이고 강압적으로 대했던 당시의 사회적 상황에 비추어 볼 때 자녀를 노엽게 하지 말라는 바울의 가르침에서는 자못 근대 교육적 사고가 엿보인다. 바울은 여기에서 부모들이 자녀를 대하는 방법에 관한 지침을 주고 있는 것이다.

바울은 목회서신들에서 특별히 교회의 직분자들에게 자녀교육의 의무를 강조하였다. 그는 감독의 조건 중 하나를 "자기 집을 잘 다스려 자녀들로 모든 공손함으로 복종하게 하는 자"여야 한다고 요청하였다.(딤전 3:4) 집사는 한 아내의 남편으로 "자녀와 자기 집을 잘 다스리는 자"여야 한다고 하였고(딤전 3:12), 장로는 "방탕하다는 비난을 받거나 불순종하는 일이 없는 믿는 자녀를 둔 자"여야 한다고 하였다.(딛 1:6) 이처럼 초대교회는 교회의 직분자가 될 수 있는 조건의 하나로 올바른 자녀교육을 들 만큼 기독교 부모의 자녀교육 중요성을 강조하였다. 이와 같은 구절들은 모두 초대교회가 기독교인 부모의 올바른 자녀양육 사명을 중시하였다는 것을 단적으로 증명해 주는 대목들이라고 할 수 있다.

2) 교회에서의 부모교육의 필요성

오늘날 우리는 그와 같은 초대교회의 전통에 접목한다는 의미 외에도 다음과 같은 점들로 인해 부모교육이 필요하다.

첫째, 교회는 부모에게 분명한 기독교인 부모상을 제시하여야 하고, 부모의 자기 정체성 형성을 도와야 한다. 오늘날 많은 부모들, 특히 기독교인 부모의 경우에도 자녀에 대한 막연한 열의나 무조건 잘 해주면 된다는 과보호적 태도를 갖고 있는 것을 볼 수 있다. 또 많은 경우 부모들은 성공지상주의나 물질만능주의적 태도에 젖어 무조건 공부만 잘하고, 남과의 경쟁에서 이길 수 있는 자녀로 키우는 일에 급급해 있다. 부모의 그러한 가치관은 자녀세대의 가치관 형성에도 그대로 전이되고, 결국 그와 같은 비기독교적 가치관은 세대에서 세대로 대물림되는 악순환을 가져온다. 따라서 교회는 부모교육을 통하여서 기독교적 가치관과 세계관에 분명히 선 기독교적 부모상을 제시해야 하고, 그것을 바탕으로 기독교인 부모로서의 정체성을 분명히 확립한 부모가 되도록 도와야 한다.

둘째, 신앙은 끊임없이 발달하는 것이고, 신앙발달의 매 단계에서 부모의 적절한 도움과 조력이 필요한데, 이를 돕기 위하여 교회는 부모교육을 실시해야 한다. 기독교교육의 핵심적 목표의 하나는 신앙의 성장이라고 할 수 있다. 신앙의 성장은 우리가 앞에서 살펴본 대로 생애 아주 초기부터 시작되는 과정이고, 그 과정에서 부모와의 상호작용은 거의 절대적인 영향을 미치게 된다. 교회는 부모교육을 통해서 부모로 하여금 시의적절한 부모 역할을 하도록 돕고, 이를 통해 성장 세대들의 건전한 신앙성장을 도모해야 한다.

셋째, 신앙공동체로서 기독교 가정을 세워나가고, 더 나아가 교회와 가정 간의 연계성을 확립하기 위하여 부모교육이 필요하다. 우리의 교회는 가정을 "작은 교회"(parva ecclesia)로 이해하였던 개혁교회의 전통 안에 있다. 가정은 작은 교회로서 말씀과 예배가 있어야 하고, 부모는 자녀의 영적인 구원과 신앙 성장의 책임 맡은 제사장적 존재이다. 부모로 하여금 그러한 책임을 완수하게 하고 가정을 신앙공동체인 작은 교회로 세우는 일을 위하여 교회는 부모교육을 실시하여야 한다. 또한 우리가 시행하고 있는 교회에서의 기독교교육은 가정에서 부모의 자녀교육과 연계성 속에서 이루어져야 한다. 교회와 가정이 서로 괴리될 때 아동들은 가치관의 혼란을 느끼고 기독교적 가치관과 세계관 형성에 장애를 일으키게 된다. 교회가 가지고 있는 신앙공동체의 문화와 공동의 언어들은 가정과의 연속성 속에서 공유될 때, 아동의 신앙발달에 효과적으로 영향을 미칠 수 있는 것이다. 따라서 건전한 기독교교육은 반드시 교회와 가정 간의 연계성을 보장받아야 한다고 할 수 있다. 그런 의미에서 부모교육은 교회와 가정을 연계하는 좋은 통로가 된다. 부모교육을 통해서 부모들이 교회교육의 내용이나 방법에 대해 바른 이해를 형성할 수 있고, 협력적인 태도로 가정에서도 아동교육에 참여할 수 있게 도와야 한다.

넷째, 부모의 역할 수행은 끊임없이 새로운 과제를 수행하는 일이고, 이를 위한 정보교환과 조언이 요청된다. 부모의 역할이란 자녀를 낳았다고 자연적으로 습득되는 것이 아니라 가르침과 훈련, 연구와 정보의 수집과 실제적 훈련 등을 통해서 학습되어야 한다. 부모는 아동의 발달과정과 특성을 바로 알아야 하고, 아동의 문제행동과 지도방법 외에도 아동보호, 건강관리, 놀이지도, 아동 상담이나 아동과의 커뮤니케이션에 대한 정보를 제공받아야 한다. 더 나아가 부모는 기독교 가정에서의 부모의 역할과 기독교교육의 핵심이 되는 성서와 기독교 역사 기독교 문화 등에 대한 이해를 가져야 한다. 이와 같은 정보들은 단순히 제공되는 것을 넘어서서 부모들이 그것을 실제로 자녀교육에 활용할 수 있도록 실제적인 연습과 훈련이 이루어져야 한다. 이러한 정보제공과 훈련은 교회에서 부모교육을 실시해야 할 필요성을 설명해 주는 요인이라고 할 수 있다.

3) 교회에서의 부모교육의 목적과 목표

그와 같은 부모교육의 필요성과 요청들을 바탕으로 해서 보았을 때, 교회의 부모교육은 다음과 같은 목적을 지향한다고 할 수 있다.

> 교회의 부모교육은 부모로 하여금 올바른 기독교인 자아상과 부모상을 확립하고, 가정을 신앙공동체로 세우며, 자녀를 기독교적으로 바르게 양육함으로써, 기독교 부모역할을 바르게 수행하고, 궁극적으로는 가정을 통해서나 자녀를 통해서 세상 속에 하나님 나라를 구현할 수 있도록 돕는 것을 목적으로 한다.

위와 같은 부모교육의 목적을 지향하기 위하여 교회의 부모교육은 다음과 같은 구체적 목표들을 수렴해야 할 것이다.

첫째, 부모로 하여금 기독교인으로서 올바른 자아상과 올바른 기독교 부모상을 정립하고, 바람직한 부모발달을 이룩하게 한다. 기독교 부모가 되는 것은 먼저 바른 기독교인이 되는 것으로부터 시작해야 한다. 건강한 기독교인이 건강한 기독교 부모가 될 수 있기 때문이다. 따라서 부모교육은 부모로 하여금 무엇보다 먼저 하나님과의 관계를 예수 그리스도를 통하여 회복하고, 성서의 말씀과 기도 그리고 예배를 통해 그 관계를 지속적으로 건강하게 유지할 수 있도록 돕는 것으로부터 시작해야 한다.

부모됨이란 끊임없이 변화하는 '발달'의 과정이라고 할 수 있다. 자녀가 태어나고 성장하면서 영아기와 유아기, 청소년과 성인기를 거치면서 발달하듯이, 부모도 자녀를 갖게 되는 예비부모의 시기로부터 자녀가 태어나 유아와 아동, 청소년기를 거쳐 성인이 되기까지 자녀의 성장단계에 따라 자신의 역할을 새롭게 습득하고 수정해 가는 발달의 도상에 있다. 따라서 부모는 자녀의 성장 단계에 따라 적절한 부모발달을 함께 이룩해 가야 한다. 이런 의미에서 바람직한 부모상을 정립하는 부모교육의 목표는 바람직한 부모발달을 돕는 일과 본질적으로 함께 이루어져야 할 것이다.

둘째, 부모로 하여금 기독교 가정의 본질을 이해하게 하고 가정을 신앙공동체로 세우는 데 조력하게 한다. 기독교 가정의 부모의 역할은 일차적으로 가정을 신앙공동체로 세우는 역할이다. 가정은 학교와는 다른 기독교교육의 장으로서 자녀들을 수업(teaching) 중심으로 가르치는 곳이 아니라 환경과 분위기와 삶의 나눔으로 양육하는 곳이다. 따라서 가정에서 부모의 역할은 그 무엇보다 가정을 신앙공동체가 되도록 함으로써 자녀가 일상적 삶 속에서 기독교적으로 형성하도록 돕는 일이다. 우리의 교회는 가정을 교회의 연장선에서 이해하는 전통을 가지고 있고, 따라서 가정은 말씀과 예배가 있어야 하는 곳이고, 부모는 자녀의 영적인 구원과 신앙 성장의 책임을 맡은 제사장적 존재라는 이해를 가지고 있다. 부모교육은 가정에서 부모로 하여금 그러한 책임을 완수할 수 있도록, 기독교 가정의 본질과 기능, 지향해야 할 방향들을 제시하고, 가정예배와 기도생활, 절기행사 등에 관한 구체적인 지침을 제시할 뿐만 아니라, 실제적으로 훈련할 수 있도록 도와야 할 것이다.

부모가 가정을 신앙공동체로 세우는 노력에는 건전한 부부관계 형성을 위한 노력을 포함한다. 부모가 남편과 아내로서 서로 사랑하고 존경하며, 합심하여 가정이 하나님의 전이 되고 하나님의 영이 다스리도록 내어 드릴 때 가정은 신앙공동체로서 서 가게 되기 때문이다. 따라서 가정을 신앙공동체로 세우는 데 조력하는 부모교육은 가정의 제사장적 존재인 부모의 바람직한 부부관계 형성을 위한 교육적 도움을 제공해야 한다.

셋째, 부모로 하여금 자녀의 성장단계에 따른 특성을 바로 이해하고 자녀를 양육하고 지도하는 데 필요한 기술을 제공하며, 올바른 부모-자녀의 의사소통과 관계 형성에 필요한 기술을 제공한다. 기독교교육의 핵심적 목표의 하나는 신앙의 성장이라고 할 수 있다. 그런데 신앙은 끊임없이 발달하는 것이고, 신앙발달의 매 단계에서 부모의 적절한 도움과 조력은 자녀의 신앙발달에 결정적 영향을 미친다. 따라서 부모교육은 부모로 하여금 자녀의 성장과 발달을 바로 이해하고 각 단계에 맞는 시의적절한 부모 역할을 수행할 수 있도록 도와야 한다.

그뿐만 아니라 부모교육은 자녀를 양육하고 지도하는 데 필요한 실제적인 지식들과 기술들, 정보들을 교환하고 조언함으로써 올바른 자녀 지도를 도와야 한다. 부모는 자녀의 성장 특성에 대한 이해뿐만 아니라 아동보호, 놀이지도, 청소년 복지, 건강관리, 진로지도, 아동상담에 대한 실제적 지도기술을 습득하여 자녀지도의 도움을 받을 수 있어야 한다. 더 나아가 부모들은 자녀와의 바람직한 의사소통과 관계형성 기술을 습득하여 자녀와의 올바른 관계를 형성하고, 가정 안에서의 문제를 해결할 수 있도록 인도되어야 할 것이다.

넷째, 부모로 하여금 그리스도인으로서 세상, 즉 사회, 문화, 정치, 교육과 바른 관계를 형성하도록 돕는다. 부모는 자녀를 세상으로 인도하는 다리와 같은 역할을 하는 존재이다. 따라서 부모는 자녀에게 한 사람의 그리스도인으로서 사회 속에서 살아가는 바른 본을 보여야 한다. 부모는 세상에 관한 가치판단과 세상문화에 대한 태도, 이웃과의 관계나 직업 활동, 사회적 정의실현, 시간과 돈의 청지기적 사용 등에서 본을 보여야 한다. 또한 부모는 단순히 자녀나 가정의 안녕으로 만족하는 것이 아니라, 자녀를 세상에서 제자의 직분을 수행하도록 인도하여야 하고, 자녀와 가정이 이 세상에서 하나님 나라를 확장해 가는 데 기여할 수 있도록 노력해야 한다. 따라서 부모교육은 부모가 기독교인으로서 세상과 바른 관계를 형성하도록 조력하는 역할을 함으로써 가정뿐만 아니라 세상에 하나님의 나라가 확장되도록 하는 데 기여해야 한다.

4) 부모교육의 내용

위에서 제시한 부모교육의 목적과 목표는 부모가 갖게 되는 사중적 관계로 표시될 수 있다. 첫째, 부모교육의 목표인 기독교인으로서의 올바른 자아상과 부모상 확립은 부모와 하나님의 관계를 통해 형성되며, 둘째, 가정을 신앙공동체로 세우는 과제는 부모와 가정의 관계를 통해 형성된다. 셋째, 자녀이해와 양육과 지도의 기술 습득은 부모와 자녀의 관계를 지칭하며, 넷째, 그리스도인으로서 세상과 바른 관계를 형성하는 목표는 부모와 세상의 관계를 지칭한다.

따라서 위와 같은 부모교육의 목표는 그에 상응하는 부모교육의 내용, 즉 네 영역을 통해서 구체화될 수 있는데, 첫째 영역이 "부모와 하나님과의 관계" 영역이고, 둘째 영역이 "부모와 가정의 관계" 영역이며, 셋째 영역은 "부모와 자녀와의 관계" 영역이고, 넷째 영역은 "부모와 세상과의 관계" 영역이다. 각각의 영역들에서 다루어야 할 세부적인 내용들을 표로 나타내 보면 다음과 같다.

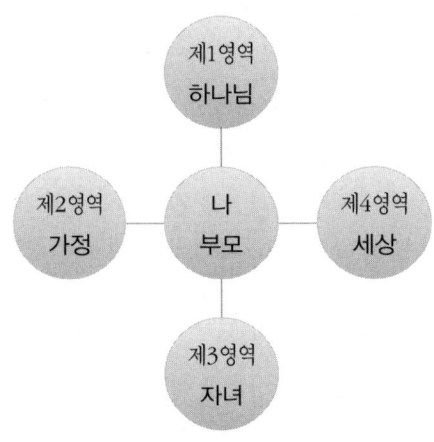

영 역	관 계	교육내용
제1영역	부모-하나님	- 그리스도인상 - 건전한 자아상 - 기독교 부모상 - 영성훈련
제2영역	부모-가정	- 기독교 가정 - 가정 사역 - 가정 예배 - 부부관계
제3영역	부모-자녀	- 자녀이해 - 자녀신앙 지도 - 자녀 학업과 생활지도 - 자녀와의 의사소통
제4영역	부모-세상	- 기독교적 세계관 - 세상문화의 이해 - 이웃사랑 - 교육 가치관

5) 부모교육의 방법

부모교육 프로그램이 상황과 목적에 따라 다양하게 계획될 수 있는 것처럼, 부모교육의 방법도 다양하게 시도될 수 있다. 부모교육은 강의법이나 토론법과 같은 전통적인 방법 외에도 상황과 목적 대상에 따라 여러 다양한 방법과 매체로 실시될 수 있다. 아래에서는 대표적으로 사용될 수 있는 방법들만을 간략하게 제시하여 보기로 한다.

■ 강연회

강연회는 부모교육의 전통적인 방법으로 특정 주제에 전문가인 강사를 초빙하여 부모를 대상으로 진행되는 방법이다. 특강이나 부모대학에서 많이 사용되는 방법으로 강연의 주제는 교육의 내용에 따라서 결정되거나, 혹은 질문지들을 내용 부모들의 의견을 참고하여 결정할 수 있다. 부모발달 영역, 아동발달 영역, 아동지도와 기독교교육 영역 등 모든 영역에서 손쉽게 사용할 수 있는 방법이고, 짧은 시간에 많은 전문지식을 얻을 수 있다는 장점이 있다.

■ 토론회와 좌담회

토론회와 좌담회는 자녀 양육에 관한 제반 문제 중 특정 주제를 선정하여 부모들이 서로의 의견과 경험을 나누고 토론하면서 문제를 해결하거나 일종의 합의에 이르는 방법이다. 이 방법은 부모의 참여의식과 소속감을 높여준다. 부모들은 토론회나 좌담회를 통해 연령이 비슷한 자녀를 둔 부모들과 경험을 나눔으로써 자녀 양육에 있어 용기와 자신감을 얻는 등의 정서적 지원을 받을 수 있다.

■ 워크샵

워크샵은 부모가 이론습득뿐 아니라 실제로 참여할 수 있는 교육적 활동으로 부모교육에 폭넓게 사용되는 방법이다. 워크샵은 한 주제를 선정하여 그 주제를 이론과 실제 활동을 통해 학습하는 형태를 말한다. 이 방법으로 우리는 놀이감 제작과 놀이지도, 노래 부르기와 노래지도, 미술활동, 공작활동, 인형놀이 등을 할 수 있다. 이 외에도 워크샵에는 부모효율성 훈련(parent effectiveness training, P.E.T.)과 같이 특정한 부모교육 모델을 전문 강사를 통해 부모에게 교육하는 방법도 속한다.

■ 부모 통신, 인터넷을 통한 정보교환

부모 통신과 안내책자는 주로 기관에서 이루어지는 부모교육으로 자주 쓰이는 방법이다.[75] 이 방법은 교회의 아동부에서 부모와 정보를 교환하고 의사소통하는 방법으로도 사용할 수 있고, 부모에게 교육상 필요한 정보들을 기록하여 전달할 수도 있다.

교회는 웹상에 부모교육을 위한 인터넷카페나 홈페이지를 개설할 수도 있고, 트위터를 사용하여 모든 정보교환과 의사소통, 면담과 같은 교육활동을 시도할 수 있다. 많은 양의 정보를 손쉽고 빠르게 제공하는 부모 통신의 역할뿐만 아니라 부모와 교회, 부모와 부모 간의 대화와 토론, 전문가와의 상담 등 다측면적이고 입체적인 교육을 가능케 한다.

■ 부모참여

부모참여는 아동이 속한 부서에 부모가 참여하는 방법을 말하는데, 아동과 부모가 함께 참여하여 공동의 경험을 하고 동시에 강연이나 학습으로 이어질 수 있는 방법이다. 소위 아버지의 날, 어머니의 날과 같은 특별한 가족참여의 날을 정하고, 자녀의 연령에 따라 공동 예배와 공동의 놀이, 공동의 성서공부, 혹은 체육대회 같은 공동 프로그램 후 아버지 역할이나 어머니 역할에 대한 강의 혹은 토론으로 이어질 수 있다. 아동부에 대한 부모참여는 수업참관이나 자원봉사, 특별활동봉사, 일일교사와 같은 형태로도 이루어질 수 있다.

■ 부모면담과 가정방문

면담은 특별히 일반 유아교육기관에서 흔히 이루어지는 방법으로 교사가 가정을 방문하거나 부모가 기관을 방문하여 아동의 행동특성이나 발달상태, 적응도에 관하여 서로 의견을 교류하고 바람직한 아동교육의 방향을 모색하는 방법이다. 면담이나 가정방문은 교회에서도 교사와 부모와의 만남을 통해 이루어질 수 있으며, 이때 아동교육에 대한 경험을 주고받거나 아동교육을 위한 상담으로 이어질 수 있다. 이때 교사는 부모와 아동의 행동연구를 참조한다.

■ 의사소통 훈련

의사소통 훈련은 부모교육에서 부모와 자녀의 건전한 의사소통을 통해서 부모 자녀의 관계를 개선할 뿐만 아니라 자녀의 바람직한 성장 발달을 돕는 훈련이다. 우리나라에서 가장 많이 알려진 고든(Gorden)의 효과적인 부모역할 훈련(P. E. T.)이 대표적인 훈련이고, "적극적 부모역할 훈련"(active parenting)이나, "효율적 부모역할을 위한 체계적 훈련"(STEP)과 같은 프로그램에도 의사소통 훈련이 포함되어 있다.

■ 자료 대여

교회는 부모교육에 필요한 서적이나, 자료, 아동지도에 필요한 각종 교구와 장난감, 아동용 서적들을 갖춘 자료실을 설치하여 자료를 대여할 수 있다.

그 외에도 교회에서 수행할 수 있는 방법으로 가족 소풍이나 전 가족 캠프, 가정의 달에 이루어지는 각종 행사들, 온 가족 총동원 주일 행사 등 간세대적이고 참여적인 방법들을 들 수 있다. 부모교육은 어느 영역보다 더 실제적이면서도 부모의 적극적인 참여를 유도하는 방법들을 요청하는 영역이고, 이에 대한 끊임없는 창조와 새로운 시도가 요청되는 영역이라고 할 수 있다.

6) 부모교육 프로그램 계획

부모교육을 개교회에서 기획할 때는 무엇보다 먼저 개교회의 특성과 부모들의 욕구, 교회가 보유하는 지도력과 시설이나 장소 등의 교육적 잠재력을 고려하여, 실질적이고 실천 가능한 프로그램이 되도록 해야 할 것이다. 특별히 부모교육의 시기와 일정, 대상과 방법들이 개교회의 특성에 따라 결정될 수 있고, 이 과정에서 대상 부모들의 직업이나 학력, 생활수준, 시간적 여건 등도 고려되어야 할 것이다. 따라서 부모교육을 기획할 때에는 먼저 이와 같은 것과 관련된 현장조사가 이루어져야 할 것이다.

부모교육 프로그램은 크게 두 가지로 구분할 수 있는데, 그 하나가 위에 설정한 교육내용을 전반적으로 포괄하는 장기적이고 반복적인 정규 프로그램이고, 다른 하나는 단기적인 프로그램이나 교회의 여타 행사들 속에서 함께 실시될 수 있는 비정규 프로그램이다. 정규적 프로그램으로는 부모대학, 예비부모 학교, 유아세례 부모반, 유치원 부모교육, 아동 부모반, 청소년 부모반, 시어머니반 등이 있을 수 있다. 이와 같은 정규 프로그램들은 상기한 교육내용 전반을 균형 있게 다룰 수 있도록 기획되어야 할 것이다.

이와 같은 정규적 프로그램과 나란히 비정규적 프로그램을 기획할 수 있는데, 각종의 독립적인 부모 세미나와 특강, 가정의 달 행사, 가족소풍, 전 가족 캠프와 같은 간세대적인 프로그램 속에 삽입될 수도 있을 것이다. 그럴 경우 위에 설정한 교육내용을 모두 포괄하기보다는 어느 한 영역을 집중적으로 다룰 수도 있다. 또한 교회에서의 부모교육은 정규 예배나 성인 성서공부에 삽입될 수도 있고, 가정통신이나 인터넷 홈페이지를 통한 정보제공, 면담이나 가정방문 교육내용으로 이루어질 수도 있다.

따라서 교회의 부모교육 전담 부서에서는 위에 서술한 바 있는 정규적 프로그램과 비정규적 프로그램을 모두 포괄하는 연간 교육활동 계획을 수립하고, 무엇보다 교회 전체의 교육계획과의 관련성 속에서 계획할 필요가 있다.

또한 교회는 부모들의 적극적인 참여와 주도적인 활동을 위해서 부모회나 아버지회, 어머니회, 자녀교육 연구소, 자녀교육 상담실, 좋은 부모 되기 연구위원회, 자녀 신앙발달 연구모임 등을 구성하여 부모들이 자유롭게 자녀양육 기술에 대해 배우고 토론하고 대화할 수 있는 기구를 만들 수도 있다. 대부분의 부모들은 자신의 자녀교육이 바른 것인지 확인하기를 원하고, 다른 가정의 자녀나 자녀교육에 대해 정보를 제공받기를 원한다. 이를 위하여 부모들이 자유롭게 대화할 수 있는 열린 공간을 마련하는 것도 좋은 방법이다.

교회-가정 연계 프로그램으로 각 교회학교별 자모회를 운영하여, 교회학교에서 실시되는 교육에 대하여 보고할 뿐만 아니라, 학부모 면담과 상담을 실시할 수 있다. 또한 각 교회학교 학생들의 부모들을 대상으로 부모교육을 실시하고 공동의 학습경험을 갖도록 하는 것도 생각해 볼 수 있다. 또한 부모들로 하여금 교사, 보조교사, 명예교사로 교회교육에 참여하도록 하는 것, 부모와 함께하는 가정예배 안내서와 가정학습지 활용 등 교회와 가정을 연계하는 여러 가능한 프로그램들이 고안될 수 있다.

이상에서 살펴본 바와 같이 부모교육은 다양하게 계획될 수 있고, 시간과 장소, 대상과 목적에 따라 다양한 형태와 방법으로 계획될 수 있어서 계획자의 창의성과 전문성을 바탕으로 무한히 개척되고 개발될 수 있는 영역이라고 할 수 있다.

4. 맺는말

아동교육의 절반은 부모교육이다. 부모는 아동의 성장과 발달에 거의 절대적인 영향을 미치기 때문이다. 따라서 성공적인 아동교육은 부모가 부모로서의 역할을 바르게 정립하고 수행할 수 있을 때 이루어질 수 있는 것이다. 이렇게 볼 때 아동교육 자체는 이미 부모와 아동을 동시에 함께 보는 간세대적 교육으로 접근되지 않으면 안 된다고 할 수 있다.

그동안 우리 한국 교회는 아동을 대상으로 하는 교육에만 관심을 집중하였고, 바람직한 기독교 부모교육에는 크게 관심을 기울이지 못했던 것이 사실이다. 물론 개 교회별로 부모교육에 대한 시도들이 있기도 했지만 총회나 노회 차원에서 기독교 부모교육에 대한 학문적 연구나 프로그램 제안 그리고 학부모 운동들이 활발히 이루어지지는 못했다.

21세기는 교육목회의 시대로 더는 교회학교에 교육을 전담시키지 않고, 목회 전체를 통해서 교육을 시행하며, 교회와 가정 간의 긴밀한 상호협력이 어느 때보다 더 요청되는 시기이다. 이와 같은 시대적 요청에 부응하여 우리는 부모교육의 이론과 실제에 대하여 좀 더 활발한 연구와 실천과 운동들을 시도해야 하고, 이를 통해서 우리의 어린이들을 바로 양육하고, 가정과 사회에 하나님 나라를 구현할 수 있도록 해야 할 것이다.

III. 어린이 예배

이 장에서는 어린이 목회의 가장 중요한 부분 중 하나인 "어린이 예배"에 관하여 살펴보고자 한다. 어린이 예배를 기획하고 실행하는 사람들 중 많은 경우 예배에 대한 특별한 생각없이 매 주 늘 해왔던 대로 반복하거나, 혹은 어떻게 하면 어린이를 지루하지 않고 재미있게 하는 예배를 드릴 수 있을까에 대하여 고민한다. 두 경우 모두 어린이 예배의 본질에 대한 철학이 없이 어린이 예배를 시행하는 경우라고 할 수 있다. 예배의 방향과 성격은 예배를 기획하고 실행하는 사람이 예배를 어떻게 이해하느냐에 따라 달라진다. 그것은 어린이 예배일지라도 예외가 아니다. 따라서 우리는 이 장에서 먼저 어린이 예배 자체를 어떻게 이해할 것인지, 어린이 예배가 갖는 교육적 기능과 의미는 무엇인지를 살피고, 이를 바탕으로 어린이 예배의 방향과 구조, 그리고 구성의 원칙들에 관하여 살펴보고자 한다.

1. 성서적 예배에 비추어 본 어린이 예배

1) 예배의 어원과 어린이

예배(禮拜)란, 신앙의 대상에게 존경과 숭앙하는 마음을 표현하는 행위로 문자적으로는 "예를 갖추어 절한다"라고 하는 의미를 갖고 있다. 기독교적 예배는 우리의 믿음의 대상이신 하나님께 예를 갖추어 절하는 행위, 즉 그분을 경배하는 행위이다.

예배라는 의미를 가진 구약의 단어는 '**아바드**'(abad)로 이는 "섬기다", "봉사하다"라는 의미를 갖는다.[76] 이 단어는 구약에 약 120회가 사용되는데, 특별히 "성전에서 봉사하는 것"을 지칭하거나 "제물과 예물을 드리는 봉사의 행위를 하는 것"의 의미로 사용되고 있는 것을 볼 수 있다. 영어의 "service"나 독일어 "Gottesdienst"가 이 단어와 내적으로 연계된 단어라고 할 수 있다. 하나님을 섬기고, 하나님께 봉사하는 것이 곧 예배라는 것이다. 구약에 나타나는 예배의 또 다른 단어는 '**샤하아**'(shawah)인데, 이는 '굴복하다', '자신을 엎드리다', '순종하다'라는 뜻을 갖고 있다.(출 4:31, 신 26:10, 삼상 1:3) '샤하아'는 겸손의 자세로 무릎을 꿇거나 몸을 굽히는 섬김적 행위를 의미한다. 따라서 두 단어의 의미를 종합해 볼 때, 예배란 하나님 앞에서 자신을 버리고 그분의 뜻 앞에 복종하며 그분을 섬기는 행위라고 할 수 있다.

신약에서 사용되는 예배에 관련된 단어로 '**프로스퀴네오**'(proskuvnew)를 들 수 있다. '프로스퀴네오'는 "하나님은 영이시니 예배하는 자가 영과 진리로 '예배'할지니라"(요 4:24)와 "주 너의 하나님께 '경배'하고"(마 4:10)에서 사용된 단어이다. 이 단어는 '절하다', '굽어 엎드리다', '입 맞추다'라는 뜻으로 통치자에게 신체적으로 굴복하다는 의미를 가진 말이다. 이와 비슷한 단어로 '**라트레이아**'(latreia)가 있다. 예수께서 사탄에게 "다만 그를 섬기라"(마 4:10)라고 했을 때 섬긴다는 의미로 사용되었는데, 이는 종으로서 상전을 섬길 때 쓰는 말이다. 그 외에 예배의 의미로 사용되는 신약성서의 단어로 '**레이투르기아**'(leitourgiva)를 들 수 있다. 레이투르기아는 오늘날 일반적으로 '예전'을 지칭하는 단어가 되었는데, 신약성서에서는 제사장의 직무(눅 1:23), 그리스도의 직분(히 8:6), 그리고 교회의 예배를 표현하는 단어로 쓰였다.

이와 같은 신·구약의 단어들은 "**예배가 우리가 우리 자신을 버리고 우리의 신앙의 대상이신 하나님께 예를 갖추어 굽혀 엎드리어 경배하며, 그를 섬기는 행위**"라고 하는 점을 시사해 주고 있다. 예배는 그것이 누구에 의해 드려지는 것이든지, 예배자가 하나님을 향해 드리는 행위이고, 또한 하나님을 경배하고 섬기는 행위이다. 예배는 예배자의 행위이지만, 거기에는 하나님이 섬김과 경배의 대상으로서 주가 되어야 하는 행위라는 것이다.

우리가 이 장에서 살펴보려는 "어린이 예배"도 그것이 예배이기 위해서는 일차적으로 이 같은 예배의 본질을 수렴해야 한다. 예배의 어원에 대한 고찰은, 어린이 예배가 어린이를 위한 엔터테인먼트가 아니라, 어린이가 하나님을 섬기는 행위가 되어야 한다는 것을 분명히 보여준다. 어린이는 예배에서 하나님을 향하여 바라보아야 하고, 하나님의 현존 앞에서 그분을 만나고, 찬양하고, 사랑을 고백하고, 그것으로 하나님을 기쁘시게 하는 섬김이 되도록 해야 한다.

그렇다고 해서 어린이 예배가 기쁨과 즐거움이 없고, 슬퍼야 한다는 말은 아니다. 어린이는 하나님께 예배하면서, 하나님 안에서 하나님과 더불어 기뻐할 수 있다. 시편 71:23은 "내가 주를 찬양할 때에 나의 입술이 기뻐 외치며 주께서 속량하신 내 영혼이 즐거워하리이다"라고 하였다. 우리가 주를 찬양할 때 기뻐 외칠 뿐만 아니라, 내 영혼까지 즐거워한다는 것이다. 또한 시편기자는 우리가 하나님께 예배하러 갈 때 만나게 되는 하나님을 "기쁨의 하나님"으로 표현하고 있다. "그런즉 내가 하나님의 제단에 나아가 나의 큰 기쁨의 하나님께 이르리이다 하나님이여 나의 하나님이여 내가 수금으로 주를 찬양하리이다."(시 43:4) 하나님의 제단 앞에 나아가 예배드리는 자는 기쁨의 하나님 앞에서 소고 치고, 춤 추며 찬양하고, 현악과 퉁소로 찬양한다고도 하였다.(시 150:4)

이처럼 하나님께 예배드리면서 느끼는 기쁨은 오늘날 단순히 어린이를 흥미 있게 하기 위한 엔터테인먼트성 프로그램이 주는 기쁨과는 다른 기쁨이다. 이 기쁨은 어린이를 즐겁게 하기 위해서 하는 경쟁적 게임이나 동영상과 같은 것에서 오는 기쁨이 아니라, 하나님의 현존 앞에서, "기쁨의 하나님"과 더불어 기뻐하는 기쁨이다. 어린이 예배는 어린이가 하나님의 현존 앞에서 그분을 만나고, 찬양하고, 사랑을 고백하면서 하나님을 기쁘시게 하는 하나님 섬김의 자리가 되어야 하고, 동시에 그를 통해 어린이가 하나님 안에서 기뻐하는 자리가 되어야 한다.

2) 성서에 나타난 어린이 예배자

성서는 어린이도 예배자가 될 수 있고, 또한 예배자가 되어야 함을 반복해서 강조하고 있다. 시편은 "호흡이 있는 자마다 여호와를 찬양할지어다"라는 말씀으로 끝난다. 같은 맥락에서 시편기자는 "총각과 처녀와 노인과 아이들아 여호와의 이름을 찬양할지어다"라고 하였다.(시 148:12-13) 모든 사람은 호흡이 있다면 연령과 상관없이 여호와를 찬양해야 한다는 것이다. 그 점에 있어서는 어린이도 예외가 아니라는 것이다.

실제로 성서에서 우리는 중요한 예배의 순간에 어린이가 동참하고 있는 것을 찾아볼 수 있다. 여호수아가 에발산에서 제단을 쌓고, 번제물과 화목제물을 드린 후, 모세가 명령한 대로 축복과 저주의 말씀을 낭독하였을 때, 어린이를 포함한 모든 사람, 즉 "온 회중과 여자들과 아이와 그들 중에 동행하는 거류민들 앞에서 낭독하지 아니한 말이 하나도 없었더라"라고 하였다.(수 8:35) 또한 느헤미야가 예루살렘 성벽을 쌓고, 봉헌식을 행하였을 때에도 어린이가 함께 동참하였던 것을 기록하고 있다. "이 날에 무리가 큰 제사를 드리고 심히 즐거워하였으니 이는 하나님이 크게 즐거워하게 하셨음이라 부녀와 어린아이도 즐거워하였으므로 예루살렘이 즐거워하는 소리가 멀리 들렸느니라."(느 12:43) 또한 어린이들은 예수님이 예루살렘에 입성하실 때, "호산나 다윗의 자손이여"라고 예수님을 찬미하였고, 예수님은 그에 대해 "어린 아기와 젖먹이들의 입에서 나오는 찬미를 온전하게 하셨나이다 함을 너희가 읽어본 일이 없느냐" 하시면서 어린이들의 찬미가 온전하다고 선포하셨다. 그분은 우리가 잘 아는 대로 "어린이가 내게 오는 것을 금하지 말라"고 하심으로써 어린이가 예수님을 만나고, 그로부터 복을 받는 자리에 오는 것이 허락되어야 한다는 것을 분명히 말씀하셨다. 이와 같은 성서의 예들은 어린이도 하나님 앞에 예배자로 설 수 있고, 회중은 이들을 온전한 예배자로서 존중해야 한다는 것을 분명하게 보여준다.

또한 시편 95편에는 예배자들의 생생한 활동이 표현되어 있다.

오라 우리가 여호와께 **노래하며** 우리의 구원의 반석을 향하여 **즐거이 외치자**
우리가 **감사함으로 그 앞에 나아가며 시를 지어** 즐거이 **그를 노래하자**
여호와는 크신 하나님이시요 모든 신들보다 크신 왕이시기 때문이로다
땅의 깊은 곳이 그의 손 안에 있으며 산들의 높은 곳도 그의 것이로다
바다도 그의 것이라 그가 만드셨고 육지도 그의 손이 지으셨도다
오라 우리가 **굽혀 경배하며** 우리를 지으신 **여호와 앞에 무릎을 꿇자**

여기에 나오는 예배의 행위들은 모두 어린이들이 할 수 있는 일이다. 어린이들도 하나님께 노래하고 그를 즐거이 외칠 수 있고, 또한 감사함으로 그 앞에 나아갈 수 있으며, 하나님 앞에 굽혀 경배하며, 무릎을 꿇을 수 있다. 또한 다른 시편에 나타나는 대로 어린이는 춤 추며 여호와를 찬양할 수 있고(시 149:3), 나팔소리와 비파와 수금으로 찬양할 수 있으며(시 150:3), 새 노래로 여호와께 노래할 수 있으며, 모임 가운데에서 여호와를 찬양할 수 있다.(시 149:1) 성서에 나타나는 하나님께의 예배 행위들은 어린이들이 얼마나 예배에 적합한 존재인지를 잘 나타내고 있다.

2. 예배의 교육적 의미

1) 몸의 경험으로서의 예배

보코츠(R. Bococh)는 예배란 "우리가 사회적 상황 속에서 의미를 표현하고 구체화하기 위해서 우리의 신체적 움직임과 몸짓을 상징적으로 사용하는 행위"라고 정의한 바 있다.[77] 쉽게 말하면 예배란 신체와 몸짓으로 우리의 하나님에 대한 관계와 자세를 상징적으로 표현하는 행위라는 것이다. 예배라는 단어가 '무릎 꿇다', 혹은 '굽혀 엎드리다'라는 신체적 어원을 가진 단어인 것은 이를 단적으로 보여준다. 하나님 앞에 예배를 드린다는 것은 곧 우리가 하나님께 무릎을 꿇고 굽혀 엎드리며 절하는 상징적 행위를 통해서 우리의 하나님에 대한 복종과 헌신과 사랑을 표현하는 행위이기 때문인 것이다. 따라서 우리가 기도할 때 머리를 숙이거나 무릎을 꿇거나 하는 것은 단순한 몸짓이 아니고, 우리의 겸손과 복종의 신체적 표현이 되는 것이다.

우리의 몸의 움직임은 이처럼 우리의 내적인 의미의 표현이기도 하지만, 역으로 몸의 움직임이 내적 의미를 형성하게 하기도 한다. 교회에 와서 기도할 때에, 머리 숙여 기도하는 것을 반복적으로 하게 되면 어떻게 되는가? 기도할 때 우리의 몸이 자동적으로 머리를 숙이는 것으로 반응하게 된다. 기도의 행위가 곧 머리를 숙이는 우리의 몸의 자세를 만들어 낸다는 말이다. 이것은 무엇을 의미하는가? 기도의 실천 그 자체가 고개를 숙이는 자세, 즉 하나님 앞에 순종적인 우리의 자세를 만들어낸다는 것이다. 우리가 예전적 실천을 반복할 때, 그것은 우리의 몸의 자세를 만들어내고, 그 몸의 자세는 그와 연결된 우리의 내적 의미체계를 형성한다고 할 수 있는 것이다.

이것이 의미하는 것은 예배는 그 자체로 '**교육**'이라고 하는 것이다. 교육은 반드시 교사가 무엇을 가르침으로써만 일어나는 것은 아니다. 예배행위는 물론 앞에서 살펴본 대로 하나님께 드리는 경배의 행위이다. 그러나 어린이들이 예배에 참여하고, 그 참여하는 행위가 반복될 때, 어린이들은 몸으로 그것을 경험하고, 기억하게 되고, 이 같은 경험은 어린이들의 의미체계 형성에 결정적으로 영향을 미치게 된다.

존슨(Mark Johnson)은 우리의 경험과 의미체계의 형성은 어떤 형태로든 우리의 몸에 의존해 있다고 하였다.[78] 그는 칸트의 '쉐마타'라고 하는 개념을 수용하여, 인간에게는 소위 '쉐마'라고 하는 인지의 틀이 있다고 하였는바, 이 틀은 우리에게 의미파악과 인지현상이 일어나는 데 있어서 일종의 필터와 같은 역할을 한다고 하였다. 그런데 그는 이 '쉐마'가 정보를 수용하거나 선택하는 통로가 곧 우리 몸의 감각과 움직임이라고 하였다.[79] 즉 쉐마는 몸의 감각과 움직임을 통해서 정보를 수용하고 선택하고 심지어 해석하고, 그렇게 수용된 정보들이 우리가 이미 가지고 있는 쉐마를 변형시키게 됨으로써 우리의 인식체계가 형성되는 것이라고 하였다. 필리버트(Paul Philibert)는 우리의 '몸의 경험'(bodily experience)이 종교적 상상력(religious imagination)의 기초가 된다고도 하였다.[80] 그렇게 볼 때 우리 몸의 움직임과 동작, 감각 등이 우리의 이해와 경험의 패턴과 구조를 만들어 낸다고 할 수 있다. 다시 말하면 우리의 몸을 통해 이루어진 경험이 그 어떤 추상적 개념이나 사고에 선행하여 우리의 이해체계를 구성하는 기초적 요소가 된다는 것이다. 우리의 몸을 통한 경험, 감각을 통한 인상들은 단순히 경험의 자료만을 제공하는 것이 아니라, 우리의 추상적인 사고와 의미체계 자체를 형성하는 기본적 통로가 된다고 할 수 있다.[81]

그런 의미에서 우리가 예배에서 행하는 움직임들—무릎 꿇고, 머리 숙여 기도하고, 춤추고, 찬양하고, 기쁨의 소리를 외치는 등의 행위 등—은 단순히 행위에서 그치는 것이 아니라 그 행위 뒤에 내포되는 가치를 내면화하게 할 뿐 아니라 더 나아가 좀 더 근본적으로 어린이의 의미체계와 사고의 패턴 형성에까지 영향을 미치는 힘이 있는 것이다.

흔히들 어린이는 인지적 미성숙으로 예배에서 사용되는 상징적 의사소통을 잘 이해하지 못하기 때문에 예배드리기에는 미성숙하다고 생각하고, 예배를 위한 성숙과 교육이 선행되어야 한다고 생각한다. 그러나 앞에서 살펴본 대로 예배는 그 자체로 교육적 힘을 가지고 있다. 즉 예배가 곧 교육이라는 말이다.[82] 어린이가 예배에 참여하는 것은, 어린이의 몸이 예배에 참여하고, 기억하는 것이고, 그것으로부터 그들은 신앙적 의미와 가치 체계를 형성하게 된다. 어린이는 예배에 참여하며 의미와 가치체계를 형성하는 것이지, 의미와 가치체계가 형성된 후에 예배에 참여하게 되는 것이 아니다.

이 같은 사실은 어린이의 특성과도 불가분리로 연결되어 있다. 이 책의 앞부분에서 이미 살펴보았지만, 어린이는 추상적이거나 개념적으로 사고하지 않고, 감각적(sensorial)으로 경험하며, 그 경험을 기억하면서 배운다. 한마디로 **어린이는 몸으로 배운다**. 더 어린아이일수록 더욱 그렇다. 아주 어린아이들은 어머니의 이름이나 직업이나 학력으로 어머니를 알아가는 것이 아니라, 어머니의 손길, 체온, 체취, 눈빛, 표정 등으로 어머니를 알아가고, 이러한 앎은 그 어떤 인지적 앎보다 강렬하게 어린이가 어머니와 관계를 맺게 하는 힘이 있다. 이렇게 알게 된 어머니와의 관계는 평생 동안 어린이의 삶을 결정하는 힘이 있는 것이다. 어린이는 오감으로 배우고, 실제적 경험으로 배운다. 어린이는 무엇을 인지적으로 가르치거나 객관적 사실들을 전달함으로써 배우기보다는, 몸으로 직접 참여하고, 경험하고, 느낌으로써 배운다. 그렇게 보았을 때 예배의 자리는 어린이에게 가장 적합하고, 효과적이고, 강력한 기독교교육이 일어나는 자리라고 할 수 있다. 예배는 몸으로 참여하고, 머리 숙여 기도하며, 입과 귀와 온몸으로 찬양하고, 침묵으로 들으며, 보고, 먹어 맛보며, 그 무엇보다 성령 하나님의 만짐이 통전적으로 일어나는 자리이기 때문이다.

2) 예배의 형성적 힘

예배는 앞에서 언급한 내용 외에도 다양한 측면에서 인간을 형성하고 변형하는 힘, 즉 교육적인 기능을 가지고 있다. 첫째, **예배에서 어린이는 하나님과 관계를 형성할 수 있다.** 어린이는 예배에서 하나님께 기도하고, 감사하고, 찬양하며, 하나님의 말씀을 듣는다. 가르침이나 수업과 같은 구조에서 어린이들은 하나님과 직접적으로 관계를 형성하기보다는 하나님에 관하여(about) 배운다. 그런 학습의 구조에서 "하나님을 알아가는 방식"(knowing God)은 한걸음 떨어져서 객관적으로 하나님에 관하여 배우는 것(learning about God)이다. 그러나 예배에서 어린이들은 하나님께 감사하고 찬양하며 기도하는데, 여기에 나타나는 하나님을 알아가는 방식은 직접적 경험(experiencing God)이다. 그것은 대면이요, 참여이다. 따라서 어린이는 그 어떤 다른 자리보다 예배를 통해서 구체적이고 집중적으로 하나님과 관계를 형성할 수 있다.

둘째, **예배는 어린이에게 기독교의 전통과 만나게 한다.** 기독교 예전은 우연히 형성된 것이 아니다. 그것은 기독교의 전통이 육화된 형태라고 할 수 있다. 성찬식을 예로 들어 보았을 때, 그것에는 예수님이 잡히시던 날 밤에 행하신 최후의 만찬 이야기 외에도, 예수님의 대속적 죽음의 의미, 모든 신자는 한 몸의 지체들이라고 하는 개념 등 핵심적인 기독교 전통이 포함되어 있다. 예배로의 부름으로부터 말씀의 선포, 그리고 세상으로 보냄을 받는 마지막 순서에 이르기까지 예배의 작은 순서 하나하나에 기독교 전통이 포함되어 있다. 예배에서 어린이들은 기독교 전통을 '기억'(anamnesis)하는 일에 초대받고, 그 초대를 통해 어린이는 기독교의 전통과 만난다. 또한 그들이 육화된 전통인 예배에 참여하는 순간 전통이 그들에게 현재화되며, 이를 바탕으로 그 전통은 그들의 미래를 인도하는 힘이 된다. 셋째, **예배는 어린이를 공동체와 연결시킨다.** 예배는 개인이 혼자 할 수도 있지만, 주로 공동체와 함께 드린다. 예전에서 우리는 공동의 기도를 드리고, 함께 찬양하며, 성서를 교독하고, 주기도문을 합창하며, 함께 침묵하고, 함께 듣는다.[83] 이 같은 공동의 경험과 공동체의 분위기를 통해 어린이는 공동체에 연결되고, 공동체의 가치를 내면화하게 된다. 공유된 경험이 결국 공유된 의미를 창출하게 된다. 예배를 통해 어린이는 좁게는 지역공동체의 일부로서의 정체성, 넓게는 "하나님 나라 백성"으로서의 정체성을 형성하게 된다. 그렇게 볼 때 어린이들이 전체 공동체와 동떨어져서 어린이들끼리만 예배드리게 하는 것은, 이들에게 전체 공동체와 연결할 수 있는 통로를 차단하는 것이라고 할 수 있다. 어린이들도 성인공동체와 함께 예배드림을 통해 자신이 속한 공동체 전체와 연결되는 기회가 제공되어야 한다.

넷째, **예배는 공동체를 세운다.** 예배는 개인을 공동체와 연결시키기도 하지만, 동시에 그렇기 때문에 공동체 자체를 세우기도 한다. 예배를 통해 예배자들이 공유된 경험과 공유된 의미를 갖게 되면, 그것은 예배자들로 하여금 서로 간의 결속력을 만들어 낼 뿐만 아니라, 그 공동체의 가치와 추구하는 바의 것을 내면화하면서, 그 가치를 향하여 더욱 매진하게 한다. 예배 시에 공동체는 자신들이 어떠한 공동체인지에 대한 공동체의 정체성을 확인하고, 새롭게 계약을 갱신하고, 헌신을 다짐하게 되며, 이것들을 통해 공동체가 새롭게 세워진다.

다섯째, **예배는 행동을 변화시킨다.** 예배는 참여자들에게 일종의 삶의 방향, 행동의 기준을 제시해 주는 역할을 하고, 예배의 참여는 그와 같은 것을 수용하는 과정이 된다. 따라서 예배는 참여자의 삶과 행동을 변화시키는 힘이 있다. 윤리학자 하우어와스는 윤리학은 행동의 문제를 말하기 이전에 "어떻게 볼 것인가"하는 것에 관심을 갖고 있고, 그런 의미에서 우리에게 어떻게 볼 것인지를 제시해 주는 '예배'야말로 윤리학의 핵심적 관심과 맞닿아 있다고 하였다.

> 윤리는 행위의 문제이기 이전에 봄의 방식(way of seeing)이다. 윤리적 과제는 우리에게 선과 악에 관하여 말해주는 것이 아니라, 어떻게 볼 것인지를 훈련하는 것이라고 할 수 있다. 이것이야말로 우리가 왜 교회에서 그 많은 시간과 에너지를 예배에 쏟아내고 있는지에 대한 이유가 된다. 예배에서 우리는 바른 방향을 본다.[84]

우리의 행동은 우리가 무엇을 보며, 무엇을 느끼는가에 달려 있다. 예배에서 어린이는 보고, 느낀다. 이 보고 느낀 것이 그들의 삶에 침투한다. 그것은 그들의 두려움과 좌절과 어둠의 영역에까지 침투하여 그것과 싸우게 하고 극복하게 하며 변형하는 힘이 있다. 예배야말로 그 어떤 기독교 윤리적 수업이나 가르침보다 힘 있게 어린이의 행동을 변형시키는 힘이 있다.

여섯째, **예배에는 정서적인 움직임이 일어난다.** 예배는 통전적 경험이 일어난다. 감각적, 지적, 신체적 등의 전인적 경험이 일어나는 자리이다. 그 중에서도 특별히 예배는 정서적인 터치가 일어난다. 예배에서 일어나는 의사소통 방식은 이성적이고 논리적인 설득이기보다는 감성적인 감동이다. 후회하고, 뉘우치고, 감사하고, 놀라고, 용기를 얻고, 치유되고, 결연히 결단하는 것이 예배의 의사소통 방식이다. 따라서 예배에는 정서적 움직임이 일어난다. 어린이는 예배에서 감사, 소속감, 안정감, 따뜻함, 감동, 경이, 신비감 등의 정서적 터치를 경험하고, 이와 같은 터치는 어린이를 치유하고 변화시키며 정서적 안정을 얻게 하는 힘이 있다.

이와 같은 사실들은 예배가 얼마나 인간을 형성하고 또 변형시키는 힘이 있는 자리인지를 잘 보여준다. 예배는 수업이나 가르침(teaching)과는 다른 독특한 방식으로 어린이를 변화시키는 엄청난 잠재력을 보유한 자리이다. 그런 의미에서 기독교 유아·아동교육은 "어린이 예배"를 주목해야 하고, 어린이 예배가 위에 서술한 바와 같은 교육적 영향력을 나타낼 수 있도록 기획하고 실행해야 할 것이다.

3. 어린이 예배의 방향

1) 어린이 예배의 두 전제

그러면 이제 어린이 예배를 기획하고, 실행할 때에 선행되어야 할 어린이 예배의 기본 방향과 원칙들을 살펴보도록 하자. "어린이 예배"를 기획하거나 실천하는 사람들이 무엇보다 먼저 분명히 하고 들어가야 할 두 가지의 방향과 원칙들이 있다면, 그것은 "어린이를 어떻게 볼 것인가"와 "어린이 예배를 어떻게 볼 것인가"이다. 이 둘은 어린이 예배의 기본적 방향과 성격을 결정하는 요소들인데, 이 둘은 서로 뗄 수 없이 연결되어 있는 개념이다.

(1) 어린이도 예배할 수 있다

먼저 '어린이'를 어떻게 볼 것인가의 문제로부터 시작해 보자. 어린이와 관련하여 우리가 무엇보다 분명히 전제해야 할 것은 "**어린이도 예배할 수 있다**"는 것이다.[85] 어린이도 하나님께 예배할 수 있고, 하나님을 알 수 있고, 하나님을 사랑할 수 있다. 우리는 이 책이 시작되고 지금까지 어린이가 지적 능력이 미성숙하다는 것이 곧 그들이 하나님을 느낄 수 없거나 관계 맺을 수 없다는 것을 의미하는 것은 아니라고 하는 사실을 누누이 언급해 왔다. 어린이도 그들 나름의 방식으로 하나님을 경험하고, 느끼며 알 수 있다. 어린이들도 하나님을 찬양할 수 있고, 기도할 수 있고, 예배할 수 있다. 앞에서 살펴본 바와 같이 성서도 하나님이 어린이를 예배로 초대하고 계시는 것과 예수님이 어린이들의 찬양이 온전하다고 하셨다는 것을 분명히 증거하고 있다.

이와 같은 전제를 갖는 것은 예배의 성격과 방향을 결정하는 것이 된다. 오늘날 어린이 예배를 기획하는 사람들 중에는 어린이가 아직 예배드리기에는 미숙하다고 생각하여, 어린이 예배를 하나님을 만나고 경험하는(experiencing God) 자리가 되게 하기보다는, 하나님에 관하여 가르치는(teaching about God) 자리, 혹은 윤리적 가르침을 주는 자리가 되게 하는 경우가 있다. 그렇기 때문에 예배를 하나님께 드리기보다는 어린이의 흥미와 엔터테인먼트의 수단으로 되게 하는 경우들이 많다. 이와 같은 현상들 뒤에는 어린이를 예배자로 보기보다는 미성숙한 존재로 보며, 또한 어린이 예배는 예배의 본질을 수렴하지 않아도 된다고 하는 생각이 자리하고 있는 것이다. 그러나 "어린이도 예배할 수 있다"고 전제하는 사람에게 어린이 예배는 하나님에 관하여 배우거나, 윤리적 가르침을 주거나, 엔터테인먼트를 제공하는 자리가 아니라, 어린이들이 하나님을 만나고, 하나님을 경험하는 신비가 일어나야 하는 자리가 된다. 따라서 어린이를 어떻게 볼 것인가 하는 전제는, "어린이 예배를 어떻게 볼 것인가" 하는 전제와 맞물려 있는 것이다.

(2) 어린이 예배도 예배이다

어린이 예배에 관한 두 번째 전제인 "어린이 예배를 어떻게 볼 것인가?"의 물음에 대해 우리가 가져야 할 대답은 **"어린이 예배도 예배이다"**라고 하는 것이다. 어린이 예배도 그것이 '예배'라고 하는 이름으로 행해지는 한 예배의 본질을 갖추어야 한다는 것이다. 어린이 예배도 "우리의 신앙의 대상이신 하나님께 예를 갖추어 경배하며 그를 섬기는 행위"이어야 한다는 것이다. 따라서 어린이 예배도 하나님을 향하여 드리는 예배이고, 하나님을 2인칭으로 부르는 자리이다. 그곳은 하나님을 '당신', '너'라고 부르면서 대면하는 자리이지, 3인칭으로서의 하나님, 즉 그분에 관하여 객관적으로 정보를 제공받는 자리가 아니다.

하나님을 만나고 경험한다는 것은 일종의 **신비**이다. 교육은 그 신비의 밖에 서서 신비를 설명하고 해석하려 하는 것이지만, 예배는 우리에게 그 신비 안으로 들어가게 하고, 그 신비 안의 하나님의 현존 안에 머무르게 한다. 그래서 어린이들이 예배의 자리로 나아간다는 것은 일상적인 삶과는 다른 공간과 시간(different space-time)으로 들어가는 것을 의미한다.[86] 하나님의 현존이라는 거룩한 공간과 시간으로 들어가 거기에 거하는 것이다. 바로 이런 점 때문에 어린이 예배는 어린이를 위한 엔터테인먼트가 되어서는 안 되는 것이다. 예배는 하나님의 현존 앞으로 나아가는 자리이지, 어린이를 향하는 자리가 아니다. 그곳은 어린이를 재미있게 하는 자리가 아니라, 어린이가 하나님을 향하고 그의 현존과 만남으로써 기뻐할 수 있는 자리가 되어야 하는 것이다.

예배가 하나님의 현존과 만나는 자리가 된다는 것은 하나님이 그의 임재를 보여주는 자리가 되어야 한다는 것을 의미한다. 따라서 예배는 삼위일체 하나님이 **성령의 역사**로 예배 가운데 참여하신다는 것을 의미한다. 예배는 성령의 역사로 자신을 드러내시고, 그 드러내심을 우리로 하여금 느끼게 하시는 하나님과의 관계가 형성되는 자리이고, 그런 의미에서 예배는 신비의 자리가 되는 것이다.

예배의 자리에는 또한 특별한 인식의 방식이 있는데, 그것은 **아남네시스(anamnesis)**라고 불리는 '**기념**'이다. 이 기념은 기독교 공동체가 '과거'에 했던 하나님 경험과 그 하나님이 약속하신 '미래'를 '현재'의 경험 안으로 가져오는 일이다. 따라서 이 기념은 단순히 과거를 "기억"하는 것이 아니라, 그 사건을 여기에서 다시 '재현'하는 것이며, 그 사건에 '참여'함으로써 그 사건 속에 약속된 미래를 '현재화'하는 것이다. 우리가 떡과 잔을 마시며 그리스도를 기념할 때, 그의 찢긴 살과 흘린 피가 곧 나를 위해 흘린 살과 피가 되는 그리스도의 사건이 다시 일어나는 것이며, 떡과 잔이 우리의 몸 안으로 들어와 우리 몸의 일부가 되면서, "그리스도와의 일치"에 대한 약속이 현재화되는 것이다. 모세의 이야기는 단순히 모세의 이야기가 아니라 우리의 이야기가 되며, 모세만 홍해를 건너는 것이 아니라 우리도 홍해를 건너고, 그 순간 우리를 노예상태로 옭아매는 모든 것으로부터 자유롭게 하시는 하나님의 약속이 현재화되는 것이다. 이처럼 예배에서는 기독교의 과거의 전통과 미래의 비전이 현재화된다.

"어린이 예배도 예배이다"라고 하는 전제는 어린이 예배가 '기념'의 사건이 일어나야 하는 자리가 되도록 한다. 어린이 예배도, 하나님의 백성이 과거에 했던 하나님 경험의 사건에 어린이들을 초대하여, 그 사건을 다시 '재현'하고, 그 경험에 구체적으로 '참여'함으로써 그 경험에 약속된 하나님의 미래를 '현재화'하는 자리가 되도록 해야 하는 것이다. 그곳은 어린이가 "기독교의 전통"과 대면하는 자리가 되어야 하고, 그 전통이 '오늘'과 '여기'에서 다시 경험되며, 그 경험이 어린이의 미래의 삶을 변형하고 이끌어가는 동력이 되게 하는 자리가 되어야 한다. 이러한 것들이 핵심이 되지 않는 어린이 예배는 엄격한 의미에서 예배의 본질에서 빗나가 있다고 할 수 있는 것이다.

잘못된 전제가 잘못된 예배를 가져온다. 그렇게 볼 때 위의 두 전제는 어린이 예배를 기획하고 실행하는 모든 사람이 그 어떤 것보다 먼저 기본적으로 짚고 넘어가야 할 전제들이라고 할 수 있다.

2) 어린이적 특성이 고려되는 예배

"어린이도 예배할 수 있다"는 것과 "어린이 예배도 예배이다"는 전제는 어린이 예배가 어린이적 특성이 고려되지 않은 채 성인의 예배와 같아야 한다는 것을 의미하는 것은 결코 아니다. 앞에서 살펴본 것처럼 예배는 "하나님을 섬기는 행위"이고, '섬김'이란 섬기는 자가 진심으로, 능동적으로, 자발적으로 참여할 때 일어나는 일이다. 어린이는 자신이 이해할 수 없는 것에서 진심이 될 수 없고, 흥미가 없는 것에서는 능동적이고 자발적이 될 수 없다. 따라서 어린이 예배는 어린이적 특성이 반드시 고려되어야 하고, 어린이가 이해할 수 있는 의사소통 수단들이 사용되어야 한다. 그러면 예배에서 어린이적 특성은 어떻게 고려되어야 하는가?

(1) 신체적

어린이 예배는 "**신체 운동(bodily-movement)적**"이어야 한다. 어린이는 끊임없이 온몸을 사용하여 움직이고, 활동한다. 성인은 조용히 앉아서 오래 집중할 수 있지만, 어린이는 끊임없이 몸을 움직이고 오랫동안 가만히 앉아 한 가지의 활동에 집중하기가 어렵다. 아주 어린아이들은 신체의 큰 부분들을 사용하고, 커갈수록 미세 근육을 사용한다는 차이점은 있지만, 전체적으로 어린이들은 몸을 움직여 자신을 표현한다. 따라서 어린이 예배에는 신체적 활동이 많이 필요하다.[87] 앉았다 일어나고, 고개 숙이고, 무릎 꿇고, 팔 벌리고, 손뼉 치며, 다리를 구르며, 음악에 맞추어 율동하거나 동작으로 표현하고, 노래하고, 그림 그리고, 쓰고, 읽고, 친구나 선생님과 악수하거나 허그하는 등 어린이 예배에는 신체적 활동으로 표현할 수 있는 기회가 최대한 제공되어야 한다. 특별히 예배는 앞에서 살펴본 바와 같이 "몸을 사용하여 의미를 상징적으로 표현하는 행위"이다. 또한 어린이는 몸을 통해서 더 많이 배우는 존재이다. 그런 의미에서 어린이 예배는 어린이로 하여금 몸의 동작이나 움직임을 통해 예배를 경험하고, 예배의 의미와 접하며, 이를 기억하고 학습할 수 있도록 해야 할 것이다.

(2) 감각적

어린이 예배는 **"감각적"**(sensorial)이어야 한다. 어린이는 보고, 듣고, 냄새 맡고, 만지는 것을 통해 세상을 받아들이고, 또한 자신을 세상에 표현한다. 따라서 어린이 예배는 최대한으로 감각적이어야 하고, 어린이의 모든 감각이 예배에 참여할 수 있어야 한다. 무엇보다 어린이의 **시각**이 예배의 성스러움과 아름다움을 볼 수 있어야 한다. 강대상의 십자가, 촛불, 교회력에 따른 색깔, 스텐드 글라스, 그 사이로 찬란하게 비추이는 햇빛, 목사님의 가운 등 시각으로 어린이는 예배를 '볼' 수 있어야 한다. 어린이는 교회의 문지방에 들어서는 순간 이미 자신이 일상적 삶의 상황이 아니라 거룩한 하나님의 공간에 들어왔다는 것을 시각적으로 느낄 수 있어야 하고, 그런 의미에서 어린이 예배실의 환경은 매우 중요하다. 몬테소리학파들, 즉 까발레티, 스튜어드, 베리만 같은 이들은 어린이들이 예배드리는 시각적 환경을 특별히 중요시하여 소위 '아트리움'(Atrium)이라 칭하는 예배공간을 고안하였다. 이들은 성인들은 성서를 글로 읽을 수 있지만 어린이들은 감각을 통해 접하는 것이 훨씬 효과적이라고 여기고, 어린이들이 예배드리는 공간을 곧 성서 안으로 들어가는 것같이 구성하였다. 벽면의 모든 선반에는 구약 이야기와 신약 이야기 교구들이 순서적으로 전시되어 있고, 교회력에 따른 색깔천 위에 교회력의 시즌마다 각 시즌에 해당하는 핵심적 교구들이 돌아가면 전시된다. 그러한 공간에 들어서는 것은 어린이들에게 성서 안으로 들어와 성서 안에 머무는 것을 상징적으로 의미하게 되는 것이다. 어린이는 본 것만큼 믿는다. 따라서 시각은 단순히 메시지를 잘 이해하도록 보조적으로 도와주는 수준이 아니라, 그 자체로 메시지이다. 그래서 벡위트(I. Beckwith)는 어린이 예배는 최대한으로 시각적이어야 한다고 하였다.[88]

어린이 예배는 또한 **청각**으로 어린이를 초대한다. 찬양, 연주, 아름다운 시편의 교독문, 대표기도, 공동의 주기도문과 신앙고백, 성서의 이야기, 선포되는 말씀, 축복송, 축도 등 어린이는 듣고, 노래하고, 기도함으로써 예배에 참여한다.[89] 청각을 통해서도 어린이는 자신이 일상적 삶과는 구별된 예배의 상황 안에 있다는 것을 느끼게 된다. 반복되는 예전의 내용들, 즉 기도문, 찬양, 성서 구절 등은 어린이들이 이해하지 못해도, 지속적 반복을 통해 어린이들이 그것과 친숙해지고, 또 신비의 힘을 갖게 되기도 한다.[90] 그러나 동시에 어린이들은 그들의 발달적 특성에 맞는 청각적 매체와 내용을 들을 필요도 있다. 어린이 설교는 어린이가 이해할 수 있는 내용과 형식, 길이가 선택되어야 할 것이다.

어린이 예배는 또한 **촉각적** 경험이 포함되어야 한다. 아주 어린아이들은 무엇이든지 만져보고, 그것을 입으로 가져감으로써 대상물을 파악한다. 성장한 어린이들도 만져

보는 일을 즐겨한다. 율동, 박수치기, 선생님과 친구와의 악수와 허그하기 등은 어린이 예배에서 주로 일어나는 촉각적 경험들이다. 베리만(J. Berryman)은 그의 "가들리 플레이" 프로그램에서 어린이들이 성서의 이야기를 촉각적으로 경험할 수 있도록 하기 위해 모든 성서의 이야기들에 관한 교구를 나무 형체로 조각하거나 주조하여 만들고, 어린이들이 이 형체들을 직접 만져볼 수 있게 하였다.[91] 어린이들은 사막의 모래상자를 만지며, 이스라엘의 광야생활을 느껴보고, 홍해가 갈라지는 이야기에서는 부직포로 만들어진 바닷물이 갈라진 틈으로 직접 이스라엘 사람들을 이쪽에서 저쪽으로 옮기면서, 홍해의 사건을 체험하기도 한다. 촉각으로 경험하는 성서 이야기는 어린이에게 오랫동안 각인하는 힘이 있다.

　어린이 예배는 또한 **후각**적 경험도 포함할 수 있다. 어린이들은 후각으로 기억한다. 우리에게 어머니 냄새가 의식적 무의식적으로 각인하는 힘이 있듯, 후각은 강렬한 힘이 있다. 어린이 예배실에 은은하게 퍼진 초의 향기, 나무로 된 의자의 향, 크리스마스 트리의 냄새 등은 어린이에게 예배를 기억하게 하는 후각적 통로이다.

(3) 놀이적

　어린이 예배는 "**놀이적**"이어야 한다. 놀이란 '일'의 반대 개념이다. 일은 특정의 결과물을 목적으로 하는 행위이지만, '놀이'는 행위 자체에 목적이 있는 활동이다. 일은 어떤 것 때문에 하는 것이지만, 놀이는 그 자체가 즐거워서 하는 것이다. 어린이에게 '놀이'는 그들의 생명력의 표현이다. 이들은 '공부'에는 오래 집중할 수는 없을지 모르지만 '놀이'에는 무섭게 집중한다. 놀이를 통해 어린이는 성장하고, 놀이를 통해 자신의 능력 너머로 나아간다.

　어린이 예배는 놀이적이 되어야 한다. 여기에서 놀이적이라는 말은 흔히 말하는 게임과는 구별될 필요가 있다. 앞 장에서 살펴본 대로 요즘 시도되고 있는 '축제적' 어린이 예배 모델에는 예배 중에 경쟁적 게임을 하는 경우가 있다. 이것은 어린이들에게 재미를 주기는 하지만, 그 재미는 어린이를 집중하게 하기 위하여 무엇인가 다른 것을 통해서 오는 재미이지, 예배 자체로부터 오는 재미라고 하기는 어렵다. 어린이 예배가 놀이적이 되어야 한다는 것은 예배 자체가 어린이에게 즐거움을 줄 수 있게 진행되어야 한다는 것이다. 어린이가 예배에 즐거워하고, 그것에 몰입하고, 그것으로부터 재미를 느낄 수 있게 구성되어야 한다는 것이다. 어린이들이 소리쳐 외치며, 춤추며 예배하고, 성서의 이야기에 몰입하여 그 이야기에 머물기를 즐겨하는 자체가 어린이 예배가 되어야 한다는 것이다. 이와 같은 놀이를 베리만은 "가들리 플레이"(godly play)라고 칭한 바 있다. 예배는 어린이가 하나님과 만나는 놀이며, 하나님과 함께하는 놀이이기 때문에 가들리 플레이, 즉 신적 놀이가 될 필요가 있다는 말이다.

놀이적이라는 말은 또한 "자발적", 혹은 "참여적"이라는 말이기도 하다. 놀이는 참여 없이 수동적인 구경꾼으로는 놀이할 수 없다. 소꿉놀이를 하려면 엄마든 아빠든 어떤 역할을 취하여 참여할 때에 놀이가 일어나는 것처럼 어린이 예배가 놀이적이어야 한다는 것은 어린이가 예배에서 자발적이고, 참여적이 될 수 있어야 하며, 예배의 한 부분으로 예배 안에 참여할 수 있어야 한다는 것을 의미한다.

(4) 관계적

어린이 예배는 "**관계적**"이어야 한다. 어린이는 본질적으로 관계를 형성하고, 관계를 통해 성장하는 존재들이다. 영·유아는 양육자와 부모의 관계를 통해 자아를 형성하고, 아동은 부모와의 수직적 관계에서 수평적으로 관계의 영역을 확대하고, 교회공동체에 참여하면서 소속감을 형성하고, 그로부터 신앙을 형성해 나아가는 단계에 있다. 따라서 어린이 예배는 관계적이어야 한다. 어린이는 먼저 예배를 통해 하나님과 관계를 형성할 수 있도록 환경이 조성되어야 하고, 또한 공동체와 관계를 형성하고, 함께 예배드리는 친구들과 선생님과 관계를 형성할 수 있도록 구성되어야 한다.

하나님과 관계가 형성되기 위해서는 앞서 언급한 바와 같이 하나님을 2인칭으로 부르고, 그와 대면하는 언어가 사용되어야 한다. 또한 찬양과 기도 등의 순서들을 통해 어린이가 하나님의 이미지를 형성하고, 그리고 그 하나님과 인격적으로 관계가 형성될 수 있도록 상상을 자극할 수 있어야 한다. 또한 어린이는 신앙공동체와 관계를 맺을 수 있어야 한다. 영·유아와 같은 어린아이들에게 예배는 신뢰와 안정감, 그리고 사랑받고 환영받고 있다는 느낌을 전달해야 한다. 좀 더 큰 아동들에게는 예배를 통해 신앙공동체의 전통과 가치가 전달되어야 하고, 자신이 기독교 공동체의 일부이자, 하나님 나라의 백성이라고 하는 이해가 형성될 수 있도록 인도되어야 할 것이다. 이를 위해 어린이는 전체 공동체와 함께 예배드릴 수 있는 기회가 제공되어야 한다. 어린이 예배는 또한 함께 예배드리는 친구들과 교사들과도 관계를 형성할 수 있는 자리가 되어야 한다. 하나님께 예배드리는 모든 사람은 서로 하나님 나라 백성 공동체로서 함께 하나님을 섬기는 사람들이라고 하는 관계가 형성될 수 있어야 할 것이다. 한 목소리로 주기도문을 외우거나, 찬양을 하는 것을 통해, 평화의 인사를 나누는 것을 통해 어린이들은 예배란 다른 사람과 함께 드리는 것이라고 하는 사실을 깨닫게 된다. 어린이들은 특별히 대예배나 가정예배와 같은 성인과 함께 드리는 예배에 참여하여 목사님, 교회의 어른들, 부모님, 그리고 자신들이 예배의 일부분을 담당하는 것을 체험하면서 교회 안의 여러 사람들과의 관계를 배우고 익힐 수 있다.

(5) 감동적

어린이 예배는 그 무엇보다 "**감동적**"이어야 한다. 어린이들은 논리적 설득보다는 감동과 감성적 터치로 인해 더 잘 배운다. 그들은 하나님의 현존과 마주치는 **신비(mystery)**의 사건을 논리적으로는 이해할 수 없을지 모르지만, 그 신비를 느끼고 감지한다. 그들은 그것 앞에 감탄하고, 경이로워한다. 그래서 어린이 영성연구가들은 어린이 영성이 형성되는 가장 기초적이고 핵심적 통로가 감탄과 경이(owe and wonder)라고 하였다. 따라서 어린이 예배는 어린이에게 감탄과 경이를 불러일으키고, 감성적 터치가 일어나도록 감동적이어야 한다.

그런 의미에서 **예전(liturgy)** 자체는 어린이에게 그 어떤 다른 통로보다 더 적합한 통로라고 할 수 있다. 예전 자체가 논리적이기보다는 감성적이며, 감동을 추구하기 때문이다. 어린이에게는 생동적이고 살아 있는 예전 그 자체가 감탄과 경이를 불러일으키는 통로가 된다. 필자는 필자의 아들이 어렸을 때 한 작은 전원교회에서 전교인이 함께하는 부활절 예배에 참여한 적이 있다. 그날 성찬 집례자가 어린이들에게도 수찬을 허락하였다. 그때 집례자가 "이 떡은 예수님의 살입니다", "이 잔은 예수님의 피입니다"라고 하며 나눈 떡과 잔을 아들이 얼마나 귀하게 여겼는지, 얼마나 감격해 했는지, 7, 8년이 지난 지금도 생생하게 기억할 수 있다. 어린이는 논리적으로 왜 그것이 예수님의 살이고 피인지 설명할 수는 없을지 모른다. 그들에게 그것은 그냥 예수님의 살과 피가 된다. 그들은 그것을 참여하고 느끼고 감동한다. 그런 의미에서 유아세례를 받은 어린이에게 수찬을 허락해야 한다. 그리고 예수님께서 다락방에서 말씀예전과 성찬예전을 함께하신 것처럼, 어린이 예배에도 말씀예전과 성찬예전이 함께 있어야 한다. 앞서 언급한 몬테소리학파의 학자들, 까발레티, 스튜어트, 그리고 베리만 등은 어린이 예배에서도 일종의 '만찬' 순서를 포함시키고 있다.

예배가 감동적이 될 수 있도록 하는 또 하나의 통로로는 **예술**을 들 수 있다. 예술은 종교적 감탄과 경이의 순간을 표현하거나 전달하는 데 좋은 통로가 된다. 감동적인 순간은 논리로 설명하거나 언어로 표현할 수 없는 그 무엇이 있다. 그 자리에 예술이 설 수 있다. 예술은 감동적 순간을 표현하거나 또한 다른 사람들에게 전달하여 마찬가지의 감탄과 경이와 상상을 불러일으키는 좋은 매체이다.

예배에서의 **언어**는 특별히 감탄과 경이를 불러일으키는 종교적 언어가 사용되어야 한다. 논리적이거나 설명적 언어가 아니라, 아동의 감성을 어루만지고, 또한 감탄과 경이를 불러일으킬 수 있는 언어가 사용되어야 한다. 이야기나 은유와 상징의 언어들은 대표적인 감탄의 언어라고 할 수 있다.

위에서 이미 언급하였지만, **시각적 상징**들도 감동을 일으키는 좋은 매체이다. 교회력에 따른 색깔들, 교회의 건축이나 실내의 분위기, 빛, 성스러운 물건들, 즉 십자가, 강대상, 절기를 나타내는 다양한 장식들 등은 아동에게 상상력과 감탄과 경이를 불러일으키는 통로가 된다. 교회 안에 들어온 아동이 그곳이 일상적 삶의 상황과는 다른 거룩한 곳이라고 하는 느낌을 갖게 되는 것은 그러한 시각적인 매체들이 어우러져 만들어 내는 분위기 때문이다.

물론 예배를 감동적이게 하시는 분은 **성령**님이다. 성령은 우리를 감동시키시는 분이시고, 또한 어린이를 감동시키시는 분이다. 따라서 우리는 어린이 예배가 감동적일 수 있기를 성령 하나님께 간구해야 한다.

3) 어린이 예배의 구조

위에서 우리는 어린이 예배 전반에 관하여 살펴보았는바, 이를 종합하여 표로 나타내 보면 아래와 같다. 가장 핵심적 부분인 **삼위일체 하나님 지향**은 어린이 "예배의 방향"을 의미한다. 예배는 사람을 향해서가 아니라 하나님, 즉 성부, 성자, 성령 삼위일체 하나님을 향하는, 하나님 섬김의 행위라는 것이다. 예배는 하나님께 감사, 찬양, 고백을 올려드리고, 하나님과의 만남이 일어나는 자리이다.

그 다음을 싸고 있는 삼각형은 예배의 "관계구조"이다. 어린이 예배는 예배자인 어린이가 성령의 역사로 표현되는 하나님의 임재 앞에서, '아남네시스', 즉 기독교의 전통을 재현하고, 그에 약속된 미래를 현재화함으로써 '기념'하는 관계구조를 가지고 있다. **어린이**, **성령의 역사**, 그리고 **기독교의 전통**은 예배에서 서로 상호작용하는 핵심적 관계망이라고 할 수 있다. 어린이는 기독교의 전통과 만나야 하지만, 기독교 전통은 성령의 역사를 통할 때 '기념'하는 사건으로 되는 것이고, 또한 동시에 그것은 어린이의 눈높이에 맞추어졌을 때 기념의 사건이 될 수 있다. 따라서 그 셋은 예배 가운데 서로가 서로에게 침투하고 관계함으로써 예배를 생동적이게 할 수 있다.

마지막 원은 어린이의 특성을 고려한 "방법적 통로"이다. 앞의 두 원이 추구하는 어린이 예배의 방향과 관계성의 구조는 어린이의 특성이 고려된 방법적 통로를 거쳐서 일어나야 한다. '신체적', '감각적', '놀이적', '관계적', 그리고 '감동적'이라는 특성들은 어린이 예배가 어린이에 맞게 구체화될 수 있는 방법적 통로들이다.

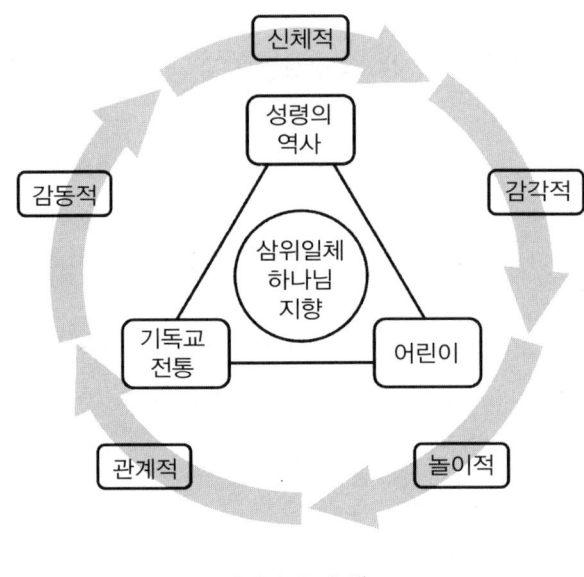

〈어린이 예배〉

3. 예수님 따르기의 예배 순서

마지막으로 어린이 예배의 예를 한 가지 소개해 보기로 한다. 소냐 스튜어트(Sonja Stewart)가 개발한 어린이 예배 교재인 『예수님 따르기』(*Following Jesus*)에 제시된 어린이 예배 순서를 하나의 예로 살펴보자.[92]

1) 예배의 준비

예배 인도자와 안내자는 어린이들보다 최소한 15분 전에 먼저 예배의 자리에 도착한다. 안내자는 예배실과 만찬을 최종적으로 준비한다. 인도자는 예배실 바닥에 만들어진 원의 맨 앞자리에 앉아서 기도로 준비함으로써, 어린이들이 도착했을 때 모든 것이 준비되었다고 느낄 수 있도록 한다. 안내자는 어린이를 문 밖에서 만나 그들이 "하나님과 함께할 수 있는 특별한 자리"인 예배실로 들어갈 준비를 할 수 있도록 돕는다.

2) 하나님께 나아가기

(1) 인사하기

모든 어린이가 다 원 안으로 들어왔을 때, 인도자는 조용한 목소리로 인사한다.

하나님과 함께하는 이 특별한 자리에 온 것을 환영합니다. 여기에서 우리는 하나님께 귀 기울일 것이고, 하나님의 이야기를 들을 것이며, 또한 하나님과 대화할거예요. 여기에서는 서두를 필요가 없어요. 우리에게는 충분한 시간이 있으니까요. 이 자리에서 말할 때는 모두 부드럽고 조용한 목소리로 말해야 해요, 누군가 다른 사람이 하나님과 대화를 하고 있을지도 모르는데, 그들을 방해해서는 안 되겠죠. 이제 우리 서로 인사하며 하나님께 예배드리겠어요.

인도자 : 하나님이 여러분과 함께 계십니다.
어린이 : **목사님과도 함께 계십니다.**

부활절에는 아래와 같이 인사한다.

인도자 : 그리스도께서 부활하셨습니다.
어린이 : **정말로 그리스도는 부활하셨습니다. 할렐루야, 할렐루야!**

(2) 찬양

어린이들이 하나님께 귀 기울여 들을 준비를 도울 수 있는 묵상적인 노래를 부르도록 한다. 그리고 조용히 말한다.

하나님께서 우리에게 그분이 말씀하시는 것을 들을 수 있도록 조용히 할 것을 부탁하셨어요. 하나님께서 우리에게 하신 말씀을 노래로 불러 봅시다.

노래 : "너희는 조용히 내가 하나님임을 알지어다", 혹은 다른 묵상적 노래를 한다.

3) 하나님 말씀 선포하기

(1) 하나님의 말씀 전하기
찬양이 끝나면 인도자는 말한다.

이제 하나님의 이야기에 귀 기울일 시간이에요. 내가 어디로 가는지 잘 보세요, "선한 목자 이야기"(그날에 다룰 성서 이야기의 제목)가 어디에 있는지 알게 될 것이에요.[93]

(2) 깨우침을 위한 기도
인도자는 선반에서 교구를 가지고 자기의 자리로 돌아와서 말한다.

하나님께서 우리가 말하기를 원하는 것을 우리가 말하고, 하나님이 우리가 듣기를 원하시는 것을 우리가 들을 수 있도록 해달라는 마음으로 "깨달아 알게 해주실 것을 위한 기도"를 함께 부르겠어요.

찬양 후 앉아서 잠깐의 침묵을 가진 후, 인도자는 가지고 온 교구로 하나님의 이야기(혹은 비유)를 제시한다.

(3) 하나님 말씀에 반응하기

가) 함께 궁금해 하기
하나님 말씀에 반응하기는 두 가지 형태로 이루어진다. 첫째, "궁금해 하기"의 질문을 통해서 어린이들이 그룹으로 제시된 이야기에 계속해서 몰두한다. 둘째, 이야기자료나 예술자료를 가지고 개인적으로 반응한다. "궁금해 하기"의 질문들은 이야기 시연이 끝난 후 제시된다. 함께 "궁금해 하기"가 끝나면 다음과 같이 말한다.

이 교구들이 어떻게 정리되는지 잘 보세요. 여러분들이 나중에 그것을 쓰기 원하면 언제나 쓸 수 있도록 잘 준비가 되어야 해요.

교구들을 제 자리에 갖다놓는다. 이 과정은 천천히, 그리고 그 교구가 당신의 친구인 것처럼 존중하면서 행해져야 한다. 말없이 진행함으로써 어린이들이 그 과정을 지켜볼 수 있도록 해서, 그들 스스로도 그렇게 정리할 수 있도록 배우게 한다. 정리가 끝나면 말한다.

이제 내가 어디로 가는지 잘 보세요. 여러분은 "선한 목자 이야기"가 어느 장소로 갈지 알게 될 것이에요. 여러분들도 오늘의 작업에서 이 교구를 사용할 수 있어요.

두 손으로 교구를 조심스럽게 들고 조용히 그리고 천천히 선반으로 다가간다. 교구를 제자리에 놓고 난 후 조용히 원 안으로, "하나님 중심"으로 돌아온다.

나) 이야기자료나 예술자료로 반응하기
조용한 목소리로 말한다.

저는 여러분이 오늘의 이야기에 대해 느낀 것을 어떤 작업으로 표현할지 궁금해요. 물론 여러분은 다른 시간에 들은 이야기에 관한 작업을 해도 좋아요.

인도자는 자신의 오른편에 앉은 어린이부터 무엇을 할지 묻는다. 어린이들은 가서 작업깔개를 가지고 와서 놓고 작업에 필요한 자료들을 가지고 온다. 첫 번째 아이가 가면, 그 다음 아이에게 묻고, 그렇게 모든 아이들이 결정할 때까지 지속한다. 결정을 못하는 어린이들은 통과하고, 후에 결정할 수 있을 때에 말하도록 한다. 어린이들은 혼자서 작업할 수도 있고, 여럿이 협동으로 작업할 수도 있다. 도움이 필요하면 청할 수도 있다. 인도자는 어린이들이 교구를 잘못 사용하는 경우에만 그들에게 가서, 필요하면 이야기를 다시 시연해 줌으로써 그들이 교구를 바로 사용할 수 있도록 돕는다.

(4) 원으로 돌아오기
반응하기 시간이 거의 끝나가면 인도자는 종을 치거나 다른 신호를 주면서, 어린이들의 주의를 집중시킨다.

만찬을 준비할 시간이 되었어요. 서두를 필요는 없어요. 아직 다 못 마친 어린이는 다음 시간에 와서 끝마치면 됩니다.

인도자는 자신의 자리로 돌아와 앉음으로써 어린이들도 돌아와 앉아야 함을 보여 준다. 안내자들은 도움이 필요한 어린이들을 돕는다. 어린이들이 모든 물건을 정리하는 대로 인도자는 자신의 뒤에 있는 선반에서 교회력에 따른 색깔천을 가져다가 자신 앞에 펼치고, 그 위에 성서를 놓는다.

(5) 성경읽기

어린이들이 원으로 앉으면, 성경을 가리키며 말한다.

이것은 성경책이에요. 우리가 오늘 들었던 이야기가 이 성경책 안에 있어요.

이미 밑줄 그어놓은 오늘의 말씀 부분을 편 후, 어린이들이 그것을 볼 수 있도록 돌려놓는다. 그 말씀을 천천히 의미를 새기며 읽는다. 책갈피표(bookmark)를 들고 말한다.

여러분도 그 이야기를 찾을 수 있게 여기에 책갈피표를 끼워놓을께요. 여러분 스스로 이 이야기를 읽을 수도 있고, 다른 사람에게 읽어달라고 할 수도 있어요.

책갈피표를 끼워 넣고 성경을 색깔천 위로 다시 놓는다.

4) 하나님께 감사하기

(1) 감사기도

이제 하나님께 감사드리는 시간이 되었어요. 여러분은 오늘의 이야기나 혹은 작업에 관해 특별히 감사하고 싶은 것이 있으면 감사할 수 있어요. 자신의 차례가 되면 소리 내어 하나님께 감사를 말하세요. 소리 내어 하고 싶지 않은 사람은 물론 속으로 해도 되는데, 끝나면 "아멘"이라는 말은 해야 되요. 그래야 다른 사람들이 끝난 줄 알 수 있어요. 자 기도하겠습니다.

다음과 같은 기도로 시작한다.

인도자 : 하나님이 여러분과 함께하시길 바랍니다.
어린이 : 목사님과도 함께하시길 바랍니다.
인도자 : 마음을 높이 올려드립시다.
어린이 : 마음을 하나님께 올려드렸습니다.
인도자 : 우리 주 하나님께 감사를 올려드립시다.
어린이 : 감사와 찬양을 올려드리는 것이 마땅합니다.

기도로 들어간다. 침묵이 흐르더라도 편안하게 마음을 먹고, 어린이에게 기도할 수 있는 기회를 준다. 기도가 다 끝나면, 한 아이에게 성경을 기도책상으로 다시 갖다 놓도록 하고, 사용된 자료들을 제자리에 갖다 놓도록 한다.

(2) 만찬준비
어린이들에게 말한다.

만찬 시간이에요. 만찬 테이블을 만듭시다. 여러분에게 흰 냅킨을 줄께요. 여러분 앞의 바닥에 그 냅킨을 놓고 조용히 그리고 천천히 펴시고, 손으로 골고루 펴세요, 그것이 여러분의 '테이블'입니다.

한 어린이가 냅킨을 나누도록 하고, '테이블'이 다 만들어졌으면 말한다.

오늘의 만찬은 (그날 준비한 음식과 음료의 이름)이에요.
(한 사람당 가져야 할 양)씩 집으세요.

어린이들이 음식 나누는 것(한 어린이는 음료를, 다른 어린이는 간식을)이 다 끝나면 인도자가 감사기도를 한 후 다함께 시작한다.

(3) 만찬
만찬을 할 때는 대화를 하면서 즐겁게 하도록 한다. 모든 어린이가 다 끝났을 때 말한다.

이제는 정리할 시간이에요.

냅킨에서 컵을 떼고, 남은 음식을 냅킨의 한가운데로 민 후, 냅킨을 접고, 접은 냅킨을 컵에 집어넣도록 한다. 한 어린이가 쓰레기통을 가지고 와 그 컵을 수거한다.

5) 하나님의 이름으로 가기

컵이 다 수거되면 말한다.

여러분에게 작별인사를 하고 축복을 하고 싶어요. 한 사람씩 내게로 오면, 작별인사를 하고 축복도 할께요.

6) 축도

어린이들이 한 명씩 인도자에게 오면 어린이 귀에만 들리도록 작은 소리로 긍정적이고 친절한 축복의 말을 건넨다. 그리고는 축복한다.

하나님께서 너와 함께 가신다. 평안히 가서 주님을 사랑하고 섬기라.

IV. 어린이를 위한 교수학습 활동

앞에서 살펴본 어린이 예배가 어린이 사역의 중요한 부분 중 하나인 것처럼, 어린이를 가르치는 일은 어린이 사역의 또 하나의 중요한 부분이라고 할 수 있다. 오늘날 교회학교가 갖고 있는 학교식(schooling)의 교육 형태에 대한 비판이 증가하면서, 어린이를 가르치는 것, 즉 "교수-학습"(teaching-learning)의 행위 자체에 대한 비판도 증가되어 왔다. 어린이가 하나님을 경험하고, 신앙의 성장을 이루게 하는 것에 대하여 소위 객관적 교수-학습의 활동은 근본적 한계를 갖고 있다는 것이다. 비판가들은 어린이들은 공동체와 더불어 실제로 신앙적 삶을 나눌 때 신앙이 내면화되는 것이지, 무엇을 가르친다고 해서 그것이 실제로 어린이의 신앙이 되는 것은 아니라고 지적하였다.

그러나 그렇다고 해서 우리가 어린이를 가르치는 것, 즉 "교수-학습" 활동을 포기할 수 있을까? '디다케'라고 불리우는 가르침의 사역은 초대교회 이후 교회의 핵심적 사역의 한 부분이었고, 교회가 신앙을 전수하는 가장 중요한 통로의 하나였다. 예수님의 메시아적 사역의 한 부분은 가르치시는 일이었고(마 4:23), 그의 가르침은 객관적이고 영향력 없는 가르침이 아니라 사람의 마음을 움직이고 변화시키는 가르침이었다. 사람들은 예수님의 가르침에 대해 "그가 가르치시는 것이 권위 있는 자와 같고 서기관들과 같지 아니하다"고 놀랐다.(막 1:22) 에디오피아 여왕 간다게의 내시가 수레에 앉아 이사야서를 읽고 있을 때 빌립이 가서 "읽는 것을 깨닫느냐"라고 물었다. 내시의 대답은 "지도해 주는 사람이 없으니 어찌 깨달을 수 있느냐"(행 8:30)이었다. 즉 가르침 없이 깨달음이 없다는 것이다. 이와 같은 그의 반문에 대해 빌립이 이사야서를 시작으로 하여 "예수를 가르쳐 복음을 전하니", 그에게 변화가 일어났다. 내시는 세례를 받고 기독교인으로 거듭나게 된다. 이와 같은 구절들은 "가르치는 일"이 위의 비판가들이 말하는 것처럼 힘없는 객관적 정보 전달에 그치는 것이 아니라, 사람의 마음을 움직이고, 복음을 전하는 수단이 될 수 있다는 것을 단적으로 보여주는 예라고 할 수 있다.

그렇게 볼 때, 문제는 가르침 자체에 있는 것이 아니라 "어떤 가르침이냐"에 있다는 것을 알 수 있다. 어린이들에게 생명력 없는 가르침을 주는 것이 아니라, 진정 그들의 마음을 움직이고, 그것에 참여하게 하고, 그 속에서 하나님을 만나고 경험함으로써 변화되도록 하는 힘 있는 가르침을 주는 것이 관건이라는 것이다. 이 장에서 우리는 어린이를 위한 교수-학습 활동에 관하여 함께 생각해 보도록 한다.

1. 교수와 학습

'교수'(teaching)란 일반적으로 "**교사의 가르치는 행위**"를 지칭한다. 그래서 교수라고 하면 일차적으로 교사가 학생에게 어떤 지식이나 기술을 전달하는 수업 행위를 떠올리게 된다. '학습'(learning)이란 반대로 "**학습자의 배우는 활동**"으로서 학습자가 지식이나 기술, 혹은 행동을 배우거나, 깨닫거나, 습득하게 되는 활동을 의미한다. 한쪽은 교사의 행위, 다른 한 쪽은 학습자의 활동을 지칭하는 것이지만, 이 둘은 서로 뗄 수 없이 연결되어 있다. 교사의 가르치는 행위인 '교수'는 학습자의 '학습' 활동을 위해서 있는 행위이기 때문이다. 따라서 듀이(John Dewey)는 교수란 "**학생에게 학습이 일어나도록 적절한 환경을 조성하는 것**"이라고 정의하였다.[94] 결국 '교수'는 학습자에게 '학습'이 일어날 수 있기 위하여 존재하는 활동이라고 하는 것이다. 이것이 의미하는 것은 우리의 '교수'에 대한 관심, 즉 '어떻게 가르칠 것인가?'에 대한 관심은 "학습자가 어떻게 학습하는가?"에 대한 관심과 함께 가야 한다는 것이고, 학습자를 잘 알아야 교수가 잘 이루어진다는 것을 의미한다.

훌륭한 교사는 학습자를 잘 알고, 학습자의 눈높이에서 가르쳤던 것을 볼 수 있다. 예수님은 학습자의 눈높이와 관심에서 출발하셔서 핵심을 찌르는 가르침을 주신 대표적인 교사이셨다. 그는 수가성의 우물가에서 만난 여인에게 "네 남편은 어디 있느냐?"라고 하는 질문, 즉 그녀의 가장 핵심적인 문제로부터 출발하셔서 예배에 대한 대화로 옮겨 가고, 결국 그녀로 하여금 예수님이 메시아이신 것을 알아차리게 하셨다. 부자 청년에게는 "네가 가진 것을 다 팔아 가난한 사람에게 주라"고 하심으로 그가 갖고 있는 가장 핵심적 문제를 드러내셨다. 그 청년은 근심하며 예수님을 떠나갔지만, 평생 예수님의 그 말씀을 기억하였을 것이고, 그것을 기억할 때마다 그의 삶의 핵심적 문제를 생각하게 되었을 것이다. 예수님의 옷자락을 뒤에서 살짝 만지고 혈루병이 치유된 여인에게는 또 어떠하셨는가? 예수님은 사람들 앞에 그녀를 공개적으로 세우심으로써 그녀가 치유되었고 더는 부정하지 않다는 것을 공개적으로 알렸다. 그것으로 예수님은 그녀가 당시 유대사회 안으로 다시 편입해 들어갈 수 있는 계기를 마련해 주신 것이다. 예수님은 제자들에게는 제자들대로, 바리새인이나 율법사들에게는 그들대로, 죄인들에게는 그들대로 그들의 눈높이에 가장 적합한 가르침을 주셨다. 사도 바울도 "약한 자들에게 내가 약한 자와 같이 된 것은 약한 자들을 얻고자 함이요 내가 여러 사람에게 여러 모습이 된 것은 아무쪼록 몇 사람이라도 구원하고자 함이니"라고 하였다. 그는 약한 자들에게 스스로 약한 자가 됨으로써 그들과 눈높이를 맞추고, 그것을 통해 약한 자들을 구원하고자 하였던 것이다.

이와 같은 예들은 성공적인 '교수' 행위는 학습자를 먼저 알고 그들의 눈높이에 맞추는 일이 얼마나 중요한 것인지를 단적으로 보여주는 예라고 할 수 있다. 그런 의미에서 우리는 어떻게 가르칠 것인가를 생각하기에 앞서 학습자, 즉 어린이와 어린이의 학습을 좀 더 깊이 탐구해 볼 필요가 있다.

2. 어린이는 어떻게 배우는가? - 뇌이론을 중심으로

어린이는 다양한 통로로 배운다. 사실 이에 관하여서는 앞에서 여러 번 강조한 바 있다. 어린이는 지적으로보다는 감각적(sensorial)으로 배우고, 이성적으로보다는 감성적으로 배우며, 이론적으로보다는 체험을 통해 배우고, 그들의 전 신체와 오감을 통해서 배운다. 따라서 어린이에게 인지적인 측면만을 강조하는 가르침은 전인적으로 학습하는 어린이에게는 지극히 제한적이고 편협한 가르침이라고 할 수 있다. 이와 같은 전인적 학습은 그 무엇보다 인간의 뇌 활동과 관련이 있다. 인간의 뇌 자체가 다양한 기능과 활동을 가지고 있고, 따라서 인간의 학습은 뇌의 전 기능과 연관되어 일어난다. 어린이의 학습을 알기 위해서는 인간의 뇌 작용을 알 필요가 있다.

1) 좌뇌-우뇌이론

인간의 뇌에 대한 이론 가운데 아마도 우리에게 가장 친숙한 이론 중 하나는 "좌뇌-우뇌이론"(left-right brain theory)이다. 이 이론은 19세기에 프랑스인 의사인 닥스(Marc Dax)와 부로카(Paul Broca)에 의하여 처음으로 발견되었고, 20세기 중반 이후 정신생물학자 로저 스페리(Roger W.Sperry)에 의하여 심화되고 발전되었다.[95] 스페리는 좌뇌와 우뇌의 특수한 기능들을 좀 더 구체화하였는데, 왼쪽 뇌는 언어적, 논리적, 분석적 사고와 계산, 추상화 기능을 담당하며, 오른쪽 뇌는 직관적인 시각, 청각 정보처리와 이미지 파악, 사물의 종합화 기능을 담당한다는 사실을 밝혀냈다.[96] 따라서 좌뇌가 발달하면 언어 구사능력, 문자나 숫자, 기호의 이해, 조리에 맞는 사고 등 분석적이고 논리적이며 합리적인 능력이 발달하고, 우뇌가 발달하면 그림이나 음악 감상, 스포츠 활동 등 단숨에 상황을 파악하는 직관과 같은 감각적인 분야의 발달을 가져온다고 할 수 있다. 우뇌는 "이미지뇌"라고 할 만큼, 기억을 이미지화하여 머릿속에 파일 형태로 저장, 필요할 때 꺼내 쓰는 패턴 인식력을 가졌다고 하였다. 좌뇌가 시간적 연속성상으로 생각하는 특성을 가졌다면, 우뇌는 정보를 받아 순간적이고 통전적으로 생각하는 특성을 가졌다고 할 수 있다.[97] 좌뇌-우뇌이론을 바탕으로 해서 보는 좌뇌와 우뇌의 기능을 좀 더 세부적으로 살펴보면 다음의 표와 같다.

우뇌		음악을 듣거나 그림을 보거나 어떤 이미지를 떠올리는 뇌의 기능 관장
	비언어적(시각적)	얼굴기억을 잘함, 대화 시 신체언어 사용, 음조적인 자료의 기억
	비언어적(시각적)	경험적-활동적인 학습에 익숙
	직관적(은유적)	지각적 판단에 의해 문제해결, 유머스런 생각, 행동
	공간적	기하학적 학습, 공간적-시각적 과정을 통한 학습에 익숙
	감정적, 예술적	감정발산 창조적 새로운 사실 발견의 선호

	감정적, 예술적	감정발산 창조적 새로운 사실 발견의 선호
	사고	창의적, 직관적, 시-공간적, 구체적, 연역적, 확산적
	성	여성적, 수동적, 신비적, 예술적인 면, 남성에서 더욱 전문화된 것
	운동	신체의 좌측, 공간적 운동, 운동기억 창의적 운동
좌뇌	말을 하거나 계산하는 식의 논리적인 기능을 관장한다.	
	언어적	이름기억을 잘함. 대화 시 단어를 더 많이 사용. 언어적인 자료의 기억
	언어적	언어적 정보의 학습에 익숙
	분석적(논리적)	체계적인 방법으로 문제해결 논리적인 생각, 사고
	직역적	논리적 추리를 통한 학습. 수학학습에 익숙
	이성적, 인지적	감정억제, 지적. 기존의 것의 개선선호. 사실적-현실적인 것 선호
	사고	귀납적, 논리적, 분석적, 추상적, 상징적
	성	남성적, 공격적, 능동적, 여성에서 더욱 전문화된 것
	운동	신체의 우측, 기억을 통한 운동의 언어적 표현

스페리는 또한 인간 대뇌의 좌측편과 우측편은 각각 반대편에 있는 몸의 지각과 운동을 담당하고 있다는 사실을 밝혀내었다. 그는 우측 뇌에 손상이 있는 환자에게서 좌측 몸에 이상이 나타나며, 반대로 좌측 뇌에 손상을 입은 환자에게서 우측 몸의 이상을 확인하면서, 좌뇌는 몸의 오른쪽을, 우뇌는 몸의 왼쪽을 맡고 있다는 사실을 밝혀냈다.

스페리는 좌측과 우측의 뇌 사이를 연결하는 뇌량(Corpus Callosum)의 역할을 새롭게 발견하였다. 그는 중증 간질환자를 치료하는 과정에서 간질을 발생시키는 뇌 속의 전기적 충격을 한 쪽의 뇌로 제한하기 위해 두 반구 사이에 있는 뇌량을 절단하는 수술을 시도하였다. 수술 후 간질발작의 증상은 현저히 감소하였으나 예기치 못한 문제가 발생했다. 환자가 오른손으로 잡은 물체에 대해서는 설명을 하였으나, 왼손으로 잡은 물체에 대해서는 설명을 하지 못하였다. 이 현상은 뇌량이 좌·우뇌 사이를 상호작용할 수 있도록 다리를 놓는 역할을 할 수 없게 되자 일어난 것으로, 뇌량은 양 반구 사이에 난 길로 서로에게 신호를 보내면서 둘은 연결시키는 역할을 한다는 것을 입증하여 주었다.[98]

뇌량에 의해서 좌·우뇌는 서로 상호보완적 방법으로 서로가 서로에게 참여하며 활동한다. 즉 일반적으로 좌측 뇌가 담당하는 종류의 활동에 우측의 뇌가 부분적으로 참여하고, 마찬가지로 우측 뇌의 활동에 좌측 뇌가 관여한다. 물론 다른 뇌의 활동에 참여한다는 것이 한 쪽 뇌가 동시에 상반된 기능을 수행하다는 사실을 의미하는 것은 아니다. 즉 논리적 사고를 위한 좌뇌 활동에 우측 뇌가 관여한다 해도 우측 뇌는 여전히 형태 감지, 또는 감성적 활동을 통해 참여한다. 즉 각각의 뇌는 같은 기관으로부터 정보를 입수해서 다른 방법으로 그 정보를 다루게 된다. 그러한 정보는 좌뇌와 우뇌 사이의 각 스타일에 맞게 부분을 나누어 다루어지게 된다. 그러면서 동시에 서로에게 정보를 교환하는 협력관계를 유지한다.

이렇게 볼 때, 좌뇌가 담당하는 언어적 사고와 논리적 사고, 그리고 우뇌가 담당하는 비언어적 사고와 감성적 지각은 각각 떼어서 생각할 수 있는 두 개의 서로 다른 기능이 아니라, 서로 상호작용하면서 우리의 지각을 총체적으로 형성하는 역할을 한다고 할 수 있다.[99] 대부분의 인간의 행동은 사실상 이 두 뇌의 협응을 통해서 이루어지고 있다. 레비(J. Levy)는 두 부분 중 어느 한쪽만을 사용하는 현상은 오히려 두뇌손상을 입은 환자에게서 나타나고, 대부분의 정상인들에게서는 두 뇌의 협응이 나타난다고 하였다. 사겐(C. Sagen)은 심지어 "인간의 문화는 뇌량의 기능이다"라고까지 하였다.[100] 대부분의 인간의 창조적 사고는 사실상 이 두 뇌의 조화로운 상호작용, 즉 뇌량의 활동을 통하여 생긴 결과라고 할 수 있다는 것이다. 우측 뇌가 직관적 사고로 통찰을 제공하면 좌측 뇌는 논리적으로 그 통찰을 검증하고, 그를 표현할 수 있는 언어를 제공하게 된다. 따라서 모든 창조적 사고는 두 측 뇌의 조화로운 상호작용을 통해서만 생겨날 수 있는 것이다.

"좌뇌-우뇌이론"은 어린이의 학습에 관해서도 중요한 통찰을 준다. 어린이에게는 좌뇌적 학습과 우뇌적 학습이 분리하여 일어나는 것이 아니라 그 둘, 즉 직관적 사고와 논리적 사고가 서로 상호작용하는 것이 아니라 그 조화롭고 창의적인 학습이 이루어진다고 하는 것이다. 따라서 교수-학습 활동이 전통적으로 우리가 생각해온 것처럼 좌뇌적 기능에 의존한다면, 그것은 어린이에 적합한 학습이 아닌 제한적이고 편협한 교수-학습활동이라고 하는 것을 알 수 있다.

2) 삼위일체 뇌이론

앞에서 살펴본 "좌뇌-우뇌이론"이 주로 뇌의 가장자리 부분인 대뇌의 신피질(neocortex)의 기능을 중심으로 전개된 이론이라면, 뇌를 입체적으로 보아 가운데 부분부터 표면에 이르기까지를 세 부분으로 나누어 각 부분의 기능을 구별하고 있는 이론이 이른바 "삼위일체 뇌이론"(triune brain theory)인바, 이는 1970년대 중반 미국 국립 건강기구(National Institutes of Health)의 폴 맥린(Paul MacLean)에 의하여 제시되었다. 폴 맥린은 인간의 뇌는 실제적으로 세 개인데, 하나의 뇌 위에 다른 뇌가 덧씌워지는 형태로 삼중적으로 이루어져 있고, 이 세 개의 뇌가 하나로서 활동한다는 사실을 발견하였다.[101] 첫 번째의 뇌이면서 가장 안쪽에 자리하고 있는 뇌는 가장 오래된 고대의 뇌로 **파충류의(reptilian) 뇌**이고, 두 번째의 층을 이루는 뇌는 **변연계(limbic)**, 혹은 포유류의 뇌이며, 변연계의 윗부분을 싸고 있는 세 번째의 뇌는 **신피질(neocortex)**이라고 하였다. 이 모델은 인간의 두뇌는 파충류의 뇌와 같은 것에서 포유류의 뇌로 점차적으로 진화하였으며, 마침내 대뇌의 신피질로 되었다는 두뇌의 진화론적 관점에 기반을 두고 그 셋이 우리 뇌에 동시에 하나로 존재하고 있다는 입장으로 전개되었다.

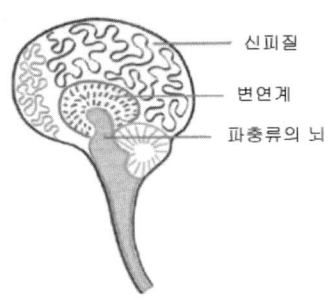

첫 번째 뇌인 **파충류의 뇌(reptilian brain)**는 인간의 생존을 위한 기본적 기능, 즉 소화와 생식, 순환과 호흡 기능들을 관장한다. 이 뇌를 소위 "집을 지키는 뇌"(house-keeping)라고도 칭하는데, 그것은 이 뇌가 싸움, 혹은 도주(fight-or flight)반응을 주도하고, 영토를 지키고, 안전을 유지하는 등의 역할을 하기 때문이다. 이 뇌는 동물들의 생존 행위와 비슷한 속성을 나타내는데, 자신의 영향력을 확장하고, 사회적 주도권을 잡으려 하는 경향, 그리고 타인을 짓밟는 행위와 변화에 대한 저항성을 주기능으로 나타낸다. 이와 같은 기능을 담당하는 뇌는 파충류의 뇌와 대단히 흡사하여 맥린은 이 뇌를 "R complex"라고 하였는데, R은 파충류(reptilian)의 머리글자에서 온 말이다.[102]

두 번째의 뇌는 첫 번째 뇌의 겉을 껍질과 같은 형태로 둘러싸고 있는 뇌인데, 껍질 혹은 허물이라는 뜻을 가진 라틴어의 단어 'limbus'를 붙여 **"변연계"(limbic system)**라 불린다. 맥린은 이 뇌는 개와 고양이 말과 쥐 등의 포유류의 뇌 기능과 매우 흡사한 기능을 가지고 있다고 하였는데, 포유류의 뇌는 인간처럼 감정(feelings)을 가지고 있기 때문이라고 하였다. 변연계의 뇌는 두려움과 동정심, 분노와 격분의 감정이 나타나는 일과 관계할 뿐만 아니라, 먹는 것과 성행위, 그리고 후각기관과도 관련된다. 또한 욕구 억제와 감정표현, 명상 등과도 관련되며, 신피질과의 관계 하에서 사랑의 감정을 복잡화시키는 일을 한다.[103] 또한 이 뇌는 감정이 주로 거주하는 곳이지만, 감정과 관련된 정보처리를 함께 관장하기도 한다. 변연계는 '융기'(hippocampus)와 '편도'(amygdala)를 포함하는데, 융기가 사실적 정보를 정리하고 처리하는 역할을 한다면, 편도는 감정적 정보를 정리하고 처리하는 기능을 한다는 것이다. 이것이 의미하는 것은 우리의 정보처리와 기억이 감정과 깊게 연결되어 있다는 것이다.

세 번째의 뇌인 **신피질(neocortex)**은 뇌의 표피부분으로 외부에서 볼 수 있는 부분이다. 이 뇌는 영장류에만 있는 뇌의 기능으로, 복잡한 사회적 상호작용과 고도의 계획능력을 수행한다.[104] 예를 들어 이웃 부족들을 공격하는 계획을 세우는 것 같은 행위는 말이나 소와 같은 다른 포유류들에게는 나타나지 않는 능력이다. 이 뇌는 언어와 말하기, 쓰기의 행위를 가능하게 하고, 논리적이고 조작적 사고(operational thinking)를 하며, 현재와 미래를 위한 계획을 세우는 일에 관여한다. 또한 신피질은 자발적 행동(voluntary movement)과 감각기관의 정보처리 과정과도 연결되어 있다.

	장소	이름	기능
첫째 뇌	뇌의 중앙부분	R-complex	소화와 생식, 순환과 호흡기능 관장, 영토 지키기, 싸움과 도주반응
둘째 뇌	첫째 뇌를 둘러싸고 있음.	변연계 혹은 구포유류의 뇌	감정(두려움, 동정심, 분노, 격분) 관장, 먹는 것, 성행위, 후각, 욕구억제, 감정표현, 명상, 정보처리와 기억
셋째 뇌	뇌의 표피부분, 둘째 뇌를 둘러싸고 있음.	신피질(neocortex)	사회적 상호작용, 고도의 기획, 조작적 사고, 자발적 행동

삼위일체 뇌이론은 이 세 층의 뇌가 함께 하나로 활동한다는 것이 관건이다. 세 개의 뇌가 하나로 활동하고 있는 예로 맥린은 우리의 충동적 사고와 이성적 사고의 충돌을 예로 들고 있다. 우리가 본능적으로 무엇인가 하고 싶은 충동을 느끼지만 동시에 그러면 안 된다는 것을 느끼게 되는 경우가 바로 그런 예이다. 이 경우 우리의 속뇌로부터 발원하는 동물적이고 비이성적인 충동과 겉뇌로부터 연원하는 이성적이고 논리적 사고 기제 간의 충돌이 나타나는데, 바로 이것이 세 개의 뇌가 하나로서 활동하는 증거

라고 하였다.

　　이와 같이 세 층의 뇌가 상호작용하게 되는 것은 각각의 층들이 신경의 쌍방 네트워크로 연결되어 있기 때문이다.[105] 쌍방 네트워크로 인한 신피질과 변연계 사이의 의사소통은 사고와 감정을 서로 연결시킨다. 이러한 쌍방 커뮤니케이션 네트워크로 각각의 뇌는 서로 영향을 미치고, 자발적 행동에도 직접적으로 영향을 미친다. 그리하여 기억과 감정, 사고와 행위 등은 서로 긴밀한 내적 관련을 맺게 된다.

　　우리가 흔히 신피질의 작용이라고 생각하는 학습과 기억도 **신피질과 변연계 사이의 상호작용**에 의해 일어난다고 할 수 있다. 우리의 뇌가 하나의 정보를 접하게 되면 신피질이 시각과 청각, 혹은 여러 다양한 기능을 통해서 정보를 수용하지만, 변연계의 융기의 작용에 의거하여 정보를 분리하고 처리하게 된다. 융기는 정보를 단기기억이나 장기기억으로 분류하기도 한다. 따라서 학습된 내용이 장기적으로 기억될 것인지, 단기적으로 기억될 것인지는 변연계의 융기에 달려 있다. 그런데 주목할 것은 변연계의 융기가 수용된 정보를 장기기억으로 결정할 것인지, 단기기억으로 결정할 것인지를 좌우하는 결정적인 역할이 감정의 기억을 처리하는 변연계의 "편도"에 달려 있다. 우리가 감정적으로 관련되어 있는 사건은 쉽게 망각하지 않고, 감정과 관련 없는 객관적 정보는 쉽게 망각하게 되는 이유가 여기에 있다. 변연계는 오랫동안 신피질에 비해서 학습이나 교육과 관련하여 차지하는 비중이 낮은 뇌의 부위라고 여겨왔다. 그러나 위와 같은 변연계의 활동은 변연계가 학습과 기억에 직접적으로 관계한다는 것을 단적으로 보여준다.

　　특별히 **변연계**의 활동은 종교적 체험이나 영성적 차원의 경험과 깊은 관련이 있다. 우리가 하나님과 사랑에 빠지고, 예수 그리스도와 인격적이고 감정적 관계를 형성하는 것은 변연계의 감성적 작용과 관련이 있기 때문이다. 우리가 기도하거나 찬양할 때, 하나님 앞에 영과 진리로 예배드릴 때, 뇌의 그 어떤 영역보다 변연계의 활동이 활발하게 된다. 오토는 인간의 종교적 체험 순간을 '누미노제'(numinous) 현상이라고 칭하였는 바, 그것은 두려움과 황홀함이 함께 동반되는 신비한 순간이라고 하였다. 또 "어린이 영성연구"의 헤이와 나이(Hay & Nye)는 어린이의 영성을 '신비감', '자각감', 그리고 '가치감'이라고 칭한 바 있다. 이들이 칭하는 종교적 체험의 순간들은 모두 인간의 변연계의 활동과 깊게 연결되는 활동이다.[106]

　　변연계의 활동은 인간이 무엇을 결정하고 행동에 옮기게 되는 과정에도 결정적 역할을 한다. 변연계는 인간의 감성을 관장하는 뇌이기 때문에 인간이 좋아하고 싫어하는 것을 판단하는 것과 관계한다. 신피질은 옳고 그름이 무엇인지 판단할지 모르지만, 좋고 싫음을 판단하는 변연계의 활동이 뒷받침되어야 인간은 무엇인가를 결정하고 행동으로 옮길 수 있다. 실제로 교통사고로 변연계를 다친 한 환자는 신피질이 정상이기 때문에 무엇이 옳은 것인지 그른 것인지, 사물의 모든 이치와 관계를 알고는 있었지만, 음식점에 가서 음식을 선택할 때에도, 가게에 가서 물건을 살 때에도, 모든 선택과 결정의 순간에 부인의 도움을 받지 않고는 어떠한 결정도, 어떠한 행동도 할 수 없는 증상을 보이기도 하였다. 이와 같은 사실은 변연계가 인간의 행동에 결정적인 영향을 행사한다는 것을 보여주는 단적인 예라고 할 수 있다.

이 같은 점들을 바탕으로 해서 보았을 때, 변연계는 어린이의 종교적 경험, 영적 체험, 그리고 종교적 행동과도 직접적으로 연결되고, 따라서 종교적 학습은 변연계와 연계되는 학습, 즉 감성을 터치하는 학습이 필수적으로 동반되어야 한다는 것을 알 수 있다.

다마지오(Damasio)는 뇌의 부위들은 활동의 속도가 서로 상이하다고 하였다. 신피질의 활동, 즉 인지적 활동은 신피질의 뇌신경(neuron)의 수초화(myelinated)로 인하여 점점 빨라진다고 하였다. 수초란 신경자극을 전달하는 역할을 하면서 덮개 안에 신경들을 감싸는 흰 단백질의 물질을 말하는데, 뇌신경은 이 물질로 감싸지는 수초화 현상과 나란히 자극을 전달하는 속도가 가속화된다는 것이다.[107] 그러나 변연계는 수초화되지 않는 특성을 가지고 있어서 신피질의 활동보다 속도가 느려서, 감정뇌가 인지적 뇌의 속도를 따라잡을 수 없게 된다는 것이다. 다마지오는 인지가 속력을 계속 냄에 따라 정서가 그를 따라잡지 못하게 되면, 결국 정서가 작용하지 않는 정서중립의 결과를 가져온다고 하였다. 이것은 어린이의 학습에 중요한 시사점이 된다. 우리가 어린이들에게 빠르게, 그리고 많은 양의 인지적 정보를 주는 것이 결국 그에 대한 정서적 중립 내지는 무감각을 가져온다면, 그것은 종교적 학습에 큰 도움이 되지 못한다. 베리만이 그의 가들리플레이 프로그램에서 모든 것을 천천히 진행하고, 서두를 필요가 없다고 늘 강조하는 것은 이러한 이유에서 매우 타당하다고 할 수 있다.

3) 전뇌이론

전뇌이론(Whole Brain Model)은 헤르만(Ned Herrmann)이 1970년대에 제시한 이론으로, 스페리의 좌뇌-우뇌이론과 맥린의 삼위일체 모형을 통합하고 여기에 변연계(limbic system)에 대한 관점을 추가함으로써 완성한 모델이다.[108] 헤르만은 변연계를 스페리가 제시한 좌-우반구 구분과 통합하여 좌상뇌, 좌하뇌, 우상뇌, 우하뇌의 네 가지 뇌로 구분하여 인간두뇌의 역할과 기능을 새롭게 구성하였다.

좌상뇌는 좌뇌와 피질 뇌(left cerebral)인데, 이 부분은 논리적, 수리적 문제해결 등 정량적이며 분석적 사고기능을 담당한다. 반면에 좌하뇌는 좌뇌의 특징과 변연계의 뇌를 통합한 뇌(left limbic)로 통제적, 보수적, 계획적, 조직적, 순차적 사고기능을 담당한다. 우상뇌는 우뇌의 특성과 피질의 특성을 갖는 뇌로(right cedrebral) 시각적, 통합적, 개념적, 동시적 사고기능을 담당하고, 우하뇌는 우뇌의 특성에 변연계의 특성을 통합한 뇌로(right cerebral) 대인관계와 감정, 음악, 영적인 기능을 주로 담당하는 뇌이다. 각각의 뇌의 기능들을 표로 나타내어 보면 다음과 같다.

좌상뇌(left-cerebral)	분석적, 수학적, 기술적, 문제해결
좌하뇌(left-limbic)	통제적, 보수적, 계획적, 조직적, 행정적
우상뇌(right-cerebral)	이미지적, 종합적, 예술적, 통합적, 개념적
우하뇌(right-limbic)	대인관계적, 감정적, 음악적, 영적

전뇌이론의 또 하나의 특성은 '우세성'(dominance) 개념이다. 헤르만은 우리 몸의 대부분의 경우 상반된 두 부분을 가지고 있고 그 둘 사이에 우세한 특성이 나타나는 것을 볼 수 있다고 하였다. 예를 들어 왼손잡이와 오른손잡이 중 어느 한 부분이 좀 더 우세한 것처럼 우리의 뇌의 기능도 서로 대칭적 특징 중 어느 한 부분을 향하는 우성을 나타내고 있는데, 특별히 변연계의 뇌와 피질의 뇌 사이에서 우세성이 나타난다고 하였다.

앞에서 살펴본 다양한 뇌이론들, 즉 좌뇌-우뇌이론, 삼위일체 뇌이론, 그리고 전뇌이론들은 구체적 내용으로는 차이가 있지만, 서로 공유하는 기본적인 전제가 있음을 발견할 수 있다. 이뇌, 삼뇌, 그리고 사뇌이론들은 무엇보다 먼저 인간의 뇌가 부위에 따라서 각기 상이한 기능을 가지고 있고, 각각의 뇌들은 나름대로의 사고 패턴을 가지고 있다는 사실을 밝히는 것에 주안점을 두고 있다. 그러나 이 이론들은 이에서 더 나아가 각각의 뇌들 사이의 상호작용에 관하여 밝히려 하였다. 인간의 뇌는 부위에 따라 서로 다른 사고의 스타일을 가지고 있어서 이들 각각은 한 가지의 사건에 대해서도 상이한 여러 형태의 정보처리 패턴을 가지지만, 이들 사이의 상호작용을 통하여 서로에게 영향을 미침으로 인간의 사고과정을 좀 더 다양하게 하고, 통전적 사고로 나아가게 할 수 있다는 것이다. 따라서 한 사람의 사고패턴이 소위 논리적이고 수리적 정보처리 방식에만 국한하여 있다면 이것은 뇌의 전체 기능간의 협응이 통전적으로 이루어진 결과

이기보다는 어느 한 기능에만 치우친 활동이라고 할 수 있는 것이다.

4) 다중지능이론

앞의 뇌이론들을 바탕으로 해서 보았을 때, 우리가 소위 '지능'이라고 부르는 것도 논리적 사고기능에만 국한하여 본다면 인간의 두뇌활동 전체를 재는 척도가 될 수 없다는 결론에 도달하게 된다. 전통적으로 인식되어 온 지능은 언어적 기능과 수리적 기능 중심으로 측정되어 왔는데, 이러한 지능의 개념은 "좌뇌-우뇌이론"에 의하면 단지 좌뇌의 기능만 측정하는 것이고, "삼위일체 뇌이론"에 의하면 신피질 뇌의 기능만을 측정하는 것이고, 더 나아가 전뇌이론에 의하면 좌상뇌의 기능만을 측정하는 것이 된다.

바로 이와 같은 점에 착안하여 하워드 가드너(Howard Gardner)는 소위 "다중지능"(multiple intelligence)이론을 제시하였다. 그는 전통적 지능이 주로 언어적 기능과 수리적 기능의 측정을 중심으로 이루어져 왔다는 점을 비판하면서, 그와 같은 기존의 단선적 지능 개념에서 벗어나 인간의 다양한 능력을 총괄적으로 평가하는 다중적 지능 개념이 필요함을 역설하였다. 그는 지능이 단순히 한 인간에게 타고나는 변하지 않는 능력이고, 이것은 단선적 통계처리를 통해서 밝혀지는 것이라는 기존의 생각을 비판하고, 이를 다원화하여 "지능이란 특정 문화권에서 중요한 문제해결 능력 혹은 문화적 산물을 창출해 내는 능력"이라고 보았다.[109]

가드너는 이와 같이 다양한 지능 개념 형성을 위해 우선 지능을 지능으로 간주하는 데 있어서 기준이 필요하다고 보고, 그 첫 번째 기준으로 지능과 두뇌의 관계를 제시하였다. 지능은 두뇌의 어떤 부위를 차지하고 있다는 것이 증명되어야 한다는 것이다. 각각의 지능은 신체적인 기반, 즉 뇌의 부위를 차지하고 있어서, 두뇌 손상에 의해 그 능력이 없어지거나 제한될 수 있어야 한다는 것이다.[110] 예를 들어 뇌졸중을 앓게 된 사람에게 언어기능 장애가 오는 것처럼 뇌의 기능과 지능 사이에는 직접적 관계가 있어야 한다는 것이다. 실제로 가드너는 다양한 지능들을 제시하면서 모든 지능이 뇌의 어느 특정 부분과 관련이 있는지를 밝히고 있다. 여기에서 그는 앞에서 살펴본 이뇌, 삼뇌, 사뇌의 이론들을 바탕으로 한 뇌과학적 연구결과들을 수용하고 있다. 이와 같은 전제 외에도 가드너는 지능은 독립된 형태로 관찰이 가능해야 하며, 식별 가능한 작동체제를 가져야 하고, 초심자에서 전문가에 이르는 특유의 발달과정과 진화 가능성이 있을 뿐만 아니라 실험연구나 심리학적 연구로부터 검증 가능해야 한다는 몇 가지의 기준을 설정하였다.[111]

이와 같은 기준을 바탕으로 하여 가드너는 1983년에 출판된 그의 책『사고의 틀』(*Frames of Mind*)에서 "다중지능"이라는 개념을 제시하고, 이를 일곱 가지 지능으로 나누어 각각의 특성을 설명하였는데, "언어적 지능", "논리-수학적 지능", "신체-운동적 지능", "공간적 지능", "음악적 지능", "대인관계 지능", "개인이해"(intrapersonal) 지능이 그것이라고 하였다. 후에 그는 "자연탐구 지능"을 여덟 번째 지능으로 첨가하였고, 최근에는 실존적 지능 등 다양한 지능들을 제안하였지만, 이는 아직 널리 인정되지 않았다. 그의 여덟 가지 지능을 살펴보면 다음과 같다.

첫째, **언어적 지능**은 단어의 소리 리듬, 의미에 대한 감수성이나 언어의 다른 기능에 대한 민감성 등과 관련된 능력이다. 이 지능은 전통적으로 심리학자들이 논리적 지능과 더불어 '지능'이라고 칭해왔던 것인데, 이 지능은 대뇌의 "부로카 령"(Broca's area)과 관련되어 있으면서 특별히 문법적 문장을 형성하는 것과 직결되어 있다.[112] 가드너는 이 지능을 가진 대표적인 예를 T. S. 엘리엇으로 들고 있다. 엘리엇은 열 살 때 잡지를 만들었고, 시와 기행문, 담화와 꽁트, 시사비평을 담았는데, 이는 시인의 소질을 나타내고 있는 대표적인 예라고 하였다.[113]

둘째, **논리-수리적 지능**은 전통적 지능 개념의 핵심에 서 있는 기능으로 다중지능 이론에서도 가장 중심에 위치한다고 할 수 있는 지능이다. 이 지능은 논리적 문제나 방정식을 풀어가는 정신적 과정에 관한 능력으로 추론과 체계적 사고를 주도하는 능력이다. 뇌과학적으로 볼 때에도 논리-수리적 지능은 두뇌의 특정부분과 관련되어 있다. 예를 들어 백치아가 모든 다른 능력이 모자라고 계산을 뛰어나게 잘하는 경우를 종종 보게 되는데(예를 들어 레인맨), 이것은 그에게 수리적 기능을 담당하는 뇌는 손상되지 않았음을 보여주는 것이며 이는 수학적 지능이 뇌의 어느 특수한 부분과 관련이 되어 있다.[114] 이 지능을 가진 대표적 예로 가드너는 바바라 맥클린톡(Babara McClintock)을 들고 있다. 그녀는 미생물학에 끼친 공로로 노벨 의학 생리학상을 받았는데, 그녀가 가진 연역적 사고와 관찰력은 소위 '과학적' 사고인 논리-수학적 지능을 설명하고 있다고 하였다.[115]

셋째, **공간적 지능**은 시공간적 세계를 정확하게 인지하는 능력뿐만 아니라 건축가, 미술가, 발명가 등과 같이 3차원의 세계를 잘 변형시키는 능력이다. 따라서 이 지능은 공간적 지능으로 항해라든가 지도를 읽을 때 필요하고, 체스 게임을 하거나 다른 각도에서 보여진 물체를 시각화할 때도 요구되는 능력이다. 공간적 지능은 색깔, 선 모양, 형태, 공간, 그리고 이런 요소들 사이의 관계에 대한 민감성과 관련이 있다. 뇌과학적 연구에 의하면 인간 두뇌의 우측 반구가 공간적 지능에 관련되어 있으며, 공간적 지능은 시각능력과 관계가 깊다. 이 지능의 대표적 예로 가드너는 나디아(Nadia)를 들고 있다. 이 아동은 심한 자폐증을 앓고 있었지만, 그럼에도 불구하고 놀라울 정도로 정확하고 섬세하게 그림을 그릴 수 있었다.

넷째, **신체-운동적 지능**은 운동, 균형, 민첩성, 태도 등을 조절할 수 있는 능력이다. 가드너는 이 지능을 문제해결 능력으로 보기에는 다소 직관적이지 못하다고 했다. 그러나 감정을 표현하고(무용에서처럼), 게임을 하며(운동시합), 새로운 것을 창조해 내기(발명품을 만들어 내는) 위해 몸을 움직이는 것은 분명히 신체활동의 인지적 능력을 포함하는 증거이다. 신체-운동적 지능은 우리 뇌의 대뇌피질에 위치하여 있고, 이 기능은 뇌의 손상을 통해 마비될 수도 있다. 특수한 운동장애인 '아프락시아'(apraxia)는 곧 신체-운동적 지능이 별도로 존재함을 증명해 주는 예이다.[116] 이 지능의 대표적 예로 가드너는 베이브 룻(Babe Ruth)을 들고 있다.

다섯째, **음악적 지능**은 소리, 리듬 진동과 같은 음의 세계에 대한 감각을 예민하게 느끼는 능력이다. 이 지능은 음악의 형태를 감지하고, 음악적 유형을 구별하며, 다른 음악의 형태로 변형시키는 기능을 담당한다. 이 음악적 능력은 가드너에 의하면 뇌에서 특별한 위치가 정해져 있는 것은 아니지만, 주로 우측 뇌의 신경조직에 몰려 있다고 하였다.[117] 우측 뇌에 손상을 입은 사람들 중 음악적 감수성이 둔화되는 음치현상이 나타나는데, 이것이 바로 그 증거라는 것이다. 음악적 지능을 가진 대표적인 사람으로 가드너는 바이올린이스트 예후디 메누힌(Yehu디 Menuhin)을 들고 있다. 그는 세 살 때, 그의 부모와 함께 미국 센프란시스코 오케스트라 음악회에 참석하고, 루이 퍼싱어로부터 사사를 받아 열 살 되던 해에 국제적인 연주가가 되었다.

여섯째, **대인관계(interpersonal) 지능**은 다른 사람들과 교류하고, 이해하며, 그들의 행동을 해석하는 능력이다. 다른 사람들의 기분, 감정, 의향, 동기 등을 인식하고 구분할 수 있는 능력과 얼굴 표정, 음성, 몸짓 등에 대한 감수성, 대인관계에서 나타나는 여러 가지 다양한 힌트, 신호, 단서, 암시 등을 변별하는 역량, 또한 효율적으로 대처하는 능력이다.[118] 두뇌연구를 통하여 볼 때, 전두엽(frontal lobes)이 대인관계 지능에 큰 역할을 한다. 여기에 손상이 가면 물론 다른 문제해결 능력에는 지장을 주지 않지만 성격 변화를 가져오며 종종 "전혀 다른 사람"이 되어 버린다.[119] 가드너는 이 지능을 지닌 대표적 인물로 헬렌켈러를 가르친 앤 설리반을 들고 있다.

일곱째, **개인이해 지능(intrapersonal intelligence)**은 자기 자신을 이해하고 느낄 수 있는 인지적 능력을 말한다. 이 지능은 인간의 내면을 이해하는 지식, 즉 자신의 감정이나 기분에 개입하여 이런 가정을 분석하고 분류한 후 그 각각에 이름을 붙여서 자신의 행동을 이해하고 수정해 가는 능력이라고 할 수 있고, 이러한 개인이해 지능이 높은 사람은 자신이 원하는 분명한 자신만의 모형을 가지고 있다. 개인이해 지능은 뇌의 전두엽과 관련이 있다. 이 전두엽은 하부에 손상이 오면 자기도취, 초조감을 일으키며, 전두엽의 상부의 손상은 무관심, 태만감, 우울증의 한 종류인 냉담심을 유발한다.[120] 이 지능을 소유한 대표적 예로 가드너는 버지니아 울프(Veiginia Woolf)를 들고 있다.

여덟째, **자연탐구 지능**(naruralist intelligence)은 다중지능이론의 목록에서 가장 최근에 올라온 것으로 자연 현상에 대한 유형을 규정하고 분류하는 능력을 말한다. 원시 사회에서는 어떤 식물이나 동물을 먹을 수 있는지를 그들의 자연탐구 지능에 의존하여 알아냈다. 현대사회에서는 기후 형태의 변화에 대한 감수성과 같은 것이 자연탐구 능력을 잘 나타내어 준다고 할 수 있다. 생물학자, 자연탐험가, 물리학자, 자연치유자 등의 사람들에게 이 지능의 탁월성이 나타난다.

〈다중지능이론〉

지능	특성	관련된 뇌	대표적 예
언어 지능	단어의 소리 리듬, 의미에 대한 감수성이나 언어의 다른 기능에 대한 민감성 등과 관련된 능력	대뇌의 부로카 령 (Broca's area)	T. S. 엘리엇
논리-수학 지능	논리적 문제나 방정식을 풀어가는 정신적 과정에 관한 능력으로 추론과 체계적 사고를 주도하는 능력	두정엽	바바라 맥클린톡
공간 지능	시공간적 세계를 정확하게 인지하는 능력뿐만 아니라 건축가 미술가 발명가 등과 같이 3차원의 세계를 잘 변형시키는 능력, 색깔 선 모양 형태 공간 그리고 이런 요소들 사이의 관계에 대한 민감성과 관련	두뇌의 우측반구	나디아
신체-운동 지능	운동, 균형, 민첩성, 태도 등을 조절할 수 있는 능력	대뇌 피질	베이브 룻
음악 지능	소리, 리듬 진동과 같은 음의 세계에 대한 감각을 예민하게 느끼는 능력, 음악의 형태를 감지, 음악적 유형 구별, 다른 음악의 형태로 변형	우측뇌의 신경조직	예후디 메누힌

지능	특성	관련된 뇌	대표적 예
대인관계 지능	다른 사람들의 기분, 감정, 의향, 동기 등을 인식하고 구분할 수 있는 능력, 얼굴표정, 음성, 몸짓 등에 대한 감수성, 대인관계에서 나타나는 여러 가지 다양한 힌트, 신호, 단서, 암시 등을 변별하는 역량 또한 이들에 효율적으로 대처하는 능력	전두엽 (frontal Loves)	앤 설리반
자기이해 지능	인간의 내면을 이해하는 지식, 즉 자신의 감정이나 기분에 개입하여 이런 감정을 분석하고 분류한 후 그 각각에 이름을 붙여서 자신의 행동을 이해하고 수정해 가는 능력	전두엽	버지니아 울프
자연탐구 지능	자연현상에 대한 유형을 규정하고 분류하는 능력	두뇌의 우측반구	

이상에서 살펴본 바와 같은 가드너의 다중지능이론이 지향하는 핵심적 전제는 인간 지능을 통전적으로 본다는 것이다. 인간은 하나의 지능이 아니라 일련의 지능(set of intelligences)을 소유하는 존재라는 것이다.[121] 모든 개인은 이 여덟 가지 지능을 가지고 있고, 실제로 지능들은 항상 서로 교류하면서 작용한다. 예를 들어 요리를 한다고 할 때에도 먼저 요리법을 읽어야 하고(언어적 지능), 요리의 단계를 정하며(논리-수학적 지능), 재료에 들어 있는 요소들과 인체에 미치는 영향들을 고려하고(자연탐구적 지능), 실제적 요리의 단계에서 썰기와 씻기, 만들기 등의 신체적 기술(skills)을 사용해야 할 뿐만 아니라(신체-운동적), 가족의 취향을 고려하고(대인관계 지능), 미학적으로 담아내는 일(공간적 지능)에 이르기까지 모든 지능의 협응이 요청되는 것을 생각해 볼 수 있다.

이처럼 인간의 일상적 행위 자체가 지능의 통전적 상호작용을 요청하는 것처럼 인간은 근본적으로 다중적 지능을 모두 소유하고 있다. 여덟 개의 지능은 개개인마다 서로 다르게 독특한 형태로 혼합되어 있는데, 여기에서 개인의 독특성(individuality)이 나타난다.[122] 이 과정에서 어느 한 영역, 혹은 두 영역에 강점을 보이는 사람이 있을 수 있고, 혹은 모든 영역에 걸쳐서 균형 있게 탁월성을 보이는 사람이 있을 수 있다. 따라서 가드너는 개개인이 갖고 있는 지능적 특성을 어떻게 잘 발전시키느냐 하는 문제가 도전이 되는 중요한 과제라고 하면서, 개개인의 지능적 특성에 맞는 교수 학습법 개발과 더 나아가 개인의 통전적 지능의 향상을 가져올 수 있는 교수 학습법이 개발되고 사용되어야 한다고 하였다. 그는 각각의 지능에 적합한 교수-학습방법을 제안하였는바, 이를 정리해 보면 아래의 표와 같다.[123]

지능	학습자의 특성	학습 방법
언어 지능	듣는 기술이 매우 발달하였고, 독서와 작문을 즐기며, 언어게임을 좋아한다. 이름, 날짜, 장소를 잘 기억하고, 컴퓨터 워드프로세서 치는 것을 좋아한다.	문자적 발표, 대그룹/소그룹 토의, 쓰는 활동, 연습문제, 언어 게임, 이야기하기, 토론, 학술조사 연구과제, 독서, 강의듣기
논리-수리적 지능	패턴과 관련성 탐구하는 것을 좋아하고, 순차적으로 활동하는 것을 선호하며, 문제 푸는 것을 좋아한다. 논리적으로 추론하고, 모르는 것이 무엇인지 시험하는 실험을 한다.	문제풀기, 논리적 퍼즐 또는 게임, 범주화하기, 패턴을 차례로 나열하기, 윤곽잡기, 도표나 그래프 그리기, 예측하기, 수학적 계산하기
공간적 지능	예술 활동을 좋아하고, 시각적 개념을 선호하며, 지도, 도표, 도식 읽는 것을 잘하고, 퍼즐 맞추기를 좋아하며, 이미지와 그림으로 생각한다.	사진, 비디오, 슬라이드, 포스터, 지도, 도식을 통해 개념을 시각화하기, 다양한 매체를 사용하여 형태, 색상, 디자인으로 표현하기
신체-운동적 지능	독특하고 숙련된 방법으로 자기 몸을 사용하고, 밖에서 하는 활동을 좋아한다. 학습과 신체적 감각을 통한 정보처리에 있어서 손을 사용하는 것을 선호한다. 움직이는 것과 물건 만드는 것을 좋아한다.	게임, 모의 실험, 극화, 인형극, 움직임, 이야기가 담긴 활동, 만들기, 노래하기, 찰흙빚기, 조종하기, 수작업
음악 지능	주위의 소리에 민감하고, 음악을 즐기며, 리듬감이 좋다. 음악의 구조를 이해하고 악기 연주를 좋아하며, 곡조를 꾸민다.	악기 연주하기, 율동, 노래 만들기, 합창, 녹음 듣기, 그룹으로 노래하기, 손뼉치기, 두드리기, 시, 리듬감 있게 움직이기
대인관계 지능	그룹활동을 즐기고, 다른 사람의 아이디어에 의해 자극받는다. 협력과 공동작업을 잘하고, 다른 사람의 감정에 민감하며, 지속적인 관계를 발전시킨다.	그룹 토의, 브레인스토밍, 대화, 모의연습, 역할극, 동료 지도하기, 소그룹/대그룹 상호작용, 갈등 중재
자기이해 지능	자신의 내면 세계에 파장이 맞춰져 있고, 독립적으로 일하는 것을 좋아한다. 자기 확신감을 보이고, 자기의견이 강하며, 따로 일하는 것과 조용한 공간을 즐긴다.	독립적인 연구, 자기 진도에 맞춰 학습할 수 있는 교육, 개인 연구과제, 일지쓰기, 명상, 안내를 받은 학술조사, 독서, 반성을 위한 개인시간
자연 지능	자연 세계로 파장이 맞춰져 있고, 바깥에 있는 것을 좋아하며, 자연현상에 민감하다. 동물과 함께 있으면 편하고, 애완동물, 식물 돌보는 것을 좋아하며, 자연과학을 좋아한다.	들판 여행, 자연물 전시, 박물관 방문, 식물군과 동물군 이름짓고 분류하기, 자연과 다른 존재들 사이의 비슷한 점 유추하기, 실험을 이끌기

위의 표에서 보는 바와 같이 각각의 지능들에는 그에 적합한 학습 방법이 있다. 따라서 모든 여덟 가지의 지능을 고루 사용하는 학습의 방법이 되기 위해서는 각각의 지능에 적합한 다양한 교수-학습의 방법들이 통전적으로 시도되어야 한다는 것을 알 수 있다.

3. 신앙은 어떻게 가르치고 배울 수 있는가?

위에서 우리는 인간의 뇌와 지능이 다양한 측면을 가지고 있고, 따라서 각 측면에 맞는 다양한 학습방법들이 통전적으로 모색되어야 함을 살펴보았다. 그러나 이와 나란히 우리는 인간의 '신앙' 자체도 다양한 측면을 가지고 있다는 것을 주목할 필요가 있다. 어린이를 위한 교수-학습의 목표가 결국 어린이의 신앙을 성장시키는 것에 있다면, 우리는 신앙의 다양한 측면을 살피고, 각 측면에 적합한 교수-학습 방법들을 모색할 필요가 있다.

1) 신앙의 구조

성서는 신앙이 무엇보다 하나님으로부터 오는 선물이라고 분명히 말씀하지만(엡 2:8), 이와 나란히 인간이 그에 응답하는 형태는 다양하다는 것을 증거하고 있다. 인간은 끈기 있게 '믿음'으로 응답하기도 하고(사 7:9), 하나님을 "신뢰하는 것"으로 응답하기도 하며(고전 1:9), 하나님과 예수 그리스도를 "아는 것"으로 응답하기도 한다.(골 1:6, 고후 2:14, 빌 3:8f.) 성서에 나타나는 신앙과 관련된 표현은 신뢰, 인정, 확신, 통찰, 인식, 응답 등 다양한 개념으로 나타나고 있는 것을 볼 수 있다.[124]

이와 같은 신앙의 다측면적 요소들을 개혁자 멜란히톤은 그의 『기독교 개요』에서 **지식(notitia)**, **인정(assensus)**, 그리고 **신뢰(fiducia)**라고 하는 세 요소로 설명하였다.[125] 지식이란 하나님이 누구라고 하는 것에 대하여 아는 것이고, 인정은 하나님이 계심을 믿는 것이며, 더 나아가 신뢰란 지식과 인정 위에서 그와 인격적 관계를 맺고 그를 의지하여 사는 것을 말한다. 우리는 하나님을 알지 못하고는 그를 인정할 수 없고, 그를 인정하지 못하면 신뢰할 수도 없다. 따라서 지식과 인정, 신뢰는 신앙에서 빼놓을 수 없는 세 요소라고 하였다.

틸리히(P. Tillich)도 신앙은 인간의 전 인격적 행동으로 '**의지**'와 '**지식**', '**감정**'이 그 안에 함께 참여하는 것이라고 보았다. 지적 승인과 정서적 참여는 서로 뗄 수 없는 관계에 있고, 이는 더 나아가 복종이라는 의지적 행위와도 서로 함께 연결되어야 한다.126) 이와 같이 신앙의 구조에 관한 이해를 살펴볼 때 우리는 신앙에서 인지적 측면과 감정적 측면, 그리고 행위를 이끌어가는 의지적 측면은 서로 뗄 수 없이 연결되는 요소라고 하는 점을 알게 된다. 비슷한 맥락에서 기독교교육학자 그룸(Th. Groome)도 신앙의 구성요소들을 "지적인 차원"(believing), "정적인 신뢰관계의 차원"(trusting), 그리고 "행동적 차원"(doing)으로 제시하고 있다.127) 그는 인간의 정신을 지·정·의 세 요소로 나누고 있는 전통적 인간이해의 기반에서 믿는 것과 신뢰하는 것, 그리고 행하는 것을 기독교 신앙교육에서 통전적으로 결합하는 "활력 있는 실재"로서의 기독교 신앙을 구현하는 길이라고 하였다.

이들 외에도 니버(H. Richard Niebuhr)는 신앙을 형성하는 요소들을 '신념', '관계', '헌신', '신비', '순종', '하나님 사랑', '하나님 나라를 위한 봉사'라고 하는 일곱 가지로 지칭한 바 있고, 파울러는 '논리의 형태', '관점의 채택', '도덕 판단의 형식', '사회 의식의 테두리', '권위의 장소', '세계관의 형태', '상징적 기능'이 신앙을 이루는 일곱 가지 요소들이라고 보았다.128)

이 같은 입장들은 신앙을 구성하는 요소들이 얼마나 다양할 수 있는지를 잘 보여주는 예이다. 우리가 신앙을 갖는다는 것은 단순히 신앙의 내용을 아는 것에서 그치는 것이 아니라, 그것이 우리의 의미 체계를 형성하고, 그것으로부터 가치관과 도덕 판단의 방향을 제시받는 것이며, 그를 바탕으로 행동하며, 또한 하나님과 사람의 관계를 형성하게 되는 기준을 갖게 되는 일이다. 그렇게 볼 때 신앙은 인간의 전인적이고 통전적 측면을 모두 아울러서 관계한다고 할 수 있다. 따라서 어린이를 위한 "교수-학습" 활동이 어린이의 신앙 성장을 목적으로 하는 활동이라면, 그것은 신앙의 모든 측면을 고려해야 하고, 각각의 측면에 적합하고 합당한 방법들이 선택되어야 한다는 것을 의미한다.

2) 신앙의 교수법

이와 같은 점을 바탕으로 하여 기독교교육의 영역에서는 신앙의 요소들을 고려하여 각 요소에 적합한 신앙 교수법을 모색하는 노력이 시도되어 왔다. 오스머(R. R. Osmer)는 신학자 리차드 니버(H. Richard Niebuhr)가 제시한 신앙의 일곱 가지 요소 중 네 요소들, 즉 신념, 관계, 헌신, 신비의 요소를 선택하여 각 요소에 적합한 신앙의 교수법을 제안하였다.129) 그는 '신념'이 하나님의 실재에 대한 앎의 차원이라면, '관계'는 예수 그리스도를 통하여 드러내신 하나님에 대한 신뢰의 관계로 신앙의 중요한 요소라고 하였다. 또한 '헌신'이란 어떤 것을 향한 깊이 있고 지속적인 관심을 드러내 주는 개념인데, 개인이 그가 맺고 있는 하나님과의 관계에 바치는 열심과 봉헌이라고 하였다.130) '신비'는 신앙이 갖고 있는 중요한 부분으로서 우리가 알고 있는 하나님에 대한 지식이 한계가 있음을 수용하고 자신의 유한함에 비하여 하나님의 무한함과 그의 타자성을 인정하는 것이다. 절대타자로서의 하나님이 우리의 삶과 우리를 둘러싸고 있는 세계에서 활동하는 것을 인정하는 것이 신비의 차원인 것이다. 오스머는 각각의 요소들을 교육할 수 있는 방법을 제시하였는바, **지식 전달을 위한 강의법, 관계를 위한 토의법, 헌신을 위한 이야기 해석법, 신비를 위한 역설법** 등을 제시하고 있다.

반면, 리틀(S. Little)은 그의 책 『신앙의 교수법』131)에서 신앙(faith)이라는 단어대신 신념(belief)이라는 단어를 사용하면서 신념과 관계된 요소들을 다섯 가지로 제시하고 있다. 즉 "**정보처리과정**", "**집단상호작용**", "**간접의사소통**", "**인격발달**"과 "**행동과 반성**"이다.132) "정보처리과정"이란 신앙(신념)의 인지적 차원으로 이해와 생각하기와 관련이 있는 개념이라면, "집단상호작용"은 신앙의 공동체성을 지시하는 개념이다. 신앙은 신앙공동체 안에서 형성되고 유지되며 개혁되고 구체화된다. 신념이란 일·신앙설득력의 구조로서 공동체와 생각 안에서 형성되기 때문에 집단의 상호작용은 신앙의 중요한 요소라고 할 수 있다. "간접의사소통"이란 이성적 통로나 지시적 가르침을 통해서가 아니라 실존적이고 주관적인 만남의 체험을 통해서 얻게 되는 신앙의 측면을 지칭하는 말이다. "인격발달"의 측면은 신앙이 갖는 자아의식 형성과 인격발달의 측면을 지칭하는 것이고, "행동과 반성"의 측면은 신앙의 의지적 측면과 행동적 측면을 말하는 것으로 행동과 반성의 상호작용, 즉 행동하면서 생각하고, 생각하면서 행동하는 측면을 지칭한다. 리틀은 그 다섯 가지의 요소를 "**생각하기**", "**참여하기**", "**만나기**", "**깨닫기**"와 "**행동하기**"로 표현하면서 각각의 영역에 필요한 교수모델들을 제시한 바 있다.133)

위의 두 사람이 제시하고 있는 바와 같이 신앙의 요소들은 각각의 특징에 맞는 교수법이 필요하다. '지식'의 요소에는 정보를 습득할 수 있는 방법이, '관계'적 요소에는 관계형성을 지원하는 방법이, '행동'의 요소를 위해서는 행동을 결단하고 수행하며 반성할 수 있는 방법이, 그리고 '신뢰'의 요소에는 감정적인 터치가 일어나는 방법이 각각 필요하다. 그런 의미에서 기독교교육이 어린이에게 신앙의 모든 측면들이 균형 있게 발달할 수 있도록 돕는 것이 되고자 한다면, 그것은 무엇보다 먼저 신앙의 요소들을 주의 깊게 살피고, 각각의 요소들에 적합한 교수-학습 방법을 개발하고 사용할 수 있어야 할 것을 요청한다.

4. 어린이의 신앙형성을 위한 교수-학습 방법

본서는 어린이를 위한 신앙교육의 핵심적 목적을 "**하나님 경험하기**"로 본다. 신앙은 결국 신앙의 대상이신 삼위일체 하나님을 경험하는 것으로부터 출발하는 것일 뿐만 아니라, 또한 지속적인 하나님 경험을 통해서 성장하기 때문이다. 따라서 어린이를 위한 교수-학습이 어린이의 신앙성장을 목적으로 하는 것이라면, 그것은 어린이로 하여금 하나님을 경험하도록 하는 통로가 되어야 한다.

우리가 하나님을 경험하는 것은 다양한 통로로 일어난다. 우리는 하나님 '**알기**'를 통해 하나님을 경험할 수 있고, 또한 감성을 통한 하나님 '**느끼기**'를 통해서 하나님을 경험할 수도 있다. 그뿐만 아니라 하나님과 "**관계형성하기**"를 통해 하나님을 경험할 수 있고, 하나님께 "**헌신하기**", 즉 하나님께 헌신하는 행동을 통해서 하나님을 경험할 수 있다. 그리고 그 무엇보다 하나님의 초월성을 "**영적으로 경험하기**"의 신비를 통해서도 하나님을 경험할 수 있다. 이 모든 통로들이 우리가 하나님을 경험할 수 있는 통로들이고, 이 통로들은 동시에 신앙의 요소들이 된다. 따라서 하나님 경험하기는 알기의 '지식'적 측면, 느끼기의 '감성'적 측면, 그리고 관계맺기의 '관계'적 측면과 헌신하기의 '헌신'적 측면, 그리고 하나님의 초월성을 영적으로 체험하는 '신비'의 측면의 다섯 가지로 정리될 수 있다. 각 측면과 각 측면을 위한 교수-학습의 방법들을 살펴보도록 하자.

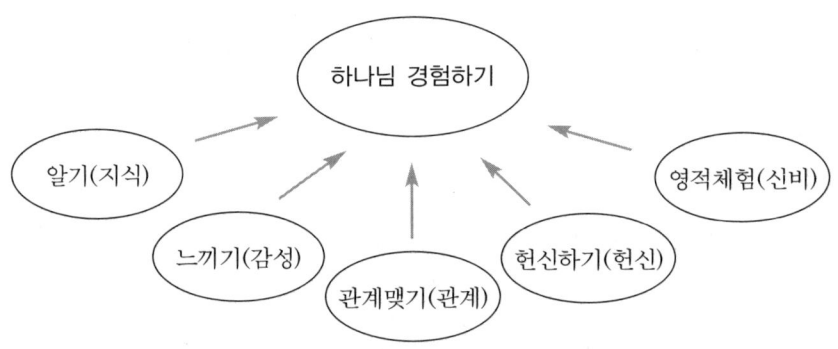

〈신앙의 요소들과 교수학습의 영역들〉

1) 지식적 측면의 교수방법

신앙은 하나님이 누구인지 아는 것으로부터 출발한다고 할 만큼 지식적 측면은 신앙에서 매우 중요한 요소라고 할 수 있다. 성서도 "우리가 다 하나님의 아들을 믿는 것과 아는 일에 하나가 되어 온전한 사람을 이루어 그리스도의 장성한 분량이 충만한 데까지 이르리니"(엡 4:13)라고 할 만큼 아는 일은 중요한 요소이다.

신앙의 관점에서 볼 때 아는 것이란, 하나님이 어떤 분인 것을 아는 것과 예수님이 그리스도라고 하는 점을 아는 것, 그의 삶과 가르침을 아는 것, 성서의 내용을 아는 것, 교회의 교리적 가르침을 아는 것, 또한 기독교인으로서 어떠한 가치관을 가져야 하는지 아는 것 등이라고 할 수 있다. 자신이 믿는 대상이 무엇인지 아는 것은 신앙의 가장 본질적인 것이고, 지적 요소는 신앙의 가장 중요한 요소 중 하나라고 할 수 있다. 전통적으로 기독교교육이 지적인 측면에 강조를 두었던 이유도 바로 여기에 있다고 할 수 있다.

인지적 영역의 특성은 주로 정보를 제공하고 이해하고 처리하는 과정을 중심으로 다루는 영역이라고 할 수 있다. 따라서 이 영역의 **교수방법**은 지식의 정의, 이해, 분석, 해석, 분류, 회상 등을 목적으로 하고, 이들은 주로 성서내용과 교회의 교리적 가르침, 교회의 역사와 신앙고백, 신조 등과 관련된 내용을 다룰 때 사용된다. 많이 사용되는 교수법은 강의법, 질문법, 귀납적 성서공부법, 프로그램 학습법이나, 선행조직자(advanced organizer), 개념획득(concept attainment)과 같은 방법이다. 이 영역에서의 교사의 역할은 주제를 적절히 조직하고 구성하여 제공하는 정보제공자이며, 동시에 학생의 학습 동기를 유발하고, 생각하기를 유도하며 학습의 속도 등을 통제하는 조절자라고 할 수 있다.

2) 감성적 측면의 교수방법

인지적 측면이 머리와 관련된 것이라면 정서적 측면은 가슴과 관련된 것이다. 신앙의 내용을 지적으로 잘 인식하였다 하더라도 그것을 가슴으로 받아들이지 않으면 살아 있는 신앙이라고 할 수 없고 진정한 인격적 신앙이 된다고 할 수 없다. 따라서 신앙의 감성적 측면은 신앙의 매우 중요한 측면이라고 할 수 있다. 예수님께서도 이 세상의 첫째 가는 계명은 "네 마음을 다하고 목숨을 다하고 뜻을 다하고 힘을 다하여 주 너의 하나님을 사랑하는 것"이라고 하셨다.(막 12:30) 예수님은 우리에게 하나님을 알라고 하지 않으시고 사랑하라고 하셨고, 사랑하되 마음을 다하여 하라고 하셨다. 마음을 다하라는 말은 차가운 머리로만이 아니라 뜨거운 가슴과 열정과 깊은 감성적 유대를 가지고 사랑하라는 것이다. 따라서 진정한 신앙은 감성적 측면 없이 이루어질 수 없다.

신앙의 감성적 측면은 하나님과 예수님께 대한 깊은 신뢰와 그를 사랑하는 마음, 그리고 그를 향한 열정을 포함한다. 또한 그를 의지하고, 그가 나의 삶을 이끄실 것에 대한 희망과 더 나아가 하나님 나라에 대한 간절한 소망을 포함한다. 또한 하나님의 기쁨과 아픔을 나의 기쁨과 아픔으로 여길 수 있는 감성을 의미한다.

감성적 측면의 **교수방법**은 정서적 감동, 진리의 내면적 깨달음과 실존적 만남 등을 목적으로 하는 교수법이고, 주로 감사, 찬양, 회개, 소망, 사랑, 위로 등과 같은 정서 형성과 심층적 깨달음 등이 관련될 때 사용된다. 간접적 의사소통, 예술적 방법(영화, 그림, 음악, 연극, 춤 등), 예전, 이야기법, 비유법 등이 이에 해당되는 교수법들이다. 교사의 역할은 학생의 정서적 자극에 적절한 환경을 구성하고, 감정을 불러일으킬 수 있는 다양한 예술적 매체를 사용하여 상상력을 불러일으키는 일이다. 이 방법은 교사가 응답을 강요하지 않고, 학생 안에서 자발적으로 일어나는 반응을 기다려야 한다는 특성이 있다. 학생은 참여하는 과정을 통해 진리에 자신을 개방하고 실존적 의미에 몰입하고 발견하며, 스스로 결단과 응답하는 역할을 한다.

3) 관계적 측면의 교수방법

이미 감성적 측면에서 나타난 것과 같이 신앙은 살아계신 하나님과 역동적인 관계를 맺는 일이다. 따라서 신앙에서 관계적 측면은 결정적이고, 본질적인 요소이다. 신앙은 또한 하나님만이 아니라 더불어 살아가는 이웃과도 바른 관계를 맺는 것을 포함한다. 그래서 예수님도 하나님을 사랑하는 것이 첫째 계명이고, 이웃을 사랑하는 것이 두 번째 계명인데, 그 둘이 바로 가장 큰 계명이라고 하셨다. 하나님과의 역동적 관계, 사람과의 바른 관계, 더 나아가 세상과 자연과의 바른 관계는 신앙의 핵심적 요소라고 할 수 있다.

신앙에서 이렇게 관계적 측면이 중요한 만큼, 신앙은 관계를 통해서 성장한다. 우리는 우리의 신앙이 신앙공동체인 교회 안에서의 관계를 통해 자극되고 성장해 온 경험을 가지고 있다. 교회와 교회 안의 관계는 신앙이 성장할 수 있는 토양이자 통로이다. 관계란 혼자서가 아니라 나와 하나님, 나와 다른 사람이라고 하는 둘 이상의 상호적인 작용이 있을 때 생기는 것이다. 따라서 관계적 측면의 성장도 관계를 맺음으로써만 일어날 수 있다. 어린이가 이미 태어나는 순간부터 엄마와 형제, 그리고 친구들과 관계를 상호작용하면서 인간관계의 기술을 습득하는 것처럼, 이들은 신앙에 있어서도 관계적 경험을 통해 성장한다.

관계적 영역의 **교수방법**은 공동체 안에서의 친교, 그리스도의 몸으로서의 교회 세우기, 지체들 간의 상호작용 형성 등과 관련된 내용에 적용되는 방법들이라고 할 수 있다. 토의법, 협동학습법, 집단탐구법, 케이스스터디, 인간관계 훈련, 역할극과 같은 방법들이 주로 사용되며, 교사는 공동체 활동에 능숙한 인도자의 역할을 해야 한다. 학생은 공동체의 활동에 참여하고, 다른 학습자들과 상호작용하며, 협동적 탐구와 의사결정에 참여하는 역할을 해야 한다.

4) 헌신적 측면의 교수방법

진정한 신앙은 하나님께 자신과 자신의 삶을 드리는 헌신으로 나타나고, 헌신의 결과가 신앙적 행위가 되는 것이라고 할 수 있다. 그래서 신앙은 다른 무엇보다 행동적 측면과 관련이 있다. 성서도 헌신의 행위가 없는 믿음은 헛것이라고 하였고(약 2:20), 신앙과 헌신적 행위의 관계는 뗄 수 없는 관계라고 할 수 있다. 신앙은 단순히 알고 느끼는 것을 넘어서 통전적으로 우리의 삶과 연결되어 있어서 삶의 모든 순간 우리의 행동을 결정하는 힘이라고 할 수 있다. 예수님을 만난 제자들이 자신의 생업을 던져버리고 그를 따랐던 것, 사도 바울 선생님이 예수님을 만나고 기독교인을 박해하던 삶을 청산하고 복음을 전하는 삶으로 전환하였던 것 등을 볼 때 신앙이란 구체적인 헌신의 행동과 직접적으로 관련이 있는 것이다. 믿음은 바라는 것들의 실상인 것처럼 믿음이 있다는 것은 바라는 것이 이미 여기에서 현실이 된 것같이 살아가고 행동하는 것이다. 하나님 나라에 대한 믿음이 있는 사람은 하나님의 나라가 여기에 이루어진 것처럼 하나님 나라의 백성으로 살고 행동하는 것이다. 따라서 행동의 측면은 신앙이 구체적으로 드러나는 통로와 같다고 할 수 있다. 우리가 한 사람의 신앙이 성숙했다고 할 때도 많은 경우 그 사람의 헌신된 행동을 통해 미루어 짐작하기도 한다. 즉 행동적 측면은 기독교교육의 핵심적인 과제라고 할 수 있다.

헌신적 측면의 **교수방법**은 주로 신앙을 행위로 구체화하는 것, 성서말씀의 행동적 적용, 행위와 반성의 상호작용 등에 기여하는 것을 목적으로 하며, 진리의 행함, 제자직과 시민직의 수행, 봉사, 선교, 정의와 평화 실현, 생태계 보존 활동 등과 같은 내용과 관련된 곳에서 사용된다. 주로 사용되는 교수법으로는 행동-반성법, 이야기방법, 문제해결방법, Shared Praxis 방법, 선교여행 등을 들 수 있다. 교사의 역할은 문제의 성찰과 의식화 유도, 문제해결, 행동의 성찰, 말씀을 행동으로 구현, 그리고 행동의 반성 등을 유도하는 것에 초점이 놓여 있고, 학생은 문제에 대한 성찰, 행동을 위한 결단, 행동의 반성 등의 역할을 한다.

5) 신비적 측면의 교수방법

신앙은 신비이다. 신앙은 도덕과 윤리, 그리고 철학을 포함하지만, 단순히 그것에만 그치는 것은 아니다. 신앙은 우리와는 존재양식 자체가 다른 초월적 하나님을 경험하는 것이고, 그것은 그 자체로 신비의 사건이다. 신앙은 우리의 삶이 눈에 보이지 않지만 초월적인 하나님의 힘에 의해 인도되고 있다는 것을 인정하는 것이고, 우리가 모든 것을 다 알 수 없다는 것을 인정하는 것이다. 우리가 신비(mystery)라는 단어를 이해 불가능하고 설명 불가능한 상황에서 사용하는 것이 바로 그러한 이유이다. 초월적 하나님을 경험하는 신비의 사건으로서의 신앙은 하나님의 성령의 감동으로만 주어지는 사건이기에, 인간의 오감을 포함하지만 동시에 이를 뛰어넘는 **'영성적' 체험**이다.

성서에 나타난 수많은 사람은 초월적인 하나님을 만나는 신비의 사건을 경험하였다. 모세가 불이 붙었지만 타지 않는 가시떨기 나무를 통해 하나님을 만났을 때도 그랬고, 이사야가 성전에서 보좌에 앉으신 주님을 보았을 때도 그러하였다.(사 6:1-5) 하나님께서 자신을 계시해 주시며 만나주신 에스겔, 예레미야, 호세아, 아모스, 바울과 같은 사람들도 크고 작은 신비를 경험하였다. 그것을 경험한 후 이들은 중심으로부터 새롭게 변화되었다. 신앙은 바로 이러한 신비의 요소를 포괄하는 개념이다. 이 신비야말로 신앙을 신앙되게 하는 특별한 요소이다.

오토는 하나님을 만나는 체험을 '누미노제'(numinous)의 체험이라고 칭하면서, 이 순간은 두려움과 황홀이 함께 오는 순간이라고 하였고, "어린이 영성" 연구는 이를 "감탄과 경이"(owe and wonder)의 순간이라고 칭하였다. '신비'적 측면의 **교수방법**은 어린이로 하여금 초월적 하나님과 대면하고, 그를 영적 차원에서 체험하며, 이를 통하여 감탄과 경이를 경험하게 하는 것과 관계되는 교수방법이다. 따라서 신비적 측면의 교수방법은 인간인 교사가 가르침을 기획하는 방법이기보다는, 성령님이 스스로 가르칠 수 있도록, 그에게 자리를 내어 드리고, 그를 위한 공간을 창조하는 방법이다. 예전, 묵상, 기도, 렉치오디비나, 인도된 묵상(guided meditation), 이야기, 은유, 예술적 방법 등이 이에 해당하는 교수방법이다. 그렇기 때문에 교사는 학습자가 초월적 하나님을 경험할 수 있는 환경을 조성하고, 학습자가 하나님을 대면하고, 그와의 관계 안에 머물 수 있도록 인도하는 역할을 해야 하고, 학습자는 진리를 대면하고, 초월적 하나님 앞에 스스로 서는 능동적인 학습자가 되어야 함과 동시에 초월적 하나님의 영의 인도에 자신을 내어놓은 수동적 학습자가 되어야 한다.

	지식적 영역	감성적 측면	관계적 측면	헌신적 측면	신비적 영역
목적	삼위일체 하나님 알기, 지식의 이해, 암기, 분석, 해석, 회상, 분류 등	하나님을 감성적으로 느끼기, 실존적 만남, 진리와의 만남 등	삼위일체 하나님과의 관계형성과 신앙공동체 안에서의 상호작용, 참여, 관계의 심화	신앙을 삶으로 구체화함, 하나님께 삶을 봉헌, 말씀을 행동에 적용	초월적 하나님을 경험함, 영성적 체험
관련내용	성서내용 전달, 교회의 교리적 가르침, 신앙고백, 신조 등	하나님을 감성적으로 느끼고 표현하기, 감사, 찬양, 회개, 소망, 사랑, 위로 등과 같은 정서형성, 심층적 깨달음 등	하나님과 인격적 관계 형성, 공동체 안에서의 관계형성, 그리스도의 몸으로서의 교회 세우기, 지체들 간의 친교와 상호작용 형성 등	진리의 행함, 제자직과 시민직의 수행, 봉사, 선교, 정의와 평화 실현, 생태계의 보존 활동 등	감탄과 경이의 체험, 통전적 변형, 진리의 가르침을 통한 전인격적 재중심화
교수방법	* 강의법 * 질문법 * 귀납적 성서 공부방법 * 프로그램 학습 * 선행조직자	* 간접적 의사소통법 * 예술적 방법 (영화, 그림, 음악, 연극, 춤 등) * 예배 * 이야기법 * 비유법	* 토의법 * 협동학습법 * 집단탐구법 * 케이스 스터디 * 인간관계 훈련 * 역할극	* 행동-반성법 * Shared praxis 방법 * 의식화 * 문제해결하기 방법 * 선교여행 * 이야기법	* 예전 * 묵상 * 기도 * 렉치오디비나 * 인도된 묵상 (guided meditation) * 이야기 * 은유 * 예술적 방법

	지식적 영역	감성적 측면	관계적 측면	헌신적 측면	신비적 영역
교사의 역할	주제를 적절히 조직하고 구성하여 제공하는 정보제공자, 학생의 학습동기를 유발하고, 생각하기를 유도하며 학습의 속도 등을 통제하는 조절자	학생의 정서적 자극에 적절한 환경 구성, 정서적 자극을 위한 상상력을 불러일으킴, 감정을 불러일으킬 수 있는 다양한 예술적 매체 사용, 응답을 강요하지 않고, 학생의 반응을 기다림	학생들에게 관계를 형성할 수 있도록 환경 구성, 공동체 활동에 능숙한 인도자, 학생과 신앙공동체의 문화를 공유하는 공동체의 일원	문제의 성찰과 의식화 유도, 문제해결 행동의 성찰 유도, 말씀을 행위로 연결시키도록 유도, 행동의 반성 유도	학습자가 초월적 하나님을 경험할 수 있는 환경 조성, 학습자가 하나님을 대면하고, 그와의 관계 안에 머물 수 있도록 상상력을 불러일으킴. 성령이 스스로 가르칠 수 있도록 공간 창조
학생의 역할	제시된 자료들을 수용하고 학습하는 반응자, 제시된 주제와 전개과정에 따라 탐구하는 탐구자	하나님을 정서적으로 느끼고 체험하기, 실존적 의미에 몰입, 발견된 진리에 자신을 개방함, 결단과 응답	하나님과 사람의 인격적 관계 형성, 공동체의 활동에 참여와 공동체 문화 내면화하기, 협동적 탐구와 협동적 의사결정에 참여	문제에 대한 성찰, 행동을 위한 결단, 행동의 반성	진리를 대면하고, 초월적 하나님 앞에 스스로 서는 능동적인 학습자가 됨, 초월적 하나님의 영의 인도에 자신을 개방함

5. 맺는말

위에서 살펴본 대로 어린이의 뇌와 뇌의 활동을 바탕으로 한 학습의 영역과 방법도 다양하고, 아울러 어린이의 신앙을 구성하는 요소들 또한 다양하다. 따라서 어린이 신앙교육을 위한 교수-학습을 기획하고 실행하는 사람이라면 누구나 어린이가 하나님을 다양하게 경험하게 함으로써 하나님에 대한 전체적인 그림을 그리고, 신앙의 균형 있는 성장을 이룰 수 있도록 도와야 하며, 이를 위해서 신앙의 모든 측면을 통전적으로 경험하게 하는 방법적 노력을 기울여야 할 것이다.

V. 놀이와 여가

1. 놀이의 기독교교육적 의미

1) 인간은 놀이의 동물 – "호모 루덴스"

우리는 일하는 것, 공부하는 것, 성실한 것의 반대는 '노는 것'이라고 하는 언어사용에 익숙한 문화에서 살고 있다. "저 요즘 놀아요" 하면 직장이 없다는 뜻이고, "걔 학교 때 좀 놀았지" 하면 공부 안 했다는 뜻이거나 방탕하고 불량기 있는 학생이었다는 뜻으로 사용되기도 한다. 심지어 '놀이'와 똑같은 어근을 갖는 명사 "놀음"은 도박을 뜻하는 단어이기도 하다. 또한 진지함을 촉구해야 할 순간에 "이거 장난 아니야"라고 말한다. 여기서 장난이란 놀이와 유사어인데 진지하지 않음을 의미한다.

이와 같이 놀이에 대한 부정적 사고는 합리적 과학문명과 산업기술을 추구하는 근대 이후 사조와도 무관하지 않다. 근대 산업사회 이후 동서양의 사회는 지나치게 일을 우상화하고 일에 존엄성을 부여하여, 일하지 않으면 죄책감에 빠지게 되는 현상이 일어났다. 그러다보니 놀이도 가치 없는 것으로 전락하게 되었다.

그래서 놀이는 교육의 영역에서도 긍정적이고 본질적 개념이기보다는 주변적이고 중요치 않는 개념이 되어 왔다. 성과가 없는 '놀이'보다는 무언가를 배우는 '학습'이나 분명한 목적을 지향하는 '교수'에 관심이 집중되어 왔던 것이 사실이다.

그렇지만 놀이는 우리의 삶에 있어서 주변적 요소가 아니라 가장 본질적 현상이다. 우리의 일상적 활동을 나누어 보라. 그중 한 부분이 먹고 자고 하는 생존에 관련된 기본적 활동이고, 또 다른 부분이 자의나 타의에 의해서 성취를 목적으로 하는 의무적인 '일'이라면, 그 나머지의 부분은 모두 '놀이'이다. 우리가 일이 끝난 후 TV를 보고, 마음에 맞는 사람과 테니스를 치고, 영화를 보거나 음악을 듣고, 친구와 수다를 떨거나, 인터넷 접속을 하고, 여행을 하는 등의 일련의 행위들이 모두 놀이이다.

대표적 놀이 이론가인 후이징가는 놀이란 "하고 싶은 것을 외부의 압력 없이 자발적으로 하는 활동"이라고 정의하였다.[134] 그래서 놀이는 목적 지향적이기보다 활동 그 자체가 주는 즐거움과 만족감을 중시하는 활동이다. 그렇기 때문에 놀이는 어떤 활동에 국한되어 있지 않다. 우리는 특정목적을 위해서가 아니라 그 자체에서 오는 즐거움 때문에 자발적으로 책을 읽을 수도 있고, 에세이나 논문을 쓸 수도 있다. 놀이는 외부의 압력 없이 자발적으로 하는 행위라는 점에서 다른 어떤 활동보다 더 우리의 자아 됨됨이가 가장 잘 드러나고 또한 자아의 실현에 관련되어 있다. 후이징가는 놀이가 인간에게 이성이나 모든 합목적적 가치들, 심지어 문화보다도 선행하는 인간의 가장 기초적인 행위라고 하였다. 그래서 그는 인간을 "호모 루덴스"(home ludens), 즉 "놀이의 동물"이라고 칭하였다.

2) 놀이 - 천부적 교육방법

놀이가 다른 무엇보다 선행하는 인간의 가장 기초적인 행위라고 하는 점은 놀이를 하는 어린아이들을 볼 때 좀 더 분명해진다. 어린이들을 관찰하고 있으면 그들은 누가 가르친 것도 아닌데, 놀이를 통해 자신을 표현하고, 자신에 몰두하고, 경험을 재조직하고 재창조하는 것을 볼 수 있다. 소꿉놀이를 하는 어린아이들을 관찰해 보자. 그들은 일상생활에서 경험했던 것을 놀이상황에서 재연출하면서 엄마나 아빠, 동생의 역할을 대신해 보고, 꾸중들었던 상황, 엄마와 아빠의 갈등상황까지도 연출한다. 그러면서 그들은 이미 알고 있는 사실들을 다른 상황에서 해결해 보려 하기도 하고, 놀이를 통해 새로운 생각을 적용하거나 사고를 재조직하고, 심리적 긴장과 불안을 해소하기도 한다.

어린이들은 누가 시키지도 않았는데 자신의 발달단계에 꼭 맞는 놀이를 스스로 찾아한다. 손가락 마디의 말초신경이 발달하는 시점에 있는 유아가 가위질에 몰두하는 것을 본 일이 있는가? 누가 연습을 하라고 한 것도 아닌데, 몇 시간이 되었든 손에 닿는 것마다 가위로 자르려고 하는 아이의 강한 열망을 누가 꺾을 수 있단 말인가. 대상영속성이 생기는 시기의 아이들이 열정적으로 좋아하는 까꿍놀이, 사회성 발달을 시작한 아동들이 좋아하는 경쟁놀이, 언어발달과 더불어 표상능력이 생긴 아동들이 좋아하는 상징놀이(베개를 등에 묶고 하는 아기놀이, 막대기 들고 하는 칼싸움놀이처럼 표상능력을 사용하는 놀이 등)를 보면 어린이들은 천부적으로 자신의 성장단계에 맞는 놀이를 찾아내고, 그 놀이들을 통해 언어능력, 사회적 상호작용의 능력, 신체적 능력 등을 키우고 신장시키는 것을 알 수 있다.

그렇게 보았을 때 놀이는 인간이 스스로를 성장 발전시키기 위해 천부적으로 받은 교육의 방식이라고 할 수 있다. 놀이는 교육의 반대가 아니라 교육이 시작되는 최초의, 최적의 통로이다. 똑같은 색칠하기도 아이들이 그림공부로 생각하면 하기 싫어하지만 놀이처럼 하면 재미있어 하는 것과 같이 놀이로 이루어지는 교육이 가장 효과적인 이유가 바로 여기에 있는 것이다.

3) 놀이 - 하나님 나라의 존재양식

최상의 순간에 우리는 논다. 생일이나 결혼식에도 놀고, 친구를 만나도 놀고, 입학이나 졸업과 같은 생의 즐거운 순간에 우리는 논다. 그러면 기독교인이 누릴 수 있는 최상의 순간은 무엇인가? 하나님과 만나는 순간이다. 다윗이 다윗성에 들어온 하나님의 법궤를 보고 무엇을 하였는가? 그는 여호와를 만나는 기쁨에 너무 좋아서 "여호와 앞에서 뛰놀며 춤추었다."(삼하 6:16) 그리고 그의 놀이는 번제와 화목제를 드리는 것으로 이어졌다. 다윗은 모든 백성을 축복하고 그들에게 떡과 고기와 건포도를 나누었다. 온 백성이 함께 놀았다. 그가 그렇게 노는 것을 사울의 딸 미갈이 보고, 왕이 채신머리없이 자기 몸을 드러내고 놀았다고 비판하였다. 다윗은 그녀에게 "여호와가 나를 택하사 나를 여호와의 백성 이스라엘의 주권자로 삼으셨으니 내가 여호와 앞에서 뛰놀리라"라고 하였다. 성서는 미갈이 죽는 날까지 자식이 없었다는 말로 이 이야기를 마무리하고 있다.(삼하 6:23)

정말로 하나님 앞에서 뛰노는 것을 이해하지 못한 것으로 인해 미갈이 아이를 못 낳는 벌을 받았는지는 알 수 없지만, 하나님 앞에서 즐겁게 뛰놀 수 없다는 것 자체가 이미 큰 벌이 아닐까? 무서운 사람 앞에서 뛰놀 수 있는가? 모르는 사람, 싫은 사람, 무언가 껄끄러운 사람, 긴장과 경쟁관계에 있는 사람 앞에서 뛰놀 수 있는가? 하나님 앞에서 뛰놀 수 있는 사람은 하나님을 기뻐하고, 즐거워하며, 거짓 없이 그의 앞에서 기꺼이 아이가 될 수 있는 사람이다. 하나님 나라의 백성만이 하나님 앞에서 놀 수 있다. 그들은 하나님을 노래하고 춤추고 예배한다. 따라서 놀이는 하나님 나라 백성의 존재양식이다. 그러니 하나님 앞에서 놀 수 없다는 것 자체가 이미 가장 큰 형벌인 것이다.

예수님은 악한 세대를 놀지 못하는 어린이에 비유한 적이 있다. "이 세대를 무엇으로 비유할까, 비유하건대 아이들이 장터에 앉아 제 동무를 불러 이르되 우리가 너희를 향하여 피리를 불어도 너희가 춤추지 않고, 우리가 슬피 울어도 너희가 가슴을 치지 아니하였다 함과 같도다."(마 11:16-17) 예수님은 장터 아이들의 노는 모습을 관찰하셨던 것 같다. 아이들은 아마 결혼식과 같은 놀이를 하려고, 한 편의 아이들이 피리를 불면, 다른 편의 아이들은 춤을 추기로 약속했었던 것 같다. 그러나 다른 편의 아이들이 놀이의 규칙을 어겨 결혼식 놀이는 틀어졌다. 그래서 이번에는 장례식 놀이를 하기로 하고 한 편의 아이들은 애곡하고, 다른 편의 아이들은 가슴을 치기로 했었나 보다. 그러나 이번에도 다른 편의 아이들은 놀이의 규칙을 어겨 장례식 놀이마저 틀어져 버렸다. 예수님은 그러한 아이들의 모습이 메시아를 거부하는 이 세대와 같다고 하셨다. 요한이 와서 먹지도 않고 마시지도 않았을 때는 그가 귀신이 들렸다고 하더니, 이제 메시아이신 예수님이 와서 먹고 마시자 "먹기를 탐하고 포도주를 즐기는 사람"이라고 하였다. 장터의 놀이를 망쳐버리는 어린아이들이 바로 요한과 예수님의 메시아 놀이, 하나님 나라 놀이를 거부하는 이 세대와 같다는 것이다.

몰트만은 세상을 창조한 것이 "하나님의 놀이"라고 칭한바 있다.[135] 놀이가 특정 목적을 위해서가 아니라 그 자체 안에 목적이 있고, 의무적이 아니라 자발적인 행위라고 하는 점, 그리고 놀이자가 그것을 통해 즐거움과 만족을 얻는다고 하는 점을 볼 때 창조는 그 자체로 하나님의 놀이였다는 것이다. 그는 신이신 예수님이 기꺼이 인간이 되기를 원하셨던 것도 예수님의 자발적인 사랑의 놀이였고, 예수님의 깊고 깊은 곳에서 나오는 하나님과 일치되는 신성의 발현이라고 보았다.[136]

놀이가 하나님의 행동양식이고, 예수님의 메시아적 사랑의 표현방식이라면, 그것은 또한 하나님의 자녀인 우리, 즉 하나님 나라 백성의 존재양식이어야 한다는 점을 시사한다. 하나님 나라의 백성은 세상 속에서 하나님 나라 백성으로서의 놀이, 사랑과 섬김과 정의와 평화의 놀이를 자발적으로, 기쁨으로 하는 사람들이어야 한다. 일상적인 세상의 삶 속에서 하나님 나라를 발견하여 해방과 자유의 축제를 벌일 수 있는 사람들이어야 한다. 하나님의 축제에서 하나님과 함께 기뻐하고 하나님을 노래하고 춤추고 예배할 수 있는 사람들이어야 한다.

4) 교회 – 하나님 나라의 놀이터

놀이가 하나님 나라 백성의 존재양식이라면 교회는 하나님 나라가 실험되는 '놀이터'이다. 놀이터에서는 실험이 이루어진다. 소꿉놀이터에서는 미리 꾸며보는 미래의 가정과 엄마 아빠 노릇에 대한 실험이 이루어지고, 의사놀이와 학교놀이에서는 의사와 선생님의 역할이 각각 실험된다. 교회는 이미 시작되었지만 아직은 완성되지 않은 하나님 나라의 실험장이다. 교회는 우리와 우리의 자녀들이 구체화할 수 있는 하나님 나라의 모범이어야 한다. 부자와 가난한 자가 서로 돌보며 함께 살 수 있는 공동체, 여자와 남자가, 건강한 자와 장애자가 함께 오순도순 사는 공동체, 인간이 가진 권력이나 재력, 인격으로가 아니라 하나님이 주인이 되시고 하나님이 다스리는 공동체, 사랑과 섬김과 나눔이 있는 공동체가 교회이어야 한다. 교회가 아니면 도대체 어디에서 우리와 우리의 자녀가 하나님 나라에 대한 이미지를 얻을 수 있단 말인가? 가정에서 어머니와 아버지를 경험한 사람만이 가정과 어머니 아버지의 역할에 대한 이미지를 가질 수 있는 것처럼, 교회에서 경험되지 못하는 하나님 나라는 세상 어디에서도 경험될 수 없는 게 아닌가? 우리 모두는 하나님 나라 놀이터에서 미래에 완성될 하나님의 나라를 미리 실험해 봄으로써 지금과 여기에서 하나님 나라를 선취하는 하나님 나라 놀이의 놀이자들이어야 한다.

5) 기독교교육– 하나님 나라 놀이터에서 하나님과 함께 놀기

교회가 '하나님 나라의 놀이터'라면 기독교교육은 '하나님 나라 놀이터에서 놀기'라고 할 수 있다. 놀이터에서 하는 주된 일은 놀기가 아닌가? 놀기란 자발적으로 하는 것이고, 기쁨으로 참여하는 것이며, 놀이가 이끌어 가는 것에 기꺼이 자신을 내어 맡기고 몰두하는 행위이다. 바로 여기에 놀이로서의 기독교교육이 갖는 핵심적 의미가 들어 있다. 기독교교육이 놀이여야 한다는 것은 꼭 어떤 게임이나 놀이 프로그램을 해야 한다는 의미가 아니라, 학습자들이 자발적으로 참여하고, 기쁨으로 참여하며, 그것에 자신을 기꺼이 내어 맡기고 몰두하는 그런 교육이어야 한다는 것이다. 성서의 이야기를 듣는 것이든지, 예배를 드리는 것이든지, 찬양을 하는 것이든지 그 자체가 이끌어가는 세계에 학습자들이 자발적이고 기쁘게 몰두하고 참여할 수 있도록 하는 놀이 같은 교육이 되어야 한다는 것이다.

오늘날 한국 교회에 "메빅"이나 "어와나", "윙윙"과 같은 아동부 프로그램들이 확산되고 있다. 이들은 조금씩 차이는 있지만 전체적으로 놀이와 게임을 예배와 성서공부 안으로 수용하여 학습의 흥미와 동기 유발을 돕는 프로그램들이다. 재미와 경쟁, 호기심을 유발하는 장치들이 곳곳에 숨어 있고, 게임이나 퍼포먼스 같은 요소들이 아동의 주의를 집중하게 하는 역할을 톡톡히 해내고 있다.

그러나 이와 같은 프로그램들을 보면 이들에게서는 놀이적 요소와 교육적 요소들이 따로 구별되어 있는 것을 볼 수 있다. 놀이적 요소는 학습자들을 교육적 요소들로 이끌어가는 통로 역할을 하기는 하지만, 교육적 요소 자체 안에 들어 있는 놀이적 세계 안으로 학습자를 끌어들이는 역할은 하지 못하는 것을 볼 수 있다. 예를 들어 성서구절을 외우게 하는 놀이적 장치인 조별 경쟁이 학습자들에게 성서구절을 많이 외우게 하는 동기유발을 할 수 있을지는 모르지만, 성서 자체의 세계로 학습자들을 초대하고, 말쏨 자체에 몰두하고 기쁨으로 참여하게 하는 역할을 하지는 못한다는 것이다. 다른 곳에서 들어온 놀이적 요소의 강렬함이 때때로 학습자가 성서의 이야기 자체가 갖는 꿀보다 더 단 맛을 음미하는 데 걸림돌이 되기도 한다.

필자는 미국을 중심으로 시작된 "가들리 플레이"(Godly Play)라고 하는 아동 프로그램에 신선한 자극을 받았다.137) 이 프로그램은 제목 자체에 '놀이'가 포함되어 있어서 게임이나 놀이들이 많이 들어 있는 프로그램 같아 보이지만, 실제로 내용에 들어가 보면, 그야말로 "하나님하고 놀기"에 집중하고 있는 것을 볼 수 있다. 성서 외적으로 들어온 게임이나 다른 놀이적 요소로 재미와 흥미를 돋우는 것이 아니라, 성서 자체 안에 들어 있는 놀이적 요소, '이야기', '은유', '침묵', '비언어적 요소' 등을 살리면서 아동들이 성서 이야기 자체에 빠져들며 놀게 하는 프로그램이다. 이 프로그램에서 사용되는 모든 놀이감이나 교구들도 모두 성서의 이야기로부터 온 것들이고, 이 프로그램이 실시되는 놀이방은 그야말로 방 전체가 성서의 이야기로 가득 찬 방과 같이 꾸며져 있다. 이와 같은 프로그램들은 게임이나 경쟁과 같은 이질적 놀이적 요소를 기독교교육에 끌어들이지 않고, 성서 자체가 갖고 있는 놀이적 요소를 최대한 살리는 그야말로 "거룩한 놀기"에 집중하는 프로그램으로 우리에게 신선한 자극을 준다.

모든 놀이에 법칙이 있듯이 하나님 나라 놀이터의 놀이에도 법칙이 있다. 하나님 나라 놀이터에서 이루어지는 놀이인 그것은 하나님과 더불어 노는 하나님 나라의 놀이어야 한다. 이스라엘 사람들이 오늘날에도 노는 축제들을 보면 놀이 안에서 하나님 백성의 역사를 회상하고 기념하고 축하하는 것을 볼 수 있다. 출애굽 후 40년간의 광야생활을 기념하는 초막절에 이들은 어른 아이 할 것 없이 모두 장막을 준비하고 먹을 것을 준비하여 일주일 동안 직접 초막생활을 하며 하나님께서 그들 백성을 광야에서 어떻게 지키셨는지를 상기하고 이를 축하한다고 한다. 유월절은 또 어떤가. 하나님이 이스라엘의 처음 태어난 것들을 그냥 "넘어간 것"을 기념하는 절기인 유월절에 유대인들은 아직도 일주일간 누룩을 넣지 않은 빵을 먹고, 쓴 나물과 급하게 구운 고기를 먹으면서 그 때를 기념한다. 그러한 축제들은 그 자체가 가지고 있는 흡인력이 있고, 놀이자에게 하나님을 회상하고 만나게 하는 통로가 되는 것이다.

놀이가 아무리 즐거워도, 아무리 게임성을 갖고 있다 하여도 하나님과의 만남과 감동이 없으면 하나님 나라 놀이라고 할 수 없다. 유행하는 각종 드라마를 패러디한 퍼포먼스가 아무리 아동을 끌어들이는 흡인력이 있어도 아동을 하나님과 만나고 자신과 만나게 하는 것이 아니라면 하나님과 함께 놀기가 아니지 않을까? 경쟁이 섞인 놀이는 아동을 끌어들이는 엄청난 흡인력이 있다. 그러나 이기기 경쟁이 하나님 나라 놀이가 될 수 있을까? 놀이가 아무리 재미있어도 하나님 나라 놀이터의 정체성을 흔드는 것이라면 그것은 하나님 나라 놀이에 적합하지 않은 것이 아닐까?

놀이가 갖는 또 하나의 법칙은 놀이자가 놀이를 좌지우지할 수 없다는 것이다. 카드놀이나 화투놀이를 해본 사람은 놀이자가 놀이판을 뜻대로 할 수 없고 예측도 할 수 없다는 것을 안다. 놀이판에서는 놀이의 참여자도 심지어 놀이의 룰을 만든 사람도 자신들의 뜻대로 할 수 없다. 놀이의 룰을 만들 수 있을지는 모르지만 그 다음에 놀이는 이미 그들의 손을 떠나 있다. 놀이판에는 놀이를 이끌어가는 놀이의 영이 있다. 놀이자는 그 영이 이끌어가는 대로 순응하면서 자신을 열어 거기에 참여시키는 일을 할 뿐이다. 누군가 그 영이 하는 일을 대신하려 한다면 그것이 바로 "짜고 치는 화투놀이"가 되는 것이다. 거기에는 놀이의 다이내믹도 생명력도 없다. 하나님 나라 놀이터의 놀이도 이와 같다. 놀이판을 벌이는 교사나 놀이의 참여자인 학습자들 모두는 놀이판에 하나님의 영이 활동하실 자리를 내어 드리고 그 영이 우리를 어떻게 인도할지 기대하고 기다리는 마음으로 우리를 참여시켜야 한다. 기독교교육이 하나님 나라 놀이터에서 하나님과 함께 놀기를 지향하는 한 그것은 이 놀이의 가장 기초적 법칙인 것이다.

놀이는 우리를 바보로 만든다. 놀이는 우리의 일상적인 성취 지향적 태도와 능력중심의 가치들을 정지하고, 체면의 가면을 버릴 것을 요청한다. 거기에서 가장 솔직한 '나'가 자신의 모습을 드러내고, 모든 불필요한 가면과 강제적 의무에서 벗어나 순수한 '나' 자신과 만날 수 있다. 어린이들이 놀이를 좋아하는 이유가 거기에 있다. "얘들아 놀자!" 골목에서 들려오는 소리에 공부하던 아이들이 궁둥이를 들썩거리는 이유가 거기에 있다. "얘들아 놀자, 하나님하고 놀자!" 기독교 유아·아동교육은 어린이들에게 그와 같은 초대가 되어야 할 것이다. 그 초대를 듣는 어린이들이 참여하고 싶은 마음에 궁둥이를 들썩거리도록 해야 하는 것이다. 그곳에서 어린이들이 자기 자신과 만나고 또한 하나님을 만나는 한판의 신명나는 하나님 나라 놀이터의 놀이가 되도록 해보아야 할 것이다.

2. 여름성경학교

1) 여름성경학교의 유래

여름성경학교의 정확한 유래는 분명하지 않다. 이비(C. B. Eavey)도 그의 『기독교교육사』에서 여름성경학교의 유래는 분명하지 않다고 하였다. 1866년에 미국 보스턴

제일교회에서 여름성경학교를 시작했다고 하나 어떻게 시작되었는지, 무엇을 가르쳤는지가 거의 알려져 있지 않다. 또는 1877년에 캐나다 몬트리올에서 교회 주최로 연 "휴가 매일성경학교"(Vacation daily Bible School)로부터 시작되었다고 전해지기도 한다. 그러나 아마도 현재와 같은 형태의 여름성경학교의 흔적은 1898년 뉴욕시에서 있었던 "여름성경학교"(summer Bible School), 혹은 "방학성경학교"(Vacation Bible School)에서 찾을 수 있을 것 같다. 에피파니 침례교회에서 헤이브스(W. Haves) 여사가 뉴욕시 동부의 게으른 어린이들을 위해 방학을 맞이하여 매일성경학교를 시작하였는데, 이때 성서구절의 암송과 성서 이야기를 중점적으로 가르쳤고, 매일 2시간씩 6주간을 계속하였다고 한다.

한국의 경우 "하기 아동 성경학교"라는 이름으로 "한국주일학교연합회"가 결성되던 해인, 1922년 평안북도 선천에서 당시 북장로회의 여선교사로 있던 사무엘(Jane Samuel)이 처음 시작하였다는 기록이 있다. 그녀는 5명의 선생들과 함께 약 100명의 남녀 어린이를 한 달 동안 가르쳤는데, 이것이 시효가 되어 오늘날에 이르기까지 매 해 여름마다 여름성경학교가 개최되게 되었다. 이후 여름성경학교는 2주일, 혹은 1주일의 프로그램으로 축소되었고, 오늘날에는 2박 3일 정도의 기간으로 정착되었다.

2) 여름성경학교의 목적

여름성경학교는 이미 그 이름이 뜻하고 있는 바와 같이 방학을 이용하여 길게는 2주일, 짧게는 3일에 걸쳐서 어린이와 청소년들에게 성서를 가르치고 신앙교육을 하는 프로그램으로 자리 잡아왔다. 한국이 발전해왔던 지난 한 세기 동안 여름성경학교는 여름방학을 맞이하여 갈 곳 없고 할 것 없었던 어린이와 청소년들에게 기쁨과 배움과 신앙의 성장을 주도해왔던 축제와 같은 역할을 해왔다. 물론 요즘엔 이러한 축제적인 면을 잃어가고, 어린이나 청소년들도 각종 보습학원의 방학 프로그램으로 더는 여름성경학교가 예전과 같은 호응을 얻지 못하고 있는 것이 사실이기는 하다.

그럼에도 불구하고 "여름성경학교"는 여전히 우리의 아이들에게 꼭 필요하고 중요한 교육프로그램이다. 우리가 어릴 때 성경학교를 통해 성서를 배우고, 신앙을 배워 하나님 안에서 성장한 것같이 지금의 아이들도 성경학교를 통해 말씀 속에서 자라나야 하기 때문이다. 그러면 이제 여름성경학교의 목적을 자세히 살펴보도록 하자.

(1) 하나님의 말씀인 성서를 배우는 것이다.

여름성경학교의 첫 번째 목적은 무엇보다 하나님의 말씀인 성서를 가르치는 것이다. 이것은 여름성경학교의 정체성을 분명하게 하는 가장 핵심적인 목적이라고 할 수 있다. 여름성경학교의 일차적 목적이 성서를 배우는 것이라면, 여름성경학교의 프로그램과 조직과 인력은 일차적으로 "성서를 가르치는 것"에 초점을 두어야 한다는 것을 의미한다. 준비하는 교육전담자나 교사들은 이번 성경학교를 통해서 어린이들이 성서의 어떠한 내용을 배우게 될 것인지를 먼저 물음으로써 자신들이 가르칠 내용을 먼저 숙지해야 하며, 학생들이 그 내용을 배움으로써 어떻게 변화되어야 하는지에 관한 목적을 분명하게 세워야 한다. 그리고 그 내용을 효과적으로 가르칠 수 있는 방법과 인력, 매체와 자료들을 먼저 숙고해야 한다.

그러나 오늘날의 여름성경학교를 보면 "성서를 가르치는 것"이라는 목표가 분명하지 않고, 오히려 재미와 흥미를 유발하는 프로그램 위주로 구성되는 경우들을 종종 보게 된다.

여름성경학교 강습회에 가 봐도 성서공부, 공과준비는 푸대접을 받고, 찬양이나, 율동, 레크레이션 강습, 그리고 어린이를 동원하기 위한 흥미성의 프로그램이나, 눈에 반짝 띄는 새로운 프로그램 소개에는 사람들이 몰리는 것을 보게 된다. 이와 같은 현상은 여름성경학교가 무엇보다 하나님의 말씀인 성서를 배우는 것을 일차적인 목적으로 한다는 생각을 결여한 데에서 나타난 현상으로 보인다.

여름성경학교는 어린이와 청소년에게 평상시에 부족했던 성서를 가르치고, 성서에 나타난 하나님과 만나고, 하나님 백성의 이야기와 접함으로써 이들이 기독교 전통과 친숙하게 해주는 것이 일차적 목적이다.

(2) 하나님과 관계회복, 신앙의 성장을 이루는 것이다.

여름성경학교는 교회교육의 연장으로써 교회교육의 핵심인 하나님과 관계를 회복하고 신앙의 성장을 돕는 것을 목표로 해야 한다. 여름성경학교는 교회의 신앙교육의 현실에 비추어 볼 때 매우 중요한 자리를 차지하고 있다. 주일학교에서 한 주 1.5시간을 기본 교육시간으로 생각하면 연간 통산 80시간밖에 되지 않는다. 그런데 성경학교는 3-4일간 집중적으로 이루어지는 교육으로 이 기간은 어린이들이 일 년 동안 교회학교에서 보낸 시간과 거의 맞먹는 시간이라고 할 수 있다. 따라서 여름성경학교를 어린이와 청소년의 신앙성장을 위한 절호의 기회로 사용하여야 할 것이다. 예배와 기도와 찬양을 통해 어린이와 청소년이 하나님과 인격적으로 만날 수 있도록 인도해야 한다. 다양한 통로로 기독교의 전통들을 자신의 것으로 내면화할 수 있도록 도우며, 평생에 잊을 수 없는 신앙의 전환이 일어날 수 있도록 도와야 한다. 성경학교를 기획하는 교육전담자들은 어린이들이 여름성경학교의 특별한 프로그램이나 캠프로 만날 하나님의 은혜를 경험할 수 있도록 도와야 하며, 이를 위해 인도자들을 준비시키고 훈련해야 할 것이다.

(3) 공동체적 삶을 배우고 익히는 것이다.

여름성경학교의 또 다른 목적은 공동체적 삶을 배우고 익히는 것이다. 여름성경학교와 수련회에서 어린이와 청소년들은 3-4일간 집중적으로 함께 지내면서 교회공동체를 경험하고 공동생활을 체험할 수 있는 기회를 얻게 된다. 어린이들은 이 기회에 가정과 학교와는 다른 교회공동체, 즉 예수 그리스도를 머리로 하여 서로 한 몸을 이루는 유기체로서의 공동체를 경험할 수 있어야 하고, 그 공동체의 삶을 배우고 익힐 수 있어야 할 것이다.

여름성경학교는 어린이와 청소년이 적게나마 유무상통하는 문화를 경험할 수 있도록 환경이 구성되어야 할 것이다. 초대교회에서 서로 물건을 통용하던 것처럼 어린이와 청소년들이 개인주의적 태도를 벗어나 서로 나누고 함께하는 경험과 나눔의 경험을 할 수 있도록 도와야 한다. 서로 한 가족이고 한 몸을 이룬 지체들이라고 하는 공동체 의식을 경험할 수 있도록 도와야 할 것이다.

"잠재적 커리큘럼"(hidden curriculum)이라는 말이 있다. 이 말은 교과과정에 드러난 학습의 행위가 아닌, 숨겨진 교과과정을 의미한다. 학생들은 드러난 교육과정보다 숨겨진 교육과정을 통해서 공동체의 태도와 습관과 가치관을 배운다. 예수께서 제자들과 함께 먹고 함께 생활하는 가운데 가르치신 것도 바로 그러한 이유 때문일 것으로 생각된다. 성경학교에서는 아침부터 저녁까지, 식사 시간과 쉬는 시간, 친교의 시간 등 모든 숨겨진 순간에 어린이로 하여금 교회공동체를 경험하게 하고 기독교적 가치와 태도를 배우는 장소가 되어야 할 것이다.

(4) 친교를 이룬다.

여름성경학교는 친교의 장이 되어야 한다. 교회학교는 평상시에는 잠시 왔다가, 예배와 성서공부가 끝나면 돌아가기 바쁘지만, 성경학교에서는 3-4일간 집중적으로 함께 있을 수 있어서, 친구와 친구 간에, 학생과 교사 간에 깊은 교재가 이루어질 수 있다. 따라서 여름성경학교에서는 평상시에는 소홀해지기 쉬운 친교가 이루어질 수 있도록 좀 더 계획적으로 기회가 제공되어야 한다.

오늘날의 아동들은 핵가족 제도 속에서 철저한 개인주의적, 이기주의적 경향을 나타내고 있고, 이러한 경향은 학교나 가정에서 쉽게 교정되지 못한다. 그러나 여름성경학교에서의 친교를 통하여 서로 깊이 있게 사귀고 관계를 형성함으로써 더불어 살아가는 삶의 훈련을 할 수 있도록 도와야 한다. 자기만 알던 아동과 청소년들이 여름성경학교를 통하여 섬김과 봉사의 실천적 역량을 키울 수 있도록 도와야 할 것이다.

3) 왜 여름성경학교이어야 하는가?

옛날에는 여름성경학교가 전교회적으로 관심을 불러일으키는 축제와 같았다. 많은 불신자도 여름성경학교가 되면 자녀들이 교회에 가는 것을 막지 않았었다. 그래서 교회를 안 다니는 사람들도 친구 손에 이끌려 여름성경학교에 한두 번쯤 다니지 않은 사람은 거의 없을 것이다. 모든 어린이는 여름성경학교를 손꼽아 기다리곤 하였다.

그러나 요즘의 여름성경학교를 보면 과거의 이런 축제적인 면을 잃어가는 것 같다. 교회에 출석하지 않는 어린이는 말할 것도 없고, 출석하는 어린이들도 여름성경학교를 손꼽아 기다리거나 기대하는 모습을 보기 어렵다. 여름성경학교가 각종 보습학원의 방학 프로그램과 겹치면서 성경학교를 보내지 않는 부모들도 많아져서 여름성경학교에 대한 기대가 점점 낮아지는 것을 본다.

이러한 현상과 나란히 일각에서는 여름성경학교 무용론이 대두되고 있기도 하다. 그렇게 많은 예산과 인력을 사용하여 반짝 이벤트처럼 하고 끝나지 말고, 오히려 그 자원을 평상시 교회학교의 내실을 기하는 데 사용하는 것이 낫겠다고 말하는 사람들도 있다. 어느 정도 일리가 있는 말이다. 그럼에도 불구하고 여름성경학교는 다음과 같은 이유로 반드시 있어야 한다.

(1) 다양한 교육 활동과 특별한 학습의 기회를 제공할 수 있다.

성경학교는 평상시에는 교회가 제공할 수 없는 다양한 교육활동과 실험학습의 기회를 제공할 수 있다. 주일학교의 시간과 공간, 환경과 재정 여건상 충분하지 못했던 교육활동이 성경학교 기간 동안에는 가능하다. 공동체에 대한 집중적 경험, 교사와의 깊은 대화와 상담, 신앙적 태도 훈련, 성서통독과 같은 집중적 성서공부, 여가활동, 음악활동, 캠프 등 일상적인 교회학교에서는 불가능하였던 일들이 성경학교에서는 가능해진다. 교사와 아이들이 같이 먹고 같이 자고, 서로 얼굴을 맞대고 자신의 문제와 생각을 나누게 되는 경험도 할 수 있다. 여름성경학교는 주일의 교회학교 교육이 갖는 한계를 넘어서 교회교육의 폭과 넓이를 넓히고 깊게 할 수 있는 계기가 된다. 즉 전인적 신앙교육이 이루어질 수 있다. 따라서 여름성경학교는 일상적 교회학교와 반드시 함께 가야만 한다.

(2) 한 주제에 관하여 집중적인 훈련을 할 수 있다.

성경학교는 한 주제를 중심으로 집중적인 교육훈련의 기회를 제공한다. 모든 교단의 총회교육부에서는 매 해 하나의 특별한 주제를 선정하고, 이 주제들을 가지고 공과를 집필하여 보급하고 있고, 성경학교의 모든 활동과 프로그램들은 이 주제를 중심으로 일관성 있게 편성된다. 이와 같은 환경 속에서 어린이들은 한 주제를 가지고 집중적인 성서공부를 할 수 있게 된다.

학생들은 그동안 한정된 성서공부 시간에 쫓겨 주로 언어를 중심으로 하는 강의식 성서공부에 익숙해 있었지만, 여름성경학교를 통하여 한 주제를 시각, 청각, 운동지각 등 입체적 학습활동을 통하여 공부할 수 있게 된다. 이와 같은 학습은 학생들에게 한 주제를 심도 있게 공부할 수 있게 해주고, 특별히 성서를 배우는 흥미를 더하여 줄 수 있다. 그뿐만 아니라 한 교단에 속한 모든 교회가 하나의 주제를 일체감 있게 가르침으로써 교회의 정체성과 통일성 형성에도 도움이 된다.

(3) 여름방학을 이용한 집중적 신앙교육의 기회가 된다.

어린이들이 어른보다 바빠진 세상이 되었다지만, 교회는 여름방학이라고 하는 소중한 기회를 포기할 수는 없다. 방학은 어린이들에게 모자라는 학습을 보충하고, 여가와 재충전으로 새로워지는 재창조의 기간이다. 어린이들의 삶에 가장 중요한 순간 중의 하나인 방학은 신앙교육의 보충과 영적 재충전의 시간으로도 사용해야 한다. 오늘의 어린이들도 그들의 여가인 여름방학을 신앙교육의 방편으로 선용할 수 있도록 기회를 주어야 하고, 그곳에서 하나님을 만나고 하나님 나라의 꿈을 꾸는 어린이들로 성장할 수 있도록 도와야 할 것이다.

(4) 교회학교에 활력을 가져오고 부흥을 일으킬 수 있다.

여름성경학교가 처음 생겼을 때에는 다른 어떤 것보다 "어린이 전도"에 역점을 두었다. 믿지 않는 어린이를 교회에 이끌어 들이는 데 여름성경학교만큼 흡인력이 있는 프로그램은 없었다. 그래서 여름성경학교가 끝나면 교회학교가 활기를 띠었고 부흥이 일어났다. 오늘날에도 여전히 여름성경학교는 교회학교에 활력을 가져오고 부흥을 일으키며 믿지 않는 어린이를 교회로 인도할 수 있는 좋은 기회가 될 뿐만 아니라, 교회에 출석하는 어린이에게도 일상의 교회학교에서 벗어나 다양한 형태의 학습을 통해 교회에 흥미와 관심을 새롭게 불러일으킬 수 있다. 그뿐만 아니라 교사들도 집중적으로 준비와 봉사를 통하여 교회학교에 헌신을 다짐하게 됨에 따라 어린이와 교사 모두에게 여름성경학교는 새로운 활기와 부흥의 기회가 된다.

(5) 온 교회가 교육에 관심을 쏟을 수 있는 기회가 된다.

여름성경학교는 온 교회가 교회학교에 사랑과 관심을 쏟을 수 있는 소중한 연중행사이다. 일 년 중 영아부로부터 시작하여 청년에 이르기까지 이렇게 집중적으로 교회교육이 이루어지는 때가 또 어디 있겠는가? 평상시에는 교육관 근처에도 가지 않는 성도들도 이때 만큼은 특별교사나 주방봉사, 기도후원회 등으로 봉사하고, 특별후원금도 쾌척한다. 따라서 여름성경학교는 교사뿐만 아니라 온 교회가 성장세대의 교육에 관심을 기울이고 참여함으로써 전 교회가 한 가족임을 확인하는 계기가 된다.

이와 같은 점들로 인하여 여름성경학교는 주일의 일상적 교회학교와 반드시 함께 가야 하는 교회교육의 소중한 유산이라고 할 수 있다.

3. 주말교회학교

1) 주 5일 수업과 기독교교육의 새로운 패러다임

주 5일제 수업에는 현재의 기독교교육이 안고 있는 구조적 문제를 극복할 수 있는 대안적 패러다임의 요소들이 숨어 있다. 이 요소들이 무엇인지 알기 위해서 우리는 먼저 현재의 기독교교육이 안고 있는 구조적 문제라는 것이 무엇인지를 살펴야 한다.

(1) 한국 교회 기독교교육의 구조적 문제

한국 교회의 기독교교육은 한마디로 '교회학교' 중심의 교육이라고 할 수 있다. 누구나 기독교교육하면 '교회학교'를 떠올릴 만큼 교회학교는 한국 교회의 기독교교육을 대표하는 프로그램이 되었고, 그 명성에 걸맞게 교회의 어린이와 청소년의 교육을 책임지는 기관으로서의 역할을 톡톡히 해왔다. '총회교육부', '공과', '교사대학', '교육전도사', '교육위원회', '여름성경학교' 등 우리가 알고 있는 기독교교육 용어 중 어느 것이 교회학교와 관련없는 것이 있단 말인가? 그만큼 교회학교는 기독교교육이 한국 땅에 뿌리내리고, 오늘에 이르기까지 체계화, 전문화하는 데 결정적으로 기여했다.

그러나 우리는 교회학교가 기독교교육에서 차지하는 비중이 큰 만큼, 그것에 거의 전적으로 의존하고 있는 우리 교육의 구조적 문제를 보지 않을 수 없다. 가장 첫 번째의 문제가 **교육과 공동체적 삶의 괴리**이다. 초대교회 이래 기독교는 신앙공동체인 교회의 전체적 삶 자체가 곧 교육이라는 전통을 가지고 있었다. 새신자나 성장 세대들은 세례를 위한 전문적 교육 프로그램인 '디다케'를 통해서도 교육되었지만, 이와 나란히 공동체 안에서의 예배와 친교, 봉사와 같은 다양한 삶의 나눔을 통해서 공동체 안으로 사회화할 수 있었고, 성숙한 신앙인으로 성장할 수 있었다. 공동체 안에서의 다양한 삶의 나눔은 집중적인 교육 프로그램과 언제나 나란히 함께 있었다. 기독교교육이 전적으로 교회학교에만 의존되는 경우, 전문적 교육인 '디다케' 측면은 강화될 수 있지만, 공동체 안으로의 사회화는 간과된다. 한 사람이 한 공동체의 식구가 되는 것은 그 공동체에서 함께 먹고, 기쁜 일, 슬픈 일을 함께 나누며 살 때 되는 것이지 단순히 그 공동체에 대해 배웠다고 되는 일이 아니다.

두 번째의 문제는 **가정교육의 결여**이다. 기독교교육의 역사는 '가정'이 얼마나 중요한 교육적 기능을 담당해 왔는지를 증거한다. 하나님은 이스라엘 백성의 부모들에게 마음을 다하고 뜻을 다하고 힘을 다하여 하나님을 사랑하며, 이를 자녀에게 가르치라는 명령을 주셨다.(신 6:4-9) 구약시대뿐만 아니라, 예수를 믿는 일은 한 개인의 일이 아니라 가정 전체의 일로 삼았던 신약시대나("주 예수를 믿으라 그리하면 너와 네 집이 구원을 받으리라", 행 16:31), 만인제사장으로서의 아버지의 일차적 직분은 자녀의 영적 구원을 위하여 교육하는 것이라고 보았던 종교개혁기 교육의 핵심적 정신도 부모야말로 최초의 교사이며, 가정은 가장 중요한 교육의 장이라고 하는 것이었다. 칼빈은 이와 관련하여 가정은 작은 교회(parva ecclesiae)라고 하였다. 가정에는 말씀이 있어야 하고, 예배가 있어야 하며, 성도의 사귐과 삶의 나눔이 있어야 하는 곳이고 자녀들이 그곳에서 언약의 백성으로 성장하는 곳이다. 작은 교회로서의 가정이 제 기능을 해주어야 교회의 교육이 서는 것이지, 교회학교만으로는 불충분하다. 그러나 오늘날 그와 같은 가정의 역할을 감당하는 가정이 몇이나 되는가? 가정이 이 기능을 못한다면 누가, 어디서 이 일을 감당해야 하는가? 교회학교? 아니다. 그곳엔 연령이 정확히 구분된 학교식의 교육만 있다. 아버지와 어머니, 어른과 아이 모든 세대가 함께 삶을 나누고, 쉬고, 배울 수 있는 어떤 통로가 필요한 것은 아닌가?

세 번째 문제는 기독교교육을 위한 **절대부족의 시간**이다. 우리는 물론 기독교교육에서 시간의 양이 중요한 것이 아니라 질이 중요하다는 사실을 안다. 그러나 기독교교육의 목적은 온전한 그리스도인을 세우는 것이다. 이것은 지식에 있어서나 삶을 살아가는 것, 시간과 돈을 사용하고, 여가를 보내는 것 모두에서 그리스도의 장성한 분량에 이르도록 성숙한 인격 됨됨이를 이루는 것을 의미한다. 이것이 주일에 1시간 30분 동안 이루어지는 학교식 교육으로 가능할까? 물론 하나님은 지금까지 한국 교회 교회학교를 복 주셨고, 이곳을 통해 정말 귀한 일을 이루셨다. 매해 필자가 가르치는 신학대학에 지원하는 많은 학생을 면접할 때마다 교회학교의 열매를 본다. 놀랍고 감사하다. 그러나 사람은 보는 만큼 된다. 경험한 만큼 변한다. 아이가 수학과목이 뒤떨어지면 과외고 학원이고 특별히 돈 들여 시키는 이유가 무엇인가? 배우고 연습하는 만큼 잘할 것이라는 극히 평범한 법칙은 기독교교육에도 통한다. "아이 하나를 교육하는 데 마을 하나가 필요하다"고 누가 그랬다. 하나님 백성 하나 만드는 데는 무엇이 필요하며, 얼마만큼의 시간이 필요할까? 1시간 30분은 정말 너무 짧은 시간 아닌가?

(2) 주 5일 수업의 기독교교육적 의미

주 5일제 수업은 그 자체로 놓고 볼 때는 단순히 금요일 오후부터 주일까지 3일간의 긴 주말을 의미한다. 이 사실 자체가 기독교교육 문제의 해결사가 되는 것은 아니다. 그러나 이 기회를 잘 활용할 경우 우리는 앞에 언급한 문제들을 극복할 수 있는 새로운 가능성을 찾을 수 있다.

첫째, 주 5일제 수업이 갖고 있는 최대의 장점은 **"기독교교육에 투자할 수 있는 시간의 증가"**라는 점이다. 그것은 무엇보다 한 주에 1시간 30분이라는 절대부족의 시간에 숨통을 트일 수 있는 기본조건이 된다. 예배와 분반공부만 끝나면 흩어지기 바쁜 지금의 구도에서는 할 수 없었던 다양한 교육적 시도들이 가능하게 된다. 성서공부, 성서통독, 제자훈련, 전도학교, 공동체훈련 등의 전통적 교육프로그램뿐만 아니라, 영성훈련, 기도학교, 내적 치유세미나, 소그룹 활동, 지도자 훈련, 심지어 캠프, 반별 수련회, 여행, 기독교역사와 문화체험에 이르기까지 기존의 구도에서는 할 수 없었던 새로운 교육적 시도가 가능하게 된다. 굉장한 기회요, 엄청난 도전이다.

둘째, 한걸음 더 나아가 생각하면 "주 5일제"로 인하여 우리는 우리의 **"기독교교육의 새판 짜기"**도 할 수 있다. 교사와 학생이 교재를 가지고 배우는 학교식 형태를 벗어나, 예배와 봉사, 전도, 친교 등의 공동체의 삶을 나누고 그 안으로 사회화할 수 있도록 돕는 "교육목회"로 교육의 폭을 넓힐 수 있다. 주일이라는 제한된 시간에 이루어지는 것이 기독교교육이라는 생각에서 벗어나, 학습자의 일상적 삶 안으로 깊이 침투해 들어갈 수 있다. 기독교교육을 예배와 성서공부로 국한하지 않고, 윤리학교, 봉사활동, 자연체험, 여가활동, 문화활동을 포함하는 전인교육으로 확대하여, 기독교인이 어떻게 이 세상에서 살아가고, 시간을 사용하고, 돈을 쓰며, 사람과 관계 맺고, 문화생활을 하는지를 자연스럽게 체득하고 익히는 통로로 확대될 수 있다. 다시 말하면 "주 5일제"는 기독교교육의 목적, 내용, 형태와 방법에서 새로운 판을 짜는 변화를 가져올 수 있다.

셋째, "주 5일제"는 "**교회가 통합적 교육의 장이 되는 계기**"를 마련할 수 있다. 앞에서 우리는 현대의 기독교교육이 갖는 구조적 문제의 하나가 가정교육의 결여라고 하는 점을 살펴보았다. 가정과 부모가 기독교교육적 역할을 제대로 할 수 없을 때, 교회는 이를 보충해주는 장으로써의 역할을 해야 한다. 기존의 학교식 교육이 이루어지는 교회학교로는 그 역할을 기대할 수 없었지만, 주 5일제로 인해 확대되는 교회교육은 어른과 아이, 노인과 청년이 함께 삶을 나누고 배우는 간세대(intergenerational) 교육의 기회를 포착할 수도 있다. 부모교육, 육아학교, 엄마와 함께 학교, 아빠와의 여행 등의 프로그램도 할 수 있지만, 교회 자체가 세대 간의 만남과 나눔이 이루어지는 느슨한 의미의 가정역할을 할 수 있다.

교회는 학교성을 좀 더 강화할 수도 있게 된다. 앞에서 우리는 교회가 단순히 성서공부와 예배로 국한되는 곳이 아니라 윤리학교, 자연체험, 봉사활동, 여가교육, 심신수련 등의 다양한 문화체험과 전인교육의 장이 될 수 있음을 살펴보았다. 이와 같은 전인교육적 차원은 확대된 학교의 역할이라고 할 수 있다. 또한 기독교교육적으로도 학교가 갖는 전문성과 체계성을 강화하여 성서공부나 제자학교 등을 좀 더 체계적으로 실시할 수도 있게 된다. 그렇게 볼 때 주 5일제는 교회의 교육적 영향력을 가정과 학교의 차원까지도 확대하여 "통합적 교육의 장"이 되도록 하는 데 기여할 수 있다. 교회의 통합된 교육활동은 역으로 교회와 가정, 학교를 긴밀히 연결해주는 역할도 하게 되는 것이다.

이와 같은 점을 바탕으로 해서 보았을 때 "주 5일제" 시행은 교회의 교육적 성격 자체를 새롭게 자리매김하고, "**기독교교육의 패러다임 전환**"을 가져오는 계기가 될 수 있다. 기독교교육의 패러다임 전환은 언제 일어나는가? 시대와 상황이 요청하고, 또 교회가 이 요청에 바르게 응답했을 때 일어난다. "주일학교운동"(Sundayschool movement)을 생각해 보자. 18세기 말 산업혁명과 더불어 생긴 초기 자본주의 사회에 교육 없이 방치된 고아와 노동소년 소녀들을 주일에 모아 글쓰기를 가르치고, 셈하기를 가르치고, 성서를 가르치면서 시작된 운동이다. 이 운동은 로버트 레익스 등 시대적 요청을 바로 보았던 사람들이 시작하였고, 교회에서 이를 수용하여, 미국 대륙으로, 한국으로 퍼져 오늘날 교회학교를 이루었다. 주일학교운동은 기회를 잘 포착했고 그 결과 세계를 변화시키는 운동이 되었다.

이 시점에서 우리도 "주 5일제 수업의 시행"이라는 시대적 상황을 잘 볼 필요가 있다. "주 5일제" 상황과 우리 교육의 구조적 문제는 아귀가 너무 잘 맞아 떨어지지 않는가? 이 기회를 포착하여 기독교교육의 문제들을 극복하는 계기로 삼아야 하는 것은 아닌가? "주 5일제"가 실시된 모든 나라에 기독교교육의 패러다임 전환이 있었던 것은 아니라는 사실에도 주목할 필요가 있다. 서구사회에 20세기 중반에 도입된 주 5일 근무제로 늘어난 주말은 오히려 교인들을 교회로부터 멀어지게 하고, 성수주일의 전통까지도 크게 훼손되는 결과를 낳았다. 이것이 무엇을 뜻하는 것인가? 기독교교육이 시의적절한 대응으로 기회를 포착하지 않을 경우, 시대에 뒤처지게 된다는 것을 배워야 하는 것 아닌가. 필자에게는 "주 5일제"가 한국의 주일학교운동 이래 가장 큰 도전이고 기회로 보여진다. 교회학교가 그동안 가졌던 구조적 문제를 극복하고 패러다임 전환으로 나아갈 수 있는 기회로 생각된다. 하나님의 "정복하고 다스리라"라는 말씀은 우리에게 새로 열린 "확장된 주말"이라는 시간에도 해당되는 명령으로 느껴진다. 그렇지 않을 경우 서구 교회가 그랬던 것처럼 쾌락과 소비를 지향하는 인본주의적 문화에 정복될 수 있을 것이라는 두려움이 느껴진다.

2) 주 5일 수업 시대의 주말교회학교 방향

그러면 우리는 본격적 "주 5일 수업"시대의 기독교교육을 위하여 어떻게 준비해야 하는가? 이미 몇몇 교회들이 금요일 오후나 토요일에 시작하여 주일예배로까지 연결되는 "주말교회학교"를 시작하였고, 또 몇몇 교회는 토요일을 이용하여 제자훈련이나, 성서교실, 다양한 문화교실을 실시하고 있다. 우후죽순 격으로 나타나는 여러 프로그램은 물론 하나하나의 의미가 있지만, 현재의 시점에서는 먼저 "주말교회학교"의 방향성 정립이 시급한 것으로 보인다. 따라서 여기에서는 "주말교회학교"의 기본적 방향성을 살펴보자.

"주 5일 수업" 시대에 확장된 주말을 이용하는 "주말교회학교"는 그 특성상 최소한 세 가지 요소를 지향하여야 할 것으로 보인다. '여가성'과 '교회성', 그리고 '학교성' 이 그것이다.

(1) 여가성

'여가성'이라함은 "주말교회학교"라고 하는 이름의 '주말'이 갖는 특성이다. 주말이라는 시간성을 장으로 하는 주말교회학교는 그 자체로 '여가성'을 지향하지 않으면 안 된다는 것이다. 우리가 주중과 주말을 나누는 것은 직장이나 학교가 있느냐 없느냐의 기준에 달려 있다. 주말은 일하지 않고 쉬는 기간이라는 뜻이다. 따라서 주말은 여가이다. 여가란 시간적으로 잉여의 시간이며, 활동적 측면으로 보았을 때 목적지향적 행위를 하지 않는 자유로운 시간이고 쉼의 시간이라는 뜻이다. 이것이 무엇을 뜻하는가? 우리는 주말교회학교라고 했을 때 먼저 드는 생각이 기회가 생겼으니 사람들을 훈련시키고, 가르쳐야 한다고 할 수 있다. 주말교회학교는 기존 주일학교의 단순한 연장이 아니라, 그 자체로 여가와 안식이라고 하는 목적을 충족해야 한다는 것을 뜻한다. 여가는 모든 경쟁과 과제, 부담감들로부터 자유로워져 자신에게로 돌아오는 시간이고, "전인적인 자아"를 회복하는 시간이다.

주말교회학교가 여가성을 지향해야 한다는 것은 기존의 기독교교육이 해왔던 것처럼 무엇을 가르치려고 들 것이 아니라 쉼을 제공하고, 놀이를 제공하고, 모든 경쟁과 과제로부터 자유롭게 하여, "전인적 자아"를 회복하게 하는 교육이어야 한다는 것이다. 세상 학교에는 '빠름'의 가치가 있지만, 주말학교에는 '느림'의 미학이 있어야 하고, 그 학교에는 '성과'가 중요하지만, 이 학교에는 '성과로부터 자유로움'이 보장되어야 하며, 그 학교에는 '나'가 없지만 이 학교에는 '진정한 나'를 찾을 수 있는 대안적 학교가 되어야 한다는 말이다. 그래서 모두 오고 싶어 하는 학교가 되어야 한다는 것이다.

(2) 교회성

'교회성'은 "주말교회학교"라는 이름의 가운데에 해당하는 단어 '교회'가 갖는 특성이다. 우리는 흔히 주말학교라고 요리, 컴퓨터, 단소 같은 문화교실을 하거나 캠프나 요가, 주말농장 같은 여가활동을 하면 된다고 생각할 수 있다. 물론 이 같은 프로그램은 훌륭한 여가 프로그램이다. 그러나 우리가 물어야 할 것은 그러한 프로그램이 "주말교회학교"가 지향하는 '교회성'과 어떠한 관련성 안에 서 있느냐 하는 것이다. 주말교회학교는 무엇보다 '교회'가 주체가 되는 교육이고, 그런 한 '교회성'을 드러내는 것이어야 한다. 교회란 그리스도를 주로 고백하는 성도의 공동체이고, 그리스도를 머리로 받들고 있는 그리스도의 몸이다. 그렇게 볼 때 성도에게 진정한 안식과 쉼은 그리스도에게 붙어 있을 때, 우리가 그 안에 있고, 그가 우리 안에 있을 때 오는 것이다. 예수님은 우리에게 "수고하고 무거운 짐 진 자들아 다 내게로 오라 내가 너희를 쉬게 하리라 나는 마음이 온유하고 겸손하니 나의 멍에를 메고 내게 배우라 그리하면 너희 마음이 쉼을 얻으리니"라고 하셨다.(마 11:28-29) 무슨 말인가? 우리는 그에게로 갈 때에만 쉼을 얻을 수 있다는 말이다. 또한 그에게서 배워야만 쉼을 얻을 수 있다는 것은 진리이신 그분께 배울 때, 진리가 주는 진정한 자유함을 맛볼 수 있다는 것이다. 따라서 주말교회학교는 그리스도와의 관계를 바로 세우는 학교이어야 하고, 진리를 깨닫게 하는 학교이어야 한다. 앞에서 살펴본 '여가성'이란 무엇을 배우지 않는 것이라고 했으나, 기독교적 여가란 예수의 멍에를 메고 그에게 배우는 것이다. 그래서 주말교회학교는 영성훈련, 성서공부, 찬양과 기도, 제자훈련이 이루어질 수 있는 학교인 것이다. 예수께 자유케 하는 진리를 배우는 학교이다.

교회성은 '공동체성'을 의미하기도 한다. 공동체는 공동의 신앙고백과 공동의 예전, 공동의 삶의 양식이 있다. 주말교회학교에서 학생들은 공동체의 삶을 익힐 수 있어야 한다. 공동의 예배와 공동의 축제, 친교와 봉사를 경험할 수 있어야 하고, 공동체 안의 다양한 세대 간 만남을 경험할 수 있어야 한다. 그리하여 주말교회학교는 학생들이 공동체를 체험할 수 있을 뿐만 아니라, 주말교회학교로 인하여 역으로 공동체가 세워지기도 하는 그런 학교가 되어야 한다.

(3) 학교성

'학교성'이라 함은 "주말교회학교"라는 말의 마지막 단어 '학교'를 지칭한다. 여기서 '학교성'은 앞에 지적한 바 있는 교회학교의 특성, 즉 학교식(schooling)의 교육을 지칭한다기보다는, 그것이 갖고 있는 '전문성'과 '체계성', '의도성'과 같은 특성에 초점을 맞추어야 한다. 공동체성이라고 해서 사람들을 모아만 놓으면 자연적으로 무엇인가 이루어진다고 생각하는 사람들이 있다. 체계적이고 전문적 기획과 운영 없이 모여 있기만 하면 무엇인가가 된다는 생각은 무책임한 생각이다. 주말교회학교는 여가성과 교회성을 담보하기 위하여 철저히 계획되고, 준비되고 전문적으로 고안되는 학교이어야 한다. 예배는 감동적으로 기획되어야 하고, 다양한 활동은 다양한 대상과 연령에 맞게 준비되어야 하며, 영성훈련과 공동체 생활은 훈련된 멘토와 치밀하게 계획된 소그룹 활동으로 진행되어야 하며, 간세대 경험과 문화교실, 환경학교 등 모든 활동은 전문적 경험을 가진 사람에 의하여 진행되고 이끌어져야 한다. "주말교회학교"는 단순히 친한 사람들의 주말모임이 아니라 계획적인 교육이며 교회가 주도하는 전문적 활동이어야 한다.

위와 같은 점을 바탕으로 해서 보았을 때, "주말교회학교"는 이 세 요소, 즉 '여가성'과 '교회성', 그리고 '학교성'이 서로가 서로 안에 내주하고 교통하는 삼위일체적 관계 안에서 운영되고, 전개되어야 할 것이다.

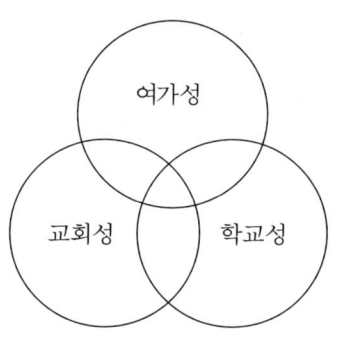

〈주말교회학교의 세 요소〉

"주 5일 수업"은 기독교교육에게 새로운 희망이요, 도전이다. 우리는 모든 희망과 도전이 현실화되는 것은 아니라는 사실을 안다. 기회가 왔을 때 그 기회를 포착하지 않으면 소용이 없다. 기독교교육의 패러다임을 바꾸고 새바람을 일으키는 일은 머리로 하는 것이 아니고, 입으로만 하는 것도 아니다. 구체적으로 계획해야 하고, 준비해야 할 수 있는 일이다. 먼저 교육전문가와 개 교회의 목회자, 교육지도자의 의식이 변해야 하고, 그 일을 할 수 있는 교육지도자와 교사, 프로그램이 지원되어야 한다. 개 교회에서 주말교회학교를 한다고 했을 때도, 현재의 교육전도사 체제를 가지고 때우는 식으로는 결코 안 된다. 누군가가 그 일에 전임으로 매달려야 하고, 또 모든 교육부서가 협력할 때만 이루어질 수 있다. 장소도 지원되어야 하고, 재정도 지원되어야 하며, 다양한 자원봉사자들의 헌신이 지원되어야 한다. 한마디로 엄청난 노력과 투자를 요하는 일이다.

"천국은 마치 밭에 감추인 보화와 같으니 사람이 이를 발견한 후 숨겨 두고 기뻐하여 돌아가서 자기의 소유를 다 팔아 그 밭을 샀느니라."(마 13:44) '왠 호들갑인가!' 할지 모르지만 지금은 우리가 밭에 감추인 보화를 본 사람의 노심초사하는 심정이 되어야 할 때이다. 그것이 너무 귀하고 소중하기 때문에 자기의 소유를 다 팔아서라도 밭을 사려고 하는 사람의 노력을 배워야 할 때이다. 밭을 사는 수고 없이 어찌 보화를 가질 수 있겠는가?

주

● 제1장 ●

1) Hans R. Weber, *Jesus and the children*, 양금희 역, 『예수님과 어린이』(서울: 장로회신학대학교출판부, 2000), 127.
2) *Ibid.*, 128.
3) 피아제의 인지발달이론을 바탕으로 하는 Goldman, Oser & Gmuender, 그리고 부분적으로는 Fowler도 이와 같은 입장에 속한다.
4) 참조. Klaus Issler, "Biblical Perspectives on Developmental Grace for Nurturing Children's Spirituality," Donald Ratcliff(ed.), *Children Spirituality*(Eugene: Cascade Books, 2004), 63.
5) 이신건, 『어린이 신학』(서울: 한들, 1998), 94f.
6) *Ibid.*, 62.
7) *Ibid.*, 62.
8) Marcia J. Bunge, "Historical Perspectives on Children in the Church," Donald Ratcliff(ed.), *Children Spirituality*(Eugene: Cascade Books, 2004), 47.
9) *Ibid.*, 50.
10) F. H. Kettler, "Taufe," *Die Religion in Geschichte und Gegenwart*, Bd. 6(Tübingen: 1986), 638.
11) "… 그렇게도 많은 신적 증언들이 동의하는 바와 같이 세례와 우리 주님의 몸과 피가 없이는 아무도 구원이나 영생을 희망할 수 없으며, 그것들이 없이는 유아들에 대한 약속도 헛된 것이다." Augustine, *De peccatorum meritis* I, xxxiv.
12) B. Snela, *Kindertaufe Ja oder Nein? Plädoyer für die Erwachsenentaufe*(Kösel: 1987), 47.
13) Tertullian, *De Baptismo*, ch. xviii.
14) 전성용, 『세례론 – 칼바르트의 성령론적 세례론』(서울: 도서출판 한들, 1999), 253.
15) B. Snela, *Ibid.*, 48.
16) Ch. Grethlein, *Taufpraxis Heute*(Gütersloh, 1988), 45f.
17) 이 논쟁은 유럽대륙과 영국에 광범위하게 영향을 미쳤는데, 영국 국교회가 그 유명한 "세례의 위기"(Crisis of Baptism, Swanwick Ecumenical Conference, 1965)라는 보고서를 발표하게 되었으며, 장로교회가 강한 스코틀랜드에서는 1955년부터 1962년까지의 총회에서 유

아세례 문제를 집중적으로 토의하게 되었다. 로마 가톨릭이 강했던 프랑스 역시 로기에(A. M. Roguet)와 마티몽(A. G. Martimont) 같은 가톨릭 학자들의 논쟁이 치열하였다.

18) J. Jeremias, *Die Kindertaufe in der ersten vier Jahrhunderten* (Göttingen, 1958), 28-44.
19) 예레미아스는 구약에서 가족공식의 예를 찾았는데, 예를 들어 삼상 22:16에서 사울이 아히멜렉을 저주하면서 너와 네 아비의 온 집이 죽을 것이라고 하였고, 실제로 그 복수는 남녀와 아이들과 젖 먹는 자들에게까지 미쳤던 것을(삼상 22:19) 상기시키고 있다. 또한 창 45:18-19에서 바로가 요셉의 형들에게 가족을 데려오도록 허락했을 때에도 여자와 늙은이, 어린아이들을 위해 수레를 제공하여 아무도 남겨두지 않게 했음을 지적하면서, 이와 같은 구약의 가족공식이 바울에게서도 나타난다고 하였다.(고전 1:16)
20) 세례를 할례와 연장선에서 보려는 입장은 종교개혁자 칼빈에게서 나타나고(Institutio, IV권, 16장), 20세기에는 오스카 쿨만에게서 나타난다. O. Cullmann, *Die Tauflehre des Neuen Testaments. Erwachsenen- und Kindertaufe*, AThANT 12(Zürich, 1948). 물론 바르트와 같은 사람은 세례를 할례와 동일시하는 것에 대해 부정적인 견해를 보이고 있다.
21) 막 16:16-"믿고 세례를 받는 사람은 구원을 얻을 것이요 믿지 않는 사람은 정죄를 받으리라"; 행 8:12-"빌립이 하나님 나라와 및 예수 그리스도의 이름에 관하여 전도함을 저희가 믿고 남녀가 다 세례를 받으니"; 행 8:13-"시몬도 믿고 세례를 받은 후에 전심으로 빌립을 따라 다니며 그 나타나는 표적과 큰 능력을 보고 놀라니라."
22) J. Calvin, *Institutio* IV, 16, 1.
23) *Ibid.*, 7.
24) *Ibid.*, 8.
25) *Ibid.* 20.
26) 칼빈은 하나님이 아브라함을 선택하실 때에도 먼저 언약이 있었고, 아브라함이 그 약속을 믿은 후 성례에 참여하게 하신 것을 보면 알 수 있다고 하였다. "여호와께서 아브라함을 택하셨을 때, 우선 할례를 주시면서 그 표징의 의미를 감추시려 하지 않고, 먼저 그와 맺으시려는 언약이 무엇인가를 언명하셨다.(창 15:1) 그리고 아브라함이 그 약속을 믿은 후에 그를 성례에 참가하게 하셨다."(창 17:11) J. Calvin, *Institutio* IV, 16,24.
27) *Ibid.*, 24.
28) K. Barth, "Die Kirchliche Lehre von der Taufe," *Theologie Studien* 14, 1943.
29) Ch. Grethlein, *Taufpraxis Heute*, 57f.
30) K. Barth, "Die Lehre von den Sakramenten," *Zwischen den Zeiten* 29, 427/60.
31) K. Barth, *Kirchliche Dogmatik* I/1(Zürich: EVZ Verlag, 1932), 159.
32) *Ibid.*, 21f.
33) *Ibid.*, 33.
34) *Ibid.*, 49.
35) K. Barth, *Kirchliche Dogmatik*, IV 4, 183.
36) *Ibid.*, 190-192.
37) Baptism, *Eucharist and Ministry, Faith and Order Paper*, No. 111(Geneva: WCC, 1982), 12.
38) "신자세례와 유아세례는 모두 신앙공동체 안에서 행해진다. 스스로 응답할 수 있는 사람이

세례를 받는 경우, 개인적인 신앙고백은 세례예배의 필수적 구성요소이다. 그러나 유아가 세례를 받는 경우에는 그의 개인적 응답이 그의 생애의 후일에 주어질 것이다.… 유아의 경우는 신앙고백이 나중에 기대되고, 세례 받는 유아에 대한 기독교적 양육은 이와 같은 신앙고백을 이끌어내는 쪽을 방향 잡혀야 할 것이다." *Ibid.*, 12.

39) 참조. 양금희, 『종교개혁과 교육사상』(서울: 한국장로교출판사, 1999), 27f.
40) I. Asheim, *Glaube und Erziehung bei Luther*(Heidelberg, 1961), 227.
41) M. Luther, *Tisch Reden*, WTR 2, Nr. 1741.
42) *Ibid.*, Nr. 1631.
43) WTR 5, Nr. 1741.
44) WTR. 2, Nr.2302a(1531).
45) I. Asheim, *Ibid.*, 229; Fr. Schweitzer, *Die Religion des Kindes zur Problemgeschichte einer religionspädagogischen Grundfrage*(Gütersloh, 1992), 45f.
46) Predigt 1531, WA 34. 2, 321, 6-13.
47) WTR. 2, Nr. 2302a(1531).
48) Fr. Schweitzer, *Ibid.*, 49.
49) *Ibid.*, 49.
50) M. Luther, Genesisvorlesung 1535, WA 42, 346ff.; WA Tischreden 2, 125, 23-26.
51) M. Luther, *Ein Sermon von dem ehelichen Stand 1519*, WA 2, 170, 14-16.
52) 이러한 이해를 바탕으로 루터는 어린이에 대한 그의 기독교교육 개념을 제안하고 있는바, 이것은 필자의 『종교개혁과 교육사상』을 참고하길 바란다. 양금희, 『종교개혁과 교육사상』(서울: 한국장로교출판사, 1999).
53) Drasmus von Rotterdam, "Declamation de pueris instituendis," *Über die Notwendigkeit einer frühzeitigen allgemeinen Charakter und Geistesbildung der Kinder. Erasmus von Rotterdam. Ausgewählte pädagogische Schriften*, besorgt von Anton J. Gail, 1963, 이하 이 글은 Pueris로 표기함, 116.
54) Pueris, 111.
55) Pueris, 122.
56) Pueris, 116.
57) Pueris, 29.
58) 양금희, 『종교개혁과 교육사상』, 230f.
59) Pueris, 122.
60) Pueris, 147f.
61) pueris, 140f.
62) 참조. Klaus Petzold, *Die Grundlagen der Erziehungslehre im Spätmittelalter und bei Luther*(Heidelberg, 1969), 67; Pueris, 147.
63) Pueris, 128.
64) Ph. Aries, *Geschichte der Kindheit*(München Wein: Hanser, 1975).
65) 에라스무스는 이와 같은 어린이 이해를 바탕으로 어린이 교육에 대한 그의 생각을 전개하였는바, 이에 관한 내용은 양금희의 『종교개혁과 교육사상』을 참고할 수 있다.

66) 참조. 양금희,『근대 기독교교육 사상』(서울: 한국장로교출판사, 2001), 17.
67) J. A. Comenius, *Pampaedia. Lateinischer Text und deutsche Uebersetzung*, Hrsg. v. D. Tschizewskij(Heidelberg: Quelle & Meyer, ²1965).
68) 참조. 양금희,『근대 기독교교육사상』, 59f.
69) J. A. Comenius, *Grosse Didaktik*, 21.
70) *Ibid.*, 20.
71) *Ibid.*
72) *Ibid.*, 21.
73) *Ibid.*
74) *Ibid.*
75) *Ibid.*, 20.
76) J. A. Comenius, *Pampaedia*, 263.
77) *Ibid.*, 235.
78) J. A. Comenius, *Grosse Didaktik*, 46.
79) *Ibid.*, 45.
80) *Ibid.*, 47.
81) J. A. Comenius, *Grosse Didaktik*, 37; J. A. Comenius, *Pampaedia*, 249.
82) J. A. Comenius, *Pampaedia*, 111.
83) J. A. Comenius, *Grosse Didaktik*, 60.
84) K. Schaller, *Die Paedagogik des Johann Amos Comenius und die Anfaenge des paedagogischen Realismus im 17*(Jahrhundert: Heidelberg, 1962), 83.
85) J. A. Comenius, *Pampaedia*, 325.
86) *Ibid.*
87) *Ibid.*
88) *Ibid.*
89) K. Schaller, *Ibid.*, 96.
90) *Ibid.*, 94.
91) *Ibid.*, 98.
92) J. A. Comenius, *Inforamtorium der Mutterschul*(1633), (Heidelberg, 1962), 17.(이하 Inforamtorium der Mutterschul로 표기함.)
93) *Pampaedia*, 235.
94) *Informatorium der Mutterschul*, 20.
95) *Ibid.*, 233.
96) *Ibid.*, 235.
97) *Ibid.*, 231.
98) *Grosse Didaktik*, 159-156
99) *Pampaedia*, 271.
100) "세례를 통해서 우리가 그리스도에게 바친 자들이 아직 모친의 팔에 안겨 있을 때에 그리스도의 가르침이 그들에게 스며들게 해야 한다. 마음이 맨 처음에 들이마시는 것이 가장 깊

은 곳에 자리잡으며, 가장 오래 머물기 때문이다. … 그렇게 되려면 그리스도의 가르침을 어린이들이 좋아하는 방법으로 제시해 주어야 할 것이다." *Grosse Diaktik*, 162.
101) *Ibid.*, 160.
102) *Informatorium der Mutterschul*, 64.
103) *Pampaedia*, 283.
104) *Ibid.*
105) *Ibid.*
106) *Ibid.*, 305.
107) *Grosse Diaktik*, 162.
108) *Ibid.*, 163.
109) "그리스도께서 '내 집은 기도하는 집이라 강도의 굴혈이 아니다'라고 하신 바대로 아동들은 교회 안에서 그 말씀에 맞게 행동해야 한다. 때문에 이곳에서는 불손한 일을 행해서는 안 되며, 허풍을 떨거나 속삭이거나 농담을 즐겨서도 안 된다. 잡스러운 생각으로 주위를 둘러 보아서도 안 되며 정신을 묵상에 집중해야 한다. 성가를 부를 때는 함께 불러야 하며, 기도 할 때에도 하나님의 말씀을 들을 때도 함께 들어야 한다. 침묵의 순간순간 사이에 경건된 마음으로 하나님의 자비로우심을 불러야 한다." *Pampaedia*, 313.
110) A. H. Francke, "Kurzer und einfältiger Unterricht, wie die Kinder zur wahren Gottseligkeit und christlichen Klugheit anzufuhren sind," 1702; H. Lorenzen and A. H. Franckes, *Paedagogische Schriften* (Paderborn, 1957), 51f.
111) A. H. Francke: "Ordnung und Lehrart, wie selbige in denen zum Waisenhause gehörigen Schulen eingeführt ist," 1702; G. Kramer hrsg and A. H. Franckes, *Paedagogische Schriften* (Langensalza, 1885), 166.
112) 이와 같은 어린이 이해를 바탕으로 프랑케는 그의 어린이 교육을 전개하고 있는바, 이에 관한 내용은 양금희의 『근대 기독교교육 사상』, 143-268을 참고할 수 있다.
113) J. J. Rousseau, *Emile*, 안인희 역, 『에밀』(서울: 서원, 1997), 69.
114) *Ibid.*, 64.
115) *Ibid.*, 86.
116) *Ibid.*, 107.
117) 안인희・정희숙・임현식, 『루소의 자연교육사상』(서울: 이화여자대학교출판부, 1996), 67.
118) 『에밀』, 196.
119) *Ibid.*, 197.
120) Fr. Schweitzer, *Die Religion des Kindes: Zur Problemgeschichte einer religionspädagogischen Grundfrage* (Gütersloh, 1992), 134.
121) *Pädagogische Schriften*, 14.
122) *Ibid.*, 45f.
123) *Ibid.*, 48.
124) *Ibid.*, 224. 이와 비슷한 표현이 『종교론』에서도 나타난다. "어린이는 하나님이나 구세주, 그리고 천사와 같은 개념들을 마귀할멈이나 요술사들과 구별하지 못한다." Reden, 107.
125) *Ibid.*, 107.

126) J. J. Rousseau, *Emil oder über die Erziehung* (Paderborn, 1981), 553ff.
127) Fr. Schleiermacher, *Die Weihnachtsfeier. Ein Gespräch* (Zürich, 1989) 이하 Weihnachtsfeier로 표기함.
128) *Ibid.*, 20.
129) *Ibid.*, 21.
130) *Ibid.*, 22.
131) Fr. Schweitzer, *Die Religion des Kindes: Zur Problemgeschichte einer religionspädagogischen Grundfrage* (Gütersloh, 1992), 153. 슐라이어마허는 이와 같은 어린이 이해를 바탕으로 어린이 종교교육의 개념을 제시하였는바, 이는 양금희의 『근대 기독교교육 사상』, 269-284에서 참고할 수 있다.
132) E. L. Towns, *A History of Religious Educators*, 임영금 역, 『인물 중심의 종교교육사』(서울: 예장총회교육부, 1984), 425.
133) H. Bushnell, *Christian Nurture* [Forge Village, Massachusetts, Murray, 1888, 1967(5)].
134) 은준관, 『교육신학』(서울: 대한기독교서회, 1996), 135.
135) *Christian Nurture*, 4.
136) *Ibid.*, 5.
137) *Ibid.*, 14.
138) *Ibid.*, 10.
139) M. Bendroth, "Horace Bushnell Christian Nurture," Marchia J. Bunge ra ; *The Childein Christian Thought* (GrandeRapiac, MiChigan, William EeramancePublishing Company, 2001), 359ff.
140) *Christian Nurture*, 198.
141) *Ibid.*, 204.
142) *Ibid.*, 206.
143) *Ibid.*, 211.
144) *Ibid.*, 136ff.
145) *Ibid.*, 140.
146) *Ibid.*, 140.
147) *Ibid.*, 12.
148) *Ibid.*, 123.
149) *Ibid.*, 13.
150) *Ibid.*, 52ff.
151) *Ibid.*, 12.
152) *Ibid.*, 14.
153) *Ibid.*, 126.
154) 이선옥, 『몬테소리교육의 이론과 실제』(서울: 태영출판사, 2008), 12-13.
155) 조성자 편저, 『Montessori의 새로운 세계를 위한 어린이 교육』(서울: 중앙적성출판사, 1996), 73.
156) M. Montessori, *Kinder sind anders* (München, 1995), 77.

157) M. Montessori, *Das kreative Kind*, 73.
158) 조성자 편저, 『Montessori의 새로운 세계를 위한 어린이 교육』(서울: 중앙적성출판사, 1996), 50.
159) P. P. Lillard, 조선희 역, 『몬테소리 교육에 대한 현대적 접근』(서울: 학문사, 1994), 63.
160) M. Montessori, *The Absorbent Mind*, 204.
161) 구경선, "몬테소리", 연세대학교 교육철학연구회 편(서울: 교육과학사, 2002) 319ff.
162) 구경선, 『영유아 교사를 위한 몬테소리 교육의 사상과 실제』(서울: 교육아카데미, 2005), 69.
163) M. Montessori, Entdeckung des Kindes, 166.
164) M. Montessori, Spanungsfeld Kind-Gesellschaft-Welt(Freiburg, 1979), 49.
165) 구경선, "몬테소리 교육과 기독교교육", 서울신학대학교출판부, 「신학과 선교」 23집, 1981, 431.

● 제2장 ●

1) E. Erikson, *Childhood and Society*[New York: W. W. Norton & Company, 1963(초판 1950)].
2) 에릭슨의 아동 임상에 대한 경험은 이미 그가 25세 되던 해에 비엔나의 한 사립학교에서 시작되었다. 이곳에서 그는 프로이드의 딸인 안나 프로이드를 만나 정신분석의 임상 경험을 하게 된다. 후에 그는 비엔나의 정신분석 연구소에서 지속적으로 정신분석 훈련을 받고, 이때 몬테소리 교육방법도 겸하여 배우면서 아동 발달을 집중적으로 연구하게 되었다. 나치정권이 오스트리아를 점령하게 되면서 에릭슨은 미국으로 이주하여, 보스톤에서 최초의 어린이 정신분석가로 활동하였다. 연이어 그는 메사추세츠의 병원과 하버드 의과대학과 병원에서도 어린이 정신분석가로서의 명성을 차분히 쌓았다. 이와 같은 명성을 바탕으로 그는 예일과 버클리 대학에서 교수직과 정신과 의사직을 수행하면서 어린이에 대한 발달심리학적 이론을 발전시키게 된다. 그의 가장 잘 알려져 있는 책 『아동기와 사회』는 그와 같은 경험을 바탕으로 1950년에 출판된 책이다.
3) S. Freud, "Drei Abhandlungen zur Sexualtheorie"(1905), Freud Studienausgabe Bd.V, Hg.v.a. Mitscherlich u.a.(Frankfurt a.M., 1969), 37-146.
4) *Childhood and Society*, 247-274.
5) *Ibid.*, 272.
6) *Ibid.*
7) *Ibid.*, 273.
8) *Ibid.*, 250.
9) *Ibid.*, 247.

10) *Ibid.*
11) *Ibid.*, 249.
12) *Ibid.*, 249.
13) *Ibid.*, 251.
14) *Ibid.*, 252.
15) *Ibid.*
16) *Ibid.*, 254.
17) *Ibid.*, 255.
18) *Ibid.*
19) *Ibid.*, 256.
20) *Ibid.*, 257.
21) *Ibid.*, 260.
22) *Ibid.*, 258.
23) *Ibid.*, 259.
24) E. Erikson, *Young Man Luther*, 최연석 역, 『청년루터』(서울: 도서출판 인간, 1978).
25) Fr. Schweitzer, *Lebensgeschichte und Religion* (München: Kaiser, 1987), 82-83.
26) *Ibid.*, 84.
27) *Childhood and Society*, 250.
28) *Ibid.*
29) E. Erikson, *Jugend und Krise Die Psychodynamik im sozialen Wandel* (Stuttgart, 1981), 107.
30) 프로이드는 '종교'를 오이디푸스 시기의 아버지에 대한 일종의 "고착현상"으로 보면서, 종교의 하나님을 육신의 아버지처럼 보호와 위로를 주지만 동시에 죄책감으로 괴롭히는 존재, 일종의 승화된 아버지(erhöter Vater)로 이해하였다. 하나님은 모든 것을 보시고, 잘못하면 벌주는 막강한 아버지와 같은 존재이고, 종교는 바로 오이디푸스 시기의 고착현상의 하나로 이해하였다. 그러나 에릭슨은 종교의 하나님 개념에서 벌주시고, 진노하시며, 규범을 주는 아버지적 하나님의 개념이 투사되어 있는 것을 발견할 수 있는 것은 맞다고 하였다. 그러나 종교는 그에서 더 나아가, 인간을 그러한 죄책감에서 해방하며, 아버지적 고착에서 벗어나게 하는 힘이 있다고 보았다. 종교는 인간에게 죄악에도 불구하고 인간을 사랑하며 용서하시는 하나님 개념을 제시함으로써 인간에게 오이디푸스적 갈등과 고착을 해결하고 치유하는 역할을 제시하고 있다고 함으로써 종교를 긍정적으로 보았다.
31) 그는 골드만(R. Goldman), 파울러(J. Fowler), 오저와 그뮌더(Fr. R. Oser & Gmünder) 등과 같은 학자들의 종교발달 이론에 큰 영향을 미쳤다.
32) J. Piaget, *Six Psychological Studies* (New York: Random House, 1968), 6.
33) *Ibid.*, 7-8.
34) J. Piaget and Bärbel Inhelder, *The Psychology of the Child* (manufactured in the USA: Basic Books, Inc. 1969, originally published in French Paris, 1966), 4.
35) *Ibid.*
36) *Ibid.*, 5.

37) *Ibid.*, 9.
38) *Ibid.*, 10.
39) *Ibid.*, 11.
40) *Ibid.*
41) *Ibid.*, 96-97.
42) J. Piaget, *The Child and Reality* (New York: Grossman Publishers, 1973), 57-58.
43) *Ibid.*, 57.
44) *Six Psychological Studies*, 38.
45) *Ibid.*, 48.
46) *Ibid.*, 39.
47) *Ibid.*, 63.
48) *Ibid.*, 61.
49) Victor A. Korniejczuk, "Psychological Theories of Religious Development: A Seventh-day Adventist Perspective," *International Faith and Learning Seminar, June 1993* (U. S. A.: Held at Union College, Lincoln, Nebraska에서 참조함).
50) Kohlberg, 1978, 111.
51) R. Kohlberg, *The Philosophy of Moral Development*, 이동훈·이기문 역, 『도덕 교육 철학』(서울: 장로교출판사, 1985), 70.
52) *Ibid.*
53) Fr. Schweitzer, *Lebensgeschichte und Religion: religioese Entwicklung und Erziehung im Kindes- und Jugendalter*, 송순재 역, 『삶의 이야기와 종교』(서울: 한국신학연구소, 2009), 136.
54) James W. Fowler, "Faith and the Structuring of Meanind," *The First International Conference on Moral and Religious Development, Toward Moral and Religious Maturity* (Morristown, New Jersey: Silver Burdett Company, 1980), 75.
55) R. Kohlberg, *The Philosophy of Moral Development*, 523ff.
56) *Ibid.*, 524.

● 제3장 ●

1) R. Goldman, *Religious Thinking from Childhood to Adolescence* (London: Routledge & Kegan Paul, 1964).
2) Ronald Goldman, *Readiness for Religion: A Basis for Developmental Religious Education* (New York: The Seabury Press, 1970).
3) *Religious Thinking from Childhood to Adolescence*, 3.

4) *Ibid.*, 51.
5) *Ibid.*
6) *Ibid.*, 51-53.
7) *Ibid.*, 52.
8) *Ibid.*, 53.
9) *Ibid.*, 54-55.
10) *Ibid.*, 55-57.
11) *Ibid.*, 58-59.
12) *Ibid.*, 66.
13) *Ibid.*, 67.
14) *Ibid.*, 64.
15) *Ibid.*
16) *Ibid.*, 67.
17) *Ibid.*, 220ff.
18) *Ibid.*, 223.
19) *Ibid.*, 224.
20) *Ibid.*, 67.
21) *Ibid.*, 227.
22) *Ibid.*, 230.
23) *Readiness for Religion*, 88.
24) *Ibid.*, 92.
25) *Ibid.*, 110.
26) *Ibid.*
27) *Ibid.*, 139.
28) *Ibid.*, 145.
29) 어린이 영성연구의 골드만에 대한 비판은 뒷장 "어린이 영성" 부분에서 자세히 살펴보게 될 것이다.
30) James Fowler, *Stage of Faith*, 사미자 역, 『신앙의 발달단계』(서울: 대한예수교장로회총회 출판국, 1987).
31) *Ibid.*, 198.
32) *Ibid.*, 199.
33) *Ibid.*, 202.
34) *Ibid.*, 216.
35) 물론 이 단계에는 아동만 속하는 것이 아니고, 청소년들도 속하매, 심지어 성인들까지고 이 단계에 머물러 있는 경우가 있다.
36) *Ibid.*, 220.
37) *Ibid.*, 221.
38) *Ibid.*, 222.
39) J. Fowler, "Faith and the Structuring of Meaning," *The First International Conference on*

Moral and Religious Development, Toward Moral and Religious Maturity(Morristown, New Jersey: Silver Burdett Company, 1980), 74ff.

40) *Ibid.*, 76.
41) *Ibid.*, 80-81에서 발췌.
42) John H. Westerhoff III, *Will Our Children Have Faith*, 정웅섭 역, 『교회의 신앙교육』(서울: 대한기독교교육협회, 2008), 125-156.
43) *Ibid.*, 138.
44) *Ibid.*, 129.
45) *Ibid.*, 137.
46) *Ibid.*, 138. 제 4의 형태인 고백적 신앙의 영어 단어는 "owned faith"로서 "소유된 신앙"이라고 해야 옳겠지만, 이 책을 번역한 정웅섭은 "고백적 신앙"이 이 단계의 함축적 의미를 잘 표현해 주는 것이라고 보아 그렇게 번역한 것을 그대로 사용함.
47) *Ibid.*, 139.
48) *Ibid.*, 143.
49) *Ibid.*, 91.
50) John Westerhoff III, *Bringing Up Children in the Christian Faith*(Minneapolis, Minnesota: Winston Press, 1980), 31.
51) *Ibid.*, 43.
52) 참조. 양금희, "'어린이 영성'(Children Spirituality) 연구의 어린이 영성이해와 어린이 영성교육이해에 관한 연구", 「장신논단」 제38집(2010. 8), 457-480.
53) E. Robinson, *The Original Vision*[New York: Seabury Press, 1983(1977)].
54) D. Hay, "Suspicion of the spiritual: teaching religious education in a world of secular experience," *British Journal of Religious Education*, vol. 7, 140-147; R. Nye, "Childhood spirituality and contemporary developmental psychology," R. Best and P. Lang(eds.), *Education, Spirituality and the Whole Child*(London: Cassells, 1996); R. Coles, *The Spiritual Life os Children*(London: Harper Collins, 1992); J. Greer, "Religious experience and religious education," *Search*, vol. 4, 23-24; L. Francis and J. Greer, "The Contribution of religious experience to Christian development: a study among fourth, fifth and sixth year pupils in Northern Ireland," *British Journal of Religious Education*, vol. 15(1993), 38-43; R. J. L. Murphy, *The Development of Religious Thinking in Children: a Review of Psychological Theories*(Leicester: UCCF, 1978).
55) 이 학회는 그 이전인 1996년에 발간되기 시작한 *International Journal of Children's Spirituality*라는 잡지의 보급을 통해서 확대된 어린이 영성에 관한 관심을 바탕으로 형성되게 되었다. 참고. J. Erricker, C. Ota, and C. Erricker, *Spiritual Education: New Perspectives For the 21st Century*(Brighton, Portland: Sussex, 2001), 1; 그리고 2006년에 있었던 제 7차 국제대회 이후에는 "Association for Children's Spirituality"(ACS)라는 단체가 형성되기에 이르렀다. 참조. www.childrenspirituality.org.
56) ed. H. C. Allen, *Nurturing Children's Spirituality*(Eugene Oregon: Cascade Books, 2008), preface xi 참조, childspirituality.org CSCP의 제 1회 컴퍼런스에는 베리만(Berryman),

번지(Bunge), 크램(Cram), 메이(May), 모르겐탈러(Morgenthaler), 렛클리프(Ratcliff) 등이 주축이 되어 이루어졌고, 이들이 현재에도 미국과 캐나다의 어린이 영성연구를 주도하는 학자들로서 활발히 활동하고 있다.

57) http://www.childspirituality.org
58) *The Original Vision*, 8.
59) *Ibid.*, 11.
60) *Ibid.*, 9.
61) *Ibid.*, 12-13. 이 내용은 로빈슨의 원문을 간단히 요약한 것이다.
62) *Ibid.*, 16.
63) *Ibid.* 참조. John H. Westerhoff III, "The Church's Contemporary Challenge," *Nurturing Children's Spirituality*, 363.
64) D. Hay, R. Nye, and R. Murphy, "Thinking about childhood spirituality: review of research and current directions," ed. L. J. Francis, W. K. Kay, and W. S. Campbell, *Research in Religious Education*(Macon Georgia: Smyth & Helwys Publishing, 1996), 51.
65) Robert Coles, *The Spiritual Life of Children*(Boston: Houghton Mifflin Company, 1990).
66) *Ibid.*, 279.
67) *Ibid.* 코울즈는 심지어 이 아이의 생각이야말로 니버가 말하는 "역설적 가치"(irony worthy)를 확인해 주는 내용이라고 하고 있다.
68) *Ibid.*, 277ff.
69) *Ibid.* 212ff.
70) *Ibid.* 225ff.
71) *Ibid.*, 249ff.
72) D. Hay, R. Nye, *The Spirit of the Child Revised Edition*(Philadelphia: Harper Collins, 1998).
73) *Ibid.*, 63.
74) *Ibid.*, 115ff.
75) *Ibid.*, 65ff.
76) *Ibid.*, 71.
77) *Ibid.*, 71ff.
78) *Ibid.*, 74ff.
79) Champagne, E. "Listening to … listening for …: a theological reflection on spirituality in earlychildhood," *Spiritual Education: Cultural, Religious and Social Differences- New Perspectives for the 21st Century*, ed. J. Erricker, C. Ota, and C. Erricker(Brighton, UK: Sussex Academic, 2001) 76-87.
80) Brendan Hyde, "The Identification of four characteristics of children's spirituality in Australian Catholic primary school," *International Journal of Children's Spirituality*, vol. 13, No. 2(May, 2008), 117-127.

81) K. Ratcliff, "The Spirit of Children Past," 21.
82) D. Ratcliff, Brenda Ratcliff, *Child Faith Experiencing God and Spiritual Growth with Your Children* (Eugene Oregon: Cascade Books, 2010), 15.
83) D. O'Murchu, *Reclaiming Spirituality: A New Spiritual Framework for Today's World* (Dublin: Gateway, 1997), vii.
84) D. Ranson, *Across the Great Divide-Bridging Spirituality and Religion Today* (Homebush NSW, Australia: St. Paul's, 2002), 32.
85) E. Roehlkepartain, "Exploring Scientific and Theological Perspectives on Children's Spirituality," ed. D. Ratcliff, *Children's Spirituality*, 122.
86) S. May, D. Ratcliff, "Children's Spiritual Experiences and the Brain," 150.
87) 여기에서 영아는 0-2세의 아이를, 유아는 3-6세의 아이를 지칭하는 용어이다.
88) 종교개혁가 루터는 세례 받은 어린이들의 믿음은 성인의 그것에 비해 뛰어나다고 하는 생각을 가지고 있었고 어린이의 약한 인지능력이 오히려 하나님을 의심 없이 받아들이고 순종할 수 있는 조건이 된다고 보았다. 참조. 양금희, 『종교개혁과 교육사상』(서울: 한국장로교출판사, 1999), 52ff.
89) J. J. Rousseau, *Emile*, 안인희 역, 『에밀』(서울: 서원, 1997), 197.
90) *Ibid.*, 196.
91) *Ibid.*, 197.
92) *Ibid.*
93) Fr. Schweitzer, *Die Religion des Kindes* (Gütersloh: Gütersloher Verlagshaus, 1992), 124.
94) Jean Piaget, *Six Psychological Studies* (New York: Random House, 1968), 5.
95) J. Piaget, Barbel Inhelder, *The Psychology of the Child* (New York: Basic Books, 1969), 13f.
96) *Six Psychological Studies*, 17.
97) *The Psychology of the Child*, 44f.
98) 후에 골드만은 이 점에 착안하여 아동이 실제로 성서를 어떻게 이해하고 있는지 인터뷰 형식으로 조사하였다.
99) J. Piaget, *The Child's Conception of the World* (London: Redwood Press Limited, 1971, 초판은 1929년에 출판됨), 253-388.
100) J. Piaget의 위의 책 참조.
101) *Ibid.*, 370-376.
102) *Ibid.*, 370.
103) *Ibid.*, 381.
104) *Ibid.*, 372-375.
105) *Ibid.*, 382.
106) *Ibid.*
107) Ronald Goldman, *Religious Thinking from Childhood to Adolescence* (London: Routledge & Kegan Paul, 1964); *Readiness for Religion* (New York: The Seabury Press, 1970).

108) 이와 관련된 자세한 내용은 앞 장에서 참고할 수 있다.
109) *Ibid.*, 52.
110) *Ibid.*, 53.
111) *Ibid.*, 52f.
112) Fr. Oser, P. Gmuender, *Religious Judgement A Developmental Approach* (Birminham : Alabama Religious Education Press, 1991), 69.
113) *Ibid.*, 180.
114) *Ibid.*, 71, 180.
115) *Ibid.*, 73.
116) *Ibid.*, 76.
117) *Ibid.*, 180.
118) *Ibid.*, 69.
119) D. Elkind, "The Origins of Religion in the Child," *Review of Religious Research*, vol. 12(1970), 35-42; D. Heller, *The Children's God* (Chicago : University of Chicago Press, 1986); J. H. Pealting, "Cognitive Development in Pupils in Grades Four Through Twelve: The Incidence of Concrete and Abstract Religious Thinking in American Children," *Character Potential*, vol. 7(1974), 52-61; V. F. Pitts, "Drawing the Invisible: Children's Conceptualization of God," Character Potential, vol. 8, 1976, 12-24; K. Tamminen, *Religious Development in Childhood and Youth: An Empirical Study* (Helsinki ; Suomen Tiedeakatemia, 1991).
120) J. Barrett, R. Richert, "Anthropomorphism or Preparedness? Exploring Child's God Concepts," *Review of Religious Research*, vol. 44(2003), 300-312; P. L. Harris, "What do children learn from testimony?," Carruthers, Siegal & Stich, *Cognitive bases of science* (Cambridge, UK: Cambridge University Press, 1997); E. M. Evans, "Cognitive and Contextual Factors in the Emergence of Diverse Belief Systems," *Cognitive Psychology*, vol. 15(2001), 95-120. 참조. 유명복, "아동의 종교적 개념형성", 「기독교교육정보」 제14집.
121) O. Petrovich, "Preschool Children's Understanding of the Dichotony Between the Natural and the Artificial," *Psychological Reports*, vol. 84(1999), 3-27.
122) O. Petrovich, "Understanding of Non-Natural Causality in Children and Adult: A Case Against Artificialism," Psyche en Geloof 8, 1997, 151-165.
123) J. L. Barrett, R. A. Richert, A. Dreisenga, "God's Beliefs Versus Mother's: The Development of Nonhuman Agent Concepts," Child Development 2, 2001, 50-65.
124) R. A. Richert, J. L. Barrett, "Do You See What I See?, Young Children's Assumptions About God's Perceptual Abilities," *The International Journal For The Psychology of Religion*, vol. 15(4)(2005), 283-295.
125) J. L. Barret, R. A. Richert, "Anthropomorphism or Preparedness? Exploring Children's God Concepts," Review of Religious Research 44, 2003, 310.
126) 대상이란 신프로이드 학파인 대상관계이론가들이 사용하는 전문용어이다. '대상'(object)이란 개념은 프로이드에 의하여 쓰였는데, 그는 본능적인 욕동의 맥락에서 영아 혹은 개인이

추구하는 욕구를 만족시켜 주는 사람이나 물건을 '대상'이라고 칭하였다. Freud에 의하면 영아의 대상은 처음에는 어머니의 젖가슴이었다가 다음에는 어머니 자신이 되고 최종적으로는 영아를 만족시켜 주는 다른 사람이나 사물이 된다. 후에 신프로이드 학파의 대상관계 이론가들은 '대상'에 대해 다른 강조점을 갖게 되는데, 초기의 영아가 양육과정에서 경험한 양육자에 대한 이미지가 영아의 무의식 세계에 침전되어 그의 의식의 세계를 관리하고 행동 규범과 느낌을 만들어 냄은 물론 그 사람의 총체적인 인간 됨됨이를 결정해 주는 심리적인 틀, 무의식세계에서 개인의 운명을 관리하는 양육자의 상(이미지)을 의미하게 된다.

127) A.-M. Rizzuto, *The Birth of the Living God: A Psychoanalytic Study*, The University of Chicago, 1979, 한국심리치료연구소 역, 『살아 있는 신의 탄생 : 정신분석학적 연구』(서울 : 한국심리치료연구소, 2000), 345f.

128) A.-M. Rizzuto, 『살아 있는 신의 탄생 : 정신분석학적 연구』, 350.

129) *Ibid.*, 351.

130) *Ibid.* 리주토는 이 대상은 어머니가 양육과정에서 아이에게 형성해준 자신의 이미지와 깊은 관련을 맺고 있는데, 아이가 부모가 자신에게 부과한 신화적인 임무를 완성하지 못한 나쁜 아이의 모습을 발견한다면 거기에서 존재의 갈등(a conflict of being)을 겪게 되기도 한다고 하였다. 그 갈등이 심화되면 아이는 자신이 한 행동만을 나쁜 것으로 여기는 것이 아니라 심지어 자기 자신이 나쁘다고 생각한다. 아이는 자신이 '다른 사람'이 되어야만 한다고 생각하기도 한다는 것이다.

131) *Ibid.*, 363-364.

132) *Ibid.*, 353.

133) D. Hay, R. Nye, and R. Murhpy, "Thinking about childhood spirituality : Review of research and current directions," L. J. Francis, W. K. Kay, and W. S. Campbell, *Research in Religious Education* (Trowbridge, Wiltshire : Redwood Books, 1996), 48-49.

134) E. Robinson, *The Original Vision* (New York : Seabury Press, 1983); D. Hay, "Suspicion of the Spiritual : Teaching Religious Education in a World of Secular Experience," *British Journal of Religious Education*, vol. 7, 140-147; R. Nye, "Childhood spirituality and contemporary developmental psychology," ed. R. Best, P. Lang, *Education, Spirituality and the Whole Child* (London : Cassells, 1996); R. Coles, *The Spiritual Life os Children* (London : Harper Collins, 1992); R. J. L. Murphy, *The Development of Religious Thinking in Children: a Review of Psychological Theories* (Leicester : UCCF, 1978).

135) J. W. Berryman, *Godly Play, An Imaginative Approach to Religious Education* (San Francisco : Harper, 1991), 139.

136) L. J. Farmer, "Religious Experience in Childhood : A study of Adult Perspectives on Early spiritual Awareness," *Religious Education*, vol. 85, No. 4(1992), 260.

137) *Ibid.*

138) *The Original Vision*, 9.

139) *Ibid.*

140) *Ibid*, 11.
141) *Ibid.*, 12-13. 이 내용은 로빈슨의 원문을 간단히 요약한 것이다.
142) *Godly Play*, 141.
143) *Ibid.*, 142.
144) S. Cavalletti, *Religious Potential of the Child, Experiencing Scripture and Liturgy with Young Children*(Chicago: Archiocese of Chicago, 1992).
145) *Ibid.*, 31.
146) *Ibid.*, 32.
147) *Ibid.*, 40-45.
148) *Ibid.*, 30.
149) D. Hay, R. Nye, *The Spirit of the child*(London: Fount, 1998).
150) Ch. J. Boyatzis, B. T. Newman, "How shall we study children's spirituality?," ed. D. Ratcliff, *Children's Spirituality*(Eugene: Cascade Books, 2004), 168.
151) 참조. S. M. Stewart, "Children and Worship," *Religious Education*, vol. 84, No. 3 (Summer, 1989), 350.
152) J. W. Berryman, *Godly Play*(Augsburg Fortress, 1995), 149.
153) D. Ratcliff with S. May, "Identifying Children's Spirituality, Walter Wangerin's Perspectives," ed. E. Ratcliff, *Children's Spirituality*, 13-14.
154) F. Baumgaertel, "Glaube Im AT," *Die Religion in Geschichte und Gegenwart*, Bd. 2, (Tübingen: Mohr, 1986), 1588.
155) 참조. Karen M. Yust, *Real Kids, Real Faith, Practices for Nurturing Children's Spiritual Lives*(San Francisco: Jossey-Bass, 2004), 7.
156) *Ibid.*, 8.
157) *Ibid.*, 18f.
158) S. May, D. Ratcliff, "Children's Spiritual Experiences and the Brain," ed. D. Ratcliff, *Children's Spirituality*, 155.
159) C. Renz, "Christian Education and the Confirmation Debate: Towards a Theology of Catechesis," *Journal of Christian Education*, vol. 41, No. 1, 53-65.
160) D. Ratcliff, *Chrildren Spirituality*(Eugene: Cascade Books, 2004), 13.
161) D. Ratcliff, S. May, "Identifying Children's Spirituality, Walter Wangerin's Perspectives," ed. E. Ratcliff, *Children's Spirituality*, 13-14.
162) Karen Marie Yust, *Rean Kids, Real Faith, Practices for Nurturing Children's Spiritual Lives*(San Francisco: Jossey-Bass, 2004), 29.
163) 은준관, 『기독교교육 현장론』(서울: 대한기독교출판사, 1988), 189-209; 손원영, 『기독교 문화교육과 주일교회학교』(서울: 대한기독교서회, 2005), 237-280.

제4장

1) C. Berg, *Gottesdienst mit Kindern Von der Sonntagsschule zum Kindergottesdienst* (Münster: Comenius Institutes), 21.
2) 정웅섭, "주일학교교육의 역사", 오인탁 외, 『기독교교육사』(서울: 교육목회, 1991), 298.
3) 은준관, 앞의 책, 127.
4) 정웅섭, 308.
5) 곽안련, 『한국 교회와 네비우스 선교정책』(서울: 대한기독교서회, 1994), 215.
6) 엄요섭, 『韓國基督敎 敎育史小考』(서울: 大韓基督敎敎育協會, 1959).
7) 정웅섭, "敎育問題史的으로 본 韓國改新敎 敎會敎育 100年 — 主日學校를 中心으로", 『한신논문집』 제2권(1985), 102.
8) 문동환, "한국의 교회교육사(주일학교운동 중심으로)," 대한기독교교육협회, 『韓國基督敎敎育史大韓』(서울: 기독교교육협회, 1973), 32.
9) *Ibid.*
10) 한국기독교교육학회, 『한국 교단의 기독교교육사』(서울: 한국장로교출판사, 1999)
11) 장종철, "한국 감리교회의 기독교교육사", 한국기독교교육학회, 『한국 교단의 기독교교육사』 (서울: 한국장로교출판사, 1999), 33.
12) 김득룡, "한국 주일학교 교사연구", 대한예수교장로회, 전국주일학교 연합회, 『전국주일학교 30년사 1967-1997』(서울: 대한예수교장로회 전국주일학교연합회, 1997), 40-61.
13) 이 외에도 한춘기는 장로교(합동) 기독교교육의 역사를 김득룡의 시대구분에 따라 해방 이후에서 1960년까지를 복구기(6·25동란-1960), 반성기(1960-1970), 정돈기(1970-1994), 도약기(1994-1999)로 나누고 있다.
14) 고용수, "대한예수교장로회(통합)의 기독교교육사", 『한국 교단의 기독교교육사』, 95-96.
15) *Ibid.*
16) 정웅섭은 1888년 1월 15일 이화학당에서 스크랜튼 부인이 어린이 12명과 여성 성인 3명을 데리고 주일에 학교를 시작하였다는 서한을 미국의 선교본부에 보냈다는 점을 들면서, 이것이 문헌상으로 확인되는 최초의 주일학교라고 볼 수도 있다고 하였다. 정웅섭, "敎育問題史的으로 본 韓國改新敎 敎會敎育 100年 — 主日學校를 中心으로", 『한신논문집』, 21.
17) 곽안련, 『한국 교회와 네비우스 선교정책』(서울: 대한기독교서회, 1994), 215.
18) 정웅섭, "敎育問題史的으로 본 韓國改新敎 敎會敎育 100年 — 主日學校를 中心으로", 『한신논문집』, 97.
19) Korea Repository Magazine(1892, 2), 37. 곽안련, 『한국 교회와 네비우스 선교정책』(서울: 대한기독교서회, 1994), 46에서 재인용.
20) *Ibid.*, 198.
21) *Ibid.*, 215.
22) *Ibid.*,
23) 문동환, "한국의 교회교육사(주일학교운동 중심으로)", 대한기독교교육협회, 『한국기독교교

육사』(서울: 대한기독교교육협회, 1973), 39.
24) *Ibid.*, 39.
25) 이들은 미국의 통일공과를 바탕으로 성서 이야기를 쉽게 쓴 "주일학교 공부"(主日學校 工夫)라고 하는 교재를 편찬하여 보급하기도 하였다. *Ibid.*
26) 곽안련, 『한국 교회와 네비우스 선교정책』, 216f.
27) *Ibid.*, 217.
28) *Ibid.*, 242.
29) *Ibid.*, 243.
30) 구성서, "하기 아동성경학교 조선유래", 「기독신보」 1932. 5. 18.
31) 문동환, 46.
32) *Ibid.*, 244.
33) 정웅섭, 34.
34) 곽안련, 247.
35) 김득룡, "한국장로교회의 주교교육 연구", 「신학지남」 제43권(1976. 6), 8-12.
36) 곽안련, 245.
37) 문동환, 51.
38) *Ibid.*, 45.
39) 엄요섭, 『韓國基督敎 敎育史小考』(서울: 大韓基督敎敎育協會, 1959), 25.
40) *Ibid.*, 29.
41) 문동환, 54.
42) 장종철, "한국 감리교회의 기독교교육사", 한국기독교교육학회, 『한국 교단의 기독교교육사』 (서울: 한국장로교출판사, 1999), 71.
43) 고용수, "대한예수교장로회(통합)의 기독교교육사", 한국기독교교육학회, 『한국 교단의 기독교교육사』(서울: 한국장로교출판사, 1999), 96.
44) 한국신학대학에서는 1962년 문동환 박사를 중심으로 기독교교육연구소를 개설하였고, 예장 합동측에서는 1964년에 명신홍, 차남진, 김득룡 교수를 중심으로 하여 기독교교육연구회를 조직하였으며 통합측에서는 김형태, 김득렬, 주선애 교수를 중심으로 하여 연구결과물들을 발표하여 오다가 1977년에 장신대의 기독교교육연구원을 개원하였다.
45) 해당 기간의 자료는 대한예수장로회(통합측) 회의록을 기초하여 작성하였다.
46) 통계청의 자료를 기초로 하여 작성하였다.
47) *Ibid.*
48) 박상진, "한국 교회학교의 성장 추이 분석", 장로회신학대학 기독교교육연구원, 『1996년도를 위한 교육정책세미나 자료집 교회학교 성장의 정체현상 진단 및 대안정책 수립』(서울: 장로회신학대학교 기독교교육연구원, 1995), 55.
49) 박봉수, "교회학교의 정체현상 원인분석", *Ibid.*, 63-70.
50) 김청호, "주일학교 왜 위기를 맞고 있는가?", 「교회와 교육」(1995. 9), 80-83.
51) 김만형, 『SS혁신보고서』(서울: 규장, 1998), 25.
52) 교사통신대학 편찬위원회, "교회교육의 현실진단", 『삶을 새롭게 하는 교회교육』(서울: 영문, 1999), 11-12.

53) *Ibid.*, 12-18.
54) 양승헌, "어린이들이 외면하는 주일학교, 무엇이 문제인가?", 「교회와 교육」 제162호(2002. 여름호), 7.
55) 박상진, "한국 교회학교의 위기분석과 그 대책", 대한예수교장로회총회교육부, 2004.
56) 총신대학교부설기독교교육연구소, "주일학교 교육의 진단",『교회교육과 지도자』(서울: 총신대학교부설기독교교육연구소, 2004).
57) 박창건, "유초등부 교회지도자의 기독교교육적 과제", *Ibid.*, 79.
58) 교사통신대학 편찬위원회,『삶을 새롭게 하는 교회교육』(서울: 영문, 1999).
59) 김희자, "교회교육구조 진단 및 분석에 관한 연구-대한 예수교장로회(합동, 통합) 교단을 중심으로-",「기독교교육정보」제8권(2004).
60) 박상진, "한국 교회학교의 위기분석과 그 대책."
61) 김성수, "변화하는 사회와 교회교육적 대처",「교회와 교육」(2004. 겨울), 40-49.
62) 손원영,『기독교문화교육과 주일교회학교』(서울: 대한기독교서회, 2002), 249f.
63) 위의 책, 251.
64) 정웅섭,『현대 교육목회의 전개』(서울: 한국신학연구소, 2001), 48-81.
65) 은준관,『기독교교육 현장론』(서울: 대한기독교출판사, 1988), 189-209.
66) 필자에게는 이와 같은 손원영의 은준관 비판은 은준관이 신자를 '하나님 나라 백성'으로서 이해하고 있으며, 그의 신앙공동체 이론도 하나님 나라 백성 개념과 연결되어 있다고 하는 점을 간과한 비판으로 보인다. 은준관은 교회를 철저히 하나님 나라 백성 공동체로 이해하고 있고, 그런 의미에서 교회의 기능 안에는 대사회적인 JPIC 과제를 본질적으로 포함하는 개념으로 이해하고 있다. 참조. 은준관, "왜 하나님 나라 백성 공동체여야 하는가? - 미래교회교육의 패러다임", 2020 어린이 없는 교회: 차세대 하나님 나라 구루터기, 제8회 국제실천신학 심포지엄, 실천신학대학원 대학교.
67) 손원영,『기독교문화교육과 주일교회학교』, 225.
68) 손원영은 이러한 입장의 하나의 예는 '새들백교회 어린이 사역'을 들 수 있다고 하였다.
69) 은준관, "왜 하나님 나라 백성 공동체여야 하는가?"
70) 고용수, "한국 기독교교육의 현황과 과제", 부산장신대학교 신학대학원,『전통과 해석』(부산장신대신대원, 2010. 6), 11.
71)『교회학교 진단 침체와 부흥』(서울: 쿰란출판사, 2008).

● 제5장 ●

1) Michael J. Anthony, *Perspectives on Children's Spiritual Formation* (Nashville: Broadman & Holman Publishers, 2006); Michael J. Anthony, "Children's Ministry Models, Learning Theory, and Spiritual Development," Holly Catterton Allen ed. *Nurturing Children's*

Spirituality (Eugene: Cascade Books, 2008), 183-197.
2) U. T. Holmes, *A History of Spirituality* (New York: Seabury, 1980), 4.
3) D. A. Kolb, *Experiential learning: Experience as the source of learning and development* (Englewood Cliffs, JJ: Prentice Hall, 1984), 42.
4) Michael J. Anthony, "Children's Ministry Models, Learning Theory, and Spiritual Development," 186.
5) Michael J. Anthony, *Perspectives on Children's Spiritual Formation*, 36.
6) J. Berryman, *Godly Play: A way of religious education* (Sanfrancisco: Haper Collins, 1991); Ivy Beckwith, *Formational Children's Ministry: Shepherding Children Using Story, Ritual, and Relationship* (Baker Books: 2009); C. Stonehouse & S. May, "The Story and the Spiritual Formation of Children in the Church and in the Home," *Nurturing Children's Spirituality*, 366ff.; C. Stonehouse, *Joining children on spiritual journey: Nurturing a life of faith* (Grand Rapids: Baker, 1998). 이 첫 번째 모델은 오늘날 북아메리카에서 확산되고 있는 소위 "어린이 영성연구"의 흐름을 지칭하는 것이라고 할 수 있다.
7) Michael J. Anthony, "Children's Ministry Models, Learning Theory, and Spiritual Development," 194.
8) 우리는 앞 장에서 이미 교회학교의 기원과 그것이 한국 교회에서 정착되고 발전되어 온 과정을 살펴보았고, 또한 현재의 교회학교가 맞고 있는 위기에 대하여서도 살펴보았는바, 그와 관련된 사항들은 앞 장을 참고할 수 있다.
9) J. Westerhoff III, *Ibid.*, 51.
10) Michael J. Anthony, "Children's Ministry Models, Learning Theory, and Spiritual Development," ed. Holly Catterton Allen, *Nurturing Children's Spirituality* (Eugene, Oregon: Cascade Books, 2008), 193.
11) *Ibid.*, 192.
12) S. May, *Ibid.*, 32.
13) "꿈이 자라는 땅" 일명 "꿈땅"은 온누리교회의 어린이 사역 명칭이다. 온누리교회는 미국의 윌로우크릭 교회를 벤치마킹하면서, 윌로우크릭의 어린이 사역 명칭인 "Promisland"(약속의 땅)과 비슷한 이름, 그리고 비슷한 컨셉으로 어린이 사역을 시행하여 왔다.
14) '메빅'은 최초 일본에서 시작되어 한국 교회에 널리 보급된 어린이 사역의 형태이다. 메빅은 "Memory, Bible, Game"의 약자로, 말씀을 암송하여 생활 속에 실천하고, 설교, 성서공부, 찬양, 기도를 중심으로 한 강력한 예배를 드리고, 즐겁고 신나는 놀이를 예배에 접목한 어린이 사역의 형태이다. 한국의 메빅은 삼일교회에서 처음 시작되었으나, 삼일교회가 메빅 예배에 '어린이 셀'을 가미한 형태의 '윙윙'으로 바뀌면서, 예장통합의 '명성교회'를 거점으로 한국 교회에 확산되었으나, 현재 명성교회는 "N-프렌즈"라고 하는 명칭으로 자체 프로그램을 개발하여 보급하고 있다. 참조. http://www.mebigkorea.or.kr
15) '윙윙'은 삼일교회에서 1990년대 초반 '한국메빅스쿨'이라는 이름을 걸고 메빅의 축제적 예배로 시작하였다가, 2003년부터 메빅 예배에 주중 사역인 어린이 셀을 접목하여 '윙윙'이라는 명칭으로 어린이 사역을 개발 보급하기 시작하였다. 윙윙에는 크게 2가지 사역, 즉 대그룹 사역과 소그룹 사역이 있다. 대그룹 사역에는 윙윙축제예배와 윙윙 캠프가 있고, 소그룹

사역에는 윙윙 어린이 셀과 윙윙 전인적 양육시스템이 있다. http://www.wingwings.com

16) '어와나'는 이미 1940년대에 미국 시카고의 "North Side Gospel Center"에서 처음으로 개발되어 1950년대부터 본격적으로 조직화되어 미국 안에서 빠른 속도로 확산되어 현재 1만 400 교회, 또한 한국뿐 아니라 전세계 109개국에 지부를 두면서 3,200 교회에서 실시되고 있는 프로그램이다. "Approved Workmen Are Not Ashamed"라는 딤 2:15의 약자로 이루어진 어와나는 유아부터 청소년에 이르기까지 다양한 연령층을 대상으로 하며, 놀이적 요소로 어린이들을 동기유발하고, 이를 바탕으로 성서암송과 교리적인 요소들을 가르치는 프로그램이다. 참조. http://www.awanakorea.net/index.php, http://www3.awana.org

17) 삼일교회에서 시작했던 메빅(MEBIG)이 윙윙(WINGwing)으로 바뀌어 독자적인 행보에 들어가면서 그 이후에 메빅 사역의 허가권을 가지고 진행해온 곳이 바로 "명성교회 메빅사역팀"이다. 명성교회에서 2001년도에 도입하여 2003년도부터 외부사역을 시작하였다. 그러나 2006년부터는 메빅으로부터 독립하여 "엔프렌즈"라고 하는 독자적 이름을 갖고, 한국적 상황에 맞는 축제적 예배를 기획, 보급하고 있다.

18) 와우큐키즈는 '낮은울타리'에서 기획한 축제적 예배 프로그램으로, 처음에는 미국의 "metro ministries"의 사역으로부터 영향을 받았지만, 한국적 상황에 맞게 변형하고, 어린이의 문화코드에 맞게 예배 곳곳에 어린이들이 좋아하는 놀이나 캐릭터 등의 장치를 마련한 프로그램이다. 이 프로그램도 윙윙이나 엔프렌즈처럼 CD에 담겨서 농어촌의 교사가 부족한 교회들에 빠른 속도로 보급되고 있다. http://www.wowqkidz.com

19) "Kids Worship"(키즈워십) 명성교회에서 메빅의 개발에 앞장섰던 리더 중 한 사람인 이기둥 목사가 현재 예장통합의 연동교회에서 키즈워십으로 명칭을 바꾸어 시행하고 있는 프로그램으로 메빅예배와 거의 비슷한 형태로 진행된다. 참조. https://nfriends.or.kr/nfriends/main/main.aspx

20) E. Robinson, *The Original Vision* [New York: Seabury Press, 1983(1977)]; R. Coles, *The Spiritual Life of Children* (London: Harper Collins, 1992); D. Hay & R. Nye, *The Spirit of the Child Revised Edition* (Philadelphia: Harper Collins, 1998).

21) 까발레티는 이미 1940년대 말 몬테소리 생전에 몬테소리와 협력하면서 소위 "선한목자 카테키시스"라고 하는 모델을 개발하였는데, 이것은 오늘날에도 북미와 유럽에서 널리 시행되고 있다. 까발레티의 제자이면서 역시 몬테소리 교육에 영향을 받은 스튜어트는 "예수님 따르기"라고 하는 예배모델을 개발하였고, 베리만은 "가들리 플레이"라고 하는 예배와 교육의 통합모델을 개발하였다. 이 모델은 현재 미국을 비롯한 세계 여러 곳에서 '어린이 영성' 형성 교육 프로그램으로 폭넓게 확산되고 있다. 선한목자 카테키시스 메인홈페이지: http://www.goodshepherdcatechesis.com/index.html 가들리플레이 메인홈페이지: http://www.godlyplayfoundation.org/newsite/Main.php; Stewart, S. M. 2000 Following Jesus, More about Young Children and Worship. Louisville, Kentucky: Geneva Press; J. W. Berryman, Teaching Godly Play(Nashville, Abingdon Press, 1995), 12; 이정규, 『예수님의 정원으로 가는 여행』(서울: 예정원, 2008) http://jesusgarden.net; 참조. 양금희, "어린이 영성(Children's Spirituality) 연구의 어린이 영성이해와 어린이 영성형성교육에 관한 연구", 장로회신학대학교, 「장신논단」 2010년 6월.

22) D. Ratcliff, *Children's Spirituality, Christian Perspectives, Research, and Applications*

(Eugene: Or. Cascade, 2004), 155.
23) I. Beckwith, *Formational Children's Ministry: Shepherding Children Using Story, Ritual, and Relationship* (Grand Rapids: Baker Books, 2010).
24) C. Stonehouse & S. May, "The Story and the Spiritual Formation of Children in the Church and in the Home," Allen, Holly Catterton, ed. *Nurturing Children's spirituality, Chirstian Perspectives and Best Practices* (Eugene, Oregon: Cascade Books, 2008), 366ff.
25) 참조. J. Berryman, *Teaching Godly Play: How to Mentor the Spiritual Development of Children* (Denber: Morehouse Education Resources, 2009).
26) Michael J. Anthony, *Perspectives on Children's Spiritual Formation*, 92.
27) 정웅섭, 『현대 교육목회의 전개』(서울: 한국신학연구소, 2001), 48-81.
28) K. M. Yust, *Real Kids, Real Faith: Practices for Nurturing Children's Spiritual Lives*. San (Francisco: Jossey-Bass, 2004).
29) *Ibid.*, 26.
30) *Ibid.*, 28.
31) 은준관, "왜 하나님 나라 백성 공동체여야 하는가", 제8회 국제실천신학심포지움(실천신학대학원대학교, 2010); 손원영, 『기독교문화교육과 주일교회학교』(서울: 대한기독교서회, 2005), 258ff.
32) 은준관, 『기독교교육현장론』(서울: 대한기독교출판사, 1988), 190.
33) 손원영, *Ibid.*, 263ff.
34) 사랑방교회는 대한예수교장로회 통합측의 교회로, 30여 년 전 처음 창립 시부터 '공동체 교회'를 표방하여 왔다. http://www.sarangbang.org
35) 드림교회는 주일예배로 삼대예배를 드린 후, 주일 오후예배는 가정에서 가장이 제사장이 되어 예배를 주도하고, 자녀를 축복하는 가정예배로 드리게 되어 있고, 교회는 매주 가정예배의 지침서를 제공한다. 이 교회는 또한 구역예배가 없고, "가정교회 예배"가 있는데, 한 가정교회에 속한 가정의 모든 식구들이 어린이부터 노인에 이르기까지 함께 가정교회 예배를 드린다. 주일 교회학교는 없고, 대신 토요 어린이 학교가 있다. 드림교회 삼대예배는 노원구 공릉동에서 박현준 목사에 의해 시도되고 있다. 참조. http://blog.naver.com/shemaiqeq?Redirect=Log&logNo=14010831461
36) 참조. 김인환, 『기다려지는 주일학교 만들기』(서울: 기독신문사, 2002).
37) 윙윙의 "어린이 셀" 프로그램을 대표적인 예로 들 수 있다.
38) 한 예로 '꽃동산 교회'를 보면 학교모델에 충실한 학습, 축제예배, 대안학교, 방과 후 학교와 문화교실, 성인세대와 어린이 사역의 긴밀한 연계성 등 모든 측면이 골고루 갖추어져 있다.
39) J. P. Scott, "Critical periods in behavioral development," *Science*, vol. 138(1962), 949-958.
40) 김재은, 『유아의 발달심리』(서울: 창지사, 1997), 47.
41) S. Freud, *Drei Abhandlungen zur sexual Theorie*, Hrsg. vo. A. Mitscherlich u.a. Frankfurt a.M., 1969ff., Bd. V, 37-146.
42) R. Oerter, Moderne Entwicklungspsychologie(Donauwoerth, 1974), 89.

43) 프로이드는 모든 발달단계에서 생리적 욕구에 대한 건전한 해결과 충분한 만족이 결여될 경우 고착현상에 빠지게 된다고 하였다. 구강기에 고착된 사람은 손가락 빨기, 과식이나 과음 과도한 흡연과 같은 구강기적 현상이 성인이 된 후에도 나타나고, 항문기에의 고착은 잔인, 파괴, 폭발적 성격과 의심이 많은 배설형의 고착과, 인색, 완고, 강박, 결벽과 수전노적 성격 등 보류형 고착으로 나타난다고 하였다. S. Freud, *Ibid.*, 42.
44) E. H. *Erikson, Kindheit und Gesellschaft*, Stuttgart, 1971, 25.
45) 에릭슨은 물론 기본적 불신감이 전혀 형성되지 않는 것은 아니라고 하였다. 그에게 있어서 모든 발달의 단계들은 긍정적인 측면과 부정적인 측면 양쪽을 사실상 다 가지고 있다. 중요한 것은 부정적인 측면과 긍정적인 측면 사이의 적당한 비율이다. 영아의 경우 기본적 불신보다는 기본적 신뢰가 좀 더 큰 비중을 차지하여 기본적 신뢰의 정서를 형성하도록 도와야 한다고 하였다. E. H. Erikson, *Ibid.*
46) J. Bowlby, *Maternal care and mental health* (Geneva: World Health Organization, 1951).
47) B. Seay, H. F. Harlow, "Maternal deprivation in the rhesus monkey," *Journal of Nervous and Mental disease*, vol. 140, 434-441.
48) S. Provence, R. C. Lipton, *Infants in institution* (New York: International Univ. Press, 1962).
49) 대상이란 신프로이드 학파인 대상관계이론가들이 사용하는 전문용어이다. '대상'(object)이란 개념은 프로이드에 의하여 쓰였는데, 그는 본능적인 욕동의 맥락에서 영아 혹은 개인이 추구하는 욕구를 만족시켜 주는 사람이나 물건을 '대상'이라고 칭하였다. 프로이드에 의하면 영아의 대상은 처음에는 어머니의 젖가슴이었다가 다음에는 어머니 자신이 되고 최종적으로는 영아를 만족시켜 주는 다른 사람이나 사물이 된다. 신프로이드 학파의 대상관계이론가들에게로 오면서 '대상'은 다른 강조점을 갖게 되는데, 초기의 영아가 양육과정에서 경험한 양육자에 대한 이미지가 영아의 무의식 세계에 침전되어 그의 의식의 세계를 관리하고 행동규범과 느낌을 만들어 냄은 물론 그 사람의 총체적인 인간 됨됨이를 결정해 주는 심리적인 틀, 무의식세계에서 개인의 운명을 관리하는 양육자의 상(이미지)을 의미하게 된다.
50) A.-M. Rizzuto, *The Birth of the Living God: A Psychoanalytic Study*, 한국심리치료연구소 역, 『살아 있는 신의 탄생: 정신분석학적 연구』(서울: 한국심리치료연구소, 2000), 345ff.
51) *Ibid.*, 350.
52) 리주토는 이 대상은 어머니가 양육과정에서 아이에게 형성해준 자신의 이미지와 깊은 관련을 맺고 있는데, 아이가 부모가 자신에게 부과한 신화적인 임무를 완성하지 못한 나쁜 아이의 모습을 발견한다면 거기에서 존재의 갈등(a conflict of being)을 겪게 되기도 한다고 하였다. 그 갈등이 심화되면 아이는 자신이 한 행동만을 나쁜 것으로 여기는 것이 아니라 심지어 자기 자신이 나쁘다고 생각한다. 아이는 자신이 "다른 사람"이 되어야만 한다고 생각하기도 한다는 것이다.(*Ibid.*)
53) *Ibid.*, 353.
54) S. Freud, *Drei Abhandlungen zur Sexualtheorie* (1905), Bd. V, 1969, 37-146.
55) J. Piaget, *Das moralische Urteil beim Kinde*, Frankfurt a. M., 1973.
56) Erikson, *Ibid.*, 103.

57) 김덕순,『부모교육의 이론과 실제』(서울: 정일, 1996), 30.
58) Ibid., 32.
59) 한국보모교육학회 편,『부모교육학』(서울: 교육과학사, 1997), 11ff.
60) 『현대 국어대사전』(서울: 한서출판사), 365.
61) E. Galinsky, *The Six Stages of Parenthood*, 권영례 역,『아이의 성장 부모의 발달』(서울: 창지사, 1987), 8.
62) 김광웅, "부모역할의 재조명", 숙명여자대학교 아동연구센터(편),『현대사회와 부모』(서울: 숙명여자대학교출판부), 35-66.
63) 한국부모교육학회 편,『부모교육학』(서울: 교육과학사, 1997), 4.
64) E. 갈린스키, *Ibid.*
65) Nancy Bayley and Earl S. Schafer, "Correlations of Maternal and Child Behaviors with the Development of Mental Abilities: Data from the Berkeley Growth Study," *Monographs of the Society for Research in Child Development*, vol. 29, No. 6(1964), 1-80.
66) STEP은 Systematic Training for Effective Parenting의 약자로 1976년에 개발한 종합적이고 단계적인 부모교육프로그램이다. 이 프로그램은 Dreikurs의 민주적 양육방식이론과 Ginott의 인본주의적 부모교육이론, Gordon의 부모의 효율성훈련이론, Berne의 상호교류분석이론과 행동수정이론 등의 종합적 부모교육이론이다. 참조. 김명희,『현대사회의 부모교육』(서울: 학문출판사, 1996), 303-305.
67) 창 28:13, 32:9; 출 3:6, 3:15, 3:16, 4:5.
68) 이와 같은 히브리인의 자녀에 대한 생각은 고대 그리스나 로마에서의 자녀에 대한 생각과 큰 대조를 이루고 있다. 그리스와 로마의 세계 안에서 자녀들은 하나님의 복 주심이라는 의미를 갖지 않았다. 그들에게서 자식은 종족 보존이나 노동력, 군인으로 성장시키기 위하여 중요하였을 뿐 그 자체로서의 의미를 갖지는 않았다. 단적인 예로 그리스와 로마의 세계 안에서는 "신생아 버리기" 풍습이 있었다. 그들에게서 아이가 태어나면 아버지가 그를 살리거나 죽일 권리가 있었다. 아버지들은 신생아가 딸일 경우와 병약하거나 기형일 경우 아이를 버렸다. 고대 그리스의 경우 아이가 태어나면 아버지가 레쉐라는 장소에 데리고 가서 마을의 연장자에게 먼저 보여야만 했는데, 건강한 아이라는 판정이 내려져야 그 아이를 키울 수 있었다. 로마에서는 신생아를 그의 아버지의 발 앞에 놓았다. 아버지가 그 아이를 높이 쳐들지 아니하면 아이가 버려진다. 라틴어 "높이 들어올리다"(suscipere)가 "생존하다"와 같은 의미를 갖고 있는 것은 이러한 이유에서였다. 버려진 아이들은 대부분 죽거나, 노예로 만들기 위하여 키움, 남자아이는 투사가 되었고, 여자아이는 창녀가 되었다. 가난한 사람들은 아들을 키우고, 딸은 버렸다. 이에 반하여 히브리인들에게는 결코 아이를 버리는 관습이 없었는데, 그들은 아이를 하나님께서 보낸 값비싼 선물이라고 보았고, 자식은 많을수록 계약백성의 지체가 늘어나 하나님의 복을 이루는 것이라고 믿었기 때문이다. 참조. H. R. Weber, *Jesus und die Kinder*, 양금희 역,『예수님과 어린이』(서울: 장신대출판부, 2000).
69) "네 부모를 즐겁게 하며 너 낳은 어미를 기쁘게 하라"(잠 23:25); "네 부모를 공경하라, 네 이웃을 네 자신과 같이 사랑하라 하신 것이니라"(마 19:19); "네가 계명을 아나니 살인하지 말라, 간음하지 말라, 도둑질하지 말라, 거짓 증언하지 말라, 속여 빼앗지 말라, 네 부모를 공

경하라 하였느니라"(막 10:19); "자녀들아 주 안에서 너희 부모에게 순종하라 이것이 옳으니라"(엡 6:1); "자녀들아 모든 일에 부모에게 순종하라 이는 주 안에서 기쁘게 하는 것이니라"(골 3:20); "만일 어떤 과부에게 자녀나 손자들이 있거든 그들로 먼저 자기 집에서 효를 행하여 부모에게 보답하기를 배우게 하라 이것이 하나님 앞에 받으실 만한 것이니라."(딤전 5:4)

70) "모세는 네 부모를 공경하라 하고 또 아버지나 어머니를 모욕하는 자는 죽임을 당하리라 하였거늘"(막 7:10); "아비를 구박하고 어미를 쫓아내는 자는 부끄러움을 끼치며 능욕을 부르는 자식이니라"(잠 19:26); 신 21:18-20, 마 15:6, 롬 1:30, 딤후 3:2.

71) "아비가 자식을 긍휼히 여김 같이 여호와께서는 자기를 경외하는 자를 긍휼히 여기시나니"(시 103:13); "하늘이여 들으라 땅이여 귀를 기울이라 여호와께서 말씀하시기를 내가 자식을 양육하였거늘 그들이 나를 거역하였도다"(사 1:2); "어머니가 자식을 위로함 같이 내가 너희를 위로할 것인즉 너희가 예루살렘에서 위로를 받으리니."(사 66:13)

72) 심지어 신약성서의 경우, 하나님의 나라를 위하여 우리는 부모-자식의 관계까지도 버릴 수 있어야 한다고 가르치고 있다. "또 내 이름을 위하여 집이나 형제나 자매나 부모나 자식이나 전토를 버린 자마다 여러 배를 받고 또 영생을 상속하리라"(마 19:29, 막 10:29); "무릇 내게 오는 자가 자기 부모와 처자와 형제와 자매와 더욱이 자기 목숨까지 미워하지 아니하면 능히 내 제자가 되지 못하고."(눅 14:26)

73) 그러한 하나님 경외의 교육을 바탕으로 성서는 부모로서 자녀를 엄격하게 가르칠 것을 강조하고 있다. "매를 아끼는 자는 그의 자식을 미워함이라 자식을 사랑하는 자는 근실히 징계하느니라."(잠 13:24) "네 자식을 징계하라 그리하면 그가 너를 평안하게 하겠고 또 네 마음에 기쁨을 주리라."(잠 29:17)

74) L. Sherrill, *The Rise of Christian Education*, 이숙종 역, 『기독교교육의 발생』(서울: 대한기독교서회, 1994).

75) 한국보모교육학회편, 『부모교육학』(서울: 교육과학사, 1997), 322.

76) 정장복, 『예배학 개론』(서울: 예배와 설교 아카데미, 1999), 16.

77) Robert Bococh, *Ritual in Industrial Society: A Sociological Analysis of Rituals in Modern England*(London: Allen and unwin, 1979), 37.

78) Mark Johnson, *The Body In the Mind, The Bodily Basis of ameaning, Imagination, and Reason*(Chicago and London; The University of Chicago Press, 1987).

79) Mark Johnson, *The Body In the Mind*, 20.

80) Paul Philibert, "Landscaping the Religious Imagination," E. Bernstein & J. Brooks-Leonard ed. *The Children in the Assembly of the Church*(Chicago: Liturgy Training Pbulications, Inc., 1992), 12-13.

81) Jeremy Gallet, "Bodily-based Imagination and the Liturgical Formation of Children," *Liturgical Ministry*, 9 sum., 2000, 113-126.

82) 예전에 관한 책에서 벨은 예배가 곧 교육적 기능을 가지고 있다고 하였다. 참고. Catherine Bell, *Ritual Theory, Ritual Practice*(New York: Oxford University Press, 1992), ix.

83) Ivy Beckwith, *Formational children's ministry*(Grand Rapids: Michigan: Baker Books, 2010), 70.

84) Hauerwas, S & Willimon, W. H., *Resident aliens* (Nashville: Abingdon, 1989), 95.
85) Sonja M. Stewart, "Children and Worship," *Religious Education*, 84 no 3, 1989, 350-366.
86) *Ibid.*
87) Mary Anne Fowlkes, "The Developing Child at Worship," *Reformed Liturgy & Music* (Winter, 1992), 6-8.
88) Ivy Beckwith, *Formational children's ministry*, 100.
89) Tassie Green, "Worship with Eyes and Ears Wide-Open," *Journal of Family Ministry* 20 no 4, Winter, 2006, 64-77.
90) Mary Anne Fowlkes, *Ibid.*
91) Jerome Berryman, *Godly Play*, 양금희·김은주 역, 『가들리 플레이-어린이 영성교육』(서울: 한국장로교출판사, 2010).
92) Sonja M. Stewart, *Following Jesus* (Louisville, Kentucky: Geneva Press, 2000), 49-53.
93) Following Jesus는 모든 성서 이야기들을 감각적 자료인 교구로 제작하여 어린이의 예배실에 전시해 놓도록 되어 있다. 교사는 말씀을 전하기 시작하면서 그날의 제목을 어린이들에게 말하고, 그 교구를 가지러 가면서, "내가 어디로 가는지 잘 보면 그 선한 목자 이야기(그날의 제목)가 어디에 있는지 알게 되요"라고 한다. 이것은 어린이가 하나님의 이야기에 대하여 처음부터 호기심을 가지게 하고 주의를 집중하게 하는 효과가 있다. 교사의 시연에 관한 자세한 내용은 Stewart의 위의 책을 참고하시오.
94) J. Dewey, *Democracy and Education* (New York: Macmillan, 1916).
95) R. W. Sperry, "Cerebrao organization and behavior," Science 133(1961), 1749-1757/ *Interhemispheric relationships; the neocortical commissures; syndromes of hemisphere disconnection*, R. W. Sperry, M. S. Gazzaniga, J. E. Bogen, *Handbook Clinic Neurology* (Amsterdam: North-Holland Publishing Co, 1969), 273-290. 이 연구들에서 그는 좌뇌와 우뇌의 서로 다른 역할을 처음으로 제시하였다. 스페리의 이 연구는 1981년 노벨 의학상을 수상하게 되며, 인간의 뇌에서 왼쪽과 오른쪽은 서로 상반된 정보처리 체계를 사용한다는 것을 증명하게 되었다.
96) R. W. Sperry, "Hemisphere Deconnection and Unity in Conscious Awareness," *American Psychologist*, vol. 23(1968), 723-733.
97) J. K. Cooke, M. Haipt, *Ibid.*, 12.
98) Fr. Shiffer, *Of Two Minds, The Revolutionary Science of Dual Brain Psychology* (New York: Free Press, 1998), 15.
99) J. B. Ashbrook, *The Human mind and the mind of God, Theological Promise in Brain Research* (Boston: University Press of America, 1984), 55.
100) J. K. Cooke, M. Haipt, *Ibid.*, 11.
101) Paul MacLean, "The Triune Brain, Emotion, and Scientific Bias," *In The Neurosciences: Second Study Program*, editorin-chief F. O. Schmitt(New York: Rockefeller University Press), 336-349.
102) *Ibid.*, 332.
103) *Ibid.*, 347.

104) P. MacLean, "A Mind of Three Minds: Educating The Triune Brain," *In Education and The Brain: The Seventy-seventh Yearbook of the National Society for the Study of Education. Part II*, ed. by Jeanne S. Chall and Allan F. Mirsky(Chicago: The University of Chicago Press), 332.

105) J. B. Ashbrook, *The Brain & Belief* (Briston: Wyndham Hall Press, 1988), 109.

106) S. May & D. Ratcliff, "Children's Spiritual Experiences and the Brain," ed. D. Ratcliff, *Children's Spirituality* (Eugene, OR.; Cascade Books), 149-165.

107) S. May, L. Cannell, *Children Matter*, 226.

108) Ned Herrmann, *Creative Brain, Insights into creativity, communication, management, education and self-understanding* (Ned Herrmann Group, 1995).

109) H. Gardner, *Multiple Intelligences*, 김명희·이경희 역, 『다중지능의 이론과 실제』(서울: 양서원, 1998), 38.

110) H. Gardner, *Frames of Mind. The Theory of Multiple Intelligences* (New York: Basic Books, 1983), 63.

111) *Ibid.*, 59-70.

112) H. Gardner, *Multiple Intelligences*, 45.

113) *Ibid.*

114) *Ibid.*

115) *Ibid.*, 43.

116) *Ibid.*, 42.

117) *Ibid.*, 41.

118) *Ibid.*, 48

119) *Ibid.*, 49. 치매의 한 종류인 알츠하이머 병은 두뇌의 후엽에 손상이 가면 나타나는데 공간력, 논리력, 언어적 능력에 치명타를 가져온다. 그러나 이 알츠하이머 환자들은 외모가 반듯하며 자기의 실수를 알아서 사과도 할 수 있으며, 사회적인 관계는 수행할 수 있다. 치매의 다른 한 형태인 픽스(Picks) 병은 두뇌의 전엽 손상에 의해 나타나는 것으로 이것은 사회적인 관계를 영위하는 데 지장을 초래한다.

120) *Ibid.*, 51. "전두엽에 손상이 있더라도 다른 모든 인지적 기능은 보존된다. 마찬가지로 실어증에 걸렸던 사람이 회복될 경우에는 정도의 차이는 있고 약간의 우울증세가 있기는 하지만 자기의 경험들을 이야기할 수 있으며 대체로 자신이 다른 사람이라고 전혀 느끼지 못했다. 그는 자기의 욕망, 욕구, 소망 등이 무엇인지 깨닫고 그것을 채우기 위해 최선을 다한다. 자폐증 아동은 개인이해 지능이 손상된 대표적인 예이다. 그는 자신이 누구인지를 전혀 알지 못한다. 반면 음악, 계산, 공간, 기계 같은 영역에 놀라운 능력을 나타낸다."

121) H. Gardner, *Intelligence Reframed. Multiple intelligences for the 21st century* (New York: Basic Books, 1999), 44.

122) *Ibid.*, 45.

123) Thomas Amstrong, *Multiple Intelligences in the Classroom* (Alexandria: VA, ASCD, 2000), 4-10.

124) 참조. H. Poehlmann, *Abriss der Dogmatik*, 이신건 역, 『교의학』(서울: 한국신학연구소,

1989), 97.
125) Melanchthon, *Loci Communes, Melanchthon's Werke II 2*(hg. Stupperich), 418.
126) P. Tillich, *Biblical Religion and the search for ultimate reality*(Chicago: University of Chicago Press, 1955), 53.
127) Th. Groome, *Christian Religious Education, Sharing our story and vision*(Sanfrancisco: Haper&Row, 1980), 57-66.
128) *Ibid.*, 466.
129) Richard R. Osmer, *Teaching for Faith A Guide for Teachers of Adult Classes*, 사미자 역, 『신앙교육을 위한 교수방법』(서울: 한국장로교출판사, 1995), 227f.
130) *Ibid.*, 39.
131) Sara Little, *To Set One's Heart. Belief and Teaching in the Church*(Atlante: John Knox Press, 1983)
132) Little은 신앙과 Teaching과의 관련성에서 신앙공동체의 참여, 이해, 자아의 성장, 행동의 요소와 브루스 조이스(Bruce Joyce)와 마샤 웨일(Marsha Weil)의 저서 *Models of Teaching*에 제시된 정보처리과정, 사회적, 인격적, 행동적 범주를 연합하여 그와 같은 다섯 가지의 신념교육을 위한 요소들을 제시하였다. *ibid.*, 42ff.
133) 참조. *Ibid.*, 88-89.
134) Joban Huizinga, *Homo Ludens Vom, Ursprung der Kultur im Spiel*(Rowohlt, 1956), 15.
135) J. Moltmann, *Die ersten freigelassenen der Schoepfung*, 손규태 역, 『놀이의 신학』(서울: 신태양사, 1977), 434.
136) *Ibid.*, 443.
137) J. Berryman, *Godly Play, a way of religious education*, 양금희·김은주 역, 『가들리 플레이, 어린이 영성 교육』(서울: 한국장로교출판사,).

색인

BEM/ 132
CSCP/ 157
ICCS/ 157
original vision/ 156, 158, 160, 184, 185
Pueris/ 38, 39, 41
schola infantiae/ 45

가드너(Howard Gardner)/ 383, 384, 385, 386, 387
가들리 플레이/ 293, 305, 362, 363, 404
가소성/ 17, 38, 39, 44, 61
가정/ 15, 29, 32, 46, 47, 48, 55, 65, 66, 67, 69, 70, 71, 72, 91, 92, 93, 97, 98, 110, 111, 148, 149, 154, 155, 160, 161, 166, 167, 192, 200, 201, 202, 203, 207, 208, 209, 210, 211, 212, 213, 214, 215, 217, 218, 219, 220, 222, 223, 225, 226, 227, 228, 229, 230, 231, 233, 234, 241, 242, 243, 249, 259, 267, 269, 272, 275, 278, 279, 282, 284, 285, 286, 288, 307, 308, 309, 310, 312, 314, 315, 321, 322, 323, 325, 331, 337, 340, 341, 342, 343, 344, 347, 348, 349, 385, 403, 408, 409, 412, 414

가정예배/ 202, 208, 210, 211, 212, 220, 227, 342, 344, 348, 363
가족 공식/ 25
가치감/ 163, 164, 380
갈린스키의 부모발달단계/ 328
감각/ 47, 48, 54, 55, 58, 59, 61, 76, 78, 80, 92, 100, 110, 130, 138, 139, 152, 153, 163, 164, 165, 171, 180, 186, 187, 191, 195, 196, 199, 200, 201, 204, 207, 211, 213, 214, 216, 217, 218, 220, 224, 225, 239, 300, 304, 305, 306, 354, 357, 361, 379, 381, 385, 386, 388
감각기관/ 47, 58, 195, 209, 379
감각운동기/ 99, 100, 103, 109, 110, 124, 171
감각적/ 61, 130, 191, 200, 211, 214, 224, 225, 239, 300, 305, 357, 361, 365, 366, 374
감각적 경험/ 165, 200, 201, 204, 304, 305, 354
감각적 유비/ 186, 191, 201
감동적/ 238, 240, 364, 365, 366, 417
감탄과 경이/ 163, 165, 167, 199, 203, 204, 205, 237, 238, 240, 304, 305, 306, 364,

365, 396, 397
강압적인 부모/ 333
강의법/ 345, 391, 393, 397
개인이해 지능/ 385, 386
거룩한 원칙의 씨앗/ 66, 70
거룩한 진리의 씨앗/ 66
거부적-자율적 태도/ 331
거부적-통제적 태도/ 331
게임/ 276, 300, 301, 320, 351, 362, 384, 385, 388, 403, 404
결정적 시기/ 46, 76, 316
경건 안에서의 성장/ 70
경건교육/ 46, 47, 48, 49, 52
경험적 신앙/ 150, 151, 152, 153, 154, 155, 200, 203
고백적 신앙/ 150, 151, 154
골드만(R. Goldman)/ 109, 112, 113, 123, 124, 125, 126, 127, 133, 134, 135, 136, 137, 138, 139, 140, 156, 168, 174, 175, 176, 188, 193, 198, 199, 200
공간적 지능/ 384, 387, 388
공부방/ 311, 312, 313
과잉보호하는 부모/ 332
관계 형성하기/ 208, 237, 392
관계적 영역/ 211, 395
관상적-반성적 모델/ 293
교구/ 78, 79, 347, 361, 362, 368, 369, 404
교수적-분석적 모델/ 293, 294, 302
교수-학습/ 109, 210, 212, 219, 249, 291, 307, 324, 372, 373, 377, 387, 388, 389, 390, 392, 398
교역자/ 266, 267, 268, 270, 273, 283, 285, 287
교육적 존재(animal disziplinabile)/ 43
교회성/ 249, 281, 283, 284, 285, 286, 415, 416, 417, 418
교회학교 침체/ 253, 266, 272, 273, 286, 289
구체적 조작기/ 103, 106 107, 108, 109, 111, 112, 114, 124, 134, 138, 139
구체적 종교기/ 124, 127, 128, 130, 133, 134, 155
국제 어린이 영성 컨퍼런스/ 157
권위단계/ 329, 330
귀속적 신앙/ 150, 151, 152, 153, 155, 203, 229, 230
근면성/ 85, 91, 92, 98, 322, 323
근원이야기/ 121, 203, 208, 232, 236, 306
기념/ 33, 222, 359, 365, 404
기독교 가정/ 29, 32, 66, 71, 72, 228, 243, 340, 341, 342, 344
기독교 전통/ 13, 14, 21, 33, 143, 204, 205, 208, 218, 220, 221, 223, 224, 225, 231, 232, 233, 234, 235, 239, 241, 242, 283, 284, 355, 365, 366, 407
기독교 절기들/ 222
기독교적 양육/ 65, 66, 67, 68, 69, 70, 71, 72
기독교학교/ 48, 252, 260
기본적 신뢰감/ 86, 87, 94
기억소/ 75
기초 이미지/ 147, 148, 208, 218, 223
기초안/ 84
꿈의 실재론/ 106
꿈이 자라는 땅/ 301

나무의 은유/ 150
나이(R. Nye)/ 157, 162, 163, 164, 165, 166, 183, 187, 304, 380
내면화/ 96, 116, 153, 154, 206, 208, 231, 232, 233, 235, 239, 242, 276, 331, 354, 356, 372, 398, 408
네불레/ 74, 75, 76, 77, 79
네트워킹/ 272, 277, 278, 279, 288

노작교육/ 58
논리-수리적 지능/ 384, 388
놀이/ 20, 41, 62, 72, 89, 90, 91, 96, 103, 105, 107, 117, 143, 291, 301, 302, 303, 306, 307, 317, 320, 341, 343, 345, 346, 362, 363, 365, 366, 399, 400, 401, 402, 403, 404, 405, 416
놀이적/ 299, 302, 307, 362, 363, 365, 366, 403, 404
뇌이론/ 374, 377, 378, 379, 381, 383
뇌량/ 376, 377
누미노제/ 146, 148, 165, 167, 203, 380, 396

다감각적 통로/ 195, 196, 198, 200, 202
다중지능이론/ 383, 386, 387
대교수학/ 42, 324
대상영속성/ 171
대상관계/ 181, 182, 319, 323
대상관계이론/ 181, 182, 183, 187, 319
대안학교/ 243, 280, 297, 311, 312, 313, 314
대안학교 모델/ 297, 311, 314, 315
대인관계 지능/ 384, 385, 387, 388
대한기독교교육협회/ 250, 259, 260
도구성/ 117, 120
도덕발달/ 115, 119, 321
도식/ 37, 100, 101, 102, 189, 388
도야가능성/ 38, 39
도약기/ 251, 252, 253, 259, 262, 266
동일감/ 87
두려움/ 34, 37, 38, 120, 129, 163, 165, 167, 189, 203, 303, 356, 378, 379, 380, 396, 415

렛클리프(Ratcliff)/ 157, 165, 200
로버트 레익스(Robert Raikes)/ 246, 414

로빈슨(E. Robinson)/ 156, 157, 158, 159, 160, 162, 165, 166, 183, 184, 185, 186, 202, 304
루소(Rousseau)/ 52, 53, 54, 55, 56, 57, 58, 59, 60, 62, 63, 169, 170, 178, 188, 324
루터(Martin Luther)/ 13, 21, 24, 33, 34, 35, 36, 37, 38, 40, 42, 64
리주토/ 182, 183, 319
리차르트(Richart)/ 179, 180, 181

만찬/ 306, 355, 364, 366, 369, 371
머피(Murphy)/ 157, 183
멀티미디어/ 273, 277, 278, 287, 302
메빅/ 279, 302, 403
메이(S. May)/ 157, 165, 200, 292, 293, 294, 295, 296, 300, 305
메주자/ 212
모방적/ 89, 143, 214
몬테소리(Mara Montessori)/ 72, 73, 74, 75, 76, 77, 78, 79, 80, 81, 186, 305
몸의 경험/ 353
문동환/ 250, 255, 258
문화교실/ 311, 312, 313, 415, 416, 417
문화화/ 226, 227, 307, 308, 309, 310
물활론/ 105, 172
므네메/ 75, 76, 77
미분화된 신앙/ 141
민감기/ 75, 76, 77, 329

바렛(Barrett)/ 179, 180, 181
반목회/ 310
반사기/ 100
반영/ 182
범교육학/ 42, 45, 324
법과 질서 지향/ 118
베리만(J. Berryman)/ 79, 157, 186, 191,

201, 204, 293, 305, 361, 362, 364, 381
벡위드(I. Beckwith)/ 157
변연계/ 378, 379, 380, 381, 382
변환적/ 126, 128, 175
변환적 추론/ 106
보존개념/ 104, 107
보코츠(R. Bococh)/ 353
복구기/ 251, 252, 259
복종과 처벌지향/ 116, 321
봉사/ 22, 98, 147, 208, 209, 230, 231, 234, 235, 237, 242, 243, 246, 249, 258, 260, 282, 283, 284, 286, 287, 298, 307, 309, 310, 317, 346, 350, 390, 395, 397, 409, 411, 412, 413, 414, 417, 418
부모 발달/ 323, 327, 328, 341, 342
부모 발달 단계/ 327, 328
부모 참여/ 346
부모교육/ 32, 33, 95, 11, 146, 214, 228, 243, 288, 291, 315, 316, 323, 324, 325, 326, 327, 330, 336, 340, 341, 342, 343, 345, 346, 347, 348, 349, 414
부모교육 프로그램/ 325, 347
부모됨/ 214, 323, 325, 326, 327, 329, 336, 338, 342
부모상/ 328, 330, 340, 341, 342, 344
부모상 정립 단계/ 328
부쉬넬(H. Bushnell)/ 65, 66, 67, 68, 69, 70, 71, 72
부적합한 종교교육/ 136
분리불안/ 317
비가역성/ 106
비교하는 부모/ 333
비언어적/ 110, 142, 191, 213, 224, 227, 292, 375, 377, 404

사변적 앎/ 201
사사건건 간섭하는 부모/ 332, 333

사회성 발달/ 98, 318, 319, 321, 322, 323, 400
삼위일체 뇌이론/ 377, 378, 379, 382, 383
상대적 쾌락주의/ 117, 119, 120
상상/ 62, 63, 90, 96, 103, 135, 142, 143, 147, 160, 163, 181, 189, 196, 205, 206, 208, 128, 240, 241, 270, 329, 331, 354, 363, 364, 365, 394, 398
상징적 활동/ 137
상호의존단계/ 330
새로운 출발단계/ 330
선천적 앎/ 200, 201
선한목자 카테키시스/ 79
성령세례/ 24, 30, 31
성령의 임재/ 227
성서(의) 이야기/ 79, 107, 110, 112, 121, 124, 131, 136, 137, 147, 148, 168, 172, 174, 176, 191, 192, 199, 203, 206, 207, 208, 218, 220, 221, 224, 225, 227, 232, 235, 241, 291, 305, 306, 361, 362, 368, 403, 404, 406
성서적 캐릭터/ 110, 212, 214
소극적 교육/ 57
소속/ 152, 202, 203, 207, 214, 229, 231, 232, 234, 235
소속감/ 152, 155, 202, 204, 208, 228, 229, 230, 231, 233, 234, 235, 239, 241, 242, 345, 357, 363
쉐퍼의 양육 유형/ 331
수적 정체/ 262
수치감/ 95, 96
순환반응/ 101, 102
쉐마/ 309, 312, 338, 339, 353, 54
슐라이어마허(Schleiermacher)/ 59, 60, 61, 62, 63, 64
스튜어드(S. Stweard)/ 79, 157, 305, 361
스페리(Roger W. Sperry)/ 375, 376, 381

시각적 상징/ 240, 365
신뢰와 불신/ 86, 93
신비감/ 163, 164, 326, 357, 380
신비의 경험/ 164, 166
신생아/ 15, 93, 100, 101
신실함(faithfulness)/ 197
신앙/ 30, 31, 32, 33, 34, 35, 36, 65, 69, 71, 94, 95, 96, 97, 98, 110, 113, 114, 119, 123, 140, 141, 142, 144, 145, 146, 147, 149, 150, 151, 152, 153, 154, 155, 156, 161, 167, 168, 177, 193, 194, 195, 196, 197, 198, 200, 201, 202, 203, 204, 206, 208, 209, 210, 226, 227, 229, 303, 307, 340, 343, 363, 391, 397, 412
신앙공동체/ 80, 97, 98, 111, 121, 143, 144, 148, 149, 152, 153, 154, 155, 192, 193, 198, 202, 203, 205, 206, 207, 208, 217, 219, 227, 228, 229, 232, 233, 234, 235, 239, 241, 242, 243, 273, 276, 278, 279, 280, 281, 282, 287, 296, 299, 303, 307, 308, 309, 310, 314, 322, 336, 340, 341, 342, 343, 363, 391, 397, 412
신앙공동체 모델/ 297, 307, 314, 315
신앙교육의 초점/ 154, 207
신앙의 교수법/ 390, 391
신앙의 구조/ 48, 119, 145, 389, 390
신앙의 모범/ 18, 20, 21, 22, 37, 38, 194
신앙적 문화/ 212, 226
신앙적 활동/ 209, 211, 218
신인동형론/ 133, 144, 172, 173, 174, 178, 179, 180, 181
신체-운동적 지능/ 385, 388
신체적 영역/ 211
신피질/ 377, 378, 379, 380, 381, 383
신화적-문자적 신앙/ 114, 143, 144, 205, 229
실용적-참여적 모델/ 293
실천적/ 238, 241, 306

아기학교/ 215
아남네시스/ 359, 365
아동 수/ 261, 262, 263, 264, 265, 266
아동기/ 47, 48, 54, 55, 60, 61, 71, 83, 84, 99, 100, 111, 114, 119, 140, 145, 148, 152, 172, 174, 176, 188, 201, 203, 205, 228, 229, 230, 231, 233, 235, 238, 239, 241, 242, 250
아동교육/ 13, 14, 22, 42, 49, 52, 53, 56, 57, 58, 70, 72, 80, 81, 146, 156, 157, 165, 183, 191, 193, 201, 202, 206, 245, 315, 316, 321, 324, 325, 336, 341, 346, 348, 357, 405
아동부/ 242, 243, 283, 288, 346, 403
아동으로부터의 교육/ 57
아트리움/ 79, 80, 305, 361
알리스터 하디 연구소/ 158, 162, 185
앎의 순서/ 201
애정적-자율적 태도/ 331
애정적-통제적 태도/ 331
애착/ 145, 146, 147, 317, 318, 328, 329
앤토니(Michael J. Anthony)/ 292, 293, 296, 300, 302
양승헌/ 268, 269
양육 단계/ 328
양육 유형/ 330, 331
양육자/ 42, 93, 94, 141, 146, 154, 155, 163, 181, 182, 207, 208, 209, 210, 211, 213, 214, 216, 219, 220, 223, 226, 319, 320, 321
어거스틴(Augustin)/ 23
어린이 사역/ 273, 278, 279, 280, 281, 284, 291, 292, 293, 294, 295, 296, 297, 298, 299, 300, 301, 303, 304, 305, 306, 307
어린이 사역유형/ 291, 292, 293, 294, 311,

315
어린이 셀/ 310
어린이 영성/ 80, 156, 157, 158, 162, 163, 164, 165, 166, 167, 187, 193, 198, 199, 200, 202, 230, 305, 380
어린이 영성연구/ 139, 156, 157, 158, 162, 164, 165, 166, 167, 183, 186, 187, 191, 193, 199, 200, 2022, 230, 304, 364, 396
어린이 예배/ 79, 282, 302, 349, 350, 351, 357, 358, 359, 360, 361, 362, 363, 364, 365, 366, 372
어린이 중심 종교교육/ 137, 199
어린이의 발견자/ 52
어와나/ 294, 301, 302, 403
언약공동체/ 29, 33, 69, 70
언어/ 45, 48, 61, 68, 71, 73, 79, 88, 100, 103, 109, 110, 132, 135, 137, 138, 139, 147, 151, 152, 155, 165, 168, 171, 186, 189, 191, 200, 204, 206, 212, 213, 214, 215, 220, 224, 225, 226, 231, 233, 235, 237, 238, 240, 279, 282, 305, 308, 318, 340, 363, 364, 365, 375, 377, 379, 384, 410
언어적/ 103, 109, 124, 131, 152, 169, 174, 190, 191, 203, 204, 210, 212, 219, 224, 225, 292, 305, 375, 376, 377
언어적 지능/ 384, 386, 387, 388
에라스무스(Erasmus)/ 38, 39, 40, 41, 42
에릭슨(Erik Erickson)/ 83, 84, 85, 86, 87, 88, 89, 90, 91, 92, 93, 94, 95, 96, 98, 140, 141, 316, 317, 322
에밀/ 52, 53, 54, 56, 58, 59, 60, 169
에반스(Evans)/ 179
엔터테인먼트/ 299, 301, 303, 304, 350, 351, 358, 359
엔프렌즈/ 301

엘킨드(D. Elkind)/ 109, 113, 178
여가/ 72, 276, 288, 291, 399, 409, 410, 413, 414, 416, 417
여가성/ 415, 416, 417, 418
여름성경학교/ 252, 257, 298, 405, 406, 407, 408, 409, 410, 411, 412
연합회 활동/ 255, 256, 259
열등감/ 85, 91, 92, 95, 322
영성/ 113, 114, 160, 162, 163, 164, 165, 166, 167, 226, 271, 275, 277, 287, 292
영성형성 모델/ 297, 304, 305, 306, 307, 314, 315
영아/ 80, 86, 87, 93, 94, 95, 100, 101, 102, 141, 146, 163, 168, 170, 171, 172, 174, 177, 181, 182, 183, 187, 188, 189, 192, 200, 207, 208, 209, 210, 211, 212, 213, 214, 215, 216, 224, 228, 316, 317, 318, 319, 320, 321, 323, 327, 342
영아부/ 211, 214, 215
영·유아/ 169, 174, 176, 178, 179, 180, 187, 188, 189, 190, 191, 192, 229, 242, 243, 363
예배의 형성적 힘/ 355
예비성/ 285, 286
예수님 따르기/ 305, 366
예술/ 152, 160, 167, 199, 202, 240, 364, 368, 369, 375, 376, 382, 388, 394, 397, 398
예전/ 22, 24, 79, 93, 148, 160, 166, 167, 186, 191, 192, 199, 202, 203, 204, 205, 206, 207, 231, 234, 237, 240, 242, 305, 306, 350, 353, 355, 361, 364, 394, 396, 397, 406
오감/ 56, 110, 189, 209, 214, 218, 239, 354, 375, 396
오이디푸스 콤플렉스/ 95, 96
오저와 그뮌더(Fr. R. Oser & Gmünder)/

112, 113, 176, 177, 178
오토(Rudolf Otto)/ 163, 165, 167, 203, 380, 396
와우큐키즈/ 301, 302
완벽한 부모/ 334, 336
웨스터호프(J. H. Westerhoff III)/ 149, 150, 151, 152, 153, 154, 155, 156, 193, 200, 203, 243, 281, 296, 299, 307
위니캇(D. Winnicutt)/ 182, 319
위축기/ 252, 258, 275
윌로우크릭/ 294
윙윙/ 279, 301, 302, 403
유기적 통일성/ 69
유스트(K. M. Yust)/ 157, 195, 197, 308
유아교육/ 168, 169, 188, 189, 190, 192, 325
유아부/ 217
유아세례/ 13, 20, 22, 23, 24, 25, 26, 27, 28, 29, 30, 31, 32, 33, 35, 40, 51, 69, 211, 212, 347, 364
유아세례의 성서적 근거/ 25
유용성/ 117, 120
유치부/ 219, 220, 227, 411
유형화/ 292, 295, 296, 297
은유/ 112, 131, 135, 150, 151, 154, 188, 199, 204, 209, 236, 240, 242, 280, 284, 292, 294, 295, 296, 297, 314, 365, 396, 397, 404
음악적 지능/ 384, 385
의사소통 훈련/ 346, 347
이야기/ 62, 106, 107, 110, 111, 112, 114, 118, 121, 124, 130, 131, 135, 136, 142, 143, 144, 147, 148, 153, 155, 158, 159, 161, 162, 166, 167, 168, 171, 172, 176, 185, 186, 191, 192, 196, 199, 203, 205, 206, 207, 208, 218, 220, 224, 232, 233, 235, 236, 240, 305, 306, 326, 337, 355,
359, 361, 362, 365, 367, 368, 369, 370, 388, 391, 394, 395, 396, 397, 401, 404, 407
이중문화적/ 208, 226
이중문화적 삶의 획득/ 308
인간의 응답/ 196, 197
인격의 후보자/ 68
인공성/ 113, 172, 173, 174
인과관계 형성/ 107, 143
인상의 시기/ 67, 68
인습적 수준/ 116, 117, 119, 121
일관성/ 86, 87, 144, 317, 410
입교/ 31, 33, 201
입교교육/ 33, 201

자각감/ 163, 164, 380
자기중심성/ 110, 126, 141, 175, 239, 322
자녀의 태도/ 330, 331
자아중심성/ 105, 143
자연에 따르는 교육/ 56, 58
자연인/ 53, 56, 57
자연탐구 지능/ 386, 387
자율성/ 85, 87, 88, 89, 90, 92, 95, 96, 97, 98, 141, 146, 177, 207, 334
장년 중심 목회관/ 267
재세례파/ 24, 27, 28
전뇌이론/ 381, 383
전도/ 98, 208, 209, 230, 231, 234, 235, 243, 257, 309, 310, 410, 413
전문성/ 249, 253, 268, 271, 285, 286, 287, 414, 417
전문화/ 260, 262, 266, 273, 287, 376, 412
전인습적 수준/ 116, 121
전인습적 도덕성/ 116
전인적 성장/ 211, 219, 220
전조작기/ 99, 103, 105, 106, 107, 109, 110, 111, 124, 134, 141, 171, 175

정상화/ 76, 77, 78
정신적 태아/ 73, 74, 75, 76
정웅섭/ 250, 251, 253, 256, 279, 280, 308
정체성 형성/ 208, 210, 275, 278, 336, 340
조선주일학교연합회/ 250, 252, 255, 256, 257, 258
조율/ 163
종교적 배아/ 62, 63
종교적 사고/ 113, 123, 124, 126, 130, 131, 133, 134, 135, 136, 140, 158, 174, 175, 176, 185, 186, 188, 194, 198, 200, 206
종교적 사고발달/ 113, 123, 124, 134, 135
종교적 판단이론/ 176
좌뇌-우뇌이론/ 375, 377
죄의식/ 88, 89, 90, 335
죄책감/ 85, 90, 96, 142, 159, 185, 399
주 5일제 수업/ 288, 411, 413, 415
주도성/ 89, 90, 95, 96, 97, 98
주말교회학교/ 411, 415, 416, 417, 418
주일학교/ 245, 246, 247, 249, 250, 251, 252, 253, 254, 255, 256, 257, 258, 259, 260, 266, 267, 268, 270, 272, 273, 278, 279, 280, 281, 301, 308, 407, 409, 416
주일학교운동/ 245, 246, 247, 248, 249, 250, 252, 291, 295, 313, 414, 415
주일학교협회/ 247
준비가설/ 179, 181, 187
준비된 환경/ 78, 166, 202
지속성/ 87
지식정보화 사회/ 277
지연된 발달/ 134, 135
직관적 사고/ 61, 104, 107, 114, 128, 134, 143, 147, 176, 377
직관적 종교기/ 124, 125, 126, 127, 128, 133, 134
직관적-투사적 신앙/ 141, 142, 145, 147, 205

집중현상/ 76, 77
착한 소년/소녀 지향/ 117, 119, 121
참여/ 138, 148, 153, 202, 203, 207, 217, 218, 220, 238, 239, 293, 294, 300, 305, 306, 359, 364, 391, 397, 398
책임 있는 부모/ 334, 335, 336
체험적/ 213, 218, 223, 305
최초의 주일학교/ 253, 255
추상적 종교기/ 124, 130, 131, 133, 134
축제 모델/ 295, 299, 300, 301, 302, 303, 304, 307, 314, 315
친교/ 22, 98, 147, 208, 215, 230, 231, 234, 235, 242, 243, 249, 273, 277, 279, 280, 282, 284, 286, 309, 310, 395, 397, 408, 409, 412, 413, 417
침체 요인/ 266, 289

카발레티(Cavalletti)/ 79, 186, 187
칼 바르트(Karl Barth)/ 23, 24, 29
칼 바르트의 유아세례/ 29
칼빈(J. Calvin)/ 23, 24, 27, 28, 29, 31, 40, 42, 412
칼빈의 유아세례/ 27
코메니우스(J. A. Comenius)/ 42, 43, 44, 45, 46, 47, 48, 324
코울즈(R. Coles)/ 157, 160, 161, 162, 164, 165, 166, 304
콜버그(Kohlberg)/ 114, 115, 116, 119, 120, 140, 146, 320, 321
크리스마스 이브/ 63
키즈워십/ 301

타조 양육/ 70, 71
탈자아중심성/ 107
탐구적 신앙/ 151, 153, 154
테필린/ 212

토의법/ 395, 397
통합측 교단/ 261, 263

파울러(J. Fowler)/ 109, 112, 113, 114, 119, 140, 141, 142, 144, 145, 146, 147, 148, 149, 150, 155, 156, 193, 205, 229, 390
페트로비치(Petrovich)/ 179, 180
포스트모던/ 269, 270, 271, 273, 275, 276, 277, 278, 288
프라미스랜드/ 294, 300
프랑케(A. H. Francke)/ 21, 40, 49, 50, 51, 52, 64
프로이드(S. Freud)/ 83, 86, 87, 89, 91, 92, 93, 95, 96, 181, 316, 320
피아제(J. Piaget)/ 60, 98, 99, 100, 101, 102, 103, 104, 105, 109, 110, 111, 112, 113, 114, 124, 126, 131, 134, 139, 140, 141, 146, 158, 170, 171, 172, 173, 174, 175, 178, 179, 180, 183, 184, 186, 188, 198, 199, 320, 321

하나님 개념/ 94, 97, 113, 119, 172, 207, 216
하나님 경험하기/ 392
하나님 나라/ 42, 119, 121, 135, 203, 205, 208, 226, 229, 230, 231, 234, 236, 237, 238, 341, 343, 356, 390, 394, 401, 402, 403
하나님 나라의 시민/ 43, 119, 226, 230, 232, 233, 237, 238, 239, 241, 242
하나님 나라의 언어/ 231, 237
하나님 이미지/ 59, 144, 207, 208, 209, 211, 215, 216, 219, 220, 223
하나님의 형상/ 15, 21, 44, 45, 48
학교 모델/ 295, 296, 297, 303, 314
학교성/ 249, 281, 284, 285, 286, 415, 417, 418
학교식(schooling)/ 167, 199, 201, 204, 242, 249, 280, 281, 284, 291, 298, 299, 308, 372, 417
한스 베버(Hans Weber)/ 19
할례/ 25, 26, 27, 28, 212
합목적성/ 285, 286
해리스(Harris)/ 179
해석단계/ 329
헌신/ 153, 161, 390, 391, 392, 395, 397, 398
헤이 & 나이(D. Hay & R. Nye)/ 167, 162, 163, 164, 165, 166, 183, 304, 380
형성적 모델/ 304, 306, 307
형식적 조작기/ 99, 108, 109, 112, 124, 131, 134, 135, 143, 172
호르메/ 74, 75, 76, 77, 78
호모루덴스/ 399, 400
확장 주일학교/ 252, 256, 257
환경/ 67, 70, 74, 88, 100, 142, 152, 161, 166, 168, 198, 316, 323, 373
황홀감/ 163, 167
후인습적 수준/ 116, 118

지은이 **양금희**는

장로회신학대학교에서 기독교교육(학사)을,
연세대학교 대학원 교육학과에서 교육학(석사)을,
독일 튀빙엔 대학 신학과에서 기독교교육(박사)을 공부하였고,
현재 장로회신학대학교 기독교교육과 교수로 재직하고 있다.

저서로는
『종교개혁과 교육사상』,『근대 기독교교육 사상』,『해석과 교육』,
『아동 교회학교 진단』,『이야기, 예술, 기독교교육』이 있고,

역서로는
『예수님과 어린이』,『가들리 플레이 – 어린이 영성교육』이 있으며,

그 외에도 다수의 공저와 논문이 있다.